JINCHUKOU SHANGPIN BIANMA

进出口商品编码

2022年版

《进出口商品编码》编委会 · 编著

中国海关出版社有限公司

· 北 京 ·

图书在版编目（CIP）数据

进出口商品编码：2022年版/《进出口商品编码》编委会编著.
—北京：中国海关出版社有限公司，2022.2
ISBN 978-7-5175-0573-0

Ⅰ.①进… Ⅱ.①进… Ⅲ.①进出口商品—编码—中国
Ⅳ.①F752.65

中国版本图书馆CIP数据核字（2022）第031168号

进出口商品编码（2022年版）

JINCHUKOU SHANGPIN BIANMA (2022 NIANBAN)

作　　者：《进出口商品编码》编委会
策划编辑：李　多
责任编辑：邹　蒙
出版发行：中国海关出版社有限公司
社　　址：北京市朝阳区东四环南路甲1号　　邮政编码：100023
网　　址：www.hgcbs.com.cn
编 辑 部：01065194242-7530（电话）
发 行 部：01065194221/4227/4238/4246（电话）
社办书店：01065195616（电话）
https://weidian.com/?userid=319526934（网址）
印　　刷：北京天恒嘉业印刷有限公司　　经　　销：新华书店
开　　本：889mm×1194mm　1/16
印　　张：25.75　　字　　数：778千字
版　　次：2022年2月第1版
印　　次：2022年2月第1次印刷
书　　号：ISBN 978-7-5175-0573-0
定　　价：60.00元

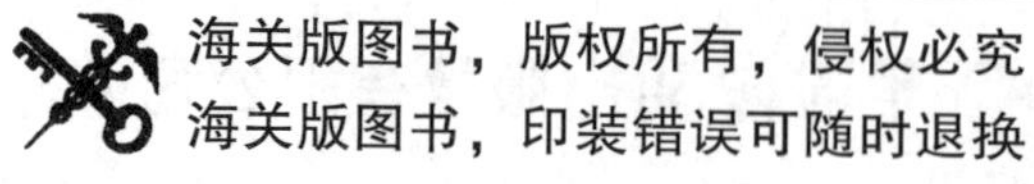

编写说明

正确申报进出口商品的编码是进出口通关的必备条件，是进出口企业及其代理人的义务。《进出口商品编码》是一本查找商品编码的工具书，也是学习、掌握商品归类配套的工具书。本书以国务院关税税则委员会发布的《中华人民共和国进出口税则》为基础，并对其中个别谬误之处做了校验处理。内容包括：我国进出口商品分类目录（含归类总规则，类、章、子目注释，八位数商品编码和商品名称）；重点类注、章注的举例解析；附录（中华人民共和国海关进出口税则本国子目注释）。

《进出口商品编码（2022 年版）》是上海海关学院海关业务系列教材之一，本书适用于海关管理专业及报关、物流、国际货运、外贸等有关专业的中、高等院校教学，也适用于海关、企业人员培训或自学，以及用作考试用书。

本书具有以下特点：

1. 版面清晰，查找方便

目前我社出版发行的《中国海关报关实用手册》包含十位数的编码以及税率、统计单位、监管证件等内容，内容庞大，结构复杂，更多作为工作用书，不宜作为学习、考试用书。作为一本好的工具书，读者查阅的体验度是需要排版时高度重视的，因此编者和出版社编辑从字体、行距、对齐、表格等方面都做了精心设计和排版。特别是将一、二、三、四级不同层级子目的位置拉开明显的距离，这样就可以便于读者识别子目之间的层级关系，避免归类差错。所以本书不但查找方便，而且翻阅体验佳，读者可以自行对不同版本的编码工具书进行比较。

2. 增加了对重要“注释”的解释

协调制度“注释”（类注、章注、子目注释）的掌握是打开归类的“钥匙”。协调制度有大量的“注释”，其中有些比较简单，一看就懂，而有些就比较深奥。很多读者就是由于对“注释”没有理解透彻而造成归类水平无法提高。为此，编者以专业的水准，撰写了对部分重点“注释”的解释（编排在页下注的位置），以帮助归类学习人员理解这些“注释”，进而达到熟练运用“注释”解决商品归类的目的。要注意的是，这些解释是帮助读者对有关“注释”的理解，本身并不是协调制度的组成部分。

3. 增加了本国子目注释

协调制度只有六位数，但我国进出口税则增设了第七、八位数的本国子目，这些子目的含义由“本国子目注释”规定，即“本国子目注释”也是归类的依据，无论是企业申报还是海关审核归类时都要通过查找“本国子目注释”来确定某些八位数子目。例如，在对

“直流电源”进行归类时，我们不知道8504.4014“直流稳压电源”的含义，可能会从字面意思理解为只要输出电压很稳定就可以按“稳压电源”归类，但《本国子目注释》规定必须在结构上含有稳压电路，才能按“稳压电源”归类。所以说《本国子目注释》在查找某些八位数子目时非常重要，故编者将历年海关发布的目前仍具有法律效力的《本国子目注释》按2022年版编码调整后以附录的形式汇编入本书，以方便读者查找。

其他说明：

1.《商品名称及编码协调制度》每5年修订一次，下一次修订将是2027年版。尽管我国《进出口税则》每年都可能会有调整，但这种调整仅仅是本国第七、八位子目的极少量的变动，对归类的学习没有影响，故本书适用期为2022年—2026年。

2. 本书由《进出口商品编码》编委会负责编写，该编委会由上海海关学院报关研究中心的多位商品归类学专家组成，主编为宗慧民副教授。由于编码数字和条目众多，难免有疏漏之处，恳请读者批评指正。

编委会

2022年2月

目　录

归类总规则

货品在协调制度中的归类，应遵循以下规则：

规则一 类、章及分章的标题，仅为查找方便而设；具有法律效力的归类，应按品目条文和有关类注或章注确定，如品目、类注或章注无其他规定，按以下规则确定。

规则二 （一）品目所列货品，应视为包括该项货品的不完整品或未制成品，只要在报验时该项不完整品或未制成品具有完整品或制成品的基本特征；还应视为包括该项货品的完整品或制成品（或按本款可作为完整品或制成品归类的货品）在报验时的未组装件或拆散件。

（二）品目中所列材料或物质，应视为包括该种材料或物质与其他材料或物质混合或组合的物品。品目所列某种材料或物质构成的货品，应视为包括全部或部分由该种材料或物质构成的货品。由一种以上材料或物质构成的货品，应按规则三归类。

规则三 当货品按规则二（二）或由于其他原因看起来可归入两个或两个以上品目时，应按以下规则归类：

（一）列名比较具体的品目，优先于列名一般的品目。但是，如果两个或两个以上品目都仅述及混合或组合货品所含的某部分材料或物质，或零售的成套货品中的某些货品，即使其中某个品目对该货品描述得更为全面、详细，这些货品在有关品目的列名应视为同样具体。

（二）混合物、不同材料构成或不同部件组成的组合物以及零售的成套货品，如果不能按照规则三（一）归类时，在本款可适用的条件下，应按构成货品基本特征的材料或部件归类。

（三）货品不能按照规则三（一）或（二）归类时，应按号列顺序归入其可归入的最末一个品目。

规则四 根据上述规则无法归类的货品，应归入与其最相类似的货品的品目。

规则五 除上述规则外，本规则适用于下列货品的归类：

（一）制成特殊形状仅适用于盛装某个或某套物品并适合长期使用的照相机套、乐器盒、枪套、绘图仪器盒、项链盒及类似容器，如果与所装物品同时报验，并通常与所装物品一同出售的，应与所装物品一并归类。但本款不适用于本身构成整个货品基本特征的容器。

（二）除规则五（一）规定的以外，与所装货品同时报验的包装材料或包装容器，如果通常是用来包装这类货品的，应与所装货品一并归类。但明显可重复使用的包装材料和包装容器可不受本款限制。

规则六 货品在某一品目项下各子目的法定归类，应按子目条文或有关的子目注释以及以上各条规则来确定，但子目的比较只能在同一数级上进行。除条文另有规定的以外，有关的类注、章注也适用于本规则。

第一类　活动物；动物产品

注释：

一、本类所称的各属种动物，除条文另有规定的以外，均包括其幼仔在内。

二、除条文另有规定的以外，本目录所称干的产品，均包括经脱水、蒸发或冷冻干燥的产品。

第一章　活动物

注释：

本章包括所有活动物，但下列各项除外：

一、品目03.01、03.06、03.07或03.08的鱼、甲壳动物、软体动物及其他水生无脊椎动物；

二、品目30.02的培养微生物及其他产品；

三、品目95.08的动物。

商品编码	商品名称
01.01	马、驴、骡：
	－马：
0101.2100	－－改良种用
0101.2900	－－其他
	－驴：
0101.3010	－－－改良种用
0101.3090	－－－其他
0101.9000	－其他
01.02	牛：
	－家牛：
0102.2100	－－改良种用
0102.2900	－－其他
	－水牛：
0102.3100	－－改良种用
0102.3900	－－其他
	－其他：
0102.9010	－－－改良种用
0102.9090	－－－其他
01.03	猪：
0103.1000	－改良种用
	－其他：
	－－重量在50千克以下：
0103.9110	－－－重量在10千克以下
0103.9120	－－－重量在10千克及以上，但在50千克以下
0103.9200	－－重量在50千克及以上
01.04	绵羊、山羊：
	－绵羊：
0104.1010	－－－改良种用
0104.1090	－－－其他
	－山羊：
0104.2010	－－－改良种用
0104.2090	－－－其他
01.05	家禽，即鸡、鸭、鹅、火鸡及珍珠鸡：
	－重量不超过185克：
	－－鸡：
0105.1110	－－－改良种用
0105.1190	－－－其他
	－－火鸡：
0105.1210	－－－改良种用
0105.1290	－－－其他
	－－鸭：
0105.1310	－－－改良种用
0105.1390	－－－其他
	－－鹅：
0105.1410	－－－改良种用
0105.1490	－－－其他

商品编码	商品名称
	－－珍珠鸡：
0105.1510	－－－改良种用
0105.1590	－－－其他
	－其他：
	－－鸡：
0105.9410	－－－改良种用
0105.9490	－－－其他
	－－其他：
0105.9910	－－－改良种用
	－－－其他：
0105.9991	－－－－鸭
0105.9992	－－－－鹅
0105.9993	－－－－珍珠鸡
0105.9994	－－－－火鸡
01.06	**其他活动物：**
	－哺乳动物：
	－－灵长目：
0106.1110	－－－改良种用
0106.1190	－－－其他
	－－鲸、海豚及鼠海豚(鲸目哺乳动物)；海牛及儒艮(海牛目哺乳动物)；海豹、海狮及海象(鳍足亚目哺乳动物)：
	－－－鲸、海豚及鼠海豚(鲸目哺乳动物)；海牛及儒艮(海牛目哺乳动物)：
0106.1211	－－－－改良种用
0106.1219	－－－－其他
	－－－海豹、海狮及海象(鳍足亚目哺乳动物)：
0106.1221	－－－－改良种用
0106.1229	－－－－其他
	－－骆驼及其他骆驼科动物：
0106.1310	－－－改良种用
0106.1390	－－－其他
	－－家兔及野兔：
0106.1410	－－－改良种用
0106.1490	－－－其他
	－－其他：
0106.1910	－－－改良种用
0106.1990	－－－其他
	－爬行动物(包括蛇及龟鳖)：
	－－－改良种用：
0106.2011	－－－－鳄鱼苗
0106.2019	－－－－其他
0106.2020	－－－食用
0106.2090	－－－其他
	－鸟：
	－－猛禽：
0106.3110	－－－改良种用
0106.3190	－－－其他
	－－鹦形目(包括普通鹦鹉、长尾鹦鹉、金刚鹦鹉及美冠鹦鹉)：
0106.3210	－－－改良种用
0106.3290	－－－其他
	－－鸵鸟；鸸鹋：
0106.3310	－－－改良种用
0106.3390	－－－其他
	－－其他：
0106.3910	－－－改良种用
	－－－食用：
0106.3921	－－－－乳鸽
0106.3923	－－－－野鸭
0106.3929	－－－－其他
0106.3990	－－－其他
	－昆虫：
	－－蜂：
0106.4110	－－－改良种用
0106.4190	－－－其他
	－－其他：
0106.4910	－－－改良种用
0106.4990	－－－其他
	－其他：
	－－－改良种用：
0106.9011	－－－－蛙苗
0106.9019	－－－－其他
0106.9090	－－－其他

第二章　肉及食用杂碎

注释：

本章不包括：

一、品目 02.01 至 02.08 或 02.10 的不适合供人食用的产品；①

二、可食用的死昆虫（品目 04.10）；②

三、动物的肠、膀胱、胃（品目 05.04）或动物血（品目 05.11、30.02）；③

四、品目 02.09 所列产品以外的动物脂肪（第十五章）。

商品编码	商品名称
02.01	**鲜、冷牛肉：**
0201.1000	－整头及半头
0201.2000	－带骨肉
0201.3000	－去骨肉
02.02	**冻牛肉：**
0202.1000	－整头及半头
0202.2000	－带骨肉
0202.3000	－去骨肉
02.03	**鲜、冷、冻猪肉：**
	－鲜或冷的：
	－－整头及半头：
0203.1110	－－－乳猪
0203.1190	－－－其他
0203.1200	－－带骨的前腿、后腿及其肉块
0203.1900	－－其他
	－冻的：
	－－整头及半头：
0203.2110	－－－乳猪
0203.2190	－－－其他
0203.2200	－－带骨的前腿、后腿及其肉块
0203.2900	－－其他
02.04	**鲜、冷、冻绵羊肉或山羊肉：**
0204.1000	－鲜或冷的整头及半头羔羊
	－其他鲜或冷的绵羊肉：
0204.2100	－－整头及半头
0204.2200	－－带骨肉
0204.2300	－－去骨肉
0204.3000	－冻的整头及半头羔羊
	－其他冻的绵羊肉：
0204.4100	－－整头及半头
0204.4200	－－带骨肉
0204.4300	－－去骨肉
0204.5000	－山羊肉
02.05	**鲜、冷、冻马、驴、骡肉：**
0205.0000	鲜、冷、冻马、驴、骡肉
02.06	**鲜、冷、冻牛、猪、绵羊、山羊、马、驴、骡的食用杂碎：**
0206.1000	－鲜、冷牛杂碎
	－冻牛杂碎：
0206.2100	－－舌
0206.2200	－－肝
0206.2900	－－其他
0206.3000	－鲜、冷猪杂碎
	－冻猪杂碎：
0206.4100	－－肝
0206.4900	－－其他
0206.8000	－其他鲜或冷杂碎
0206.9000	－其他冻杂碎
02.07	**品目 01.05 所列家禽的鲜、冷、冻肉及食用杂碎：**
	－鸡：
0207.1100	－－整只，鲜或冷的

① 例如，动物精液应归入品目 05.11，不适合供人食用的肉及杂碎的细粉、粗粉和团粒应归入品目 23.01。

② 例如，可食用的冰冻蚕蛹应归入品目 04.10。

③ 例如，猪大肠、羊膀胱、牛胃应归入品目 05.04。液态或干制的动物血，不论是否可供食用，应归入品目 05.11，制成供治疗、预防或诊断用的动物血，应归入品目 30.02。

商品编码	商品名称
0207.1200	－－整只,冻的
	－－块及杂碎,鲜或冷的:
	－－－块:
0207.1311	－－－－带骨的
0207.1319	－－－－其他
	－－－杂碎:
0207.1321	－－－－翼(不包括翼尖)
0207.1329	－－－－其他
	－－块及杂碎,冻的:
	－－－块:
0207.1411	－－－－带骨的
0207.1419	－－－－其他
	－－－杂碎:
0207.1421	－－－－翼(不包括翼尖)
0207.1422	－－－－鸡爪
0207.1429	－－－－其他
	－火鸡:
0207.2400	－－整只,鲜或冷的
0207.2500	－－整只,冻的
0207.2600	－－块及杂碎,鲜或冷的
0207.2700	－－块及杂碎,冻的
	－鸭:
0207.4100	－－整只,鲜或冷的
0207.4200	－－整只,冻的
0207.4300	－－肥肝,鲜或冷的
0207.4400	－－其他,鲜或冷的
0207.4500	－－其他,冻的
	－鹅:
0207.5100	－－整只,鲜或冷的
0207.5200	－－整只,冻的
0207.5300	－－肥肝,鲜或冷的
0207.5400	－－其他,鲜或冷的
0207.5500	－－其他,冻的
0207.6000	－珍珠鸡
02.08	**其他鲜、冷、冻肉及食用杂碎:**
	－家兔或野兔的:
0208.1010	－－－鲜、冷兔肉,兔头除外
0208.1020	－－－冻兔肉,兔头除外
0208.1090	－－－其他
0208.3000	－灵长目的
0208.4000	－鲸、海豚及鼠海豚(鲸目哺乳动物)的;海牛及儒艮(海牛目哺乳动物)的;海豹、海狮及海象(鳍足亚目哺乳动物)的
0208.5000	－爬行动物(包括蛇及龟鳖)的
0208.6000	－骆驼及其他骆驼科动物的
	－其他:
0208.9010	－－－乳鸽的
0208.9090	－－－其他
02.09	**未炼制或用其他方法提取的不带瘦肉的肥猪肉、猪脂肪及家禽脂肪,鲜、冷、冻、干、熏、盐腌或盐渍的:**
0209.1000	－猪的
0209.9000	－其他
02.10	**肉及食用杂碎,干、熏、盐腌或盐渍的;可供食用的肉或杂碎的细粉、粗粉:**
	－猪肉:
	－－带骨的前腿、后腿及其肉块:
0210.1110	－－－带骨的腿
0210.1190	－－－其他
0210.1200	－－腹肉(五花肉)
0210.1900	－－其他
0210.2000	－牛肉
	－其他,包括可供食用的肉或杂碎的细粉、粗粉:
0210.9100	－－灵长目的
0210.9200	－－鲸、海豚及鼠海豚(鲸目哺乳动物)的;海牛及儒艮(海牛目哺乳动物)的;海豹、海狮及海象(鳍足亚目哺乳动物)的
0210.9300	－－爬行动物(包括蛇及龟鳖)的
0210.9900	－－其他

第三章 鱼、甲壳动物、软体动物及其他水生无脊椎动物

注释：

一、本章不包括：①

（一）品目01.06的哺乳动物；

（二）品目01.06的哺乳动物的肉（品目02.08或02.10）；

（三）因品种或鲜度不适合供人食用的死鱼（包括鱼肝、鱼卵及鱼精等）、死甲壳动物、死软体动物及其他死水生无脊椎动物（第五章）；不适合供人食用的鱼、甲壳动物、软体动物、其他水生无脊椎动物的粉、粒（品目23.01）；或

（四）鲟鱼子酱及用鱼卵制成的鲟鱼子酱代用品（品目16.04）。

二、本章所称"团粒"，是指直接挤压或加入少量黏合剂制成的粒状产品。

三、品目03.05至03.08不包括适合供人食用的细粉、粗粉及团粒（品目03.09）。

商品编码	商品名称
03.01	**活鱼：**
	－观赏鱼：
0301.1100	－－淡水鱼
0301.1900	－－其他
	－其他活鱼：
	－－鳟鱼（河鳟、虹鳟、克拉克大麻哈鱼、阿瓜大麻哈鱼、吉雨大麻哈鱼、亚利桑那大麻哈鱼、金腹大麻哈鱼）：
0301.9110	－－－鱼苗
0301.9190	－－－其他
	－－鳗鱼（鳗鲡属）：
0301.9210	－－－鱼苗
0301.9290	－－－其他
	－－鲤科鱼（鲤属、鲫属、草鱼、鲢属、鲮属、青鱼、卡特拉鲃、野鲮属、哈氏纹唇鱼、何氏细须鲃鲂属）：
0301.9310	－－－鱼苗
0301.9390	－－－其他
	－－大西洋及太平洋蓝鳍金枪鱼：
0301.9410	－－－鱼苗
	－－－其他：
0301.9491	－－－－大西洋蓝鳍金枪鱼
0301.9492	－－－－太平洋蓝鳍金枪鱼
	－－南方蓝鳍金枪鱼：
0301.9510	－－－鱼苗
0301.9590	－－－其他
	－－其他：
	－－－鱼苗：
0301.9911	－－－－鲈鱼
0301.9912	－－－－鲟鱼
0301.9919	－－－－其他
	－－－其他：
0301.9991	－－－－罗非鱼
0301.9992	－－－－鲀
0301.9993	－－－－其他鲤科鱼
0301.9999	－－－－其他
03.02	**鲜、冷鱼，但品目03.04的鱼片及其他鱼肉除外：**
	－鲑科鱼，但子目0302.91至0302.99的可食用鱼杂碎除外：
0302.1100	－－鳟鱼（河鳟、虹鳟、克拉克大麻哈鱼、阿瓜大麻哈鱼、吉雨大麻哈鱼、亚利桑那大麻哈鱼、金腹大麻哈鱼）

① 例如，鲸鱼（属于哺乳动物）应归入品目01.06，冻的鲸鱼肉应归入品目02.08，盐腌制的鲸鱼肉应归入品目02.10；用作鱼饵的咸鳕鱼卵应归入品目05.11；不适合供人食用的鱼的细粉、粗粉及团粒应归入品目23.01；鲟鱼子酱及鲑鱼子酱（属于鲟鱼子酱代用品）应归入品目16.04。

商品编码	商品名称
0302.1300	-- 大麻哈鱼[红大麻哈鱼、细鳞大麻哈鱼、大麻哈鱼(种)、大鳞大麻哈鱼、银大麻哈鱼、马苏大麻哈鱼、玫瑰大麻哈鱼]
	-- 大西洋鲑鱼及多瑙哲罗鱼:
0302.1410	--- 大西洋鲑鱼
0302.1420	--- 多瑙哲罗鱼
0302.1900	-- 其他
	- 比目鱼(鲽科、鲆科、舌鳎科、鳎科、菱鲆科、刺鲆科),但子目0302.91至0302.99的可食用鱼杂碎除外:
0302.2100	-- 庸鲽鱼(马舌鲽、庸鲽、狭鳞庸鲽)
0302.2200	-- 鲽鱼(鲽)
0302.2300	-- 鳎鱼(鳎属)
0302.2400	-- 大菱鲆(瘤棘鲆)
0302.2900	-- 其他
	- 金枪鱼(金枪鱼属)、鲣,但子目0302.91至0302.99的可食用鱼杂碎除外:
0302.3100	-- 长鳍金枪鱼
0302.3200	-- 黄鳍金枪鱼
0302.3300	-- 鲣
0302.3400	-- 大眼金枪鱼
	-- 大西洋及太平洋蓝鳍金枪鱼:
0302.3510	--- 大西洋蓝鳍金枪鱼
0302.3520	--- 太平洋蓝鳍金枪鱼
0302.3600	-- 南方蓝鳍金枪鱼
0302.3900	-- 其他
	- 鲱鱼(大西洋鲱鱼、太平洋鲱鱼)、鳀鱼(鳀属)、沙丁鱼(沙丁鱼、沙瑙鱼属)、小沙丁鱼属、黍鲱或西鲱、鲭鱼[大西洋鲭、澳洲鲭(鲐)、日本鲭(鲐)]、印度鲭(羽鳃鲐属)、马鲛鱼(马鲛属)、对称竹荚鱼、新西兰竹荚鱼及竹荚鱼(竹荚鱼属)、鲹鱼(鲹属)、军曹鱼、银鲳(鲳属)、秋刀鱼、圆鲹(圆鲹属)、多春鱼(毛鳞鱼)、剑鱼、鲔鱼、狐鲣(狐鲣属)、枪鱼、旗鱼、四鳍旗鱼(旗鱼科),但子目0302.91至0302.99的可食用鱼杂碎除外:
0302.4100	-- 鲱鱼(大西洋鲱鱼、太平洋鲱鱼)
0302.4200	-- 鳀鱼(鳀属)
0302.4300	-- 沙丁鱼(沙丁鱼、沙瑙鱼属)、小沙丁鱼属、黍鲱或西鲱
0302.4400	-- 鲭鱼[大西洋鲭、澳洲鲭(鲐)、日本鲭(鲐)]
0302.4500	-- 对称竹荚鱼、新西兰竹荚鱼及竹荚鱼(竹荚鱼属)
0302.4600	-- 军曹鱼
0302.4700	-- 剑鱼
	-- 其他:
0302.4910	--- 银鲳(鲳属)
0302.4990	--- 其他
	- 犀鳕科、多丝真鳕科、鳕科、长尾鳕科、黑鳕科、无须鳕科、深海鳕科及南极鳕科鱼,但子目0302.91至0302.99的可食用鱼杂碎除外:
0302.5100	-- 鳕鱼(大西洋鳕鱼、格陵兰鳕鱼、太平洋鳕鱼)
0302.5200	-- 黑线鳕鱼(黑线鳕)
0302.5300	-- 绿青鳕鱼
0302.5400	-- 狗鳕鱼(无须鳕属、长鳍鳕属)
0302.5500	-- 阿拉斯加狭鳕鱼
0302.5600	-- 蓝鳕鱼(小鳍鳕、南蓝鳕)
0302.5900	-- 其他
	- 罗非鱼(口孵非鲫属)、鲶鱼(鲑鲶属、鲶属、胡鲶属、真鮰属)、鲤科鱼(鲤属、鲫属、草鱼、鲢属、鲮属、青鱼、卡特拉鲃、野鲮属、哈氏纹唇鱼、何氏细须鲃、鲂属)、鳗鱼(鳗鲡属)、尼罗河鲈鱼(尼罗尖吻鲈)及黑鱼(鳢属),但子目0302.91至0302.99的可食用鱼杂碎除外:
0302.7100	-- 罗非鱼(口孵非鲫属)
0302.7200	-- 鲶鱼(鲑鲶属、鲶属、胡鲶属、真鮰属)
0302.7300	-- 鲤科鱼(鲤属、鲫属、草鱼、鲢属、鲮属、青鱼、卡特拉鲃、野鲮属、哈氏纹唇鱼、何氏细须鲃、鲂属)
0302.7400	-- 鳗鱼(鳗鲡属)
0302.7900	-- 其他

商品编码	商品名称
	-其他鱼,但子目0302.91至0302.99的可食用鱼杂碎除外:
0302.8100	--角鲨及其他鲨鱼
0302.8200	--魟鱼及鳐鱼(鳐科)
0302.8300	--南极犬牙鱼(南极犬牙鱼属)
0302.8400	--尖吻鲈鱼(舌齿鲈属)
0302.8500	--菱羊鲷(鲷科)
	--其他:
0302.8910	---带鱼
0302.8920	---黄鱼
0302.8930	---鲳鱼(银鲳除外)
0302.8940	---鲀
0302.8990	---其他
	-鱼肝、鱼卵、鱼精、鱼鳍、鱼头、鱼尾、鱼鳔及其他可食用鱼杂碎
0302.9100	--鱼肝、鱼卵及鱼精
0302.9200	--鲨鱼翅
0302.9900	--其他
03.03	**冻鱼,但品目03.04的鱼片及其他鱼肉除外:**
	-鲑科鱼,但子目0303.91至0303.99的可食用鱼杂碎除外:
0303.1100	--红大麻哈鱼
0303.1200	--其他大麻哈鱼[细鳞大麻哈鱼、大麻哈鱼(种)、大鳞大麻哈鱼、银大麻哈鱼、马苏大麻哈鱼、玫瑰大麻哈鱼]
	--大西洋鲑鱼及多瑙哲罗鱼:
0303.1310	---大西洋鲑鱼
0303.1320	---多瑙哲罗鱼
0303.1400	--鳟鱼(河鳟、虹鳟、克拉克大麻哈鱼、阿瓜大麻哈鱼、吉雨大麻哈鱼、亚利桑那大麻哈鱼、金腹大麻哈鱼)
0303.1900	--其他
	-罗非鱼(口孵非鲫属)、鲶鱼(鮰鲶属、鲶属、胡鲶属、真鮰属)、鲤科鱼(鲤属、鲫属、草鱼、鲢属、鲮属、青鱼、卡特拉鲃、野鲮属、哈氏纹唇鱼、何氏细须鲃、鲂属)、鳗鱼(鳗鲡属)、尼罗河鲈鱼(尼罗尖吻鲈)及黑鱼(鳢属),但子目0303.91至0303.99的可食用鱼杂碎除外:

商品编码	商品名称
0303.2300	--罗非鱼(口孵非鲫属)
0303.2400	--鲶鱼(鮰鲶属、鲶属、胡鲶属、真鮰属)
0303.2500	--鲤科鱼(鲤属、鲫属、草鱼、鲢属、鲮属、青鱼、卡特拉鲃、野鲮属、哈氏纹唇鱼、何氏细须鲃、鲂属)
0303.2600	--鳗鱼(鳗鲡属)
0303.2900	--其他
	-比目鱼(鲽科、鲆科、舌鳎科、鳎科、菱鲆科、刺鲆科),但子目0303.91至0303.99的可食用鱼杂碎除外:
	--庸鲽鱼(马舌鲽、庸鲽、狭鳞庸鲽):
0303.3110	---马舌鲽(格陵兰庸鲽鱼)
0303.3190	---其他
0303.3200	--鲽鱼(鲽)
0303.3300	--鳎鱼(鳎属)
0303.3400	--大菱鲆(瘤棘鲆)
0303.3900	--其他
	-金枪鱼(金枪鱼属)、鲣,但子目0303.91至0303.99的可食用鱼杂碎除外:
0303.4100	--长鳍金枪鱼
0303.4200	--黄鳍金枪鱼
0303.4300	--鲣
0303.4400	--大眼金枪鱼
	--大西洋及太平洋蓝鳍金枪鱼:
0303.4510	---大西洋蓝鳍金枪鱼
0303.4520	---太平洋蓝鳍金枪鱼
0303.4600	--南方蓝鳍金枪鱼
0303.4900	--其他
	-鲱鱼(大西洋鲱鱼、太平洋鲱鱼)、鳀鱼(鳀属)、沙丁鱼(沙丁鱼、沙瑙鱼属)、小沙丁鱼属、黍鲱或西鲱、鲭鱼[大西洋鲭、澳洲鲭(鲐)、日本鲭(鲐)]、印度鲭(羽鳃鲐属)、马鲛鱼(马鲛属)、对称竹荚鱼、新西兰竹荚鱼及竹荚鱼(竹荚鱼属)、鲹鱼(鲹属)、军曹鱼、银鲳(鲳属)、秋刀鱼、圆鲹(圆鲹属)、多春鱼(毛鳞鱼)、剑鱼、鲔鱼、狐鲣(狐鲣属)、枪鱼、旗鱼、四鳍旗鱼(旗鱼科),但子目0303.91至0303.99的可食用鱼杂碎除外:

商品编码	商品名称
0303.5100	－－鲱鱼(大西洋鲱鱼、太平洋鲱鱼)
0303.5300	－－沙丁鱼(沙丁鱼、沙瑙鱼属)、小沙丁鱼属、黍鲱或西鲱
0303.5400	－－鲭鱼[大西洋鲭、澳洲鲭(鲐)、日本鲭(鲐)]
0303.5500	－－对称竹荚鱼、新西兰竹荚鱼及竹荚鱼(竹荚鱼属)
0303.5600	－－军曹鱼
0303.5700	－－剑鱼
	－－其他：
0303.5910	－－－银鲳(鲳属)
0303.5990	－－－其他
	－犀鳕科、多丝真鳕科、鳕科、长尾鳕科、黑鳕科、无须鳕科、深海鳕科及南极鳕科鱼，但子目0303.91至0303.99的可食用鱼杂碎除外：
0303.6300	－－鳕鱼(大西洋鳕鱼、格陵兰鳕鱼、太平洋鳕鱼)
0303.6400	－－黑线鳕鱼(黑线鳕)
0303.6500	－－绿青鳕鱼
0303.6600	－－狗鳕鱼(无须鳕属、长鳍鳕属)
0303.6700	－－阿拉斯加狭鳕鱼
0303.6800	－－蓝鳕鱼(小鳍鳕、南蓝鳕)
0303.6900	－－其他
	－其他鱼，但子目0303.91至0303.99的可食用鱼杂碎除外：
0303.8100	－－角鲨及其他鲨鱼
0303.8200	－－魟鱼及鳐鱼(鳐科)
0303.8300	－－南极犬牙鱼(南极犬牙鱼属)
0303.8400	－－尖吻鲈鱼(舌齿鲈属)
	－－其他：
0303.8910	－－－带鱼
0303.8920	－－－黄鱼
0303.8930	－－－鲳鱼(银鲳除外)
0303.8990	－－－其他
	－鱼肝、鱼卵、鱼精、鱼鳍、鱼头、鱼尾、鱼鳔及其他可食用杂碎：
0303.9100	－－鱼肝、鱼卵及鱼精
0303.9200	－－鲨鱼翅
0303.9900	－－其他
03.04	**鲜、冷、冻鱼片及其他鱼肉(不论是否绞碎)：**
	－鲜或冷的罗非鱼(口孵非鲫属)、鲶鱼(鲑鲶属、鲶属、胡鲶属、真鮰属)、鲤科鱼(鲤属、鲫属、草鱼、鲢属、鲮属、青鱼、卡特拉鲃、野鲮属、哈氏纹唇鱼、何氏细须鲃、鲂属)、鳗鱼(鳗鲡属)、尼罗河鲈鱼(尼罗尖吻鲈)及黑鱼(鳢属)的鱼片：
0304.3100	－－罗非鱼(口孵非鲫属)
0304.3200	－－鲶鱼(鲑鲶属、鲶属、胡鲶属、真鮰属)
0304.3300	－－尼罗河鲈鱼(尼罗尖吻鲈)
0304.3900	－－其他
	－鲜或冷的其他鱼片：
0304.4100	－－大麻哈鱼[红大麻哈鱼、细鳞大麻哈鱼、大麻哈鱼(种)、大鳞大麻哈鱼、银大麻哈鱼、马苏大麻哈鱼、玫瑰大麻哈鱼]、大西洋鲑鱼及多瑙哲罗鱼
0304.4200	－－鳟鱼(河鳟、虹鳟、克拉克大麻哈鱼、阿瓜大麻哈鱼、吉雨大麻哈鱼、亚利桑那大麻哈鱼、金腹大麻哈鱼)
0304.4300	－－比目鱼(鲽科、鲆科、舌鳎科、鳎科、菱鲆科、刺鲆科)
0304.4400	－－犀鳕科、多丝真鳕科、鳕科、长尾鳕科、黑鳕科、无须鳕科、深海鳕科及南极鳕科鱼
0304.4500	－－剑鱼
0304.4600	－－南极犬牙鱼(南极犬牙鱼属)
0304.4700	－－角鲨及其他鲨鱼
0304.4800	－－魟鱼及鳐鱼(鳐科)
0304.4900	－－其他
	－其他，鲜或冷的：
0304.5100	－－罗非鱼(口孵非鲫属)、鲶鱼(鲑鲶属、鲶属、胡鲶属、真鮰属)、鲤科鱼(鲤属、鲫属、草鱼、鲢属、鲮属、青鱼、卡特拉鲃、野鲮属、哈氏纹唇鱼、何氏细须鲃、鲂属)、鳗鱼(鳗鲡属)、尼罗河鲈鱼(尼罗尖吻鲈)及黑鱼(鳢属)
0304.5200	－－鲑科鱼

商品编码	商品名称
0304.5300	- - 犀鳕科、多丝真鳕科、鳕科、长尾鳕科、黑鳕科、无须鳕科、深海鳕科及南极鳕科鱼
0304.5400	- - 剑鱼
0304.5500	- - 南极犬牙鱼(南极犬牙鱼属)
0304.5600	- - 角鲨及其他鲨鱼
0304.5700	- - 魟鱼及鳐鱼(鳐科)
0304.5900	- - 其他
	- 冻的罗非鱼(口孵非鲫属)、鲶鱼(𩷶鲶属、鲶属、胡鲶属、真鮰属)、鲤科鱼(鲤属、鲫属、草鱼、鲢属、鲮属、青鱼、卡特拉鲃、野鲮属、哈氏纹唇鱼、何氏细须鲃、鲂属)、鳗鱼(鳗鲡属)、尼罗河鲈鱼(尼罗尖吻鲈)及黑鱼(鳢属)的鱼片:
0304.6100	- - 罗非鱼(口孵非鲫属)
	- - 鲶鱼(𩷶鲶属、鲶属、胡鲶属、真鮰属):
	- - - 叉尾鮰鱼(真鮰属):
0304.6211	- - - - 斑点叉尾鮰鱼
0304.6219	- - - - 其他
0304.6290	- - - 其他
0304.6300	- - 尼罗河鲈鱼(尼罗尖吻鲈)
0304.6900	- - 其他
	- 冻的犀鳕科、多丝真鳕科、鳕科、长尾鳕科、黑鳕科、无须鳕科、深海鳕科及南极鳕科鱼的鱼片:
0304.7100	- - 鳕鱼(大西洋鳕鱼、格陵兰鳕鱼、太平洋鳕鱼)
0304.7200	- - 黑线鳕鱼(黑线鳕)
0304.7300	- - 绿青鳕鱼
0304.7400	- - 狗鳕鱼(无须鳕属、长鳍鳕属)
0304.7500	- - 阿拉斯加狭鳕鱼
0304.7900	- - 其他
	- 其他冻鱼片:
0304.8100	- - 大麻哈鱼[红大麻哈鱼、细鳞大麻哈鱼、大麻哈鱼(种)、大鳞大麻哈鱼、银大麻哈鱼、马苏大麻哈鱼、玫瑰大麻哈鱼]、大西洋鲑鱼及多瑙哲罗鱼
0304.8200	- - 鳟鱼(河鳟、虹鳟、克拉克大麻哈鱼、阿瓜大麻哈鱼、吉雨大麻哈鱼、亚利桑那大麻哈鱼、金腹大麻哈鱼)
0304.8300	- - 比目鱼(鲽科、鲆科、舌鳎科、鳎科、菱鲆科、刺鲆科)
0304.8400	- - 剑鱼
0304.8500	- - 南极犬牙鱼(南极犬牙鱼属)
0304.8600	- - 鲱鱼(大西洋鲱鱼、太平洋鲱鱼)
0304.8700	- - 金枪鱼(金枪鱼属)、鲣
0304.8800	- - 角鲨、其他鲨鱼、魟鱼及鳐鱼(鳐科)
0304.8900	- - 其他
	- 其他,冻的:
0304.9100	- - 剑鱼
0304.9200	- - 南极犬牙鱼(南极犬牙鱼属)
0304.9300	- - 罗非鱼(口孵非鲫属)、鲶鱼(𩷶鲶属、鲶属、胡鲶属、真鮰属)、鲤科鱼(鲤属、鲫属、草鱼、鲢属、鲮属、青鱼、卡特拉鲃、野鲮属、哈氏纹唇鱼、何氏细须鲃、鲂属)、鳗鱼(鳗鲡属)、尼罗河鲈鱼(尼罗尖吻鲈)及黑鱼(鳢属)
0304.9400	- - 阿拉斯加狭鳕鱼
0304.9500	- - 犀鳕科、多丝真鳕科、鳕科、长尾鳕科、黑鳕科、无须鳕科、深海鳕科及南极鳕科鱼,阿拉斯加狭鳕鱼除外
0304.9600	- - 角鲨及其他鲨鱼
0304.9700	- - 魟鱼及鳐鱼(鳐科)
0304.9900	- - 其他
03.05	**干、盐腌或盐渍的鱼;熏鱼,不论在熏制前或熏制过程中是否烹煮:**
0305.2000	- 干、熏、盐腌或盐渍的鱼肝、鱼卵及鱼精
	- 干、盐腌或盐渍的鱼片,但熏制的除外:
0305.3100	- - 罗非鱼(口孵非鲫属)、鲶鱼(𩷶鲶属、鲶属、胡鲶属、真鮰属)、鲤科鱼(鲤属、鲫属、草鱼、鲢属、鲮属、青鱼、卡特拉鲃、野鲮属、哈氏纹唇鱼、何氏细须鲃、鲂属)、鳗鱼(鳗鲡属)、尼罗河鲈鱼(尼罗尖吻鲈)及黑鱼(鳢属)

商品编码	商品名称
0305.3200	－－犀鳕科、多丝真鳕科、鳕科、长尾鳕科、黑鳕科、无须鳕科、深海鳕科及南极鳕科鱼
0305.3900	－－其他
	－熏鱼，包括鱼片，但食用杂碎除外：
	－－大麻哈鱼［红大麻哈鱼、细鳞大麻哈鱼、大麻哈鱼（种）、大鳞大麻哈鱼、银大麻哈鱼、马苏大麻哈鱼、玫瑰大麻哈鱼］、大西洋鲑鱼及多瑙哲罗鱼：
0305.4110	－－－大西洋鲑鱼
0305.4120	－－－大麻哈鱼及多瑙哲罗鱼
0305.4200	－－鲱鱼（大西洋鲱鱼、太平洋鲱鱼）
0305.4300	－－鳟鱼（河鳟、虹鳟、克拉克大麻哈鱼、阿瓜大麻哈鱼、吉雨大麻哈鱼、亚利桑那大麻哈鱼、金腹大麻哈鱼）
0305.4400	－－罗非鱼（口孵非鲫属）、鲶鱼（𩷶鲶属、鲶属、胡鲶属、真鮰属）、鲤科鱼（鲤属、鲫属、草鱼、鲢属、鲮属、青鱼、卡特拉鲃、野鲮属、哈氏纹唇鱼、何氏细须鲃、鲂属）、鳗鱼（鳗鲡属）、尼罗河鲈鱼（尼罗尖吻鲈）及黑鱼（鳢属）
0305.4900	－－其他
	－干鱼（不包括食用杂碎），不论是否盐腌，但熏制的除外：
0305.5100	－－鳕鱼（大西洋鳕鱼、格陵兰鳕鱼、太平洋鳕鱼）
0305.5200	－－罗非鱼（口孵非鲫属）、鲶鱼（𩷶鲶属、鲶属、胡鲶属、真鮰属）、鲤科鱼（鲤属、鲫属、草鱼、鲢属、鲮属、青鱼、卡特拉鲃、野鲮属、哈氏纹唇鱼、何氏细须鲃、鲂属）、鳗鱼（鳗鲡属）、尼罗河鲈鱼（尼罗尖吻鲈）及黑鱼（鳢属）
0305.5300	－－犀鳕科、多丝真鳕科、鳕科、长尾鳕科、黑鳕科、无须鳕科、深海鳕科及南极鳕科鱼，鳕鱼（大西洋鳕鱼、格陵兰鳕鱼、太平洋鳕鱼）除外
	－－鲱鱼（大西洋鲱鱼、太平洋鲱鱼）、鳀鱼（鳀属）、沙丁鱼（沙丁鱼、沙瑙鱼属）、小沙丁鱼属、黍鲱或西鲱、鲭鱼［大西洋鲭、澳洲鲭（鲐）、日本鲭（鲐）］、印度鲭（羽鳃鲐属）、马鲛鱼（马鲛属）、对称竹荚鱼、新西兰竹荚鱼及竹荚鱼（竹荚鱼属）、鲹鱼（鲹属）、军曹鱼、银鲳（鲳属）、秋刀鱼、圆鲹（圆鲹属）、多春鱼（毛鳞鱼）、剑鱼、鲔鱼、狐鲣（狐鲣属）、枪鱼、旗鱼、四鳍旗鱼（旗鱼科）：
0305.5410	－－－银鲳（鲳属）
0305.5490	－－－其他
	－－其他：
0305.5910	－－－海龙、海马
0305.5990	－－－其他
	－盐腌及盐渍的鱼（不包括食用杂碎），但干或熏制的除外：
0305.6100	－－鲱鱼（大西洋鲱鱼、太平洋鲱鱼）
0305.6200	－－鳕鱼（大西洋鳕鱼、格陵兰鳕鱼、太平洋鳕鱼）
0305.6300	－－鳀鱼（鳀属）
0305.6400	－－罗非鱼（口孵非鲫属）、鲶鱼（𩷶鲶属、鲶属、胡鲶属、真鮰属）、鲤科鱼（鲤属、鲫属、草鱼、鲢属、鲮属、青鱼、卡特拉鲃、野鲮属、哈氏纹唇鱼、何氏细须鲃、鲂属）、鳗鱼（鳗鲡属）、尼罗河鲈鱼（尼罗尖吻鲈）及黑鱼（鳢属）
	－－其他：
0305.6910	－－－带鱼
0305.6920	－－－黄鱼
0305.6930	－－－鲳鱼（银鲳除外）
0305.6990	－－－其他
	－鱼鳍、鱼头、鱼尾、鱼鳔及其他可食用杂碎：
0305.7100	－－鲨鱼翅
0305.7200	－－鱼头、鱼尾、鱼鳔
0305.7900	－－其他

商品编码	商品名称
03.06	**带壳或去壳的甲壳动物,活、鲜、冷、冻、干、盐腌或盐渍的;熏制的带壳或去壳甲壳动物,不论在熏制前或熏制过程中是否烹煮;蒸过或用水煮过的带壳甲壳动物,不论是否冷、冻、干、盐腌或盐渍的:**
	-冻的:
0306.1100	--岩礁虾和其他龙虾(真龙虾属、龙虾属、岩龙虾属)
0306.1200	--螯龙虾(螯龙虾属)
	--蟹:
0306.1410	---梭子蟹
0306.1490	---其他
0306.1500	--挪威海螯虾
	--冷水小虾及对虾(长额虾属、褐虾):
0306.1630	---虾仁
0306.1640	---其他,北方长额虾
0306.1690	---其他
	--其他小虾及对虾:
0306.1730	---虾仁
0306.1790	---其他
	--其他:
	---淡水小龙虾:
0306.1911	----虾仁
0306.1919	----其他
0306.1990	---其他
	-活、鲜或冷的:
	--岩礁虾及其他龙虾(真龙虾属、龙虾属、岩龙虾属):
0306.3110	---种苗
0306.3190	---其他
	--螯龙虾(螯龙虾属):
0306.3210	---种苗
0306.3290	---其他
	--蟹:
0306.3310	---种苗
	---其他:
0306.3391	----中华绒螯蟹
0306.3392	----梭子蟹
0306.3399	----其他
	--挪威海螯虾:
0306.3410	---种苗
0306.3490	---其他
	--冷水小虾及对虾(长额虾属、褐虾):
0306.3510	---种苗
0306.3590	---其他
	--其他小虾及对虾:
0306.3610	---种苗
0306.3690	---其他
	--其他:
0306.3910	---种苗
0306.3990	---其他
	-其他:
0306.9100	--岩礁虾及其他龙虾(真龙虾属、龙虾属、岩龙虾属)
0306.9200	--螯龙虾(螯龙虾属)
	--蟹:
0306.9310	---中华绒螯蟹
0306.9320	---梭子蟹
0306.9390	---其他
0306.9400	--挪威海螯虾
	--小虾及对虾:
0306.9510	---冷水小虾及对虾(长额虾属、褐虾)
0306.9590	---其他小虾及对虾
0306.9900	--其他
03.07	**带壳或去壳的软体动物,活、鲜、冷、冻、干、盐腌或盐渍的;熏制的带壳或去壳软体动物,不论在熏制前或熏制过程中是否烹煮:**
	-牡蛎(蚝):
	--活、鲜或冷的:
0307.1110	---种苗
0307.1190	---其他
0307.1200	--冻的
0307.1900	--其他
	-扇贝及其他扇贝科的软体动物:
	--活、鲜或冷的:
0307.2110	---种苗
	---其他:

商品编码	商品名称
0307.2191	----扇贝(扇贝属、栉孔扇贝属、巨扇贝属)
0307.2199	----其他
	--冻的:
0307.2210	---扇贝(扇贝属、栉孔扇贝属、巨扇贝属)
0307.2290	---其他
	--其他:
0307.2910	---扇贝(扇贝属、栉孔扇贝属、巨扇贝属)
0307.2990	---其他
	-贻贝:
	--活、鲜或冷的:
0307.3110	---种苗
0307.3190	---其他
0307.3200	--冻的
0307.3900	--其他
	-墨鱼及鱿鱼:
	--活、鲜或冷的:
0307.4210	---种苗
	---其他:
0307.4291	----墨鱼(乌贼属、巨粒僧头乌贼、耳乌贼属)及鱿鱼(柔鱼属、枪乌贼属、双柔鱼属、拟乌贼属)
0307.4299	----其他
	--冻的:
0307.4310	---墨鱼(乌贼属、巨粒僧头乌贼、耳乌贼属)及鱿鱼(柔鱼属、枪乌贼属、双柔鱼属、拟乌贼属)
0307.4390	---其他
	--其他:
0307.4910	---墨鱼(乌贼属、巨粒僧头乌贼、耳乌贼属)及鱿鱼(柔鱼属、枪乌贼属、双柔鱼属、拟乌贼属)
0307.4990	---其他
	-章鱼:
0307.5100	--活、鲜或冷的
0307.5200	--冻的
0307.5900	--其他
	-蜗牛及螺,海螺除外:
0307.6010	---种苗
0307.6090	---其他
	-蛤、鸟蛤及舟贝(蚶科、北极蛤科、鸟蛤科、斧蛤科、缝栖蛤科、蛤蜊科、中带蛤科、海螂科、双带蛤科、截蛏科、竹蛏科、砗磲科、帘蛤科):
	--活、鲜或冷的:
0307.7110	---种苗
	---其他:
0307.7191	----蛤
0307.7199	----其他
0307.7200	--冻的
0307.7900	--其他
	-鲍鱼(鲍属)及凤螺(凤螺属):
	--活、鲜或冷的鲍鱼(鲍属):
0307.8110	---种苗
0307.8190	---其他
	--活、鲜或冷的凤螺(凤螺属):
0307.8210	---种苗
0307.8290	---其他
0307.8300	--冻的鲍鱼(鲍属)
0307.8400	--冻的凤螺(凤螺属)
0307.8700	--其他鲍鱼(鲍属)
0307.8800	--其他凤螺(凤螺属)
	-其他:
	--活、鲜或冷的:
0307.9110	---种苗
0307.9190	---其他
0307.9200	--冻的
0307.9900	--其他
03.08	**不属于甲壳动物及软体动物的水生无脊椎动物,活、鲜、冷、冻、干、盐腌或盐渍的;熏制的不属于甲壳动物及软体动物的水生无脊椎动物,不论在熏制前或熏制过程中是否烹煮:**
	-海参(仿刺参、海参纲):
	--活、鲜或冷的:
0308.1110	---种苗
0308.1190	---其他
0308.1200	--冻的
0308.1900	--其他

商品编码	商品名称	商品编码	商品名称
	–海胆(球海胆属、拟球海胆、智利海胆、食用正海胆):		
	––活、鲜或冷的:		
0308.2110	–––种苗		
0308.2190	–––其他		
0308.2200	––冻的		
0308.2900	––其他		
	–海蜇(海蜇属):		
	–––活、鲜或冷的:		
0308.3011	––––种苗		
0308.3019	––––其他		
0308.3090	–––其他		
	–其他:		
	–––活、鲜或冷的:		
0308.9011	––––种苗		
0308.9012	––––沙蚕,种苗除外		
0308.9019	––––其他		
0308.9090	–––其他		
03.09	**适合供人食用的鱼、甲壳动物、软体动物和其他水生无脊椎动物的细粉、粗粉及团粒:**		
0309.1000	–鱼的		
0309.9000	–其他		

第四章　乳品；蛋品；天然蜂蜜；其他食用动物产品

注释：

一、所称“乳”，是指全脂乳及半脱脂或全脱脂的乳。①

二、品目 04.03 所称“酸乳”可以浓缩或调味，可以含糖或其他甜味物质、水果、坚果、可可、巧克力、调味香料、咖啡或咖啡提取物、其他植物或植物的部分、谷物或面包制品，但添加的任何物质不能用于全部或部分取代任何乳成分，而且产品需保留酸乳的基本特征。

三、品目 04.05 所称：

（一）“黄油”，仅指从乳中提取的天然黄油、乳清黄油及调制黄油（新鲜、加盐或酸败的，包括罐装黄油），按重量计乳脂含量在 80%及以上，但不超过 95%，乳的无脂固形物最大含量不超过 2%，以及水的最大含量不超过 16%。黄油中不含添加的乳化剂，但可含有氯化钠、食用色素、中和盐及无害乳酸菌的培养物。

（二）“乳酱”是一种油包水型可涂抹的乳状物，乳脂是该制品所含的唯一脂肪，按重量计其含量在 39%及以上，但小于 80%。

四、乳清经浓缩并加入乳或乳脂制成的产品，若同时具有下列三种特性，则视为乳酪归入品目 04.06：

（一）按干重计乳脂含量在 5%及以上的；

（二）按重量计干质成分至少为 70%，但不超过 85%的；

（三）已成型或可以成型的。

五、本章不包括：

（一）不适宜供人食用的死昆虫（品目 05.11）；

（二）按重量计乳糖含量（以干燥无水乳糖计）超过 95%的乳清制品（品目 17.02）；

（三）以一种物质（例如，油酸酯）代替乳中一种或多种天然成分（例如，丁酸酯）而制得的产品（品目 19.01 或 21.06）；

（四）白蛋白（包括按重量计干质成分的乳清蛋白含量超过 80%的两种或两种以上的乳清蛋白浓缩物）（品目 35.02）及球蛋白（品目 35.04）。

六、品目 04.10 所称“昆虫”是指全部或部分食用的死昆虫，新鲜的、冷藏的、冷冻的、干燥的、烟熏的、盐腌或盐渍的；以及适合供人食用的昆虫的细粉和粗粉。但本品目不包括用其他方法制作或保藏的食用的死昆虫（第四类）。②

子目注释：

一、子目 0404.10 所称“改性乳清”，是指由乳清成分构成的制品，即全部或部分去除乳糖、蛋白或矿物质的乳清、加入天然乳清成分的乳清及由混入天然乳清成分制成的产品。

二、子目 0405.10 所称“黄油”，不包括脱水黄油及印度酥油（子目 0405.90）。

---

① 例如，全脂、半脱脂、全脱脂的牛奶（未浓缩及未加糖或其他甜物质）均归入品目 04.01。

② 例如，油炸蚕蛹应归入品目 16.02。

商品编码	商品名称
04.01	**未浓缩及未加糖或其他甜物质的乳及稀奶油:**
0401.1000	- 按重量计脂肪含量不超过1%
0401.2000	- 按重量计脂肪含量超过1%,但不超过6%
0401.4000	- 按重量计脂肪含量超过6%,但不超过10%
0401.5000	- 按重量计脂肪含量超过10%
04.02	**浓缩、加糖或其他甜物质的乳及稀奶油:**
0402.1000	- 粉状、粒状或其他固体形状,按重量计脂肪含量不超过1.5%
	- 粉状、粒状或其他固体形状,按重量计脂肪含量超过1.5%:
0402.2100	- - 未加糖或其他甜物质
0402.2900	- - 其他
	- 其他:
0402.9100	- - 未加糖或其他甜物质
0402.9900	- - 其他
04.03	**酸乳;酪乳、结块的乳及稀奶油、酸乳酒及其他发酵或酸化的乳和稀奶油,不论是否浓缩、加糖、加其他甜物质、加香料、加水果、加坚果或加可可:**
	- 酸乳:
0403.2010	- - - 不论是否浓缩,除允许添加的添加剂外,仅可含糖或其他甜味物质、香料、水果、坚果、可可
0403.2090	- - - 其他
0403.9000	- 其他
04.04	**乳清,不论是否浓缩、加糖或其他甜物质;其他品目未列名的含天然乳的产品,不论是否加糖或其他甜物质:**
0404.1000	- 乳清及改性乳清,不论是否浓缩、加糖或其他甜物质
0404.9000	- 其他
04.05	**黄油及其他从乳中提取的脂和油;乳酱:**
0405.1000	- 黄油
0405.2000	- 乳酱
0405.9000	- 其他
04.06	**乳酪及凝乳:**
0406.1000	- 鲜乳酪(未熟化或未固化的),包括乳清乳酪;凝乳
0406.2000	- 各种磨碎或粉化的乳酪
0406.3000	- 经加工的乳酪,但磨碎或粉化的除外
0406.4000	- 蓝纹乳酪和娄地青霉生产的带有纹理的其他乳酪
0406.9000	- 其他乳酪
04.07	**带壳禽蛋,鲜、腌制或煮过的:**
	- 孵化用受精禽蛋:
0407.1100	- - 鸡的
0407.1900	- - 其他
	- 其他鲜蛋:
0407.2100	- - 鸡的
0407.2900	- - 其他
	- 其他:
0407.9010	- - - 咸蛋
0407.9020	- - - 皮蛋
0407.9090	- - - 其他
04.08	**去壳禽蛋及蛋黄,鲜、干、冻、蒸过或水煮、制成型或用其他方法保藏的,不论是否加糖或其他甜物质:**
	- 蛋黄:
0408.1100	- - 干的
0408.1900	- - 其他
	- 其他:
0408.9100	- - 干的
0408.9900	- - 其他
04.09	**天然蜂蜜:**
0409.0000	天然蜂蜜
04.10	**其他品目未列名的昆虫及其他食用动物产品:**
0410.1000	- 昆虫
	- 其他:
0410.9010	- - - 燕窝
	- - - 蜂产品:
0410.9021	- - - - 鲜蜂王浆
0410.9022	- - - - 鲜蜂王浆粉
0410.9023	- - - - 蜂花粉
0410.9029	- - - - 其他
0410.9090	- - - 其他

第五章　其他动物产品

注释：

一、本章不包括：[①]

（一）食用产品（整个或切块的动物肠、膀胱和胃以及液态或干制的动物血除外）；

（二）生皮或毛皮（第四十一章、第四十三章），但品目05.05的货品及品目05.11的生皮或毛皮的边角废料仍归入本章；

（三）马毛及废马毛以外的动物纺织原料（第十一类）；或

（四）供制帚、制刷用的成束、成簇的材料（品目96.03）。

二、仅按长度而未按发根和发梢整理的人发，视为未加工品，归入品目05.01。

三、本目录所称“兽牙”，是指象、河马、海象、一角鲸和野猪的长牙、犀角及其他动物的牙齿。[②]

四、本目录所称“马毛”，是指马科、牛科动物的鬃毛和尾毛。品目05.11主要包括马毛及废马毛，不论是否制成带衬垫或不带衬垫的毛片。

商品编码	商品名称
05.01	**未经加工的人发，不论是否洗涤；废人发：**
0501.0000	未经加工的人发，不论是否洗涤；废人发
05.02	**猪鬃、猪毛；獾毛及其他制刷用兽毛；上述鬃毛的废料：**
	－猪鬃、猪毛及其废料：
0502.1010	－－－猪鬃
0502.1020	－－－猪毛
0502.1030	－－－废料
	－其他：
	－－－獾毛及其他制刷用兽毛：
0502.9011	－－－－山羊毛
0502.9012	－－－－黄鼠狼尾毛
0502.9019	－－－－其他
0502.9020	－－－废料
05.04	**整个或切块的动物（鱼除外）的肠、膀胱及胃，鲜、冷、冻、干、熏、盐腌或盐渍的：**
	－－－肠衣：
0504.0011	－－－－盐渍猪肠衣（猪大肠头除外）
0504.0012	－－－－盐渍绵羊肠衣
0504.0013	－－－－盐渍山羊肠衣
0504.0014	－－－－盐渍猪大肠头
0504.0019	－－－－其他
	－－－胃：
0504.0021	－－－－冷、冻的鸡胗
0504.0029	－－－－其他
0504.0090	－－－其他
05.05	**带有羽毛或羽绒的鸟皮及鸟体其他部分；羽毛及不完整羽毛（不论是否修边）、羽绒，仅经洗涤、消毒或为了保藏而作过处理，但未经进一步加工；羽毛或不完整羽毛的粉末及废料：**
0505.1000	－填充用羽毛；羽绒
	－其他：
0505.9010	－－－羽毛或不完整羽毛的粉末及废料
0505.9090	－－－其他

---

① 可供食用的动物肠、膀胱、胃应归入品目05.04，动物血应归入品目05.11，其他可供食用的，例如猪肉不归入本章；动物的生皮应归入第四十一章，动物的毛皮应归入第四十三章，但未加工或经洗涤、消毒或为了保藏而作过处理但未进一步加工的带有羽毛或羽绒的整张鸟皮或不完整鸟皮应归入品目05.05，生皮或皮张的边角料及类似废料应归入品目05.11；马毛及废马毛归入品目05.11，但羊毛、兔毛等应作为纺织材料归入第十一类；猪鬃、猪毛及其他制刷用毛归入品目05.02，但如果加工成供制帚、制刷用的成束、成簇的材料，应归入品目96.03。

② 例如，象牙、犀牛角、鲨鱼的牙齿都属于协调制度所称的“兽牙”。

商品编码	商品名称
05.06	**骨及角柱,未经加工或经脱脂、简单整理(但未切割成形)、酸处理或脱胶;上述产品的粉末及废料:**
0506.1000	- 经酸处理的骨胶原及骨
	- 其他:
	- - - 骨粉、骨废料:
0506.9011	- - - - 含牛羊成分的
0506.9019	- - - - 其他
0506.9090	- - - 其他
05.07	**兽牙、龟壳、鲸须、鲸须毛、角、鹿角、蹄、甲、爪及喙,未经加工或仅简单整理但未切割成形;上述产品的粉末及废料:**
0507.1000	- 兽牙;兽牙粉末及废料
	- 其他:
0507.9010	- - - 羚羊角及其粉末和废料
0507.9020	- - - 鹿茸及其粉末
0507.9090	- - - 其他
05.08	**珊瑚及类似品,未经加工或仅简单整理但未经进一步加工;软体动物壳、甲壳动物壳、棘皮动物壳、墨鱼骨,未经加工或仅简单整理但未切割成形,上述壳、骨的粉末及废料:**
0508.0010	- - - 粉末及废料
0508.0090	- - - 其他
05.10	**龙涎香、海狸香、灵猫香及麝香;斑蝥;胆汁,不论是否干制;供配制药用的腺体及其他动物产品,鲜、冷、冻或用其他方法暂时保藏的:**
0510.0010	- - - 黄药
0510.0020	- - - 龙涎香、海狸香、灵猫香
0510.0030	- - - 麝香
0510.0040	- - - 斑蝥
0510.0090	- - - 其他
05.11	**其他品目未列名的动物产品;不适合供人食用的第一章或第三章的死动物:**
0511.1000	- 牛的精液
	- 其他:
	- - 鱼、甲壳动物、软体动物、其他水生无脊椎动物的产品;第三章的死动物:
	- - - 鱼的:
0511.9111	- - - - 受精鱼卵
0511.9119	- - - - 其他
0511.9190	- - - 其他
	- - 其他:
0511.9910	- - - 动物精液(牛的精液除外)
0511.9920	- - - 动物胚胎
0511.9930	- - - 蚕种
0511.9940	- - - 马毛及废马毛,不论是否制成有或无衬垫的毛片
0511.9990	- - - 其他

第二类　植物产品

注释：

本类所称“团粒”，是指直接挤压或加入按重量计比例不超过3%的黏合剂制成的粒状产品。

第六章　活树及其他活植物；鳞茎、根及类似品；插花及装饰用簇叶

注释：

一、除品目06.01的菊苣植物及其根以外，本章只包括通常由苗圃或花店供应为种植或装饰用的活树及其他货品（包括植物秧苗）；但不包括马铃薯、洋葱、青葱、大蒜及其他第七章的产品。

二、品目06.03、06.04的各种货品，包括全部或部分用这些货品制成的花束、花篮、花圈及类似品，不论是否有其他材料制成的附件。但这些货品不包括品目97.01的拼贴画或类似的装饰板。①

商品编码	商品名称
06.01	**鳞茎、块茎、块根、球茎、根颈及根茎，休眠、生长或开花的；菊苣植物及其根，但品目12.12的根除外：**
	－休眠的鳞茎、块茎、块根、球茎、根颈及根茎：
0601.1010	－－－番红花球茎
	－－－百合球茎：
0601.1021	－－－－种用
0601.1029	－－－－其他
	－－－其他：
0601.1091	－－－－种用
0601.1099	－－－－其他
0601.2000	－生长或开花的鳞茎、块茎、块根、球茎、根颈及根茎；菊苣植物及其根
06.02	**其他活植物（包括其根）、插枝及接穗；蘑菇菌丝：**
0602.1000	－无根插枝及接穗
	－食用水果或食用坚果的树、灌木，不论是否嫁接：
0602.2010	－－－种用苗木
0602.2090	－－－其他
	－杜鹃，不论是否嫁接：
0602.3010	－－－种用
0602.3090	－－－其他
	－玫瑰，不论是否嫁接：
0602.4010	－－－种用
0602.4090	－－－其他
	－其他：
0602.9010	－－－蘑菇菌丝
	－－－其他：
0602.9091	－－－－种用苗木
0602.9092	－－－－兰花
0602.9093	－－－－菊花
0602.9094	－－－－百合
0602.9095	－－－－康乃馨
0602.9099	－－－－其他
06.03	**制花束或装饰用的插花及花蕾，鲜、干、染色、漂白、浸渍或用其他方法处理的：**
	－鲜的：

① 品目06.03不仅包括插花及花蕾本身，而且还包括用花或花蕾制成的花束、花圈、花篮及类似品，这些花束等如果具有花卉商品的基本特征，即使带有其他材料制成的配件（丝带、纸饰物等），仍归入本品目；如果上述产品不带花及花蕾，则应归入品目06.04。用花或花蕾、植物枝、叶等用胶粘或其他方法在木、纸、纺织材料等基底上拼装成图画、装饰图案或花纹制成的拼贴画或类似的装饰板应归入品目97.01。

商品编码	商品名称	商品编码	商品名称
0603.1100	--玫瑰		
0603.1200	--康乃馨		
0603.1300	--兰花		
0603.1400	--菊花		
0603.1500	--百合花(百合属)		
0603.1900	--其他		
0603.9000	-其他		
06.04	**制花束或装饰用的不带花及花蕾的植物枝、叶或其他部分、草、苔藓及地衣,鲜、干、染色、漂白、浸渍或用其他方法处理的:**		
	-鲜的:		
0604.2010	---苔藓及地衣		
0604.2090	---其他		
	-其他:		
0604.9010	---苔藓及地衣		
0604.9090	---其他		

第七章　食用蔬菜、根及块茎

注释：

一、本章不包括品目 12.14 的草料。

二、品目 07.09、07.10、07.11 及 07.12 所称“蔬菜”，包括食用的蘑菇、块菌、油橄榄、刺山柑、菜葫芦、南瓜、茄子、甜玉米、辣椒、茴香菜、欧芹、细叶芹、龙蒿、水芹、甜莱乔栾那。

三、品目 07.12 包括干制的归入品目 07.01 至 07.11 的各种蔬菜，但下列各项除外：①

（一）作蔬菜用的脱荚干豆（品目 07.13）；

（二）品目 11.02 至 11.04 所列形状的甜玉米；

（三）马铃薯细粉、粗粉、粉末、粉片、颗粒及团粒（品目 11.05）；

（四）用品目 07.13 的干豆制成的细粉、粗粉及粉末（品目 11.06）。

四、本章不包括辣椒干及辣椒粉（品目 09.04）。②

五、品目 07.11 适用于使用前在运输或贮存时仅为暂时保藏而进行处理（例如，使用二氧化硫气体、盐水、亚硫酸水或其他防腐液）的蔬菜，但不适于直接食用。

商品编码	商品名称
07.01	**鲜或冷藏的马铃薯：**
0701.1000	－种用
0701.9000	－其他
07.02	**鲜或冷藏的番茄：**
0702.0000	鲜或冷藏的番茄
07.03	**鲜或冷藏的洋葱、青葱、大蒜、韭葱及其他葱属蔬菜：**
	－洋葱及青葱：
0703.1010	－－－洋葱
0703.1020	－－－青葱
	－大蒜：
0703.2010	－－－蒜头
0703.2020	－－－蒜薹及蒜苗（青蒜）
0703.2090	－－－其他
	－韭葱及其他葱属蔬菜：
0703.9010	－－－韭葱
0703.9020	－－－大葱
0703.9090	－－－其他
07.04	**鲜或冷藏的卷心菜、菜花、球茎甘蓝、羽衣甘蓝及类似的食用芥菜类蔬菜：**
	－菜花及西兰花：
0704.1010	－－－菜花
0704.1090	－－－其他
0704.2000	－抱子甘蓝
	－其他：
0704.9010	－－－卷心菜
0704.9090	－－－其他
07.05	**鲜或冷藏的莴苣及菊苣：**
	－莴苣：
0705.1100	－－结球莴苣（包心生菜）
0705.1900	－－其他
	－菊苣：
0705.2100	－－维特罗夫菊苣
0705.2900	－－其他
07.06	**鲜或冷藏的胡萝卜、芜菁、色拉甜菜根、婆罗门参、块根芹、萝卜及类似的食用根茎：**
0706.1000	－胡萝卜及芜菁
0706.9000	－其他
07.07	**鲜或冷藏的黄瓜及小黄瓜：**

① 例如，干蘑菇、干木耳归入品目 07.12，但干绿豆（绿豆属于蔬菜）应归入品目 07.13。甜玉米的细粉、粗粒、粗粉、团粒及符合品目 11.04 条文形状的应归入品目 11.02～11.04。马铃薯的细粉、粗粉、粉末、粉片、颗粒及团粒应归入品目 11.05。用品目 07.13 的干豆制成的细粉、粗粉及粉末（例如，蚕豆粉）应归入品目 11.06。

② 辣椒属于蔬菜，应归入本章，但辣椒干、辣椒粉应作为调味香料归入品目 09.04。

商品编码	商品名称
0707.0000	鲜或冷藏的黄瓜及小黄瓜
07.08	**鲜或冷藏的豆类蔬菜,不论是否脱荚:**
0708.1000	-豌豆
0708.2000	-豇豆属及菜豆属
0708.9000	-其他豆类蔬菜
07.09	**鲜或冷藏的其他蔬菜:**
0709.2000	-芦笋
0709.3000	-茄子
0709.4000	-芹菜,但块根芹除外
	-蘑菇及块菌:
0709.5100	--伞菌属蘑菇
0709.5200	--牛肝菌属蘑菇
0709.5300	--鸡油菌属蘑菇
0709.5400	--香菇
0709.5500	--松茸(松口蘑、美洲松口蘑、雪松口蘑、甜味松口蘑、欧洲松口蘑)
0709.5600	--块菌(松露属)
	--其他:
0709.5910	---其他松茸
0709.5930	---金针菇
0709.5940	---草菇
0709.5950	---口蘑
0709.5960	---其他块菌
0709.5990	---其他
0709.6000	-辣椒属及多香果属的果实
0709.7000	-菠菜
	-其他:
0709.9100	--洋蓟
0709.9200	--油橄榄
0709.9300	--南瓜、笋瓜及瓠瓜(南瓜属)
	--其他:
0709.9910	---竹笋
0709.9990	---其他
07.10	**冷冻蔬菜(不论是否蒸煮):**
0710.1000	-马铃薯
	-豆类蔬菜,不论是否脱荚:
0710.2100	--豌豆
	--豇豆属及菜豆属:
0710.2210	---红小豆(赤豆)
0710.2290	---其他
0710.2900	--其他
0710.3000	-菠菜
0710.4000	-甜玉米
	-其他蔬菜:
0710.8010	---松茸
0710.8020	---蒜薹及蒜苗(青蒜)
0710.8030	---蒜头
0710.8040	---牛肝菌
0710.8090	---其他
0710.9000	-什锦蔬菜
07.11	**暂时保藏的蔬菜,但不适于直接食用的:**
0711.2000	-油橄榄
0711.4000	-黄瓜及小黄瓜
	-蘑菇及块菌:
	--伞菌属蘑菇:
	---盐水的:
0711.5112	----白蘑菇
0711.5119	----其他
0711.5190	---其他
	--其他:
	---盐水的:
0711.5911	----松茸
0711.5919	----其他
0711.5990	---其他
	-其他蔬菜;什锦蔬菜:
	---盐水的:
0711.9031	----竹笋
0711.9034	----大蒜
0711.9039	----其他
0711.9090	---其他
07.12	**干蔬菜,整个、切块、切片、破碎或制成粉状,但未经进一步加工的:**
0712.2000	-洋葱
	-蘑菇、木耳、银耳及块菌:
0712.3100	--伞菌属蘑菇
0712.3200	--木耳
0712.3300	--银耳
0712.3400	--香菇
	--其他:

商品编码	商品名称
0712.3920	- - - 金针菇
0712.3950	- - - 牛肝菌
	- - - 其他:
0712.3991	- - - - 羊肚菌
0712.3999	- - - - 其他
	- 其他蔬菜;什锦蔬菜:
0712.9010	- - - 笋干丝
0712.9020	- - - 紫萁(薇菜干)
0712.9030	- - - 金针菜(黄花菜)
0712.9040	- - - 蕨菜
0712.9050	- - - 大蒜
	- - - 其他:
0712.9091	- - - - 辣根
0712.9099	- - - - 其他
07.13	**脱荚的干豆,不论是否去皮或分瓣:**
	- 豌豆:
0713.1010	- - - 种用
0713.1090	- - - 其他
	- 鹰嘴豆:
0713.2010	- - - 种用
0713.2090	- - - 其他
	- 豇豆属及菜豆属:
	- - 绿豆:
0713.3110	- - - 种用
0713.3190	- - - 其他
	- - 红小豆(赤豆):
0713.3210	- - - 种用
0713.3290	- - - 其他
	- - 芸豆:
0713.3310	- - - 种用
0713.3390	- - - 其他
0713.3400	- - 巴姆巴拉豆
0713.3500	- - 牛豆(豇豆)
0713.3900	- - 其他
	- 扁豆:
0713.4010	- - - 种用
0713.4090	- - - 其他
	- 蚕豆:
0713.5010	- - - 种用
0713.5090	- - - 其他
	- 木豆(木豆属):
0713.6010	- - - 种用
0713.6090	- - - 其他
	- 其他:
0713.9010	- - - 种用干豆
0713.9090	- - - 其他
07.14	**鲜、冷、冻或干的木薯、竹芋、兰科植物块茎、菊芋、甘薯及含有高淀粉或菊粉的类似根茎,不论是否切片或制成团粒;西谷茎髓:**
	- 木薯:
0714.1010	- - - 鲜的
0714.1020	- - - 干的
0714.1030	- - - 冷或冻的
	- 甘薯:
	- - - 鲜的:
0714.2011	- - - - 种用
0714.2019	- - - - 其他
0714.2020	- - - 干的
0714.2030	- - - 冷或冻的
0714.3000	- 山药
0714.4000	- 芋头(芋属)
0714.5000	- 箭叶黄体芋(黄肉芋属)
	- 其他:
0714.9010	- - - 荸荠
	- - - 藕:
0714.9021	- - - - 种用
0714.9029	- - - - 其他
0714.9090	- - - 其他

第八章　食用水果及坚果;柑橘属水果或甜瓜的果皮

注释:

一、本章不包括非供食用的坚果或水果。①

二、冷藏的水果和坚果应按相应的鲜果品目归类。②

三、本章的干果可以部分复水或为下列目的进行其他处理,但必须保持干果的特征:

(一)为保藏或保持其稳定性(例如,经适度热处理或硫化处理、添加山梨酸或山梨酸钾);

(二)为改进或保持其外观(例如,添加植物油或少量葡萄糖浆)。

四、品目 08.12 适用于使用前在运输或贮存时仅为暂时保藏而进行处理(例如,使用二氧化硫气体、盐水、亚硫酸水或其他防腐液)的水果及坚果,但不适于直接食用。

商品编码	商品名称
08.01	**鲜或干的椰子、巴西果及腰果,不论是否去壳或去皮:**
	- 椰子:
0801.1100	- - 干的
0801.1200	- - 未去内壳(内果皮)
	- - 其他:
0801.1910	- - - 种用
0801.1990	- - - 其他
	- 巴西果:
0801.2100	- - 未去壳
0801.2200	- - 去壳
	- 腰果:
0801.3100	- - 未去壳
0801.3200	- - 去壳
08.02	**鲜或干的其他坚果,不论是否去壳或去皮:**
	- 扁桃核及仁:
0802.1100	- - 未去壳
0802.1200	- - 去壳
	- 榛子:
0802.2100	- - 未去壳
0802.2200	- - 去壳
	- 核桃:
0802.3100	- - 未去壳
0802.3200	- - 去壳
	- 栗子:
	- - 未去壳:
0802.4110	- - - 板栗
0802.4190	- - - 其他
	- - 去壳:
0802.4210	- - - 板栗
0802.4290	- - - 其他
	- 阿月浑子果(开心果):
0802.5100	- - 未去壳
0802.5200	- - 去壳
	- 马卡达姆坚果(夏威夷果):
	- - 未去壳:
0802.6110	- - - 种用
0802.6190	- - - 其他
0802.6200	- - 去壳
0802.7000	- 可乐果(可乐果属)
0802.8000	- 槟榔果
	- 其他:
0802.9100	- - 未去壳松子
0802.9200	- - 去壳松子
	- - 其他:
0802.9910	- - - 白果
0802.9990	- - - 其他
08.03	**鲜或干的香蕉,包括芭蕉:**
0803.1000	- 芭蕉
0803.9000	- 其他

① 例如,七叶树果不适合供人食用,但可做饲料用,应归入品目 23.08。

② 例如,冷藏的榴莲肉应按新鲜的榴莲归入品目 08.10。

商品编码	商品名称
08.04	**鲜或干的椰枣、无花果、菠萝、鳄梨、番石榴、芒果及山竹果:**
0804.1000	- 椰枣
0804.2000	- 无花果
0804.3000	- 菠萝
0804.4000	- 鳄梨
	- 番石榴、芒果及山竹果:
0804.5010	- - - 番石榴
0804.5020	- - - 芒果
0804.5030	- - - 山竹果
08.05	**鲜或干的柑橘属水果:**
0805.1000	- 橙
	- 柑橘(包括小蜜橘及萨摩蜜柑橘);克里曼丁橘、韦尔金橘及类似的杂交柑橘:
	- - 柑橘(包括小蜜橘及萨摩蜜柑橘):
0805.2110	- - - 蕉柑
0805.2190	- - - 其他
0805.2200	- - 克里曼丁橘
0805.2900	- - 其他
0805.4000	- 葡萄柚及柚
0805.5000	- 柠檬及酸橙
0805.9000	- 其他
08.06	**鲜或干的葡萄:**
0806.1000	- 鲜的
0806.2000	- 干的
08.07	**鲜的甜瓜(包括西瓜)及番木瓜:**
	- 甜瓜,包括西瓜:
0807.1100	- - 西瓜
	- - 其他:
0807.1910	- - - 哈密瓜
0807.1920	- - - 罗马甜瓜及加勒比甜瓜
0807.1990	- - - 其他
0807.2000	- 番木瓜
08.08	**鲜的苹果、梨及榅桲:**
0808.1000	- 苹果
	- 梨:
0808.3010	- - - 鸭梨及雪梨
0808.3020	- - - 香梨
0808.3090	- - - 其他
0808.4000	- 榅桲
08.09	**鲜的杏、樱桃、桃(包括油桃)、李及黑刺李:**
0809.1000	- 杏
	- 樱桃:
0809.2100	- - 欧洲酸樱桃
0809.2900	- - 其他
0809.3000	- 桃,包括油桃
0809.4000	- 李及黑刺李
08.10	**其他鲜果:**
0810.1000	- 草莓
0810.2000	- 木莓、黑莓、桑葚及罗甘莓
0810.3000	- 黑、白或红的穗醋栗(加仑子)及醋栗
0810.4000	- 蔓越橘、越橘及其他越橘属植物果实
0810.5000	- 猕猴桃
0810.6000	- 榴莲
0810.7000	- 柿子
	- 其他:
0810.9010	- - - 荔枝
0810.9030	- - - 龙眼
0810.9040	- - - 红毛丹
0810.9050	- - - 番荔枝
0810.9060	- - - 杨桃
0810.9070	- - - 莲雾
0810.9080	- - - 火龙果
0810.9090	- - - 其他
08.11	**冷冻水果及坚果,不论是否蒸煮加糖或其他甜物质:**
0811.1000	- 草莓
0811.2000	- 木莓、黑莓、桑葚、罗甘莓,黑、白或红的穗醋栗(加仑子)及醋栗
	- 其他:
0811.9010	- - - 栗子,未去壳
0811.9090	- - - 其他
08.12	**暂时保藏的水果及坚果,但不适于直接食用的:**
0812.1000	- 樱桃
0812.9000	- 其他

商品编码	商品名称	商品编码	商品名称
08.13	**品目 08.01 至 08.06 以外的干果;本章的什锦坚果或干果:**		
0813.1000	- 杏		
0813.2000	- 梅及李		
0813.3000	- 苹果		
	- 其他干果:		
0813.4010	- - - 龙眼干、肉		
0813.4020	- - - 柿饼		
0813.4030	- - - 红枣		
0813.4040	- - - 荔枝干		
0813.4090	- - - 其他		
0813.5000	- 本章的什锦坚果或干果		
08.14	**柑橘属水果或甜瓜(包括西瓜)的果皮,鲜、冻、干或用盐水、亚硫酸水或其他防腐液暂时保藏的:**		
0814.0000	柑橘属水果或甜瓜(包括西瓜)的果皮,鲜、冻、干或用盐水、亚硫酸水或其他防腐液暂时保藏的		

第九章 咖啡、茶、马黛茶及调味香料

注释：

一、品目 09.04 至 09.10 所列产品的混合物，应按下列规定归类：①

（一）同一品目的两种或两种以上产品的混合物仍应归入该品目。

（二）不同品目的两种或两种以上产品的混合物应归入品目 09.10。

品目 09.04 至 09.10 的产品［或上述（一）或（二）项的混合物］如添加了其他物质，只要所得的混合物保持了原产品的基本特性，其归类应不受影响。基本特性已经改变的，则不应归入本章；构成混合调味品的，应归入品目 21.03。

二、本章不包括荜澄茄椒或品目 12.11 的其他产品。

商品编码	商品名称
09.01	**咖啡，不论是否焙炒或浸除咖啡碱；咖啡豆荚及咖啡豆皮；含咖啡的咖啡代用品：**
	- 未焙炒的咖啡：
0901.1100	- - 未浸除咖啡碱
0901.1200	- - 已浸除咖啡碱
	- 已焙炒的咖啡：
0901.2100	- - 未浸除咖啡碱
0901.2200	- - 已浸除咖啡碱
	- 其他：
0901.9010	- - - 咖啡豆荚及咖啡豆皮
0901.9020	- - - 含咖啡的咖啡代用品
09.02	**茶，不论是否加香料：**
	- 绿茶（未发酵），内包装每件净重不超过 3 千克：
0902.1010	- - - 花茶
0902.1090	- - - 其他
	- 其他绿茶（未发酵）：
0902.2010	- - - 花茶
0902.2090	- - - 其他
	- 红茶（已发酵）及部分发酵茶，内包装每件净重不超过 3 千克：
0902.3010	- - - 乌龙茶
	- - - 黑茶：
0902.3031	- - - - 普洱茶（熟茶）
0902.3039	- - - - 其他
0902.3090	- - - 其他
	- 其他红茶（已发酵）及部分发酵茶：
0902.4010	- - - 乌龙茶
	- - - 黑茶：
0902.4031	- - - - 普洱茶（熟茶）
0902.4039	- - - - 其他
0902.4090	- - - 其他
09.03	**马黛茶：**
0903.0000	马黛茶
09.04	**胡椒；辣椒干及辣椒粉：**
	- 胡椒：
0904.1100	- - 未磨
0904.1200	- - 已磨
	- 辣椒：
0904.2100	- - 干，未磨
0904.2200	- - 已磨
09.05	**香子兰豆：**
0905.1000	- 未磨
0905.2000	- 已磨
09.06	**肉桂及肉桂花：**
	- 未磨：
0906.1100	- - 锡兰肉桂

① 例如，将八角茴香（品目 09.09）与小茴香子（品目 09.09）混合后仍然归入品目 09.09，但花椒（品目 09.10）、肉桂（品目 09.06）、八角茴香（品目 09.09）、丁香（品目 09.07）、小茴香子（品目 09.09）磨成粉混合成的五香粉应归入品目 09.10。如果胡椒粉中加有少量叶黄素（食物着色剂），仍归入品目 09.04，但用少量姜黄、肉桂、胡椒与大量芥子细粉混合制成的调制芥末则因其基本特性已经改变，应归入品目 21.03。

商品编码	商品名称
0906.1900	－－其他
0906.2000	－已磨
09.07	**丁香(母丁香、公丁香及丁香梗)**
0907.1000	－未磨
0907.2000	－已磨
09.08	**肉豆蔻、肉豆蔻衣及豆蔻：**
	－肉豆蔻：
0908.1100	－－未磨
0908.1200	－－已磨
	－肉豆蔻衣：
0908.2100	－－未磨
0908.2200	－－已磨
	－豆蔻：
0908.3100	－－未磨
0908.3200	－－已磨
09.09	**茴芹子、八角茴香、小茴香子、芫荽子、枯茗子及贳蒿子；杜松果：**
	－芫荽子：
0909.2100	－－未磨
0909.2200	－－已磨
	－枯茗子：
0909.3100	－－未磨
0909.3200	－－已磨
	－茴芹子或八角茴香、贳蒿子或小茴香子；杜松果：
	－－未磨：
0909.6110	－－－八角茴香
0909.6190	－－－其他
	－－已磨：
0909.6210	－－－八角茴香
0909.6290	－－－其他
09.10	**姜、番红花、姜黄、麝香草、月桂叶、咖喱及其他调味香料：**
	－姜：
0910.1100	－－未磨
0910.1200	－－已磨
0910.2000	－番红花
0910.3000	－姜黄
	－其他调味香料：
0910.9100	－－本章注释一(二)所述的混合物
0910.9900	－－其他

第十章　谷物

注释：

一、（一）本章各品目所列产品必须带有谷粒，不论是否成穗或带秆。

（二）本章不包括已去壳或经其他加工的谷物。但去壳、碾磨、磨光、上光、半熟或破碎的稻米仍应归入品目10.06。同样，已全部或部分去皮以分离皂苷，但没有经过任何其他加工的昆诺阿藜仍应归入品目10.08。①

二、品目10.05不包括甜玉米（第七章）。②

子目注释：

所称"硬粒小麦"，是指硬粒小麦属的小麦及以该属具有相同染色体数目（28）的小麦种间杂交所得的小麦。

商品编码	商品名称
10.01	**小麦及混合麦：**
	－硬粒小麦：
1001.1100	－－种用
1001.1900	－－其他
	－其他：
1001.9100	－－种用
1001.9900	－－其他
10.02	**黑麦：**
1002.1000	－种用
1002.9000	－其他
10.03	**大麦：**
1003.1000	－种用
1003.9000	－其他
10.04	**燕麦：**
1004.1000	－种用
1004.9000	－其他
10.05	**玉米：**
1005.1000	－种用
1005.9000	－其他
10.06	**稻谷、大米：**
	－稻谷：
	－－－种用：
1006.1021	－－－－长粒米
1006.1029	－－－－其他
	－－－其他：
1006.1081	－－－－长粒米
1006.1089	－－－－其他
	－糙米：
1006.2020	－－－长粒米
1006.2080	－－－其他
	－精米，不论是否磨光或上光：
1006.3020	－－－长粒米
1006.3080	－－－其他
	－碎米：
1006.4020	－－－长粒米
1006.4080	－－－其他
10.07	**食用高粱：**
1007.1000	－种用
1007.9000	－其他
10.08	**荞麦、谷子及加那利草子；其他谷物：**
1008.1000	－荞麦
	－谷子：
1008.2100	－－种用
1008.2900	－－其他
1008.3000	－加那利草子
	－直长马唐（马唐属）：
1008.4010	－－－种用
1008.4090	－－－其他
	－昆诺阿藜：
1008.5010	－－－种用

① 除了去掉壳的大米仍归入品目10.06外，其他去壳的谷物应归入第十一章。

② 甜玉米按蔬菜归入第七章。

商品编码	商品名称	商品编码	商品名称
1008.5090	---其他		
	-黑小麦:		
1008.6010	---种用		
1008.6090	---其他		
	-其他谷物:		
1008.9010	---种用		
1008.9090	---其他		

第十一章　制粉工业产品；麦芽；淀粉；菊粉；面筋

注释：

一、本章不包括：

（一）作为咖啡代用品的焙制麦芽（品目 09.01 或 21.01）；

（二）品目 19.01 的经制作的细粉、粗粒、粗粉或淀粉；

（三）品目 19.04 的玉米片及其他产品；

（四）品目 20.01、20.04 或 20.05 的经制作或保藏的蔬菜；

（五）药品（第三十章）；或

（六）具有芳香料制品或化妆盥洗品性质的淀粉（第三十三章）。

二、

（一）下表所列谷物碾磨产品按干制品重量计如果同时符合以下两个条件，应归入本章；但是，整粒、滚压、制片或磨碎的谷物胚芽均应归入品目 11.04：

1. 淀粉含量（按修订的尤艾斯旋光法测定）超过表列第（2）栏的比例；

2. 灰分含量（除去任何添加的矿物质）不超过表列第（3）栏的比例。

否则，应归入品目 23.02。

（二）符合上述规定归入本章的产品，如果用表列第（4）栏或第（5）栏规定孔径的金属丝网筛过筛，其通过率按重量计不低于表列比例的，应归入品目 11.01 或 11.02。

否则，应归入品目 11.03 或 11.04。

谷　物 （1）	淀粉含量 （2）	灰分含量 （3）	通过下列孔径筛子的比率	
			315 微米（4）	500 微米（5）
小麦及黑麦	45%	2.5%	80%	–
大　麦	45%	3%	80%	–
燕　麦	45%	5%	80%	–
玉米及高粱	45%	2%	–	90%
大　米	45%	1.6%	80%	–
荞　麦	45%	4%	80%	–

三、品目 11.03 所称"粗粒"及"粗粉"，是指谷物经碾碎所得的下列产品：

（一）玉米产品，用 2 毫米孔径的金属丝网筛过筛，通过率按重量计不低于 95%的；

（二）其他谷物产品，用 1.25 毫米孔径的金属丝网筛过筛，通过率按重量计不低于 95%的。

商品编码	商品名称
11.01	**小麦或混合麦的细粉：**
1101.0000	小麦或混合麦的细粉
11.02	**其他谷物细粉，但小麦或混合麦的细粉除外：**
1102.2000	– 玉米细粉
	– 其他：
	– – – 大米细粉：
1102.9021	– – – – 长粒米的
1102.9029	– – – – 其他
1102.9090	– – – 其他
11.03	**谷物的粗粒、粗粉及团粒：**
	– 粗粒及粗粉：
1103.1100	– – 小麦的
1103.1300	– – 玉米的
	– – 其他：
1103.1910	– – – 燕麦的

商品编码	商品名称
	－－－大米的:
1103.1931	－－－－长粒米的
1103.1939	－－－－其他
1103.1990	－－－其他
	－团粒:
1103.2010	－－－小麦的
1103.2090	－－－其他
11.04	**经其他加工的谷物(例如,去壳、滚压、制片、制成粒状、切片或粗磨),但品目10.06的稻谷、大米除外;谷物胚芽,整粒、滚压、制片或磨碎的:**
	－滚压或制片的谷物:
1104.1200	－－燕麦的
	－－其他:
1104.1910	－－－大麦的
1104.1990	－－－其他
	－经其他加工的谷物(例如,去壳、制成粒状、切片或粗磨):
1104.2200	－－燕麦的
1104.2300	－－玉米的
	－－其他:
1104.2910	－－－大麦的
1104.2990	－－－其他
1104.3000	－谷物胚芽,整粒、滚压、制片或磨碎的
11.05	**马铃薯的细粉、粗粉、粉末、粉片、颗粒及团粒:**
1105.1000	－细粉、粗粉及粉末
1105.2000	－粉片、颗粒及团粒
11.06	**用品目07.13的干豆或品目07.14的西谷茎髓及植物根茎、块茎制成的细粉、粗粉及粉末;用第八章的产品制成的细粉、粗粉及粉末:**
1106.1000	－用品目07.13的干豆制成的
1106.2000	－用品目07.14的西谷茎髓及植物根茎、块茎制成的
1106.3000	－用第八章的产品制成的
11.07	**麦芽,不论是否焙制:**
1107.1000	－未焙制
1107.2000	－已焙制
11.08	**淀粉;菊粉:**
	－淀粉:
1108.1100	－－小麦淀粉
1108.1200	－－玉米淀粉
1108.1300	－－马铃薯淀粉
1108.1400	－－木薯淀粉
1108.1900	－－其他
1108.2000	－菊粉
11.09	**面筋,不论是否干制:**
1109.0000	面筋,不论是否干制

第十二章　含油子仁及果实;杂项子仁及果实;工业用或药用植物;稻草、秸秆及饲料

注释:

一、品目 12.07 主要包括棕榈果及棕榈仁、棉子、蓖麻子、芝麻、芥子、红花子、罂粟子、牛油树果。但不包括品目 08.01 或 08.02 的产品及油橄榄(第七章或第二十章)。

二、品目 12.08 不仅包括未脱脂的细粉和粗粉,而且包括部分或全部脱脂以及用其本身的油料全部或部分复脂的细粉和粗粉。但不包括品目 23.04 至 23.06 的残渣。

三、甜菜子、草子及其他草本植物种子、观赏用花的种子、蔬菜种子、林木种子、果树种子、巢菜子(蚕豆除外)、羽扇豆属植物种子,可一律视为种植用种子,归入品目 12.09。①

但下列各项即使作种子用,也不归入品目 12.09:

(一)豆类蔬菜或甜玉米(第七章);

(二)第九章的调味香料及其他产品;

(三)谷物(第十章);或

(四)品目 12.01 至 12.07 或 12.11 的产品。

四、品目 12.11 主要包括下列植物或这些植物的某部分:罗勒、琉璃苣、人参、海索草、甘草、薄荷、迷迭香、芸香、鼠尾草及苦艾。但品目 12.11 不包括:

(一)第三十章的药品;

(二)第三十三章的芳香料制品及化妆盥洗品;或

(三)品目 38.08 的杀虫剂、杀菌剂、除草剂、消毒剂及类似产品。

五、品目 12.12 的"海草及其他藻类"不包括:

(一)品目 21.02 的已死的单细胞微生物;

(二)品目 30.02 的培养微生物;或

(三)品目 31.01 或 31.05 的肥料。

子目注释:

子目 1205.10 所称"低芥子酸油菜子",是指所获取的固定油中芥子酸含量按重量计低于 2%,以及所得的固体成分每克葡萄糖苷酸(酯)含量低于 30 微摩尔的油菜子。

商品编码	商品名称
12.01	**大豆,不论是否破碎:**
1201.1000	- 种用
	- 其他:
	- - - 黄大豆:
1201.9011	- - - - 非转基因
1201.9019	- - - - 其他
1201.9020	- - - 黑大豆
1201.9030	- - - 青大豆
1201.9090	- - - 其他
12.02	**未焙炒或未烹煮的花生,不论是否去壳或破碎:**
1202.3000	- 种用
	- 其他:
1202.4100	- - 未去壳
1202.4200	- - 去壳,不论是否破碎
12.03	**干椰子肉:**

① 例如,西红柿种子作为蔬菜种子归入品目 12.09,但绿豆(属于第七章的豆类蔬菜)的种子应归入第七章,甜玉米(属于第七章的蔬菜)的种子应归入第七章,胡椒(属于第九章的调味香料)的种子应归入第九章,水稻种子、玉米种子应归入第十章,大豆(属于品目 12.01 的植物)的种子应归入品目 12.01,枸杞(属于品目 12.11 的植物)的种子应归入品目 12.11。

商品编码	商品名称
1203.0000	干椰子肉
12.04	**亚麻子,不论是否破碎:**
1204.0000	亚麻子,不论是否破碎
12.05	**油菜子,不论是否破碎:**
	- 低芥子酸油菜子:
1205.1010	- - - 种用
1205.1090	- - - 其他
	- 其他:
1205.9010	- - - 种用
1205.9090	- - - 其他
12.06	**葵花子,不论是否破碎:**
1206.0010	- - - 种用
1206.0090	- - - 其他
12.07	**其他含油子仁及果实,不论是否破碎:**
	- 棕榈果及棕榈仁:
1207.1010	- - - 种用
1207.1090	- - - 其他
	- 棉子:
1207.2100	- - 种用
1207.2900	- - 其他
	- 蓖麻子:
1207.3010	- - - 种用
1207.3090	- - - 其他
	- 芝麻:
1207.4010	- - - 种用
1207.4090	- - - 其他
	- 芥子:
1207.5010	- - - 种用
1207.5090	- - - 其他
	- 红花子:
1207.6010	- - - 种用
1207.6090	- - - 其他
	- 甜瓜的子:
1207.7010	- - - 种用
	- - - 其他:
1207.7091	- - - - 黑瓜子
1207.7092	- - - - 红瓜子
1207.7099	- - - - 其他
	- 其他:
1207.9100	- - 罂粟子
	- - 其他:
1207.9910	- - - 种用
	- - - 其他:
1207.9991	- - - - 牛油树果
1207.9999	- - - - 其他
12.08	**含油子仁或果实的细粉及粗粉,但芥子粉除外:**
1208.1000	- 大豆粉
1208.9000	- 其他
12.09	**种植用的种子、果实及孢子:**
1209.1000	- 糖甜菜子
	- 饲料植物种子:
1209.2100	- - 紫苜蓿子
1209.2200	- - 三叶草子
1209.2300	- - 羊茅子
1209.2400	- - 草地早熟禾子
1209.2500	- - 黑麦草种子
	- - 其他:
1209.2910	- - - 甜菜子,糖甜菜子除外
1209.2990	- - - 其他
1209.3000	- 草本花卉植物种子
	- 其他:
1209.9100	- - 蔬菜种子
1209.9900	- - 其他
12.10	**鲜或干的啤酒花,不论是否研磨或制成团粒;蛇麻腺:**
1210.1000	- 啤酒花,未经研磨也未制成团粒
1210.2000	- 啤酒花,经研磨或制成团粒;蛇麻腺
12.11	**主要用作香料、药料、杀虫、杀菌或类似用途的植物或这些植物的某部分(包括子仁及果实),鲜冷、冻或干的,不论是否切割、压碎或研磨成粉:**
	- 人参:
	- - - 西洋参:
1211.2011	- - - - 鲜的或干的
1211.2019	- - - - 其他
	- - - 野山参(西洋参除外):
1211.2021	- - - - 鲜的或干的
1211.2029	- - - - 其他
	- - - 其他:
1211.2091	- - - - 鲜的

商品编码	商品名称
1211.2092	－－－－干的
1211.2099	－－－－其他
1211.3000	－古柯叶
1211.4000	－罂粟秆
1211.5000	－麻黄
1211.6000	－非洲李的树皮
	－其他：
	－－－主要用作药料的植物及其某部分：
1211.9011	－－－－当归
1211.9012	－－－－三七(田七)
1211.9013	－－－－党参
1211.9014	－－－－黄连
1211.9015	－－－－菊花
1211.9016	－－－－冬虫夏草
1211.9017	－－－－贝母
1211.9018	－－－－川芎
1211.9019	－－－－半夏
1211.9021	－－－－白芍
1211.9022	－－－－天麻
1211.9023	－－－－黄芪
1211.9024	－－－－大黄、籽黄
1211.9025	－－－－白术
1211.9026	－－－－地黄
1211.9027	－－－－槐米
1211.9028	－－－－杜仲
1211.9029	－－－－茯苓
1211.9031	－－－－枸杞
1211.9032	－－－－大海子
1211.9033	－－－－沉香
1211.9034	－－－－沙参
1211.9035	－－－－青蒿
1211.9036	－－－－甘草
1211.9037	－－－－黄芩
1211.9038	－－－－椴树(欧椴)花及叶
1211.9039	－－－－其他
1211.9050	－－－主要用作香料的植物及其某部分
	－－－其他：
1211.9091	－－－－鱼藤根、除虫菊
1211.9099	－－－－其他

商品编码	商品名称
12.12	**鲜、冷、冻或干的刺槐豆、海草及其他藻类、甜菜及甘蔗，不论是否碾磨；主要供人食用的其他品目未列名的果核、果仁及植物产品(包括未焙制的菊苣根)：**
	－海草及其他藻类：
	－－适合供人食用的：
1212.2110	－－－海带
1212.2120	－－－发菜
	－－－裙带菜：
1212.2131	－－－－干的
1212.2132	－－－－鲜的
1212.2139	－－－－其他
	－－－紫菜：
1212.2141	－－－－干的
1212.2142	－－－－鲜的
1212.2149	－－－－其他
	－－－麒麟菜：
1212.2161	－－－－干的
1212.2169	－－－－其他
	－－－江蓠：
1212.2171	－－－－干的
1212.2179	－－－－其他
1212.2190	－－－其他
	－－其他：
1212.2910	－－－马尾藻
1212.2990	－－－其他
	－其他：
1212.9100	－－甜菜
1212.9200	－－刺槐豆
1212.9300	－－甘蔗
1212.9400	－－菊苣根
	－－其他：
	－－－杏、桃(包括油桃)、梅或李的核及核仁：
1212.9911	－－－－苦杏仁
1212.9912	－－－－甜杏仁
1212.9919	－－－－其他
	－－－其他：
1212.9993	－－－－白瓜子
1212.9994	－－－－莲子

商品编码	商品名称	商品编码	商品名称
1212.9996	－－－－甜叶菊叶		
1212.9999	－－－－其他		
12.13	**未经处理的谷类植物的茎、秆及谷壳，不论是否切碎、碾磨、挤压或制成团粒：**		
1213.0000	未经处理的谷类植物的茎、秆及谷壳，不论是否切碎、碾磨、挤压或制成团粒		
12.14	**芜菁甘蓝、饲料甜菜、饲料用根干草、紫苜蓿、三叶草、驴喜豆、饲料羽衣甘蓝、羽扇豆、巢菜及类似饲料，不论是否制成团粒：**		
1214.1000	－紫苜蓿粗粉及团粒		
1214.9000	－其他		

第十三章　虫胶；树胶、树脂及其他植物液、汁

注释：

品目 13.02 主要包括甘草、除虫菊、啤酒花、芦荟的浸膏及鸦片，但不包括：

一、按重量计蔗糖含量在 10%以上或制成糖食的甘草浸膏（品目 17.04）；

二、麦芽膏（品目 19.01）；

三、咖啡精、茶精、马黛茶精（品目 21.01）；

四、构成含酒精饮料的植物汁、液（第二十二章）；

五、樟脑、甘草甜及品目 29.14 或 29.38 的其他产品；

六、罂粟秆浓缩物，按重量计生物碱含量不低于 50%（品目 29.39）；

七、品目 30.03 或 30.04 的药品及品目 38.22 的血型试剂；

八、鞣料或染料的浸膏（品目 32.01 或 32.03）；

九、精油、浸膏、净油、香膏、提取的油树脂或精油的水馏液及水溶液；饮料制造业用的以芳香物质为基料的制剂（第三十三章）；或

十、天然橡胶、巴拉塔胶、古塔波胶、银胶菊胶、糖胶树胶或类似的天然树胶（品目 40.01）。

本国子目注释：

子目 1302.1100 的鸦片，我国禁止进口。

商品编码	商品名称
13.01	**虫胶；天然树胶、树脂、树胶脂及油树脂（例如，香树脂）：**
1301.2000	－阿拉伯胶
	－其他：
1301.9010	－－－胶黄耆树胶（卡喇杆胶）
1301.9020	－－－乳香、没药及血竭
1301.9030	－－－阿魏
1301.9040	－－－松脂
1301.9090	－－－其他
13.02	**植物液汁及浸膏；果胶、果胶酸盐及果胶酸酯；从植物产品制得的琼脂、其他胶液及增稠剂，不论是否改性：**
	－植物液汁及浸膏：
1302.1100	－－鸦片
1302.1200	－－甘草的
1302.1300	－－啤酒花的
1302.1400	－－麻黄的
	－－其他：
1302.1910	－－－生漆
1302.1920	－－－印楝素
1302.1930	－－－除虫菊的或含鱼藤酮植物根茎的
1302.1940	－－－银杏的
1302.1990	－－－其他
1302.2000	－果胶、果胶酸盐及果胶酸酯
	－从植物产品制得的胶液及增稠剂，不论是否改性：
1302.3100	－－琼脂
1302.3200	－－从刺槐豆、刺槐豆子或瓜尔豆制得的胶液及增稠剂，不论是否改性
	－－其他：
	－－－海草及其他藻类制品：
1302.3911	－－－－卡拉胶
1302.3912	－－－－褐藻胶
1302.3919	－－－－其他
1302.3990	－－－其他

第十四章　编结用植物材料;其他植物产品

注释:

一、本章不包括归入第十一类的下列产品:

主要供纺织用的植物材料或植物纤维,不论其加工程度如何;或经过处理使其只能作为纺织原料用的其他植物材料。

二、品目 14.01 主要包括竹(不论是否劈开、纵锯、切段、圆端、漂白、磨光、染色或进行不燃处理)、劈开的柳条、芦苇及类似品和藤心、藤丝、藤片。但不包括木片条(品目 44.04)。

三、品目 14.04 不包括木丝(品目 44.05)及供制帚、制刷用成束、成簇的材料(品目 96.03)。

商品编码	商品名称	商品编码	商品名称
14.01	**主要作编结用的植物材料(例如,竹、藤、芦苇、灯芯草、柳条、酒椰叶,已净、漂白或染色的谷类植物的茎秆,椴树皮):**		
1401.1000	－竹		
1401.2000	－藤		
	－其他:		
1401.9010	－－－谷类植物的茎秆(麦秸除外)		
1401.9020	－－－芦苇		
	－－－灯芯草属:		
1401.9031	－－－－蔺草		
1401.9039	－－－－其他		
1401.9090	－－－其他		
14.04	**其他品目未列名的植物产品:**		
1404.2000	－棉短绒		
	－其他:		
1404.9010	－－－主要供染料、鞣料用的植物原料		
1404.9090	－－－其他		

第三类　动、植物或微生物油、脂及其分解产品；精制的食用油脂；动、植物蜡

第十五章　动、植物或微生物油、脂及其分解产品；精制的食用油脂；动、植物蜡

注释：

一、本章不包括：

（一）品目 02.09 的猪脂肪及家禽脂肪；

（二）可可脂、可可油（品目 18.04）；

（三）按重量计品目 04.05 所列产品的含量超过 15%的食品（通常归入第二十一章）；

（四）品目 23.01 的油渣或品目 23.04 至 23.06 的残渣；

（五）第六类的脂肪酸、精制蜡、药品、油漆、清漆、肥皂、芳香料制品、化妆盥洗品、磺化油及其他货品；或

（六）从油类提取的油膏（品目 40.02）。

二、品目 15.09 不包括用溶剂提取的橄榄油（品目 15.10）。

三、品目 15.18 不包括变性的油、脂及其分离品，这些货品应归入其相应的未变性油、脂及其分离品的品目。

四、皂料、油脚、硬脂沥青、甘油沥青及羊毛脂残渣，归入品目 15.22。

子目注释：

一、子目 1509.30 所称“初榨油橄榄油”，游离酸度（以油酸计）不超过 2.0 克/100 克，可根据《食品法典标准》（33-1981）与其他初榨油橄榄油类别加以区分。

二、子目 1514.11 及 1514.19 所称“低芥子酸菜子油”，是指按重量计芥子酸含量低于 2%的固定油。

商品编码	商品名称
15.01	**猪脂肪（包括已炼制的猪油）及家禽脂肪，但品目 02.09 及 15.03 的货品除外：**
1501.1000	－猪油
1501.2000	－其他猪脂肪
1501.9000	－其他
15.02	**牛、羊脂肪，但品目 15.03 的货品除外：**
1502.1000	－牛、羊油脂
1502.9000	－其他
15.03	**猪油硬脂、液体猪油、油硬脂、食用或非食用脂油，未经乳化、混合或其他方法制作：**
1503.0000	猪油硬脂、液体猪油、油硬脂、食用或非食用脂油，未经乳化、混合或其他方法制作
15.04	**鱼或海生哺乳动物的油、脂及其分离品，不论是否精制，但未经化学改性：**
1504.1000	－鱼肝油及其分离品
1504.2000	－除鱼肝油以外的鱼油、脂及其分离品
1504.3000	－海生哺乳动物的油、脂及其分离品
15.05	**羊毛脂及从羊毛脂制得的脂肪物质（包括纯净的羊毛脂）：**
1505.0000	羊毛脂及从羊毛脂制得的脂肪物质（包括纯净的羊毛脂）

商品编码	商品名称
15.06	**其他动物油、脂及其分离品,不论是否精制,但未经化学改性:**
1506.0000	其他动物油、脂及其分离品,不论是否精制,但未经化学改性
15.07	**豆油及其分离品,不论是否精制,但未经化学改性:**
1507.1000	- 初榨的,不论是否脱胶
1507.9000	- 其他
15.08	**花生油及其分离品,不论是否精制,但未经化学改性:**
1508.1000	- 初榨的
1508.9000	- 其他
15.09	**油橄榄油及其分离品,不论是否精制,但未经化学改性:**
1509.2000	- 特级初榨油橄榄油
1509.3000	- 初榨油橄榄油
1509.4000	- 其他初榨油橄榄油
1509.9000	- 其他
15.10	**其他橄榄油及其分离品,不论是否精制,但未经化学改性,包括掺有品目 15.09 的油或分离品的混合物:**
1510.1000	- 粗提油橄榄果渣油
1510.9000	- 其他
15.11	**棕榈油及其分离品,不论是否精制,但未经化学改性:**
1511.1000	- 初榨的
	- 其他:
1511.9010	- - - 棕榈液油(熔点 19 摄氏度~24 摄氏度)
1511.9020	- - - 棕榈硬脂(熔点 44 摄氏度~56 摄氏度)
1511.9090	- - - 其他
15.12	**葵花油、红花油或棉子油及其分离品,不论是否精制,但未经化学改性:**
	- 葵花油或红花油及其分离品:
1512.1100	- - 初榨的
1512.1900	- - 其他
	- 棉子油及其分离品:
1512.2100	- - 初榨的,不论是否去除棉子酚
1512.2900	- - 其他
15.13	**椰子油、棕榈仁油或巴巴苏棕榈果油及其分离品,不论是否精制,但未经化学改性:**
	- 椰子油及其分离品:
1513.1100	- - 初榨的
1513.1900	- - 其他
	- 棕榈仁油或巴巴苏棕榈果油及其分离品:
1513.2100	- - 初榨的
1513.2900	- - 其他
15.14	**菜子油或芥子油及其分离品,不论是否精制,但未经化学改性:**
	- 低芥子酸菜子油及其分离品:
1514.1100	- - 初榨的
1514.1900	- - 其他
	- 其他:
	- - 初榨的:
1514.9110	- - - 菜子油
1514.9190	- - - 芥子油
1514.9900	- - 其他
15.15	**其他固定植物或微生物油、脂(包括希蒙得木油)及其分离品,不论是否精制,但未经化学改性:**
	- 亚麻子油及其分离品:
1515.1100	- - 初榨的
1515.1900	- - 其他
	- 玉米油及其分离品:
1515.2100	- - 初榨的
1515.2900	- - 其他
1515.3000	- 蓖麻油及其分离品
1515.5000	- 芝麻油及其分离品
1515.6000	- 微生物油、脂及其分离品
	- 其他:
1515.9010	- - - 希蒙得木油及其分离品
1515.9020	- - - 印楝油及其分离品
1515.9030	- - - 桐油及其分离品
1515.9040	- - - 茶籽油及其分离品
1515.9090	- - - 其他
15.16	**动、植物或微生物油、脂及其分离品,全部或部分氢化、相互酯化、再酯化或反油酸化,不论是否精制,但未经进一步加工:**

商品编码	商品名称	商品编码	商品名称
1516.1000	－动物油、脂及其分离品		
1516.2000	－植物油、脂及其分离品		
1516.3000	－微生物油、脂及其分离品		
15.17	**人造黄油;本章各种动、植物或微生物油、脂及其分离品混合制成的食用油、脂或制品,但品目 15.16 的食用油、脂及其分离品除外:**		
1517.1000	－人造黄油,但不包括液态的		
	－其他:		
1517.9010	－－－起酥油		
1517.9090	－－－其他		
15.18	**动、植物或微生物油、脂及其分离品,经过熟炼、氧化、脱水、硫化、吹制或在真空、惰性气体中加热聚合及用其他化学方法改性的,但品目 15.16 的产品除外;本章各种油、脂及其分离品混合制成的其他品目未列名的非食用油、脂或制品:**		
1518.0000	动、植物或微生物油、脂及其分离品,经过熟炼、氧化、脱水、硫化、吹制或在真空、惰性气体中加热聚合及用其他化学方法改性的,但品目 15.16 的产品除外;本章各种油、脂及其分离品混合制成的其他品目未列名的非食用油、脂或制品		
15.20	**粗甘油;甘油水及甘油碱液:**		
1520.0000	粗甘油;甘油水及甘油碱液		
15.21	**植物蜡(甘油三酯除外)、蜂蜡、其他虫蜡及鲸蜡,不论是否精制或着色:**		
1521.1000	－植物蜡		
	－其他:		
1521.9010	－－－蜂蜡		
1521.9090	－－－其他		
15.22	**油鞣回收脂;加工处理油脂物质及动、植物蜡所剩的残渣:**		
1522.0000	油鞣回收脂;加工处理油脂物质及动、植物蜡所剩的残渣		

第四类 食品；饮料、酒及醋；烟草、烟草及烟草代用品的制品；非经燃烧吸用的产品，不论是否含有尼古丁；其他供人体摄入尼古丁的含尼古丁的产品

注释：

本类所称“团粒”，是指直接挤压或加入按重量计比例不超过3%的黏合剂制成的粒状产品。

第十六章 肉、鱼、甲壳动物、软体动物及其他水生无脊椎动物、以及昆虫的制品

注释：

一、本章不包括用第二章、第三章、第四章注释六及品目05.04所列方法制作或保藏的肉、食用杂碎、鱼、甲壳动物、软体动物或其他水生无脊椎动物及昆虫。①

二、本章的食品按重量计必须含有20%以上的香肠、肉、食用杂碎、动物血、昆虫、鱼、甲壳动物、软体动物或其他水生无脊椎动物及其混合物。对于含有两种或两种以上前述产品的食品，则应按其中重量最大的产品归入第十六章的相应品目。但本条规定不适用于品目19.02的包馅食品和品目21.03及21.04的食品。②

子目注释：

一、子目1602.10的“均化食品”，是指用肉、食用杂碎、动物血或昆虫经精细均化制成适合供婴幼儿食用或营养用的零售包装食品（每件净重不超过250克）。为了调味、保藏或其他目的，均化食品中可以加入少量其他配料，还可以含有少量可见的肉粒、食用杂碎粒或昆虫碎粒。归类时该子目优先于品目16.02的其他子目。③

二、品目16.04或16.05项下各子目所列的是鱼、甲壳动物、软体动物及其他水生无脊椎动物的俗名，它们与第三章中相同名称的鱼、甲壳动物、软体动物及其他水生无脊椎动物种类范围相同。④

---

① 例如，冻牛肉归入品目02.02，但煮熟的牛肉超出了第二章所列方法（鲜、冷、冻、干、熏、盐腌、盐渍）制作或保藏的范围，应归入品目16.02。

② 例如，由15%猪肉、10%虾、75%马铃薯配制而成的罐头食品，由于猪肉与虾（合计占25%）超过了20%，并且猪肉含量超过虾的含量，故应归入品目16.02。但猪肉馄饨（馄饨属于品目19.02的包馅食品）中猪肉的含量即使超过20%，仍应按馄饨面食归入品目19.02。

③ 仅以肉、食用杂碎、动物血或昆虫为单一基料、经精细均化处理、供婴幼儿食用、净重不超过250克，这四个条件同时满足才能归入子目1602.10。

④ 例如，煮熟的切块大麻哈鱼应归入子目1604.11，因为1604.11“鲑鱼”的范围与子目0302.10的“鲑鱼”相同，0302.10中的“鲑鱼”包括子目0302.13的“大麻哈鱼”，故1604.11的“鲑鱼”也应包括“大麻哈鱼”。

商品编码	商品名称
16.01	**肉、食用杂碎、动物血或昆虫制成的香肠及类似产品;用香肠制成的食品:**
1601.0010	---用天然肠衣做外包装的香肠及类似产品
1601.0020	---其他香肠及类似产品
1601.0030	---用香肠制成的食品
16.02	**其他方法制作或保藏的肉、食用杂碎、动物血或昆虫:**
1602.1000	-均化食品
1602.2000	-动物肝
	-品目01.05的家禽的:
1602.3100	--火鸡的
	--鸡的:
1602.3210	---罐头
	---其他:
1602.3291	----鸡胸肉
1602.3292	----鸡腿肉
1602.3299	----其他
	--其他:
1602.3910	---罐头
	---其他:
1602.3991	----鸭的
1602.3999	----其他
	-猪的:
1602.4100	--后腿及其肉块
1602.4200	--前腿及其肉块
	--其他,包括混合的肉:
1602.4910	---罐头
1602.4990	---其他
	-牛的:
1602.5010	---罐头
1602.5090	---其他
	-其他,包括动物血的食品:
1602.9010	---罐头
1602.9090	---其他
16.03	**肉、鱼、甲壳动物、软体动物或其他水生无脊椎动物的精及汁:**
1603.0000	肉、鱼、甲壳动物、软体动物或其他水生无脊椎动物的精及汁
16.04	**制作或保藏的鱼;鲟鱼子酱及鱼卵制的鲟鱼子酱代用品:**
	-鱼,整条或切块,但未绞碎:
	--鲑鱼:
1604.1110	---大西洋鲑鱼
1604.1190	---其他
1604.1200	--鲱鱼
1604.1300	--沙丁鱼、小沙丁鱼属、黍鲱或西鲱
1604.1400	--金枪鱼、鲣及狐鲣(狐鲣属)
1604.1500	--鲭鱼
1604.1600	--鳀鱼
1604.1700	--鳗鱼
1604.1800	--鲨鱼翅
	--其他:
1604.1920	---罗非鱼
	---叉尾鮰鱼:
1604.1931	----斑点叉尾鮰鱼
1604.1939	----其他
1604.1990	---其他
	-其他制作或保藏的鱼:
	---罐头:
1604.2011	----鱼翅
1604.2019	----其他
	---其他:
1604.2091	----鱼翅
1604.2099	----其他
	-鲟鱼子酱及鲟鱼子酱代用品:
1604.3100	--鲟鱼子酱
1604.3200	--鲟鱼子酱代用品
16.05	**制作或保藏的甲壳动物、软体动物及其他水生无脊椎动物:**
1605.1000	-蟹
	-小虾及对虾:
1605.2100	--非密封包装
1605.2900	--其他
1605.3000	-龙虾
	-其他甲壳动物:
	---淡水小龙虾:
1605.4011	----虾仁
1605.4019	----其他
1605.4090	---其他
	-软体动物:

商品编码	商品名称	商品编码	商品名称
1605.5100	- - 牡蛎(蚝)		
1605.5200	- - 扇贝,包括海扇		
1605.5300	- - 贻贝		
1605.5400	- - 墨鱼及鱿鱼		
1605.5500	- - 章鱼		
	- - 蛤、鸟蛤及舟贝:		
1605.5610	- - - 蛤		
1605.5620	- - - 鸟蛤及舟贝		
1605.5700	- - 鲍鱼		
1605.5800	- - 蜗牛及螺,海螺除外		
1605.5900	- - 其他		
	- 其他水生无脊椎动物:		
1605.6100	- - 海参		
1605.6200	- - 海胆		
1605.6300	- - 海蜇		
1605.6900	- - 其他		

第十七章　糖及糖食

注释：

本章不包括：

一、含有可可的糖食(品目 18.06)；①

二、品目 29.40 的化学纯糖(蔗糖、乳糖、麦芽糖、葡萄糖及果糖除外)及其他产品；或

三、第三十章的药品及其他产品。

子目注释：

一、子目 1701.12、1701.13 及 1701.14 所称“原糖”，是指按重量计干燥状态的蔗糖含量对应的旋光读数低于 99.5 度的糖。

二、子目 1701.13 仅包括非离心甘蔗糖，其按重量计干燥状态的蔗糖含量对应的旋光读数不低于 69 度但低于 93 度。该产品仅含肉眼不可见的不规则形状天然他形微晶，外被糖蜜残余及其他甘蔗成分。

本国子目注释：

本国子目 1702.9012 所称“蔗糖含量超过 50%的甘蔗糖、甜菜糖与其他糖的简单固体混合物”，是指蔗糖含量超过 50%的甘蔗糖、甜菜糖与其他糖进行简单混合形成的预混粉类产品。本子目可以加入少量其他食品原料，只要保持糖的原有特征。

商品编码	商品名称
17.01	**固体甘蔗糖、甜菜糖及化学纯蔗糖：**
	－未加香料或着色剂的原糖：
1701.1200	－－甜菜糖
1701.1300	－－本章子目注释二所述的甘蔗糖
1701.1400	－－其他甘蔗糖
	－其他：
1701.9100	－－加有香料或着色剂
	－－其他：
1701.9910	－－－砂糖
1701.9920	－－－绵白糖
1701.9990	－－－其他
17.02	**其他固体糖，包括化学纯乳糖、麦芽糖、葡萄糖及果糖；未加香料或着色剂的糖浆；人造蜜，不论是否掺有天然蜂蜜；焦糖：**
	－乳糖及乳糖浆：
1702.1100	－－按重量计干燥无水乳糖含量在 99%及以上
1702.1900	－－其他
1702.2000	－槭糖及槭糖浆
1702.3000	－葡萄糖及葡萄糖浆，不含果糖或按重量计干燥状态的果糖含量在 20%以下
1702.4000	－葡萄糖及葡萄糖浆，按重量计干燥状态的果糖含量在 20%及以上，但在 50%以下，不包括转化糖
1702.5000	－化学纯果糖
1702.6000	－其他果糖及果糖浆，按重量计干燥状态的果糖含量在 50%以上，不包括转化糖
	－其他，包括转化糖及其他按重量计干燥状态的果糖含量为 50%的糖及糖浆混合物：
	－－－甘蔗糖或甜菜糖水溶液；蔗糖含量超过 50%的甘蔗糖、甜菜糖与其他糖的简单固体混合物：
1702.9011	－－－－甘蔗糖或甜菜糖水溶液
1702.9012	－－－－蔗糖含量超过 50%的甘蔗糖、甜菜糖与其他糖的简单固体混合物

① 例如，含有可可的奶糖应按“含可可食品”归入品目 18.06。

商品编码	商品名称	商品编码	商品名称
1702.9090	－－－其他		
17.03	**制糖后所剩的糖蜜:**		
1703.1000	－甘蔗糖蜜		
1703.9000	－其他		
17.04	**不含可可的糖食(包括白巧克力):**		
1704.1000	－口香糖,不论是否裹糖		
1704.9000	－其他		

第十八章　可可及可可制品

注释：

一、本章不包括：

（一）按重量计含香肠、肉、食用杂碎、动物血、昆虫、鱼、甲壳动物、软体动物或其他水生无脊椎动物及其混合物超过20%的食品（第十六章）；

（二）品目04.03、19.01、19.02、19.04、19.05、21.05、22.02、22.08、30.03、30.04的制品。[①]

二、品目18.06包括含有可可的糖食及注释一以外的其他含可可的食品。

商品编码	商品名称	商品编码	商品名称
18.01	**整颗或破碎的可可豆，生的或焙炒的：**		
1801.0000	整颗或破碎的可可豆，生的或焙炒的		
18.02	**可可荚、壳、皮及废料：**		
1802.0000	可可荚、壳、皮及废料		
18.03	**可可膏，不论是否脱脂：**		
1803.1000	－未脱脂		
1803.2000	－全脱脂或部分脱脂		
18.04	**可可脂、可可油：**		
1804.0000	可可脂、可可油		
18.05	**未加糖或其他甜物质的可可粉：**		
1805.0000	未加糖或其他甜物质的可可粉		
18.06	**巧克力及其他含可可的食品：**		
1806.1000	－加糖或其他甜物质的可可粉		
1806.2000	－其他重量超过2千克的块状或条状含可可食品，或液状、膏状、粉状、粒状或其他散装形状的含可可食品，容器包装或内包装每件净重超过2千克的		
	－其他块状或条状的含可可食品：		
1806.3100	－－夹心		
1806.3200	－－不夹心		
1806.9000	－其他		

① 例如，加可可的酸奶仍应按“酸乳”归入品目04.03；夹心巧克力面包应按“面包”归入品目19.05；巧克力冰淇淋应按“冰淇淋”归入品目21.05；含可可饮料仍应按“饮料”归入品目22.02。

第十九章　谷物、粮食粉、淀粉或乳的制品；糕饼点心

注释：

一、本章不包括：

（一）按重量计含香肠、肉、食用杂碎、动物血、昆虫、鱼、甲壳动物，软体动物、其他水生无脊椎动物及其混合物超过20%的食品（第十六章），但品目19.02的包馅食品除外；

（二）用粮食粉或淀粉制的专作动物饲料用的饼干及其他制品（品目23.09）；或

（三）第三十章的药品及其他产品。

二、品目19.01所称：

（一）“粗粒”是指第十一章谷物的粗粒；

（二）“细粉”及“粗粉”，是指：

1. 第十一章谷物的细粉及粗粉；
2. 其他章植物的细粉、粗粉及粉末，但不包括干蔬菜、马铃薯和干豆类的细粉、粗粉及粉末（应分别归入品目07.12、11.05和11.06）。

三、品目19.04不包括按重量计全脱脂可可含量超过6%或用巧克力完全包裹的食品以及其他含可可食品（品目18.06）。

四、品目19.04所称“其他方法制作的”，是指制作或加工程度超过第十章或第十一章各品目或注释所规定范围的。[①]

商品编码	商品名称
19.01	**麦精；细粉、粗粒、粗粉、淀粉或麦精制的其他品目未列名的食品，不含可可或按重量计全脱脂可可含量低于40%；品目04.01至04.04所列货品制的其他品目未列名的食品，不含可可或按重量计全脱脂可可含量低于5%：**
	- 供婴幼儿食用的零售包装食品：
1901.1010	- - - 配方奶粉
1901.1090	- - - 其他
1901.2000	- 供烘焙品目19.05所列面包糕饼用的调制品及面团
1901.9000	- 其他
19.02	**面食，不论是否煮熟、包馅（肉馅或其他馅）或其他方法制作，例如，通心粉、面条、汤团、馄饨、饺子、奶油面卷；古斯古斯面食，不论是否制作：**
	- 生的面食，未包馅或未经其他方法制作：
1902.1100	- - 含蛋
1902.1900	- - 其他
1902.2000	- 包馅面食，不论是否烹煮或经其他方法制作
	- 其他面食：
1902.3010	- - - 米粉干
1902.3020	- - - 粉丝
1902.3030	- - - 即食或快熟面条
1902.3090	- - - 其他
1902.4000	- 古斯古斯面食
19.03	**珍粉及淀粉制成的珍粉代用品，片、粒、珠、粉或类似形状的：**
1903.0000	珍粉及淀粉制成的珍粉代用品，片、粒、珠、粉或类似形状的
19.04	**谷物或谷物产品经膨化或烘炒制成的食品（例如，玉米片）；其他税号未列名的预煮或经其他方法制作的谷粒（玉米除外）、谷物片或经其他加工的谷粒（细粉、粗粒及粗粉除外）：**

① 例如，密封包装的大米粥，根据其加工程度，应按“其他方法制作的”归入品目19.04。

商品编码	商品名称	商品编码	商品名称
1904.1000	- 谷物或谷物产品经膨化或烘炒制成的食品		
1904.2000	- 未烘炒谷物片制成的食品及未烘炒的谷物片与烘炒的谷物片或膨化的谷物混合制成的食品		
1904.3000	- 碾碎的干小麦		
1904.9000	- 其他		
19.05	**面包、糕点、饼干及其他烘焙糕饼,不论是否含可可;圣餐饼、装药空囊、封缄、糯米纸及类似制品:**		
1905.1000	- 黑麦脆面包片		
1905.2000	- 姜饼及类似品		
	- 甜饼干;华夫饼干及圣餐饼:		
1905.3100	- - 甜饼干		
1905.3200	- - 华夫饼干及圣餐饼		
1905.4000	- 面包干、吐司及类似的烤面包		
1905.9000	- 其他		

第二十章　蔬菜、水果、坚果或植物其他部分的制品

注释：

一、本章不包括：

（一）用第七章、第八章或第十一章所列方法制作或保藏的蔬菜、水果或坚果；

（二）植物油、脂（第十五章）；

（三）按重量计含香肠、肉、食用杂碎、动物血、昆虫、鱼、甲壳动物、软体动物、其他水生无脊椎动物及其混合物超过20%的食品（第十六章）；

（四）品目19.05的烘焙糕饼及其他制品；或

（五）品目21.04的均化混合食品。

二、品目20.07及20.08不包括制成糖食的果冻、果膏、糖衣杏仁或类似品（品目17.04）及巧克力糖食（品目18.06）。

三、品目20.01、20.04及20.05仅酌情包括用本章注释一（一）以外的方法制作或保藏的第七章或品目11.05、11.06的产品（第八章产品的细粉、粗粉除外）。

四、干重量在7%及以上的番茄汁归入品目20.02。

五、品目20.07所称“烹煮的”是指，在常压或减压下，通过减少水分或其他方法增加产品黏稠度的热处理。①

六、品目20.09所称“未发酵及未加酒精的水果汁”，是指按容量计酒精浓度（标准见第二十二章注释二）不超过0.5%的水果汁。

子目注释：

一、子目2005.10所称“均化蔬菜”，是指蔬菜经精细均化制成适合供婴幼儿食用或营养用的零售包装食品（每件净重不超过250克）。为了调味、保藏或其他目的，均化蔬菜中可以加入少量其他配料，还可以含有少量可见的蔬菜粒。归类时，子目2005.10优先于品目20.05的其他子目。②

二、子目2007.10所称“均化食品”，是指果实经精细均化制成适合供婴幼儿食用或营养用的零售包装食品（每件净重不超过250克）。为了调味、保藏或其他目的，均化食品中可以加入少量其他配料，还可以含有少量可见的果粒。归类时，子目2007.10优先于品目20.07的其他子目。③

三、子目2009.12、2009.21、2009.31、2009.41、2009.61及2009.71所称“白利糖度值”，是指在20℃时直接从白利糖度计读取的度数或从折射计直接读取的以蔗糖百分比含量计的折射率，在其他温度下读取的数值应折算为20℃时的数值。

本国子目注释：

本国子目2008.9934所称“烤紫菜”，是指以干紫菜为主要原料，未加调味料经烘烤而制成的可直接食用的食品，理化指标为：水分含量≤5.0%；感官要求为：色泽呈绿色，具有品种固有的香脆滋味，无正常视力可见的不可食用的外来异物。

---

① 例如，苹果酱归入品目20.07。

② 符合品目20.05加工方法的产品，并且经精细均化处理、供婴幼儿食用、净重不超过250克，这几个条件同时满足才能归入子目2005.10。

③ 符合品目20.07加工方法的产品，并且经精细均化处理、供婴幼儿食用、净重不超过250克，这几个条件同时满足才能归入子目2007.10。

商品编码	商品名称
20.01	**蔬菜、水果、坚果及植物的其他食用部分,用醋或醋酸制作或保藏的:**
2001.1000	- 黄瓜及小黄瓜
	- 其他:
2001.9010	- - - 大蒜
2001.9090	- - - 其他
20.02	**番茄,用醋或醋酸以外的其他方法制作或保藏的:**
	- 番茄,整个或切片:
2002.1010	- - - 罐头
2002.1090	- - - 其他
	- 其他:
	- - - 番茄酱罐头:
2002.9011	- - - - 重量不超过5千克的
2002.9019	- - - - 重量超过5千克的
2002.9090	- - - 其他
20.03	**蘑菇及块菌,用醋或醋酸以外的其他方法制作或保藏的:**
	- 伞菌属蘑菇:
	- - - 罐头:
2003.1011	- - - - 小白蘑菇
2003.1019	- - - - 其他
2003.1090	- - - 其他
	- 其他:
2003.9010	- - - 罐头
2003.9090	- - - 其他
20.04	**其他冷冻蔬菜,用醋或醋酸以外的其他方法制作或保藏的,但品目20.06的产品除外:**
2004.1000	- 马铃薯
2004.9000	- 其他蔬菜及什锦蔬菜
20.05	**其他未冷冻蔬菜,用醋或醋酸以外的其他方法制作或保藏的,但品目20.06的产品除外:**
2005.1000	- 均化蔬菜
2005.2000	- 马铃薯
2005.4000	- 豌豆
	- 豇豆及菜豆:
	- - 脱荚的:
	- - - 罐头:
2005.5111	- - - - 赤豆馅
2005.5119	- - - - 其他
	- - - 其他:
2005.5191	- - - - 赤豆馅
2005.5199	- - - - 其他
	- - 其他:
2005.5910	- - - 罐头
2005.5990	- - - 其他
	- 芦笋:
2005.6010	- - - 罐头
2005.6090	- - - 其他
2005.7000	- 油橄榄
2005.8000	- 甜玉米
	- 其他蔬菜及什锦蔬菜:
	- - 竹笋:
2005.9110	- - - 竹笋罐头
2005.9190	- - - 其他
	- - 其他:
2005.9920	- - - 蚕豆罐头
2005.9940	- - - 榨菜
2005.9950	- - - 咸蕨菜
2005.9960	- - - 咸藠头
2005.9970	- - - 蒜制品
	- - - 其他:
2005.9991	- - - - 罐头
2005.9999	- - - - 其他
20.06	**糖渍蔬菜、水果、坚果、果皮及植物的其他部分(沥干、糖渍或裹糖的):**
2006.0010	- - - 蜜枣
2006.0020	- - - 橄榄
2006.0090	- - - 其他
20.07	**烹煮的果酱、果冻、柑橘酱、果泥及果膏,不论是否加糖或其他甜物质:**
2007.1000	- 均化食品
	- 其他:
2007.9100	- - 柑橘属水果的
	- - 其他:
2007.9910	- - - 罐头
2007.9990	- - - 其他
20.08	**用其他方法制作或保藏的其他品目未列名水果、坚果及植物的其他食用部分,不论是否加酒、加糖或其他甜物质:**

商品编码	商品名称
	－坚果、花生及其他子仁,不论是否混合:
	－－花生:
2008.1110	－－－花生米罐头
2008.1120	－－－烘焙花生
2008.1130	－－－花生酱
2008.1190	－－－其他
	－－其他,包括什锦坚果及其他子仁:
2008.1910	－－－核桃仁罐头
2008.1920	－－－其他果仁罐头
	－－－其他:
2008.1991	－－－－栗仁
2008.1992	－－－－芝麻
2008.1999	－－－－其他
	－菠萝:
2008.2010	－－－罐头
2008.2090	－－－其他
	－柑橘属水果:
2008.3010	－－－罐头
2008.3090	－－－其他
	－梨:
2008.4010	－－－罐头
2008.4090	－－－其他
2008.5000	－杏
	－樱桃:
2008.6010	－－－罐头
2008.6090	－－－其他
	－桃,包括油桃:
2008.7010	－－－罐头
2008.7090	－－－其他
2008.8000	－草莓
	－其他,包括子目2008.19以外的什锦果实:
2008.9100	－－棕榈芯
2008.9300	－－蔓越橘(大果蔓越橘、小果蔓越橘)、越橘
2008.9700	－－什锦果实－－其他:
2008.9910	－－－荔枝罐头
2008.9920	－－－龙眼罐头
	－－－海草及其他藻类制品:
2008.9931	－－－－调味紫菜
2008.9932	－－－－盐腌海带
2008.9933	－－－－盐腌裙带菜
2008.9934	－－－－烤紫菜
2008.9939	－－－－其他
2008.9940	－－－清水荸荠(马蹄)罐头
2008.9990	－－－其他
20.09	**未发酵及未加酒精的水果汁或坚果汁(包括酿酒葡萄汁及椰子水)、蔬菜汁,不论是否加糖或其他甜物质:**
	－橙汁:
2009.1100	－－冷冻的
2009.1200	－－非冷冻的,白利糖度值不超过20的
2009.1900	－－其他
	－葡萄柚汁;柚汁:
2009.2100	－－白利糖度值不超过20的
2009.2900	－－其他
	－其他未混合的柑橘属水果汁:
	－－白利糖度值不超过20的:
2009.3110	－－－柠檬汁
2009.3190	－－－其他
	－－其他:
2009.3910	－－－柠檬汁
2009.3990	－－－其他
	－菠萝汁:
2009.4100	－－白利糖度值不超过20的
2009.4900	－－其他
2009.5000	－番茄汁
	－葡萄汁,包括酿酒葡萄汁:
2009.6100	－－白利糖度值不超过30的
2009.6900	－－其他
	－苹果汁:
2009.7100	－－白利糖度值不超过20的
2009.7900	－－其他
	－其他未混合的水果汁、坚果汁或蔬菜汁:
2009.8100	－－蔓越橘汁(大果蔓越橘、小果蔓越橘)、越橘汁
	－－其他:
	－－－水果汁或坚果汁:
2009.8912	－－－－芒果汁

商品编码	商品名称	商品编码	商品名称
2009.8913	－－－－西番莲果汁		
2009.8914	－－－－番石榴果汁		
2009.8915	－－－－梨汁		
2009.8916	－－－－沙棘汁		
2009.8919	－－－－其他		
2009.8920	－－－蔬菜汁		
	－混合汁：		
2009.9010	－－－水果汁		
2009.9090	－－－其他		

第二十一章　杂项食品

注释：

一、本章不包括：

（一）品目07.12的什锦蔬菜；

（二）含咖啡的焙炒咖啡代用品（品目09.01）；

（三）加香料的茶（品目09.02）；

（四）品目09.04至09.10的调味香料或其他产品；

（五）按重量计含香肠、肉、食用杂碎、动物血、昆虫、鱼、甲壳动物，软体动物、其他水生无脊椎动物及其混合物超过20%的食品（第十六章），但品目21.03或21.04的产品除外；

（六）品目24.04的产品；

（七）品目30.03或30.04的药用酵母及其他产品；或

（八）品目35.07的酶制品。

二、上述注释一（二）所述咖啡代用品的精汁归入品目21.01。

三、品目21.04所称"均化混合食品"，是指两种或两种以上的基本配料，例如，肉、鱼、蔬菜或果实等，经精细均化制成适合供婴幼儿食用或营养用的零售包装食品（每件净重不超过250克）。为了调味、保藏或其他目的，可以加入少量其他配料，还可以含有少量可见的小块配料。[①]

本国子目注释：

一、本国子目2106.9061所称"含香料或着色剂的甘蔗糖或甜菜糖水溶液"，包括添加香料或着色剂的甘蔗糖水溶液或甜菜糖水溶液，以及上述水溶液的混合物。同时，本子目可以含有少量其他糖或其他物质，只要保持添加香料或着色剂的甘蔗糖或甜菜糖水溶液的原有特征。

二、本国子目2106.9062所称"蔗糖含量超过50%的甘蔗糖、甜菜糖与其他食品原料的简单固体混合物"，是指蔗糖含量超过50%的甘蔗糖、甜菜糖与其他食品原料（可可除外）进行简单混合形成的预混粉类产品。

商品编码	商品名称
21.01	**咖啡、茶、马黛茶的浓缩精汁及以其为基本成分或以咖啡、茶、马黛茶为基本成分的制品；烘焙菊苣和其他烘焙咖啡代用品及其浓缩精汁：**
	－咖啡浓缩精汁及以其为基本成分或以咖啡为基本成分的制品：
2101.1100	－－浓缩精汁
2101.1200	－－以浓缩精汁或咖啡为基本成分的制品
2101.2000	－茶、马黛茶浓缩精汁及以其为基本成分或以茶、马黛茶为基本成分的制品
2101.3000	－烘焙菊苣和其他烘焙咖啡代用品及其浓缩精汁
21.02	**酵母（活性或非活性）；已死的其他单细胞微生物（不包括品目30.02的疫苗）；发酵粉：**
2102.1000	－活性酵母
2102.2000	－非活性酵母；已死的其他单细胞微生物
2102.3000	－发酵粉
21.03	**调味汁及其制品；混合调味品；芥子粉及其调制品：**
2103.1000	－酱油

① 例如，以牛肉和马铃薯为基本配料，并且经精细均化处理、适合婴幼儿食用、净重不超过250克，这几个条件同时满足才能作为"均化混合食品"归入品目21.04。

商品编码	商品名称	商品编码	商品名称
2103.2000	- 番茄沙司及其他番茄调味汁		
2103.3000	- 芥子粉及其调制品		
	- 其他:		
2103.9010	- - - 味精		
2103.9020	- - - 别特酒(Aromatic bitters),按体积计酒精含量 44.2%~49.2%,按重量计含 1.5%~6%的香料、各种配料以及 4%~10%的糖		
2103.9090	- - - 其他		
21.04	**汤料及其制品;均化混合食品:**		
2104.1000	- 汤料及其制品		
2104.2000	- 均化混合食品		
21.05	**冰淇淋及其他冰制食品,不论是否含可可:**		
2105.0000	冰淇淋及其他冰制食品,不论是否含可可		
21.06	**其他品目未列名的食品:**		
2106.1000	- 浓缩蛋白质及人造蛋白物质		
	- 其他:		
2106.9010	- - - 制造碳酸饮料的浓缩物		
2106.9020	- - - 制造饮料用的复合酒精制品		
2106.9030	- - - 蜂王浆制剂		
2106.9040	- - - 椰子汁		
2106.9050	- - - 海豹油胶囊		
	- - - 含香料或着色剂的甘蔗糖或甜菜糖水溶液;蔗糖含量超过 50%的甘蔗糖、甜菜糖与其他食品原料的简单固体混合物:		
2106.9061	- - - - 含香料或着色剂的甘蔗糖或甜菜糖水溶液		
2106.9062	- - - - 蔗糖含量超过 50%的甘蔗糖、甜菜糖与其他食品原料的简单固体混合物		
2106.9090	- - - 其他		

第二十二章　饮料、酒及醋

注释：

一、本章不包括：

（一）本章的产品（品目22.09的货品除外）经配制后，用于烹饪而不适于作为饮料的制品（通常归入品目21.03）；

（二）海水（品目25.01）；

（三）蒸馏水、导电水及类似的纯净水（品目28.53）；①

（四）按重量计浓度超过10%的醋酸（品目29.15）；

（五）品目30.03或30.04的药品；或

（六）芳香料制品及盥洗品（第三十三章）。

二、本章及第二十章和第二十一章所称"按容量计酒精浓度"，应是温度在20摄氏度时测得的浓度。

三、品目22.02所称"无酒精饮料"，是指按容量计酒精浓度不超过0.5%的饮料。含酒精饮料应分别归入品目22.03至22.06或品目22.08。②

子目注释：

子目2204.10所称"汽酒"，是指温度在20摄氏度时装在密封容器中超过大气压力3巴及以上的酒。

本国子目注释：

本国子目2206.0010所称"黄酒"，是指以稻米、黍米、小米、玉米、小麦、水等为主要原料，经加曲和/或部分酶制剂、酵母等糖化发酵剂酿制而成的发酵酒。

商品编码	商品名称
22.01	**未加糖或其他甜物质及未加味的水，包括天然或人造矿泉水及汽水；冰及雪：**
	－矿泉水及汽水：
2201.1010	－－－矿泉水
2201.1020	－－－汽水
	－其他：
	－－－天然水：
2201.9011	－－－－已包装
2201.9019	－－－－其他
2201.9090	－－－其他
22.02	**加味、加糖或其他甜物质的水，包括矿泉水及汽水，其他无酒精饮料，但不包括品目20.09的水果汁、坚果汁或蔬菜汁：**
2202.1000	－加味、加糖或其他甜物质的水，包括矿泉水及汽水
	－其他：
2202.9100	－－无醇啤酒
2202.9900	－－其他
22.03	**麦芽酿造的啤酒：**
2203.0000	麦芽酿造的啤酒
22.04	**鲜葡萄酿造的酒，包括加酒精的品目20.09以外的酿酒葡萄汁：**
2204.1000	－汽酒
	－其他酒；加酒精抑制发酵的酿酒葡萄汁：
2204.2100	－－装入2升及以下容器的
2204.2200	－－装入2升以上但不超过10升容器的
2204.2900	－－其他
2204.3000	－其他酿酒葡萄汁
22.05	**味美思酒及其他加植物或香料的用鲜葡萄酿造的酒：**

① 例如，饮用蒸馏水应归入品目28.53，化学实验用导电水应归入品目28.53。

② 酒精浓度不超过0.5%的饮料是"无酒精饮料"，超过0.5%的饮料是"含酒精饮料"（即"酒"）。

商品编码	商品名称	商品编码	商品名称
2205.1000	－装入 2 升及以下容器的		
2205.9000	－其他		
22.06	**其他发酵饮料(例如,苹果酒、梨酒、蜂蜜酒、清酒);其他品目未列名的发酵饮料的混合物及发酵饮料与无酒精饮料的混合物:**		
2206.0010	－－－黄酒		
2206.0090	－－－其他		
22.07	**未改性乙醇,按容量计酒精浓度在80%及以上;任何浓度的改性乙醇及其他酒精:**		
2207.1000	－未改性乙醇,按容量计酒精浓度在80%及以上		
2207.2000	－任何浓度的改性乙醇及其他酒精		
22.08	**未改性乙醇,按容量计酒精浓度在80%以下;蒸馏酒、利口酒及其他酒精饮料:**		
2208.2000	－蒸馏葡萄酒制得的烈性酒		
2208.3000	－威士忌酒		
2208.4000	－朗姆酒及蒸馏已发酵甘蔗产品制得的其他烈性酒		
2208.5000	－杜松子酒		
2208.6000	－伏特加酒		
2208.7000	－利口酒及柯迪尔酒		
	－其他:		
2208.9010	－－－龙舌兰酒		
2208.9020	－－－白酒		
2208.9090	－－－其他		
22.09	**醋及用醋酸制得的醋代用品:**		
2209.0000	醋及用醋酸制得的醋代用品		

第二十三章　食品工业的残渣及废料；配制的动物饲料

注释：

品目 23.09 包括其他品目未列号的配制动物饲料，这些饲料是由动、植物原料加工而成的，并且已改变了原料的基本特性，但加工过程中的植物废料、植物残渣及副产品除外。

子目注释：

子目 2306.41 所称“低芥子酸油菜子”，是指第十二章子目注释一所定义的油菜子。

商品编码	商品名称
23.01	**不适于供人食用的肉、杂碎、鱼、甲壳动物、软体动物或其他水生无脊椎动物的渣粉及团粒；油渣：**
	- 肉、杂碎的渣粉及团粒；油渣：
	--- 肉骨粉：
2301.1011	---- 含牛羊成分的
2301.1019	---- 其他
2301.1020	--- 油渣
2301.1090	--- 其他
	- 鱼、甲壳动物、软体动物或其他水生无脊椎动物的渣粉及团粒：
2301.2010	--- 饲料用鱼粉
2301.2090	--- 其他
23.02	**谷物或豆类植物在筛、碾或其他加工过程中所产生的糠、麸及其他残渣，不论是否制成团粒：**
2302.1000	- 玉米的
2302.3000	- 小麦的
2302.4000	- 其他谷物的
2302.5000	- 豆类植物的
23.03	**制造淀粉过程中的残渣及类似的残渣，甜菜渣、甘蔗渣及制糖过程中的其他残渣，酿造及蒸馏过程中的糟粕及残渣，不论是否制成团粒：**
2303.1000	- 制造淀粉过程中的残渣及类似的残渣
2303.2000	- 甜菜渣、甘蔗渣及制糖过程中的其他残渣
2303.3000	- 酿造及蒸馏过程中的糟粕及残渣
23.04	**提炼豆油所得的油渣饼及其他固体残渣，不论是否碾磨或制成团粒：**
2304.0010	--- 油渣饼
2304.0090	--- 其他
23.05	**提炼花生油所得的油渣饼及其他固体残渣，不论是否碾磨或制成团粒：**
2305.0000	提炼花生油所得的油渣饼及其他固体残渣，不论是否碾磨或制成团粒
23.06	**品目 23.04 或 23.05 以外的提炼植物或微生物油脂所得的油渣饼及其他固体残渣，不论是否碾磨或制成团粒：**
2306.1000	- 棉子的
2306.2000	- 亚麻子的
2306.3000	- 葵花子的
	- 油菜子的：
2306.4100	-- 低芥子酸的
2306.4900	-- 其他
2306.5000	- 椰子或干椰肉的
2306.6000	- 棕榈果或棕榈仁的
2306.9000	- 其他
23.07	**葡萄酒渣；粗酒石：**
2307.0000	葡萄酒渣；粗酒石
23.08	**动物饲料用的其他品目未列名的植物原料、废料、残渣及副产品，不论是否制成团粒：**
2308.0000	动物饲料用的其他品目未列名的植物原料、废料、残渣及副产品，不论是否制成团粒
23.09	**配制的动物饲料：**
	- 零售包装的狗食或猫食：
2309.1010	--- 罐头
2309.1090	--- 其他
	- 其他：
2309.9010	--- 制成的饲料添加剂
2309.9090	--- 其他

第二十四章　烟草、烟草及烟草代用品的制品；非经燃烧吸用的产品，不论是否含有尼古丁；其他供人体摄入尼古丁的含尼古丁的产品

注释：

一、本章不包括药用卷烟（第三十章）。

二、既可归入品目 24.04 又可归入本章其他品目的产品，应归入品目 24.04。

三、品目 24.04 所称“非经燃烧吸用”，是指不通过燃烧，而是通过加热或其他方式吸用。①

子目注释：

子目 2403.11 所称“水烟料”，是指由烟草和甘油混合而成用水烟筒吸用的烟草，不论是否含有芳香油及提取物、糖蜜或糖，也不论是否用水果调味，但供在水烟筒中吸用的非烟草产品不归入该子目。

商品编码	商品名称
24.01	**烟草；烟草废料：**
	－未去梗的烟草：
2401.1010	－－－烤烟
2401.1090	－－－其他
	－部分或全部去梗的烟草：
2401.2010	－－－烤烟
2401.2090	－－－其他
2401.3000	－烟草废料
24.02	**烟草或烟草代用品制成的雪茄烟及卷烟：**
2402.1000	－烟草制的雪茄烟
2402.2000	－烟草制的卷烟
2402.9000	－其他
24.03	**其他烟草及烟草代用品的制品；“均化”或“再造”烟草；烟草精汁：**
	－供吸用的烟草，不论是否含有任何比例的烟草代用品：
2403.1100	－－本章子目注释所述的水烟料
2403.1900	－－其他
	－其他：
2403.9100	－－“均化”或“再造”烟草
2403.9900	－－其他
24.04	**含烟草、再造烟草、尼古丁、或烟草或尼古丁代用品，非经燃烧吸用的产品；其他供人体摄入尼古丁的含尼古丁的产品：**
	－非经燃烧吸用的产品：
2404.1100	－－含烟草或再造烟草的
2404.1200	－－其他，含尼古丁的
	－－其他：
2404.1910	－－－其他，含烟草代用品的
2404.1990	－－－其他
	－其他：
2404.9100	－－经口腔摄入的
2404.9200	－－经皮肤摄入的
2404.9900	－－其他

① 例如，电子烟的烟油就是一种经加热雾化被吸用的产品，应归入品目 24.04。

第五类　矿产品

第二十五章　盐;硫磺;泥土及石料;石膏料、石灰及水泥

注释:

一、除条文及注释四另有规定的以外,本章各品目只包括原产状态的矿产品,或只经过洗涤(包括用化学物质清除杂质而未改变产品结构的)、破碎、磨碎、研粉、淘洗、筛分以及用浮选、磁选和其他机械物理方法(不包括结晶法)精选过的货品,但不得经过焙烧、煅烧、混合或超过品目所列的加工范围。[①]

本章产品可含有添加的抗尘剂,但所加剂料并不使原产品改变其一般用途而适合于某些特殊用途。

二、本章不包括:

(一)升华硫磺、沉淀硫磺及胶态硫磺(品目 28.02);

(二)土色料,按重量计三氧化二铁含量在 70%及以上(品目 28.21);

(三)第三十章的药品及其他产品;

(四)芳香料制品及化妆盥洗品(第三十三章);

(五)夯混白云石(品目 38.16);

(六)长方砌石、路缘石、扁平石(品目 68.01)、镶嵌石或类似石料(品目 68.02)及铺屋顶、饰墙面或防潮用的板岩(品目 68.03);

(七)宝石或半宝石(品目 71.02 或 71.03);

(八)每颗重量不低于 2.5 克的氯化钠或氧化镁培养晶体(光学元件除外)(品目 38.24);氯化钠或氧化镁制的光学元件(品目 90.01);

(九)台球用粉块(品目 95.04);或

(十)书写或绘画用粉笔及裁缝划粉(品目 96.09)。

三、既可归入品目 25.17,又可归入本章其他品目的产品,应归入品目 25.17。

四、品目 25.30 主要包括:未膨胀的蛭石、珍珠岩及绿泥石;不论是否煅烧或混合的土色料;天然云母氧化铁;海泡石(不论是否磨光成块);琥珀;模制后未经进一步加工的片、条、杆或类似形状的黏聚海泡石及黏聚琥珀;黑玉;菱锶矿(不论是否煅烧),但不包括氧化锶;破碎陶器;砖或混凝土的碎块。

---

① 例如,天然磷酸钙矿归入品目 25.10,但如经煅烧加工则超出本章范围,而应按含磷的肥料归入品目 31.03;大理石归入品目 25.15,但如果经磨光、抛光加工则超出本章范围而应归入品目 68.02。

商品编码	商品名称	商品编码	商品名称
25. 01	**盐(包括精制盐及变性盐)及纯氯化钠,不论是否为水溶液,也不论是否添加抗结块剂或松散剂;海水:**	2508. 6000	- 富铝红柱石
	- - - 盐:	2508. 7000	- 火泥及第纳斯土
2501. 0011	- - - - 食用盐	**25. 09**	**白垩:**
2501. 0019	- - - - 其他	2509. 0000	白垩
2501. 0020	- - - 纯氯化钠	**25. 10**	**天然磷酸钙、天然磷酸铝钙及磷酸盐白垩:**
2501. 0030	- - - 海水		- 未碾磨:
25. 02	**未焙烧的黄铁矿:**	2510. 1010	- - - 磷灰石
2502. 0000	未焙烧的黄铁矿	2510. 1090	- - - 其他
25. 03	**各种硫磺,但升华硫磺、沉淀硫磺及胶态硫磺除外:**		- 已碾磨:
2503. 0000	各种硫磺,但升华硫磺、沉淀硫磺及胶态硫磺除外	2510. 2010	- - - 磷灰石
25. 04	**天然石墨:**	2510. 2090	- - - 其他
	- 粉末或粉片:	**25. 11**	**天然硫酸钡(重晶石);天然碳酸钡(毒重石),不论是否煅烧,但品目 28. 16 的氧化钡除外:**
2504. 1010	- - - 磷片	2511. 1000	- 天然硫酸钡(重晶石)
	- - - 其他:	2511. 2000	- 天然碳酸钡(毒重石)
2504. 1091	- - - - 球化石墨	**25. 12**	**硅质化石粗粉(例如,各种硅藻土)及类似的硅质土,不论是否煅烧,其表观比重不超过 1:**
2504. 1099	- - - - 其他	2512. 0010	- - - 硅藻土
2504. 9000	- 其他	2512. 0090	- - - 其他
25. 05	**各种天然砂,不论是否着色,但第二十六章的含金属矿砂除外:**	**25. 13**	**浮石;刚玉岩;天然刚玉砂;天然石榴石及其他天然磨料,不论是否热处理:**
2505. 1000	- 硅砂及石英砂	2513. 1000	- 浮石
2505. 9000	- 其他	2513. 2000	- 刚玉岩、天然刚玉砂、天然石榴石及其他天然磨料
25. 06	**石英(天然砂除外);石英岩,不论是否粗加修整或仅用锯或其他方法切割成矩形(包括正方形)的板、块:**	**25. 14**	**板岩,不论是否粗加修整或仅用锯或其他方法切割成矩形,(包括正方形)的板、块:**
2506. 1000	- 石英	2514. 0000	板岩,不论是否粗加修整或仅用锯或其他方法切割成矩形(包括正方形)的板、块
2506. 2000	- 石英岩		
25. 07	**高岭土及类似土,不论是否煅烧:**		
2507. 0010	- - - 高岭土		
2507. 0090	- - - 其他		
25. 08	**其他黏土(不包括品目 68. 06 的膨胀黏土)、红柱石、蓝晶石及硅线石,不论是否煅烧;富铝红柱石;火泥及第纳斯土:**	**25. 15**	**大理石、石灰华及其他石灰质碑用或建筑用石,表观比重为 2. 5 及以上,蜡石,不论是否粗加修整或仅用锯或其他方法切割成矩形(包括正方形)的板、块:**
2508. 1000	- 膨润土		
2508. 3000	- 耐火黏土		- 大理石及石灰华:
2508. 4000	- 其他黏土	2515. 1100	- - 原状或粗加修整
2508. 5000	- 红柱石、蓝晶石及硅线石		

商品编码	商品名称
2515.1200	--用锯或其他方法切割成矩形(包括正方形)的板、块
2515.2000	-其他石灰质碑用或建筑用石;蜡石
25.16	**花岗岩、斑岩、玄武岩、砂岩以及其他碑用或建筑用石,不论是否粗加修整或仅用锯或其他方法切割成矩形(包括正方形)的板、块:**
	-花岗岩:
2516.1100	--原状或粗加修整
2516.1200	--仅用锯或其他方法切割成矩形(包括正方形)的板、块
2516.2000	-砂岩
2516.9000	-其他碑用或建筑用石
25.17	**通常作混凝土粒料、铺路、铁道路基或其他路基用的卵石、砾石及碎石,圆石子及燧石,不论是否热处理;矿渣、浮渣及类似的工业残渣,不论是否混有本品目第一部分所列的材料;沥青碎石;品目25.15、25.16所列各种石料的碎粒、碎屑及粉末,不论是否热处理:**
2517.1000	-通常作混凝土粒料、铺路、铁道路基或其他路基用的卵石、砾石及碎石,圆石子及燧石,不论是否热处理
2517.2000	-矿渣、浮渣及类似的工业残渣,不论是否混有子目2517.10所列的材料
2517.3000	-沥青碎石
	-品目25.15及25.16所列各种石料的碎粒、碎屑及粉末,不论是否热处理:
2517.4100	--大理石的
2517.4900	--其他
25.18	**白云石,不论是否煅烧或烧结、粗加修整或仅用锯或其他方法切割成矩形(包括正方形)的板、块:**
2518.1000	-未煅烧或烧结的白云石
2518.2000	-已煅烧或烧结的白云石
25.19	**天然碳酸镁(菱镁矿);熔凝镁氧矿;烧结镁氧矿,不论烧结前是否加入少量其他氧化物;其他氧化镁,不论是否纯净:**
2519.1000	-天然碳酸镁(菱镁矿)
	-其他:
2519.9010	---熔凝镁氧矿
2519.9020	---烧结镁氧矿(重烧镁)
2519.9030	---碱烧镁(轻烧镁)
	---其他:
2519.9091	----化学纯氧化镁
2519.9099	----其他
25.20	**生石膏;硬石膏;熟石膏(由煅烧的生石膏或硫酸钙构成),不论是否着色,也不论是否带有少量促凝剂或缓凝剂:**
2520.1000	-生石膏;硬石膏
	-熟石膏:
2520.2010	---牙科用
2520.2090	---其他
25.21	**石灰石助熔剂;通常用于制造石灰或水泥的石灰石及其他钙质石:**
2521.0000	石灰石助熔剂;通常用于制造石灰或水泥的石灰石及其他钙质石
25.22	**生石灰、熟石灰及水硬石灰,但品目28.25的氧化钙及氢氧化钙除外:**
2522.1000	-生石灰
2522.2000	-熟石灰
2522.3000	-水硬石灰
25.23	**硅酸盐水泥、矾土水泥、矿渣水泥、富硫酸盐水泥及类似的水凝水泥,不论是否着色,包括水泥熟料:**
2523.1000	-水泥熟料
	-硅酸盐水泥:
2523.2100	--白水泥,不论是否人工着色
2523.2900	--其他
2523.3000	-矾土水泥
2523.9000	-其他水凝水泥
25.24	**石棉:**
2524.1000	-青石棉
	-其他:
2524.9010	---长纤维石棉
2524.9090	---其他
25.25	**云母,包括云母片;云母废料:**
2525.1000	-原状云母及劈开的云母片

商品编码	商品名称	商品编码	商品名称
2525.2000	- 云母粉		
2525.3000	- 云母废料		
25.26	**天然冻石,不论是否粗加修整或仅用锯或其他方法切割成矩形(包括正方形)的板、块;滑石:**		
	- 未破碎及未研粉:		
2526.1010	- - - 天然冻石		
2526.1020	- - - 滑石		
	- 已破碎或已研粉:		
2526.2010	- - - 天然冻石		
2526.2020	- - - 滑石		
25.28	**天然硼酸盐及其精矿(不论是否煅烧),但不包括从天然盐水析离的硼酸盐;天然粗硼酸,含硼酸干重不超过85%:**		
2528.0010	- - - 天然硼砂及其精矿(不论是否煅烧)		
2528.0090	- - - 其他		
25.29	**长石;白榴石;霞石及霞石正长岩;萤石(氟石):**		
2529.1000	- 长石		
	- 萤石:		
2529.2100	- - 按重量计氟化钙含量在 97%及以下		
2529.2200	- - 按重量计氟化钙含量在 97%以上		
2529.3000	- 白榴石;霞石及霞石正长岩		
25.30	**其他品目未列名的矿产品:**		
	- 未膨胀的蛭石、珍珠岩及绿泥石:		
2530.1010	- - - 绿泥石		
2530.1020	- - - 未膨胀的蛭石和珍珠岩		
2530.2000	- 硫镁矾矿及泻盐矿(天然硫酸镁)		
	- 其他:		
2530.9010	- - - 矿物性药材		
2530.9020	- - - 稀土金属矿		
	- - - 其他:		
2530.9091	- - - - 硅灰石		
2530.9099	- - - - 其他		

第二十六章　矿砂、矿渣及矿灰

注释：

一、本章不包括：

(一)铺路用的矿渣及类似的工业废渣(品目25.17)；

(二)天然碳酸镁(菱镁矿)，不论是否煅烧(品目25.19)；

(三)主要含有石油的石油储罐的淤渣；

(四)第三十一章的碱性熔渣；

(五)矿物棉(品目68.06)；

(六)贵金属或包贵金属的废碎料；主要用于回收贵金属的含贵金属或贵金属化合物的其他废碎料(品目71.12或85.49)；或

(七)通过熔炼所产生的铜锍、镍锍或钴锍(第十五类)。

二、品目26.01至26.17所称"矿砂"，是指冶金工业中提炼汞、品目28.44的金属以及第十四类、第十五类金属的矿物，即使这些矿物不用于冶金工业，也包括在内。但品目26.01至26.17不包括不是以冶金工业正常加工方法处理的各种矿物。

三、品目26.20只适用于：

(一)在工业上提炼金属或作为生产金属化合物基本原料的矿渣、矿灰及残渣，但焚化城市垃圾所产生的灰、渣除外(品目26.21)；

(二)含有砷的矿渣、矿灰及残渣，不论其是否含有金属，用于提取或生产砷、金属及其化合物。

子目注释：

一、子目2620.21所称"含铅汽油的淤渣及含铅抗震化合物的淤渣"，是指取自含铅汽油及含铅抗震化合物(例如，四乙基铅)储罐的淤渣，主要含有铅、铅化合物以及铁的氧化物。

二、含有砷、汞、铊及其混合物的矿渣、矿灰及残渣，用于提取或生产砷、汞、铊及其化合物，归入子目2620.60。

商品编码	商品名称
26.01	**铁矿砂及其精矿，包括焙烧黄铁矿：**
	－铁矿砂及其精矿，但焙烧黄铁矿除外：
	－－未烧结：
2601.1110	－－－平均粒度小于0.8毫米的
2601.1120	－－－平均粒度不小于0.8毫米，但不大于6.3毫米的
2601.1190	－－－其他
2601.1200	－－已烧结
2601.2000	－焙烧黄铁矿
26.02	**锰矿砂及其精矿，包括以干重计含锰量在20%及以上的锰铁矿及其精矿：**
2602.0000	锰矿砂及其精矿，包括以干重计含锰量在20%及以上的锰铁矿及其精矿
26.03	**铜矿砂及其精矿：**
2603.0000	铜矿砂及其精矿
26.04	**镍矿砂及其精矿：**
2604.0000	镍矿砂及其精矿
26.05	**钴矿砂及其精矿：**
2605.0000	钴矿砂及其精矿
26.06	**铝矿砂及其精矿：**
2606.0000	铝矿砂及其精矿
26.07	**铅矿砂及其精矿：**
2607.0000	铅矿砂及其精矿
26.08	**锌矿砂及其精矿：**
2608.0000	锌矿砂及其精矿
26.09	**锡矿砂及其精矿：**
2609.0000	锡矿砂及其精矿
26.10	**铬矿砂及其精矿：**
2610.0000	铬矿砂及其精矿

商品编码	商品名称
26.11	**钨矿砂及其精矿:**
2611.0000	钨矿砂及其精矿
26.12	**铀或钍矿砂及其精矿:**
2612.1000	- 铀矿砂及其精矿
2612.2000	- 钍矿砂及其精矿
26.13	**钼矿砂及其精矿:**
2613.1000	- 已焙烧
2613.9000	- 其他
26.14	**钛矿砂及其精矿:**
2614.0000	钛矿砂及其精矿
26.15	**铌、钽、钒或锆矿砂及其精矿:**
2615.1000	- 锆矿砂及其精矿
	- 其他:
2615.9010	- - - 水合钽铌原料(钽铌矿富集物)
2615.9090	- - - 其他
26.16	**贵金属矿砂及其精矿:**
2616.1000	- 银矿砂及其精矿
2616.9000	- 其他
26.17	**其他矿砂及其精矿:**
	- 锑矿砂及其精矿:
2617.1010	- - - 生锑(锑精矿,选矿产品)
2617.1090	- - - 其他
	- 其他:
2617.9010	- - - 朱砂(辰砂)
2617.9090	- - - 其他
26.18	**冶炼钢铁所产生的粒状熔渣(熔渣砂):**
2618.0010	- - - 主要含锰
2618.0090	- - - 其他
26.19	**冶炼钢铁所产生的熔渣、浮渣(粒状熔渣除外)、氧化皮及其他废料:**
2619.0000	冶炼钢铁所产生的熔渣、浮渣(粒状熔渣除外)、氧化皮及其他废料
26.20	**含有金属、砷及其化合物的矿渣、矿灰及残渣(冶炼钢铁所产生的灰、渣除外):**
	- 主要含锌:
2620.1100	- - 含硬锌
2620.1900	- - 其他
	- 主要含铅:
2620.2100	- - 含铅汽油的淤渣及含铅抗震化合物的淤渣
2620.2900	- - 其他
2620.3000	- 主要含铜
2620.4000	- 主要含铝
2620.6000	- 含砷、汞、铊及其混合物,用于提取或生产砷、汞、铊及其化合物
	- 其他:
2620.9100	- - 含锑、铍、镉、铬及其混合物
	- - 其他:
2620.9910	- - - 主要含钨
2620.9990	- - - 其他
26.21	**其他矿渣及矿灰,包括海藻灰(海草灰);焚化城市垃圾所产生的灰、渣:**
2621.1000	- 焚化城市垃圾所产生的灰、渣
2621.9000	- 其他

第二十七章　矿物燃料、矿物油及其蒸馏产品;沥青物质;矿物蜡

注释:

一、本章不包括:

(一)单独的已有化学定义的有机化合物,但纯甲烷及纯丙烷应归入品目27.11;

(二)品目30.03及30.04的药品;或

(三)品目33.01、33.02及38.05的不饱和烃混合物。

二、品目27.10所称"石油及从沥青矿物提取的油类",不仅包括石油、从沥青矿物提取的油及类似油,还包括那些用任何方法提取的主要含有不饱和烃混合物的油,但其非芳族成分的重量必须超过芳族成分。然而,它不包括温度在300摄氏度时,压力转为1013毫巴后减压蒸馏出的液体合成聚烯烃以体积计小于60%的货品(第三十九章)。

三、品目27.10所称"废油",是指主要含石油及从沥青矿物提取的油类(参见本章注释二)的废油,不论其是否与水混合。它们包括:

(一)不再适于作为原产品使用的废油(例如,用过的润滑油、液压油及变压器油);

(二)石油储罐的淤渣油,主要含有石油及高浓度的在生产原产品时使用的添加剂(例如,化学品);

(三)水乳浊液状或与水混合的废油,例如,浮油、清洗油罐所得的油或机械加工中已用过的切削油。

子目注释:

一、子目2701.11所称"无烟煤",是指含挥发物(以干燥、无矿物质计)不超过14%的煤。

二、子目2701.12所称"烟煤",是指含挥发物(以干燥、无矿物质计)超过14%,并且热值(以潮湿、无矿物质计)等于或大于5833大卡/千克的煤。

三、子目2707.10、2707.20、2707.30及2707.40所称"粗苯""粗甲苯""粗二甲苯""萘",是分别指按重量计苯、甲苯、二甲苯、萘的含量在50%以上的产品。

四、子目2710.12所称"轻油及其制品",是指根据ISO 3405方法(等同于ASTM D86方法),温度在210摄氏度时以体积计馏出量(包括损耗)在90%及以上的产品。

五、品目27.10的子目所称"生物柴油",是指从动植物油脂或微生物油脂(不论是否使用过)得到的用作燃料的脂肪酸单烷基酯。

商品编码	商品名称
27.01	**煤;煤砖、煤球及用煤制成的类似固体燃料:**
	-煤,不论是否粉化,但未制成型
2701.1100	--无烟煤
	--烟煤:
2701.1210	---炼焦煤
2701.1290	---其他
2701.1900	--其他煤
2701.2000	-煤砖、煤球及用煤制成的类似固体燃料
27.02	**褐煤,不论是否制成型,但不包括黑玉:**
2702.1000	-褐煤,不论是否粉化,但未制成型
2702.2000	-制成型的褐煤
27.03	**泥煤(包括肥料用泥煤),不论是否制成型:**
2703.0000	泥煤(包括肥料用泥煤),不论是否制成型
27.04	**煤、褐煤或泥煤制成的焦炭及半焦炭,不论是否制成型;甑炭:**
2704.0010	---焦炭及半焦炭
2704.0090	---其他

商品编码	商品名称
27.05	**煤气、水煤气、炉煤气及类似气体,但石油气及其他烃类气除外:**
2705.0000	煤气、水煤气、炉煤气及类似气体,但石油气及其他烃类气除外
27.06	**从煤、褐煤或泥煤蒸馏所得的焦油及其他矿物焦油,不论是否脱水或部分蒸馏,包括再造焦油:**
2706.0000	从煤、褐煤或泥煤蒸馏所得的焦油及其他矿物焦油,不论是否脱水或部分蒸馏,包括再造焦油
27.07	**蒸馏高温煤焦油所得的油类及其他产品;芳族成分重量超过非芳族成分的类似产品:**
2707.1000	- 粗苯
2707.2000	- 粗甲苯
2707.3000	- 粗二甲苯
2707.4000	- 萘
2707.5000	- 其他芳烃混合物,根据 ISO 3405 方法(等同于 ASTM D86 方法),温度在 250 摄氏度时的馏出量以体积计(包括损耗)在 65%及以上
	- 其他:
2707.9100	- - 杂酚油
	- - 其他:
2707.9910	- - - 酚
2707.9990	- - - 其他
27.08	**从煤焦油或其他矿物焦油所得的沥青及沥青焦:**
2708.1000	- 沥青
2708.2000	- 沥青焦
27.09	**石油原油及从沥青矿物提取的原油:**
2709.0000	石油原油及从沥青矿物提取的原油
27.10	**石油及从沥青矿物提取的油类,但原油除外;以上述油为基本成分(按重量计不低于 70%)的其他品目未列名制品;废油:**
	- 石油及从沥青矿物提取的油类(但原油除外)以及以上述油为基本成分(按重量计不低于 70%)的其他品目未列名制品,不含有生物柴油,但废油除外:
	- - 轻油及其制品:
2710.1210	- - - 车用汽油及航空汽油
2710.1220	- - - 石脑油
2710.1230	- - - 橡胶溶剂油,油漆溶剂油、抽提溶剂油
	- - - 其他:
2710.1291	- - - - 壬烯
2710.1299	- - - - 其他
	- - 其他:
	- - - 煤油馏分:
2710.1911	- - - - 航空煤油
2710.1912	- - - - 灯用煤油
2710.1919	- - - - 其他
	- - - 柴油及其他燃料油:
2710.1922	- - - - 5~7 号燃料油
2710.1923	- - - - 柴油
2710.1929	- - - - 其他
	- - - 润滑油、润滑脂及其他重油:
2710.1991	- - - - 润滑油
2710.1992	- - - - 润滑脂
2710.1993	- - - - 润滑油基础油
2710.1994	- - - - 液体石蜡和重质液体石蜡
2710.1999	- - - - 其他
2710.2000	- 石油及从沥青矿物提取的油类(但原油除外)以及以上述油为基本成分(按重量计不低于 70%)的其他品目未列名制品,含有生物柴油,但废油除外
	- 废油:
2710.9100	- - 含多氯联苯(PCBs)、多氯三联(PCTs)或多溴联苯(PBBs)的
2710.9900	- - 其他
27.11	**石油气及其他烃类气:**
	- 液化的:
2711.1100	- - 天然气
2711.1200	- - 丙烷
	- - 丁烷:
2711.1310	- - - 直接灌注香烟打火机及类似打火器用,其包装容器的容积超过 300 立方厘米
2711.1390	- - - 其他

商品编码	商品名称
2711.1400	– – 乙烯、丙烯、丁烯及丁二烯
	– – 其他:
2711.1910	– – – 直接灌注香烟打火机及类似打火器用的燃料,其包装容器的容积超过 300 立方厘米
2711.1990	– – – 其他
	– 气态的:
2711.2100	– – 天然气
2711.2900	– – 其他
27.12	**凡士林;石蜡、微晶石蜡、疏松石蜡、地蜡、褐煤蜡、泥煤蜡、其他矿物蜡及用合成或其他方法制得的类似产品,不论是否着色:**
2712.1000	– 凡士林
2712.2000	– 石蜡,按重量计含油量小于 0.75%
	– 其他:
2712.9010	– – – 微晶石蜡
2712.9090	– – – 其他
27.13	**石油焦、石油沥青及其他石油或从沥青矿物提取的油类的残渣:**
	– 石油焦:
	– – 未煅烧:
2713.1110	– – – 硫的重量百分比小于 3%的
2713.1190	– – – 其他
	– – 已煅烧:
2713.1210	– – – 硫的重量百分比小于 0.8%的
2713.1290	– – – 其他
2713.2000	– 石油沥青
2713.9000	– 其他石油或从沥青矿物提取的油类的残渣
27.14	**天然沥青(地沥青);沥青页岩、油页岩及焦油砂;沥青岩:**
2714.1000	– 沥青页岩、油页岩及焦油砂
	– 其他:
2714.9010	– – – 天然沥青(地沥青)
2714.9020	– – – 乳化沥青
2714.9090	– – – 其他
27.15	**以天然沥青(地沥青)、石油沥青矿物焦油或矿物焦油沥青为基本成分的沥青混合物(例如,沥青胶粘剂、稀释沥青):**
2715.0000	以天然沥青(地沥青)、石油沥青矿物焦油或矿物焦油沥青为基本成分的沥青混合物(例如,沥青胶粘剂、稀释沥青)
27.16	**电力:**
2716.0000	电力

第六类　化学工业及其相关工业的产品

注释：

一、

（一）凡符合品目 28.44 或 28.45 规定的货品（放射性矿砂除外），应分别归入以上品目而不归入本目录的其他品目；

（二）除上述（一）款另有规定的以外，凡符合品目 28.43、28.46 或 28.52 规定的货品，应分别归入这三个品目而不归入本类的其他品目。

二、除上述注释一另有规定的以外，凡由于按一定剂量或作为零售包装而可归入品目 30.04、30.05、30.06、32.12、33.03、33.04、33.05、33.06、33.07、35.06、37.07 或 38.08 的货品，应分别归入以上品目，而不归入本目录的其他品目。①

三、由两种或两种以上单独成分配套的货品，其部分或全部成分属于本类范围以内，混合后则构成第六类或第七类的货品，应按混合后产品归入相应的品目，但其组成成分必须同时符合下列条件：

（一）其包装形式足以表明这些成分不需经过改装就可一起使用的；

（二）一起报验的；

（三）这些成分的属性及相互比例足以表明是相互配用的。

四、其列名或功能既符合第六类中一个或多个品目的规定，又符合品目 38.27 的规定的产品，应按列名或功能归入相应品目，而不归入品目 38.27。

第二十八章　无机化学品；贵金属、稀土金属、放射性元素及其同位素的有机及无机化合物

注释：

一、除条文另有规定的以外，本章各品目只适用于：

（一）单独的化学元素及单独的已有化学定义的化合物，不论是否含有杂质；

（二）上述（一）款产品的水溶液；

（三）溶于其他溶剂的上述（一）款产品，但该产品处于溶液状态只是为了安全或运输所采取的正常必要方法，其所用溶剂并不使该产品改变其一般用途而适合于某些特殊用途；

（四）为了保存或运输需要，加入稳定剂（包括抗结块剂）的上述（一）、（二）、（三）款产品；

（五）为了便于识别或安全起见，加入抗尘剂或着色剂的上述（一）、（二）、（三）、（四）款产品，但所加剂料并不使原产品改变其一般用途而适合于某些特殊用途。

二、除以有机物质稳定的连二亚硫酸盐及次硫酸盐（品目 28.31），无机碱的碳酸盐及过碳酸盐（品目 28.36），无机碱的氰化物、氧氰化物及氰络合物（品目 28.37），无机碱的雷酸盐、氰酸盐及硫氰酸盐（品目 28.42），品目 28.43 至 28.46 及 28.52 的有机产品，以及碳化物（品目 28.49）之外，本章仅包括下列碳化合物：

（一）碳的氧化物，氰化氢及雷酸、异氰酸、硫氰酸及其他简单或络合氰酸（品目 28.11）；

（二）碳的卤氧化物（品目 28.12）；

---

① 例如，供治病用的零售包装硫应归入品目 30.04，而不按“硫磺”的列名归入品目 25.03 或品目 28.02；作胶用的零售包装糊精应归入品目 35.06，而不按“糊精”的列名归入品目 35.05。

(三)二硫化碳(品目 28.13);

(四)硫代碳酸盐、硒代碳酸盐、碲代碳酸盐、硒代氰酸盐、碲代氰酸盐、四氰硫基二氨基络酸盐及其他无机碱络合氰酸盐(品目 28.42);

(五)用尿素固化的过氧化氢(品目 28.47)、氧硫化碳、硫代羰基卤化物、氰、卤化氰、氨基氰及其金属衍生物(品目 28.53),不论是否纯净,但氰氨化钙除外(第三十一章)。

三、除第六类注释一另有规定的以外,本章不包括:

(一)氯化钠或氧化镁(不论是否纯净)及第五类的其他产品;

(二)上述注释二所述以外的有机—无机化合物;

(三)第三十一章注释二、三、四或五所述的产品;

(四)品目 32.06 的用作发光剂的无机产品;品目 32.07 的搪瓷玻璃料及其他玻璃,呈粉、粒或粉片状的;

(五)人造石墨(品目 38.01);品目 38.13 的灭火器的装配药及已装药的灭火弹;品目 38.24 的零售包装的除墨剂;品目 38.24 的每颗重量不少于 2.5 克的碱金属或碱土金属卤化物的培养晶体(光学元件除外);

(六)宝石或半宝石(天然、合成或再造)及这些宝石、半宝石的粉末(品目 71.02 至 71.05),第七十一章的贵金属及贵金属合金;

(七)第十五类的金属(不论是否纯净)、金属合金或金属陶瓷,包括硬质合金(与金属烧结的金属碳化物);或

(八)光学元件,例如,用碱金属或碱土金属卤化物制成的(品目 90.01)。

四、由本章第二分章的非金属酸和第四分章的金属酸所构成的已有化学定义的络酸,应归入品目 28.11。

五、品目 28.26 至 28.42 只适用于金属盐、铵盐及过氧酸盐。除条文另有规定的以外,复盐及络盐应归入品目 28.42。

六、品目 28.44 只适用于:

(一)锝(原子序数 43)、钷(原子序数 61)、钋(原子序数 84)及原子序数大于 84 的所有化学元素;

(二)天然或人造放射性同位素(包括第十四类及第十五类的贵金属和贱金属的放射性同位素),不论是否混合;

(三)上述元素或同位素的无机或有机化合物,不论是否已有化学定义或是否混合;

(四)含有上述元素或同位素及其无机或有机化合物并且具有某种放射性强度超过 74 贝克勒尔/克(0.002 微居里/克)的合金、分散体(包括金属陶瓷)、陶瓷产品及混合物;

(五)核反应堆已耗尽(已辐照)的燃料元件(释热元件);

(六)放射性的残渣,不论是否有用。

品目 28.44、28.45 及本注释所称"同位素",是指:

1. 单独的核素,但不包括自然界中以单一同位素状态存在的核素;
2. 同一元素的同位素混合物,其中一种或几种同位素已被浓缩,即人工地改变了该元素同位素的自然构成。

七、品目 28.53 包括按重量计含磷量超过 15%的磷化铜(磷铜)。

八、经掺杂用于电子工业的化学元素(例如,硅、硒),如果拉制后未经加工或呈圆筒形、棒形,应归入本章;如果已切成圆片、薄片或类似形状,则归入品目 38.18。

子目注释:

子目 2852.10 所称"已有化学定义"是指符合第二十八章注释一(一)至(五)或第二十九章注释一(一)至(八)规定的汞的无机或有机化合物。

商品编码	商品名称
	第一分章　化学元素
28.01	**氟、氯、溴及碘:**
2801.1000	- 氯
2801.2000	- 碘
	- 氟;溴:
2801.3010	- - - 氟
2801.3020	- - - 溴
28.02	**升华硫磺、沉淀硫磺;胶态硫磺**
2802.0000	升华硫磺、沉淀硫磺;胶态硫磺
28.03	**碳(碳黑及其他品目未列名的其他形态的碳):**
2803.0000	碳(碳黑及其他品目未列名的其他形态的碳)
28.04	**氢、稀有气体及其他非金属:**
2804.1000	- 氢
	- 稀有气体:
2804.2100	- - 氩
2804.2900	- - 其他
2804.3000	- 氮
2804.4000	- 氧
2804.5000	- 硼;碲
	- 硅:
	- - 按重量计含硅量不少于 99.99%:
	- - - 经掺杂用于电子工业的直径在 7.5 厘米及以上的单晶硅棒:
2804.6117	- - - - 直径在 30 厘米及以上的
2804.6119	- - - - 其他
2804.6120	- - - 经掺杂用于电子工业的其他单晶硅棒
2804.6190	- - - 其他
2804.6900	- - 其他
	- 磷:
2804.7010	- - - 黄磷(白磷)
2804.7090	- - - 其他
2804.8000	- 砷
	- 硒:
2804.9010	- - - 经掺杂用于电子工业的晶体棒
2804.9090	- - - 其他
28.05	**碱金属、碱土金属;稀土金属、钪及钇,不论是否相互混合或相互熔合;汞:**
	- 碱金属及碱土金属:
2805.1100	- - 钠
2805.1200	- - 钙
	- - 其他:
2805.1910	- - - 锂
2805.1990	- - - 其他
	- 稀土金属、钪及钇,不论是否相互混合或相互熔合:
	- - - 稀土金属、钪及钇,未相互混合或相互熔合:
2805.3011	- - - - 钕
2805.3012	- - - - 镝
2805.3013	- - - - 铽
2805.3014	- - - - 镧
2805.3015	- - - - 铈
2805.3016	- - - - 镨
2805.3017	- - - - 钇
2805.3018	- - - - 钪
2805.3019	- - - - 其他
	- - - 稀土金属、钪及钇,相互混合或相互熔合:
2805.3021	- - - - 电池级
2805.3029	- - - - 其他
2805.4000	- 汞
	第二分章　无机酸及非金属无机氧化物
28.06	**氯化氢(盐酸);氯磺酸:**
2806.1000	- 氯化氢(盐酸)
2806.2000	- 氯磺酸
28.07	**硫酸;发烟硫酸:**
2807.0000	硫酸;发烟硫酸
28.08	**硝酸;磺硝酸:**
2808.0000	硝酸;磺硝酸
28.09	**五氧化二磷;磷酸;多磷酸,不论是否已有化学定义:**
2809.1000	- 五氧化二磷
	- 磷酸及多磷酸:
	- - - 磷酸及偏磷酸、焦磷酸:
2809.2011	- - - - 食品级磷酸
2809.2019	- - - - 其他
2809.2090	- - - 其他
28.10	**硼的氧化物;硼酸:**

商品编码	商品名称
2810.0010	－－－硼的氧化物
2810.0020	－－－硼酸
28.11	**其他无机酸及非金属无机氧化物：**
	－其他无机酸：
	－－氟化氢(氢氟酸)：
2811.1110	－－－电子级氢氟酸
2811.1190	－－－其他
2811.1200	－－氰化氢(氢氰酸)
	－－其他：
2811.1920	－－－硒化氢
2811.1990	－－－其他
	－其他非金属无机氧化物：
2811.2100	－－二氧化碳
	－－二氧化硅：
2811.2210	－－－硅胶
2811.2290	－－－其他
2811.2900	－－其他
	第三分章　非金属卤化物及硫化物
28.12	**非金属卤化物及卤氧化物：**
	－氯化物及氯氧化物：
2812.1100	－－碳酰二氯(光气)
2812.1200	－－氧氯化磷
2812.1300	－－三氯化磷
2812.1400	－－五氯化磷
2812.1500	－－一氯化硫
2812.1600	－－二氯化硫
2812.1700	－－亚硫酰氯
	－－其他：
2812.1910	－－－氯化物
2812.1990	－－－其他
	－其他：
	－－－氟化物及氟氧化物：
2812.9011	－－－－三氟化氮
2812.9019	－－－－其他
2812.9090	－－－其他
28.13	**非金属硫化物；商品三硫化二磷：**
2813.1000	－二硫化碳
2813.9000	－其他
	第四分章　无机碱和金属氧化物、氢氧化物及过氧化物
28.14	**氨及氨水：**
2814.1000	－氨
2814.2000	－氨水
28.15	**氢氧化钠(烧碱)；氢氧化钾(苛性钾)；过氧化钠及过氧化钾：**
	－氢氧化钠(烧碱)：
2815.1100	－－固体
2815.1200	－－水溶液(氢氧化钠浓溶液及液体烧碱)
2815.2000	－氢氧化钾(苛性钾)
2815.3000	－过氧化钠及过氧化钾
28.16	**氢氧化镁及过氧化镁；锶或钡的氧化物、氢氧化物及过氧化物：**
2816.1000	－氢氧化镁及过氧化镁
2816.4000	－锶或钡的氧化物、氢氧化物及过氧化物
28.17	**氧化锌及过氧化锌：**
2817.0010	－－－氧化锌
2817.0090	－－－过氧化锌
28.18	**人造刚玉，不论是否已有化学定义；氧化铝；氢氧化铝：**
	－人造刚玉，不论是否已有化学定义：
2818.1010	－－－棕刚玉
2818.1090	－－－其他
2818.2000	－氧化铝，但人造刚玉除外
2818.3000	－氢氧化铝
28.19	**铬的氧化物及氢氧化物：**
2819.1000	－三氧化铬
2819.9000	－其他
28.20	**锰的氧化物：**
2820.1000	－二氧化锰
2820.9000	－其他
28.21	**铁的氧化物及氢氧化物；土色料，按重量计三氧化二铁含量在70%及以上：**
2821.1000	－铁的氧化物及氢氧化物
2821.2000	－土色料
28.22	**钴的氧化物及氢氧化物；商品氧化钴：**
2822.0010	－－－四氧化三钴
2822.0090	－－－其他
28.23	**钛的氧化物：**
2823.0000	钛的氧化物
28.24	**铅的氧化物；铅丹及铅橙：**

商品编码	商品名称
2824.1000	- 一氧化铅(铅黄、黄丹)
	- 其他:
2824.9010	- - - 铅丹及铅橙
2824.9090	- - - 其他
28.25	**肼(联氨)、胲(羟胺)及其无机盐;其他无机碱;其他金属氧化物、氢氧化物及过氧化物:**
	- 肼(联氨)、胲(羟胺)及其无机盐:
2825.1010	- - - 水合肼
2825.1020	- - - 硫酸羟胺
2825.1090	- - - 其他
	- 锂的氧化物及氢氧化物:
2825.2010	- - - 氢氧化锂
2825.2090	- - - 其他
	- 钒的氧化物及氢氧化物:
2825.3010	- - - 五氧化二钒
2825.3090	- - - 其他
2825.4000	- 镍的氧化物及氢氧化物
2825.5000	- 铜的氧化物及氢氧化物
2825.6000	- 锗的氧化物及二氧化锆
2825.7000	- 钼的氧化物及氢氧化物
2825.8000	- 锑的氧化物
	- 其他:
	- - - 钨的氧化物及氢氧化物:
2825.9011	- - - - 钨酸
2825.9012	- - - - 三氧化钨
2825.9019	- - - - 其他
	- - - 铋的氧化物及氢氧化物:
2825.9021	- - - - 三氧化二铋
2825.9029	- - - - 其他
	- - - 锡的氧化物及氢氧化物:
2825.9031	- - - - 二氧化锡
2825.9039	- - - - 其他
	- - - 铌的氧化物及氢氧化物:
2825.9041	- - - - 一氧化铌
2825.9049	- - - - 其他
2825.9090	- - - 其他
	第五分章　无机酸盐、无机过氧酸盐及金属酸盐、金属过氧酸盐
28.26	**氟化物;氟硅酸盐、氟铝酸盐及其他氟络盐:**
	- 氟化物:
	- - 氟化铝:
2826.1210	- - - 无水氟化铝
2826.1290	- - - 其他
	- - 其他:
2826.1910	- - - 铵的氟化物
2826.1920	- - - 钠的氟化物
2826.1930	- - - 六氟化钨
2826.1990	- - - 其他
2826.3000	- 六氟铝酸钠(人造冰晶石)
	- 其他:
2826.9010	- - - 氟硅酸盐
2826.9020	- - - 六氟磷酸锂
2826.9090	- - - 其他
28.27	**氯化物、氯氧化物及氢氧基氯化物;溴化物及溴氧化物;碘化物及碘氧化物:**
	- 氯化铵:
2827.1010	- - - 肥料用
2827.1090	- - - 其他
2827.2000	- 氯化钙
	- 其他氯化物:
2827.3100	- - 氯化镁
2827.3200	- - 氯化铝
2827.3500	- - 氯化镍
	- - 其他:
2827.3910	- - - 氯化锂
2827.3920	- - - 氯化钡
2827.3930	- - - 氯化钴
2827.3990	- - - 其他
	- 氯氧化物及氢氧基氯化物:
2827.4100	- - 铜的氯氧化物及氢氧基氯化物
	- - 其他:
2827.4910	- - - 锆的氯氧化物及氢氧基氯化物
2827.4990	- - - 其他
	- 溴化物及溴氧化物:
2827.5100	- - 溴化钠及溴化钾
2827.5900	- - 其他
2827.6000	- 碘化物及碘氧化物
28.28	**次氯酸盐;商品次氯酸钙;亚氯酸盐;次溴酸盐:**
2828.1000	- 商品次氯酸钙及其他钙的次氯酸盐

商品编码	商品名称
2828.9000	- 其他
28.29	**氯酸盐及高氯酸盐;溴酸盐及过溴酸盐;碘酸盐及高碘酸盐:**
	- 氯酸盐:
2829.1100	- - 氯酸钠
	- - 其他:
2829.1910	- - - 氯酸钾(洋硝)
2829.1990	- - - 其他
2829.9000	- 其他
28.30	**硫化物;多硫化物,无论是否已有化学定义:**
	- 钠的硫化物:
2830.1010	- - - 硫化钠
2830.1090	- - - 其他
	- 其他:
2830.9020	- - - 硫化锑
2830.9030	- - - 硫化钴
2830.9090	- - - 其他
28.31	**连二亚硫酸盐及次硫酸盐:**
	- 钠的连二亚硫酸盐及次硫酸盐:
2831.1010	- - - 钠的连亚二硫酸盐
2831.1020	- - - 钠的次硫酸盐
2831.9000	- 其他
28.32	**亚硫酸盐;硫代硫酸盐:**
2832.1000	- 钠的亚硫酸盐
2832.2000	- 其他亚硫酸盐
2832.3000	- 硫代硫酸盐
28.33	**硫酸盐;矾;过硫酸盐:**
	- 钠的硫酸盐:
2833.1100	- - 硫酸钠
2833.1900	- - 其他
	- 其他硫酸盐:
2833.2100	- - 硫酸镁
2833.2200	- - 硫酸铝
2833.2400	- - 镍的硫酸盐
2833.2500	- - 铜的硫酸盐
2833.2700	- - 硫酸钡
	- - 其他:
2833.2910	- - - 硫酸亚铁
2833.2920	- - - 铬的硫酸盐
2833.2930	- - - 硫酸锌
2833.2990	- - - 其他
	- 矾:
2833.3010	- - - 钾铝矾
2833.3090	- - - 其他
2833.4000	- 过硫酸盐
28.34	**亚硝酸盐;硝酸盐:**
2834.1000	- 亚硝酸盐
	- 硝酸盐:
	- - 硝酸钾:
2834.2110	- - - 肥料用
2834.2190	- - - 其他
	- - 其他:
2834.2910	- - - 硝酸钴
2834.2990	- - - 其他
28.35	**次磷酸盐、亚磷酸盐及磷酸盐;多磷酸盐,无论是否已有化学定义:**
2835.1000	- 次磷酸盐及亚磷酸盐
	- 磷酸盐:
2835.2200	- - 磷酸一钠及磷酸二钠
2835.2400	- - 钾的磷酸盐
	- - 正磷酸氢钙(磷酸二钙):
2835.2510	- - - 饲料级的
2835.2520	- - - 食品级的
2835.2590	- - - 其他
2835.2600	- - 其他磷酸钙
	- - 其他:
2835.2910	- - - 磷酸三钠
2835.2990	- - - 其他
	- 多磷酸盐:
	- - 三磷酸钠(三聚磷酸钠):
2835.3110	- - - 食品级的
2835.3190	- - - 其他
	- - 其他:
	- - - 六偏磷酸钠:
2835.3911	- - - - 食品级的
2835.3919	- - - - 其他
2835.3990	- - - 其他
28.36	**碳酸盐;过碳酸盐;含氨基甲酸铵的商品碳酸铵:**
2836.2000	- 碳酸钠(纯碱)
2836.3000	- 碳酸氢钠(小苏打)

商品编码	商品名称
2836.4000	－钾的碳酸盐
2836.5000	－碳酸钙
2836.6000	－碳酸钡
	－其他：
2836.9100	－－锂的碳酸盐
2836.9200	－－锶的碳酸盐
	－－其他：
2836.9910	－－－碳酸镁
2836.9930	－－－碳酸钴
2836.9940	－－－商品碳酸铵及其他铵的碳酸盐
2836.9950	－－－碳酸锆
2836.9990	－－－其他
28.37	**氰化物、氧氰化物及氰络合物：**
	－氰化物及氧氰化物：
	－－氰化钠及氧氰化钠：
2837.1110	－－－氰化钠
2837.1120	－－－氧氰化钠
	－－其他：
2837.1910	－－－氰化钾
2837.1990	－－－其他
2837.2000	－氰络合物
28.39	**硅酸盐；商品碱金属硅酸盐：**
	－钠盐：
2839.1100	－－偏硅酸钠
	－－其他：
2839.1910	－－－硅酸钠
2839.1990	－－－其他
2839.9000	－其他
28.40	**硼酸盐及过硼酸盐：**
	－四硼酸钠(精炼硼砂)：
2840.1100	－－无水四硼酸钠
2840.1900	－－其他
2840.2000	－其他硼酸盐
2840.3000	－过硼酸盐
28.41	**金属酸盐及过金属酸盐：**
2841.3000	－重铬酸钠
2841.5000	－其他铬酸盐及重铬酸盐；过铬酸盐
	－亚锰酸盐、锰酸盐及高锰酸盐：
2841.6100	－－高锰酸钾
	－－其他：
2841.6910	－－－锰酸锂
2841.6990	－－－其他
	－钼酸盐：
2841.7010	－－－钼酸铵
2841.7090	－－－其他
	－钨酸盐：
2841.8010	－－－仲钨酸铵
2841.8020	－－－钨酸钠
2841.8030	－－－钨酸钙
2841.8040	－－－偏钨酸铵
2841.8090	－－－其他
2841.9000	－其他
28.42	**其他无机酸盐及过氧酸盐(包括不论是否已有化学定义的硅铝酸盐)，但叠氮化物除外：**
2842.1000	－硅酸复盐及硅酸络盐，(包括不论是否已有化学定义的硅铝酸盐)
	－其他：
	－－－雷酸盐、氰酸盐及硫氰酸盐：
2842.9011	－－－－硫氰酸钠
2842.9019	－－－－其他
2842.9020	－－－碲化镉
2842.9030	－－－锂镍钴锰氧化物
2842.9040	－－－磷酸铁锂
2842.9050	－－－硒酸盐及亚硒酸盐
2842.9060	－－－锂镍钴铝氧化物
2842.9090	－－－其他
	第六分章　杂项产品
28.43	**胶态贵金属；贵金属的无机或有机化合物，不论是否已有化学定义；贵金属汞齐：**
2843.1000	－胶态贵金属
	－银化合物：
2843.2100	－－硝酸银
2843.2900	－－其他
2843.3000	－金化合物
2843.9000	－其他贵金属化合物；贵金属汞齐
28.44	**放射性化学元素及放射性同位素(包括可裂变或可转换的化学元素及同位素)及其化合物；含上述产品的混合物及残渣：**

商品编码	商品名称
2844.1000	－天然铀及其化合物;含天然铀或天然铀化合物的合金、分散体(包括金属陶瓷)、陶瓷产品及混合物
2844.2000	－铀-235 浓缩铀及其化合物;钚及其化合物;含铀-235 浓缩铀、钚或它们的化合物的合金、分散体(包括金属陶瓷)、陶瓷产品及混合物
2844.3000	－铀-235 贫化铀及其化合物;钍及其化合物;含铀-235 贫化铀、钍或它们的化合物的合金、分散体(包括金属陶瓷)、陶瓷产品及混合物
	－除子目 2844.10、2844.20 及 2844.30 以外的放射性元素、同位素及其化合物;含这些元素、同位素及其化合物的合金、分散体(包括金属陶瓷)、陶瓷产品及混合物;放射性残渣:
2844.4100	－－氚及其化合物;含氚及其化合物的合金、分散体(包括金属陶瓷)、陶瓷产品及混合物
	－－锕-225、锕-227、锎-253、锔-240、锔-241、锔-242、锔-243、锔-244、锿-253、锿-254、钆-148、钋-208、钋-209、钋-210、镭-223、铀-230 或铀-232 及其化合物;含这些元素及其化合物的合金、分散体(包括金属陶瓷)、陶瓷产品及混合物:
2844.4210	－－－镭-223 及镭-223 盐
2844.4290	－－－其他
	－－其他放射性元素、同位素及其化合物;其他含这些元素、同位素及其化合物的合金、分散体(包括金属陶瓷)、陶瓷产品及混合物:
2844.4310	－－－除镭-223 及镭-223 盐外的镭及镭盐
2844.4320	－－－钴及钴盐
2844.4390	－－－其他
2844.4400	－－放射性残渣
2844.5000	－核反应堆已耗尽(已辐照)的燃料元件(释热元件)
28.45	**品目 28.44 以外的同位素;这些同位素的无机或有机化合物,不论是否已有化学定义:**
2845.1000	－重水(氧化氘)
2845.2000	－硼-10 浓缩硼及其化合物
2845.3000	－锂-6 浓缩锂及其化合物
2845.4000	－氦-3
2845.9000	－其他
28.46	**稀土金属、钇、钪及其混合物的无机或有机化合物:**
	－铈的化合物:
2846.1010	－－－氧化铈
2846.1020	－－－氢氧化铈
2846.1030	－－－碳酸铈
2846.1090	－－－其他
	－其他:
	－－－氧化稀土(氧化铈除外):
2846.9011	－－－－氧化钇
2846.9012	－－－－氧化镧
2846.9013	－－－－氧化钕
2846.9014	－－－－氧化铕
2846.9015	－－－－氧化镝
2846.9016	－－－－氧化铽
2846.9017	－－－－氧化镨
2846.9018	－－－－氧化镥
2846.9019	－－－－其他
	－－－氯化稀土:
2846.9021	－－－－氯化铽
2846.9022	－－－－氯化镝
2846.9023	－－－－氯化镧
2846.9024	－－－－氯化钕
2846.9025	－－－－氯化镨
2846.9026	－－－－氯化钇
2846.9028	－－－－混合氯化稀土
2846.9029	－－－－其他
	－－－氟化稀土:
2846.9031	－－－－氟化铽
2846.9032	－－－－氟化镝
2846.9033	－－－－氟化镧
2846.9034	－－－－氟化钕
2846.9035	－－－－氟化镨

商品编码	商品名称
2846.9036	- - - - 氟化钇
2846.9039	- - - - 其他
	- - - 碳酸稀土:
2846.9041	- - - - 碳酸镧
2846.9042	- - - - 碳酸铽
2846.9043	- - - - 碳酸镝
2846.9044	- - - - 碳酸钕
2846.9045	- - - - 碳酸镨
2846.9046	- - - - 碳酸钇
2846.9048	- - - - 混合碳酸稀土
2846.9049	- - - - 其他
	- - - 其他:
2846.9091	- - - - 镧的其他化合物
2846.9092	- - - - 钕的其他化合物
2846.9093	- - - - 铽的其他化合物
2846.9094	- - - - 镝的其他化合物
2846.9095	- - - - 镨的其他化合物
2846.9096	- - - - 钇的其他化合物
2846.9099	- - - - 其他
28.47	**过氧化氢,不论是否用尿素固化**
2847.0000	过氧化氢,不论是否用尿素固化
28.49	**碳化物,不论是否已有化学定义**
2849.1000	- 碳化钙
2849.2000	- 碳化硅
	- 其他:
2849.9010	- - - 碳化硼
2849.9020	- - - 碳化钨
2849.9090	- - - 其他
28.50	**氢化物、氮化物、叠氮化物、硅化物及硼化物,不论是否已有化学定义,但可归入品目 28.49 的碳化物除外:**
	- - - 氮化物:
2850.0011	- - - - 氮化锰
2850.0012	- - - - 氮化硼
2850.0019	- - - - 其他
2850.0090	- - - 其他
28.52	**汞的无机或有机化合物,不论是否已有化学定义,汞齐除外:**
2852.1000	- 已有化学定义的
2852.9000	- 其他
28.53	**磷化物,不论是否已有化学定义,但磷铁除外;其他无机化合物(包括蒸馏水、导电水及类似的纯净水);液态空气(不论是否除去稀有气体);压缩空气;汞齐,但贵金属汞齐除外:**
2853.1000	- 氯化氰
	- 其他:
2853.9010	- - - 饮用蒸馏水
2853.9030	- - - 镍钴锰氢氧化物
2853.9040	- - - 磷化物,不论是否已有化学定义,但不包括磷铁
2853.9050	- - - 镍钴铝氢氧化物
2853.9090	- - - 其他

第二十九章　有机化学品

注释：

一、除条文另有规定的以外，本章各品目只适用于：

（一）单独的已有化学定义的有机化合物，不论是否含有杂质；

（二）同一有机化合物的两种或两种以上异构体的混合物（不论是否含有杂质），但无环烃异构体的混合物（立体异构体除外），不论是否饱和，应归入第二十七章；

（三）品目29.36至29.39的产品，品目29.40的糖醚、糖缩醛、糖酯及其盐类和品目29.41的产品，不论是否已有化学定义；

（四）上述（一）、（二）、（三）款产品的水溶液；

（五）溶于其他溶剂的上述（一）、（二）、（三）款的产品，但该产品处于溶液状态只是为了安全或运输所采取的正常必要方法，其所用溶剂并不使该产品改变其一般用途而适合于某些特殊用途；

（六）为了保存或运输的需要，加入稳定剂（包括抗结块剂）的上述（一）、（二）、（三）、（四）、（五）各款产品；

（七）为了便于识别或安全起见，加入抗尘剂、着色剂、气味剂或催吐剂的上述（一）、（二）、（三）、（四）、（五）、（六）各款产品，但所加剂料并不使原产品改变其一般用途而适合于某些特殊用途；

（八）为生产偶氮染料而稀释至标准浓度的下列产品：重氮盐，用于重氮盐、可重氮化的胺及其盐类的耦合剂。

二、本章不包括：

（一）品目15.04的货品及品目15.20的粗甘油；

（二）乙醇（品目22.07或22.08）；

（三）甲烷及丙烷（品目27.11）；

（四）第二十八章注释二所述的碳化合物；

（五）品目30.02的免疫制品；

（六）尿素（品目31.02或31.05）；

（七）植物性或动物性着色料（品目32.03）、合成有机着色料、用作荧光增白剂或发光体的合成有机产品（品目32.04）及零售包装的染料或其他着色料（品目32.12）；

（八）酶（品目35.07）；

（九）聚乙醛、六亚甲基四胺（乌洛托品）及类似物质，制成片、条或类似形状作为燃料用的，以及包装容器的容积不超过300立方厘米的直接灌注香烟打火机及类似打火器用的液体燃料或液化气体燃料（品目36.06）；

（十）灭火器的装配药及已装药的灭火弹（品目38.13）；零售包装的除墨剂（品目38.24）；或

（十一）光学元件，例如，用酒石酸乙二胺制成的（品目90.01）。

三、可以归入本章两个或两个以上品目的货品，应归入有关品目中的最后一个品目。

四、品目29.04至29.06、29.08至29.11及29.13至29.20的卤化、磺化、硝化或亚硝化衍生物均包括复合衍生物，例如，卤磺化、卤硝化、磺硝化及卤磺硝化衍生物。

硝基及亚硝基不作为品目29.29的含氮基官能团。

品目29.11、29.12、29.14、29.18及29.22所称“含氧基”，仅限于品目29.05至29.20的各种含氧基（其特征为有机含氧基）。

五、

(一)本章第一分章至第七分章的酸基有机化合物与这些分章的有机化合物构成的酯,应归入有关分章中的最后一个品目。

(二)乙醇与本章第一分章至第七分章的酸基有机化合物所构成的酯,应按有关酸基化合物归类。

(三)除第六类注释一及第二十八章注释二另有规定的以外:

1. 第一分章至第十分章及品目29.42的有机化合物的无机盐,例如,含酸基、酚基或烯醇基的化合物及有机碱的无机盐,应归入相应的有机化合物的品目;

2. 第一分章至第十分章及品目29.42的有机化合物之间生成的盐,应按生成该盐的碱或酸(包括酚基或烯醇基化合物)归入本章有关品目中的最后一个品目;

3. 除第十一分章或品目29.41的产品外,配位化合物应按该化合物所有金属键(金属—碳键除外)"断开"所形成的片段归入第二十九章有关品目中的最后一个品目。

(四)除乙醇外,金属醇化物应按相应的醇归类(品目29.05)。

(五)羧酸酰卤化物应按相应的酸归类。

六、品目29.30及29.31的化合物是指有机化合物,其分子中除含氢、氧或氮原子外,还含有与碳原子直接连接的其他非金属或金属原子(例如,硫、砷或铅)。

品目29.30(有机硫化合物)及品目29.31(其他有机—无机化合物)不包括某些磺化或卤化衍生物(含复合衍生物)。这些衍生物分子中除氢、氧、氮之外,只有具有磺化或卤化衍生物(或复合衍生物)性质的硫原子或卤素原子与碳原子直接连接。

七、品目29.32、29.33及29.34不包括三节环环氧化物、过氧化酮、醛或硫醛的环聚合物、多元羧酸酐、多元醇或酚与多元酸构成的环酯及多元酸酰亚胺。

本条规定只适用于由本条所列环化功能形成环内杂原子的化合物。

八、品目29.37所称:

(一)"激素"包括激素释放因子、激素刺激和释放因子、激素抑制剂以及激素抗体;

(二)"主要起激素作用",不仅适用于激素衍生物以及主要起激素作用的结构类似物,也适用于在本品目所列产品合成过程中主要用作中间体的激素衍生物以及结构类似物。

子目注释:

一、属于本章任一品目项下的一种(组)化合物的衍生物,如果该品目其他子目未明确将其包括在内,而且有关的子目中又无列名为"其他"的子目,则应与该种(组)化合物归入同一子目。

二、第二十九章注释三不适用于本章的子目。

商品编码	商品名称
	第一分章　烃类及其卤化、磺化、硝化或亚硝化衍生物
29.01	无环烃:
2901.1000	-饱和
	-不饱和:
2901.2100	--乙烯
2901.2200	--丙烯
	--丁烯及其异构体:
2901.2310	---1-丁烯
2901.2320	---2-丁烯
2901.2330	---2-甲基丙烯
	--1,3-丁二烯及异戊二烯:
2901.2410	---1,3-丁二烯
2901.2420	---异戊二烯
	--其他:
2901.2910	---异戊烯
2901.2920	---乙炔
2901.2990	---其他
29.02	环烃:
	-环烷烃、环烯及环萜烯:
2902.1100	--环己烷
	--其他:

商品编码	商品名称
2902.1910	－－－蒎烯
2902.1920	－－－4-烷基-4'-烷基双环己烷
2902.1990	－－－其他
2902.2000	－苯
2902.3000	－甲苯
	－二甲苯：
2902.4100	－－邻二甲苯
2902.4200	－－间二甲苯
2902.4300	－－对二甲苯
2902.4400	－－混合二甲苯异构体
2902.5000	－苯乙烯
2902.6000	－乙苯
2902.7000	－异丙基苯
	－其他：
2902.9010	－－－四氢萘
2902.9020	－－－精萘
2902.9030	－－－十二烷基苯
2902.9040	－－－4-(4'-烷基环己基)环己基乙烯
2902.9050	－－－1-烷基-4-(4-烷烯基-1,1'-双环己基)苯
2902.9090	－－－其他
29.03	**烃的卤化衍生物：**
	－无环烃的饱和氯化衍生物：
2903.1100	－－一氯甲烷及氯乙烷
2903.1200	－－二氯甲烷
2903.1300	－－氯仿(三氯甲烷)
2903.1400	－－四氯化碳
2903.1500	－－1,2-二氯乙烷(ISO)
	－－其他：
2903.1910	－－－1,1,1-三氯乙烷(甲基氯仿)
2903.1990	－－－其他
	－无环烃的不饱和氯化衍生物：
2903.2100	－－氯乙烯
2903.2200	－－三氯乙烯
2903.2300	－－四氯乙烯(全氯乙烯)
	－－其他：
2903.2910	－－－3-氯-1-丙烯(氯丙烯)
2903.2990	－－－其他
	－无环烃的饱和氟化衍生物：
2903.4100	－－三氟甲烷(HFC-23)
2903.4200	－－二氟甲烷(HFC-32)
2903.4300	－－一氟甲烷(HFC-41)、1,2-二氟乙烷(HFC-152)及1,1－二氟乙烷(HFC-152a)
2903.4400	－－五氟乙烷(HFC-125)、1,1,1-三氟乙烷(HFC-143a)及1,1,2-三氟乙烷(HFC-143)
2903.4500	－－1,1,1,2-四氟乙烷(HFC-134a)及1,1,2,2-四氟乙烷(HFC-134)
2903.4600	－－1,1,1,2,3,3,3-七氟丙烷(HFC-227ea)、1,1,1,2,2,3-六氟丙烷(HFC-236cb)、1,1,1,2,3,3-六氟丙烷(HFC-236ea)、1,1,1,3,3,3-六氟丙烷(HFC-236fa)
2903.4700	－－1,1,1,3,3-五氟丙烷(HFC-245fa)及1,1,2,2,3-五氟丙烷(HFC-245ca)
2903.4800	－－1,1,1,3,3-五氟丁烷(HFC-365mfc)及1,1,1,2,2,3,4,5,5,5-十氟戊烷(HFC-43-10mee)
2903.4900	－－其他
	－无环烃的不饱和氟化衍生物：
2903.5100	－－2,3,3,3-四氟丙烯(HFO-1234yf)、1,3,3,3-四氟丙烯(HFO-1234ze)及(Z)-1,1,1,4,4,4-六氟-2-丁烯(HFO-1336mzz)
	－－其他：
2903.5910	－－－1,1,3,3,3-五氟-2三氟甲基-1-丙烯(全氟异丁烯；八氟异丁烯)
2903.5990	－－－其他
	－无环烃的溴化或碘化衍生物：
2903.6100	－－甲基溴(溴甲烷)
2903.6200	－－二溴乙烷(ISO)(1,2-二溴乙烷)
2903.6900	－－其他
	－含有两种或两种以上不同卤素的无环烃卤化衍生物：
2903.7100	－－一氯二氟甲烷(HCFC-22)
2903.7200	－－二氯三氟乙烷(HCFC-123)
2903.7300	－－二氯一氟乙烷(HCFC-141，141b)
2903.7400	－－一氯二氟乙烷(HCFC-142，142b)

商品编码	商品名称
2903.7500	---二氯五氟丙烷(HCFC-225,225ca,225cb)
2903.7600	--溴氯二氟甲烷(Halon-1211)、一溴三氟甲烷(Halon-1301)及二溴四氟乙烷(Halon-2402)
	--其他,仅含氟和氯的全卤化物:
2903.7710	---三氯氟甲烷
2903.7720	---其他仅含氟和氯的甲烷、乙烷及丙烷的全卤化物
2903.7790	---其他
2903.7800	--其他全卤化衍生物
	--其他:
2903.7910	---其他仅含氟和氯的甲烷、乙烷及丙烷的卤化衍生物
2903.7990	---其他
	-环烷烃、环烯烃或环萜烯烃的卤化衍生物:
2903.8100	--1,2,3,4,5,6-六氯环己烷[六六六(ISO)],包括林丹(ISO,INN)
2903.8200	--艾氏剂(ISO)、氯丹(ISO)及七氯(ISO)
2903.8300	--灭蚁灵(ISO)
2903.8900	--其他
	-芳烃卤化衍生物:
	--氯苯、邻二氯苯及对二氯苯:
2903.9110	---邻二氯苯
2903.9190	---其他
2903.9200	--六氯苯(ISO)及滴滴涕(ISO INN)[1,1,1-三氯-2,2-双(4-氯苯基)乙烷]
2903.9300	--五氯苯(ISO)
2903.9400	--六溴联苯
	--其他:
2903.9910	---对氯甲苯
2903.9920	---3,4-二氯三氟甲苯
2903.9930	---4-(4'-烷基苯基)-1-(4'-烷基苯基)-2-氟苯
2903.9990	---其他
29.04	**烃的磺化、硝化或亚硝化衍生物不论是否卤化:**
2904.1000	-仅含磺基的衍生物及其盐和乙酯
	-仅含硝基或亚硝基的衍生物:
2904.2010	---硝基苯
2904.2020	---硝基甲苯
2904.2030	---二硝基甲苯
2904.2040	---三硝基甲苯(TNT)
2904.2090	---其他
	-全氟辛基磺酸及其盐和全氟辛基磺酰氟:
2904.3100	--全氟辛基磺酸
2904.3200	--全氟辛基磺酸铵
2904.3300	--全氟辛基磺酸锂
2904.3400	--全氟辛基磺酸钾
2904.3500	--其他全氟辛基磺酸盐
2904.3600	--全氟辛基磺酰氟
	-其他:
2904.9100	--三氯硝基甲烷(氯化苦)
2904.9900	--其他
	第二分章　醇类及其卤化、磺化、硝化或亚硝化衍生物
29.05	**无环醇及其卤化、磺化、硝化或亚硝化衍生物:**
	-饱和一元醇:
2905.1100	--甲醇
	--丙醇及异丙醇:
2905.1210	---丙醇
2905.1220	---异丙醇
2905.1300	--正丁醇
	--其他丁醇:
2905.1410	---异丁醇
2905.1420	---仲丁醇
2905.1430	---叔丁醇
	--辛醇及其异构体:
2905.1610	---正辛醇
2905.1690	---其他
2905.1700	--十二醇、十六醇及十八醇
	--其他:
2905.1910	---3,3-二甲基丁-2-醇(频哪基醇)
2905.1990	---其他
	-不饱和一元醇:
	--无环萜烯醇:

商品编码	商品名称
2905.2210	－－－香叶醇、橙花醇(3,7-二甲基-2,6-辛二烯-1-醇)
2905.2220	－－－香茅醇(3,7-二甲基-6-辛烯-1-醇)
2905.2230	－－－芳樟醇
2905.2290	－－－其他
2905.2900	－－其他
	－二元醇:
2905.3100	－－1,2-乙二醇
2905.3200	－－1,2-丙二醇
	－－其他:
2905.3910	－－－2,5-二甲基已二醇
2905.3990	－－－其他
	－其他多元醇:
2905.4100	－－2-乙基-2-(羟甲基)丙烷-1,3-二醇(三羟甲基丙烷)
2905.4200	－－季戊四醇
2905.4300	－－甘露糖醇
2905.4400	－－山梨醇
2905.4500	－－丙三醇(甘油)
	－－其他:
2905.4910	－－－木糖醇
2905.4990	－－－其他
	－无环醇的卤化、磺化、硝化或亚硝化衍生物:
2905.5100	－－乙氯维诺(INN)
2905.5900	－－其他
29.06	**环醇及其卤化、磺化、硝化或亚硝化衍生物:**
	－环烷醇、环烯醇及环萜烯醇:
2906.1100	－－薄荷醇
2906.1200	－－环已醇、甲基环已醇及二甲基环已醇
	－－固醇及肌醇:
2906.1310	－－－固醇
2906.1320	－－－肌醇
	－－其他:
2906.1910	－－－萜品醇
2906.1990	－－－其他
	－芳香醇:
2906.2100	－－苄醇
	－－其他:
2906.2910	－－－2-苯基乙醇
2906.2990	－－－其他
	第三分章　酚、酚醇及其卤化、磺化、硝化或亚硝化衍生物
29.07	**酚;酚醇:**
	－一元酚:
	－－苯酚及其盐:
2907.1110	－－－苯酚
2907.1190	－－－其他
	－－甲酚及其盐:
	－－－甲酚:
2907.1211	－－－－间甲酚
2907.1212	－－－－邻甲酚
2907.1219	－－－－其他
2907.1290	－－－其他
	－－辛基酚、壬基酚及其异构体以及它们的盐:
2907.1310	－－－壬基酚
2907.1390	－－－其他
	－－萘酚及其盐:
2907.1510	－－－2-萘酚(β-萘酚)
2907.1590	－－－其他
	－－其他:
2907.1910	－－－邻仲丁基酚、邻异丙基酚
2907.1990	－－－其他
	－多元酚;酚醇:
2907.2100	－－间苯二酚及其盐
	－－对苯二酚及其盐:
2907.2210	－－－对苯二酚
2907.2290	－－－其他
2907.2300	－－4,4’-异亚丙基联苯酚(双酚 A,二苯基酚丙烷)及其盐
	－－其他:
2907.2910	－－－邻苯二酚
2907.2990	－－－其他
29.08	**酚及酚醇的卤化、磺化、硝化或亚硝化衍生物:**
	－仅含卤素取代基的衍生物及其盐:
2908.1100	－－五氯苯酚(ISO)
	－－其他:

商品编码	商品名称
2908.1910	－－－对氯苯酚
2908.1990	－－－其他
	－其他：
2908.9100	－－地乐酚(ISO)及其盐
2908.9200	－－4,6-二硝基邻甲酚[二硝酚(ISO)]及其盐
	－－其他：
2908.9910	－－－对硝基酚、对硝基酚钠
2908.9990	－－－其他
	第四分章　醚、过氧化醇、过氧化醚、缩醛及半缩醛过氧化物、过氧化酮、三节环环氧化物、缩醛及半缩醛及其卤化、磺化、硝化或亚硝化衍生物
29.09	**醚、醚醇、醚酚、醚醇酚、过氧化醇、过氧化醚、缩醛及半缩醛过氧化物、过氧化酮(不论是否已有化学定义)及其卤化、磺化、硝化或亚硝化衍生物：**
	－无环醚及其卤化、磺化、硝化或亚硝化衍生物：
2909.1100	－－乙醚
	－－其他：
2909.1910	－－－甲醚
2909.1990	－－－其他
2909.2000	－环烷醚、环烯醚或环萜烯醚及其卤化、磺化、硝化或亚硝化衍生物
	－芳香醚及其卤化、磺化、硝化或亚硝化衍生物：
2909.3010	－－－1-烷氧基-4-(4-乙烯基环己基)-2,3-二氟苯
2909.3020	－－－4(-4-烷氧基苯基)-4'-烷烯基-1 1'-双环己烷及其氟代衍生物
2909.3090	－－－其他
	－醚醇及其卤化、磺化、硝化或亚硝化衍生物：
2909.4100	－－2,2'-氧联二乙醇(二甘醇)
2909.4300	－－乙二醇或二甘醇的单丁醚
2909.4400	－－乙二醇或二甘醇的其他单烷基醚
	－－其他：
2909.4910	－－－间苯氧基苄醇
2909.4990	－－－其他
2909.5000	－醚酚、醚醇酚及其卤化、磺化、硝化或亚硝化衍生物
	－过氧化醇、过氧化醚、缩醛及半缩醛过氧化物、过氧化酮及其卤化、磺化、硝化或亚硝化衍生物
2909.6010	－－－缩醛及半缩醛过氧化物，及其卤化、磺化、硝化或亚硝化衍生物
2909.6090	－－－其他
29.10	**三节环环氧化物、环氧醇、环氧酚、环氧醚及其卤化、磺化、硝化或亚硝化衍生物：**
2910.1000	－环氧乙烷(氧化乙烯)
2910.2000	－甲基环氧乙烷(氧化丙烯)
2910.3000	－1-氯-2,3-环氧丙烷(表氯醇)
2910.4000	－狄氏剂(ISO,INN)
2910.5000	－异狄氏剂(ISO)
2910.9000	－其他
29.11	**缩醛及半缩醛，不论是否含有其他含氧基，及其卤化、磺化、硝化或亚硝化衍生物：**
2911.0000	缩醛及半缩醛，不论是否含有其他含氧基，及其卤化、磺化、硝化或亚硝化衍生物
	第五分章　醛基化合物
29.12	**醛，不论是否含有其他含氧基；环聚醛；多聚甲醛：**
	－不含其他含氧基的无环醛：
2912.1100	－－甲醛
2912.1200	－－乙醛
2912.1900	－－其他
	－不含其他含氧基的环醛：
2912.2100	－－苯甲醛
	－－其他：
2912.2910	－－－铃兰醛(对叔丁基-α-甲基-氧化肉桂醛)
2912.2990	－－－其他
	－醛醇、醛醚、醛酚及含其他含氧基的醛：
2912.4100	－－香草醛(3-甲氧基-4-羟基苯甲醛)
2912.4200	－－乙基香草醛(3-乙氧基-4-羟基苯甲醛)

商品编码	商品名称
	- - 其他:
2912.4910	- - - 醛醇
2912.4990	- - - 其他
2912.5000	- 环聚醛
2912.6000	- 多聚甲醛
29.13	**品目 29.12 所列产品的卤化、磺化、硝化或亚硝化衍生物:**
2913.0000	品目 29.12 所列产品的卤化、磺化、硝化或亚硝化衍生物
	第六分章 酮基化合物及醌基化合物
29.14	**酮及醌,不论是否含有其他含氧基,及其卤化、磺化、硝化或亚硝化衍生物:**
	- 不含其他含氧基的无环酮:
2914.1100	- - 丙酮
2914.1200	- - 丁酮[甲基乙基(甲)酮]
2914.1300	- - 4-甲基-2-戊酮[甲基异丁基(甲)酮]
2914.1900	- - 其他
	- 不含其他含氧基的环烷酮、环烯酮或环萜烯酮:
2914.2200	- - 环己酮及甲基环己酮
2914.2300	- - 芷香酮及甲基芷香酮
	- - 其他:
2914.2910	- - - 樟脑
2914.2990	- - - 其他
	- 不含其他含氧基的芳香酮:
2914.3100	- - 苯丙酮(苯基丙-2-酮)
	- - 其他:
2914.3910	- - - 苯乙酮
2914.3990	- - - 其他
2914.4000	- 酮醇及酮醛
	- 酮酚及含有其他含氧基的酮:
	- - - 酮酚:
2914.5011	- - - - 覆盆子酮
2914.5019	- - - - 其他
2914.5020	- - - 2-羟基-4-甲氧基二苯甲酮
2914.5090	- - - 其他
	- 醌:
2914.6100	- - 蒽醌
2914.6200	- - 辅酶 Q10[癸烯醌(INN)]
2914.6900	- - 其他

商品编码	商品名称
	- 卤化、磺化、硝化或亚硝化衍生物:
2914.7100	- - 十氯酮(ISO)
2914.7900	- - 其他
	第七分章 羧酸及其酸酐、酰卤化物、过氧化物和过氧酸以及它们的卤化、磺化、硝化或亚硝化衍生物
29.15	**饱和无环一元羧酸及其酸酐、酰卤化物、过氧化物和过氧酸以及它们的卤化、磺化、硝化或亚硝化衍生物:**
	- 甲酸及其盐和酯:
2915.1100	- - 甲酸
2915.1200	- - 甲酸盐
2915.1300	- - 甲酸酯
	- 乙酸及其盐;乙酸酐:
	- - 乙酸:
	- - - 冰乙酸:
2915.2111	- - - - 食品级的
2915.2119	- - - - 其他
2915.2190	- - - 其他
2915.2400	- - 乙酸酐
	- - 其他:
2915.2910	- - - 乙酸钠
2915.2990	- - - 其他
	- 乙酸酯:
2915.3100	- - 乙酸乙酯
2915.3200	- - 乙酸乙烯酯
2915.3300	- - 乙酸(正)丁酯
2915.3600	- - 地乐酚(ISO)乙酸酯
2915.3900	- - 其他
2915.4000	- 一氯代乙酸、二氯乙酸或三氯乙酸及其盐和酯
	- 丙酸及其盐和酯:
2915.5010	- - - 丙酸
2915.5090	- - - 其他
2915.6000	- 丁酸、戊酸及其盐和酯
	- 棕榈酸、硬脂酸及其盐和酯:
2915.7010	- - - 硬脂酸
2915.7090	- - - 其他
2915.9000	- 其他

商品编码	商品名称
29.16	**不饱和无环一元羧酸、环一元羧酸及其酸酐、酰卤化物、过氧化物和过氧酸以及它们的卤化、磺化、硝化或亚硝化衍生物:**
	-不饱和无环一元羧酸及其酸酐、酰卤化物、过氧化物和过氧酸以及它们的衍生物:
2916.1100	--丙烯酸及其盐
	--丙烯酸酯:
2916.1210	---丙烯酸甲酯
2916.1220	---丙烯酸乙酯
2916.1230	---丙烯酸丁酯
2916.1240	---丙烯酸异辛酯
2916.1290	---其他
2916.1300	--甲基丙烯酸及其盐
2916.1400	--甲基丙烯酸酯
2916.1500	--油酸、亚油酸或亚麻酸及其盐和酯
2916.1600	--乐杀螨(ISO)
2916.1900	--其他
	-环烷一元羧酸、环烯一元羧酸或环萜烯一元羧酸及其酸酐、酰卤化物、过氧化物和过氧酸以及它们的衍生物:
2916.2010	---二溴菊酸、DV菊酸甲酯
2916.2090	---其他
	-芳香一元羧酸及其酸酐、酰卤化物、过氧化物和过氧酸以及它们的衍生物:
2916.3100	--苯甲酸及其盐和酯
2916.3200	--过氧化苯甲酰及苯甲酰氯
2916.3400	--苯乙酸及其盐
	--其他:
2916.3910	---邻甲基苯甲酸
2916.3920	---布洛芬
2916.3930	---2-(3-碘-4-乙基苯基)-2-甲基丙酸
2916.3990	---其他
29.17	**多元羧酸及其酸酐、酰卤化物、过氧化物和过氧酸以及它们的卤化、磺化、硝化或亚硝化衍生物**
	-无环多元羧酸及其酸酐、酰卤化物、过氧化物和过氧酸以及它们的衍生物:
	--草酸及其盐和酯:
2917.1110	---草酸
2917.1120	---草酸钴
2917.1190	---其他
2917.1200	--己二酸及其盐和酯
	--壬二酸、癸二酸及其盐和酯:
2917.1310	---癸二酸及其盐和酯
2917.1390	---其他
2917.1400	--马来酐
2917.1900	--其他
	-环烷多元羧酸、环烯多元羧酸、环萜烯多元羧酸及其酸酐、酰卤化物、过氧化物和过氧酸以及它们的衍生物:
2917.2010	---四氢苯酐
2917.2090	---其他
	-芳香多元羧酸及其酸酐、酰卤化物、过氧化物和过氧酸以及它们的衍生物:
2917.3200	--邻苯二甲酸二辛酯
2917.3300	--邻苯二甲酸二壬酯及邻苯二甲酸二癸酯
	--其他邻苯二甲酸酯:
2917.3410	---邻苯二甲酸二丁酯
2917.3490	---其他
2917.3500	--邻苯二甲酸酐
	--对苯二甲酸及其盐:
	---对苯二甲酸:
2917.3611	----精对苯二甲酸
2917.3619	----其他
2917.3690	---其他
2917.3700	--对苯二甲酸二甲酯
	--其他:
2917.3910	---间苯二甲酸
2917.3990	---其他
29.18	**含附加含氧基的羧酸及其酸酐、酰卤化物、过氧化物和过氧酸以及它们的卤化、磺化、硝化或亚硝化衍生物:**

商品编码	商品名称
	- 含醇基但不含其他含氧基的羧酸及其酸酐、酰卤化物、过氧化物和过氧酸以及它们的衍生物:
2918.1100	- - 乳酸及其盐和酯
2918.1200	- - 酒石酸
2918.1300	- - 酒石酸盐及酒石酸酯
2918.1400	- - 柠檬酸
2918.1500	- - 柠檬酸盐及柠檬酸酯
2918.1600	- - 葡糖酸及其盐和酯
2918.1700	- - 2,2-二苯基-2-羟基乙酸(二苯基乙醇酸)
2918.1800	- - 乙酯杀螨醇(ISO)
2918.1900	- - 其他
	- 含酚基但不含其他含氧基的羧酸及其酸酐、酰卤化物、过氧化物和过氧酸以及它们的衍生物:
	- - 水杨酸及其盐:
2918.2110	- - - 水杨酸、水杨酸钠
2918.2190	- - - 其他
	- - 邻乙酰水杨酸及其盐和酯:
2918.2210	- - - 邻乙酰水杨酸(阿司匹林)
2918.2290	- - - 其他
2918.2300	- - 水杨酸的其他酯及其盐
2918.2900	- - 其他
2918.3000	- 含醛基或酮基但不含其他含氧基的羧酸及其酸酐、酰卤化物、过氧化物和过氧酸以及它们的衍生物
	- 其他:
2918.9100	- - 2,4,5-涕(ISO)(2,4,5-三氯苯氧基乙酸)及其盐和酯
2918.9900	- - 其他
	第八分章　非金属无机酸酯及其盐以及它们的卤化、磺化、硝化或亚硝化衍生物
29.19	**磷酸酯及其盐,包括乳磷酸盐,以及它们的卤化、磺化、硝化或亚硝化衍生物:**
2919.1000	- 三(2,3-二溴丙基)磷酸酯
2919.9000	- 其他
29.20	**其他非金属无机酸酯(不包括卤化氢的酯)及其盐以及它们的卤化、磺化、硝化或亚硝化衍生物**
	- 硫代磷酸酯及其盐以及它们的卤化、磺化、硝化或亚硝化衍生物:
2920.1100	- - 对硫磷(ISO)及甲基对硫磷(ISO)
2920.1900	- - 其他
	- 亚磷酸酯及其盐以及它们的卤化、磺化、硝化或亚硝化衍生物:
2920.2100	- - 亚磷酸二甲酯
2920.2200	- - 亚磷酸二乙酯
2920.2300	- - 亚磷酸三甲酯
2920.2400	- - 亚磷酸三乙酯
	- - 其他:
2920.2910	- - - 其他亚磷酸酯
2920.2990	- - - 其他
2920.3000	- 硫丹(ISO)
2920.9000	- 其他
	第九分章　含氮基化合物
29.21	**氨基化合物:**
	- 无环单胺及其衍生物以及它们的盐:
2921.1100	- - 甲胺、二甲胺或三甲胺及其盐
2921.1200	- - 2-(N,N-二甲基氨基)氯乙烷盐酸盐
2921.1300	- - 2-(N,N-二乙基氨基)氯乙烷盐酸盐
2921.1400	- - 2-(N,N-二异丙基氨基)氯乙烷盐酸盐
	- - 其他:
2921.1910	- - - 二正丙胺
2921.1920	- - - 异丙胺
2921.1930	- - - N,N-二(2-氯乙基)乙胺
2921.1940	- - - N,N-二(2-氯乙基)甲胺
2921.1950	- - - 三(2-氯乙基)胺
2921.1960	- - - 二烷(甲、乙、正丙或异丙)氨基乙基-2-氯及其质子化盐
2921.1990	- - - 其他
	- 无环多胺及其衍生物以及它们的盐:
	- - 乙二胺及其盐:
2921.2110	- - - 乙二胺
2921.2190	- - - 其他
	- - 六亚甲基二胺及其盐:

商品编码	商品名称
2921.2210	---己二酸己二胺盐(尼龙-6,6盐)
2921.2290	---其他
2921.2900	--其他
2921.3000	-环烷单胺或多胺、环烯单胺或多胺、环萜烯单胺或多胺及其衍生物以及它们的盐
	-芳香单胺及其衍生物以及它们的盐:
	--苯胺及其盐:
2921.4110	---苯胺
2921.4190	---其他
2921.4200	--苯胺衍生物及其盐
2921.4300	--甲苯胺及其衍生物以及它们的盐
2921.4400	--二苯胺及其衍生物以及它们的盐
2921.4500	--1-萘胺(α-萘胺)、2-萘胺(β-萘胺)及其衍生物以及它们的盐
2921.4600	--安非他明(INN)、苄非他明(INN)、右苯丙胺(INN)、乙非他明(INN)、芬坎法明(INN)、利非他明(INN)、左苯丙胺(INN)、美芬雷司(INN)、苯丁胺(INN)以及它们的盐
	--其他:
2921.4910	---对异丙基苯胺
2921.4920	---二甲基苯胺
2921.4930	---2,6-甲基乙基苯胺
2921.4940	---2,6-二乙基苯胺
2921.4990	---其他
	-芳香多胺及其衍生物以及它们的盐:
	--邻-、间-、对-苯二胺、二氨基甲苯及其衍生物以及它们的盐:
2921.5110	---邻苯二胺
2921.5190	---其他
2921.5900	--其他
29.22	**含氧基氨基化合物:**
	-氨基醇(但含有一种以上含氧基的除外)及其醚和酯,以及它们的盐:
2922.1100	--单乙醇胺及其盐
2922.1200	--二乙醇胺及其盐
2922.1400	--右丙氧吩(INN)及其盐
2922.1500	--三乙醇胺
2922.1600	--全氟辛基磺酸二乙醇铵
2922.1700	--甲基二乙醇胺和乙基二乙醇胺
2922.1800	--2-(N,N-二异丙基氨基)乙醇
	--其他:
2922.1910	---乙胺丁醇
	---二烷(甲、乙、正丙或异丙)氨基乙-2-醇及其质子化盐:
2922.1921	----二甲氨基乙醇及其质子化盐
2922.1922	----二乙氨基乙醇及其质子化盐
2922.1929	----其他
2922.1930	---乙基二乙醇胺的盐
2922.1940	---甲基二乙醇胺的盐
2922.1950	---本芴醇
2922.1990	---其他
	-氨基萘酚和其他氨基酚(但含有一种以上含氧基的除外)及其醚和酯,以及它们的盐:
2922.2100	--氨基羟基萘磺酸及其盐
	--其他:
2922.2910	---茴香胺、二茴香胺、氨基苯乙醚及其盐
2922.2990	---其他
	-氨基醛、氨基酮和氨基醌,但含有一种以上含氧基的除外,以及它们的盐:
2922.3100	--安非拉酮(INN)、美沙酮(INN)和去甲美沙酮(INN)以及它们的盐
	--其他:
2922.3910	---4-甲基甲卡西酮
2922.3920	---安非他酮及其盐
2922.3990	---其他
	-氨基酸(但含有一种以上含氧基的除外)及其酯以及它们的盐:
	--赖氨酸及其酯以及它们的盐:
2922.4110	---赖氨酸
2922.4190	---其他
	--谷氨酸及其盐:
2922.4210	---谷氨酸
2922.4220	---谷氨酸钠
2922.4290	---其他

商品编码	商品名称
	－－邻氨基苯甲酸(氨茴酸)及其盐
2922.4310	－－－邻氨基苯甲酸(氨茴酸)
2922.4390	－－－其他
2922.4400	－－替利定(INN)及其盐
	－－其他:
	－－－其他氨基酸:
2922.4911	－－－－氨甲环酸
2922.4919	－－－－其他
	－－－其他:
2922.4991	－－－－普鲁卡因
2922.4999	－－－－其他
	－氨基醇酚、氨基酸酚及其他含氧基氨基化合物:
2922.5010	－－－对羟基苯甘氨酸及其邓钾盐
2922.5020	－－－莱克多巴胺和盐酸莱克多巴胺
2922.5090	－－－其他
29.23	**季铵盐及季铵碱;卵磷脂及其他磷氨基类脂,不论是否已有化学定义:**
2923.1000	－胆碱及其盐
2923.2000	－卵磷脂及其他磷氨基类脂
2923.3000	－全氟辛基磺酸四乙基铵
2923.4000	－全氟辛基磺酸二癸基二甲基铵
2923.9000	－其他
29.24	**羧基酰胺基化合物;碳酸酰胺基化合物:**
	－无环酰胺(包括无环氨基甲酸酯)及其衍生物以及它们的盐:
2924.1100	－－甲丙氨酯(INN)
2924.1200	－－氟乙酰胺(ISO)、久效磷(ISO)及磷胺(ISO)
	－－其他:
2924.1910	－－－二甲基甲酰胺
2924.1990	－－－其他
	－环酰胺(包括环氨基甲酸酯)及其衍生物以及它们的盐:
2924.2100	－－烷基脲及其衍生物以及它们的盐
2924.2300	－－2-乙酰氨基苯甲酸(N-乙酰邻氨基苯甲酸)及其盐
2924.2400	－－炔己蚁胺(INN)
2924.2500	－－甲草胺(ISO)
	－－其他:
2924.2910	－－－对乙酰氨基苯乙醚(非那西丁
2924.2920	－－－对乙酰氨基酚(扑热息痛)
2924.2930	－－－阿斯巴甜
2924.2990	－－－其他
29.25	**羧基酰亚胺化合物(包括糖精及其盐)及亚胺基化合物:**
	－酰亚胺及其衍生物以及它们的盐:
2925.1100	－－糖精及其盐
2925.1200	－－格鲁米特(INN)
2925.1900	－－其他
	－亚胺及其衍生物以及它们的盐:
2925.2100	－－杀虫脒(ISO)
2925.2900	－－其他
29.26	**腈基化合物:**
2926.1000	－丙烯腈
2926.2000	－1-氰基胍(双氰胺)
2926.3000	－芬普雷司(INN)及其盐;美沙酮(INN)中间体(4-氰基-2-二甲氨基-4,4-二苯基丁烷)
2926.4000	－α-苯基乙酰基乙腈
	－其他:
2926.9010	－－－对氯氰苄
2926.9020	－－－间苯二甲腈
2926.9090	－－－其他
29.27	**重氮化合物、偶氮化合物及氧化偶氮化合物:**
2927.0000	重氮化合物、偶氮化合物及氧化偶氮化合物
29.28	**肼(联氨)及胲(羟胺)的有机衍生物:**
2928.0000	肼(联氨)及胲(羟胺)的有机衍生物
29.29	**其他含氮基化合物:**
	－异氰酸酯:
2929.1010	－－－2,4-和2,6-甲苯二异氰酸酯混合物(甲苯二异氰酸酯TDI)
2929.1020	－－－二甲苯二异氰酸酯(TODI)
2929.1030	－－－二苯基甲烷二异氰酸酯(纯MDI)
2929.1040	－－－六亚甲基二异氰酸酯
2929.1090	－－－其他
	－其他:
2929.9010	－－－环已基氨基磺酸钠(甜蜜素)

商品编码	商品名称
2929.9020	---二烷(甲、乙、正丙或异丙)氨基膦酰二卤
2929.9030	---二烷(甲、乙、正丙或异丙)氨基膦酸二烷(甲、乙、正丙或异丙)酯
2929.9040	---乙酰甲胺磷
2929.9090	---其他
	第十分章　有机—无机化合物、杂环化合物、核酸及其盐以及磺(酰)胺
29.30	**有机硫化合物:**
2930.1000	-2-(N,N-二甲基氨基)乙硫醇
2930.2000	-硫代氨基甲酸盐(或酯)及二硫代氨基甲酸盐
2930.3000	-一硫化二烃氨基硫羰、二硫化二烃氨基硫羰及四硫化二烃氨基硫羰
2930.4000	-甲硫氨酸(蛋氨酸)
2930.6000	-2-(N,N-二乙基氨基)乙硫醇
2930.7000	-二(2-羟乙基)硫醚[硫二甘醇(INN)]
2930.8000	-涕灭威(ISO)、敌菌丹(ISO)及甲胺磷(ISO)
	-其他:
2930.9010	---双巯丙氨酸(胱氨酸)
2930.9020	---二硫代碳酸酯(或盐)[黄原酸酯(或盐)]
2930.9090	---其他
29.31	**其他有机—无机化合物:**
2931.1000	-四甲基铅及四乙基铅
2931.2000	-三丁基锡化合物
	-非卤化有机磷衍生物:
2931.4100	--甲基膦酸二甲酯
2931.4200	--丙基膦酸二甲酯
2931.4300	--乙基膦酸二乙酯
2931.4400	--甲基膦酸
2931.4500	--甲基膦酸和脒基尿素(1:1)生成的盐
2931.4600	--1-丙基磷酸环酐
2931.4700	--(5-乙基-2-甲基-2-氧代-1,3,2-二氧磷杂环己-5-基)甲基膦酸二甲酯
2931.4800	--3,9-二甲基-2,4,8,10-四氧杂-3,9-二磷杂螺[5,5]十一烷-3,9二氧化物
	--其他:
2931.4910	---双甘膦
2931.4990	---其他
	-卤化有机磷衍生物:
2931.5100	--甲基膦酰二氯
2931.5200	--丙基膦酰二氯
2931.5300	--O-(3-氯丙基)O-[4-硝基-3-(三氟甲基)苯基]甲基硫代膦酸酯
2931.5400	--敌百虫(ISO)
2931.5900	--其他
2931.9000	-其他
29.32	**仅含有氧杂原子的杂环化合物:**
	-结构上含有一个非稠合呋喃环(不论是否氢化)的化合物:
2932.1100	--四氢呋喃
2932.1200	--2-糠醛
2932.1300	--糠醇及四氢糠醇
2932.1400	--三氯蔗糖
2932.1900	--其他
	-内酯:
2932.2010	---香豆素、甲基香豆素及乙基香豆素
2932.2090	---其他内酯
	-其他:
2932.9100	--4-丙烯基-1,2-亚甲二氧基苯(异黄樟脑)
2932.9200	--1-(1,3-苯并二噁茂-5-基)丙烷-2-酮
2932.9300	--3,4-亚甲二氧基苯甲醛(胡椒醛)
2932.9400	--4-烯丙基-1,2-亚甲二氧基苯(黄樟脑)
2932.9500	--四氢大麻酚(所有的异构体)
2932.9600	--克百威(ISO)
	--其他:
2932.9910	---7-羟基苯并呋喃(呋喃酚)
2932.9920	---2,2'-双甲氧羰基-4,4'-双甲氧基-5,5',6,6'-双亚甲二氧基联苯(联苯双酯)

商品编码	商品名称
2932.9930	－－－蒿甲醚
2932.9990	－－－其他
29.33	**仅含有氮杂原子的杂环化合物：**
	－结构上含有一个非稠合吡唑环(不论是否氢化)的化合物：
2933.1100	－－二甲基苯基吡唑酮(安替比林)及其衍生物
	－－其他：
2933.1920	－－－安乃近
2933.1990	－－－其他
	－结构上含有一个非稠合咪唑环(不论是否氢化)的化合物：
2933.2100	－－乙内酰脲及其衍生物
2933.2900	－－其他
	－结构上含有一个非稠合吡啶环(不论是否氢化)的化合物：
2933.3100	－－吡啶及其盐
	－－六氢吡啶(哌啶)及其盐：
2933.3210	－－－六氢吡啶(哌啶)
2933.3220	－－－六氢吡啶(哌啶)盐
2933.3300	－－阿芬太尼(INN)、阿尼利定(INN)、苯氰米特(INN)、溴西泮(INN)、卡芬太尼(INN)、地芬诺新(INN)、地芬诺酯(INN)、地匹哌酮(INN)、芬太尼(INN)、凯托米酮(INN)、哌醋甲酯(INN)、喷他左辛(INN)、哌替啶(INN)、哌替啶中间体A(INN)、苯环利定(INN)、苯哌利定(INN)、哌苯甲醇(INN)、哌氰米特(INN)、哌丙吡胺(INN)、瑞芬太尼(INN)和三甲利定(INN)以及它们的盐
2933.3400	－－其他芬太尼及它们的衍生物
2933.3500	－－奎宁环-3-醇(3-奎宁醇)
2933.3600	－－4-苯氨基-N-苯乙基哌啶(ANPP)
2933.3700	－－N-苯乙基-4-哌啶酮(NPP)
	－－其他：
2933.3910	－－－二苯乙醇酸-3-奎宁环酯
2933.3990	－－－其他
	－结构上含有一个喹啉或异喹啉环系(不论是否氢化)的化合物，但未经进一步稠合的：
2933.4100	－－左非诺(INN)及其盐
2933.4900	－－其他
	－结构上含有一个嘧啶环(不论是否氢化)或哌嗪环的化合物：
2933.5200	－－丙二酰脲(巴比土酸)及其盐
2933.5300	－－阿洛巴比妥(INN)、异戊巴比妥(INN)、巴比妥(INN)、布他比妥(INN)、正丁巴比妥(INN)、环己巴比妥(INN)、甲苯巴比妥(INN)、戊巴比妥(INN)、苯巴比妥(INN)、仲丁巴比妥(INN)、司可巴比妥(INN)和乙烯比妥(INN)以及它们的盐
2933.5400	－－其他丙二酰脲(巴比土酸)的衍生物，以及它们的盐
2933.5500	－－氯普唑仑(INN)，甲氯喹酮(INN)，甲喹酮(INN)和齐培丙醇(INN)，以及它们的盐
	－－其他：
2933.5910	－－－胞嘧啶
2933.5920	－－－环丙氟哌酸
2933.5990	－－－其他
	－结构上含有一个非稠合三嗪环(不论是否氢化)的化合物：
2933.6100	－－三聚氰胺(蜜胺)
	－－其他：
2933.6910	－－－三聚氰氯
	－－－异氰脲酸氯化衍生物：
2933.6921	－－－－二氯异氰脲酸
2933.6922	－－－－三氯异氰脲酸
2933.6929	－－－－其他
2933.6990	－－－其他
	－内酰胺：
2933.7100	－－6-己内酰胺
2933.7200	－－氯巴占(INN)和甲乙哌酮(INN)
2933.7900	－－其他内酰胺
	－其他：

商品编码	商品名称
2933.9100	－－阿普唑仑(INN)、卡马西泮(INN)、氯氮卓(INN)、氯硝西泮(INN)、氯拉卓酸、地洛西泮(INN)、地西泮(INN)、艾司唑仑(INN)、氯氟卓乙酯(INN)、氟地西泮(INN)、氟硝西泮(INN)、氟西泮(INN)、哈拉西泮(INN)、劳拉西泮(INN)、氯甲西泮(INN)、马吲哚(INN)、美达西泮(INN)、咪达唑仑(INN)、硝甲西泮(INN)、硝西泮(INN)、去甲西泮(INN)、奥沙西泮(INN)、匹那西泮(INN)、普拉西泮(INN)、吡咯戊酮(INN)、替马西泮(INN)、四氢西泮(INN)和三唑仑(INN),以及它们的盐
2933.9200	－－甲基谷硫磷(ISO)
2933.9900	－－其他
29.34	**核酸及其盐,无论是否已有化学定义;其他杂环化合物:**
	－结构上含有一个非稠合噻唑环(不论是否氢化)的化合物:
2934.1010	－－－三苯甲基氨噻肟酸
2934.1090	－－－其他
2934.2000	－结构上含有一个苯并噻唑环系(不论是否氢化)的化合物,但未经进一步稠合的
2934.3000	－结构上含有一个吩噻嗪环系(不论是否氢化)的化合物,但未经进一步稠合的
	－其他:
2934.9100	－－阿米雷司(INN),溴替唑仑(INN),氯噻西泮(INN),氯恶唑仑(INN),右吗拉胺(INN),卤恶唑仑(INN),凯他唑仑(INN),美索卡(INN),恶唑仑(INN),匹莫林(INN),苯巴曲嗪(INN),芬美曲嗪(INN)和舒芬太尼(INN),以及它们的盐
2934.9200	－－其他芬太尼以及它们的衍生物
	－－其他:
2934.9910	－－－磺内酯及磺内酰胺
2934.9920	－－－呋喃唑酮
2934.9930	－－－核酸及其盐
2934.9940	－－－奈韦拉平、依发韦仑、利托那韦及它们的盐
2934.9950	－－－克拉维酸及其盐
2934.9960	－－－7-苯乙酰氨基-3-氯甲基-4-头孢烷酸对甲氧基苄酯、7-氨基头孢烷酸、7-氨基脱乙酰氧基头孢烷酸
2934.9990	－－－其他
29.35	**磺(酰)胺:**
2935.1000	－N-甲基全氟辛基磺酰胺
2935.2000	－N-乙基全氟辛基磺酰胺
2935.3000	－N-乙基-N-(2-羟乙基)全氟辛基磺酰胺
2935.4000	－N-(2-羟乙基)-N-甲基全氟辛基磺酰胺
2935.5000	－其他全氟辛基磺酰胺
2935.9000	－其他
	第十一分章　维生素原、维生素及激素
29.36	**天然或合成再制的维生素原和维生素(包括天然浓缩物)及其主要用作维生素的衍生物,上述产品的混合物,不论是否溶于溶剂**
	－未混合的维生素及其衍生物:
2936.2100	－－维生素 A 及其衍生物
2936.2200	－－维生素 B_1 及其衍生物
2936.2300	－－维生素 B_2 及其衍生物
2936.2400	－－D 或 DL-泛酸(维生素 B_5)及其衍生物
2936.2500	－－维生素 B_6 及其衍生物
2936.2600	－－维生素 B_{12}及其衍生物
2936.2700	－－维生素 C 及其衍生物
2936.2800	－－维生素 E 及其衍生物
2936.2900	－－其他维生素及其衍生物
	－其他,包括天然浓缩物:
2936.9010	－－－维生素 AD_3
2936.9090	－－－其他

商品编码	商品名称
29.37	**天然或合成再制的激素、前列腺素、血栓烷、血细胞三烯及其衍生物和结构类似物,包括主要用作激素的改性链多肽:**
	- 多肽激素、蛋白激素、糖蛋白激素及其衍生物和结构类似物:
2937.1100	- - 生长激素及其衍生物和结构类似物
	- - 胰岛素及其盐:
2937.1210	- - - 重组人胰岛素及其盐
2937.1290	- - - 其他
2937.1900	- - 其他
	- 甾族激素及其衍生物和结构类似物:
2937.2100	- - 可的松、氢化可的松、脱氢可的松及脱氢皮质醇
	- - 皮质甾类激素的卤化衍生物:
2937.2210	- - - 地塞米松
2937.2290	- - - 其他
	- - 雌(甾)激素和孕激素:
	- - - 动物源的:
2937.2311	- - - - 孕马结合雌激素
2937.2319	- - - - 其他
2937.2390	- - - 其他
2937.2900	- - 其他
2937.5000	- 前列腺素、血栓烷和白细胞三烯及其衍生物和结构类似物
2937.9000	- 其他
	第十二分章　天然或合成再制的苷(配糖物)、植物碱及其盐、醚、酯和其他衍生物
29.38	**天然或合成再制的苷(配糖物)及其盐、醚、酯和其他衍生物:**
2938.1000	- 芸香苷(芦丁)及其衍生物
	- 其他:
2938.9010	- - - 齐多夫定、拉米夫定、司他夫定、地达诺新及它们的盐
2938.9090	- - - 其他
29.39	**天然或合成再制的生物碱及其盐、醚、酯和其他衍生物:**
	- 鸦片碱及其衍生物,以及它们的盐:
2939.1100	- - 罂粟秆浓缩物、丁丙诺啡(INN)、可待因、双氢可待因(INN)、乙基吗啡、埃托啡(INN)、海洛因、氢可酮(INN)、氢吗啡酮(INN)、吗啡、尼可吗啡(INN)、羟考酮(INN)、羟吗啡酮(INN)、福尔可定(INN)、醋氢可酮(INN)和蒂巴因,以及它们的盐
2939.1900	- - 其他
2939.2000	- 金鸡纳生物碱及其衍生物,以及它们的盐
2939.3000	- 咖啡因及其盐
	- 麻黄生物碱及其衍生物,以及它们的盐:
2939.4100	- - 麻黄碱及其盐
2939.4200	- - 假麻黄碱(INN)及其盐
2939.4300	- - d- 去甲假麻黄碱(INN)及其盐
2939.4400	- - 去甲麻黄碱及其盐
2939.4500	- - 左甲苯丙胺、去氧麻黄碱(INN)、去氧麻黄碱外消旋体以及它们的盐
2939.4900	- - 其他
	- 茶碱和氨茶碱及其衍生物,以及它们的盐:
2939.5100	- - 芬乙茶碱(INN)及其盐
2939.5900	- - 其他
	- 麦角生物碱及其衍生物,以及它们的盐:
2939.6100	- - 麦角新碱(INN)及其盐
2939.6200	- - 麦角胺(INN)及其盐
2939.6300	- - 麦角酸及其盐
2939.6900	- - 其他
	- 其他,植物来源的:
	- - 可卡因、芽子碱,它们的盐、酯及其他衍生物:
2939.7210	- - - 可卡因及其盐
2939.7290	- - - 其他
	- - 其他:
2939.7910	- - - 烟碱及其盐
2939.7920	- - - 番木鳖碱(士的年)及其盐
2939.7990	- - - 其他

商品编码	商品名称
2939.8000	- 其他
	第十三分章　其他有机化合物
29.40	**化学纯糖,但蔗糖、乳糖、麦芽糖、葡萄糖及果糖除外;糖醚、糖缩醛、糖酯及其盐,但不包括品目 29.37、29.38 及 29.39 的产品**
2940.0010	- - - 木糖
2940.0090	- - - 其他
29.41	抗菌素:
	- 青霉素和具有青霉烷酸结构的青霉素衍生物及其盐:
	- - - 氨苄青霉素及其盐:
2941.1011	- - - - 氨苄青霉素
2941.1012	- - - - 氨苄青霉素三水酸
2941.1019	- - - - 其他
	- - - 其他:
2941.1091	- - - - 羟氨苄青霉素
2941.1092	- - - - 羟氨苄青霉素三水酸
2941.1093	- - - - 6-氨基青霉烷酸(6APA)
2941.1094	- - - - 青霉素 V
2941.1095	- - - - 磺苄青霉素
2941.1096	- - - - 邻氯青霉素
2941.1099	- - - - 其他
2941.2000	- 链霉素及其衍生物以及它们的盐
	- 四环素及其衍生物以及它们的盐:
	- - - 四环素及其盐:
2941.3011	- - - - 四环素
2941.3012	- - - - 四环素盐
2941.3020	- - - 四环素衍生物及其盐
2941.4000	- 氯霉素及其衍生物以及它们的盐
2941.5000	- 红霉素及其衍生物以及它们的盐
	- 其他:
2941.9010	- - - 庆大霉素及其衍生物以及它们的盐
2941.9020	- - - 卡那霉素及其衍生物以及它们的盐
2941.9030	- - - 利福平及其衍生物以及它们的盐
2941.9040	- - - 林可霉素及其衍生物以及它们的盐
	- - - 头孢菌素及其衍生物以及它们的盐:
2941.9052	- - - - 头孢氨苄及其盐
2941.9053	- - - - 头孢唑啉及其盐
2941.9054	- - - - 头孢拉啶及其盐
2941.9055	- - - - 头孢三嗪(头孢曲松)及其盐
2941.9056	- - - - 头孢哌酮及其盐
2941.9057	- - - - 头孢噻肟及其盐
2941.9058	- - - - 头孢克罗及其盐
2941.9059	- - - - 其他
2941.9060	- - - 麦迪霉素及其衍生物以及它们的盐
2941.9070	- - - 乙酰螺旋霉素及其衍生物以及它们的盐
2941.9090	- - - 其他
29.42	**其他有机化合物:**
2942.0000	其他有机化合物

第三十章　药　品

注释：

一、本章不包括：

（一）食品及饮料（例如，营养品、糖尿病食品、强化食品、保健食品、滋补饮料及矿泉水），但不包括供静脉摄入用的滋养品（第四类）；[①]

（二）含尼古丁并用于帮助吸烟者戒烟的产品，例如，片剂、咀嚼胶或透皮贴片（品目 24.04）；[②]

（三）经特殊煅烧或精细研磨的牙科用熟石膏（品目 25.20）；

（四）适合医药用的精油水馏液及水溶液（品目 33.01）；

（五）品目 33.03 至 33.07 的制品，不论是否具有治疗及预防疾病的作用；[③]

（六）加有药料的肥皂及品目 34.01 的其他产品；

（七）以熟石膏为基本成分的牙科用制品（品目 34.07）；

（八）不作治疗及预防疾病用的血清蛋白（品目 35.02）；或

（九）品目 38.22 的诊断试剂。[④]

二、品目 30.02 所称的"免疫制品"是指直接参与免疫过程调节的多肽及蛋白质（品目 29.37 的货品除外），例如，单克隆抗体（MAB）、抗体片段、抗体偶联物及抗体片段偶联物、白介素、干扰素（IFN）、趋化因子及特定的肿瘤坏死因子（TNF）、生长因子（GF）、促红细胞生成素及集落刺激因子（CSF）。

三、品目 30.03 及 30.04 以及本章注释四（四）所述的非混合产品及混合产品，按下列规定处理：

（一）非混合产品：

1. 溶于水的非混合产品；

2. 第二十八章及第二十九章的所有货品；

3. 品目 13.02 的单一植物浸膏，只经标定或溶于溶剂的。

（二）混合产品：

1. 胶体溶液及悬浮液（胶态硫磺除外）；

2. 从植物性混合物加工所得的植物浸膏；

3. 蒸发天然矿质水所得的盐及浓缩物。

四、品目 30.06 仅适用于下列物品（这些物品只能归入品目 30.06 而不得归入本目录其他品目）：

（一）无菌外科肠线、类似的无菌缝合材料（包括外科或牙科用无菌可吸收缝线）及外伤创口闭合用的无菌黏合胶布；

（二）无菌昆布及无菌昆布塞条；

（三）外科或牙科用无菌吸收性止血材料；外科或牙科用无菌抗粘连阻隔材料，不论是否可吸收；

（四）用于病人的 X 光检查造影剂及其他诊断试剂，这些药剂是由单一产品配定剂量或由两种以上成分混合而成的；

（五）安慰剂和盲法（或双盲法）临床试验试剂盒，用于经许可的临床试验，已配定剂量，即使它们可能含有活性药物；

（六）牙科粘固剂及其他牙科填料；骨骼粘固剂；

（七）急救药箱、药包；

---

① 例如，"脑白金"属于一种保健食品，应作为"其他食品"归入品目 21.06。

② 例如，"戒烟口香糖""戒烟贴"不能作为药品归入本章，而应归入品目 24.04。

③ 例如，"去屑止痒的洗发水"不能作为药品归入本章，而应归入品目 33.05。

④ 例如，用于疾病诊断的试剂盒应归入品目 38.22。

(八)以激素、品目 29.37 的其他产品或杀精子剂为基本成分的化学避孕药物;

(九)专用于人类或作兽药用的凝胶制品,作为外科手术或体检时躯体部位的润滑剂,或者作为躯体和医疗器械之间的耦合剂;

(十)废药物即那些因超过有效保存期等原因而不适于作原用途的药品;

(十一)可确定用于造口术的用具,即裁切成型的结肠造口术、回肠造口术、尿道造口术用袋及其具有黏性的片或底盘。

子目注释:

一、子目 3002.13 及 3002.14 所述的非混合产品、纯物质及混合产品,按下列规定处理:

(一)非混合产品或纯物质,不论是否含有杂质;

(二)混合产品:

1. 上述(一)款所述的产品溶于水或其他溶剂的;

2. 为保存或运输需要,上述(一)款及(二)1 项所述的产品加入稳定剂的;以及

3. 上述(一)款、(二)1 项及(二)2 项所述的产品添加其他添加剂的。

二、子目 3003.60 和 3004.60 包括的药品含有与其他药用活性成分配伍的口服用青蒿素(INN),或者含有下列任何一种活性成分,不论是否与其他药用活性成分配伍:阿莫地喹(INN)、蒿醚林酸及其盐(INN)、双氢青蒿素(INN)、蒿乙醚(INN)、蒿甲醚(INN)、青蒿琥酯(INN)、氯喹(INN)、二氢青蒿素(INN)、苯芴醇(INN)、甲氟喹(INN)、哌喹(INN)、乙胺嘧啶(INN)或磺胺多辛(INN)。

商品编码	商品名称
30.01	**已干燥的器官疗法用腺体及其他器官,不论是否制成粉末;器官疗法用腺体、其他器官及其分泌物的提取物;肝素及其盐;其他供治疗或预防疾病用的其他品目未列名的人体或动物制品:**
3001.2000	- 腺体、其他器官及其分泌物的提取物
	- 其他:
3001.9010	- - - 肝素及其盐
3001.9090	- - - 其他
30.02	**人血;治病、防病或诊断用的动物血制品;抗血清、其他血份及免疫制品,不论是否修饰或通过生物工艺加工制得;疫苗、毒素、培养微生物(不包括酵母)及类似产品;细胞培养物,不论是否修饰:**
	- 抗血清、其他血份及免疫制品,不论是否修饰或通过生物工艺加工制得:
3002.1200	- - 抗血清及其他血份
3002.1300	- - 非混合的免疫制品,未配定剂量或制成零售包装
3002.1400	- - 混合的免疫制品,未配定剂量或制成零售包装
3002.1500	- - 免疫制品,已配定剂量或制成零售包装
	- 疫苗、毒素、培养微生物(不包括酵母)及类似产品:
3002.4100	- - 人用疫苗
3002.4200	- - 兽用疫苗
	- - 其他:
3002.4910	- - - 石房蛤毒素
3002.4920	- - - 蓖麻毒素
3002.4930	- - - 细菌及病毒
3002.4990	- - - 其他
	- 细胞培养物,不论是否修饰:
3002.5100	- - 细胞治疗产品
3002.5900	- - 其他
	- 其他:
3002.9040	- - - 遗传物质和基因修饰生物体
3002.9090	- - - 其他
30.03	**两种或两种以上成分混合而成的治病或防病用药品(不包括品目 30.02、30.05 或 30.06 的货品),未配定剂量或制成零售包装:**

商品编码	商品名称
	－含有青霉素及具有青霉烷酸结构的青霉素衍生物或链霉素及其衍生物：
	－－－青霉素：
3003.1011	－－－－氨苄青霉素
3003.1012	－－－－羟氨苄青霉素
3003.1013	－－－－青霉素 V
3003.1019	－－－－其他
3003.1090	－－－其他
	－其他，含有抗菌素：
	－－－头孢菌素：
3003.2011	－－－－头孢噻肟
3003.2012	－－－－头孢他啶
3003.2013	－－－－头孢西丁
3003.2014	－－－－头孢替唑
3003.2015	－－－－头孢克罗
3003.2016	－－－－头孢呋辛
3003.2017	－－－－头孢三嗪(头孢曲松)
3003.2018	－－－－头孢哌酮
3003.2019	－－－－其他
3003.2090	－－－其他
	－其他，含有激素或品目 29.37 的其他产品：
3003.3100	－－含有胰岛素
3003.3900	－－其他
	－其他，含有生物碱及其衍生物：
3003.4100	－－含有麻黄碱及其盐
3003.4200	－－含有伪麻黄碱(INN)及其盐
3003.4300	－－含有去甲麻黄碱及其盐
3003.4900	－－其他
	－其他，含有本章子目注释二所列抗疟疾活性成分的：
3003.6010	－－－含有青蒿素及其衍生物
3003.6090	－－－其他
3003.9000	－其他
30.04	**由混合或非混合产品构成的治病或防病用药品(不包括品目 30.02、30.05 或 30.06 的货品)，已配定剂量(包括制成皮肤摄入形式的)或制成零售包装：**
	－含有青霉素及具有青霉烷酸结构的青霉素衍生物或链霉素及其衍生物：
	－－－青霉素：
3004.1011	－－－－氨苄青霉素制剂
3004.1012	－－－－羟氨苄青霉素制剂
3004.1013	－－－－青霉素 V 制剂
3004.1019	－－－－其他
3004.1090	－－－其他
	－其他，含有抗菌素：
	－－－头孢菌素：
3004.2011	－－－－头孢噻肟制剂
3004.2012	－－－－头孢他啶制剂
3004.2013	－－－－头孢西丁制剂
3004.2014	－－－－头孢替唑制剂
3004.2015	－－－－头孢克罗制剂
3004.2016	－－－－头孢呋辛制剂
3004.2017	－－－－头孢三嗪(头孢曲松)制剂
3004.2018	－－－－头孢哌酮制剂
3004.2019	－－－－其他
3004.2090	－－－其他
	－其他，含有激素或品目 29.37 的其他产品：
	－－含有胰岛素：
3004.3110	－－－含有重组人胰岛素的
3004.3190	－－－其他
3004.3200	－－含有皮质甾类激素及其衍生物或结构类似物
3004.3900	－－其他
	－其他，含有生物碱及其衍生物：
3004.4100	－－含有麻黄碱及其盐
3004.4200	－－含有伪麻黄碱(INN)及其盐
3004.4300	－－含有去甲麻黄碱及其盐
3004.4900	－－其他
3004.5000	－其他，含有维生素或品目 29.36 所列产品
	－其他，含有本章子目注释二所列抗疟疾活性成分的：
3004.6010	－－－含有青蒿素及其衍生物
3004.6090	－－－其他
	－其他：

商品编码	商品名称
3004.9010	---含有磺胺类
3004.9020	---含有联苯双酯
	---中式成药:
3004.9051	----中药酒
3004.9052	----片仔癀
3004.9053	----白药
3004.9054	----清凉油
3004.9055	----安宫牛黄丸
3004.9059	----其他
3004.9090	---其他
30.05	**软填料、纱布、绷带及类似物品(例如,敷料、橡皮膏、泥罨剂),经过药物浸涂或制成零售包装供医疗、外科、牙科或兽医用:**
	-胶粘敷料及有胶粘涂层的其他物品:
3005.1010	---橡皮膏
3005.1090	---其他
	-其他:
3005.9010	---药棉、纱布、绷带
3005.9090	---其他
30.06	**本章注释四所规定的医药用品:**
3006.1000	-无菌外科肠线、类似的无菌缝合材料(包括外科或牙科用无菌可吸收缝线)及外伤创口闭合用的无菌黏合胶布;无菌昆布及无菌昆布塞条;外科或牙科用无菌吸收性止血材料;外科或牙科用无菌抗粘连阻隔材料,不论是否可吸收
3006.3000	-X光检查造影剂;用于病人的诊断试剂
3006.4000	-牙科粘固剂及其他牙科填料;骨骼粘固剂
3006.5000	-急救药箱、药包
	-以激素、品目29.37的其他产品或杀精子剂为基本成分的化学避孕药物:
3006.6010	---以激素为基本成分的避孕药
3006.6090	---其他
3006.7000	-专用于人类或作兽药用的凝胶制品,作为外科手术或体检时躯体部位的润滑剂,或者作为躯体和医疗器械之间的耦合剂
	-其他:
3006.9100	--可确定用于造口术的用具
3006.9200	--废药物
3006.9300	--安慰剂和盲法(或双盲法)临床试验试剂盒,用于经许可的临床试验,已配定剂量

第三十一章　肥　料

注释：

一、本章不包括：

(一)品目 05.11 的动物血；

(二)单独的已有化学定义的化合物[符合下列注释二(一)、三(一)、四(一)或五所规定的化合物除外]；或

(三)品目 38.24 的每颗重量不低于 2.5 克的氯化钾培养晶体(光学元件除外)；氯化钾光学元件(品目 90.01)。

二、品目 31.02 只适用于下列货品，但未制成品目 31.05 所述形状或包装：

(一)符合下列任何一条规定的货品：

1. 硝酸钠，不论是否纯净；
2. 硝酸铵，不论是否纯净；
3. 硫酸铵及硝酸铵的复盐，不论是否纯净；
4. 硫酸铵，不论是否纯净；
5. 硝酸钙及硝酸铵的复盐(不论是否纯净)或硝酸钙及硝酸铵的混合物；
6. 硝酸钙及硝酸镁的复盐(不论是否纯净)或硝酸钙及硝酸镁的混合物；
7. 氰氨化钙，不论是否纯净或用油处理；
8. 尿素，不论是否纯净。

(二)由上述(一)款任何货品相互混合的肥料。

(三)由氯化铵或上述(一)或(二)款任何货品与白垩、石膏或其他无肥效无机物混合而成的肥料。

(四)由上述(一)2 或 8 项的货品或其混合物溶于水或液氨的液体肥料。

三、品目 31.03 只适用于下列货品，但未制成品目 31.05 所述形状或包装：

(一)符合下列任何一条规定的货品：

1. 碱性熔渣；
2. 品目 25.10 的天然磷酸盐，已焙烧或经过超出清除杂质范围的热处理；
3. 过磷酸钙(一过磷酸钙、二过磷酸钙或三过磷酸钙)；
4. 磷酸氢钙，按干燥无水产品重量计含氟量不低于 0.2%。

(二)由上述(一)款的任何货品相互混合的肥料，不论含氟量多少。

(三)由上述(一)或(二)款的任何货品与白垩、石膏或其他无肥效无机物混合而成的肥料，不论含氟量多少。

四、品目 31.04 只适用于下列货品，但未制成品目 31.05 所述形状或包装：

(一)符合下列任何一条规定的货品：

1. 天然粗钾盐(例如，光卤石、钾盐镁矾及钾盐)；
2. 氯化钾，不论是否纯净，但上述注释一(三)所述的产品除外；
3. 硫酸钾，不论是否纯净；
4. 硫酸镁钾，不论是否纯净。

(二)由上述(一)款任何货品相互混合的肥料。

五、磷酸二氢铵及磷酸氢二铵(不论是否纯净)及其相互之间的混合物应归入品目 31.05。

六、品目 31.05 所称“其他肥料”，仅适用于其基本成分至少含有氮、磷、钾中一种肥效元素的肥料用产品。

商品编码	商品名称
31.01	**动物或植物肥料,不论是否相互混合或经化学处理;动植物产品经混合或化学处理制成的肥料:**
	---未经化学处理:
3101.0011	----鸟粪
3101.0019	----其他
3101.0090	---其他
31.02	**矿物氮肥及化学氮肥:**
3102.1000	-尿素,不论是否水溶液
	-硫酸铵;硫酸铵和硝酸铵的复盐及混合物:
3102.2100	--硫酸铵
3102.2900	--其他
3102.3000	-硝酸铵,不论是否水溶液
3102.4000	-硝酸铵与碳酸钙或其他无肥效无机物的混合物
3102.5000	-硝酸钠
3102.6000	-硝酸钙和硝酸铵的复盐及混合物
3102.8000	-尿素及硝酸铵混合物的水溶液或氨水溶液
	-其他,包括上述子目未列名的混合物:
3102.9010	---氰氨化钙
3102.9090	---其他
31.03	**矿物磷肥及化学磷肥:**
	-过磷酸钙:
	--按重量计五氧化二磷(P_2O_5)含量在 35%及以上:
3103.1110	---重过磷酸钙
3103.1190	---其他
3103.1900	--其他
3103.9000	-其他
31.04	**矿物钾肥及化学钾肥:**
	-氯化钾:
3104.2020	---纯氯化钾
3104.2090	---其他
3104.3000	-硫酸钾
	-其他:
3104.9010	---光卤石、钾盐及其他天然粗钾盐
3104.9090	---其他
31.05	**含氮、磷、钾中两种或三种肥效元素的矿物肥料或化学肥料;其他肥料;制成片及类似形状或每包毛重不超过 10 千克的本章各项货品:**
3105.1000	-制成片及类似形状或每包毛重不超过 10 千克的本章各项货品
3105.2000	-含氮、磷、钾三种肥效元素的矿物肥料或化学肥料
3105.3000	-磷酸氢二铵
3105.4000	-磷酸二氢铵及磷酸二氢铵与磷酸氢二铵的混合物
	-其他含氮、磷两种肥效元素的矿物肥料或化学肥料:
3105.5100	--含有硝酸盐及磷酸盐
3105.5900	--其他
3105.6000	-含磷、钾两种肥效元素的矿物肥料或化学肥料
	-其他:
3105.9010	---有机—无机复混肥料
3105.9090	---其他

第三十二章　鞣料浸膏及染料浸膏；鞣酸及其衍生物；染料、颜料及其他着色料；油漆及清漆；油灰及其他类似胶粘剂；墨水、油墨

注释：

一、本章不包括：

(一)单独的已有化学定义的化学元素及化合物(品目 32.03 及 32.04 的货品、品目 32.06 的用作发光体的无机产品、品目 32.07 所述形状的熔融石英或其他熔融硅石制成的玻璃及品目 32.12 的零售形状或零售包装的染料及其他着色料除外)；

(二)品目 29.36 至 29.39、29.41 及 35.01 至 35.04 的鞣酸盐及其他鞣酸衍生物；或

(三)沥青胶粘剂(品目 27.15)。

二、品目 32.04 包括生产偶氮染料用的稳定重氮盐与耦合物的混合物。

三、品目 32.03、32.04、32.05 及 32.06 也包括以着色料为基本成分的制品(例如，品目 32.06 包括以品目 25.30 或第二十八章的颜料，金属粉片及金属粉末为基本成分的制品)。该制品是用作原材料着色剂的拼料。但以上品目不包括分散在非水介质中呈液状或浆状的制漆用颜料，例如，品目 32.12 的瓷漆及品目 32.07、32.08、32.09、32.10、32.12、32.13 及 32.15 的其他制品。

四、品目 32.08 包括由品目 39.01 至 39.13 所列产品溶于挥发性有机溶剂的溶液(胶棉除外)，但溶剂重量必须超过溶液重量的 50%。

五、本章所称“着色料”，不包括作为油漆填料的产品，不论这些产品能否用于水浆涂料的着色。

六、品目 32.12 所称“压印箔”，只包括用以压印诸如书本封面或帽带之类的薄片，这些薄片由以下材料构成：

(一)金属粉(包括贵金属粉)或颜料经胶水、明胶及其他黏合剂凝结而成的；或

(二)金属(包括贵金属)或颜料沉积于任何材料衬片上的。

商品编码	商品名称
32.01	**植物鞣料浸膏；鞣酸及其盐、醚酯和其他衍生物：**
3201.1000	－坚木浸膏
3201.2000	－荆树皮浸膏
	－其他：
3201.9010	－－－其他鞣料浸膏
3201.9090	－－－其他
32.02	**有机合成鞣料；无机鞣料；鞣料制剂，不论是否含有天然鞣料；预鞣用酶制剂：**
3202.1000	－有机合成鞣料
3202.9000	－其他
32.03	**动植物质着色料(包括染料浸膏但动物炭黑除外)，不论是否已有化学定义；本章注释三所述的以动植物质着色料为基本成分的制品：**
	－－－植物质着色料及以其为基本成分的制品：
3203.0011	－－－－天然靛蓝及以其为基本成分的制品
3203.0019	－－－－其他
3203.0020	－－－动物质着色料及以其为基本成分的制品
32.04	**有机合成着色料，不论是否已有化学定义；本章注释三所述的以有机合成着色料为基本成分的制品；用作荧光增白剂或发光体的有机合成产品，不论是否已有化学定义：**
	－有机合成着色料及本章注释三所述的以有机合成着色料为基本成分的制品：
3204.1100	－－分散染料及以其为基本成分的制品

商品编码	商品名称
3204.1200	--酸性染料(不论是否预金属络合)及以其为基本成分的制品;媒染染料及以其为基本成分的制品
3204.1300	--碱性染料及以其为基本成分的制品
3204.1400	--直接染料及以其为基本成分的制品
	--瓮染料(包括颜料用的)及以其为基本成分的制品:
3204.1510	---合成靛蓝(还原靛蓝)
3204.1590	---其他
3204.1600	--活性染料及以其为基本成分的制品
3204.1700	--颜料及以其为基本成分的制品
	--类胡萝卜素着色料及以其为基本成分的制品:
3204.1810	---类胡萝卜素(包括胡萝卜素)
3204.1820	---以类胡萝卜素(包括胡萝卜素)为基本成分的制品
	--其他,包括由子目3204.11至3204.19中两个或多个子目所列着色料组成的混合物:
	---硫化染料及以其为基本成分的制品:
3204.1911	----硫化黑(硫化青)及以其为基本成分的制品
3204.1919	----其他
3204.1990	---其他
3204.2000	-用作荧光增白剂的有机合成产品
	-其他:
3204.9010	---生物染色剂及染料指示剂
3204.9090	---其他
32.05	**色淀;本章注释三所述的以色淀为基本成分的制品:**
3205.0000	色淀;本章注释三所述的以色淀为基本成分的制品
32.06	**其他着色料;本章注释三所述的制品,但品目32.03、32.04及32.05的货品除外;用作发光体的无机产品,不论是否已有化学定义:**
	-以二氧化钛为基本成分的颜料及制品:
	--以干物质计二氧化钛含量在80%及以上的:
3206.1110	---钛白粉
3206.1190	---其他
3206.1900	--其他
3206.2000	-以铬化合物为基本成分的颜料及制品
	-其他着色料及其他制品:
3206.4100	--群青及以其为基本成分的制品
	--锌钡白及以硫化锌为基本成分的其他颜料和制品:
3206.4210	---锌钡白
3206.4290	---其他
	--其他:
	---以铋化合物为基本成分的颜料及制品:
3206.4911	----以钒酸铋为基本成分的颜料及制品
3206.4919	----其他
3206.4990	---其他
3206.5000	-用作发光体的无机产品
32.07	**陶瓷、搪瓷及玻璃工业用的调制颜料、遮光剂、着色剂、珐琅和釉料、釉底料(泥釉)、光瓷釉以及类似产品;搪瓷玻璃料及其他玻璃,呈粉、粒或粉片状的:**
3207.1000	-调制颜料、遮光剂、着色剂及类似制品
3207.2000	-珐琅和釉料、釉底料(泥釉)及类似制品
3207.3000	-光瓷釉及类似制品
3207.4000	-搪瓷玻璃料及其他玻璃,呈粉、粒或粉片状的
32.08	**以合成聚合物或化学改性天然聚合物为基本成分的油漆及清漆(包括瓷漆及大漆),分散于或溶于非水介质的;本章注释四所述的溶液:**
3208.1000	-以聚酯为基本成分
	-以丙烯酸聚合物或乙烯聚合物为基本成分:
3208.2010	---以丙烯酸聚合物为基本成分

商品编码	商品名称
3208.2020	－－－以乙烯聚合物为基本成分
	－其他：
3208.9010	－－－以聚胺酯类化合物为基本成分
3208.9090	－－－其他
32.09	**以合成聚合物或化学改性天然聚合物为基本成分的油漆及清漆(包括瓷漆及大漆),分散于或溶于水介质的：**
3209.1000	－以丙烯酸聚合物或乙烯聚合物为基本成分
	－其他：
3209.9010	－－－以环氧树脂为基本成分
3209.9020	－－－以氟树脂为基本成分
3209.9090	－－－其他
32.10	**其他油漆及清漆(包括瓷漆、大漆及水浆涂料);加工皮革用的水性颜料：**
3210.0000	其他油漆及清漆(包括瓷漆、大漆及水浆涂料);加工皮革用的水性颜料
32.11	**配制的催干剂：**
3211.0000	配制的催干剂
32.12	**制造油漆(含瓷漆)用的颜料(包括金属粉末或金属粉片),分散于非水介质中呈液状或浆状的;压印箔;零售形状及零售包装的染料或其他着色料：**
3212.1000	－压印箔
3212.9000	－其他
32.13	**艺术家、学生和广告美工用的颜料、调色料、文娱颜料及类似品片状、管装、罐装、瓶装、扁盒装以及类似形状或包装的：**
3213.1000	－成套的颜料
3213.9000	－其他
32.14	**安装玻璃用油灰、接缝用油灰、树脂胶泥、嵌缝胶及其他类似胶粘剂;漆工用填料;非耐火涂面制剂,涂门面、内墙、地板、天花板等用：**
	－安装玻璃用油灰、接缝用油灰、树脂胶泥、嵌缝胶及其他类似胶粘剂;漆工用填料：
3214.1010	－－－半导体器件封装材料
3214.1090	－－－其他
3214.9000	－其他
32.15	**印刷油墨、书写或绘图墨水及其他墨类,不论是否固体或浓缩：**
	－印刷油墨：
3215.1100	－－黑色
3215.1900	－－其他
	－其他：
3215.9010	－－－书写墨水
3215.9020	－－－水性喷墨墨水
3215.9090	－－－其他

第三十三章　精油及香膏;芳香料制品及化妆盥洗品

注释:

一、本章不包括:

(一)品目13.01及13.02的天然油树脂及植物浸膏;

(二)品目34.01的肥皂及其他产品;或

(三)品目38.05的脂松节油、木松节油和硫酸盐松节油及其他产品。

二、品目33.02所称"香料",仅指品目33.01所列的物质、从这些物质离析出来的香料组分以及合成芳香剂。

三、品目33.03至33.07主要包括适合作这些品目所列用途的零售包装产品,不论其是否混合(精油水馏液及水溶液除外)。

四、品目33.07所称"芳香料制品及化妆盥洗品",主要适用于下列产品:香袋;通过燃烧散发香气的制品;香纸及用化妆品浸渍或涂布的纸;隐形眼镜片或假眼用的溶液;用香水或化妆品浸渍、涂布、包覆的絮胎、毡呢及无纺织物;动物用盥洗品。①

商品编码	商品名称
33.01	**精油(无萜或含萜),包括浸膏及净油;香膏;提取的油树脂;用花香吸取法或浸渍法制成的含浓缩精油的脂肪、固定油、蜡及类似品;精油脱萜时所得的萜烯副产品;精油水馏液及水溶液:**
	-柑橘属果实的精油:
3301.1200	--橙油
3301.1300	--柠檬油
	--其他:
3301.1910	---白柠檬油(酸橙油)
3301.1990	---其他
	-非柑橘属果实的精油:
3301.2400	--胡椒薄荷油
3301.2500	--其他薄荷油
	--其他:
3301.2910	---樟脑油
3301.2920	---香茅油
3301.2930	---茴香油
3301.2940	---桂油
3301.2950	---山苍子油
3301.2960	---桉叶油
	---其他:
3301.2991	----老鹳草油(香叶油)
3301.2999	----其他
	-香膏:
3301.3010	---鸢尾凝脂
3301.3090	---其他
	-其他:
3301.9010	---提取的油树脂
3301.9020	---柑橘属果实的精油脱萜的萜烯副产品
3301.9090	---其他
33.02	**工业原料用的混合香料以及以一种或多种香料为基本成分的混合物(包括酒精溶液);生产饮料用的以香料为基本成分的其他制品:**
	-食品或饮料工业用:
3302.1010	---生产饮料用的以香料为基本成分的制品,按容量计酒精浓度不超过0.5%的
3302.1090	---其他
3302.9000	-其他
33.03	**香水及花露水:**
3303.0000	香水及花露水

① 例如,内装芳香植物的香袋(用于被服橱内散香),佛教供奉用的香,隐形眼镜护理液,狗用洗毛剂等应作为"芳香料制品及化妆盥洗品"归入品目33.07。

商品编码	商品名称	商品编码	商品名称
33.04	**美容品或化妆品及护肤品(药品除外),包括防晒油或晒黑油;指(趾)甲化妆品:**		
3304.1000	－唇用化妆品		
3304.2000	－眼用化妆品		
3304.3000	－指(趾)甲化妆品		
	－其他:		
3304.9100	－－粉,不论是否压紧		
3304.9900	－－其他		
33.05	**护发品:**		
3305.1000	－洗发剂(香波)		
3305.2000	－烫发剂		
3305.3000	－定型剂		
3305.9000	－其他		
33.06	**口腔及牙齿清洁剂,包括假牙稳固剂及粉;清洁牙缝用的纱线(牙线),单独零售包装的:**		
	－洁齿品:		
3306.1010	－－－牙膏		
3306.1090	－－－其他		
3306.2000	－清洁牙缝用的纱线(牙线)		
	－其他:		
3306.9010	－－－漱口剂		
3306.9090	－－－其他		
33.07	**剃须用制剂、人体除臭剂、泡澡用制剂、脱毛剂和其他品目未列名的芳香料制品及化妆盥洗品;室内除臭剂,不论是否加香水或消毒剂:**		
3307.1000	－剃须用制剂		
3307.2000	－人体除臭剂及止汗剂		
3307.3000	－香浴盐及其他泡澡用制剂		
	－室内散香或除臭制品,包括宗教仪式用的香:		
3307.4100	－－神香及其他通过燃烧散发香气的制品		
3307.4900	－－其他		
3307.9000	－其他		

第三十四章　肥皂、有机表面活性剂、洗涤剂、润滑剂、人造蜡、调制蜡、光洁剂、蜡烛及类似品、塑型用膏、“牙科用蜡”及牙科用熟石膏制剂

注释：

一、本章不包括：

（一）用作脱模剂的食用动植物或微生物油、脂混合物或制品（品目15.17）；

（二）单独的已有化学定义的化合物；或

（三）含肥皂或其他有机表面活性剂的洗发剂、洁齿品、剃须膏及泡澡用制剂（品目33.05、33.06及33.07）。[①]

二、品目34.01所称“肥皂”，只适用于水溶性肥皂。品目34.01的肥皂及其他产品可以含有添加料（例如，消毒剂、磨料粉、填料或药料）。含磨料粉的产品，只有条状、块状或模制形状可以归入品目34.01。其他形状的应作为“去污粉及类似品”归入品目34.05。

三、品目34.02所称“有机表面活性剂”，是指温度在20摄氏度时与水混合配成0.5%浓度的水溶液，并在同样温度下搁置一小时后与下列规定相符的产品：

（一）成为透明或半透明的液体或稳定的乳浊液而未离析出不溶解物质；

（二）将水的表面张力减低到每厘米45达因及以下。

四、品目34.03所称“石油及从沥青矿物提取的油类”，适用于第二十七章注释二所规定的产品。

五、品目34.04所称“人造蜡及调制蜡”，仅适用于：

（一）用化学方法生产的具有蜡质特性的有机产品，不论是否为水溶性的；

（二）各种蜡混合制成的产品；

（三）以一种或几种蜡为基本原料并含有油脂、树脂、矿物质或其他原料的具有蜡质特性的产品。

本品目不包括：

（一）品目15.16、34.02或38.23的产品，不论是否具有蜡质特性；

（二）品目15.21的未混合的动物蜡或未混合的植物蜡，不论是否精制或着色；

（三）品目27.12的矿物蜡或类似产品，不论是否相互混合或仅经着色；或

（四）混合、分散或溶解于液体溶剂的蜡（品目34.05、38.09等）。

商品编码	商品名称	商品编码	商品名称
34.01	**肥皂；做肥皂用的有机表面活性产品及制品，条状、块状或模制形状的，不论是否含有肥皂；洁肤用的有机表面活性产品及制品，液状或膏状并制成零售包装的，不论是否含有肥皂；用肥皂或洗涤剂浸渍、涂面或包覆的纸、絮胎、毡呢及无纺织物：**	3401.1100	－－盥洗用（包括含有药物的产品）
	－肥皂及有机表面活性产品及制品，条状、块状或模制形状的，以及用肥皂或洗涤剂浸渍、涂面或包覆的纸、絮胎、毡呢及无纺织物：		－－其他：
		3401.1910	－－－洗衣皂
		3401.1990	－－－其他
		3401.2000	－其他形状的肥皂
		3401.3000	－洁肤用的有机表面活性产品及制品，液状或膏状并制成零售包装的，不论是否含有肥皂

① 洗发剂、洁齿品（例如，漱口水、假牙清洗剂）、剃须膏及沐浴用制剂（例如，泡沫浴用制剂）即使含肥皂或其他有机表面活性剂，也不归入本章，而是归入品目33.05～33.07。

商品编码	商品名称
34.02	**有机表面活性剂(肥皂除外);表面活性剂制品、洗涤剂(包括助洗剂)及清洁剂,不论是否含有肥皂,但品目34.01的产品除外:**
	- 阴离子型有机表面活性剂,不论是否零售包装:
3402.3100	- - 直链烷基苯磺酸及其盐
3402.3900	- - 其他
	- 其他有机表面活性剂,不论是否零售包装:
3402.4100	- - 阳离子型
3402.4200	- - 非离子型
3402.4900	- - 其他
	- 零售包装的制品:
3402.5010	- - - 合成洗涤粉
3402.5090	- - - 其他
3402.9000	- 其他
34.03	**润滑剂(包括以润滑剂为基本成分的切削油制剂、螺栓或螺母松开剂、防锈或防腐蚀制剂及脱模剂)及用于纺织材料、皮革、毛皮或其他材料油脂处理的制剂,但不包括以石油或从沥青矿物提取的油类为基本成分(按重量计不低于70%)的制剂:**
	- 含有石油或从沥青矿物提取的油类:
3403.1100	- - 处理纺织材料、皮革、毛皮或其他材料的制剂
3403.1900	- - 其他
	- 其他:
3403.9100	- - 处理纺织材料、皮革、毛皮或其他材料的制剂
3403.9900	- - 其他
34.04	**人造蜡及调制蜡:**
3404.2000	- 聚氧乙烯(聚乙二醇)蜡
3404.9000	- 其他
34.05	**鞋靴、家具、地板、车身、玻璃或金属用的光洁剂、擦洗膏、去污粉及类似制品(包括用这类制剂浸渍、涂面或包覆的纸、絮胎毡呢、无纺织物、泡沫塑料或海绵橡胶),但不包括品目34.04的蜡:**
3405.1000	- 鞋靴或皮革用的上光剂及类似制品
3405.2000	- 保养木制家具、地板或其他木制品用的上光剂及类似制品
3405.3000	- 车身用的上光剂及类似制品,但金属用的光洁剂除外
3405.4000	- 擦洗膏、去污粉及类似制品
3405.9000	- 其他
34.06	**各种蜡烛及类似品:**
3406.0000	各种蜡烛及类似品
34.07	**塑型用膏,包括供儿童娱乐用的在内;通称为"牙科用蜡"或"牙科造型膏"的制品,成套、零售包装或制成片状、马蹄形、条状及类似形状的;以熟石膏(煅烧石膏或硫酸钙)为基本成分的牙科用其他制品:**
3407.0010	- - - 牙科用蜡及造型膏
3407.0020	- - - 以熟石膏为基本成分的牙科用其他制品
3407.0090	- - - 其他

第三十五章　蛋白类物质;改性淀粉;胶;酶

注释:

一、本章不包括:

(一)酵母(品目 21.02);

(二)第三十章的血份(非治病、防病用的血清白蛋白除外)、药品及其他产品;

(三)预鞣用酶制剂(品目 32.02);

(四)第三十四章的加酶的浸透剂、洗涤剂及其他产品;

(五)硬化蛋白(品目 39.13);或

(六)印刷工业用的明胶产品(第四十九章)。

二、品目 35.05 所称"糊精",是指淀粉的降解产品,其还原糖含量以右旋糖的干重量计不超过 10%。如果还原糖含量超过 10%,应归入品目 17.02。

商品编码	商品名称
35.01	**酪蛋白、酪蛋白酸盐及其他酪蛋白衍生物;酪蛋白胶:**
3501.1000	- 酪蛋白
3501.9000	- 其他
35.02	**白蛋白(包括按重量计干质成分的乳清蛋白含量超过 80%的两种或两种以上的乳清蛋白浓缩物)白蛋白盐及其他白蛋白衍生物:**
	- 卵清蛋白:
3502.1100	- - 干的
3502.1900	- - 其他
3502.2000	- 乳白蛋白,包括两种或两种以上的乳清蛋白浓缩物
3502.9000	- 其他
35.03	**明胶(包括长方形、正方形明胶薄片,不论是否表面加工或着色)及其衍生物;鱼鳔胶;其他动物胶,但不包括品目 35.01 的酪蛋白胶:**
3503.0010	- - - 明胶及其衍生物
3503.0090	- - - 其他
35.04	**蛋白胨及其衍生物;其他品目未列名的蛋白质及其衍生物;皮粉不论是否加入铬矾:**
3504.0010	- - - 蛋白胨
3504.0090	- - - 其他
35.05	**糊精及其他改性淀粉(例如,预凝化淀粉或酯化淀粉);以淀粉、糊精或其他改性淀粉为基本成分的胶:**
3505.1000	- 糊精及其他改性淀粉
3505.2000	- 胶
35.06	**其他品目未列名的调制胶及其他调制黏合剂;适于作胶或黏合剂用的产品,零售包装每件净重不超过 1 千克:**
3506.1000	- 适于作胶或黏合剂用的产品,零售包装每件净重不超过 1 千克
	- 其他:
	- - 以橡胶或品目 39.01 至 39.13 的聚合物为基本成分的黏合剂:
3506.9110	- - - 以聚酰胺为基本成分的
3506.9120	- - - 以环氧树脂为基本成分的
3506.9190	- - - 其他
3506.9900	- - 其他
35.07	**酶;其他品目未列名的酶制品:**
3507.1000	- 粗制凝乳酶及其浓缩物
	- 其他:
3507.9010	- - - 碱性蛋白酶
3507.9020	- - - 碱性脂肪酶
3507.9090	- - - 其他

第三十六章　炸药;烟火制品;火柴;引火合金;易燃材料制品

注释:

一、本章不包括单独的已有化学定义的化合物,但下列注释二(一)、(二)所述物品除外。

二、品目36.06所称"易燃材料制品",只适用于:

(一)聚乙醛、六亚甲基四胺(六甲撑四胺)及类似物质,已制成片、棒或类似形状作燃料用的;以酒精为基本成分的固体或半固体燃料及类似的配制燃料;

(二)直接灌注香烟打火机及类似打火器用的液体燃料或液化气体燃料,其包装容器的容积不超过300立方厘米;

(三)树脂火炬、引火物及类似品。

商品编码	商品名称
36.01	**发射药:**
3601.0000	发射药
36.02	**配制炸药,但发射药除外:**
3602.0010	---硝铵炸药
3602.0090	---其他
36.03	**安全导火索;导爆索;火帽或雷管;引爆器;电雷管:**
3603.1000	-安全导火索
3603.2000	-导爆索
3603.3000	-火帽
3603.4000	-雷管
3603.5000	-引爆器
3603.6000	-电雷管
36.04	**烟花、爆竹、信号弹、降雨火箭、浓雾信号弹及其他烟火制品:**
3604.1000	-烟花、爆竹
3604.9000	-其他
36.05	**火柴,但品目36.04的烟火制品除外:**
3605.0000	火柴,但品目36.04的烟火制品除外
36.06	**各种形状的铈铁及其他引火合金;本章注释二所述的易燃材料制品:**
3606.1000	-直接灌注香烟打火机及类似打火器用的液体燃料或液化气体燃料,其包装容器的容积不超过300立方厘米
	-其他:
	---铈铁及其他引火合金:
3606.9011	----已切成形可直接使用
3606.9019	----其他
3606.9090	---其他

第三十七章 照相及电影用品

注释：

一、本章不包括废碎料。

二、本章所称“摄影”，是指光或其他射线作用于感光面（包括热敏面）上直接或间接形成可见影像的过程。

商品编码	商品名称	商品编码	商品名称
37.01	**未曝光的摄影感光硬片及平面软片，用纸、纸板及纺织物以外任何材料制成；未曝光的一次成像感光平片，不论是否分装：**		－－其他：
3701.1000	－X光用	3702.3920	－－－照相制版用
3701.2000	－一次成像平片	3702.3990	－－－其他
	－其他硬片及软片，任何一边超过255毫米：		－无齿孔的其他胶片，宽度超过105毫米：
	－－－照相制版用：	3702.4100	－－彩色摄影用，宽度超过610毫米长度超过200米
3701.3021	－－－－激光照排片		－－非彩色摄影用，宽度超过610毫米，长度超过200米：
3701.3022	－－－－PS版		－－－照相制版用：
3701.3024	－－－－CTP版	3702.4221	－－－－印刷电路板制造用光致抗蚀干膜
3701.3025	－－－－柔性印刷版	3702.4229	－－－－其他
3701.3029	－－－－其他		－－－其他：
3701.3090	－－－其他	3702.4292	－－－－红色或红外激光胶片
	－其他：	3702.4299	－－－－其他
3701.9100	－－彩色摄影用		－－宽度超过610毫米，长度不超过200米：
	－－其他：		－－－照相制版用：
3701.9920	－－－照相制版用	3702.4321	－－－－激光照排片
3701.9990	－－－其他	3702.4329	－－－－其他
37.02	**成卷的未曝光摄影感光胶片，用纸、纸板及纺织物以外任何材料制成；未曝光的一次成像感光卷片：**	3702.4390	－－－其他
3702.1000	－X光用		－－宽度超过105毫米，但不超过610毫米：
	－无齿孔的其他胶片，宽度不超过105毫米：		－－－照相制版用：
	－－彩色摄影用：	3702.4421	－－－－激光照排片
3702.3110	－－－一次成像卷片	3702.4422	－－－－印刷电路板制造用光致抗蚀干膜
3702.3190	－－－其他	3702.4429	－－－－其他
	－－其他涂卤化银乳液的：	3702.4490	－－－其他
3702.3210	－－－一次成像卷片		－彩色摄影用的其他胶片：
3702.3220	－－－照相制版用	3702.5200	－－宽度不超过16毫米
3702.3290	－－－其他		

商品编码	商品名称
3702.5300	－－幻灯片用,宽度超过 16 毫米,但不超过 35 毫米,长度不超过 30 米
	－－非幻灯片用,宽度超过 16 毫米,但不超过 35 毫米,长度不超过 30 米:
3702.5410	－－－宽度为 35 毫米,长度不超过 2 米
3702.5490	－－－其他
	－－宽度超过 16 毫米,但不超过 35 毫米,长度超过 30 米:
3702.5520	－－－电影胶片
3702.5590	－－－其他
	－－宽度超过 35 毫米:
3702.5620	－－－电影胶片
3702.5690	－－－其他
	－其他:
3702.9600	－－宽度不超过 35 毫米,长度不超过 30 米
3702.9700	－－宽度不超过 35 毫米,长度超过 30 米
3702.9800	－－宽度超过 35 毫米
37.03	**未曝光的摄影感光纸、纸板及纺织物:**
	－成卷,宽度超过 610 毫米:
3703.1010	－－－感光纸及纸板
3703.1090	－－－其他
	－其他,彩色摄影用:
3703.2010	－－－感光纸及纸板
3703.2090	－－－其他
	－其他:
3703.9010	－－－感光纸及纸板
3703.9090	－－－其他
37.04	**已曝光未冲洗的摄影硬片、软片纸、纸板及纺织物:**
3704.0010	－－－电影胶片
3704.0090	－－－其他
37.05	**已曝光已冲洗的摄影硬片及软片,但电影胶片除外:**
3705.0010	－－－教学专用幻灯片
	－－－缩微胶片:
3705.0021	－－－－书籍、报刊的
3705.0029	－－－－其他
3705.0090	－－－其他
37.06	**已曝光已冲洗的电影胶片,不论是否配有声道或仅有声道:**
	－宽度在 35 毫米及以上:
3706.1010	－－－教学专用
3706.1090	－－－其他
	－其他:
3706.9010	－－－教学专用
3706.9090	－－－其他
37.07	**摄影用化学制剂(不包括上光漆胶水、黏合剂及类似制剂);摄影用未混合产品;定量包装或零售包装可立即使用的:**
3707.1000	－感光乳液
	－其他:
3707.9010	－－－冲洗照相胶卷及相片用
3707.9020	－－－复印机用
3707.9090	－－－其他

第三十八章　杂项化学产品

注释：

一、本章不包括：

（一）单独的已有化学定义的元素及化合物，但下列各项除外：

1. 人造石墨（品目 38.01）；
2. 制成品目 38.08 所述的形状或包装的杀虫剂、杀鼠剂、杀菌剂、除草剂、抗萌剂、植物生长调节剂、消毒剂及类似产品；
3. 灭火器的装配药及已装药的灭火弹（品目 38.13）；
4. 下列注释二所规定的有证标准样品；
5. 下列注释三（一）及三（三）所规定的产品。

（二）配制食品用的与食物或其他营养物质混合的化学品（一般归入品目 21.06）。

（三）品目 24.04 的产品；

（四）含有金属、砷及其混合物，并符合第二十六章注释三（一）或三（二）的规定的矿渣、矿灰和残渣（包括淤渣，但下水道淤泥除外）（品目 26.20）。

（五）药品（品目 30.03 及 30.04）；

（六）用于提取贱金属或生产贱金属化合物的废催化剂（品目 26.20），主要用于回收贵金属的废催化剂（品目 71.12），或某种形状（例如，精细粉末或纱网状）的金属或金属合金催化剂（第十四类或第十五类）。

二、

（一）品目 38.22 所称的“有证标准样品”，是指附有证书的参照物，该证书标明了参照物属性的指标、确定这些指标的方法以及与每一指标相关的确定度，这些参照物适用于分析、校准和比较；

（二）除第二十八章和二十九章的产品外，有证标准样品在本目录中应优先归入品目 38.22。

三、品目 38.24 包括不归入本目录其他品目的下列货品：

（一）每颗重量不小于 2.5 克的氧化镁、碱金属或碱土金属卤化物制成的培养晶体（光学元件除外）；

（二）杂醇油；骨焦油；

（三）零售包装的除墨剂；

（四）零售包装的蜡纸改正液，其他改正液及改正带（品目 96.12 的产品除外）；以及

（五）可熔性陶瓷测温器（例如，塞格测温锥）。

四、本目录所称“城市垃圾”，是指从家庭、宾馆、餐厅、医院、商店、办公室等收集来的废物，马路和人行道的垃圾以及建筑垃圾或拆建垃圾。城市垃圾通常含有大量各种各样的材料，例如，塑料、橡胶、木材、纸张、纺织品、玻璃、金属、食物、破烂家具和其他已损坏或被丢弃的物品。但“城市垃圾”不包括：

（一）已从垃圾中分拣出来的单独的材料或物品，例如，废的塑料、橡胶、木材、纸张、纺织品、玻璃、金属和电子电气废弃物及碎料（包括废电池），这些材料或物品应归入本目录中适当品目；

（二）工业废物；

（三）在第三十章注释四（十）所规定的废药物；或

（四）本章注释六（一）所规定的医疗废物。

五、品目 38.25 所称“下水道淤泥”，是指经城市污水处理厂处理的淤泥，包括预处理的废料、刷洗污

垢和性质不稳定的淤泥。但适合作为肥料用的性质稳定的淤泥除外(第三十一章)。

六、品目 38.25 所称“其他废物”适用于:

(一)医疗废物,即医学研究、诊断、治疗以及其他内科、外科、牙科或兽医治疗所产生的被污染的废物,通常含有病菌和药物,需作专门的处理(例如,脏的敷料、用过的手套和注射器);

(二)废有机溶剂;

(三)废的金属酸洗液、液压油、制动油及防冻液;

(四)其他化学工业及相关工业的废物。

但不包括主要含有石油及从沥青矿物提取的油类的废油(品目 27.10)。

七、品目 38.26 所称的“生物柴油”,是指从动植物或微生物油脂(不论是否使用过)得到的用作燃料的脂肪酸单烷基酯。

子目注释:

一、子目 3808.52 及 3808.59 仅包括品目 38.08 的货品,含有一种或多种下列物质:甲草胺(ISO)、涕灭威(ISO)、艾氏剂(ISO)、谷硫磷(ISO)、乐杀螨(ISO)、毒杀芬(ISO)、敌菌丹(ISO)、克百威(ISO)、氯丹(ISO)、杀虫脒(ISO)、乙酯杀螨醇(ISO)、滴滴涕(ISO,INN)[1,1,1-三氯-2,2-双(4-氯苯基)乙烷]、狄氏剂(ISO,INN)、4,6-二硝基邻甲酚[二硝酚(ISO)]及其盐、地乐酚(ISO)及其盐或酯、硫丹(ISO)、1,2-二溴乙烷(ISO)、1,2-二氯乙烷(ISO)、氟乙酰胺(ISO)、七氯(ISO)、六氯苯(ISO)、1,2,3,4,5,6-六氯环己烷[六六六(ISO)],包括林丹(ISO,INN)、汞化合物、甲胺磷(ISO)、久效磷(ISO)、环氧乙烷(氧化乙烯)、对硫磷(ISO)、甲基对硫磷(ISO)、五氯苯酚(ISO)及其盐或酯、全氟辛基磺酸及其盐、全氟辛基磺胺、全氟辛基磺酰氯、磷胺(ISO)、2,4,5-涕(ISO)(2,4,5-三氯苯氧基乙酸)及其盐或酯、三丁基锡化合物、敌百虫(ISO)。

二、子目 3808.61 至 3808.69 仅包括品目 38.08 项下含有下列物质的货品:α-氯氰菊酯(ISO)、恶虫威(ISO)、联苯菊酯(ISO)、虫螨腈(ISO)、氟氯氰菊酯(ISO)、溴氰菊酯(INN,ISO)、醚菊酯(INN)、杀螟硫磷(ISO)、高效氯氟氰菊酯(ISO)、马拉硫磷(ISO)、甲基嘧啶磷(ISO)或残杀威(ISO)。

三、子目 3824.81 至 3824.89 仅包括含有下列一种或多种物质的混合物及制品:环氧乙烷(氧化乙烯)、多溴联苯(PBBs)、多氯联苯(PCBs)、多氯三联苯(PCTs)、三(2,3-二溴丙基)磷酸酯、艾氏剂(ISO)、毒杀芬(ISO)、氯丹(ISO)、十氯酮(ISO)、滴滴涕(ISO,INN)[1,1,1-三氯-2,2-双(4-氯苯基)乙烷]、狄氏剂(ISO,INN)、硫丹(ISO)、异狄氏剂(ISO)、七氯(ISO)、灭蚁灵(ISO)、1,2,3,4,5,6-六氯环己烷[六六六(ISO)],包括林丹(ISO,INN)、五氯苯(ISO)、六氯苯(ISO)、全氟辛基磺酸及其盐、全氟辛基磺胺、全氟辛基磺酰氯,四、五、六、七或八溴联苯醚、短链氯化石蜡。短链氯化石蜡是指分子式为 CxH(2x−y+2)Cly(其中 x=10−13,y=1−13),按重量计氯含量大于 48%的化合物的混合物。

四、子目 3825.41 和 3825.49 所称“废有机溶剂”,是指主要含有有机溶剂的废物,不适合再作原产品使用,不论其是否用于回收溶剂。

商品编码	商品名称	商品编码	商品名称
38.01	**人造石墨;胶态或半胶态石墨;以石墨或其他碳为基本成分的糊状、块状、板状制品或其他半制品:**		- 其他:
		3801.9010	- - - 表面处理的球化石墨
		3801.9090	- - - 其他
3801.1000	- 人造石墨	**38.02**	**活性炭;活性天然矿产品;动物炭黑,包括废动物炭黑:**
3801.2000	- 胶态或半胶态石墨		- 活性炭:
3801.3000	- 电极用碳糊及炉衬用的类似糊		

商品编码	商品名称
3802.1010	- - - 木质的
3802.1090	- - - 其他
3802.9000	- 其他
38.03	**妥尔油,不论是否精炼:**
3803.0000	妥尔油,不论是否精炼
38.04	**木浆残余碱液,不论是否浓缩、脱糖或经化学处理,包括木素磺酸盐,但不包括品目 38.03 的妥尔油:**
3804.0000	木浆残余碱液,不论是否浓缩、脱糖或经化学处理,包括木素磺酸盐,但不包括品目 38.03 的妥尔油
38.05	**脂松节油、木松节油和硫酸盐松节油及其他萜烯油,用蒸馏或其他方法从针叶木制得;粗制二聚戊烯;亚硫酸盐松节油及其他粗制对异丙基苯甲烷;以 a- 萜品醇为基本成分的松油:**
3805.1000	- 脂松节油、木松节油和硫酸盐松节油
	- 其他:
3805.9010	- - - 松油
3805.9090	- - - 其他
38.06	**松香和树脂酸及其衍生物;松香精及松香油;再熔胶:**
	- 松香及树脂酸:
3806.1010	- - - 松香
3806.1020	- - - 树脂酸
	- 松香盐、树脂酸盐及松香或树脂酸衍生物的盐,但松香加合物的盐除外:
3806.2010	- - - 松香盐及树脂酸盐
3806.2090	- - - 其他
3806.3000	- 酯胶
3806.9000	- 其他
38.07	**木焦油;精制木焦油;木杂酚油;粗木精;植物沥青;以松香、树脂酸或植物沥青为基本成分的啤酒桶沥青及类似制品:**
3807.0000	木焦油;精制木焦油;木杂酚油;粗木精;植物沥青;以松香、树脂酸或植物沥青为基本成分的啤酒桶沥青及类似制品
38.08	**杀虫剂、杀鼠剂、杀菌剂、除草剂、抗萌剂、植物生长调节剂、消毒剂及类似产品,零售形状、零售包装或制成制剂及成品(例如,经硫磺处理的带子、杀虫灯芯、蜡烛及捕蝇纸):**
	- 本章子目注释一所列货品:
3808.5200	- - DDT(ISO)[滴滴涕(INN)]每包净重不超过 300 克
	- - 其他:
3808.5920	- - - 零售包装的
3808.5990	- - - 其他
	- 本章子目注释二所列货品:
3808.6100	- - 每包净重不超过 300 克
3808.6200	- - 每包净重超过 300 克,但不超过 7.5 千克
3808.6900	- - 其他
	- 其他:
	- - 杀虫剂:
	- - - 零售包装:
3808.9111	- - - - 蚊香
3808.9112	- - - - 生物杀虫剂
3808.9119	- - - - 其他
3808.9190	- - - 其他
	- - 杀菌剂:
3808.9210	- - - 零售包装
3808.9290	- - - 其他
	- - 除草剂、抗萌剂及植物生长调节剂:
	- - - 除草剂:
3808.9311	- - - - 零售包装
3808.9319	- - - - 其他
	- - - 其他:
3808.9391	- - - - 零售包装
3808.9399	- - - - 其他
3808.9400	- - 消毒剂
	- - 其他:
3808.9910	- - - 零售包装
3808.9990	- - - 其他
38.09	**纺织、造纸、制革及类似工业用的其他品目未列名的整理剂、染料加速着色或固色助剂及其他产品和制剂(例如,修整剂及媒染剂):**

商品编码	商品名称
3809.1000	- 以淀粉物质为基本成分
	- 其他:
3809.9100	- - 纺织工业及类似工业用
3809.9200	- - 造纸工业及类似工业用
3809.9300	- - 制革工业及类似工业用
38.10	**金属表面酸洗剂;焊接用的焊剂及其他辅助剂;金属及其他材料制成的焊粉或焊膏;作焊条芯子或焊条涂料用的制品:**
3810.1000	- 金属表面酸洗剂;金属及其他材料制成的焊粉或焊膏
3810.9000	- 其他
38.11	**抗震剂、抗氧剂、防胶剂、黏度改良剂、防腐蚀制剂及其他配制添加剂,用于矿物油(包括汽油)或与矿物油同样用途的其他液体:**
	- 抗震剂:
3811.1100	- - 以铅化合物为基本成分
3811.1900	- - 其他
	- 润滑油添加剂:
3811.2100	- - 含有石油或从沥青矿物提取的油类
3811.2900	- - 其他
3811.9000	- 其他
38.12	**配制的橡胶促进剂;其他品目未列名的橡胶或塑料用复合增塑剂;橡胶或塑料用抗氧制剂及其他复合稳定剂:**
3812.1000	- 配制的橡胶促进剂
3812.2000	- 橡胶或塑料用复合增塑剂
	- 橡胶或塑料用抗氧制剂及其他复合稳定剂:
3812.3100	- - 2,2,4-三甲基-1,2-二氢化喹啉(TMQ)低聚体混合物
	- - 其他:
3812.3910	- - - 其他橡胶防老剂
3812.3990	- - - 其他
38.13	**灭火器的装配药;已装药的灭火弹:**
3813.0010	- - - 灭火器的装配药
3813.0020	- - - 已装药的灭火弹
38.14	**其他品目未列名的有机复合溶剂及稀释剂;除漆剂:**
3814.0000	其他品目未列名的有机复合溶剂及稀释剂;除漆剂
38.15	**其他品目未列名的反应引发剂、反应促进剂、催化剂:**
	- 载体催化剂:
3815.1100	- - 以镍及其化合物为活性物的
3815.1200	- - 以贵金属及其化合物为活性物的
3815.1900	- - 其他
3815.9000	- 其他
38.16	**耐火的水泥、灰泥、混凝土及类似耐火混合制品,包括夯混白云石,但品目38.01的产品除外:**
3816.0010	- - - 夯混白云石
3816.0020	- - - 其他
38.17	**混合烷基苯及混合烷基萘,但品目27.07及29.02的货品除外:**
3817.0000	混合烷基苯及混合烷基萘
38.18	**经掺杂用于电子工业的化学元素,已切成圆片、薄片或类似形状;经掺杂用于电子工业的化合物:**
	- - - 直径在7.5厘米及以上的单晶硅切片:
3818.0011	- - - - 直径在15.24厘米及以下的
3818.0019	- - - - 其他
3818.0090	- - - 其他
38.19	**闸用液压油及其他液压传动用液体,不含石油或从沥青矿物提取的油类,或者按重量计石油或从沥青矿物提取的油类含量低于70%:**
3819.0000	闸用液压油及其他液压传动用液体,不含石油或从沥青矿物提取的油类,或者按重量计石油或从沥青矿物提取的油类含量低于70%
38.20	**防冻剂及解冻剂:**
3820.0000	防冻剂及解冻剂
38.21	**制成的供微生物(包括病毒及类似品)或植物、人体、动物细胞生长或维持用的培养基:**
3821.0000	制成的供微生物(包括病毒及类似品)或植物、人体、动物细胞生长或维持用的培养基

商品编码	商品名称
38.22	**附于衬背上的诊断或实验用试剂及不论是否附于衬背上的诊断或实验用配制试剂,不论是否制成试剂盒形式,但品目 30.06 的货品除外;有证标准样品:**
	- 附于衬背上的诊断或实验用试剂及不论是否附于衬背上的诊断或实验用配制试剂,不论是否制成试剂盒形式,但品目 30.06 的货品除外:
3822.1100	- - 疟疾用
3822.1200	- - 寨卡病毒及由伊蚊属蚊子传播的其他疾病用
3822.1300	- - 血型鉴定用
3822.1900	- - 其他
3822.9000	- 其他
38.23	**工业用单羧脂肪酸;精炼所得的酸性油;工业用脂肪醇:**
	- 工业用单羧脂肪酸;精炼所得的酸性油:
3823.1100	- - 硬脂酸
3823.1200	- - 油酸
3823.1300	- - 妥尔油脂肪酸
3823.1900	- - 其他
3823.7000	- 工业用脂肪醇
38.24	**铸模及铸芯用黏合剂;其他品目未列名的化学工业及其相关工业的化学产品及配制品(包括由天然产品混合组成的):**
3824.1000	- 铸模及铸芯用黏合剂
3824.3000	- 自身混合或与金属黏合剂混合的未烧结金属碳化物
	- 水泥、灰泥及混凝土用添加剂:
3824.4010	- - - 高效减水剂
3824.4090	- - - 其他
3824.5000	- 非耐火的灰泥及混凝土
3824.6000	- 子目 2905.44 以外的山梨醇
	- 本章子目注释三所列货品:
3824.8100	- - 含环氧乙烷(氧化乙烯)的
3824.8200	- - 含多氯联苯(PCBs)、多氯三联苯(PCTs)或多溴联苯(PBBs 的
3824.8300	- - 含三(2,3-二溴丙基)磷酸酯的
3824.8400	- - 含艾氏剂(ISO)、毒杀芬(ISO)、氯丹(ISO)、十氯酮(ISO)、DDT(ISO)[滴滴涕(INN)、1,1, 1-三氯-2,2-双(4-氯苯基)乙烷]、狄氏剂(ISO,INN)、硫丹(ISO)、异狄氏剂(ISO)、七氯(ISO)或灭蚁灵(ISO)的
3824.8500	- - 含 1,2,3,4,5,6-六氯环己烷[六六六(ISO)],包括林丹(ISO,INN)的
3824.8600	- - 含五氯苯(ISO)或六氯苯(ISO)的
3824.8700	- - 含全氟辛基磺酸及其盐,全氟辛基磺胺或全氟辛基磺酰氯的
3824.8800	- - 含四、五、六、七或八溴联苯醚的
3824.8900	- - 含短链氯化石蜡的
	- 其他:
3824.9100	- - 主要由(5-乙基-2-甲基-2 氧代-1,3,2-二氧磷杂环己-5-基)甲基膦酸二甲酯和双[(5-乙基-2-甲基-2 氧代-1,3,2-二氧磷杂环己-5-基)甲基]甲基膦酸酯(阻燃剂 FRC-1)组成的混合物及制品
3824.9200	- - 甲基膦酸聚乙二醇酯
	- - 其他:
3824.9910	- - - 杂醇油
3824.9920	- - - 除墨剂、蜡纸改正液及类似品
3824.9930	- - - 增炭剂
	- - - 其他:
3824.9991	- - - - 按重量计含滑石 50%以上的混合物
3824.9992	- - - - 按重量计含氧化镁 70%以上的混合物
3824.9993	- - - - 表面包覆钴化物的氢氧化镍(掺杂碳)
3824.9999	- - - - 其他
38.25	**其他品目未列名的化学工业及其相关工业的副产品;城市垃圾;下水道淤泥;本章注释六所规定的其他废物:**
3825.1000	- 城市垃圾
3825.2000	- 下水道淤泥
3825.3000	- 医疗废物

商品编码	商品名称
	－废有机溶剂：
3825.4100	－－卤化物的
3825.4900	－－其他
3825.5000	－废的金属酸液、液压油、制动油及防冻液
	－其他化学工业及相关工业的废物：
3825.6100	－－主要含有有机成分的
3825.6900	－－其他
3825.9000	－其他
38.26	**生物柴油及其混合物,不含或含有按重量计低于70%的石油或从沥青矿物提取的油类：**
3826.0000	生物柴油及其混合物,不含或含有按重量计低于70%的石油或从沥青矿物提取的油类
38.27	**其他品目未列名的,含甲烷、乙烷或丙烷的卤化衍生物的混合物：**
	－含全氯氟烃(CFCs)的,不论是否含氢氯氟烃(HCFCs)、全氟烃(PFCs)或氢氟烃(HFCs)；含氢溴氟烃(HBFCs)的；含四氯化碳的；含1,1,1-三氯乙烷(甲基氯仿)的：
3827.1100	－－含全氯氟烃(CFCs)的,不论是否含氢氯氟烃(HCFCs)、全氟烃(PFCs)或氢氟烃(HFCs)
3827.1200	－－含氢溴氟烃(HBFCs)的
3827.1300	－－含四氯化碳的
3827.1400	－－含1,1,1-三氯乙烷(甲基氯仿)的
3827.2000	－含溴氯二氟甲烷(Halon-1211)、三氟溴甲烷(Halon-1301)或二溴四氟乙烷(Halon-2402)的
	－含氢氯氟烃(HCFCs)的,不论是否含全氟烃(PFCs)或氢氟烃(HFCs),但不含全氯氟烃(CFCs)：
3827.3100	－－含子目2903.41至2903.48物质的
3827.3200	－－其他,含子目2903.71至2903.75物质的
3827.3900	－－其他
3827.4000	－含溴化甲烷(甲基溴)或溴氯甲烷的
	－含三氟甲烷(HFC-23)或全氟烃(PFCs),但不含全氯氟烃(CFCs)或氢氯氟烃(HCFCs)的：
3827.5100	－－含三氟甲烷(HFC-23)的
3827.5900	－－其他
	－含其他氢氟烃(HFCs),但不含全氯氟烃(CFCs)或氢氯氟烃(HCFCs)的：
3827.6100	－－按重量计含15%及以上1,1,1-三氟乙烷(HFC-143a)的
3827.6200	－－其他,不归入上述子目,按重量计含55%及以上五氟乙烷(HFC-125),但不含无环烃的不饱和氟化衍生物(HFOs)的
3827.6300	－－其他,不归入上述子目,按重量计含40%及以上五氟乙烷(HFC-125)的
3827.6400	－－其他,不归入上述子目,按重量计含30%及以上1,1,1,2-四氟乙烷(HFC-134a)的,但不含无环烃的不饱和氟化衍生物(HFOs)
3827.6500	－－其他,不归入上述子目的,按重量计含20%及以上二氟甲烷(HFC-32)和20%及以上五氟乙烷(HFC-125)的
3827.6800	－－其他,不归入上述子目,含子目2903.41至2903.48所列物质的
3827.6900	－－其他
3827.9000	－其他

第七类　塑料及其制品;橡胶及其制品

注释:

一、由两种或两种以上单独成分配套的货品,其部分或全部成分属于本类范围以内,混合后则构成第六类或第七类的货品,应按混合后产品归入相应的品目,但其组成成分必须同时符合下列条件:

(一)其包装形式足以表明这些成分不需经过改装就可以一起使用的;

(二)一起报验的;

(三)这些成分的属性及相互比例足以表明是相互配用的。

二、除品目 39.18 或 39.19 的货品外,印有花纹、文字、图画的塑料、橡胶及其制品,如果所印花纹、字画作为其主要用途,应归入第四十九章。

第三十九章　塑料及其制品

注释:

一、本目录所称"塑料",是指品目 39.01 至 39.14 的材料,这些材料能够在聚合时或聚合后在外力(一般是热力和压力,必要时加入溶剂或增塑剂)作用下通过模制、浇铸、挤压、滚轧或其他工序制成一定的形状,成形后除去外力,其形状仍保持不变。

本目录所称"塑料",还应包括钢纸,但不包括第十一类的纺织材料。

二、本章不包括:

(一)品目 27.10 或 34.03 的润滑剂;

(二)品目 27.12 或 34.04 的蜡;

(三)单独的已有化学定义的有机化合物(第二十九章);

(四)肝素及其盐(品目 30.01);

(五)品目 39.01 至 39.13 所列的任何产品溶于挥发性有机溶剂的溶液(胶棉除外),但溶剂的重量必须超过溶液重量的 50%(品目 32.08);品目 32.12 的压印箔;

(六)有机表面活性剂或品目 34.02 的制剂;

(七)再熔胶及酯胶(品目 38.06);

(八)配制的添加剂,用于矿物油(包括汽油)或与矿物油同样用途的其他液体(品目 38.11);

(九)以第三十九章的聚乙二醇、聚硅氧烷或其他聚合物为基本成分的液压用液体(品目 38.19);

(十)附于塑料衬背上的诊断或实验用试剂(品目 38.22);

(十一)第四十章规定的合成橡胶及其制品;

(十二)鞍具及挽具(品目 42.01),品目 42.02 的衣箱、提箱、手提包及其他容器;

(十三)第四十六章的缏条、编结品及其他制品;

(十四)品目 48.14 的壁纸;

(十五)第十一类的货品(纺织原料及纺织制品);

(十六)第十二类的物品(例如,鞋靴、帽类、雨伞、阳伞、手杖、鞭子、马鞭及其零件);

(十七)品目 71.17 的仿首饰;

(十八)第十六类的物品(机器、机械器具或电气器具);

(十九)第十七类的航空器零件及车辆零件;

(二十)第九十章的物品(例如,光学元件、眼镜架及绘图仪器);

(二十一)第九十一章的物品(例如,钟壳及表壳);

(二十二)第九十二章的物品(例如,乐器及其零件);

(二十三)第九十四章的物品(例如,家具、灯具、照明装置、灯箱及活动房屋);

(二十四)第九十五章的物品(例如,玩具、游戏品及运动用品);或

(二十五)第九十六章的物品(例如,刷子、纽扣、拉链、梳子、烟斗的嘴及柄、香烟嘴及类似品、保温瓶的零件及类似品、钢笔、活动铅笔、独脚架、双脚架、三脚架及类似品)。

三、品目39.01至39.11仅适用于化学合成的下列货品:

(一)采用减压蒸馏法,在压力转换为1013毫巴下的温度300℃时,以体积计馏出量小于60%的液体合成聚烯烃(品目39.01及39.02);

(二)非高度聚合的苯并呋喃-茚树脂(品目39.11);

(三)平均至少有五个单体单元的其他合成聚合物;

(四)聚硅氧烷(品目39.10);

(五)甲阶酚醛树脂(品目39.09)及其他预聚物。

四、所称“共聚物”,包括在整个聚合物中按重量计没有一种单体单元的含量在95%及以上的各种聚合物。①

在本章中,除条文另有规定的以外,共聚物(包括共缩聚物、共加聚物、嵌段共聚物及接枝共聚物)及聚合物混合体应按聚合物中重量最大的那种共聚单体单元所构成的聚合物归入相应品目。在本注释中,归入同一品目的聚合物的共聚单体单元应作为一种单体单元对待。

如果没有任何一种共聚单体单元重量为最大,共聚物或聚合物混合体应按号列顺序归入其可归入的最末一个品目。

五、化学改性聚合物,即聚合物主链上的支链通过化学反应发生了变化的聚合物,应按未改性的聚合物的相应品目归类。

本规定不适用于接枝共聚物。

六、品目39.01至39.14所称“初级形状”,只限于下列各种形状:②

(一)液状及糊状,包括分散体(乳浊液及悬浮液)及溶液;

(二)不规则形状的块,团,粉(包括压型粉)、颗粒、粉片及类似的散装形状。

七、品目39.15不适用于已制成初级形状的单一的热塑材料废碎料及下脚料(品目39.01至39.14)。③

八、品目39.17所称“管子”,是指通常用于输送或供给气体或液体的空心制品或半制品(例如,肋纹浇花软管、多孔管),还包括香肠用肠衣及其他扁平管。除肠衣及扁平管外,内截面如果不呈圆形、椭圆形、矩形(其长度不超过宽度的1.5倍)或正几何形,则不能视为管子,而应作为异型材。

九、品目39.18所称“塑料糊墙品”,适用于墙壁或天花板装饰用的宽度不小于45厘米的成卷产品,这类产品是将塑料牢固地附着在除纸张以外任何材料的衬背上,并且在塑料面起纹、压花、着色、印制图案或用其他方法装饰。

十、品目39.20及39.21所称“板、片、膜、箔、扁条”,只适用于未切割或仅切割成矩形(包括正方形)

---

① 例如,由96%的丙烯单体单元与4%的乙烯单体单元组成的聚合物,不是共聚物而是品目39.02的聚丙烯;例如,氯乙烯-乙酸乙烯酯共聚物,如果含有55%的氯乙烯单体单元应归入品目39.04,但如果含有55%的乙酸乙烯酯单体单元则归入品目39.05;由45%乙烯、35%丙烯及20%异丁烯的单体单元组成的共聚物应归入品目39.02,因为丙烯及异丁烯单体单元的聚合物均归入品目39.02,故两者应合并计算占共聚物的55%,超过了乙烯单体单元;由50%乙烯、50%丙烯的单体单元组成的共聚物应归入品目39.02(从后归类)。

② 例如,聚乙烯粒子、聚氯乙烯糊、聚酰胺6切片、聚乙酸乙烯酯水分散体都属于“初级形状”。

③ 例如,由聚乙烯(属于热塑性材料)的废碎料及下脚料制得的粉片(属于初级形状)应归入品目39.01,而不能归入39.15的“废碎料及下脚料”。

(含切割后即可供使用的),但未经进一步加工的板、片、膜、箔、扁条(第五十四章的物品除外)及正几何形块,不论是否经过印制或其他表面加工。

十一、品目39.25只适用于第二分章以前各品目未包括的下列物品:

(一)容积超过300升的囤、柜(包括化粪池)、罐、桶及类似容器;

(二)用于地板、墙壁、隔墙、天花板或屋顶等方面的结构件;

(三)槽管及其附件;

(四)门、窗及其框架和门槛;

(五)阳台、栏杆、栅栏、栅门及类似品;

(六)窗板、百叶窗(包括威尼斯式百叶窗)或类似品及其零件、附件;

(七)商店、工棚、仓库等用的拼装式固定大型货架;

(八)建筑用的特色(例如,凹槽、圆顶及鸽棚式)装饰件;以及

(九)固定装于门窗、楼梯、墙壁或建筑物其他部位的附件及架座,例如,球形把手、拉手、挂钩、托架、毛巾架、开关板及其他护板。

子目注释:

一、属于本章任一品目项下的聚合物(包括共聚物)及化学改性聚合物应按下列规则归类:

(一)在同级子目中有一个"其他"子目的:①

1.子目所列聚合物名称冠有"聚(多)"的(例如,聚乙烯及聚酰胺-6,6),是指列名的该种聚合物单体单元含量在整个聚合物中按重量计必须占95%及以上。

2.子目3901.30、3901.40、3903.20、3903.30及3904.30所列的共聚物,如果该种共聚单体单元含量在整个聚合物中按重量计占95%及以上,即应归入上述子目。

3.化学改性聚合物如未在其他子目具体列名,应归入列明为"其他"的子目内。

4.不符合上述(一)、(二)、(三)款规定的聚合物,应按聚合物中重量最大的那种单体单元(与其他各种单一的共聚单体单元相比)所构成的聚合物归入该级其他相应子目。为此,归入同一子目的聚合物单体单元应作为一种单体单元对待。只有在同级子目中的聚合物共聚单体单元才可以进行比较。

(二)子目3901.30、3901.40、3903.20、3903.30及3904.30所列的共聚物,如果该种共聚单体单元含量在整个聚合物中按重量计占95%及以上,应归入上述子目。

(三)化学改性聚合物如未在其他子目具体列名,应归入列明为"其他"的子目内。

(四)不符合上述(一)、(二)、(三)款规定的聚合物,应按聚合物中重量最大的那种单体单元(与其他各种单一的共聚单体单元相比)所构成的聚合物归入该级其他相应子目。为此,归入同一子目的聚合物单体单元应作为一种单体单元对待。只有在同级子目中的聚合物共聚单体单元才可以进行比较。

二、在同级子目中没有"其他"子目的:

(一)聚合物应按聚合物中重量最大的那种单体单元(与其他各种单一的共聚单体单元相比)所

---

① 例如,由96%的乙烯单体单元和4%的丙烯单体单元组成,比重为0.94的聚合物,应作为聚乙烯归入子目3901.20,因为乙烯单体单元含量在整个聚合物中已占95%及以上,而在同级子目(该例中是一级子目)中又有一个列名为"其他"的子目。

例如,由61%的氯乙烯、35%的乙烯乙酸酯和4%的马来酐的单体单元组成的共聚物,应归入子目3904.30"氯乙烯-乙烯乙酸酯共聚物",因为氯乙烯和乙烯乙酸酯两者的单体单元含量在整个聚合物中已占96%。但由60%的苯乙烯、30%的丙烯腈和10%的甲苯乙烯的单体单元组成的共聚物,应归入子目3903.90"其他"而不归入3903.20"苯乙烯-丙烯腈共聚物",因为苯乙烯和丙烯腈两者的单体单元含量在整个聚合物中仅占90%。

例如,由40%的乙烯和60%的丙烯的单体单元组成的乙烯-丙烯共聚物,应作为丙烯共聚物归入子目3902.30;由45%的乙烯、35%丙烯和20%异丁烯的单体单元组成的共聚物应归入子目3902.30,因为丙烯单体单元超过了异丁烯单体单元(乙烯单体单元属于品目39.01,不参与比较)。

构成的聚合物归入该级相应子目。为此,归入同一子目的聚合物单体单元应作为一种单体单元对待。只有在同级子目中的聚合物共聚单体单元才可以进行比较。

(二)化学改性聚合物应按相应的未改性聚合物的子目归类。聚合物混合体应按单体单元比例相等、种类相同的聚合物归入相应子目。

三、子目 3920.43 所称"增塑剂",包括"次级增塑剂"。

商品编码	商品名称
	第一分章　初级形状
39.01	**初级形状的乙烯聚合物:**
3901.1000	-聚乙烯,比重小于 0.94
3901.2000	-聚乙烯,比重在 0.94 及以上
3901.3000	-乙烯-乙酸乙烯酯共聚物
	-乙烯-α-烯烃共聚物,比重小于 0.94:
3901.4010	---乙烯-丙烯共聚物(乙丙橡胶)
3901.4020	---线型低密度聚乙烯
3901.4090	---其他
	-其他:
3901.9010	---乙烯-丙烯共聚物(乙丙橡胶)
3901.9090	---其他
39.02	**初级形状的丙烯或其他烯烃聚合物:**
3902.1000	-聚丙烯
3902.2000	-聚异丁烯
	-丙烯共聚物:
3902.3010	---乙烯-丙烯共聚物(乙丙橡胶)
3902.3090	---其他
3902.9000	-其他
39.03	**初级形状的苯乙烯聚合物:**
	-聚苯乙烯:
3903.1100	--可发性的
	--其他:
3903.1910	---改性的
3903.1990	---其他
3903.2000	-苯乙烯-丙烯腈(SAN)共聚物
	-丙烯腈-丁二烯-苯乙烯(ABS)共聚物:
3903.3010	---改性的
3903.3090	---其他
3903.9000	-其他
39.04	**初级形状的氯乙烯或其他卤化烯烃聚合物:**
	-聚氯乙烯,未掺其他物质:
3904.1010	---糊树脂
3904.1090	---其他
	-其他聚氯乙烯:
3904.2100	--未塑化
3904.2200	--已塑化
3904.3000	-氯乙烯-乙酸乙烯酯共聚物
3904.4000	-其他氯乙烯共聚物
3904.5000	-偏二氯乙烯聚合物
	-氟聚合物:
3904.6100	--聚四氟乙烯
3904.6900	--其他
3904.9000	-其他
39.05	**初级形状的乙酸乙烯酯或其他乙烯酯聚合物;初级形状的其他乙烯基聚合物:**
	-聚乙酸乙烯酯:
3905.1200	--水分散体
3905.1900	--其他
	-乙酸乙烯酯共聚物:
3905.2100	--水分散体
3905.2900	--其他
3905.3000	-聚乙烯醇,不论是否含有未水解的乙酸酯基
	-其他:
3905.9100	--共聚物
3905.9900	--其他
39.06	**初级形状的丙烯酸聚合物:**
3906.1000	-聚甲基丙烯酸甲酯
	-其他:
3906.9010	---聚丙烯酰胺
3906.9020	---丙烯酸-丙烯酸钠交联共聚物
3906.9090	---其他
39.07	**初级形状的聚缩醛、其他聚醚及环氧树脂;初级形状的聚碳酸酯醇酸树脂、聚烯丙基酯及其他聚酯:**

商品编码	商品名称
	- 聚缩醛:
3907.1010	- - - 聚甲醛
3907.1090	- - - 其他
	- 其他聚醚:
3907.2100	- - 双(聚氧乙烯)甲基膦酸酯
	- - 其他:
3907.2910	- - - 聚四亚甲基醚二醇
3907.2990	- - - 其他
3907.3000	- 环氧树脂
3907.4000	- 聚碳酸酯
3907.5000	- 醇酸树脂
	- 聚对苯二甲酸乙二酯:
	- - 粘数在78毫升/克或以上:
3907.6110	- - - 切片
3907.6190	- - - 其他
	- - 其他:
3907.6910	- - - 切片
3907.6990	- - - 其他
3907.7000	- 聚乳酸
	- 其他聚酯:
3907.9100	- - 不饱和
	- - 其他:
3907.9910	- - - 聚对苯二甲酸丁二酯
	- - - 其他:
3907.9991	- - - - 聚对苯二甲酸-己二酸-丁二醇酯
3907.9999	- - - - 其他
39.08	**初级形状的聚酰胺:**
	- 聚酰胺-6、-11、-12、-6,6、-6,9、-6,10或-6,12:
	- - - 切片:
3908.1011	- - - - 聚酰胺-6,6切片
3908.1012	- - - - 聚酰胺-6切片
3908.1019	- - - - 其他
3908.1090	- - - 其他
	- 其他:
3908.9010	- - - 芳香族聚酰胺及其共聚物
3908.9020	- - - 半芳香族聚酰胺及其共聚物
3908.9090	- - - 其他
39.09	**初级形状的氨基树脂、酚醛树脂及聚氨酯类:**
3909.1000	- 尿素树脂;硫脲树脂
3909.2000	- 蜜胺树脂
	- 其他氨基树脂:
3909.3100	- - 聚(亚甲基苯基异氰酸酯)(粗MDI、聚合MDI)
3909.3900	- - 其他
3909.4000	- 酚醛树脂
3909.5000	- 聚氨基甲酸酯
39.10	**初级形状的聚硅氧烷:**
3910.0000	初级形状的聚硅氧烷
39.11	**初级形状的石油树脂、苯并呋喃-茚树脂、多萜树脂、多硫化物、聚砜及本章注释三所规定的其他品目未列名产品:**
3911.1000	- 石油树脂、苯并呋喃树脂、茚树脂、苯并呋喃-茚树脂及多萜树脂
3911.2000	- 聚(1,3-亚苯基甲基膦酸酯)
3911.9000	- 其他
39.12	**初级形状的其他品目未列名的纤维素及其化学衍生物:**
	- 乙酸纤维素:
3912.1100	- - 未塑化
3912.1200	- - 已塑化
3912.2000	- 硝酸纤维素(包括胶棉)
	- 纤维素醚:
3912.3100	- - 羧甲基纤维素及其盐
3912.3900	- - 其他
3912.9000	- 其他
39.13	**初级形状的其他品目未列名的天然聚合物(例如,藻酸)及改性天然聚合物(例如,硬化蛋白、天然橡胶的化学衍生物):**
3913.1000	- 藻酸及其盐和酯
3913.9000	- 其他
39.14	**初级形状的离子交换剂,以品目39.01至39.13的聚合物为基本成分的:**
3914.0000	初级形状的离子交换剂,以品目39.01至39.13的聚合物为基本成分的
	第二分章　废碎料及下脚料;半制品;制成品
39.15	**塑料的废碎料及下脚料:**
3915.1000	- 乙烯聚合物的

商品编码	商品名称
3915.2000	-苯乙烯聚合物的
3915.3000	-氯乙烯聚合物的
	-其他塑料的:
3915.9010	---聚对苯二甲酸乙二酯的
3915.9090	---其他
39.16	**塑料制的单丝(截面直径超过1毫米)、条、杆、型材及异型材,不论是否经表面加工,但未经其他加工:**
3916.1000	-乙烯聚合物制
	-氯乙烯聚合物制:
3916.2010	---异型材
3916.2090	---其他
	-其他塑料制:
3916.9010	---聚酰胺制
3916.9090	---其他
39.17	**塑料制的管子及其附件(例如,接头、肘管、法兰):**
3917.1000	-硬化蛋白或纤维素材料制的人造肠衣(香肠用肠衣)
	-硬管:
3917.2100	--乙烯聚合物制
3917.2200	--丙烯聚合物制
3917.2300	--氯乙烯聚合物制
3917.2900	--其他塑料制
	-其他管:
3917.3100	--软管,最小爆破压力为27.6兆帕斯卡
3917.3200	--其他未装有附件的管子,未经加强也未与其他材料合制
3917.3300	--其他装有附件的管子,未经加强也未与其他材料合制
3917.3900	--其他
3917.4000	-管子附件
39.18	**块状或成卷的塑料铺地制品,不论是否胶粘;本章注释九所规定的塑料糊墙品:**
	-氯乙烯聚合物制:
3918.1010	---糊墙品
3918.1090	---其他
	-其他塑料制:
3918.9010	---糊墙品
3918.9090	---其他
39.19	**自粘的塑料板、片、膜、箔、带、扁条及其他扁平形状材料,不论是否成卷:**
	-成卷,宽度不超过20厘米:
3919.1010	---丙烯酸树脂类为基本成分
	---其他:
3919.1091	----胶囊型反光膜
3919.1099	----其他
	-其他:
3919.9010	---胶囊型反光膜
3919.9090	---其他
39.20	**其他非泡沫塑料的板、片、膜、箔及扁条,未用其他材料强化、层压、支撑或用类似方法合制:**
	-乙烯聚合物制:
3920.1010	---乙烯聚合物制电池隔膜
3920.1090	---其他
	-丙烯聚合物制:
3920.2010	---丙烯聚合物制电池隔膜
3920.2090	---其他
3920.3000	-苯乙烯聚合物制
	-氯乙烯聚合物制:
3920.4300	--按重量计增塑剂含量不小于6%
3920.4900	--其他
	-丙烯酸聚合物制:
3920.5100	--聚甲基丙烯酸甲酯制
3920.5900	--其他
	-聚碳酸酯、醇酸树脂、聚烯丙酯或其他聚酯制:
3920.6100	--聚碳酸酯制
3920.6200	--聚对苯二甲酸乙二酯制
3920.6300	--不饱和聚酯制
3920.6900	--其他聚酯制
	-纤维素及其化学衍生物制:
3920.7100	--再生纤维素制
3920.7300	--乙酸纤维素制
3920.7900	--其他纤维素衍生物制
	-其他塑料制:
3920.9100	--聚乙烯醇缩丁醛制
3920.9200	--聚酰胺制
3920.9300	--氨基树脂制
3920.9400	--酚醛树脂制

商品编码	商品名称
	- - 其他塑料制:
3920.9910	- - - 聚四氟乙烯制
3920.9990	- - - 其他塑料制
39.21	**其他塑料板、片、膜、箔、扁条**
	- 泡沫塑料的:
3921.1100	- - 苯乙烯聚合物制
	- - 氯乙烯聚合物制:
3921.1210	- - - 人造革及合成革
3921.1290	- - - 其他
	- - 氨酯聚合物制:
3921.1310	- - - 人造革及合成革
3921.1390	- - - 其他
3921.1400	- - 再生纤维素制
	- - 其他塑料制:
3921.1910	- - - 人造革及合成革
3921.1990	- - - 其他
	- 其他:
3921.9020	- - - 聚乙烯嵌有玻璃纤维的板、片
3921.9030	- - - 聚异丁烯为基本成分的附有人造毛毡的板、片、卷材
3921.9090	- - - 其他
39.22	**塑料浴缸、淋浴盘、洗涤槽、盥洗盆、坐浴盆、便盆、马桶座圈及盖、抽水箱及类似卫生洁具:**
3922.1000	- 浴缸、淋浴盘、洗涤槽及盥洗盆
3922.2000	- 马桶座圈及盖
3922.9000	- 其他
39.23	**供运输或包装货物用的塑料制品;塑料制的塞子、盖子及类似品:**
3923.1000	- 盒、箱(包括板条箱)及类似品
	- 袋及包(包括锥形的):
3923.2100	- - 乙烯聚合物制
3923.2900	- - 其他塑料制
3923.3000	- 坛、瓶及类似品
3923.4000	- 卷轴、纡子、筒管及类似品
3923.5000	- 塞子、盖子及类似品
3923.9000	- 其他
39.24	**塑料制的餐具、厨房用具、其他家庭用具及卫生或盥洗用具:**
3924.1000	- 餐具及厨房用具
3924.9000	- 其他
39.25	**其他品目未列名的建筑用塑料制品:**
3925.1000	- 囤、柜、罐、桶及类似容器,容积超过300升
3925.2000	- 门、窗及其框架、门槛
3925.3000	- 窗板、百叶窗(包括威尼斯式百叶窗)或类似制品及其零件
3925.9000	- 其他
39.26	**其他塑料制品及品目 39.01 至 39.14 所列其他材料的制品:**
3926.1000	- 办公室或学校用品
	- 衣服及衣着附件(包括分指手套、连指手套及露指手套):
	- - - 手套(包括分指手套、连指手套及露指手套):
3926.2011	- - - - 聚氯乙烯制
3926.2019	- - - - 其他
3926.2090	- - - 其他
3926.3000	- 家具、车厢或类似品的附件
3926.4000	- 小雕塑品及其他装饰品
	- 其他:
3926.9010	- - - 机器及仪器用零件
3926.9090	- - - 其他

第四十章　橡胶及其制品

注释：

一、除条文另有规定的以外，本目录所称“橡胶”，是指不论是否硫化或硬化的下列产品：天然橡胶、巴拉塔胶、古塔波胶、银胶菊胶、糖胶树胶及类似的天然树胶、合成橡胶、从油类中提取的油膏以及上述物品的再生品。

二、本章不包括：

（一）第十一类的货品（纺织原料及纺织制品）；

（二）第六十四章的鞋靴及其零件；①

（三）第六十五章的帽类及其零件（包括游泳帽）；②

（四）第十六类的硬质橡胶制的机械器具、电气器具及其零件（包括各种电气用品）；③

（五）第九十章、第九十二章、第九十四章或第九十六章的物品；④

（六）第九十五章的物品（运动用分指手套、连指手套、露指手套及品目 40.11 至 40.13 的制品除外）。⑤

三、品目 40.01 至 40.03 及 40.05 所称“初级形状”，只限于下列形状：

（一）液状及糊状，包括胶乳（不论是否预硫化）及其他分散体和溶液；

（二）不规则形状的块、团、包、粉、粒、碎屑及类似的散装形状。

四、本章注释一和品目 40.02 所称“合成橡胶”，适用于：

（一）不饱和合成物质，即用硫磺硫化能使其不可逆地变为非热塑物质，这种物质能在温度 18 摄氏度至 29 摄氏度之间被拉长到其原长度的三倍而不致断裂，拉长到原长度的两倍时，在五分钟内能回复到不超过原长度的一倍半。为了进行上述试验，可以加入交联所需的硫化活化剂或促进剂；也允许含有注释五（二）2 及 3 所述的物质。但不能加入非交联所需的物质，例如，增量剂、增塑剂及填料；

（二）聚硫橡胶（TM）；

（三）与塑料接枝共聚或混合而改性的天然橡胶、解聚天然橡胶以及不饱和合成物质与饱和合成高聚物的混合物，但这些产品必须符合以上（一）款关于硫化、延伸及回复的要求。

五、

（一）品目 40.01 及 40.02 不适用于任何凝结前或凝结后与下列物质相混合的橡胶或橡胶混合物：

1. 硫化剂、促进剂、防焦剂或活性剂（为制造预硫胶乳所加入的除外）；
2. 颜料或其他着色料，但仅为易于识别而加入的除外；
3. 增塑剂或增量剂（用油增量的橡胶中所加的矿物油除外）、填料、增强剂、有机溶剂或其他物质，但以下（二）款所述的除外。

（二）含有下列物质的橡胶或橡胶混合物，只要仍具有原料的基本特性，应归入品目 40.01 或 40.02：

1. 乳化剂或防粘剂；
2. 少量的乳化剂分解产品；

---

① 例如，橡胶雨鞋尽管是橡胶制品，但应按鞋子归入第六十四章。

② 例如，橡胶制的游泳帽尽管是橡胶制品，但应按帽子归入第六十五章。

③ 硬质橡胶制的机械器具、电气器具及其零件归入第十六类，但硫化橡胶制的这些产品仍应归入本章。

④ 例如，海绵橡胶制的枕头尽管是橡胶制品，但应按枕头归入第九十四章。

⑤ 例如，橡胶制的玩具尽管是橡胶制品，但应按玩具归入第九十五章。

3. 微量的下列物质：热敏剂(一般为制造热敏胶乳用)、阳离子表面活性剂(一般为制造阳性胶乳用)、抗氧剂、凝固剂、碎裂剂、抗冻剂、胶溶剂、保存剂、稳定剂、黏度控制剂或类似的特殊用途添加剂。

六、品目 40.04 所称"废碎料及下脚料"，是指在橡胶或橡胶制品生产或加工过程中由于切割、磨损或其他原因明显不能按橡胶或橡胶制品使用的废橡胶及下脚料。

七、全部用硫化橡胶制成的线，其任一截面的尺寸超过 5 毫米的，应作为带、杆或型材及异型材归入品目 40.08。

八、品目 40.10 包括用橡胶浸渍、涂布、包覆或层压的织物制成的或用橡胶浸渍、涂布、包覆或套裹的纱线或绳制成的传动带、输送带。

九、品目 40.01、40.02、40.03、40.05 及 40.08 所称"板""片""带"，仅指未切割或只简单切割成矩形(包括正方形)的板、片、带及正几何形块，不论是否具有成品的特征，也不论是否经过印制或其他表面加工，但未切割成其他形状或进一步加工。

品目 40.08 所称"杆"或"型材及异型材"，仅指不论是否切割成一定长度或表面加工，但未经进一步加工的该类产品。

商品编码	商品名称
40.01	**天然橡胶、巴拉塔胶、古塔波胶银胶菊胶、糖胶树胶及类似的天然树胶，初级形状或板、片、带：**
4001.1000	- 天然胶乳，不论是否预硫化
	- 其他形状的天然橡胶：
4001.2100	- - 烟胶片
4001.2200	- - 技术分类天然橡胶(TSNR)
4001.2900	- - 其他
4001.3000	- 巴拉塔胶、古塔波胶、银胶菊胶、糖胶树胶及类似的天然树胶
40.02	**合成橡胶及从油类提取的油膏，初级形状或板、片、带；品目 40.01 所列产品与本品目所列产品的混合物，初级形状或板、片、带：**
	- 丁苯橡胶(SBR)；羧基丁苯橡胶(XSBR)：
	- - 胶乳：
4002.1110	- - - 羧基丁苯橡胶
4002.1190	- - - 其他
	- - 其他：
	- - - 初级形状的：
4002.1911	- - - - 未经任何加工的丁苯橡胶(溶聚的除外)
4002.1912	- - - - 充油丁苯橡胶(溶聚的除外)
4002.1913	- - - - 热塑丁苯橡胶
4002.1914	- - - - 充油热塑丁苯橡胶
4002.1915	- - - - 未经任何加工的溶聚丁苯橡胶
4002.1916	- - - - 充油溶聚丁苯橡胶
4002.1919	- - - - 其他
4002.1990	- - - 其他
	- 丁二烯橡胶(BR)：
4002.2010	- - - 初级形状的
4002.2090	- - - 其他
	- 异丁烯-异戊二烯(丁基)橡胶(IIR)；卤代丁基橡胶(CIIR 或 BIIR)：
	- - 异丁烯-异戊二烯(丁基)橡胶(IIR)：
4002.3110	- - - 初级形状的
4002.3190	- - - 其他
	- - 其他：
4002.3910	- - - 初级形状的
4002.3990	- - - 其他
	- 氯丁二烯(氯丁)橡胶(CR)：
4002.4100	- - 胶乳
	- - 其他：
4002.4910	- - - 初级形状的
4002.4990	- - - 其他
	- 丁腈橡胶(NBR)：
4002.5100	- - 胶乳
	- - 其他：

商品编码	商品名称
4002.5910	－－－初级形状的
4002.5990	－－－其他
	－异戊二烯橡胶(IR)：
4002.6010	－－－初级形状的
4002.6090	－－－其他
	－乙丙非共轭二烯橡胶(EPDM)：
4002.7010	－－－初级形状的
4002.7090	－－－其他
4002.8000	－品目 40.01 所列产品与本品目所列产品的混合物
	－其他：
4002.9100	－－胶乳
	－－其他：
	－－－其他合成橡胶：
4002.9911	－－－－初级形状的
4002.9919	－－－－其他
4002.9990	－－－其他
40.03	**再生橡胶,初级形状或板、片、带：**
4003.0000	再生橡胶,初级形状或板、片、带
40.04	**橡胶(硬质橡胶除外)的废碎料、下脚料及其粉、粒：**
4004.0000	橡胶(硬质橡胶除外)的废碎料、下脚料及其粉、粒
40.05	**未硫化的复合橡胶,初级形状或板、片、带：**
4005.1000	－与碳黑或硅石混合
4005.2000	－溶液;子目 4005.10 以外的分散体
	－其他：
4005.9100	－－板、片、带
4005.9900	－－其他
40.06	**其他形状(例如,杆、管或型材及异型材)的未硫化橡胶及未硫化橡胶制品(例如,盘、环)：**
4006.1000	－轮胎翻新用胎面补料胎条
	－其他：
4006.9010	－－－其他形状的未硫化橡胶
4006.9020	－－－未硫化橡胶制品
40.07	**硫化橡胶线及绳：**
4007.0000	硫化橡胶线及绳
40.08	**硫化橡胶(硬质橡胶除外)制的板、片、带、杆或型材及异型材：**
	－海绵橡胶制：
4008.1100	－－板、片、带
4008.1900	－－其他
	－非海绵橡胶制：
4008.2100	－－板、片、带
4008.2900	－－其他
40.09	**硫化橡胶(硬质橡胶除外)制的管子,不论是否装有附件(例如,接头、肘管、法兰)：**
	－未经加强或未与其他材料合制：
4009.1100	－－未装有附件
4009.1200	－－装有附件
	－用金属加强或只与金属合制：
4009.2100	－－未装有附件
4009.2200	－－装有附件
	－用纺织材料加强或只与纺织材料合制：
4009.3100	－－未装有附件
4009.3200	－－装有附件
	－用其他材料加强或与其他材料合制：
4009.4100	－－未装有附件
4009.4200	－－装有附件
40.10	**硫化橡胶制的传动带或输送带及带料：**
	－输送带及带料：
4010.1100	－－仅用金属加强的
4010.1200	－－仅用纺织材料加强的
4010.1900	－－其他
	－传动带及带料：
4010.3100	－－梯形截面的环形传动带(三角带),V 形肋状的,外周长超过 60 厘米,但不超过 180 厘米
4010.3200	－－梯形截面的环形传动带(三角带),外周长超过 60 厘米,但不超过 180 厘米,V 形肋状的除外
4010.3300	－－梯形截面的环形传动带(三角带),V 形肋状的,外周长超过 180 厘米,但不超过 240 厘米

商品编码	商品名称
4010.3400	--梯形截面的环形传动带(三角带),外周长超过180厘米,但不超过240厘米,V形肋状的除外
4010.3500	--环形同步带,外周长超过60厘米,但不超过150厘米
4010.3600	--环形同步带,外周长超过150厘米,但不超过198厘米
4010.3900	--其他
40.11	**新的充气橡胶轮胎:**
4011.1000	-机动小客车(包括旅行小客车及赛车)用
4011.2000	-客运机动车辆或货运机动车辆用
4011.3000	-航空器用
4011.4000	-摩托车用
4011.5000	-自行车用
	-农业或林业车辆及机器用:
4011.7010	---人字形胎面或类似胎面
4011.7090	---其他
	-建筑业、采矿业或工业搬运车辆及机器用:
	---人字形胎面或类似胎面:
4011.8011	----辋圈尺寸不超过61厘米
4011.8012	----辋圈尺寸超过61厘米
	---其他:
4011.8091	----辋圈尺寸不超过61厘米
4011.8092	----辋圈尺寸超过61厘米
	-其他:
4011.9010	---人字形胎面或类似胎面的
4011.9090	---其他
40.12	**翻新的或旧的充气橡胶轮胎;实心或半实心橡胶轮胎、橡胶胎面及橡胶轮胎衬带:**
	-翻新轮胎:
4012.1100	--机动小客车(包括旅行小客车及赛车)用
4012.1200	--机动大客车或货运机动车辆用
4012.1300	--航空器用
4012.1900	--其他
	-旧的充气轮胎:
4012.2010	---汽车用
4012.2090	---其他
	-其他:
4012.9010	---航空器用
4012.9020	---汽车用
4012.9090	---其他
40.13	**橡胶内胎:**
4013.1000	-机动小客车(包括旅行小客车及赛车)、客运机动车辆或货运机动车辆用
4013.2000	-自行车用
	-其他:
4013.9010	---航空器用
4013.9090	---其他
40.14	**硫化橡胶(硬质橡胶除外)制的卫生及医疗用品(包括奶嘴),不论是否装有硬质橡胶制的附件:**
4014.1000	-避孕套
4014.9000	-其他
40.15	**硫化橡胶(硬质橡胶除外)制的衣着用品及附件(包括分指手套、连指手套及露指手套):**
	-分指手套、连指手套及露指手套:
4015.1200	--医疗、外科、牙科或兽医用
4015.1900	--其他
	-其他:
4015.9010	---医疗、外科、牙科或兽医用
4015.9090	---其他
40.16	**硫化橡胶(硬质橡胶除外)的其他制品:**
	-海绵橡胶制:
4016.1010	---机器及仪器用零件
4016.1090	---其他
	-其他:
4016.9100	--铺地制品及门垫
4016.9200	--橡皮擦
	--垫片、垫圈及其他密封垫:
4016.9310	---机器及仪器用
4016.9390	---其他
4016.9400	--船舶或码头的碰垫,不论是否可充气
4016.9500	--其他可充气制品
	--其他:

商品编码	商品名称	商品编码	商品名称
4016.9910	---机器及仪器用零件		
4016.9990	---其他		
40.17	**各种形状的硬质橡胶(例如,纯硬质胶),包括废碎料;硬质橡胶制品:**		
4017.0010	---各种形状的硬质橡胶,包括废碎料		
4017.0020	---硬质橡胶制品		

第八类　生皮、皮革、毛皮及其制品；鞍具及挽具；旅行用品、手提包及类似容器；动物肠线（蚕胶丝除外）制品

第四十一章　生皮（毛皮除外）及皮革

注释：

一、本章不包括：

（一）生皮的边角废料（品目 05.11）；

（二）品目 05.05 或 67.01 的带羽毛或羽绒的整张或部分鸟皮；或

（三）带毛生皮或已鞣的带毛皮张（第四十三章）；但下列动物的带毛生皮应归入第四十一章：牛（包括水牛）、马、绵羊及羔羊（不包括阿斯特拉罕、喀拉科尔、波斯羔羊或类似羔羊、印度、中国或蒙古羔羊）、山羊或小山羊（不包括也门、蒙古或中国西藏的山羊及小山羊）、猪（包括野猪）、小羚羊、瞪羚、骆驼（包括单峰骆驼）、驯鹿、麋、鹿、狍或狗。

二、

（一）品目 41.04 至 41.06 不包括经退鞣（包括预鞣）加工的皮（酌情归入品目 41.01 至 41.03）；

（二）品目 41.04 至 41.06 所称“坯革”，包括在干燥前经复鞣、染色或加油（加脂）的皮。

三、本目录所称“再生皮革”，仅指品目 41.15 的皮革。

商品编码	商品名称
41.01	**生牛皮（包括水牛皮）、生马科动物皮（鲜的、盐腌的、干的、石灰浸渍的、浸酸的或以其他方法保藏，但未鞣制、未经羊皮纸化处理或进一步加工的），不论是否去毛或剖层：**
	- 未剖层的整张皮，仅经过简单干燥处理的每张重量不超过 8 千克，干盐腌的不超过 10 千克，鲜的、湿盐腌的或以其他方法保藏的不超过 16 千克：
	- - - 牛皮：
4101.2011	- - - - 经退鞣处理的
4101.2019	- - - - 其他
4101.2020	- - - 马科动物皮
	- 整张皮，重量超过 16 千克：
	- - - 牛皮：
4101.5011	- - - - 经退鞣处理的
4101.5019	- - - - 其他
4101.5020	- - - 马科动物皮
	- 其他，包括臀皮、背皮及腹皮：
	- - - 牛皮：
4101.9011	- - - - 经退鞣处理的
4101.9019	- - - - 其他
4101.9020	- - - 马科动物皮
41.02	**绵羊或羔羊生皮（鲜的、盐腌的、干的、石灰浸渍的、浸酸的或经其他方法保藏，但未鞣制、未经羊皮纸化处理或未进一步加工的），不论是否带毛或剖层，但本章注释一（三）所述不包括的生皮除外：**
4102.1000	- 带毛
	- 不带毛：
	- - 浸酸的：
4102.2110	- - - 经退鞣处理的
4102.2190	- - - 其他
	- - 其他：
4102.2910	- - - 经退鞣处理的
4102.2990	- - - 其他

商品编码	商品名称
41.03	**其他生皮(鲜的、盐腌的、干的、石灰浸渍的、浸酸的或以其他方法保藏,但未鞣制、未经羊皮纸化处理或未进一步加工的),不论是否去毛或剖层,但本章注释一(二)或(三)所述不包括的生皮除外:**
4103.2000	- 爬行动物皮
4103.3000	- 猪皮
	- 其他:
	- - - 山羊板皮:
4103.9011	- - - - 经退鞣处理的
4103.9019	- - - - 其他
	- - - 其他山羊或小山羊皮:
4103.9021	- - - - 经退鞣处理的
4103.9029	- - - - 其他
4103.9090	- - - 其他
41.04	**经鞣制的不带毛牛皮(包括水牛皮)、马科动物皮及其坯革,不论是否剖层,但未经进一步加工:**
	- 湿革(包括蓝湿皮):
	- - 全粒面未剖层革;粒面剖层革
	- - - 牛皮:
4104.1111	- - - - 蓝湿的
4104.1119	- - - - 其他
4104.1120	- - - 马科动物皮
	- - 其他:
	- - - 牛皮:
4104.1911	- - - - 蓝湿的
4104.1919	- - - - 其他
4104.1920	- - - 马科动物皮
	- 干革(坯革):
4104.4100	- - 全粒面未剖层革;粒面剖层革
	- - 其他:
4104.4910	- - - 机器带用牛、马皮革
4104.4990	- - - 其他
41.05	**经鞣制的不带毛绵羊或者羔羊皮及其坯革,不论是否剖层,但未经进一步加工:**
	- 湿革(包括蓝湿皮):
4105.1010	- - - 蓝湿的
4105.1090	- - - 其他
4105.3000	- 干革(坯革)
41.06	**经鞣制的其他不带毛动物皮及其坯革,不论是否剖层,但未经进一步加工:**
	- 山羊或小山羊的:
4106.2100	- - 湿革(包括蓝湿皮)
4106.2200	- - 干革(坯革)
	- 猪的:
	- - 湿革(包括蓝湿皮):
4106.3110	- - - 蓝湿的
4106.3190	- - - 其他
4106.3200	- - 干革(坯革)
4106.4000	- 爬行动物的
	- 其他:
4106.9100	- - 湿革(包括蓝湿皮)
4106.9200	- - 干革(坯革)
41.07	**经鞣制或半硝处理后进一步加工的不带毛的牛皮革(包括水牛皮革)及马科动物皮革,包括羊皮纸化处理的皮革,不论是否剖层,但品目 41.14 的皮革除外:**
	- 整张的:
	- - 全粒面未剖层革:
4107.1110	- - - 牛皮
4107.1120	- - - 马科动物皮
	- - 粒面剖层革:
4107.1210	- - - 牛皮
4107.1220	- - - 马科动物皮
	- - 其他:
4107.1910	- - - 机器带用
4107.1990	- - - 其他
	- 其他,包括半张的:
4107.9100	- - 全粒面未剖层革
4107.9200	- - 粒面剖层革
	- - 其他:
4107.9910	- - - 机器带用
4107.9990	- - - 其他
41.12	**经鞣制或半硝处理后进一步加工的不带毛的绵羊或羔羊皮革,包括羊皮纸化处理的,不论是否剖层,但品目 41.14 的皮革除外:**

商品编码	商品名称	商品编码	商品名称
4112.0000	经鞣制或半硝处理后进一步加工的不带毛的绵羊或羔羊皮革,包括羊皮纸化处理的,不论是否剖层,但品目 41.14 的皮革除外		
41.13	**经鞣制或半硝处理后进一步加工的不带毛的其他动物皮革,包括羊皮纸化处理的,不论是否剖层,但品目 41.14 的皮革除外:**		
4113.1000	- 山羊或小山羊皮的		
4113.2000	- 猪皮的		
4113.3000	- 爬行动物皮的		
4113.9000	- 其他		
41.14	**油鞣皮革(包括结合鞣制的油鞣皮革);漆皮及层压漆皮;镀金属皮革:**		
4114.1000	- 油鞣皮革(包括结合鞣制的油鞣皮革)		
4114.2000	- 漆皮及层压漆皮;镀金属皮革		
41.15	**以皮革或皮革纤维为基本成分的再生皮革,成块、成张或成条的不论是否成卷;皮革或再生皮革的边角废料;不适宜作皮革制品用;皮革粉末:**		
4115.1000	- 以皮革或皮革纤维为基本成分的再生皮革,成块、成张或成条,不论是否成卷		
4115.2000	- 皮革或再生皮革的边角废料,不适宜作皮革制品用;皮革粉末		

第四十二章　皮革制品；鞍具及挽具；旅行用品、手提包及类似容器；动物肠线（蚕胶丝除外）制品

注释：

一、本章所称的“皮革”包括油鞣皮革（含结合鞣制的油鞣皮革）、漆皮、层压漆皮和镀金属皮革。

二、本章不包括：

（一）外科用无菌肠线或类似的无菌缝合材料（品目30.06）；

（二）以毛皮或人造毛皮衬里或作面（仅饰边的除外）的衣服及衣着附件（分指手套、连指手套及露指手套除外）（品目43.03或43.04）；①

（三）网线袋及类似品（品目56.08）；

（四）第六十四章的物品；②

（五）第六十五章的帽类及其零件；③

（六）品目66.02的鞭子、马鞭或其他物品；

（七）袖扣、手镯或其他仿首饰（品目71.17）；④

（八）单独报验的挽具附件或装饰物，例如，马镫、马嚼子、马铃铛及类似品、带扣（一般归入第十五类）；

（九）弦线、鼓面皮或类似品及其他乐器零件（品目92.09）；

（十）第九十四章的物品（例如，家具、灯具及照明装置）；⑤

（十一）第九十五章的物品（例如，玩具、游戏品及运动用品）；⑥

（十二）品目96.06的纽扣、揿扣、纽扣芯或这些物品的其他零件、纽扣坯。⑦

三、

（一）除上述注释二所规定的以外，品目42.02也不包括：⑧

1. 非供长期使用的带把手塑料薄膜袋，不论是否印制（品目39.23）；

2. 编结材料制品（品目46.02）。

（二）品目42.02及42.03的制品，如果装有用贵金属、包贵金属、天然或养殖珍珠、宝石或半宝石（天然、合成或再造）制的零件，即使这些零件不是仅作为小配件或小饰物的，只要其未构成物品的基本特征，仍应归入上述品目。但如果这些零件已构成物品的基本特征，则应归入第七十一章。

四、品目42.03所称“衣服及衣着附件”，主要包括分指手套、连指手套及露指手套（包括运动及防护手套）、围裙及其他防护用衣着、裤吊带、腰带、子弹带及腕带，但不包括表带（品目91.13）。

---

① 例如，以人造毛皮衬里的牛皮大衣应按“人造毛皮制品”归入品目43.04，但人造毛皮衬里的牛皮手套除外，仍应归入品目42.03“皮革制的衣服及衣着附件”。

② 例如，牛皮鞋尽管属于皮革制品，但应按“鞋靴”归入第六十四章。

③ 例如，羊皮帽子尽管属于皮革制品，但应按“帽子”归入第六十五章。

④ 例如，用皮革制的手镯尽管属于皮革制品，但由于手镯属于“首饰”，皮革制的手镯符合第七十一章章注十一“仿首饰”的规定，故应归入品目71.17。

⑤ 例如，具备家具特征的衣箱（落地式的衣箱）应归入品目94.03“家具”而不归入品目42.02。

⑥ 例如，皮革制的篮球尽管属于皮革制品，但应按“运动用品”归入品目95.06。

⑦ 例如，牛皮制的纽扣尽管属于皮革制品，但应按“纽扣”归入品目96.06。

⑧ 例如，由两层塑料外层夹住一层泡沫塑料内层构成的但不适合长期使用的购物袋，应归入品目39.23，而不能按品目42.02中列名的“购物袋”归类；再如，手提包尽管在品目42.02有列名，但如果是用塑料扁条编结而成的手提包则应归入品目46.02。

商品编码	商品名称
42.01	**各种材料制成的鞍具及挽具(包括缰绳、挽绳、护膝垫、口套、鞍褥、马褡裢、狗外套及类似品)适合各种动物用:**
4201.0000	各种材料制成的鞍具及挽具(包括缰绳、挽绳、护膝垫、口套、鞍褥、马褡裢、狗外套及类似品)适合各种动物用
42.02	**衣箱、提箱、小手袋、公文箱、公文包、书包、眼镜盒、望远镜盒、照相机套、乐器盒、枪套及类似容器;旅行包、食品或饮料保温包、化妆包、帆布包、手提包、购物袋、钱夹、钱包、地图盒、烟盒、烟袋、工具包、运动包、瓶盒、首饰盒、粉盒、刀叉餐具盒及类似容器,用皮革或再生皮革、塑料片、纺织材料、钢纸或纸板制成,或者全部或主要用上述材料或纸包覆制成:**
	- 衣箱、提箱、小手袋、公文箱、公文包、书包及类似容器:
	- - 以皮革或再生皮革作面:
4202.1110	- - - 衣箱
4202.1190	- - - 其他
	- - 以塑料或纺织材料作面:
4202.1210	- - - 衣箱
4202.1290	- - - 其他
4202.1900	- - 其他
	- 手提包,不论是否有背带,包括无把手的:
4202.2100	- - 以皮革或再生皮革作面
4202.2200	- - 以塑料片或纺织材料作面
4202.2900	- - 其他
	- 通常置于口袋或手提包内的物品:
4202.3100	- - 以皮革或再生皮革作面
4202.3200	- - 以塑料片或纺织材料作面
4202.3900	- - 其他
	- 其他:
4202.9100	- - 以皮革或再生皮革作面
4202.9200	- - 以塑料片或纺织材料作面
4202.9900	- - 其他
42.03	**皮革或再生皮革制的衣服及衣着附件:**
4203.1000	- 衣服
	- 手套,包括连指或露指的:
4203.2100	- - 专供运动用
	- - 其他:
4203.2910	- - - 劳保手套
4203.2990	- - - 其他
	- 腰带及子弹带:
4203.3010	- - - 腰带
4203.3020	- - - 子弹带
4203.4000	- 其他衣着附件
42.05	**皮革或再生皮革的其他制品:**
4205.0010	- - - 坐具套
4205.0020	- - - 机器、机械器具或其他专门技术用途的
4205.0090	- - - 其他
42.06	**肠线(蚕胶丝除外)、肠膜、膀胱或筋腱制品:**
4206.0000	肠线(蚕胶丝除外)、肠膜、膀胱或筋腱制品

第四十三章　毛皮、人造毛皮及其制品

注释：

一、本目录所称“毛皮”，是指已鞣的各种动物的带毛毛皮，但不包括品目43.01的生毛皮。

二、本章不包括：

（一）带羽毛或羽绒的整张或部分鸟皮（品目05.05或67.01）；

（二）第四十一章的带毛生皮[见该章注释一（三）]；

（三）用皮革与毛皮或用皮革与人造毛皮制成的分指手套、连指手套及露指手套（品目42.03）；①

（四）第六十四章的物品；②

（五）第六十五章的帽类及其零件；③

（六）第九十五章的物品（例如，玩具、游戏品及运动用品）。④

三、品目43.03包括加有其他材料缝合的毛皮和毛皮部分品，以及缝合成衣服、衣服部分品、衣着附件或其他制品的毛皮和毛皮部分品。

四、以毛皮或人造毛皮衬里或作面（仅饰边的除外）的衣服及衣着附件（不包括注释二所述的货品），应分别归入品目43.03或43.04，但毛皮或人造毛皮仅作为装饰的除外。

五、本目录所称“人造毛皮”，是指以毛、发或其他纤维粘附或缝合于皮革、织物或其他材料之上而构成的仿毛皮，但不包括以机织或针织方法制得的仿毛皮（一般应归入品目58.01或60.01）。

商品编码	商品名称	商品编码	商品名称
43.01	**生毛皮（包括适合加工皮货用的头、尾、爪及其他块、片），但品目41.01、41.02或41.03的生皮除外：**	4301.9090	－－－其他
4301.1000	－整张水貂皮，不论是否带头、尾或爪	**43.02**	**未缝制或已缝制（不加其他材料的已鞣毛皮（包括头、尾、爪及其他块、片），但品目43.03的货品除外：**
4301.3000	－下列羔羊的整张毛皮，不论是否带头、尾或爪：阿斯特拉罕、喀拉科尔、波斯羔羊及类似羔羊、印度、中国或蒙古羔羊		－未缝制的整张毛皮，不论是否带头、尾或爪：
4301.6000	－整张狐皮，不论是否带头、尾或爪	4302.1100	－－水貂皮
	－整张的其他毛皮，不论是否带头、尾或爪：		－－其他：
4301.8010	－－－整张兔皮，不论是否带头、尾或爪	4302.1910	－－－灰鼠皮、白鼬皮、其他貂皮、狐皮、水獭皮、旱獭皮及猞猁皮
4301.8090	－－－其他	4302.1920	－－－兔皮
	－适合加工皮货用的头、尾、爪及其他块、片：	4302.1930	－－－下列羔羊皮：阿斯特拉罕、喀拉科尔、波斯羔羊及类似羔羊、印度、中国或蒙古羔羊
4301.9010	－－－黄鼠狼尾	4302.1990	－－－其他
		4302.2000	－未缝制的头、尾、爪及其他块、片
			－已缝制的整张毛皮及其块、片：

① 例如，人造毛皮衬里的牛皮手套应归入品目42.03“皮革制的衣服及衣着附件”。

② 例如，用兔毛皮制的鞋面尽管属于毛皮制品，但应按“鞋靴零件”归入第六十四章。

③ 例如，兔毛皮制的帽子尽管属于毛皮制品，但应按“帽子”归入第六十五章。

④ 例如，兔毛皮制的玩具尽管属于皮革制品，但应按“玩具”归入品目95.03。

商品编码	商品名称	商品编码	商品名称
4302.3010	－－－灰鼠、白鼬、貂、狐、水獭、旱獭及猞猁的整张毛皮及其块、片		
4302.3090	－－－其他		
43.03	**毛皮制的衣服、衣着附件及其他物品：**		
	－衣服及衣着附件：		
4303.1010	－－－毛皮衣服		
4303.1020	－－－毛皮衣着附件		
4303.9000	－其他		
43.04	**人造毛皮及其制品：**		
4304.0010	－－－人造毛皮		
4304.0020	－－－人造毛皮制品		

第九类　木及木制品；木炭；软木及软木制品；稻草、秸秆、针茅或其他编结材料制品；篮筐及柳条编结品

第四十四章　木及木制品；木炭

注释：

一、本章不包括：

（一）主要作香料、药料、杀虫、杀菌或类似用途的木片、刨花、碎木、木粒或木粉（品目 12.11）；

（二）竹或主要作编结用的其他木质材料，呈原木状，不论是否劈开、纵锯或切段（品目 14.01）；

（三）主要作染料或鞣料用的木片、刨花、木粒或木粉（品目 14.04）；

（四）活性炭（品目 38.02）；

（五）品目 42.02 的物品；①

（六）第四十六章的货品；

（七）第六十四章的鞋靴及其零件；②

（八）第六十六章的货品（例如，伞、手杖及其零件）；

（九）品目 68.08 的货品；

（十）品目 71.17 的仿首饰；③

（十一）第十六类或第十七类的货品（例如，机器零件，机器及器具的箱、罩、壳，车辆部件）；

（十二）第十八类的货品（例如，钟壳、乐器及其零件）；

（十三）火器的零件（品目 93.05）；

（十四）第九十四章的物品（例如，家具、灯具及照明装置、活动房屋）；④

（十五）第九十五章的物品（例如，玩具、游戏品及运动用品）；⑤

（十六）第九十六章的物品（例如，烟斗及其零件、纽扣、铅笔、独脚架、双脚架、三脚架及类似品），但品目 96.03 所列物品的木身及木柄除外；⑥

（十七）第九十七章的物品（例如，艺术品）。

二、本章所称"强化木"，是指经过化学或物理方法处理（对于多层黏合木材，其处理应超出一般黏合需要），从而增加了密度或硬度并改善了机械强度、抗化学或抗电性能的木材。

三、品目 44.14 至 44.21 适用于木质碎料板或类似木质材料板、纤维板、层压板或强化木的制品。

四、品目 44.10、44.11 或 44.12 的产品，可以加工成品目 44.09 所述的各种形状，也可以加工成弯曲、瓦楞、多孔或其他形状（正方形或矩形除外），以及经其他任何加工，但未具有其他品目所列

---

① 例如，木制乐器盒尽管属于木制品，但由于符合品目 42.02 的规定，故应归入品目 42.02。

② 例如，木屐应按"鞋靴"归入第六十四章，木制的皮鞋用的鞋跟不能按"木制品"归入本章，而应按"鞋靴"的零件归入第六十四章。

③ 例如，檀香木制的手串符合第七十一章章注十一"仿首饰"的规定，故应归入品目 71.17。

④ 例如，红木衣柜应作为家具归入品目 94.03。

⑤ 例如，儿童玩的积木应作为玩具归入品目 95.03。

⑥ 例如，木制烟斗尽管属于木制品，但应归入品目 96.14。

制品的特性。①

五、品目44.17不包括装有第八十二章注释一所述材料制成的刀片、工作刃、工作面或其他工作部件的工具。

六、除上述注释一及其他条文另有规定的以外,本章品目中所称“木”,也包括竹及其他木质材料。②

子目注释:

一、子目4401.31所称“木屑棒”是指由木材加工业、家具制造业及其他木材加工活动中产生的副产品(例如,刨花、锯末及碎木片)直接压制而成或加入按重量计不超过3%的黏合剂后黏聚而成的产品。此类产品呈圆柱状,其直径不超过25毫米,长度不超过100毫米。

二、子目4401.32所称的“木屑块”是指由木材加工业、家具制造业及其他木材加工活动中产生的副产品(例如,刨花、锯末及碎木片)直接压制而成或加入按重量计不超过3%的黏合剂后黏聚而成的产品。此类产品呈立方体,多面体或圆柱状,其最小横截面尺寸大于25毫米。

三、子目4407.13所称“云杉-松木-冷杉”是指来源于云杉、松木、冷杉混合林的木材,其各树种的比例是未知的且各不相同。

四、子目4407.14所称“铁杉-冷杉”是指来源于西部铁杉、冷杉混合林的木材,其各树种的比例是未知的且各不相同。

本国子目注释:

本国子目4412.1093、4412.4911、4412.5911、4412.9920所称“热带木”,是指下列木材:大叶帽柱木、非洲桃花心木、西非红豆木、箭毒木、阿兰木、圭亚那苦油楝木、非洲甘比山榄木、杜楝木、非洲栎柞木、婆罗双木、美洲轻木、白驼峰楝木、黑驼峰楝木、卡蒂沃木、雪松木、西非褐红椴木、深红色红柳桉木、非洲核桃楝木、阿夫苏木、象牙海岸榄仁木、破布木、吉贝木、丝棉木、乔状黄牛木、安哥拉丛花木、巴西胡桃木、皮蚁木、伊罗科木、拟爱神木、夹竹桃木、巴西红木、绒根木、龙脑香木、开姆帕斯木、羯布罗香木、康多非洲楝木、象牙海岸褐红椴木、象牙海岸翼梧桐木、浅红色红柳桉木、非洲榄仁木、南美樟木、圭亚那铁线子木、西印度桃花心木、猴子果木、肖氏夸利亚木、曼孙梧桐木、马来蝴蝶木、巴栲红柳桉木、粗轴坡垒木、印茄木、斯温漆木、异翅香木、非洲梨木、非洲银叶木、胶木、非洲白梧桐木、加蓬榄木、蓖麻木、爱里古夷苏木、奥文科尔木、中非蜡烛木、紫檀木、人面子木、危地马拉黑黄檀木、印度黑黄檀木、巴西黑黄檀木、巴西柚木、巴西花梨木、白坚木、鸡骨常山木、印马四出香木、大沃契希亚木、东西亚棱柱木、萨撇列木、萌生木棉木、苏帕楠木、西波木、苏古皮拉木、红椿木、圭亚那考拉玉蕊木、柚木、安哥拉香桃花心木、非洲阿勃木、南美肉豆蔻木、白柳桉木、白色红柳桉木、白色柳桉木、黄色红柳桉木。

商品编码	商品名称	商品编码	商品名称
44.01	**薪柴(圆木段、块、枝、成捆或类似形状);木片或木粒;锯末、木废料及碎片,不论是否粘结成圆木段、块、片或类似形状:**	4401.1200	--非针叶木
	-薪柴(圆木段、块、枝、成捆或类似形状):		-木片或木粒:
4401.1100	--针叶木	4401.2100	--针叶木
		4401.2200	--非针叶木
			-锯末、木废料及碎片,粘结成圆木段、块、片或类似形状:
		4401.3100	--木屑棒

① 例如,实木复合地板(由面层、中间层、底层三层不同的木板复合而成)其四边加工成了容易拼接的连续形状,这种形状是品目44.09所述的形状,根据章注四的规定,仍然归入品目44.12“多层板”。

② 例如,木头制的扫帚柄归入品目44.17,竹制的扫帚柄同样应归入品目44.17;木头筷子归入品目44.19“木制餐具”,竹筷子同样应归入品目44.19。

商品编码	商品名称
4401.3200	- - 木屑块
4401.3900	- - 其他
	- 锯末、木废料及碎片,未粘结的
4401.4100	- - 锯末
4401.4900	- - 其他
44.02	**木炭(包括果壳炭及果核炭),不论是否结块:**
4402.1000	- 竹的
4402.2000	- 果壳的或果核的
4402.9000	- 其他
44.03	**原木,不论是否去皮、去边材或粗锯成方:**
	- 用油漆、着色剂、杂酚油或其他防腐剂处理:
4403.1100	- - 针叶木
4403.1200	- - 非针叶木
	- 其他,针叶木:
	- - 松木(松属),最小截面尺寸在 15 厘米及以上:
4403.2110	- - - 红松和樟子松
4403.2120	- - - 辐射松
4403.2190	- - - 其他
	- - 其他松木(松属):
4403.2210	- - - 红松和樟子松
4403.2220	- - - 辐射松
4403.2290	- - - 其他
4403.2300	- - 冷杉和云杉,最小截面尺寸在 15 厘米及以上
4403.2400	- - 其他冷杉和云杉
	- - 其他,最小截面尺寸在 15 厘米及以上:
4403.2510	- - - 落叶松
4403.2520	- - - 花旗松
4403.2590	- - - 其他
	- - 其他:
4403.2610	- - - 落叶松
4403.2620	- - - 花旗松
4403.2690	- - - 其他
	- 其他,热带木:
4403.4100	- - 深红色红柳桉木、浅红色红柳桉木及巴栲红柳桉木
4403.4200	- - 柚木
	- - 其他:
4403.4920	- - - 奥克曼(奥克榄)
4403.4930	- - - 龙脑香木(克隆)
4403.4940	- - - 山樟(香木)
4403.4950	- - - 印加木(波罗格)
4403.4960	- - - 大干巴豆(门格里斯或康派斯)
4403.4970	- - - 异翅香木
4403.4980	- - - 红木
4403.4990	- - - 其他
	- 其他:
4403.9100	- - 栎木(橡木)
4403.9300	- - 水青冈木(山毛榉木),最小截面尺寸在 15 厘米及以上
4403.9400	- - 其他水青冈木(山毛榉木)
4403.9500	- - 桦木,最小截面尺寸在 15 厘米及以上
4403.9600	- - 其他桦木
4403.9700	- - 杨木
4403.9800	- - 桉木
	- - 其他:
4403.9930	- - - 红木,但子目 4403.4980 所列热带红木除外
4403.9940	- - - 泡桐木
4403.9950	- - - 水曲柳
4403.9960	- - - 北美硬阔叶木
4403.9980	- - - 其他未列名的温带非针叶木
4403.9990	- - - 其他
44.04	**箍木;木劈条;已削尖但未经纵锯的木桩;粗加修整但未经车圆、弯曲或其他方式加工的木棒,适合制手杖、伞柄、工具把柄及类似品;木片条及类似品:**
4404.1000	- 针叶木的
4404.2000	- 非针叶木的
44.05	**木丝;木粉:**
4405.0000	木丝;木粉
44.06	**铁道及电车道枕木:**
	- 未浸渍:
4406.1100	- - 针叶木
4406.1200	- - 非针叶木
	- 其他:

商品编码	商品名称
4406.9100	--针叶木
4406.9200	--非针叶木
44.07	**经纵锯、纵切、刨切或旋切的木材,不论是否刨平、砂光或端部接合,厚度超过 6 毫米:**
	-针叶木:
	--松木(松属):
4407.1110	---红松和樟子松
4407.1120	---辐射松
4407.1190	---其他
4407.1200	--冷杉及云杉
4407.1300	--云杉-松木-冷杉
4407.1400	--铁杉-冷杉
	--其他:
4407.1910	---花旗松
4407.1990	---其他
	-热带木:
4407.2100	--美洲桃花心木
4407.2200	--苏里南肉豆蔻木、细孔绿心樟及美洲轻木
4407.2300	--柚木
4407.2500	--深红色红柳桉木、浅红色红柳桉木及巴栲红柳桉木
4407.2600	--白柳桉木、白色红柳桉木、白色柳桉木、黄色红柳桉木及阿兰木
4407.2700	--沙比利
4407.2800	--伊罗科木
	--其他:
4407.2920	---非洲桃花心木
4407.2930	---波罗格
4407.2940	---红木
4407.2990	---其他
	-其他:
4407.9100	--栎木(橡木)
4407.9200	--水青冈木(山毛榉木)
4407.9300	--槭木(枫木)
4407.9400	--樱桃木
4407.9500	--白蜡木
4407.9600	--桦木
4407.9700	--杨木
	--其他:
4407.9910	---红木,但子目 4407.2940 所列热带红木除外
4407.9920	---泡桐木
4407.9930	---北美硬阔叶木
4407.9980	---其他未列名的温带非针叶木
4407.9990	---其他
44.08	**饰面用单板(包括刨切积层木获得的单板)、制胶合板或类似多层板用单板以及其他经纵锯、刨切或旋切的木材,不论是否刨平、砂光、拼接或端部结合,厚度不超过 6 毫米:**
	-针叶木:
	---饰面用单板:
4408.1011	----用胶合板等多层板制的
4408.1019	----其他
4408.1020	---制胶合板用单板
4408.1090	---其他
	-热带木:
	--深红色红柳桉木、浅红色红柳桉木及巴栲红柳桉木:
	---饰面用单板:
4408.3111	----用胶合板等多层板制的
4408.3119	----其他
4408.3120	---制胶合板用单板
4408.3190	---其他
	--其他:
	---饰面用单板:
4408.3911	----用胶合板等多层板制的
4408.3919	----其他
4408.3920	---制胶合板用单板
4408.3990	---其他
	-其他:
	---饰面用单板:
4408.9011	----用胶合板等多层板制的
4408.9012	----温带非针叶木制
4408.9013	----竹制
4408.9019	----其他
	---制胶合板用单板:
4408.9021	----温带非针叶木制
4408.9029	----其他
	---其他:

商品编码	商品名称	商品编码	商品名称
4408.9091	－－－－温带非针叶木制	4411.1219	－－－－其他
4408.9099	－－－－其他		－－－密度超过每立方厘米0.5克,但未超过每立方厘米0.8克:
44.09	**任何一边、端或面制成连续形状(舌榫、槽榫、半槽榫、斜角、V形接头、珠榫、缘饰、刨圆及类似形状)的木材(包括未装拼的拼花地板用板条及缘板),不论其任意一边或面是否刨平、砂光或端部接合:**	4411.1221	－－－－辐射松制的
		4411.1229	－－－－其他
			－－－其他:
		4411.1291	－－－－未经机械加工或盖面的
		4411.1299	－－－－其他
	－针叶木:		－－厚度超过5毫米但未超过9毫米:
4409.1010	－－－地板条(块)		－－－密度超过每立方厘米0.8克:
4409.1090	－－－其他	4411.1311	－－－－未经机械加工或盖面的
	－非针叶木:	4411.1319	－－－－其他
	－－竹的:		－－－密度超过每立方厘米0.5克,但未超过每立方厘米0.8克:
4409.2110	－－－地板条(块)		
4409.2190	－－－其他	4411.1321	－－－－辐射松制的
	－－热带木的:	4411.1329	－－－－其他
4409.2210	－－－地板条(块)		－－－其他:
4409.2290	－－－其他	4411.1391	－－－－未经机械加工或盖面的
	－－其他:	4411.1399	－－－－其他
4409.2910	－－－地板条(块)		－－厚度超过9毫米:
4409.2990	－－－其他		－－－密度超过每立方厘米0.8克:
44.10	**碎料板、定向刨花板(OSB)及类似板(例如,华夫板),木或其他木质材料制,不论是否用树脂或其他有机黏合剂黏合:**	4411.1411	－－－－未经机械加工或盖面的
		4411.1419	－－－－其他
			－－－密度超过每立方厘米0.5克,但未超过每立方厘米0.8克:
	－木制:	4411.1421	－－－－辐射松制的
4410.1100	－－碎料板	4411.1429	－－－－其他
4410.1200	－－定向刨花板		－－－其他:
4410.1900	－－其他	4411.1491	－－－－未经机械加工或盖面的
	－其他:	4411.1499	－－－－其他
	－－－碎料板:		－其他:
4410.9011	－－－－麦稻秸秆制		－－密度超过每立方厘米0.8克:
4410.9019	－－－－其他	4411.9210	－－－未经机械加工或盖面的
4410.9090	－－－其他	4411.9290	－－－其他
44.11	**木纤维板或其他木质材料纤维板,不论是否用树脂或其他有机黏合剂黏合:**		－－密度超过每立方厘米0.5克,但未超过每立方厘米0.8克:
		4411.9310	－－－辐射松制的
	－中密度纤维板:	4411.9390	－－－其他
	－－厚度不超过5毫米:		－－密度未超过每立方厘米0.5克:
	－－－密度超过每立方厘米0.8克:	4411.9410	－－－密度超过每立方厘米0.35克,但未超过每立方厘米0.5克
4411.1211	－－－－未经机械加工或盖面的		

商品编码	商品名称
	－－－密度未超过每立方厘米0.35克
4411.9421	－－－－未经机械加工或盖面的
4411.9429	－－－－其他
44.12	**胶合板、单板饰面板及类似的多层板：**
	－竹制的：
	－－－仅由薄板制的胶合板，每层厚度不超过6毫米：
4412.1011	－－－－至少有一表层是热带木
4412.1019	－－－－其他
4412.1020	－－－其他，至少有一表层是非针叶木
	－－－其他：
4412.1093	－－－－中间至少有一层是本章本国注释一所列的热带木
4412.1094	－－－－其他，中间至少有一层是其他热带木
4412.1095	－－－－其他，中间至少含有一层木碎料板
4412.1099	－－－－其他
	－仅由薄木板制的其他胶合板(竹制除外)，每层厚度不超过6毫米：
4412.3100	－－至少有一表层是热带木
4412.3300	－－其他，至少有一表层是下列非针叶木：桤木、白蜡木、水青冈木(山毛榉木)、桦木、樱桃木、栗木、榆木、桉木、山核桃、七叶树、椴木、槭木、栎木(橡木)、悬铃木、杨木、刺槐木、鹅掌楸或核桃木
	－－其他，至少有一表层为子目4412.33未具体列名的非针叶木：
4412.3410	－－－其他，至少有一表层是温带非针叶木(子目4412.3300的非针叶木除外)
4412.3490	－－－其他
4412.3900	－－其他，上下表层均为针叶木
	－单板层积材：
4412.4100	－－至少有一表层是热带木
4412.4200	－－其他，至少有一表层是非针叶木
	－－其他，上下表层均为针叶木：
	－－－中间至少有一层是热带木：
4412.4911	－－－－中间至少有一层是本章本国注释一所列的热带木
4412.4919	－－－－其他，中间至少有一层是其他热带木
4412.4920	－－－其他，中间至少含有一层木碎料板
4412.4990	－－－其他
	－木块芯胶合板、侧板条芯胶合板及板条芯胶合板：
4412.5100	－－至少有一表层是热带木
4412.5200	－－其他，至少有一表层是非针叶木
	－－其他，上下表层均为针叶木：
	－－－中间至少有一层是热带木：
4412.5911	－－－－中间至少有一层是本章本国注释一所列的热带木
4412.5919	－－－－其他，中间至少有一层是其他热带木
4412.5920	－－－其他，中间至少含有一层木碎料板
4412.5990	－－－其他
	－其他：
4412.9100	－－至少有一表层是热带木
4412.9200	－－其他，至少有一表层是非针叶木
	－－其他，上下表层均为针叶木：
4412.9920	－－－中间至少有一层是本章本国注释一所列的热带木
4412.9930	－－－其他，中间至少有一层是其他热带木
4412.9940	－－－其他，中间至少含有一层木碎料板
4412.9990	－－－其他
44.13	**强化木，成块、板、条或异型的**
4413.0000	强化木，成块、板、条或异型的
44.14	**木制的画框、相框、镜框及类似品：**
4414.1000	－热带木的
	－其他：
4414.9010	－－－辐射松制的
4414.9090	－－－其他
44.15	**木制包装木箱、木盒、板条箱、圆桶及类似的包装容器；木制电缆卷筒；木托板、箱形托盘及其他装载用木板；木制的托盘护框：**
4415.1000	－箱、盒、板条箱、圆桶及类似的包装容器；电缆卷筒
	－木托板、箱形托盘及其他装载用木板；木制的托盘护框：

商品编码	商品名称
4415.2010	－－－辐射松制的
4415.2090	－－－其他
44.16	**木制大桶、琵琶桶、盆和其他木制箍桶及其零件,包括桶板:**
4416.0010	－－－辐射松制的
4416.0090	－－－其他
44.17	**木制的工具、工具支架、工具柄、扫帚及刷子的身及柄;木制鞋靴楦及楦头:**
4417.0010	－－－辐射松制的
4417.0090	－－－其他
44.18	**建筑用木工制品,包括蜂窝结构木镶板、已装拼的地板、木瓦及盖屋板:**
	－窗、法兰西式(落地)窗及其框架:
4418.1100	－－热带木的
	－－其他:
4418.1910	－－－辐射松制的
4418.1990	－－－其他
	－门及其框架和门槛:
4418.2100	－－热带木的
4418.2900	－－其他
4418.3000	－柱及梁,子目4418.81至4418.89的货品除外
4418.4000	－水泥构件的模板
4418.5000	－木瓦及盖屋板
	－已装拼的地板:
	－－竹的或至少顶层(耐磨层)是竹的:
4418.7310	－－－马赛克地板用
4418.7320	－－－其他,竹制多层的
4418.7390	－－－其他
4418.7400	－－其他,马赛克地板用
4418.7500	－－其他,多层的
4418.7900	－－其他
	－工程结构木制品:
4418.8100	－－集成材
4418.8200	－－正交胶合木
4418.8300	－－工字梁
4418.8900	－－其他
	－其他:
4418.9100	－－竹的
4418.9200	－－蜂窝结构木镶板
4418.9900	－－其他
44.19	**木制餐具及厨房用具:**
	－竹的:
4419.1100	－－切面包板、砧板及类似板
	－－筷子:
4419.1210	－－－一次性筷子
4419.1290	－－－其他
4419.1900	－－其他
4419.2000	－热带木的
	－其他:
4419.9010	－－－一次性筷子
4419.9090	－－－其他
44.20	**镶嵌木(包括细工镶嵌木);装珠宝或刀具用的木制盒子和小匣子及类似品;木制小雕像及其他装饰品;第九十四章以外的木制家具:**
	－木制小雕像及其他装饰品:
	－－热带木的:
4420.1110	－－－木刻
4420.1120	－－－木扇
4420.1190	－－－其他
	－－其他:
	－－－木刻及竹刻:
4420.1911	－－－－木刻
4420.1912	－－－－竹刻
4420.1920	－－－木扇
4420.1990	－－－其他
	－其他:
4420.9010	－－－镶嵌木
4420.9090	－－－其他
44.21	**其他木制品:**
4421.1000	－衣架
4421.2000	－棺材
	－其他:
	－－竹的:
4421.9110	－－－圆签、圆棒、冰果棒、压舌片及类似一次性制品
4421.9190	－－－其他
	－－其他:
4421.9910	－－－木制圆签、圆棒、冰果棒、压舌片及类似一次性制品
4421.9990	－－－其他

第四十五章　软木及软木制品

注释：

本章不包括：

一、第六十四章的鞋靴及其零件；

二、第六十五章的帽类及其零件；或

三、第九十五章的物品（例如，玩具、游戏品及运动用品）。

商品编码	商品名称	商品编码	商品名称
45.01	**未加工或简单加工的天然软木；软木废料；碎的、粒状的或粉状的软木：**		
4501.1000	- 未加工或简单加工的天然软木		
	- 其他：		
4501.9010	- - - 软木废料		
4501.9020	- - - 碎的、粒状的或粉状的软木（软木碎、软木粒或软木粉）		
45.02	**天然软木，除去表皮或粗切成方形，或成长方块、正方块、板、片或条状（包括作塞子用的方块坯料）：**		
4502.0000	天然软木，除去表皮或粗切成方形，或成长方块、正方块、板、片或条状（包括作塞子用的方块坯料）		
45.03	**天然软木制品：**		
4503.1000	- 塞子		
4503.9000	- 其他		
45.04	**压制软木（不论是否使用黏合剂压成）及其制品：**		
4504.1000	- 块、板、片及条；任何形状的砖、瓦；实心圆柱体，包括圆片		
4504.9000	- 其他		

第四十六章　稻草、秸秆、针茅或其他编结材料制品;篮筐及柳条编结品

注释:

一、本章所称“编结材料”,是指其状态或形状适于编结、交织或类似加工的材料,包括稻草、秸秆、柳条、竹、藤、灯芯草、芦苇、木片条、其他植物材料扁条(例如,树皮条、狭叶、酒椰叶纤维或其他从阔叶获取的条)、未纺的天然纺织纤维、塑料单丝及扁条、纸带,但不包括皮革、再生皮革、毡呢或无纺织物的扁条、人发、马毛、纺织粗纱或纱线以及第五十四章的单丝和扁条。

二、本章不包括:

(一)品目48.14的壁纸;

(二)不论是否编结而成的线、绳、索、缆(品目56.07);

(三)第六十四章和第六十五章的鞋靴、帽类及其零件;①

(四)编结而成的车辆或车身(第八十七章);或

(五)第九十四章的物品(例如,家具、灯具及照明装置)。②

三、品目46.01所称“平行连结的成片编结材料、缏条或类似的编结材料产品”,是指编结材料、缏条及类似的编结材料产品平行排列连结成片的制品,其连结材料不论是否为纺制的纺织材料。

商品编码	商品名称
46.01	**用编结材料编成的缏条及类似产品,不论是否缝合成宽条;平行连结或编织的成片材料、缏条或类似的编结材料产品,不论是否制成品(例如,席子、席料、帘子):**
	- 植物材料制的席子、席料及帘子:
4601.2100	- - 竹制的
4601.2200	- - 藤制的
	- - 其他:
	- - - 草制的:
4601.2911	- - - - 灯芯草属材料制的
4601.2919	- - - - 其他
	- - - 芦苇制的:
4601.2921	- - - - 苇帘
4601.2929	- - - - 其他
4601.2990	- - - 其他
	- 其他:
	- - 竹制的:
4601.9210	- - - 缏条及类似产品,不论是否缝合成宽条
4601.9290	- - - 其他
	- - 藤制的:
4601.9310	- - - 缏条及类似产品,不论是否缝合成宽条
4601.9390	- - - 其他
	- - 其他植物材料制:
	- - - 稻草制的:
4601.9411	- - - - 缏条(绳)
4601.9419	- - - - 其他
	- - - 其他:
4601.9491	- - - - 缏条及类似产品,不论是否缝合成宽条
4601.9499	- - - - 其他
	- - 其他:
4601.9910	- - - 缏条及类似产品,不论是否缝合成宽条
4601.9990	- - - 其他
46.02	**用编结材料直接编成或用品目46.01所列货品制成的篮筐、柳条编结品及其他制品;丝瓜络制品:**
	- 植物材料制:
4602.1100	- - 竹制的

① 例如,用稻草编结而成的“草鞋”和“草帽”应作为“鞋靴”和“帽子”分别归入第六十四章和第六十五章。

② 例如,用藤条编结而成的椅子应作为“坐具”归入品目94.01。

商品编码	商品名称	商品编码	商品名称
4602. 1200	- - 藤制的		
	- - 其他：		
4602. 1910	- - - 草制的		
4602. 1920	- - - 玉米皮制的		
4602. 1930	- - - 柳条制的		
4602. 1990	- - - 其他		
4602. 9000	- 其他		

第十类　木浆及其他纤维状纤维素浆；回收（废碎）纸或纸板；纸、纸板及其制品

第四十七章　木浆及其他纤维状纤维素浆；回收（废碎）纸或纸板

注释：

品目47.02所称"化学木浆，溶解级"，是指温度在20摄氏度时浸入含18%氢氧化钠的苛性碱溶液内，一小时后，按重量计含有92%及以上的不溶级分的碱木浆或硫酸盐木浆，或者含有88%及以上的不溶级分的亚硫酸盐木浆。对于亚硫酸盐木浆，按重量计灰分含量不得超过0.15%。

商品编码	商品名称
47.01	**机械木浆：**
4701.0000	机械木浆
47.02	**化学木浆，溶解级：**
4702.0000	化学木浆，溶解级
47.03	**碱木浆或硫酸盐木浆，但溶解级的除外：**
	－未漂白：
4703.1100	－－针叶木的
4703.1900	－－非针叶木的
	－半漂白或漂白：
4703.2100	－－针叶木的
4703.2900	－－非针叶木的
47.04	**亚硫酸盐木浆，但溶解级的除外**
	－未漂白：
4704.1100	－－针叶木的
4704.1900	－－非针叶木的
	－半漂白或漂白：
4704.2100	－－针叶木的
4704.2900	－－非针叶木的
47.05	**用机械与化学联合制浆法制得的木浆：**
4705.0000	用机械与化学联合制浆法制得的木浆
47.06	**从回收（废碎）纸或纸板提取的纤维浆或其他纤维状纤维素浆：**
4706.1000	－棉短绒纸浆
4706.2000	－从回收（废碎）纸或纸板提取的纤维浆
4706.3000	－其他，竹浆
	－其他：
4706.9100	－－机械浆
4706.9200	－－化学浆
4706.9300	－－用机械和化学联合法制得的浆
47.07	**回收（废碎）纸或纸板：**
4707.1000	－未漂白的牛皮纸或纸板及瓦楞纸或纸板
4707.2000	－主要由漂白化学木浆制成未经本体染色的其他纸和纸板
4707.3000	－主要由机械浆制成的纸或纸板（例如，报纸、杂志及类似印刷品）
4707.9000	－其他，包括未分选的废碎品

第四十八章　纸及纸板;纸浆、纸或纸板制品

注释:

一、除条文另有规定的以外,本章所称“纸”包括“纸板”(不论其厚度或每平方米重量如何)。

二、本章不包括:

(一)第三十章的物品;

(二)品目 32.12 的压印箔;

(三)香纸及用化妆品浸渍或涂布的纸(第三十三章);

(四)用肥皂或洗涤剂浸渍、覆盖或涂布的纸或纤维素絮纸(品目 34.01)和用光洁剂、擦光膏及类似制剂浸渍、覆盖或涂布的纸或纤维素絮纸(品目 34.05);①

(五)品目 37.01 至 37.04 的感光纸或感光纸板;

(六)用诊断或实验用试剂浸渍的纸(品目 38.22);②

(七)第三十九章的用纸强化的层压塑料板,用塑料覆盖或涂布的单层纸或纸板(塑料部分占总厚度的一半以上),以及上述材料的制品,但品目 48.14 的壁纸除外;

(八)品目 42.02 的物品(例如,旅行用品);

(九)第四十六章的物品(编结材料制品);

(十)纸纱线或纸纱线纺织物(第十一类);

(十一)第六十四章或第六十五章的物品;

(十二)品目 68.05 的砂纸或品目 68.14 的用纸或纸板衬底的云母(但涂布云母粉的纸及纸板归入本章);

(十三)用纸或纸板衬底的金属箔(通常为第十四类或第十五类);

(十四)品目 92.09 的制品;

(十五)第九十五章的物品(例如,玩具、游戏品及运动用品);③

(十六)第九十六章的物品[例如,纽扣,卫生巾(护垫)及卫生棉条、尿布及尿布衬里]。④

三、除注释七另有规定的以外,品目 48.01 至 48.05 包括经研光、高度研光、釉光或类似处理、仿水印、表面施胶的纸及纸板;同时还包括用各种方法本体着色或染成斑纹的纸、纸板、纤维素絮纸及纤维素纤维网纸。除品目 48.03 另有规定的以外,上述品目不适用于经过其他方法加工的纸、纸板、纤维素絮纸或纤维素纤维网纸。

四、本章所称“新闻纸”,是指所含用机械或化学—机械方法制得的木纤维不少于全部纤维重量的 50%的未经涂布的报刊用纸,未施胶或微施胶,每面粗糙度[帕克印刷表面粗糙度(1 兆帕斯卡)]超过 2.5 微米,每平方米重量不小于 40 克,但不超过 65 克,并且仅适用于下列规格的纸:

(一)成条或成卷,宽度超过 28 厘米;或

(二)成张矩形(包括正方形),一边超过 28 厘米,另一边超过 15 厘米(以未折叠计)。

五、品目 48.02 所称“书写、印刷或类似用途的纸及纸板”“未打孔的穿孔卡片和穿孔纸带纸”,是指主要用漂白纸浆或用机械或化学-机械方法制得的纸浆制成的纸及纸板,并且符合下列任一标准:

---

① 例如,用于擦玻璃上水雾的经上光剂处理的湿润纸(零售包装)不归入品目 48.11“经涂布、浸渍……的纸”,而是归入品目 34.05。

② 例如,实验室用的 PH 试纸,因为纸仅起载体作用,化学试剂更为重要,故应归入品目 38.22 而不归入品目 48.11“经涂布、浸渍……的纸”。

③ 例如,纸板制的扑克牌应作为“桌上或室内游戏用品”归入品目 95.04。

④ 例如,以纸和其他材料制成的“纸尿布”应归入品目 96.19。

(一)每平方米重量不超过150克的纸或纸板:

1. 用机械或化学—机械方法制得的纤维含量在10%及以上,并且

(1)每平方米重量不超过80克;或

(2)本体着色;或

2. 灰分含量在8%以上,并且

(1)每平方米重量不超过80克;或

(2)本体着色;或

3. 灰分含量在3%以上,亮度在60%及以上;或

4. 灰分含量在3%以上,但不超过8%,亮度低于60%,耐破指数等于或小于2.5千帕斯卡·平方米/克;或

5. 灰分含量在3%及以下,亮度在60%及以上,耐破指数等于或小于2.5千帕斯卡·平方米/克。

(二)每平方米重量超过150克的纸或纸板:

1. 本体着色;或

2. 亮度在60%及以上,并且

(1)厚度在225微米及以下;或

(2)厚度在225微米以上,但不超过508微米,灰分含量在3%以上;或

3. 亮度低于60%,厚度不超过254微米,灰分含量在8%以上。

品目48.02不包括滤纸及纸板(含茶袋纸)或毡纸及纸板。

六、本章所称"牛皮纸及纸板",是指所含用硫酸盐法或烧碱法制得的纤维不少于全部纤维重量的80%的纸及纸板。

七、除品目条文另有规定的以外,符合品目48.01至48.11中两个或两个以上品目所规定的纸、纸板、纤维素絮纸及纤维素纤维网纸,应按号列顺序归入有关品目中的最末一个品目。

八、品目48.03至48.09仅适用于下列规格的纸、纸板、纤维素絮纸及纤维素纤维网纸:[①]

(一)成条或成卷,宽度超过36厘米;或

(二)成张矩形(包括正方形),一边超过36厘米,另一边超过15厘米(以未折叠计)。

九、品目48.14所称"壁纸及类似品",仅限于:

(一)适合作墙壁或天花板装饰用的成卷纸张,宽度不小于45厘米,但不超过160厘米:

1. 起纹、压花、染面、印有图案或经其他装饰的(例如,植绒),不论是否用透明的防护塑料涂布或覆盖;

2. 表面饰有木粒或草粒而凹凸不平的;

3. 表面用塑料涂布或覆盖并起纹、压花、染面、印有图案或经其他装饰的;或

4. 表面用不论是否平行连结或编织的编结材料覆盖的。

(二)适于装饰墙壁或天花板用的经上述加工的纸边及纸条,不论是否成卷。

(三)由几幅拼成的壁纸,成卷或成张,贴到墙上可组成印刷的风景画或图案。

既可作铺地制品,也可作壁纸的以纸或纸板为底的产品,应归入品目48.23。

十、品目48.20不包括切成一定尺寸的活页纸张或卡片,不论是否印制、压花、打孔。

十一、品目48.23主要适用于提花机或类似机器用的穿孔纸或卡片,以及纸花边。

十二、除品目48.14及48.21的货品外,印有图案、文字或图画的纸、纸板、纤维素絮纸及其制品,如果所印图案、文字或图画作为其主要用途,应归入第四十九章。

---

① 例如,长42.0厘米、宽29.7厘米的蓝色复写纸应归入品目48.09,而长18.5厘米、宽8.5厘米的蓝色复写纸应归入品目48.16。

子目注释:

一、子目4804.11及4804.19所称“牛皮衬纸”,是指所含用硫酸盐法或烧碱法制得的木纤维不少于全部纤维重量的80%的成卷机器整饰或上光纸及纸板,每平方米重量超过115克,并且最低缪伦耐破度符合下表所示(其他重量的耐破度可参照下表换算):

重量 (克/平方米)	最低缪伦耐破度 (千帕斯卡)
115	393
125	417
200	637
300	824
400	961

二、子目4804.21及4804.29所称“袋用牛皮纸”,是指所含用硫酸盐法或烧碱法制得的木纤维不少于全部纤维重量的80%的成卷机器上光纸,每平方米重量不小于60克,但不超过115克,并且符合下列一种规格:

(一)缪伦耐破指数不小于3.7千帕斯卡·平方米/克,并且横向伸长率大于4.5%,纵向伸长率大于2%。

(二)至少能达到下表所示的最小撕裂度和抗张强度(其他重量的可参照下表换算):

重量 克/平方米	最小撕裂度 (毫牛顿)		最小抗张强度 (千牛顿/米)	
	纵向	纵向加横向	横向	纵向加横向
60	700	1510	1.9	6
70	830	1790	2.3	7.2
80	965	2070	2.8	8.3
100	1230	2635	3.7	10.6
115	1425	3060	4.4	12.3

三、子目4805.11所称“半化学的瓦楞纸”,是指所含用机械和化学联合法制得的未漂白硬木纤维不少于全部纤维重量的65%的成卷纸张,并且在温度为23摄氏度和相对湿度为50%时,经过30分钟的瓦楞芯纸平压强度测定(CMT30),抗压强度超过1.8牛顿/克/平方米。

四、子目4805.12包括主要用机械和化学联合法制得的草浆制成的成卷纸张,每平方米重量在130克及以上,并且在温度为23摄氏度和相对湿度为50%时,经过30分钟瓦楞芯纸平压强度测定(CMT30),抗压强度超过1.4牛顿/克/平方米。

五、子目4805.24和4805.25包括全部或主要由回收(废碎)纸或纸板制得的纸浆制成的纸和纸板。强韧箱纸板也可以有一面用染色纸或漂白或未漂白的非再生浆制得的纸做表层。这些产品缪伦耐破指数不小于2千帕斯卡·平方米/克。

六、子目4805.30所称“亚硫酸盐包装纸”,是指所含用亚硫酸盐法制得的木纤维超过全部纤维重量的40%的机器研光纸,灰分含量不超过8%,并且缪伦耐破指数不小于1.47千帕斯卡·平方米/克。

七、子目4810.22所称“轻质涂布纸”,是指双面涂布纸,其每平方米总重量不超过72克,每面每平方米的涂层重量不超过15克,原纸中所含用机械方法制得的木纤维不少于全部纤维重量的50%。

商品编码	商品名称
48.01	**成卷或成张的新闻纸:**
4801.0010	---成卷的
4801.0090	---其他
48.02	**书写、印刷或类似用途的未经涂布的纸及纸板、未打孔的穿孔卡片及穿孔纸带纸,成卷或成张矩形(包括正方形),任何尺寸,但品目 48.01 或 48.03 的纸除外;手工制纸及纸板:**
	-手工制纸及纸板:
4802.1010	---宣纸
4802.1090	---其他
	-光敏、热敏、电敏纸及纸板的原纸和原纸板:
4802.2010	---照相原纸
4802.2090	---其他
4802.4000	-壁纸原纸
	-其他纸及纸板,不含用机械或化学—机械方法制得的纤维或所含前述纤维不超过全部纤维重量的 10%:
4802.5400	--每平方米重量小于 40 克
4802.5500	--每平方米重量在 40 克及以上,但不超过 150 克,成卷的
4802.5600	--每平方米重量在 40 克及以上,但不超过 150 克,成张的,以未折叠计一边不超过 435 毫米,另一边不超过 297 毫米
4802.5700	--其他,每平方米重量在 40 克及以上,但不超过 150 克
4802.5800	--每平方米重量超过 150 克
	-其他纸及纸板,所含用机械或化学—机械方法制得的纤维超过全部纤维重量的 10%:
4802.6100	--成卷的
4802.6200	--成张的,以未折叠计一边不超过 435 毫米,另一边不超过 297 毫米
4802.6900	--其他
48.03	**卫生纸、面巾纸、餐巾纸以及家庭或卫生用的类似纸、纤维素絮纸和纤维素纤维网纸,不论是否起纹、压花、打孔、染面、饰面或印花,成卷或成张的:**
4803.0000	卫生纸、面巾纸、餐巾纸以及家庭或卫生用的类似纸、纤维素絮纸和纤维素纤维网纸,不论是否起纹、压花、打孔、染面、饰面或印花,成卷或成张的
48.04	**成卷或成张的未经涂布的牛皮纸及纸板,但不包括品目 48.02 或 48.03 的货品:**
	-牛皮衬纸:
4804.1100	--未漂白
4804.1900	--其他
	-袋用牛皮纸:
4804.2100	--未漂白
4804.2900	--其他
	-其他牛皮纸及纸板,每平方米重量不超过 150 克:
4804.3100	--未漂白
4804.3900	--其他
	-其他牛皮纸及纸板,每平方米重量超过 150 克,但小于 225 克:
4804.4100	--未漂白
4804.4200	--本体均匀漂白,所含用化学方法制得的木纤维超过全部纤维重量的 95%
4804.4900	--其他
	-其他牛皮纸及纸板,每平方米重量在 225 克及以上:
4804.5100	--未漂白
4804.5200	--本体均匀漂白,所含用化学方法制得的木纤维超过全部纤维重量的 95%
4804.5900	--其他
48.05	**成卷或成张的其他未经涂布的纸及纸板,加工程度不超过本章注释三所列范围:**
	-瓦楞原纸:
4805.1100	--半化学的瓦楞原纸
4805.1200	--草浆瓦楞原纸
4805.1900	--其他
	-强韧箱纸板(再生挂面纸板):
4805.2400	--每平方米重量在 150 克及以下
4805.2500	--每平方米重量超过 150 克

商品编码	商品名称
4805.3000	－亚硫酸盐包装纸
4805.4000	－滤纸及纸板
4805.5000	－毡纸及纸板
	－其他：
	－－每平方米重量在 150 克及以下：
4805.9110	－－－电解电容器原纸
4805.9190	－－－其他
4805.9200	－－每平方米重量超过 150 克，但小于 225 克
4805.9300	－－每平方米重量在 225 克及以上
48.06	**成卷或成张的植物羊皮纸、防油纸、描图纸、半透明纸及其他高光泽透明或半透明纸：**
4806.1000	－植物羊皮纸
4806.2000	－防油纸
4806.3000	－描图纸
4806.4000	－高光泽透明或半透明纸
48.07	**成卷或成张的复合纸及纸板(用黏合剂黏合各层纸或纸板制成)未经表面涂布或未浸渍，不论内层是否有加强材料：**
4807.0000	成卷或成张的复合纸及纸板(用黏合剂黏合各层纸或纸板制成)，未经表面涂布或未浸渍，不论内层是否有加强材料
48.08	**成卷或成张的瓦楞纸及纸板(不论是否与平面纸胶合)、皱纹纸及纸板、压纹纸及纸板、穿孔纸及纸板，但品目 48.03 的纸除外：**
4808.1000	－瓦楞纸及纸板，不论是否穿孔
4808.4000	－皱纹牛皮纸，不论是否压花或穿孔
4808.9000	－其他
48.09	**复写纸、自印复写纸及其他拷贝或转印纸(包括涂布或浸渍的油印蜡纸或胶印版纸)，不论是否印制，成卷或成张的：**
4809.2000	－自印复写纸
4809.9000	－其他
48.10	**成卷或成张矩形(包括正方形)的任何尺寸的单面或双面涂布高岭土或其他无机物质(不论是否加黏合剂)的纸及纸板，未涂布其他涂料，不论是否染面、饰面或印花：**
	－书写、印刷或类似用途的纸及纸板，不含用机械或化学—机械方法制得的纤维或所含前述纤维不超过全部纤维重量的 10%：
4810.1300	－－成卷的
4810.1400	－－成张的，一边不超过 435 毫米，另一边不超过 297 毫米(以未折叠计)
4810.1900	－－其他
	－书写、印刷或类似用途的纸及纸板，所含用机械或化学—机械方法制得的纤维超过全部纤维重量的 10%：
4810.2200	－－轻质涂布纸
4810.2900	－－其他
	－牛皮纸及纸板，但书写、印刷或类似用途的除外：
4810.3100	－－本体均匀漂白，所含用化学方法制得的木纤维超过全部纤维重量的 95%，每平方米重量不超过 150 克
4810.3200	－－本体均匀漂白，所含用化学方法制得的木纤维超过全部纤维重量的 95%，每平方米重量超过 150 克
4810.3900	－－其他
	－其他纸及纸板：
4810.9200	－－多层的
4810.9900	－－其他
48.11	**成卷或成张矩形(包括正方形)的任何尺寸的经涂布、浸渍、覆盖、染面、饰面或印花的纸、纸板、纤维素絮纸及纤维素纤维网纸，但品目 48.03、48.09 或 48.10 的货品除外：**
4811.1000	－焦油纸及纸板、沥青纸及纸板
	－胶粘纸及纸板：
4811.4100	－－自粘的
4811.4900	－－其他
	－用塑料(不包括黏合剂)涂布、浸渍或覆盖的纸及纸板：
	－－漂白的，每平方米重量超过 150 克：
4811.5110	－－－彩色相纸用双面涂塑纸
	－－－其他：

商品编码	商品名称
4811.5191	－－－－纸塑铝复合材料
4811.5199	－－－－其他
	－－其他:
4811.5910	－－－绝缘纸及纸板
	－－－其他:
4811.5991	－－－－镀铝的
4811.5999	－－－－其他
	－用蜡、石蜡、硬脂精、油或甘油涂布、浸渍、覆盖的纸及纸板:
4811.6010	－－－绝缘纸及纸板
4811.6090	－－－其他
4811.9000	－其他纸、纸板、纤维素絮纸及纤维素纤维网纸
48.12	**纸浆制的滤块、滤板及滤片:**
4812.0000	纸浆制的滤块、滤板及滤片
48.13	**卷烟纸,不论是否切成一定尺寸、成小本或管状:**
4813.1000	－成小本或管状
4813.2000	－宽度不超过 5 厘米成卷的
4813.9000	－其他
48.14	**壁纸及类似品;窗用透明纸:**
4814.2000	－用塑料涂面或盖面的壁纸及类似品,起纹、压花、着色、印刷图案或经其他装饰
4814.9000	－其他
48.16	**复写纸、自印复写纸及其他拷贝或转印纸(不包括品目 48.09 的纸)、油印蜡纸或胶印版纸,不论是否盒装:**
4816.2000	－自印复写纸
	－其他:
4816.9010	－－－热敏转印纸
4816.9090	－－－其他
48.17	**纸或纸板制的信封、封缄信片、素色明信片及通信卡片;纸或纸板制的盒子、袋子及夹子,内装各种纸制文具:**
4817.1000	－信封
4817.2000	－封缄信片、素色明信片及通信卡片
4817.3000	－纸或纸板制的盒子、袋子及夹子,内装各种纸制文具
48.18	**卫生纸及类似纸、家庭或卫生用纤维素絮纸及纤维素纤维网纸,成卷宽度不超过 36 厘米或切成一定尺寸或形状的;纸浆、纸、纤维素絮纸或纤维素纤维网纸制的手帕、面巾、台布、餐巾、床单及类似的家庭、卫生或医院用品衣服及衣着附件:**
4818.1000	－卫生纸
4818.2000	－纸手帕及纸面巾
4818.3000	－纸台布及纸餐巾
4818.5000	－衣服及衣着附件
4818.9000	－其他
48.19	**纸、纸板、纤维素絮纸或纤维素纤维网纸制的箱、盒、匣、袋及其他包装容器;纸或纸板制的卷宗盒、信件盘及类似品,供办公室、商店及类似场所使用的:**
4819.1000	－瓦楞纸或纸板制的箱、盒、匣
4819.2000	－非瓦楞纸或纸板制的可折叠箱、盒、匣
4819.3000	－底宽 40 厘米及以上的纸袋
4819.4000	－其他纸袋,包括锥形袋
4819.5000	－其他包装容器,包括唱片套
4819.6000	－办公室、商店及类似场所使用的卷宗盒、信件盘、存储盒及类似品
48.20	**纸或纸板制的登记本、账本、笔记本、订货本、收据本、信笺本、记事本、日记本及类似品、练习本、吸墨纸本、活动封面(活页及非活页)、文件夹、卷宗皮、多联商业表格纸、页间夹有复写纸的本及其他文具用品;纸或纸板制的样品簿、粘贴簿及书籍封面:**
4820.1000	－登记本、账本、笔记本、订货本、收据本、信笺本、记事本、日记本及类似品
4820.2000	－练习本
4820.3000	－活动封面(书籍封面除外)、文件夹及卷宗皮
4820.4000	－多联商业表格纸、页间夹有复写纸的本
4820.5000	－样品簿及粘贴簿

商品编码	商品名称	商品编码	商品名称
4820.9000	- 其他		
48.21	**纸或纸板制的各种标签,不论是否印制:**		
4821.1000	- 印制		
4821.9000	- 其他		
48.22	**纸浆、纸或纸板(不论是否穿孔或硬化)制的筒管、卷轴、纡子及类似品:**		
4822.1000	- 纺织纱线用		
4822.9000	- 其他		
48.23	**切成一定尺寸或形状的其他纸、纸板、纤维素絮纸及纤维素纤维网纸;纸浆、纸、纸板、纤维素絮纸及纤维素纤维网纸制的其他物品:**		
4823.2000	- 滤纸及纸板		
4823.4000	- 已印制的自动记录器用打印纸卷、纸张及纸盘		
	- 纸或纸板制的盘、碟、盆、杯及类似品:		
4823.6100	- - 竹浆纸制		
	- - 其他:		
4823.6910	- - - 非木植物浆制		
4823.6990	- - - 其他		
4823.7000	- 压制或模制纸浆制品		
	- 其他:		
4823.9010	- - - 以纸或纸板为底制成的铺地制品		
4823.9020	- - - 神纸及类似用品		
4823.9030	- - - 纸扇		
4823.9090	- - - 其他		

第四十九章　书籍、报纸、印刷图画及其他印刷品；手稿、打字稿及设计图纸

注释：

一、本章不包括：

（一）透明基的照相负片或正片（第三十七章）；

（二）立体地图、设计图表或地球仪、天体仪，不论是否印刷（品目 90.23）；

（三）第九十五章的游戏纸牌或其他物品；或

（四）雕版画、印刷画、石印画的原本（品目 97.02），品目 97.04 的邮票、印花税票、纪念封、首日封、邮政信笺及类似品，以及第九十七章的超过一百年的古物或其他物品。

二、第四十九章所称"印刷"，也包括用胶版复印机、油印机印制，在自动数据处理设备控制下打印绘制，压印、冲印、感光复印、热敏复印或打字。

三、用纸以外材料装订成册的报纸、杂志和期刊，以及一期以上装订在同一封面里的成套报纸、杂志和期刊，应归入品目 49.01，不论是否有广告材料。[①]

四、品目 49.01 还包括：

（一）附有说明文字，每页编有号数以便装订成一册或几册的整集印刷复制品，例如，美术作品、绘画；

（二）随同成册书籍的图画附刊；

（三）供装订书籍或小册子用的散页、集页或书帖形式的印刷品，已构成一部作品的全部或部分。但没有说明文字的印刷图画或图解，不论是否散页或书帖形式，应归入品目 49.11。

五、除本章注释三另有规定的以外，品目 49.01 不包括主要作广告用的出版物（例如，小册子，散页印刷品、商业目录、同业公会出版的年鉴、旅游宣传品），这类出版物应归入品目 49.11。

六、品目 49.03 所称"儿童图画书"，是指以图画为主、文字为辅，供儿童阅览的书籍。

商品编码	商品名称
49.01	**书籍、小册子、散页印刷品及类似印刷品，不论是否单张：**
4901.1000	－单张的，不论是否折叠
	－其他：
4901.9100	－－字典或百科全书及其连续出版的分册
4901.9900	－－其他
49.02	**报纸、杂志及期刊，不论有无插图或广告材料：**
4902.1000	－每周至少出版四次
4902.9000	－其他
49.03	**儿童图画书、绘画或涂色书：**
4903.0000	儿童图画书、绘画或涂色书

商品编码	商品名称
49.04	**乐谱原稿或印本，不论是否装订或印有插图：**
4904.0000	乐谱原稿或印本，不论是否装订或印有插图
49.05	**各种印刷的地图、水道图及类似图表，包括地图册、挂图、地形图及地球仪、天体仪：**
4905.2000	－成册的
4905.9000	－其他
49.06	**手绘的建筑、工程、工业、商业、地形或类似用途的设计图纸原稿；手稿；用感光纸照相复印或用复写纸誊写的上述物品复制件：**

① 例如，《中国海关》杂志（2022 年第 1 期）按"杂志、期刊"归入品目 49.02，但《中国海关》杂志（2021 年合订本）则应归入品目 49.01。

商品编码	商品名称	商品编码	商品名称
4906.0000	手绘的建筑、工程、工业、商业、地形或类似用途的设计图纸原稿;手稿;用感光纸照相复印或用复写纸誊写的上述物品复制件		
49.07	**在承认或将承认其面值的国家流通或新发行并且未经使用的邮票、印花税票及类似票证;印有邮票或印花税票的纸品;钞票;空白支票;股票、债券及类似所有权凭证:**		
4907.0010	---邮票		
4907.0020	---钞票		
4907.0030	---证券凭证		
4907.0090	---其他		
49.08	**转印贴花纸(移画印花法用图案纸):**		
4908.1000	-釉转印贴花纸(移画印花法用图案纸)		
4908.9000	-其他		
49.09	**印刷或有图画的明信片;印有个人问候、祝贺、通告的卡片,不论是否有图画、带信封或饰边:**		
4909.0010	---印刷或有图画的明信片		
4909.0090	---其他		
49.10	**印刷的各种日历,包括日历芯:**		
4910.0000	印刷的各种日历,包括日历芯		
49.11	**其他印刷品,包括印刷的图片及照片:**		
	-商业广告品、商品目录及类似印刷品:		
4911.1010	---无商业价值的		
4911.1090	---其他		
	-其他:		
4911.9100	--图片、设计图样及照片		
	--其他:		
4911.9910	---纸质的		
4911.9990	---其他		

第十一类　纺织原料及纺织制品

注释：

一、本类不包括：

（一）制刷用的动物鬃、毛（品目 05.02）；马毛及废马毛（品目 05.11）；

（二）人发及人发制品（品目 05.01、67.03 或 67.04），但通常用于榨油机或类似机器的滤布除外（品目 59.11）；

（三）第十四章的棉短绒或其他植物材料；

（四）品目 25.24 的石棉、品目 68.12 或 68.13 的石棉制品或其他产品；

（五）品目 30.05 或 30.06 的物品；品目 33.06 的用于清洁牙缝的纱线（牙线），单独零售包装的；

（六）品目 37.01 至 37.04 的感光布；

（七）截面尺寸超过 1 毫米的塑料单丝和表面宽度超过 5 毫米的塑料扁条及类似品（例如，人造草）（第三十九章），以及上述单丝或扁条的缏条、织物、篮筐或柳条编结品（第四十六章）；

（八）第三十九章的用塑料浸渍、涂布、包覆或层压的机织物、针织物或钩编织物、毡呢或无纺织物及其制品；

（九）第四十章的用橡胶浸渍、涂布、包覆或层压的机织物、针织物或钩编织物、毡呢或无纺织物及其制品；

（十）带毛皮张（第四十一章或第四十三章）、品目 43.03 或 43.04 的毛皮制品、人造毛皮及其制品；

（十一）品目 42.01 或 42.02 的用纺织材料制成的物品；①

（十二）第四十八章的产品或物品（例如，纤维素絮纸）；

（十三）第六十四章的鞋靴及其零件、护腿、裹腿及类似品；②

（十四）第六十五章的发网、其他帽类及其零件；③

（十五）第六十七章的货品；④

（十六）涂有研磨料的纺织材料（品目 68.05）以及品目 68.15 的碳纤维及其制品；

（十七）玻璃纤维及其制品，但可见底布的玻璃线刺绣品除外（第七十章）；

（十八）第九十四章的物品（例如，家具、寝具、灯具及照明装置）；⑤

（十九）第九十五章的物品（例如，玩具、游戏品、运动用品及网具）；⑥

（二十）第九十六章的物品[例如，刷子、旅行用成套缝纫用具、拉链、打字机色带、卫生巾（护垫）及卫生棉条、尿布及尿布衬里]；⑦

（二十一）第九十七章的物品。

---

① 例如，棉布做的宠物狗穿的衣服应归入品目 42.01；帆布做的旅行包应归入品目 42.02。

② 例如，纺织材料制的鞋子尽管属于纺织制品，但应按“鞋靴”归入第六十四章。

③ 例如，纺织材料制的帽子尽管属于纺织制品，但应按“帽子”归入第六十五章。

④ 例如，装饰用的绢花（一般是丝或化纤材料）应按“人造花”归入品目 67.02。

⑤ 例如，纺织物制的床单按“床上织物制品”归入品目 63.02，但纺织物制的枕头（内有填充材料）则应按“寝具”归入品目 94.04。

⑥ 例如，布娃娃应按“玩具”归入品目 95.03。

⑦ 例如，棉布制的纽扣应归入品目 96.06，以纺织材料为主的卫生巾护垫应归入品目 96.19。

二、

（一）可归入第五十章至第五十五章及品目58.09或59.02的由两种或两种以上纺织材料混合制成的货品，应按其中重量最大的那种纺织材料归类。

当没有一种纺织材料重量较大时，应按可归入的有关品目中最后一个品目所列的纺织材料归类。①

（二）应用上述规定时：

1. 马毛粗松螺旋花线（品目51.10）和含金属纱线（品目56.05）均应作为一种单一的纺织材料，其重量应为它们在纱线中的合计重量；在机织物的归类中，金属线应作为一种纺织材料；

2. 在选择合适的品目时，应首先确定章，然后再确定该章的有关品目，至于不归入该章的其他材料可不予考虑；②

3. 当归入第五十四章及第五十五章的货品与其他章的货品进行比较时，应将这两章作为一个单一的章对待；③

4. 同一章或同一品目所列各种不同的纺织材料应作为单一的纺织材料对待。④

（三）上述（一）、（二）两款规定亦适用于以下注释三、四、五或六所述纱线。

三、

（一）本类的纱线（单纱、多股纱线或缆线）除下列（二）款另有规定的以外，凡符合以下规格的应作为“线、绳、索、缆”：

1. 丝或绢丝纱线，细度在20000分特以上；

2. 化学纤维纱线（包括第五十四章的用两根及以上单丝纺成的纱线），细度在10000分特以上；

3. 大麻或亚麻纱线：

（1）加光或上光的，细度在1429分特及以上；

（2）未加光或上光的，细度在20000分特以上；

4. 三股或三股以上的椰壳纤维纱线；

5. 其他植物纤维纱线，细度在20000分特以上；

6. 用金属线加强的纱线。

（二）下列各项不按上述（一）款规定办理：

1. 羊毛或其他动物毛纱线及纸纱线，但用金属线加强的纱线除外；

2. 第五十五章的化学纤维长丝丝束以及第五十四章的未加捻或捻度每米少于5转的复丝纱线；

3. 品目50.06的蚕胶丝及第五十四章的单丝；

4. 品目56.05的含金属纱线；但用金属线加强的纱线按上述（一）款6项规定办理；

5. 品目56.06的绳绒线、粗松螺旋花线及纵行起圈纱线。

---

① 例如，由40%的合成纤维短纤、60%的精梳羊毛制成的机织物，由于羊毛的重量最大，故应归入品目51.12“精梳羊毛的机织物”；但由50%的合成纤维短纤、50%的精梳羊毛制成的机织物，由于两者重量相等，故“从后归类”而归入品目55.15“合成纤维短纤纺制的其他机织物”。

② 例如，由40%的棉、30%的人造纤维短纤、30%的合成纤维短纤制成的机织物，尽管棉的含量最大，但应该首先考虑章（棉在第五十二章，人造纤维短纤和合成纤维短纤都在第五十五章，后两者合并计算超过棉的含量，故应归入第五十五章），又由于人造纤维短纤和合成纤维短纤含量相等，故“从后归类”归入品目55.16。

③ 例如，由35%的合成纤维长丝、25%的合成纤维短纤、40%的精梳羊毛制成的机织物，不归入品目51.12“精梳羊毛的机织物”而应归入品目54.07“合成纤维长丝纱线的机织物”，因为合成纤维长丝（属于第五十四章）与合成纤维短纤（属于第五十五章）的比例必须合并计算。

④ 例如，由55%的棉、15%合成纤维短纤、10%人造纤维短纤、20%羊毛制成的每平方米重225克的机织物应归入品目52.11，因为合成纤维短纤与人造纤维短纤都在第五十五章，应合并一起计算含量为25%，超过了羊毛的含量，故符合品目52.11中的“主要或仅与化学纤维混纺”的条件。

四、

(一)除下列(二)款另有规定的以外,第五十章、第五十一章、第五十二章、第五十四章和第五十五章所称"供零售用"纱线,是指以下列方式包装的纱线(单纱、多股纱线或揽线):

1. 绕于纸板、线轴、纱管或类似芯子上,其重量(含线芯)符合下列规定:

(1)丝、绢丝或化学纤维长丝纱线,不超过85克;或

(2)其他纱线,不超过125克。

2. 绕成团、绞或束,其重量符合下列规定:

(1)细度在3000分特以下的化学纤维长丝纱线,丝或绢丝纱线,不超过85克;

(2)细度在2000分特以下的任何其他纱线,不超过125克;或

(3)其他纱线,不超过500克。

3. 绕成绞或束,每绞或每束中有若干用线分开的小绞或小束,每小绞或小束的重量相等,并且符合下列规定:

(1)丝、绢丝或化学纤维长丝纱线,不超过85克;或

(2)其他纱线,不超过125克。

(二)下列各项不按上述(一)款规定办理:

1. 各种纺织材料制的单纱,但下列两种除外:

(1)未漂白的羊毛或动物细毛单纱;以及

(2)漂白、染色或印色的羊毛或动物细毛单纱,细度在5000分特以上。

2. 未漂白的多股纱线或缆线:

(1)丝或绢丝制的,不论何种包装;或

(2)除羊毛或动物细毛外其他纺织材料制,成绞或成束的。

3. 漂白、染色或印色丝或绢丝制的多股纱线或缆线,细度在133分特及以下。

4. 任何纺织材料制的单纱、多股纱线或缆线:

(1)交叉绕成绞或束的;或

(2)绕于纱芯上或以其他方式卷绕,明显用于纺织工业的(例如,绕于纱管、加捻管、纬纱管、锥形筒管或锭子上的或者绕成蚕茧状以供绣花机使用的纱线)。

五、品目52.04、54.01及55.08所称"缝纫线",是指下列多股纱线或缆线:

(一)绕于芯子(例如,线轴、纱管)上,重量(包括纱芯)不超过1000克;

(二)作为缝纫线上过浆的;以及

(三)终捻为反手(Z)捻的。

六、本类所称"高强力纱",是指断裂强度大于下列标准的纱线:

尼龙、其他聚酰胺或聚酯制的单纱——60厘牛顿/特克斯;

尼龙、其他聚酰胺或聚酯制的多股纱线或缆线——53厘牛顿/特克斯;

粘胶纤维制的单纱、多股纱线或缆线——27厘牛顿/特克斯。

七、本类所称"制成的",是指:

(一)裁剪成除正方形或长方形以外的其他形状的;

(二)呈制成状态,无需缝纫或其他进一步加工(或仅需剪断分隔联线)即可使用的(例如,某些抹布、毛巾、台布、方披巾、毯子);

(三)裁剪成一定尺寸,至少有一边为带有可见的锥形或压平形的热封边,其余各边经本注释其他各项所述加工,但不包括为防止剪边脱纱而用热切法或其他简单方法处理的织物;

(四)已缝边或滚边,或者在任一边带有结制的流苏,但不包括为防止剪边脱纱而锁边或用其他简单方法处理的织物;

(五)裁剪成一定尺寸并经抽纱加工的;

(六)缝合、胶合或用其他方法拼合而成的(将两段或两段以上相同料子的织物首尾连接而成的匹头,以及由两层或两层以上的织物,不论中间有无胎料,层叠而成的匹头除外);

(七)针织或钩编成一定形状,不论报验时是单件还是以若干件相连成幅的。

八、对于第五十章至第六十章:

(一)第五十章至第五十五章和第六十章,以及除条文另有规定以外的第五十六章至第五十九章,不适用于上述注释七所规定的制成货品;

(二)第五十章至第五十五章及第六十章不包括第五十六章至第五十九章的货品。

九、第五十章至第五十五章的机织物包括由若干层平行纱线以锐角或直角相互层叠,在纱线交叉点用黏合剂或以热黏合法黏合而成的织物。

十、用纺织材料和橡胶线制成的弹性产品归入本类。

十一、本类所称"浸渍",包括"浸泡"。

十二、本类所称"聚酰胺",包括"芳族聚酰胺"。

十三、本类及本目录所称"弹性纱线",是指合成纤维纺织材料制成的长丝纱线(包括单丝,变形纱线除外)。这些纱线可拉伸至原长的三倍而不断裂,并可在拉伸至原长两倍后五分钟内回复到不超过原长度的一倍半。

十四、除条文另有规定的以外,各种服装即使成套包装供零售用,也应按各自品目分别归类。本注释所称"纺织服装",是指品目61.01至61.14及品目62.01至62.11所列的各种服装。

十五、除本类注释一另有规定的以外,装有用作附加功能的化学、机械或电子组件(无论是作为内置组件还是组合在纤维或织物内)的纺织品、服装和其他纺织物,如果其具有本类货品的基本特征,应归入本类相应品目中。

子目注释:

一、本类及本目录所用有关名词解释如下:

(一)未漂白纱线:

1. 带有纤维自然色泽并且未经漂染(不论是否整体染色)或印色的纱线;

2. 从回收纤维制得,色泽未定的纱线(本色纱)。

这种纱线可用无色浆料或易褪色染料(可轻易地用肥皂洗去)处理,如果是化学纤维纱线,则整体用消光剂(例如,二氧化钛)进行处理。

(二)漂白纱线:

1. 经漂白加工、用漂白纤维制得或经染白(除条文另有规定的以外)(不论是否整体染色)及用白浆料处理的纱线;

2. 用未漂白纤维和漂白纤维混纺制得的纱线;或

3. 用未漂白纱和漂白纱纺成多股纱线或缆线。

(三)着色(染色或印色)纱线:

1. 染成彩色(不论是否整体染色,但白色或易褪色除外)或印色的纱线,以及用染色或印色纤维纺制的纱线;

2. 用各色染色纤维混合纺制或用未漂白或漂白纤维与着色纤维混合制得的纱线(夹色纱或混色纱),以及用一种或几种颜色间隔印色而获得点纹印迹的纱线;

3. 用已经印色的纱条或粗纱纺制的纱线;

4. 用未漂白纱和漂白纱与着色纱纺成的多股纱线或缆线。

上述定义作相应调整后适用于第五十四章的单丝、扁条或类似产品。

(四)未漂白机织物:

用未漂白纱线织成后未经漂白、染色或印花的机织物。这类织物可用无色浆料或易褪色染料处理。

(五)漂白机织物:

1. 经漂白、染白或用白浆料处理(除条文另有规定的以外)的成匹机织物;
2. 用漂白纱线织成的机织物;
3. 用未漂白纱线和漂白纱线织成的机织物。

(六)染色机织物:

1. 除条文另有规定的以外,染成白色以外的其他单一颜色或用白色以外的其他有色整理剂处理的成匹机织物;
2. 用单一颜色的着色纱线织成的机织物。

(七)色织机织物:

除印花机织物以外的下列机织物:

1. 用各种不同颜色纱线或同一颜色不同深浅(纤维的自然色彩除外)纱线织成的机织物;
2. 用未漂白或漂白纱线与着色纱线织成的机织物;
3. 用夹色纱线或混色纱线织成的机织物。

不论何种情况,布边或布头的纱线均可忽略不计。

(八)印花机织物:

成匹印花的机织物,不论是否用各色纱线织成。

用刷子或喷枪,经转印纸转印、植绒或蜡防印花等方法印成花纹图案的机织物亦可视为印花机织物。

上述各类纱线或织物如经丝光工艺处理并不影响其归类。上述(四)至(八)的定义在作必要修改后适用于针织或钩编织物。

(九)平纹组织:

每根纬纱在并排的经纱间上下交错而过,而每根经纱也在并排的纬纱间上下交错而过的织物组织。

二、

(一)含有两种或两种以上纺织材料的第五十六章至第六十三章的产品,应根据本类注释二对第五十章至第五十五章或品目58.09的此类纺织材料产品归类的规定来确定归类。

(二)运用本条规定时:

1. 应酌情考虑按归类总规则第三条来确定归类;
2. 对由底布和绒面或毛圈面构成的纺织品,在归类时可不考虑底布的属性;
3. 对品目58.10的刺绣品及其制品,归类时应只考虑底布的属性,但不见底布的刺绣品及其制品应根据绣线的属性确定归类。

第五十章　蚕　丝

商品编码	商品名称	商品编码	商品名称
50.01	**适于缫丝的蚕茧:**	5002.0013	----双宫丝
5001.0010	---适于缫丝的桑蚕茧	5002.0019	----其他
5001.0090	---其他	5002.0020	---柞蚕丝
50.02	**生丝(未加捻):**	5002.0090	---其他
	---桑蚕丝:	**50.03**	**废丝(包括不适于缫丝的蚕茧、废纱及回收纤维):**
5002.0011	----厂丝		---未梳:
5002.0012	----土丝		

商品编码	商品名称	商品编码	商品名称
5003.0011	----下茧、茧衣、长吐、滞头		
5003.0012	----回收纤维		
5003.0019	----其他		
	---其他:		
5003.0091	----棉球		
5003.0099	----其他		
50.04	**丝纱线(绢纺纱线除外),非供零售用:**		
5004.0000	丝纱线(绢纺纱线除外),非供零售用		
50.05	**绢纺纱线,非供零售用:**		
5005.0010	---䌷丝纱线		
5005.0090	---其他		
50.06	**丝纱线及绢纺纱线,供零售用;蚕胶丝:**		
5006.0000	丝纱线及绢纺纱线,供零售用;蚕胶丝		
50.07	**丝或绢丝机织物:**		
	-䌷丝机织物:		
5007.1010	---未漂白(包括未练白或练白)或漂白		
5007.1090	---其他		
	-其他机织物,按重量计丝或绢丝(䌷丝除外)含量在85%及以上:		
	---桑蚕丝机织物:		
5007.2011	----未漂白(包括未练白或练白)或漂白		
5007.2019	----其他		
	---柞蚕丝机织物:		
5007.2021	----未漂白(包括未练白或练白)或漂白		
5007.2029	----其他		
	---绢丝机织物:		
5007.2031	----未漂白(包括未练白或练白)或漂白		
5007.2039	----其他		
5007.2090	---其他		
	-其他机织物:		
5007.9010	---未漂白(包括未练白或练白)或漂白		
5007.9090	---其他		

第五十一章　羊毛、动物细毛或粗毛；马毛纱线及其机织物

注释：

本目录所称：

一、“羊毛”，是指绵羊或羔羊身上长的天然纤维；①

二、“动物细毛”，是指下列动物的毛：羊驼、美洲驼、驼马、骆驼（包括单峰骆驼）、牦牛、安哥拉山羊、西藏山羊、喀什米尔山羊及类似山羊（普通山羊除外）、家兔（包括安哥拉兔）、野兔、海狸、河狸鼠或麝鼠；②

三、“动物粗毛”，是指以上未提及的其他动物的毛，但不包括制刷用鬃、毛（品目 05. 02）以及马毛（品目 05. 11）。

商品编码	商品名称
51. 01	**未梳的羊毛：**
	– 含脂羊毛，包括剪前水洗毛：
5101. 1100	– – 剪羊毛
5101. 1900	– – 其他
	– 脱脂羊毛，未碳化：
5101. 2100	– – 剪羊毛
5101. 2900	– – 其他
5101. 3000	– 碳化羊毛
51. 02	**未梳的动物细毛或粗毛：**
	– 细毛：
5102. 1100	– – 喀什米尔山羊的
	– – 其他：
5102. 1910	– – – 兔毛
5102. 1920	– – – 其他山羊绒
5102. 1930	– – – 骆驼毛、骆驼绒
5102. 1990	– – – 其他
5102. 2000	– 粗毛
51. 03	**羊毛或动物细毛或粗毛的废料，包括废纱线，但不包括回收纤维：**
	– 羊毛或动物细毛的落毛：
5103. 1010	– – – 羊毛落毛
5103. 1090	– – – 其他
	– 羊毛或动物细毛的其他废料：
5103. 2010	– – – 羊毛废料
5103. 2090	– – – 其他
5103. 3000	– 动物粗毛废料
51. 04	**羊毛或动物细毛或粗毛的回收纤维：**
5104. 0010	– – – 羊毛的回收纤维
5104. 0090	– – – 其他
51. 05	**已梳的羊毛及动物细毛或粗毛（包括精梳片毛）：**
5105. 1000	– 粗梳羊毛
	– 羊毛条及其他精梳羊毛：
5105. 2100	– – 精梳片毛
5105. 2900	– – 其他
	– 已梳动物细毛：
5105. 3100	– – 喀什米尔山羊的
	– – 其他：
5105. 3910	– – – 兔毛
	– – – 其他山羊绒：
5105. 3921	– – – – 无毛山羊绒
5105. 3929	– – – – 其他
5105. 3990	– – – 其他
5105. 4000	– 已梳动物粗毛
51. 06	**粗梳羊毛纱线，非供零售用：**
5106. 1000	– 按重量计羊毛含量在 85%及以上
5106. 2000	– 按重量计羊毛含量在 85%以下
51. 07	**精梳羊毛纱线，非供零售用：**
5107. 1000	– 按重量计羊毛含量在 85%及以上
5107. 2000	– 按重量计羊毛含量在 85%以下
51. 08	**动物细毛（粗梳或精梳）纱线，非供零售用：**

① “羊毛”仅指绵羊毛和羔羊毛，不包括山羊毛。

② “动物细毛”中的安哥拉山羊毛又称“马海毛”，喀什米尔山羊毛又称“开司米”。

商品编码	商品名称
	- 粗梳:
	- - - 按重量计动物细毛含量在 85%及以上的:
5108.1011	- - - - 山羊绒的
5108.1019	- - - - 其他
5108.1090	- - - 其他
	- 精梳:
	- - - 按重量计动物细毛含量在 85%及以上的:
5108.2011	- - - - 山羊绒的
5108.2019	- - - - 其他
5108.2090	- - - 其他
51.09	**羊毛或动物细毛的纱线,供零售用:**
	- 按重量计羊毛或动物细毛含量在85%及以上:
	- - - 动物细毛的:
5109.1011	- - - - 山羊绒的
5109.1019	- - - - 其他
5109.1090	- - - 其他
	- 其他:
	- - - 动物细毛的:
5109.9011	- - - - 山羊绒的
5109.9019	- - - - 其他
5109.9090	- - - 其他
51.10	**动物粗毛或马毛的纱线(包括马毛粗松螺旋花线),不论是否供零售用:**
5110.0000	动物粗毛或马毛的纱线(包括马毛粗松螺旋花线),不论是否供零售用
51.11	**粗梳羊毛或粗梳动物细毛的机织物:**
	- 按重量计羊毛或动物细毛含量在85%及以上:
	- - 每平方米重量不超过 300 克:
	- - - 动物细毛的:
5111.1111	- - - - 山羊绒的
5111.1119	- - - - 其他
5111.1190	- - - 其他
	- - 其他:
	- - - 动物细毛的:
5111.1911	- - - - 山羊绒的
5111.1919	- - - - 其他
5111.1990	- - - 其他
5111.2000	- 其他,主要或仅与化学纤维长丝混纺
5111.3000	- 其他,主要或仅与化学纤维短纤混纺
5111.9000	- 其他
51.12	**精梳羊毛或精梳动物细毛的机织物:**
	- 按重量计羊毛或动物细毛含量在85%及以上:
5112.1100	- - 每平方米重量不超过 200 克
5112.1900	- - 其他
5112.2000	- 其他,主要或仅与化学纤维长丝混纺
5112.3000	- 其他,主要或仅与化学纤维短纤混纺
5112.9000	- 其他
51.13	**动物粗毛或马毛的机织物:**
5113.0000	动物粗毛或马毛的机织物

第五十二章　棉　花

子目注释：

子目 5209.42 及 5211.42 所称“粗斜纹布（劳动布）”，是指用不同颜色的纱线织成的三线或四线斜纹织物，包括破斜纹组织的织物，这种织物以经纱为面，经纱染成一种相同的颜色，纬纱未漂白或经漂白、染成灰色或比经纱稍浅的颜色。

商品编码	商品名称
52.01	**未梳的棉花：**
5201.0000	未梳的棉花
52.02	**废棉（包括废棉纱线及回收纤维）：**
5202.1000	－废棉纱线（包括废棉线）
	－其他：
5202.9100	－－回收纤维
5202.9900	－－其他
52.03	**已梳的棉花：**
5203.0000	已梳的棉花
52.04	**棉制缝纫线，不论是否供零售用**
	－非供零售用：
5204.1100	－－按重量计含棉量在85%及以上
5204.1900	－－其他
5204.2000	－供零售用
52.05	**棉纱线（缝纫线除外），按重量计含棉量在85%及以上，非供零售用：**
	－未精梳纤维纺制的单纱：
5205.1100	－－细度在714.29分特及以上（不超过14公支）
5205.1200	－－细度在714.29分特以下，但不细于232.56分特（超过14公支，但不超过43公支）
5205.1300	－－细度在232.56分特以下，但不细于192.31分特（超过43公支，但不超过52公支）
5205.1400	－－细度在192.31分特以下，但不细于125分特（超过52公支，但不超过80公支）
5205.1500	－－细度在125分特以下（超过80公支）
	－精梳纤维纺制的单纱：
5205.2100	－－细度在714.29分特及以上（不超过14公支）
5205.2200	－－细度在714.29分特以下，但不细于232.56分特（超过14公支，但不超过43公支）
5205.2300	－－细度在232.56分特以下，但不细于192.31分特（超过43公支，但不超过52公支）
5205.2400	－－细度在192.31分特以下，但不细于125分特（超过52公支，但不超过80公支）
5205.2600	－－细度在125分特以下，但不细于106.38分特（超过80公支，但不超过94公支）
5205.2700	－－细度在106.38分特以下，但不细于83.33分特（超过94公支，但不超过120公支）
5205.2800	－－细度在83.33分特以下（超过120公支）
	－未精梳纤维纺制的多股纱线或缆线：
5205.3100	－－每根单纱细度在714.29分特及以上（每根单纱不超过14公支）
5205.3200	－－每根单纱细度在714.29分特以下，但不细于232.56分特（每根单纱超过14公支，但不超过43公支
5205.3300	－－每根单纱细度在232.56分特以下，但不细于192.31分特（每根单纱超过43公支，但不超过52公支）
5205.3400	－－每根单纱细度在192.31分特以下，但不细于125分特（每根单纱超过52公支，但不超过80公支）
5205.3500	－－每根单纱细度在125分特以下（每根单纱超过80公支）

商品编码	商品名称
	- 精梳纤维纺制的多股纱线或缆线:
5205.4100	- - 每根单纱细度在 714.29 分特及以上(每根单纱不超过 14 公支)
5205.4200	- - 每根单纱细度在 714.29 分特以下,但不细于 232.56 分特(每根单纱超过 14 公支,但不超过 43 公支
5205.4300	- - 每根单纱细度在 232.56 分特以下,但不细于 192.31 分特(每根单纱超过 43 公支,但不超过 52 公支)
5205.4400	- - 每根单纱细度在 192.31 分特以下,但不细于 125 分特(每根单纱超过 52 公支,但不超过 80 公支)
5205.4600	- - 每根单纱细度在 125 分特以下,但不细于 106.38 分特(每根单纱超过 80 公支,但不超过 94 公支)
5205.4700	- - 每根单纱细度在 106.38 分特以下,但不细于 83.33 分特(每根单纱超过 94 公支,但不超过 120 公支)
5205.4800	- - 每根单纱细度在 83.33 分特以下(每根单纱超过 120 公支)
52.06	**棉纱线(缝纫线除外),按重量计含棉量在 85%以下,非供零售用**
	- 未精梳纤维纺制的单纱:
5206.1100	- - 细度在 714.29 分特及以上(不超过 14 公支)
5206.1200	- - 细度在 714.29 分特以下,但不细于 232.56 分特(超过 14 公支,但不超过 43 公支)
5206.1300	- - 细度在 232.56 分特以下,但不细于 192.31 分特(超过 43 公支,但不超过 52 公支)
5206.1400	- - 细度在 192.31 分特以下,但不细于 125 分特(超过 52 公支,但不超过 80 公支)
5206.1500	- - 细度在 125 分特以下(超过 80 公支)
	- 精梳纤维纺制的单纱:
5206.2100	- - 细度在 714.29 分特及以上(不超过 14 公支)
5206.2200	- - 细度在 714.29 分特以下,但不细于 232.56 分特(超过 14 公支,但不超过 43 公支)
5206.2300	- - 细度在 232.56 分特以下,但不细于 192.31 分特(超过 43 公支,但不超过 52 公支)
5206.2400	- - 细度在 192.31 分特以下,但不细于 125 分特(超过 52 公支,但不超过 80 公支)
5206.2500	- - 细度在 125 分特以下(超过 80 公支)
	- 未精梳纤维纺制的多股纱线或缆线:
5206.3100	- - 每根单纱细度在 714.29 分特及以上(每根单纱不超过 14 公支)
5206.3200	- - 每根单纱细度在 714.29 分特以下,但不细于 232.56 分特(每根单纱超过 14 公支,但不超过 43 公支)
5206.3300	- - 每根单纱细度在 232.56 分特以下,但不细于 192.31 分特(每根单纱超过 43 公支,但不超过 52 公支
5206.3400	- - 每根单纱细度在 192.31 分特以下,但不细于 125 分特(每根单纱超过 52 公支,但不超过 80 公支)
5206.3500	- - 每根单纱细度在 125 分特以下(每根单纱超过 80 公支)
	- 精梳纤维纺制的多股纱线或缆线:
5206.4100	- - 每根单纱细度在 714.29 分特及以上(每根单纱不超过 14 公支)
5206.4200	- - 每根单纱细度在 714.29 分特以下,但不细于 232.56 分特(每根单纱超过 14 公支,但不超过 43 公支
5206.4300	- - 每根单纱细度在 232.56 分特以下,但不细于 192.31 分特(每根单纱超过 43 公支,但不超过 52 公支)

商品编码	商品名称
5206.4400	--每根单纱细度在192.31分特以下,但不细于125分特(每根单纱超过52公支,但不超过80公支)
5206.4500	--每根单纱细度在125分特以下(每根单纱超过80公支)
52.07	**棉纱线(缝纫线除外),供零售用**
5207.1000	**-按重量计含棉量在85%及以上**
5207.9000	**-其他**
52.08	**棉机织物,按重量计含棉量在85%及以上,每平方米重量不超过200克:**
	-未漂白:
5208.1100	--平纹机织物,每平方米重量不超过100克
5208.1200	--平纹机织物,每平方米重量超过100克
5208.1300	--三线或四线斜纹机织物,包括双面斜纹机织物
5208.1900	--其他机织物
	-漂白:
5208.2100	--平纹机织物,每平方米重量不超过100克
5208.2200	--平纹机织物,每平方米重量超过100克
5208.2300	--三线或四线斜纹机织物,包括双面斜纹机织物
5208.2900	--其他机织物
	-染色:
5208.3100	--平纹机织物,每平方米重量不超过100克
5208.3200	--平纹机织物,每平方米重量超过100克
5208.3300	--三线或四线斜纹机织物,包括双面斜纹机织物
5208.3900	--其他机织物
	-色织:
5208.4100	--平纹机织物,每平方米重量不超过100克
5208.4200	--平纹机织物,每平方米重量超过100克
5208.4300	--三线或四线斜纹机织物,包括双面斜纹机织物
5208.4900	--其他机织物
	-印花:
5208.5100	--平纹机织物,每平方米重量不超过100克
5208.5200	--平纹机织物,每平方米重量超过100克
	--其他机织物:
5208.5910	---三线或四线斜纹机织物,包括双面斜纹机织物
5208.5990	---其他
52.09	**棉机织物,按重量计含棉量在85%及以上,每平方米重量超过200克:**
	-未漂白:
5209.1100	--平纹机织物
5209.1200	--三线或四线斜纹机织物,包括双面斜纹机织物
5209.1900	--其他机织物
	-漂白:
5209.2100	--平纹机织物
5209.2200	--三线或四线斜纹机织物,包括双面斜纹机织物
5209.2900	--其他机织物
	-染色:
5209.3100	--平纹机织物
5209.3200	--三线或四线斜纹机织物,包括双面斜纹机织物
5209.3900	--其他机织物
	-色织:
5209.4100	--平纹机织物
5209.4200	--粗斜纹布(劳动布)
5209.4300	--其他三线或四线斜纹机织物,包括双面斜纹机织物
5209.4900	--其他机织物
	-印花:
5209.5100	--平纹机织物
5209.5200	--三线或四线斜纹机织物,包括双面斜纹机织物
5209.5900	--其他机织物
52.10	**棉机织物,按重量计含棉量在85%以下,主要或仅与化学纤维混纺,每平方米重量不超过200克:**

商品编码	商品名称
	- 未漂白:
5210.1100	- - 平纹机织物
	- - 其他机织物:
5210.1910	- - - 三线或四线斜纹机织物,包括双面斜纹机织物
5210.1990	- - - 其他
	- 漂白:
5210.2100	- - 平纹机织物
	- - 其他机织物:
5210.2910	- - - 三线或四线斜纹机织物,包括双面斜纹机织物
5210.2990	- - - 其他
	- 染色:
5210.3100	- - 平纹机织物
5210.3200	- - 三线或四线斜纹机织物,包括双面斜纹机织物
5210.3900	- - 其他机织物
	- 色织:
5210.4100	- - 平纹机织物
	- - 其他机织物:
5210.4910	- - - 三线或四线斜纹机织物,包括双面斜纹机织物
5210.4990	- - - 其他
	- 印花:
5210.5100	- - 平纹机织物
	- - 其他机织物:
5210.5910	- - - 三线或四线斜纹机织物,包括双面斜纹机织物
5210.5990	- - - 其他机织物
52.11	**棉机织物,按重量计含棉量在 85% 以下,主要或仅与化学纤维混纺,每平方米重量超过 200 克:**
	- 未漂白:
5211.1100	- - 平纹机织物
5211.1200	- - 三线或四线斜纹机织物,包括双面斜纹机织物
5211.1900	- - 其他机织物
5211.2000	- 漂白
	- 染色:
5211.3100	- - 平纹机织物
5211.3200	- - 三线或四线斜纹机织物,包括双面斜纹机织物
5211.3900	- - 其他机织物
	- 色织:
5211.4100	- - 平纹机织物
5211.4200	- - 粗斜纹布(劳动布)
5211.4300	- - 其他三线或四线斜纹机织物,包括双面斜纹机织物
5211.4900	- - 其他机织物
	- 印花:
5211.5100	- - 平纹机织物
5211.5200	- - 三线或四线斜纹机织物,包括双面斜纹机织物
5211.5900	- - 其他机织物
52.12	**其他棉机织物:**
	- 每平方米重量不超过 200 克:
5212.1100	- - 未漂白
5212.1200	- - 漂白
5212.1300	- - 染色
5212.1400	- - 色织
5212.1500	- - 印花
	- 每平方米重量超过 200 克:
5212.2100	- - 未漂白
5212.2200	- - 漂白
5212.2300	- - 染色
5212.2400	- - 色织
5212.2500	- - 印花

第五十三章　其他植物纺织纤维;纸纱线及其机织物

商品编码	商品名称
53.01	**亚麻,生的或经加工但未纺制的;亚麻短纤及废麻(包括废麻纱线及回收纤维):**
5301.1000	- 生的或经沤制的亚麻
	- 破开、打成、栉梳或经其他加工但未纺制的亚麻:
5301.2100	- - 破开的或打成的
5301.2900	- - 其他
5301.3000	- 亚麻短纤及废麻
53.02	**大麻,生的或经加工但未纺制的;大麻短纤及废麻(包括废麻纱线及回收纤维):**
5302.1000	- 生的或经沤制的大麻
5302.9000	- 其他
53.03	**黄麻及其他纺织用韧皮纤维(不包括亚麻、大麻及苎麻),生的或经加工但未纺制的;上述纤维的短纤及废麻(包括废纱线及回收纤维):**
5303.1000	- 生的或经沤制的黄麻及其他纺织用韧皮纤维
5303.9000	- 其他
53.05	**椰壳纤维、蕉麻(马尼拉麻)、苎麻及其他品目未列名的纺织用植物纤维,生的或经加工但未纺制的;上述纤维的短纤、落麻及废料(包括废纱线及回收纤维):**
	- - - 苎麻:
5305.0011	- - - - 生的
5305.0012	- - - - 经加工但未纺制的
5305.0013	- - - - 短纤及废料
5305.0019	- - - - 其他
5305.0020	- - - 蕉麻
	- - - 其他:
5305.0091	- - - - 西沙尔麻及其他纺织用龙舌兰类纤维
5305.0092	- - - - 椰壳纤维
5305.0099	- - - - 其他
53.06	**亚麻纱线:**
5306.1000	- 单纱
5306.2000	- 多股纱线或缆线
53.07	**黄麻纱线或品目 53.03 的其他纺织用韧皮纤维纱线:**
5307.1000	- 单纱
5307.2000	- 多股纱线或缆线
53.08	**其他植物纺织纤维纱线;纸纱线**
5308.1000	- 椰壳纤维纱线
5308.2000	- 大麻纱线
	- 其他:
	- - - 苎麻纱线:
5308.9011	- - - - 按重量计苎麻含量在 85%及以上的未漂白或漂白纱线
5308.9012	- - - - 按重量计苎麻含量在 85%及以上的色纱线
5308.9013	- - - - 按重量计苎麻含量在 85%以下的未漂白或漂白纱线
5308.9014	- - - - 按重量计苎麻含量在 85%以下的色纱线
	- - - 其他:
5308.9091	- - - - 纸纱线
5308.9099	- - - - 其他
53.09	**亚麻机织物:**
	- 按重量计亚麻含量在 85%及以上:
	- - 未漂白或漂白:
5309.1110	- - - 未漂白
5309.1120	- - - 漂白
5309.1900	- - 其他
	- 按重量计亚麻含量在 85%以下:
	- - 未漂白或漂白:
5309.2110	- - - 未漂白
5309.2120	- - - 漂白
5309.2900	- - 其他
53.10	**黄麻或品目 53.03 的其他纺织用韧皮纤维机织物:**
5310.1000	- 未漂白

商品编码	商品名称	商品编码	商品名称
5310.9000	-其他		
53.11	**其他纺织用植物纤维机织物;纸纱线机织物:**		
	---苎麻的:		
5311.0012	----按重量计苎麻含量在85%及以上的未漂白机织物		
5311.0013	----按重量计苎麻含量在85%及以上的其他机织物		
5311.0014	----按重量计苎麻含量在85%以下的未漂白机织物		
5311.0015	----按重量计苎麻含量在85%以下的其他机织物		
5311.0020	---纸纱线的		
5311.0030	---大麻的		
5311.0090	---其他		

第五十四章　化学纤维长丝；化学纤维纺织材料制扁条及类似品

注释：

一、本目录所称“化学纤维”，是指通过下列任一方法加工制得的有机聚合物的短纤或长丝：

（一）将有机单体物质加以聚合而制成聚合物，例如，聚酰胺、聚酯、聚烯烃、聚氨基甲酸酯；或通过上述加工将聚合物经化学改性制得（例如，聚乙酸乙烯酯水解得的聚乙烯醇）；或

（二）将天然有机聚合物（例如，纤维素）溶解或经化学处理制成聚合物，例如，铜铵纤维或粘胶纤维；或将天然有机聚合物（例如，纤维素、酪蛋白及其他蛋白质或藻酸）经化学改性制成聚合物，例如，醋酸纤维素纤维或藻酸盐纤维。

对于化学纤维，所称“合成”，是指（一）款所述的纤维；所称“人造”，是指（二）款所述的纤维。品目 54.04 或 54.05 的扁条及类似品不视作化学纤维。

对于纺织材料，所称“化学纤维”、“合成纤维”及“人造纤维”，其含义应与上述解释相同。

二、品目 54.02 及 54.03 不适用于第五十五章的合成纤维或人造纤维的长丝丝束。

商品编码	商品名称
54.01	**化学纤维长丝纺制的缝纫线，不论是否供零售用：**
	- 合成纤维长丝纺制：
5401.1010	- - - 非供零售用
5401.1020	- - - 供零售用
	- 人造纤维长丝纺制：
5401.2010	- - - 非供零售用
5401.2020	- - - 供零售用
54.02	**合成纤维长丝纱线（缝纫线除外），非供零售用，包括细度在 67 分特以下的合成纤维单丝：**
	- 尼龙或其他聚酰胺纺制的高强力纱，不论是否经变形加工：
	- - 芳香族聚酰胺纺制：
5402.1110	- - - 聚间苯二甲酰间苯二胺纺制
5402.1120	- - - 聚对苯二甲酰对苯二胺纺制
5402.1190	- - - 其他
	- - 其他：
5402.1910	- - - 聚酰胺-6（尼龙-6）纺制的
5402.1920	- - - 聚酰胺-6，6（尼龙-6，6）纺制的
5402.1990	- - - 其他
5402.2000	- 聚酯高强力纱，不论是否经变形加工
	- 变形纱线：
	- - 尼龙或其他聚酰胺纺制，每根单纱细度不超过 50 分特：
	- - - 弹力丝：
5402.3111	- - - - 聚酰胺-6（尼龙-6）纺制的
5402.3112	- - - - 聚酰胺-6，6（尼龙-6，6）纺制的
5402.3113	- - - - 芳香族聚酰胺纺制的
5402.3119	- - - - 其他
5402.3190	- - - 其他
	- - 尼龙或其他聚酰胺纺制，每根单纱细度超过 50 分特：
	- - - 弹力丝：
5402.3211	- - - - 聚酰胺-6（尼龙-6）纺制的
5402.3212	- - - - 聚酰胺-6，6（尼龙-6，6）纺制的
5402.3213	- - - - 芳香族聚酰胺纺制的
5402.3219	- - - - 其他
5402.3290	- - - 其他
	- - 聚酯纺制：
5402.3310	- - - 弹力丝
5402.3390	- - - 其他
5402.3400	- - 聚丙烯纺制
5402.3900	- - 其他
	- 其他单纱，未加捻或捻度每米不超过 50 转：
	- - 弹性纱线：
5402.4410	- - - 氨纶纱线
5402.4490	- - - 其他

商品编码	商品名称
	－－其他,尼龙或其他聚酰胺纱线
5402.4510	－－－聚酰胺-6(尼龙-6)纺制的
5402.4520	－－－聚酰胺-6,6(尼龙-6,6)纺制的
5402.4530	－－－芳香族聚酰胺纺制的
5402.4590	－－－其他
5402.4600	－－其他,部分定向聚酯纱线
5402.4700	－－其他,聚酯纱线
5402.4800	－－其他,聚丙烯纱线
	－－其他:
5402.4910	－－－断裂强度大于等于22厘牛/分特,且初始模量大于等于750厘牛/分特的聚乙烯纱线
5402.4990	－－－其他
	－其他单纱,捻度每米超过50转:
	－－尼龙或其他聚酰胺纱线:
5402.5110	－－－聚酰胺-6(尼龙-6)纺制的
5402.5120	－－－聚酰胺-6,6(尼龙-6,6)纺制的
5402.5130	－－－芳香族聚酰胺纺制的
5402.5190	－－－其他
5402.5200	－－聚酯纱线
5402.5300	－－聚丙烯纱线
	－－其他:
5402.5920	－－－断裂强度大于等于22厘牛/分特,且初始模量大于等于750厘牛/分特的聚乙烯纱线
5402.5990	－－－其他
	－其他纱线(多股纱线或缆线):
	－－尼龙或其他聚酰胺纺制:
5402.6110	－－－聚酰胺-6(尼龙-6)纺制的
5402.6120	－－－聚酰胺-6,6(尼龙-6,6)纺制的
5402.6130	－－－芳香族聚酰胺纺制的
5402.6190	－－－其他
5402.6200	－－聚酯纺制
5402.6300	－－聚丙烯纺制
	－－其他:
5402.6920	－－－氨纶纱线
5402.6990	－－－其他
54.03	**人造纤维长丝纱线(缝纫线除外),非供零售用,包括细度在67分特以下的人造纤维单丝:**
5403.1000	－粘胶纤维纺制的高强力纱
	－其他单纱:
	－－粘胶纤维纺制,未加捻或捻度每米不超过120转:
5403.3110	－－－竹制
5403.3190	－－－其他
	－－粘胶纤维纺制,捻度每米超过120转:
5403.3210	－－－竹制
5403.3290	－－－其他
	－－醋酸纤维纺制:
5403.3310	－－－二醋酸纤维纺制
5403.3390	－－－其他
5403.3900	－－其他
	－其他纱线(多股纱线或缆线):
5403.4100	－－粘胶纤维纺制
5403.4200	－－醋酸纤维纺制
5403.4900	－－其他
54.04	**截面尺寸不超过1毫米,细度在67分特及以上的合成纤维单丝;表观宽度不超过5毫米的合成纤维纺织材料制扁条及类似品(例如,人造草):**
	－单丝:
5404.1100	－－弹性
5404.1200	－－其他,聚丙烯制
5404.1900	－－其他
5404.9000	－其他
54.05	**截面尺寸不超过1毫米,细度在67分特及以上的人造纤维单丝;表观宽度不超过5毫米的人造纤维纺织材料制扁条及类似品(例如,人造草):**
5405.0000	截面尺寸不超过1毫米,细度在67分特及以上的人造纤维单丝;表观宽度不超过5毫米的人造纤维纺织材料制扁条及类似品(例如,人造草)
54.06	**化学纤维长丝纱线(缝纫线除外),供零售用:**
5406.0010	－－－合成纤维长丝纱线
5406.0020	－－－人造纤维长丝纱线
54.07	**合成纤维长丝纱线的机织物,包括品目54.04所列材料的机织物:**

商品编码	商品名称
	- 尼龙或其他聚酰胺高强力纱、聚酯高强力纱纺制的机织物:
5407.1010	- - - 尼龙或其他聚酰胺高强力纱纺制
5407.1020	- - - 聚酯高强力纱纺制
5407.2000	- 扁条及类似品的机织物
5407.3000	- 第十一类注释九所列的机织物
	- 其他机织物,按重量计尼龙或其他聚酰胺长丝含量在 85%及以上:
5407.4100	- - 未漂白或漂白
5407.4200	- - 染色
5407.4300	- - 色织
5407.4400	- - 印花
	- 其他机织物,按重量计聚酯变形长丝含量在 85%及以上:
5407.5100	- - 未漂白或漂白
5407.5200	- - 染色
5407.5300	- - 色织
5407.5400	- - 印花
	- 其他机织物,按重量计聚酯长丝含量在 85%及以上:
5407.6100	- - 按重量计聚酯非变形长丝含量在 85%及以上
5407.6900	- - 其他
	- 其他机织物,按重量计其他合成纤维长丝含量在 85%及以上:
5407.7100	- - 未漂白或漂白
5407.7200	- - 染色
5407.7300	- - 色织
5407.7400	- - 印花
	- 其他机织物,按重量计其他合成纤维长丝含量在 85%以下,主要或仅与棉混纺:
5407.8100	- - 未漂白或漂白
5407.8200	- - 染色
5407.8300	- - 色织
5407.8400	- - 印花
	- 其他机织物:
5407.9100	- - 未漂白或漂白
5407.9200	- - 染色
5407.9300	- - 色织
5407.9400	- - 印花
54.08	**人造纤维长丝纱线的机织物,包括品目 54.05 所列材料的机织物:**
5408.1000	- 粘胶纤维高强力纱的机织物
	- 其他机织物,按重量计人造纤维长丝、扁条或类似品含量在 85%及以上:
	- - 未漂白或漂白:
5408.2110	- - - 粘胶纤维制
5408.2120	- - - 醋纤纤维制
5408.2190	- - - 其他
	- - 染色:
5408.2210	- - - 粘胶纤维制
5408.2220	- - - 醋纤纤维制
5408.2290	- - - 其他
	- - 色织:
5408.2310	- - - 粘胶纤维制
5408.2320	- - - 醋纤纤维制
5408.2390	- - - 其他
	- - 印花:
5408.2410	- - - 粘胶纤维制
5408.2420	- - - 醋纤纤维制
5408.2490	- - - 其他
	- 其他机织物:
5408.3100	- - 未漂白或漂白
5408.3200	- - 染色
5408.3300	- - 色织
5408.3400	- - 印花

第五十五章　化学纤维短纤

注释：

品目55.01和55.02仅适用于每根与丝束长度相等的平行化学纤维长丝丝束。前述丝束应同时符合下列规格：

一、丝束长度超过2米；

二、捻度每米少于5转；

三、每根长丝细度在67分特以下；

四、合成纤维长丝丝束，须经拉伸处理，即本身不能被拉伸至超过本身长度的一倍；

五、丝束总细度大于20000分特。

丝束长度不超过2米的归入品目55.03或55.04。

商品编码	商品名称
55.01	**合成纤维长丝丝束：**
	－尼龙或其他聚酰胺制：
5501.1100	－－芳族聚酰胺制
5501.1900	－－其他
5501.2000	－聚酯制
5501.3000	－聚丙烯腈或变性聚丙烯腈制
5501.4000	－聚丙烯制
5501.9000	－其他
55.02	**人造纤维长丝丝束：**
	－醋酸纤维丝束：
5502.1010	－－－二醋酸纤维丝束
5502.1090	－－－其他
5502.9000	－其他
55.03	**合成纤维短纤，未梳或未经其他纺前加工：**
	－尼龙或其他聚酰胺制：
	－－芳族聚酰胺纺制：
5503.1110	－－－聚间苯二甲酰间苯二胺纺制
5503.1120	－－－聚对苯二甲酰对苯二胺纺制
5503.1190	－－－其他
5503.1900	－－其他
5503.2000	－聚酯制
5503.3000	－聚丙烯腈或变性聚丙烯腈制
5503.4000	－聚丙烯制
	－其他：
5503.9010	－－－聚苯硫醚制
5503.9090	－－－其他
55.04	**人造纤维短纤，未梳或未经其他纺前加工：**
	－粘胶纤维制：
5504.1010	－－－竹制
	－－－木制：
5504.1021	－－－－阻燃的
5504.1029	－－－－其他
5504.1090	－－－其他
5504.9000	－其他
55.05	**化学纤维废料(包括落绵、废纱及回收纤维)：**
5505.1000	－合成纤维的
5505.2000	－人造纤维的
55.06	**合成纤维短纤，已梳或经其他纺前加工：**
	－尼龙或其他聚酰胺制：
	－－－芳族聚酰胺纺制：
5506.1011	－－－－聚间苯二甲酰间苯二胺纺制
5506.1012	－－－－聚对苯二甲酰对苯二胺纺制
5506.1019	－－－－其他
5506.1090	－－－其他
5506.2000	－聚酯制
5506.3000	－聚丙烯腈或变性聚丙烯腈制
5506.4000	－聚丙烯制
	－其他：
5506.9010	－－－聚苯硫醚制
5506.9090	－－－其他

商品编码	商品名称
55.07	**人造纤维短纤，已梳或经其他纺前加工：**
5507.0000	人造纤维短纤，已梳或经其他纺前加工
55.08	**化学纤维短纤纺制的缝纫线，不论是否供零售用：**
5508.1000	－合成纤维短纤纺制
5508.2000	－人造纤维短纤纺制
55.09	**合成纤维短纤纺制的纱线(缝纫线除外)，非供零售用：**
	－按重量计尼龙或其他聚酰胺短纤含量在85%及以上：
5509.1100	－－单纱
5509.1200	－－多股纱线或缆线
	－按重量计聚酯短纤含量在85%及以上：
5509.2100	－－单纱
5509.2200	－－多股纱线或缆线
	－按重量计聚丙烯腈或变性聚丙烯腈短纤含量在85%及以上：
5509.3100	－－单纱
5509.3200	－－多股纱线或缆线
	－其他纱线，按重量计合成纤维短纤含量在85%及以上：
5509.4100	－－单纱
5509.4200	－－多股纱线或缆线
	－其他聚酯短纤纺制的纱线：
5509.5100	－－主要或仅与人造纤维短纤混纺
5509.5200	－－主要或仅与羊毛或动物细毛混纺
5509.5300	－－主要或仅与棉混纺
5509.5900	－－其他
	－其他聚丙烯腈或变性聚丙烯腈短纤纺制的纱线：
5509.6100	－－主要或仅与羊毛或动物细毛混纺
5509.6200	－－主要或仅与棉混纺
5509.6900	－－其他
	－其他纱线：
5509.9100	－－主要或仅与羊毛或动物细毛混纺
5509.9200	－－主要或仅与棉混纺
5509.9900	－－其他
55.10	**人造纤维短纤纺制的纱线(缝纫线除外)，非供零售用：**
	－按重量计人造纤维短纤含量在85%及以上：
5510.1100	－－单纱
5510.1200	－－多股纱线或缆线
5510.2000	－其他纱线，主要或仅与羊毛或动物细毛混纺
5510.3000	－其他纱线，主要或仅与棉混纺
5510.9000	－其他
55.11	**化学纤维短纤纺制的纱线(缝纫线除外)，供零售用：**
5511.1000	－按重量计合成纤维短纤含量在85%及以上
5511.2000	－按重量计合成纤维短纤含量在85%以下
5511.3000	－人造纤维短纤纺制
55.12	**合成纤维短纤纺制的机织物，按重量计合成纤维短纤含量在85%及以上：**
	－按重量计聚酯短纤含量在85%及以上：
5512.1100	－－未漂白或漂白
5512.1900	－－其他
	－按重量计聚丙烯腈或变性聚丙烯腈短纤含量在85%及以上：
5512.2100	－－未漂白或漂白
5512.2900	－－其他
	－其他：
5512.9100	－－未漂白或漂白
5512.9900	－－其他
55.13	**合成纤维短纤纺制的机织物，按重量计合成纤维短纤含量在85%以下，主要或仅与棉混纺，每平方米重量不超过170克：**
	－未漂白或漂白：
	－－聚酯短纤纺制的平纹机织物：
5513.1110	－－－未漂白
5513.1120	－－－漂白
	－－聚酯短纤纺制的三线或四线斜纹机织物，包括双面斜纹机织物：
5513.1210	－－－未漂白

商品编码	商品名称
5513.1220	－－－漂白
	－－其他聚酯短纤纺制的机织物：
5513.1310	－－－未漂白
5513.1320	－－－漂白
5513.1900	－－其他机织物
	－染色：
5513.2100	－－聚酯短纤纺制的平纹机织物
	－－其他聚酯短纤纺制的机织物：
5513.2310	－－－聚酯短纤纺制的三线或四线斜纹机织物，包括双面斜纹机织物
5513.2390	－－－其他
5513.2900	－－其他机织物
	－色织：
5513.3100	－－聚酯短纤纺制的平纹机织物
	－－其他机织物：
5513.3910	－－－聚酯短纤纺制的三线或四线斜纹机织物，包括双面斜纹机织物
5513.3920	－－－其他聚酯短纤纺制的机织物
5513.3990	－－－其他机织物
	－印花：
5513.4100	－－聚酯短纤纺制的平纹机织物
	－－其他机织物：
5513.4910	－－－聚酯短纤纺制的三线或四线斜纹机织物，包括双面斜纹机织物
5513.4920	－－－其他聚酯短纤纺制的机织物
5513.4990	－－－其他
55.14	**合成纤维短纤纺制的机织物，按重量计合成纤维短纤含量在85%以下，主要或仅与棉混纺，每平方米重量超过170克：**
	－未漂白或漂白：
	－－聚酯短纤纺制的平纹机织物：
5514.1110	－－－未漂白
5514.1120	－－－漂白
	－－聚酯短纤纺制的三线或四线斜纹机织物，包括双面斜纹机织物
5514.1210	－－－未漂白
5514.1220	－－－漂白
	－－其他机织物：
	－－－聚酯短纤纺制的机织物：
5514.1911	－－－－未漂白
5514.1912	－－－－漂白
5514.1990	－－－其他
	－染色：
5514.2100	－－聚酯短纤纺制的平纹机织物
5514.2200	－－聚酯短纤纺制的三线或四线斜纹机织物，包括双面斜纹机织物
5514.2300	－－其他聚酯短纤纺制的机织物
5514.2900	－－其他机织物
	－色织：
5514.3010	－－－聚酯短纤纺制的平纹机织物
5514.3020	－－－聚酯短纤纺制的三线或四线斜纹机织物，包括双面斜纹机织物
5514.3030	－－－其他聚酯短纤纺制的机织物
5514.3090	－－－其他机织物
	－印花：
5514.4100	－－聚酯短纤纺制的平纹机织物
5514.4200	－－聚酯短纤纺制的三线或四线斜纹机织物，包括双面斜纹机织物
5514.4300	－－其他聚酯短纤纺制的机织物
5514.4900	－－其他机织物
55.15	**合成纤维短纤纺制的其他机织物：**
	－聚酯短纤纺制：
5515.1100	－－主要或仅与粘胶纤维短纤混纺
5515.1200	－－主要或仅与化学纤维长丝混纺
5515.1300	－－主要或仅与羊毛或动物细毛混纺
5515.1900	－－其他
	－聚丙烯腈或变性聚丙烯腈短纤纺制：
5515.2100	－－主要或仅与化学纤维长丝混纺
5515.2200	－－主要或仅与羊毛或动物细毛混纺
5515.2900	－－其他
	－其他机织物：
5515.9100	－－主要或仅与化学纤维长丝混纺
5515.9900	－－其他
55.16	**人造纤维短纤纺制的机织物：**
	－按重量计人造纤维短纤含量在85%及以上：

商品编码	商品名称	商品编码	商品名称
5516.1100	－－未漂白或漂白		
5516.1200	－－染色		
5516.1300	－－色织		
5516.1400	－－印花		
	－按重量计人造纤维短纤含量在 85%以下,主要或仅与化学纤维长丝混纺:		
5516.2100	－－未漂白或漂白		
5516.2200	－－染色		
5516.2300	－－色织		
5516.2400	－－印花		
	－按重量计人造纤维短纤含量在 85%以下,主要或仅与羊毛或动物细毛混纺:		
5516.3100	－－未漂白或漂白		
5516.3200	－－染色		
5516.3300	－－色织		
5516.3400	－－印花		
	－按重量计人造纤维短纤含量在 85%以下,主要或仅与棉混纺:		
5516.4100	－－未漂白或漂白		
5516.4200	－－染色		
5516.4300	－－色织		
5516.4400	－－印花		
	－其他:		
5516.9100	－－未漂白或漂白		
5516.9200	－－染色		
5516.9300	－－色织		
5516.9400	－－印花		

第五十六章　絮胎、毡呢及无纺织物;特种纱线;线、绳、索、缆及其制品

注释:

一、本章不包括:

(一)用各种物质或制剂(例如,第三十三章的香水或化妆品、品目 34.01 的肥皂或洗涤剂、品目 34.05 的光洁剂、擦洗膏及类似制剂、品目 38.09 的织物柔软剂)浸渍、涂布、包覆的絮胎、毡呢或无纺织物,其中的纺织材料仅作为承载介质;

(二)品目 58.11 的纺织产品;

(三)以毡呢或无纺织物为底的砂布及类似品(品目 68.05);

(四)以毡呢或无纺织物为底的黏聚或复制云母(品目 68.14);

(五)以毡呢或无纺织物为底的金属箔(通常为第十四类或第十五类);或

(六)品目 96.19 的卫生巾(护垫)及卫生棉条、尿布及尿布衬里和类似品。

二、所称"毡呢",包括针刺机制毡呢以及纤维本身通过缝编工序增强了抱合力的纺织纤维网状织物。

三、品目 56.02 及 56.03 分别包括用各种性质(紧密结构或泡沫状)的塑料或橡胶浸渍、涂布、包覆或层压的毡呢及无纺织物。

品目 56.03 还包括用塑料或橡胶作黏合材料的无纺织物。但品目 56.02 及 56.03 不包括:

(一)用塑料或橡胶浸渍、涂布、包覆或层压,按重量计纺织材料含量在 50%及以下的毡呢或者完全嵌入塑料或橡胶之内的毡呢(第三十九章或第四十章);

(二)完全嵌入塑料或橡胶之内的无纺织物,以及用肉眼可辨别出两面都用塑料或橡胶涂布、包覆的无纺织物,涂布或包覆所引起的颜色变化可不予考虑(第三十九章或第四十章);

(三)与毡呢或无纺织物混制的泡沫塑料或海绵橡胶板、片或扁条,纺织材料仅在其中起增强作用(第三十九章或第四十章)。

四、品目 56.04 不包括用肉眼无法辨别出是否经过浸渍,涂布或包覆的纺织纱线或品目 54.04 或 54.05 的扁条及类似品(通常归入第五十章至第五十五章);运用本条规定,可不考虑浸渍、涂布或包覆所引起的颜色变化。

商品编码	商品名称
56.01	**纺织材料絮胎及其制品;长度不超过 5 毫米的纺织纤维(纤维屑)、纤维粉末及球结:**
	- 纺织材料制的絮胎及其制品:
5601.2100	- - 棉制
	- - 化学纤维制:
5601.2210	- - - 卷烟滤嘴
5601.2290	- - - 其他
5601.2900	- - 其他
5601.3000	- 纤维屑、纤维粉末及球结
56.02	**毡呢,不论是否浸渍、涂布、包覆或层压:**
5602.1000	- 针刺机制毡呢及纤维缝编织物
	- 其他毡呢,未浸渍、涂布、包覆或层压:
5602.2100	- - 羊毛或动物细毛制
5602.2900	- - 其他纺织材料制
5602.9000	- 其他
56.03	**无纺织物,不论是否浸渍、涂布包覆或层压:**
	- 化学纤维长丝制:
	- - 每平方米重量不超过 25 克:
5603.1110	- - - 经浸渍、涂布、包覆或层压
5603.1190	- - - 其他
	- - 每平方米重量超过 25 克,但不超过 70 克:

商品编码	商品名称
5603.1210	－－－经浸渍、涂布、包覆或层压
5603.1290	－－－其他
	－－每平方米重量超过 70 克,但不超过 150 克:
5603.1310	－－－经浸渍、涂布、包覆或层压
5603.1390	－－－其他
	－－每平方米重量超过 150 克:
5603.1410	－－－经浸渍、涂布、包覆或层压
5603.1490	－－－其他
	－其他:
	－－每平方米重量不超过 25 克:
5603.9110	－－－经浸渍、涂布、包覆或层压
5603.9190	－－－其他
	－－每平方米重量超过 25 克,但不超过 70 克:
5603.9210	－－－经浸渍、涂布、包覆或层压
5603.9290	－－－其他
	－－每平方米重量超过 70 克,但不超过 150 克:
5603.9310	－－－经浸渍、涂布、包覆或层压
5603.9390	－－－其他
	－－每平方米重量超过 150 克:
5603.9410	－－－经浸渍、涂布、包覆或层压
5603.9490	－－－其他
56.04	**用纺织材料包覆的橡胶线及绳;用橡胶或塑料浸渍、涂布、包覆或套裹的纺织纱线及品目 54.04 或 54.05 的扁条及类似品:**
5604.1000	－用纺织材料包覆的橡胶线及绳
5604.9000	－其他
56.05	**含金属纱线,不论是否螺旋花线,由纺织纱线或品目 54.04 或 54.05 的扁条及类似品与金属线、扁条或粉末混合制得或用金属包覆制得:**
5605.0000	含金属纱线,不论是否螺旋花线,由纺织纱线或品目 54.04 或 54.05 的扁条及类似品与金属线、扁条或粉末混合制得或用金属包覆制得
56.06	**粗松螺旋花线,品目 54.04 或 54.05 的扁条及类似品制的螺旋花线(品目 56.05 的货品及马毛粗松螺旋花线除外);绳绒线(包括植绒绳绒线);纵行起圈纱线:**
5606.0000	粗松螺旋花线,品目 54.04 或 54.05 的扁条及类似品制的螺旋花线(品目 56.05 的货品及马毛粗松螺旋花线除外);绳绒线(包括植绒绳绒线);纵行起圈纱线
56.07	**线、绳、索、缆,不论是否编织或编结而成,也不论是否用橡胶或塑料浸渍、涂布、包覆或套裹**
	－西沙尔麻或其他纺织用龙舌兰类纤维纺制:
5607.2100	－－包扎用绳
5607.2900	－－其他
	－聚乙烯或聚丙烯纺制:
5607.4100	－－包扎用绳
5607.4900	－－其他
5607.5000	－其他合成纤维纺制
	－其他:
5607.9010	－－－蕉麻(马尼拉麻)或其他硬质(叶)纤维纺制
5607.9090	－－－其他
56.08	**线、绳或索结制的网料;纺织材料制成的渔网及其他网:**
	－化学纤维材料制:
5608.1100	－－制成的渔网
5608.1900	－－其他
5608.9000	－其他
56.09	**用纱线、品目 54.04 或 54.05 的扁条及类似品或线、绳、索、缆制成的其他品目未列名物品:**
5609.0000	用纱线、品目 54.04 或 54.05 的扁条及类似品或线、绳、索、缆制成的其他品目未列名物品

第五十七章　地毯及纺织材料的其他铺地制品

注释：

一、本章所称“地毯及纺织材料的其他铺地制品”，是指使用时以纺织材料作面的铺地制品，也包括具有纺织材料铺地制品特征但作其他用途的物品。

二、本章不包括铺地制品衬垫。

商品编码	商品名称
57.01	**结织栽绒地毯及纺织材料的其他结织栽绒铺地制品，不论是否制成的：**
5701.1000	－羊毛或动物细毛制
	－其他纺织材料制：
5701.9010	－－－化学纤维制
5701.9020	－－－丝制
5701.9090	－－－其他
57.02	**机织地毯及纺织材料的其他机织铺地制品，未簇绒或未植绒，不论是否制成的，包括“开来姆”“苏麦克”“卡拉马尼”及类似的手织地毯：**
5702.1000	－“开来姆”“苏麦克”“卡拉马尼”及类似的手织地毯
5702.2000	－椰壳纤维制的铺地制品
	－其他起绒结构的铺地制品，未制成的：
5702.3100	－－羊毛或动物细毛制
5702.3200	－－化学纤维制
5702.3900	－－其他纺织材料制
	－其他起绒结构的铺地制品，制成的：
5702.4100	－－羊毛或动物细毛制
5702.4200	－－化学纤维制
5702.4900	－－其他纺织材料制
	－其他非起绒结构的铺地制品，未制成的：
5702.5010	－－－羊毛或动物细毛制
5702.5020	－－－化学纤维制
5702.5090	－－－其他纺织材料制
	－其他非起绒结构的铺地制品，制成的：
5702.9100	－－羊毛或动物细毛制
5702.9200	－－化学纤维制
5702.9900	－－其他纺织材料制
57.03	**簇绒地毯及纺织材料的其他簇绒铺地制品（包括人造草皮），不论是否制成的：**
5703.1000	－羊毛或动物细毛制
	－尼龙或其他聚酰胺制：
5703.2100	－－人造草皮
5703.2900	－－其他
	－其他化学纤维制：
5703.3100	－－人造草皮
5703.3900	－－其他
5703.9000	－其他纺织材料制
57.04	**毡呢地毯及纺织材料的其他毡呢铺地制品，未簇绒或未植绒，不论是否制成的：**
5704.1000	－最大表面面积不超过0.3平方米
5704.2000	－最大表面面积超过0.3平方米但不超过1平方米
5704.9000	－其他
57.05	**其他地毯及纺织材料的其他铺地制品，不论是否制成的：**
5705.0010	－－－羊毛或动物细毛制
5705.0020	－－－化学纤维制
5705.0090	－－－其他纺织材料制

第五十八章　特种机织物;簇绒织物;花边;装饰毯;装饰带;刺绣品

注释:

一、本章不适用于经浸渍、涂布、包覆或层压的第五十九章注释一所述的纺织物或第五十九章的其他货品。

二、品目 58.01 也包括因未将浮纱割断而使表面无竖绒的纬起绒织物。

三、品目 58.03 所称"纱罗",是指经线全部或部分由地经纱和绞经纱构成的织物,其中绞经纱绕地经纱半圈、一圈或几圈而形成圈状,纬纱从圈中穿过。

四、品目 58.04 不适用于品目 56.08 的线、绳、索结制的网状织物。

五、品目 58.06 所称"狭幅机织物",是指:

(一)幅宽不超过 30 厘米的机织物,不论是否织成或从宽幅料剪成,但两侧必须有织成的、胶粘的或用其他方法制成的布边;

(二)压平宽度不超过 30 厘米的圆筒机织物;

(三)折边的斜裁滚条布,其未折边时的宽度不超过 30 厘米。

流苏状的狭幅织物归入品目 58.08。

六、品目 58.10 所称"刺绣品",除了一般纺织材料绣线绣制的刺绣品外,还包括在可见底布上用金属线或玻璃线刺绣的刺绣品,也包括用珠片、饰珠、纺织材料或其他材料制的装饰用花纹图案所缝绣的贴花织物。但不包括手工针绣嵌花装饰毯(品目 58.05)。

七、除品目 58.09 的产品外,本章还包括金属线制的用于衣着、装饰及类似用途的物品。

商品编码	商品名称	商品编码	商品名称
58.01	**起绒机织物及绳绒织物,但品目 58.02 或 58.06 的织物除外:**	5801.9010	---丝及绢丝制
		5801.9090	---其他
5801.1000	-羊毛或动物细毛制	**58.02**	**毛巾织物及类似的毛圈机织物,但品目 58.06 的狭幅织物除外;簇绒织物,但品目 57.03 的产品除外:**
	-棉制:		
5801.2100	--不割绒的纬起绒织物		
5801.2200	--割绒的灯芯绒		-棉制毛巾织物及类似毛圈机织物:
5801.2300	--其他纬起绒织物	5802.1010	---未漂白
5801.2600	--绳绒织物	5802.1090	---其他
	--经起绒织物:		-其他纺织材料制的毛巾织物及类似的毛圈机织物:
5801.2710	---不割绒的(棱纹绸)		
5801.2720	---割绒的	5802.2010	---丝及绢丝制
	-化学纤维制:	5802.2020	---羊毛或动物细毛制
5801.3100	--不割绒的纬起绒织物	5802.2030	---化学纤维制
5801.3200	--割绒的灯芯绒	5802.2090	---其他
5801.3300	--其他纬起绒织物		-簇绒织物:
5801.3600	--绳绒织物	5802.3010	---丝及绢丝制
	--经起绒织物:	5802.3020	---羊毛或动物细毛制
5801.3710	---不割绒的(棱纹绸)	5802.3030	---棉或麻制
5801.3720	---割绒的	5802.3040	---化学纤维制
	-其他纺织材料制:	5802.3090	---其他纺织材料制

商品编码	商品名称
58.03	**纱罗,但品目 58.06 的狭幅织物除外:**
5803.0010	－－－棉制
5803.0020	－－－丝及绢丝制
5803.0030	－－－化学纤维制
5803.0090	－－－其他纺织材料制
58.04	**网眼薄纱及其他网眼织物,但不包括机织物、针织物或钩编织物成卷、成条或成小块图案的花边但品目 60.02 至 60.06 的织物除外**
	－网眼薄纱及其他网眼织物:
5804.1010	－－－丝及绢丝制
5804.1020	－－－棉制
5804.1030	－－－化学纤维制
5804.1090	－－－其他纺织材料制
	－机制花边:
5804.2100	－－化学纤维制
	－－其他纺织材料制:
5804.2910	－－－丝及绢丝制
5804.2920	－－－棉制
5804.2990	－－－其他
5804.3000	－手工制花边
58.05	**“哥白林”“弗朗德”“奥步生”“波威”及类似式样的手织装饰毯,以及手工针绣嵌花装饰毯(例如,小针脚或十字绣),不论是否制成的:**
5805.0010	－－－手工针绣嵌花装饰毯
5805.0090	－－－其他
58.06	**狭幅机织物,但品目 58.07 的货品除外;用黏合剂黏合制成的有经纱而无纬纱的狭幅织物(包扎匹头用带):**
	－起绒机织物(包括毛巾织物及类似的毛圈织物)及绳绒织物:
5806.1010	－－－棉或麻制
5806.1090	－－－其他纺织材料制
5806.2000	－按重量计弹性纱线或橡胶线含量在5%及以上的其他机织物
	－其他机织物:
5806.3100	－－棉制
5806.3200	－－化学纤维制
	－－其他纺织材料制:
5806.3910	－－－丝及绢丝制
5806.3920	－－－羊毛或动物细毛制
5806.3990	－－－其他
	－用黏合剂黏合制成的有经纱而无纬纱的织物(包扎匹头用带)
5806.4010	－－－棉或麻制
5806.4090	－－－其他纺织材料制
58.07	**非绣制的纺织材料制标签、徽章及类似品,成匹、成条或裁成一定形状或尺寸:**
5807.1000	－机织
5807.9000	－其他
58.08	**成匹的编带;非绣制的成匹装饰带,但针织或钩编的除外;流苏绒球及类似品:**
5808.1000	－成匹的编带
5808.9000	－其他
58.09	**其他品目未列名的金属线机织物及品目 56.05 所列含金属纱线的机织物,用于衣着、装饰及类似用途:**
5809.0010	－－－与棉混制
5809.0020	－－－与化学纤维混制
5809.0090	－－－其他
58.10	**成匹、成条或成小块图案的刺绣品:**
5810.1000	－不见底布的刺绣品
	－其他刺绣品:
5810.9100	－－棉制
5810.9200	－－化学纤维制
5810.9900	－－其他纺织材料制
58.11	**用一层或几层纺织材料与胎料经绗缝或其他方法组合制成的被褥状纺织品,但品目 58.10 的刺绣品除外:**
5811.0010	－－－丝及绢丝制
5811.0020	－－－羊毛或动物细毛制
5811.0030	－－－棉制
5811.0040	－－－化学纤维制
5811.0090	－－－其他纺织材料制

第五十九章　浸渍、涂布、包覆或层压的纺织物；工业用纺织制品

注释：

一、除条文另有规定的以外，本章所称"纺织物"，仅适用于第五十章至第五十五章、品目 58.03 及 58.06 的机织物、品目 58.08 的成匹编带和装饰带及品目 60.02 至 60.06 的针织物或钩编织物。

二、品目 59.03 适用于：

（一）用塑料浸渍、涂布、包覆或层压的纺织物，不论每平方米重量多少以及塑料的性质如何（紧密结构或泡沫状的），但下列各项除外：

1. 用肉眼无法辨别出是否经过浸渍、涂布或包覆的织物（通常归入第五十章至第五十五章、第五十八章或第六十章），但由于浸渍、涂布或包覆所引起的颜色变化可不予考虑；
2. 温度在 15 摄氏度至 30 摄氏度时，用手工将其绕于直径 7 毫米的圆柱体上会发生断裂的产品（通常归入第三十九章）；
3. 纺织物完全嵌入塑料内或在其两面均用塑料完全包覆或涂布，而这种包覆或涂布用肉眼是能够辨别出的产品（但由于包覆或涂布所引起的颜色变化可不予考虑）（第三十九章）；
4. 用塑料部分涂布或包覆并由此而形成图案的织物（通常归入第五十章至第五十五章、第五十八章或第六十章）；
5. 与纺织物混制而其中纺织物仅起增强作用的泡沫塑料板、片或带（第三十九章）；或
6. 品目 58.11 的纺织品。

（二）由品目 56.04 的用塑料浸渍、涂布、包覆或套裹的纱线、扁条或类似品制成的织物。

三、品目 59.03 所称"用塑料层压的纺织物"是指由一层或多层纺织物与一层或多层塑料片或膜以任何方式结合在一起的产品，不论其塑料片或膜从横截面上是否肉眼可见。

四、品目 59.05 所称"糊墙织物"，是指以纺织材料作面，固定在一衬背上或在背面进行处理（浸渍或涂布以便于裱糊），适于装饰墙壁或天花板，且宽度不小于 45 厘米的成卷产品。

但本品目不适用于以纺织纤维屑或粉末直接粘于纸上（品目 48.14）或布底上（通常归入品目 59.07）的糊墙物品。

五、品目 59.06 所称"用橡胶处理的纺织物"是指：

（一）用橡胶浸渍、涂布、包覆或层压的纺织物：

1. 每平方米重量不超过 1500 克；或
2. 每平方米重量超过 1500 克，按重量计纺织材料含量在 50%以上。

（二）由品目 56.04 的用橡胶浸渍、涂布、包覆或套裹的纱线、扁条或类似品制成的织物。

（三）平行纺织纱线经橡胶黏合的织物，不论每平方米重量多少。

但本品目不包括与纺织物混制而其中纺织物仅起增强作用的海绵橡胶板、片或带（第四十章），也不包括品目 58.11 的纺织品。

六、品目 59.07 不适用于：

（一）用肉眼无法辨别出是否经过浸渍、涂布或包覆的织物（通常归入第五十章至第五十五章、第五十八章或第六十章），但由于浸渍、涂布或包覆所引起的颜色变化可不予考虑；

（二）绘有图画的织物（作为舞台、摄影布景或类似品的已绘制的画布除外）；

（三）用短绒、粉末、软木粉或类似品部分覆面并由此而形成图案的织物，但仿绒织物仍归入本品目；

（四）以淀粉或类似物质为基本成分的普通浆料上浆整理的织物；

（五）以纺织物为底的木饰面板（品目 44.08）；

（六）以纺织物为底的砂布及类似品（品目 68.05）；

(七)以纺织物为底的黏聚或复制云母片(品目 68.14);

(八)以纺织物为底的金属箔(通常为第十四类或第十五类)。

七、品目 59.10 不适用于:

(一)厚度小于 3 毫米的纺织材料制传动带或输送带;

(二)用橡胶浸渍、涂布、包覆或层压的织物制成的或用橡胶浸渍、涂布、包覆或套裹的纱线或绳制成的传动带料及运输带料(品目 40.10)。

八、品目 59.11 适用于下列不能归入第十一类其他品目的货品:

(一)下列成匹的、裁成一定长度或仅裁成矩形(包括正方形)的纺织产品(具有品目 59.08 至 59.10 所列产品特征的产品除外):

1. 用橡胶、皮革或其他材料涂布、包覆或层压的作针布用的纺织物、毡呢及毡呢衬里机织物,以及其他专门技术用途的类似织物,包括用橡胶浸渍的用于包覆纺锤(织轴)的狭幅丝绒织物;
2. 筛布;
3. 用于榨油机器或类似机器的纺织材料制或人发制滤布;
4. 用多股经纱或纬纱平织而成的纺织物,不论是否毡化、浸渍或涂布,通常用于机械或其他专门技术用途;
5. 专门技术用途的用金属增强的纺织物;
6. 工业上作填塞或润滑材料的线绳、编带及类似品,不论是否涂布、浸渍或用金属加强。

(二)专门技术用途的纺织制品(品目 59.08 至 59.10 的货品除外),例如,造纸机器或类似机器(如制浆机或制石棉水泥的机器)用的环状或装有连接装置的纺织物或毡呢、密封垫、垫圈、抛光盘及其他机器零件。

商品编码	商品名称
59.01	**用胶或淀粉物质涂布的纺织物,作书籍封面及类似用途的;描图布;制成的油画布;作帽里的硬衬布及类似硬挺纺织物:**
	- 用胶或淀粉物质涂布的纺织物,作书籍封面及类似用途的:
5901.1010	- - - 棉或麻制
5901.1020	- - - 化学纤维制
5901.1090	- - - 其他
	- 其他:
5901.9010	- - - 制成的油画布
	- - - 其他:
5901.9091	- - - - 棉或麻制
5901.9092	- - - - 化学纤维制
5901.9099	- - - - 其他
59.02	**尼龙或其他聚酰胺、聚酯或粘胶纤维高强力纱制的帘子布:**
	- 尼龙或其他聚酰胺制:
5902.1010	- - - 聚酰胺-6(尼龙-6)制
5902.1020	- - - 聚酰胺-6,6(尼龙-6,6)制
5902.1090	- - - 其他
5902.2000	- 聚酯制
5902.9000	- 其他
59.03	**用塑料浸渍、涂布、包覆或层压的纺织物,但品目 59.02 的货品除外:**
	- 用聚氯乙烯浸渍、涂布、包覆或层压的:
5903.1010	- - - 绝缘布或带
5903.1020	- - - 人造革
5903.1090	- - - 其他
	- 用聚氨基甲酸酯浸渍、涂布、包覆或层压的:
5903.2010	- - - 绝缘布或带
5903.2020	- - - 人造革
5903.2090	- - - 其他
	- 其他:
5903.9010	- - - 绝缘布或带
5903.9020	- - - 人造革

商品编码	商品名称
5903.9090	---其他
59.04	**列诺伦(亚麻油地毡),不论是否剪切成形;以织物为底布经涂布或覆面的铺地制品,不论是否剪切成形:**
5904.1000	-列诺伦(亚麻油地毡)
5904.9000	-其他
59.05	**糊墙织物:**
5905.0000	糊墙织物
59.06	**用橡胶处理的纺织物,但品目59.02的货品除外:**
	-宽度不超过20厘米的胶粘带:
5906.1010	---绝缘带
5906.1090	---其他
	-其他:
5906.9100	--针织或钩编的
	--其他:
5906.9910	---绝缘布或带
5906.9990	---其他
59.07	**用其他材料浸渍、涂布或包覆的纺织物;作舞台、摄影布景或类似用途的已绘制画布:**
5907.0010	---绝缘布或带
5907.0020	---已绘制画布
5907.0090	---其他
59.08	**用纺织材料机织、编结或针织而成的灯芯、炉芯、打火机芯、烛芯或类似品;煤气灯纱筒及纱罩不论是否浸渍:**
5908.0000	用纺织材料机织、编结或针织而成的灯芯、炉芯、打火机芯、烛芯或类似品;煤气灯纱筒及纱罩,不论是否浸渍
59.09	**纺织材料制的水龙软管及类似的管子,不论有无其他材料作衬里护套或附件:**
5909.0000	纺织材料制的水龙软管及类似的管子,不论有无其他材料作衬里、护套或附件
59.10	**纺织材料制的传动带或输送带及带料,不论是否用塑料浸渍、涂布、包覆或层压,也不论是否用金属或其他材料加强:**
5910.0000	纺织材料制的传动带或输送带及带料,不论是否用塑料浸渍、涂布、包覆或层压,也不论是否用金属或其他材料加强
59.11	**本章注释八所规定的作专门技术用途的纺织产品及制品:**
	-用橡胶、皮革或其他材料涂布、包覆或层压的作针布用的纺织物、毡呢及毡呢衬里机织物,以及作专门技术用途的类似织物,包括用橡胶浸渍的、用于包覆纺锤(织轴)的狭幅丝绒织物:
5911.1010	---用橡胶浸渍的、用于包覆纺锤(织轴)的狭幅丝绒织物
5911.1090	---其他
5911.2000	-筛布,不论是否制成的
	-环状或装有连接装置的纺织物及毡呢,用于造纸机器或类似机器(例如,制浆机或制石棉水泥的机器):
5911.3100	--每平方米重量在650克以下
5911.3200	--每平方米重量在650克及以上
5911.4000	-用于榨油机器或类似机器的滤布,包括人发制滤布
5911.9000	-其他

第六十章　针织物及钩编织物

注释：

一、本章不包括：

（一）品目 58.04 的钩编花边；

（二）品目 58.07 的针织或钩编的标签、徽章及类似品；或

（三）第五十九章的经浸渍、涂布、包覆或层压的针织物及钩编织物。但经浸渍、涂布、包覆或层压的起绒针织物及起绒钩编织物仍归入品目 60.01。

二、本章还包括用金属线制的用于衣着、装饰或类似用途的织物。

三、本目录所称“针织物”，包括由纺织纱线用链式针法构成的缝编织物。

子目注释：

一、子目 6005.35 包括由聚乙烯单丝或涤纶复丝制成的织物，重量不小于 30 克/平方米，但不超过 55 克/平方米，网眼尺寸不小于 20 孔/平方厘米，但不超过 100 孔/平方厘米，并且用 α-氯氰菊酯（ISO）、虫螨腈（ISO）、溴氰菊酯（INN，ISO）、高效氯氟氰菊酯（ISO）、除虫菊酯（ISO）或甲基嘧啶磷（ISO）浸渍或涂层。

商品编码	商品名称
60.01	**针织或钩编的起绒织物，包括“长毛绒”织物及毛圈织物：**
6001.1000	-“长毛绒”织物
	-毛圈绒头织物：
6001.2100	--棉制
6001.2200	--化学纤维制
6001.2900	--其他纺织材料制
	-其他：
6001.9100	--棉制
6001.9200	--化学纤维制
6001.9900	--其他纺织材料制
60.02	**宽度不超过 30 厘米，按重量计弹性纱线或橡胶线含量在 5%及以上的针织物或钩编织物，但品目 60.01 的货品除外：**
	-按重量计弹性纱线含量在 5%及以上，但不含橡胶线：
6002.4010	---棉制
6002.4020	---丝及绢丝制
6002.4030	---合成纤维制
6002.4040	---人造纤维制
6002.4090	---其他
	-其他：
6002.9010	---棉制
6002.9020	---丝及绢丝制
6002.9030	---合成纤维制
6002.9040	---人造纤维制
6002.9090	---其他
60.03	**宽度不超过 30 厘米的针织或钩编织物，但品目 60.01 或 60.02 的货品除外：**
6003.1000	-羊毛或动物细毛制
6003.2000	-棉制
6003.3000	-合成纤维制
6003.4000	-人造纤维制
6003.9000	-其他
60.04	**宽度超过 30 厘米，按重量计弹性纱线或橡胶线含量在 5%及以上的针织物或钩编织物，但品目 60.01 的货品除外：**
	-按重量计弹性纱线含量在 5%及以上，但不含橡胶线：
6004.1010	---棉制
6004.1020	---丝及绢丝制
6004.1030	---合成纤维制
6004.1040	---人造纤维制
6004.1090	---其他
	-其他：

商品编码	商品名称
6004. 9010	- - - 棉制
6004. 9020	- - - 丝及绢丝制
6004. 9030	- - - 合成纤维制
6004. 9040	- - - 人造纤维制
6004. 9090	- - - 其他
60. 05	**经编针织物(包括由镶边针织机织成的),但品目 60. 01 至 60. 04 的货品除外:**
	- 棉制:
6005. 2100	- - 未漂白或漂白
6005. 2200	- - 染色
6005. 2300	- - 色织
6005. 2400	- - 印花
	- 合成纤维制:
6005. 3500	- - 本章子目注释一所列织物
6005. 3600	- - 其他,未漂白或漂白
6005. 3700	- - 其他,染色
6005. 3800	- - 其他,色织
6005. 3900	- - 其他,印花
	- 人造纤维制:
6005. 4100	- - 未漂白或漂白
6005. 4200	- - 染色
6005. 4300	- - 色织
6005. 4400	- - 印花
	- 其他:
6005. 9010	- - - 羊毛或动物细毛制
6005. 9090	- - - 其他
60. 06	**其他针织或钩编织物:**
6006. 1000	- 羊毛或动物细毛制
	- 棉制:
6006. 2100	- - 未漂白或漂白
6006. 2200	- - 染色
6006. 2300	- - 色织
6006. 2400	- - 印花
	- 合成纤维制:
6006. 3100	- - 未漂白或漂白
6006. 3200	- - 染色
6006. 3300	- - 色织
6006. 3400	- - 印花
	- 人造纤维制:
6006. 4100	- - 未漂白或漂白
6006. 4200	- - 染色
6006. 4300	- - 色织
6006. 4400	- - 印花
6006. 9000	- 其他

第六十一章　针织或钩编的服装及衣着附件

注释：

一、本章仅适用于制成的针织品或钩编织品。

二、本章不包括：

（一）品目 62.12 的货品；①

（二）品目 63.09 的旧衣着或其他旧物品；或

（三）矫形器具、外科手术带、疝气带及类似品（品目 90.21）。

三、品目 61.03 及 61.04 所称：②

（一）“西服套装”，是指面料用相同的织物制成的两件套或三件套的下列成套服装：

一件人体上半身穿着的外套或短上衣，除袖子外，其面料数为四片或四片以上；也可附带一件西服背心，这件背心的前片面料应与套装其他各件的面料相同，后片面料则应与外套或短上衣的衬里料相同；以及

一件人体下半身穿着的服装，即不带背带或护胸的长裤、马裤、短裤（游泳裤除外）、裙子或裙裤。

西服套装各件面料质地、颜色及构成必须相同，其款式也必须相同，尺寸大小还须相互般配，但可以用不同织物滚边（缝口上缝入长条织物）。

如果数件人体下半身穿着的服装同时报验（例如，两条长裤、长裤与短裤、裙子或裙裤与长裤），构成西服套装下装的应是一条长裤，而对于女式西服套装，则应是一条裙子或裙裤，其他服装应分别归类。

所称“西服套装”，包括不论是否完全符合上述条件的下列配套服装：

1. 常礼服，由一件后襟下垂并下端开圆弧形叉的素色短上衣和一条条纹长裤组成；

2. 晚礼服（燕尾服），一般用黑色织物制成，上衣前襟较短且不闭合，背后有燕尾；

3. 无燕尾套装夜礼服，其中上衣款式与普通上衣相似（可以更为显露衬衣前胸），但有光滑丝质或仿丝质的翻领。

（二）“便服套装”，是指面料相同并作零售包装的下列成套服装（西服套装及品目 61.07、61.08 或 61.09 的物品除外）：

一件人体上半身穿着的服装，但套头衫及背心除外，因为套衫可在两件套服装中作为内衣，背心也可作为内衣；以及

一件或两件不同的人体下半身穿着的服装，即长裤、护胸背带工装裤、马裤、短裤（游泳裤除外）、裙子或裙裤。

便服套装各件面料质地、款式、颜色及构成必须相同；尺寸大小也须相互般配。所称“便服套装”，不包括品目 61.12 的运动服及滑雪服。

四、品目 61.05 及 61.06 不包括在腰围以下有口袋的服装、带有罗纹腰带及以其他方式收紧下摆的

---

① 例如，针织或钩编的胸罩不归入第六十一章，而应归入品目 62.12。

② “西服套装”各件面料质地、款式、颜色及构成必须相同，尺寸大小也须相互般配，但可以用不同织物滚边。例如，一件红色西服上衣与一条白色长裤不属于“西服套装”，应分别归类。

如果一件西服上衣与两条长裤同时报验，则将其中的一件上衣与一条长裤作为“西服套装”归类，另一条长裤分开单独归类；如果一件女式西服上衣与一条长裤、一条裙子同时报验，则将其中的一件上衣与一条裙子作为“西服套装”归类，另一条长裤分开单独归类。

“便服套装”各件面料质地、款式、颜色及构成必须相同，尺寸大小也须相互般配。

如果一件女式上衣与一条长裤、一条裙子同时报验，可作为“便服套装”归类，但如果一件女式上衣与两条长裤同时报验，则将其中的一件上衣与一条长裤作为“便服套装”归类，另一条长裤分开单独归类。

服装或其织物至少在10厘米×10厘米的面积内沿各方向的直线长度上平均每厘米少于10针的服装。品目61.05不包括无袖服装。

衬衫及仿男式女衬衫是指人体上身穿着并从领口处全开襟或半开襟的长袖或短袖衣服;罩衫也是上半身穿着的宽松服装,但可以无袖,领口处也可以不开襟。衬衫、仿男式女衬衫及罩衫可有衣领。

五、品目61.09不包括带有束带、罗纹腰带或其他方式收紧下摆的服装。

六、对于品目61.11:

(一)所称"婴儿服装及衣着附件",是指用于身高不超过86厘米幼儿的服装;

(二)既可归入品目61.11,也可归入本章其他品目的物品,应归入品目61.11。[①]

七、品目61.12所称"滑雪服",是指从整个外观和织物质地来看,主要在滑雪(速度滑雪或高山滑雪)时穿着的下列服装或成套服装:[②]

(一)"滑雪连身服",即上下身连在一起的单件服装;除袖子和领子外,滑雪连身服可有口袋或脚带;或

(二)"滑雪套装"即由两件或三件构成一套并作零售包装的下列服装:

一件用一条拉链扣合的带风帽的厚夹克、防风衣、防风短上衣或类似的服装,可以附带一件背心;以及

一条不论是否过腰的长裤、一条马裤或一条护胸背带工装裤。

"滑雪套装"也可由一件类似以上(一)款所述的连身服和一件可套在连身服外面的有胎料背心组成。"滑雪套装"各件颜色可以不同,但面料质地、款式及构成必须相同;尺寸大小也须相互般配。

八、既可归入品目61.13,也可归入本章其他品目的服装,除品目61.11所列的仍归入该品目外,其余的应一律归入品目61.13。

九、本章的服装,凡门襟为左压右的,应视为男式;右压左的,应视为女式。但本规定不适用于其式样已明显为男式或女式的服装。

无法区别是男式还是女式的服装,应按女式服装归入有关品目。[③]

十、本章物品可用金属线制成。

商品编码	商品名称	商品编码	商品名称
61.01	**针织或钩编的男式大衣、短大衣、斗篷、短斗篷、带风帽的防寒短上衣(包括滑雪短上衣)、防风衣防风短上衣及类似品,但品目61.03的货品除外:**	**61.02**	**针织或钩编的女式大衣、短大衣、斗篷、短斗篷、带风帽的防寒短上衣(包括滑雪短上衣)、防风衣防风短上衣及类似品,但品目61.04的货品除外:**
6101.2000	-棉制	6102.1000	-羊毛或动物细毛制
6101.3000	-化学纤维制	6102.2000	-棉制
	-其他纺织材料制:	6102.3000	-化学纤维制
6101.9010	---羊毛或动物细毛制	6102.9000	-其他纺织材料制
6101.9090	---其他		

① 例如,供婴儿穿的针织开襟衫不按"开襟衫"的列名归入品目61.10,而应归入品目61.11"针织或钩编的婴儿服装及衣着附件";婴儿的针织手套也不按"手套"的列名归入品目61.16,而应归入品目61.11。

② "滑雪服"面料质地、款式及构成必须相同,尺寸大小也须相互般配,但颜色可以不同。可以是上下一体的"连身服",也可以上下分开,还可以附带一件滑雪背心。

③ 对于男女式服装的判断,先看式样是否可以明显看出,再看门襟的位置(门襟扣上或搭上时为左压右的为男式,右压左的为女式),实在无法区别的按女式服装归类(因同样类型的服装一般女式排在男式后面)。

商品编码	商品名称
61.03	**针织或钩编的男式西服套装、便服套装、上衣、长裤、护胸背带工装裤、马裤及短裤(游泳裤除外)：**
	- 西服套装：
6103.1010	- - - 羊毛或动物细毛制
6103.1020	- - - 合成纤维制
6103.1090	- - - 其他纺织材料制
	- 便服套装：
6103.2200	- - 棉制
6103.2300	- - 合成纤维制
	- - 其他纺织材料制：
6103.2910	- - - 羊毛或动物细毛制
6103.2990	- - - 其他
	- 上衣：
6103.3100	- - 羊毛或动物细毛制
6103.3200	- - 棉制
6103.3300	- - 合成纤维制
6103.3900	- - 其他纺织材料制
	- 长裤、护胸背带工装裤、马裤及短裤：
6103.4100	- - 羊毛或动物细毛制
6103.4200	- - 棉制
6103.4300	- - 合成纤维制
6103.4900	- - 其他纺织材料制
61.04	**针织或钩编的女式西服套装、便服套装、上衣、连衣裙、裙子、裙裤、长裤、护胸背带工装裤、马裤及短裤(游泳服除外)：**
	- 西服套装：
6104.1300	- - 合成纤维制
	- - 其他纺织材料制：
6104.1910	- - - 羊毛或动物细毛制
6104.1920	- - - 棉制
6104.1990	- - - 其他
	- 便服套装：
6104.2200	- - 棉制
6104.2300	- - 合成纤维制
	- - 其他纺织材料制：
6104.2910	- - - 羊毛或动物细毛制
6104.2990	- - - 其他
	- 上衣：
6104.3100	- - 羊毛或动物细毛制
6104.3200	- - 棉制
6104.3300	- - 合成纤维制
6104.3900	- - 其他纺织材料制
	- 连衣裙：
6104.4100	- - 羊毛或动物细毛制
6104.4200	- - 棉制
6104.4300	- - 合成纤维制
6104.4400	- - 人造纤维制
6104.4900	- - 其他纺织材料制
	- 裙子及裙裤：
6104.5100	- - 羊毛或动物细毛制
6104.5200	- - 棉制
6104.5300	- - 合成纤维制
6104.5900	- - 其他纺织材料制
	- 长裤、护胸背带工装裤、马裤及短裤：
6104.6100	- - 羊毛或动物细毛制
6104.6200	- - 棉制
6104.6300	- - 合成纤维制
6104.6900	- - 其他纺织材料制
61.05	**针织或钩编的男衬衫：**
6105.1000	- 棉制
6105.2000	- 化学纤维制
6105.9000	- 其他纺织材料制
61.06	**针织或钩编的女衬衫：**
6106.1000	- 棉制
6106.2000	- 化学纤维制
6106.9000	- 其他纺织材料制
61.07	**针织或钩编的男式内裤、三角裤、长睡衣、睡衣裤、浴衣、晨衣及类似品：**
	- 内裤及三角裤：
6107.1100	- - 棉制
6107.1200	- - 化学纤维制
	- - 其他纺织材料制：
6107.1910	- - - 丝及绢丝制
6107.1990	- - - 其他
	- 长睡衣及睡衣裤：
6107.2100	- - 棉制

商品编码	商品名称
6107.2200	--化学纤维制
	--其他纺织材料制:
6107.2910	---丝及绢丝制
6107.2990	---其他
	-其他:
6107.9100	--棉制
	--其他纺织材料制:
6107.9910	---化学纤维制
6107.9990	---其他
61.08	**针织或钩编的女式长衬裙、衬裙、三角裤、短衬裤、睡衣、睡衣裤浴衣、晨衣及类似品:**
	-长衬裙及衬裙:
6108.1100	--化学纤维制
	--其他纺织材料制:
6108.1910	---棉制
6108.1920	---丝及绢丝制
6108.1990	---其他
	-三角裤及短衬裤:
6108.2100	--棉制
6108.2200	--化学纤维制
	--其他纺织材料制:
6108.2910	---丝及绢丝制
6108.2990	---其他
	-睡衣及睡衣裤:
6108.3100	--棉制
6108.3200	--化学纤维制
	--其他纺织材料制:
6108.3910	---丝及绢丝制
6108.3990	---其他
	-其他:
6108.9100	--棉制
6108.9200	--化学纤维制
6108.9900	--其他纺织材料制
61.09	**针织或钩编的T恤衫、汗衫及其他背心:**
6109.1000	-棉制
	-其他纺织材料制:
6109.9010	---丝及绢丝制
6109.9090	---其他
61.10	**针织或钩编的套头衫、开襟衫、背心及类似品:**
	-羊毛或动物细毛制:
6110.1100	--羊毛制
6110.1200	--喀什米尔山羊细毛制
	--其他:
6110.1910	---其他山羊细毛制
6110.1920	---兔毛制
6110.1990	---其他
6110.2000	-棉制
6110.3000	-化学纤维制
	-其他纺织材料制:
6110.9010	---丝及绢丝制
6110.9090	---其他
61.11	**针织或钩编的婴儿服装及衣着附件:**
6111.2000	-棉制
6111.3000	-合成纤维制
	-其他纺织材料制:
6111.9010	---羊毛或动物细毛制
6111.9090	---其他
61.12	**针织或钩编的运动服、滑雪服及游泳服:**
	-运动服:
6112.1100	--棉制
6112.1200	--合成纤维制
6112.1900	--其他纺织材料制
	-滑雪服:
6112.2010	---棉制
6112.2090	---其他
	-男式游泳服:
6112.3100	--合成纤维制
6112.3900	--其他纺织材料制
	-女式游泳服:
6112.4100	--合成纤维制
6112.4900	--其他纺织材料制
61.13	**用品目59.03、59.06或59.07的针织物或钩编织物制成的服装:**
6113.0000	用品目59.03、59.06或59.07的针织物或钩编织物制成的服装
61.14	**针织或钩编的其他服装:**
6114.2000	-棉制

商品编码	商品名称
6114.3000	- 化学纤维制
	- 其他纺织材料制：
6114.9010	- - - 羊毛或动物细毛制
6114.9090	- - - 其他
61.15	**针织或钩编的连裤袜、紧身裤袜、长筒袜、短袜及其他袜类，包括用以治疗静脉曲张的长筒袜和无外绱鞋底的鞋类：**
6115.1000	- 渐紧压袜类(例如，用以治疗静脉曲张的长筒袜)
	- 其他连裤袜及紧身裤袜：
6115.2100	- - 每根单丝细度在67分特以下的合成纤维制
6115.2200	- - 每根单丝细度在67分特及以上的合成纤维制
	- - 其他纺织材料制：
6115.2910	- - - 棉制
6115.2990	- - - 其他
6115.3000	- 其他女式长筒袜及中筒袜，每根单丝细度在67分特以下
	- 其他：
6115.9400	- - 羊毛或动物细毛制
6115.9500	- - 棉制
6115.9600	- - 合成纤维制
6115.9900	- - 其他纺织材料制
61.16	**针织或钩编的分指手套、连指手套及露指手套：**
6116.1000	- 用塑料或橡胶浸渍、涂布、包覆或层压的
	- 其他：
6116.9100	- - 羊毛或动物细毛制
6116.9200	- - 棉制
6116.9300	- - 合成纤维制
6116.9900	- - 其他纺织材料制
61.17	**其他制成的针织或钩编的衣着附件；服装或衣着附件的针织或钩编的零件：**
	- 披巾、头巾、围巾、披纱、面纱及类似品：
	- - - 动物细毛制：
6117.1011	- - - - 山羊绒制
6117.1019	- - - - 其他
6117.1020	- - - 羊毛制
6117.1090	- - - 其他
	- 其他附件：
6117.8010	- - - 领带及领结
6117.8090	- - - 其他
6117.9000	- 零件

第六十二章　非针织或非钩编的服装及衣着附件

注释：

一、本章仅适用于除絮胎以外任何纺织物的制成品，但不适用于针织品或钩编织品（品目62.12的除外）。[①]

二、本章不包括：

（一）品目63.09的旧衣着或其他旧物品；或

（二）矫形器具、外科手术带、疝气带及类似品（品目90.21）。

三、品目62.03及62.04所称：[②]

（一）"西服套装"，是指面料用相同的织物制成的两件套或三件套的下列成套服装：

一件人体上半身穿着的外套或短上衣，除袖子外，其面料数为四片或四片以上；也可附带一件西服背心，这件背心的前片面料应与套装其他各件的面料相同，后片面料则应与外套或短上衣的衬里料相同；以及

一件人体下半身穿着的服装，即不带背带或护胸的长裤、马裤、短裤（游泳裤除外）、裙子或裙裤。

西服套装各件面料质地、颜色及构成必须相同，其款式也必须相同，尺寸大小还须相互般配，但可以用不同织物滚边（缝口上缝入长条织物）。

如果数件人体下半身穿着的服装同时报验（例如，两条长裤、长裤与短裤、裙子或裙裤与长裤），构成西服套装下装的应是一条长裤，而对于女式西服套装，则应是一条裙子或裙裤，其他服装应分别归类。

所称"西服套装"，包括不论是否完全符合上述条件的下列配套服装：

——常礼服，由一件后襟下垂并下端开圆弧形叉的素色短上衣和一条条纹长裤组成；

——晚礼服（燕尾服），一般用黑色织物制成，上衣前襟较短且不闭合，背后有燕尾；

——无燕尾套装夜礼服，其中上衣款式与普通上衣相似（可以更为显露衬衣前胸），但有光滑丝质或仿丝质的翻领。

（二）"便服套装"，是指面料相同并作零售包装的下列成套服装（西服套装及品目62.07或62.08的物品除外）：

一件人体上半身穿着的服装，但背心除外，因为背心可作为内衣；以及

一件或两件不同的人体下半身穿着的服装，即长裤、护胸背带工装裤、马裤、短裤（泳裤除外）、裙子或裙裤。

便服套装各件面料质地、款式、颜色及构成必须相同；尺寸大小也须相互般配。所称"便服套装"，不包括品目62.11的运动服及滑雪服。

四、品目62.05及62.06不包括在腰围以下有口袋的服装、带有罗纹腰带及以其他方式收紧下摆的服装。品目62.05不包括无袖服装。

衬衫及仿男式女衬衫是指人体上身穿着并从领口处全开襟或半开襟的长袖或短袖衣服；罩衫也是上半身穿着的宽松服装，但可以无袖，领口处也可以不开襟。衬衫、仿男式女衬衫及罩衫可有衣领。

五、对于品目62.09：

（一）所称"婴儿服装及衣着附件"，是指用于身高不超过86厘米幼儿的服装；

（二）既可归入品目62.09，也可归入本章其他品目的物品，应归入品目62.09。[③]

六、既可归入品目62.10，也可归入本章其他品目的服装，除品目62.09所列的仍归入该品目外，其余

---

① 例如，针织或钩编的男衬衫归入第六十一章，机织男衬衫归入第六十二章，无纺布制的手术外衣也应归入第六十二章。

② 本章"西服套装""便服套装"的归类与第六十一章针织或钩编的"西服套装""便服套装"方法相同。

③ 例如，供婴儿穿的机织的女式衬衫不按"衬衫"的列名归入品目62.06，而应归入品目62.09"婴儿服装及衣着附件"。

的应一律归入品目62.10。

七、品目62.11所称“滑雪服”,是指从整个外观和织物质地来看,主要在滑雪(速度滑雪和高山滑雪)时穿着的下列服装或成套服装:

(一)“滑雪连身服”,即上下身连在一起的单件服装;除袖子和领子外,滑雪连身服可有口袋或脚带;或

(二)“滑雪套装”,即由两件或三件构成一套并作零售包装的下列服装:①

——一件用一条拉链扣合的带风帽的厚夹克、防风衣、防风短上衣或类似的服装,可以附带一件背心;以及

——一条不论是否过腰的长裤、一条马裤或一条护胸背带工装裤。

“滑雪套装”也可由一件类似以上(一)款所述的连身服和一件可套在连身服外面的有胎料背心组成。“滑雪套装”各件颜色可以不同,但面料质地、款式及构成必须相同;尺寸大小也须相互般配。

八、正方形或近似正方形的围巾及围巾式样的物品,如果每边均不超过60厘米,应作为手帕归类(品目62.13)。任何一边超过60厘米的手帕,应归入品目62.14。

九、本章的服装,凡门襟为左压右的,应视为男式;右压左的,应视为女式。但本规定不适用于其式样已明显为男式或女式的服装。

无法区别是男式还是女式的服装,应按女式服装归入有关品目。②

十、本章物品可用金属线制成。

商品编码	商品名称
62.01	**男式大衣、短大衣、斗篷、短斗篷、带风帽的防寒短上衣(包括滑雪短上衣)、防风衣、防风短上衣及类似品,但品目62.03的货品除外:**
6201.2000	-羊毛或动物细毛制
	-棉制:
6201.3010	---羽绒服
6201.3090	---其他
	-化学纤维制:
6201.4010	---羽绒服
6201.4090	---其他
6201.9000	-其他纺织材料制
62.02	**女式大衣、短大衣、斗篷、短斗篷、带风帽的防寒短上衣(包括滑雪短上衣)、防风衣、防风短上衣及类似品,但品目62.04的货品除外:**
6202.2000	-羊毛或动物细毛制
	-棉制:
6202.3010	---羽绒服
6202.3090	---其他
	-化学纤维制:
6202.4010	---羽绒服
6202.4090	---其他
6202.9000	-其他纺织材料制
62.03	**男式西服套装、便服套装、上衣、长裤、护胸背带工装裤、马裤及短裤(游泳裤除外):**
	-西服套装:
6203.1100	--羊毛或动物细毛制
6203.1200	--合成纤维制
	--其他纺织材料制:
6203.1910	---丝及绢丝制
6203.1990	---其他
	-便服套装:
6203.2200	--棉制
6203.2300	--合成纤维制
	--其他纺织材料制:
6203.2910	---丝及绢丝制

① 本章“滑雪服”的归类与第六十一章针织或钩编的“滑雪服”方法相同。

② 本章服装男式与女式的判断方法与第六十一章相同。

商品编码	商品名称
6203.2920	－－－羊毛或动物细毛制
6203.2990	－－－其他
	－上衣：
6203.3100	－－羊毛或动物细毛制
6203.3200	－－棉制
6203.3300	－－合成纤维制
	－－其他纺织材料制：
6203.3910	－－－丝及绢丝制
6203.3990	－－－其他
	－长裤、护胸背带工装裤、马裤及短裤：
6203.4100	－－羊毛或动物细毛制
	－－棉制：
6203.4210	－－－阿拉伯裤
6203.4290	－－－其他
	－－合成纤维制：
6203.4310	－－－阿拉伯裤
6203.4390	－－－其他
	－－其他纺织材料制：
6203.4910	－－－阿拉伯裤
6203.4990	－－－其他
62.04	**女式西服套装、便服套装、上衣、连衣裙、裙子、裙裤、长裤、护胸背带工装裤、马裤及短裤(游泳服除外)：**
	－西服套装：
6204.1100	－－羊毛或动物细毛制
6204.1200	－－棉制
6204.1300	－－合成纤维制
	－－其他纺织材料制：
6204.1910	－－－丝及绢丝制
6204.1990	－－－其他
	－便服套装：
6204.2100	－－羊毛或动物细毛制
6204.2200	－－棉制
6204.2300	－－合成纤维制
	－－其他纺织材料制：
6204.2910	－－－丝及绢丝制
6204.2990	－－－其他
	－上衣：
6204.3100	－－羊毛或动物细毛制
6204.3200	－－棉制
6204.3300	－－合成纤维制
	－－其他纺织材料制：
6204.3910	－－－丝及绢丝制
6204.3990	－－－其他
	－连衣裙：
6204.4100	－－羊毛或动物细毛制
6204.4200	－－棉制
6204.4300	－－合成纤维制
6204.4400	－－人造纤维制
	－－其他纺织材料制：
6204.4910	－－－丝及绢丝制
6204.4990	－－－其他
	－裙子及裙裤：
6204.5100	－－羊毛或动物细毛制
6204.5200	－－棉制
6204.5300	－－合成纤维制
	－－其他纺织材料制：
6204.5910	－－－丝及绢丝制
6204.5990	－－－其他
	－长裤、护胸背带工装裤、马裤及短裤：
6204.6100	－－羊毛或动物细毛制
6204.6200	－－棉制
6204.6300	－－合成纤维制
6204.6900	－－其他纺织材料制
62.05	**男衬衫：**
6205.2000	－棉制
6205.3000	－化学纤维制
	－其他：
6205.9010	－－－丝及绢丝制
6205.9020	－－－羊毛或动物细毛制
6205.9090	－－－其他
62.06	**女衬衫：**
6206.1000	－丝及绢丝制
6206.2000	－羊毛或动物细毛制
6206.3000	－棉制
6206.4000	－化学纤维制
6206.9000	－其他纺织材料制
62.07	**男式背心及其他内衣、内裤、三角裤、长睡衣、睡衣裤、浴衣、晨衣及类似品：**

商品编码	商品名称
	- 内裤及三角裤:
6207.1100	- - 棉制
	- - 其他纺织材料制:
6207.1910	- - - 丝及绢丝制
6207.1920	- - - 化学纤维制
6207.1990	- - - 其他
	- 长睡衣及睡衣裤:
6207.2100	- - 棉制
6207.2200	- - 化学纤维制
	- - 其他纺织材料制:
6207.2910	- - - 丝及绢丝制
6207.2990	- - - 其他
	- 其他:
6207.9100	- - 棉制
	- - 其他纺织材料制:
6207.9910	- - - 丝及绢丝制
6207.9920	- - - 化学纤维制
6207.9990	- - - 其他
62.08	**女式背心及其他内衣、长衬裙、衬裙、三角裤、短衬裤、睡衣、睡衣裤、浴衣、晨衣及类似品:**
	- 长衬裙及衬裙:
6208.1100	- - 化学纤维制
	- - 其他纺织材料制:
6208.1910	- - - 丝及绢丝制
6208.1920	- - - 棉制
6208.1990	- - - 其他
	- 睡衣及睡衣裤:
6208.2100	- - 棉制
6208.2200	- - 化学纤维制
	- - 其他纺织材料制:
6208.2910	- - - 丝及绢丝制
6208.2990	- - - 其他
	- 其他:
6208.9100	- - 棉制
6208.9200	- - 化学纤维制
	- - 其他纺织材料制:
6208.9910	- - - 丝及绢丝制
6208.9990	- - - 其他
62.09	**婴儿服装及衣着附件:**
6209.2000	- 棉制
6209.3000	- 合成纤维制
	- 其他纺织材料制:
6209.9010	- - - 羊毛或动物细毛制
6209.9090	- - - 其他
62.10	**用品目 56.02、56.03、59.03、59.06 或 59.07 的织物制成的服装:**
	- 用品目 56.02 或 56.03 的织物制成的服装:
6210.1010	- - - 羊毛或动物细毛制
6210.1020	- - - 棉或麻制
6210.1030	- - - 化学纤维制
6210.1090	- - - 其他纺织材料制
6210.2000	- 品目 62.01 所列类型的其他服装
6210.3000	- 品目 62.02 所列类型的其他服装
6210.4000	- 其他男式服装
6210.5000	- 其他女式服装
62.11	**运动服、滑雪服及游泳服;其他服装:**
	- 游泳服:
6211.1100	- - 男式
6211.1200	- - 女式
	- 滑雪服:
6211.2010	- - - 棉制
6211.2090	- - - 其他纺织材料制
	- 其他男式服装:
	- - 棉制:
6211.3210	- - - 阿拉伯袍
6211.3220	- - - 运动服
6211.3290	- - - 其他
	- - 化学纤维制:
6211.3310	- - - 阿拉伯袍
6211.3320	- - - 运动服
6211.3390	- - - 其他
	- - 其他纺织材料制:
6211.3910	- - - 丝及绢丝制
6211.3920	- - - 羊毛或动物细毛制
6211.3990	- - - 其他
	- 其他女式服装:
	- - 棉制:
6211.4210	- - - 运动服
6211.4290	- - - 其他
	- - 化学纤维制:
6211.4310	- - - 运动服

商品编码	商品名称
6211.4390	－－－其他
	－－其他纺织材料制：
6211.4910	－－－丝及绢丝制
6211.4990	－－－其他
62.12	**胸罩、束腰带、紧身胸衣、吊裤带、吊袜带、束袜带和类似品及其零件，不论是否针织或钩编的：**
	－胸罩：
6212.1010	－－－化学纤维制
6212.1090	－－－其他纺织材料制
	－束腰带及腹带：
6212.2010	－－－化学纤维制
6212.2090	－－－其他纺织材料制
	－束腰胸衣：
6212.3010	－－－化学纤维制
6212.3090	－－－其他纺织材料制
	－其他：
6212.9010	－－－化学纤维制
6212.9090	－－－其他纺织材料制
62.13	**手帕：**
	－棉制：
6213.2010	－－－刺绣的
6213.2090	－－－其他
	－其他纺织材料制：
6213.9020	－－－刺绣的
6213.9090	－－－其他
62.14	**披巾、领巾、围巾、披纱、面纱及类似品：**
6214.1000	－丝或绢丝制
	－羊毛或动物细毛制：
6214.2010	－－－羊毛制
6214.2020	－－－山羊绒制
6214.2090	－－－其他
6214.3000	－合成纤维制
6214.4000	－人造纤维制
6214.9000	－其他纺织材料制
62.15	**领带及领结：**
6215.1000	－丝或绢丝制
6215.2000	－化学纤维制
6215.9000	－其他纺织材料制
62.16	**分指手套、连指手套及露指手套：**
6216.0000	分指手套、连指手套及露指手套
62.17	**其他制成的衣着附件；服装或衣着附件的零件，但品目 62.12 的货品除外：**
	－附件：
6217.1010	－－－袜子及袜套
6217.1020	－－－和服腰带
6217.1090	－－－其他
6217.9000	－零件

第六十三章　其他纺织制成品；成套物品；旧衣着及旧纺织品；碎织物

注释：

一、第一分章仅适用于各种纺织物制成的物品。

二、第一分章不包括：

（一）第五十六章至第六十二章的货品；或

（二）品目 63.09 的旧衣着或其他旧物品。

三、品目 63.09 仅适用于下列货品：[①]

（一）纺织材料制品：

1. 衣着和衣着附件及其零件；
2. 毯子及旅行毯；
3. 床上、餐桌、盥洗及厨房用的织物制品；
4. 装饰用织物制品，但品目 57.01 至 57.05 的地毯及品目 58.05 的装饰毯除外。

（二）用石棉以外其他任何材料制成的鞋帽类。

上述物品只有同时符合下列两个条件才能归入本品目：

1. 必须明显看得出穿用过；
2. 必须以散装、捆装、袋装或类似的大包装形式报验。

子目注释：

子目 6304.20 包括用 α-氯氰菊酯（ISO）、虫螨腈（ISO）、溴氰菊酯（INN，ISO）、高效氯氟氰菊酯（ISO）、除虫菊酯（ISO）或甲基嘧啶磷（ISO）浸渍或涂层的经编针织物制品。

商品编码	商品名称
	第一分章　其他纺织制成品
63.01	**毯子及旅行毯：**
6301.1000	－电暖毯
6301.2000	－羊毛或动物细毛制的毯子（电暖毯除外）及旅行毯
6301.3000	－棉制的毯子（电暖毯除外）及旅行毯
6301.4000	－合成纤维制的毯子（电暖毯除外）及旅行毯
6301.9000	－其他毯子及旅行毯
63.02	**床上、餐桌、盥洗及厨房用的织物制品：**
	－针织或钩编的床上用织物制品：
6302.1010	－－－棉制
6302.1090	－－－其他纺织材料制
	－其他印花的床上用织物制品：
	－－棉制：
6302.2110	－－－床单
6302.2190	－－－其他
	－－化学纤维制：
6302.2210	－－－床单
6302.2290	－－－其他
	－－其他纺织材料制：
6302.2910	－－－丝及绢丝制
6302.2920	－－－麻制
6302.2990	－－－其他
	－其他床上用织物制品：
	－－棉制：
6302.3110	－－－刺绣的
	－－－其他：
6302.3191	－－－－床单
6302.3192	－－－－毛巾被
6302.3199	－－－－其他

① 例如，旧袜子、旧毛毯、旧皮鞋等符合条件时（明显看得出穿用过以及以散装、捆装、袋装或类似的大包装形式报验）应归入品目 63.09“旧衣物”。

商品编码	商品名称
	－－化学纤维制:
6302. 3210	－－－刺绣的
6302. 3290	－－－其他
	－－其他纺织材料制:
6302. 3910	－－－丝及绢丝制
	－－－麻制:
6302. 3921	－－－－刺绣的
6302. 3929	－－－－其他
	－－－其他:
6302. 3991	－－－－刺绣的
6302. 3999	－－－－其他
	－针织或钩编的餐桌用织物制品:
6302. 4010	－－－手工制
6302. 4090	－－－其他
	－其他餐桌用织物制品:
	－－棉制:
6302. 5110	－－－刺绣的
6302. 5190	－－－其他
	－－化学纤维制:
6302. 5310	－－－刺绣的
6302. 5390	－－－其他
	－－其他纺织材料制:
	－－－亚麻制:
6302. 5911	－－－－刺绣的
6302. 5919	－－－－其他
6302. 5990	－－－其他
	－盥洗及厨房用棉制毛巾织物或类似的毛圈织物的制品:
6302. 6010	－－－浴巾
6302. 6090	－－－其他
	－其他:
6302. 9100	－－棉制
6302. 9300	－－化学纤维制
	－－其他纺织材料制:
6302. 9910	－－－亚麻制
6302. 9990	－－－其他
63. 03	**窗帘(包括帷帘)及帐幔;帘帷或床帷:**
	－针织或钩编的:
	－－合成纤维制:
6303. 1210	－－－针织的
6303. 1220	－－－钩编的
	－－其他纺织材料制:
	－－－棉制:
6303. 1931	－－－－针织的
6303. 1932	－－－－钩编的
	－－－其他:
6303. 1991	－－－－针织的
6303. 1992	－－－－钩编的
	－其他:
6303. 9100	－－棉制
6303. 9200	－－合成纤维制
6303. 9900	－－其他纺织材料制
63. 04	**其他装饰用织物制品,但品目94. 04的货品除外:**
	－床罩:
	－－针织或钩编的:
	－－－针织的:
6304. 1121	－－－－手工制
6304. 1129	－－－－其他
	－－－钩编的:
6304. 1131	－－－－手工制
6304. 1139	－－－－其他
	－－其他:
6304. 1910	－－－丝及绢丝制
	－－－棉或麻制:
6304. 1921	－－－－刺绣的
6304. 1929	－－－－其他
	－－－化学纤维制:
6304. 1931	－－－－刺绣的
6304. 1939	－－－－其他
	－－－其他纺织材料制:
6304. 1991	－－－－刺绣的
6304. 1999	－－－－其他
	－本章子目注释一所列的蚊帐:
6304. 2010	－－－手工制
6304. 2090	－－－其他
	－其他:
	－－针织或钩编的:
	－－－针织的:
6304. 9121	－－－－手工制

商品编码	商品名称
6304.9129	－－－－其他
	－－－钩编的：
6304.9131	－－－－手工制
6304.9139	－－－－其他
	－－非针织或非钩编的，棉制：
6304.9210	－－－刺绣的
6304.9290	－－－其他
	－－非针织或非钩编的，合成纤维制：
6304.9310	－－－刺绣的
6304.9390	－－－其他
	－－非针织或非钩编的，其他纺织材料制：
6304.9910	－－－丝及绢丝制
	－－－麻制：
6304.9921	－－－－刺绣的
6304.9929	－－－－其他
6304.9990	－－－其他
63.05	**货物包装用袋：**
6305.1000	－黄麻或品目 53.03 的其他韧皮纺织纤维制
6305.2000	－棉制
	－化学纤维材料制：
6305.3200	－－散装货物储运软袋
6305.3300	－－其他，聚乙烯、聚丙烯扁条或类似材料制
6305.3900	－－其他
6305.9000	－其他纺织材料制
63.06	**油苫布、天篷及遮阳篷；帐篷（包括临时顶篷及类似品）；风帆；野营用品：**
	－油苫布、天篷及遮阳篷：
6306.1200	－－合成纤维制
	－－其他纺织材料制：
6306.1910	－－－麻制
6306.1920	－－－棉制
6306.1990	－－－其他
	－帐篷（包括临时顶篷及类似品）
6306.2200	－－合成纤维制
	－－其他纺织材料制：
6306.2910	－－－棉制
6306.2990	－－－其他
	－风帆：
6306.3010	－－－合成纤维制
6306.3090	－－－其他纺织材料制
	－充气褥垫：
6306.4010	－－－棉制
6306.4020	－－－化学纤维制
6306.4090	－－－其他
	－其他：
6306.9010	－－－棉制
6306.9020	－－－麻制
6306.9030	－－－化学纤维制
6306.9090	－－－其他
63.07	**其他制成品，包括服装裁剪样：**
6307.1000	－擦地布、擦碗布、抹布及类似擦拭用布
6307.2000	－救生衣及安全带
	－其他：
6307.9010	－－－口罩
6307.9090	－－－其他
	第二分章　成套物品
63.08	**由机织物及纱线构成的零售包装成套物品，不论是否带附件，用以制作小地毯、装饰毯、绣花台布、餐巾或类似的纺织物品：**
6308.0000	由机织物及纱线构成的零售包装成套物品，不论是否带附件，用以制作小地毯、装饰毯、绣花台布、餐巾或类似的纺织物品
	第三分章　旧衣着及旧纺织品；碎织物
63.09	**旧衣物：**
6309.0000	旧衣物
63.10	**新或旧的破、碎织物，线、绳、索、缆的废、碎料以及线、绳、索、缆或纺织材料的破旧制品：**
6310.1000	－经分拣的
6310.9000	－其他

第十二类　鞋、帽、伞、杖、鞭及其零件；已加工的羽毛及其制品；人造花；人发制品

第六十四章　鞋靴、护腿和类似品及其零件

注释：

一、本章不包括：

（一）易损材料（例如，纸、塑料薄膜）制的无外绱鞋底的一次性鞋靴罩或套，这些产品应按其构成材料归类；[①]

（二）纺织材料制的鞋靴，没有用粘、缝或其他方法将外底固定或安装在鞋面上的（第十一类）；

（三）品目 63.09 的旧鞋靴；

（四）石棉制品（品目 68.12）；

（五）矫形鞋靴或其他矫形器具及其零件（品目 90.21）；或

（六）玩具鞋及装有冰刀或轮子的滑冰鞋；护胫或类似的运动防护服装（第九十五章）。

二、品目 64.06 所称"零件"，不包括鞋钉、护鞋铁掌、鞋眼、鞋钩、鞋扣、饰物、编带、鞋带、绒球或其他装饰带（应分别归入相应品目）及品目 96.06 的纽扣或其他货品。

三、本章所称：

（一）"橡胶"及"塑料"，包括能用肉眼辨出其外表有一层橡胶或塑料的机织物或其他纺织产品，运用本款时，橡胶或塑料仅引起颜色变化的不计在内；

（二）"皮革"，是指品目 41.07 及 41.12 至 41.14 的货品。

四、除本章注释三另有规定的以外：

（一）鞋面的材料应以占表面面积最大的那种材料为准，计算表面面积可不考虑附件及加固件，例如，护踝、裹边、饰物、扣子、拉襻、鞋眼或类似附属件；

（二）外底的主要材料应以与地面接触最广的那种材料为准，计算接触面时可不考虑鞋底钉、铁掌或类似附属件。

子目注释：

子目 6402.12、6402.19、6403.12、6403.19 及 6404.11 所称"运动鞋靴"，仅适用于：

一、带有或可装鞋底钉、止滑柱、夹钳、马蹄掌或类似品的体育专用鞋靴；

二、滑冰靴、滑雪靴及越野滑雪用鞋靴、滑雪板靴、角力靴、拳击靴及赛车鞋。

商品编码	商品名称	商品编码	商品名称
64.01	**橡胶或塑料制外底及鞋面的防水鞋靴，其鞋面不是用缝、铆、钉、旋、塞或类似方法固定在鞋底上的：** －装有金属防护鞋头的鞋靴：	6401.1010 6401.1090	－－－橡胶制鞋面的 －－－塑料制鞋面的 －其他鞋靴： －－鞋靴（过踝但未到膝）：

① 例如，塑料薄膜制的一次性鞋套不作为本章的"鞋靴"归类，应按"塑料制品"归入第三十九章。

商品编码	商品名称
6401.9210	－－－橡胶制鞋面的
6401.9290	－－－塑料制鞋面的
6401.9900	－－其他
64.02	**橡胶或塑料制外底及鞋面的其他鞋靴：**
	－运动鞋靴：
6402.1200	－－滑雪靴、越野滑雪鞋靴及滑雪板靴
6402.1900	－－其他
6402.2000	－用栓塞方法将鞋面条带装配在鞋底上的鞋
	－其他鞋靴：
6402.9100	－－鞋靴(过踝)
	－－其他：
6402.9910	－－－橡胶制鞋面的
	－－－塑料制鞋面的：
6402.9921	－－－－以机织物或其他纺织材料作衬底的
6402.9929	－－－－其他
64.03	**橡胶、塑料、皮革或再生皮革制外底，皮革制鞋面的鞋靴：**
	－运动鞋靴：
6403.1200	－－滑雪靴、越野滑雪鞋靴及滑雪板靴
6403.1900	－－其他
6403.2000	－皮革制外底，由交叉于脚背并绕大脚趾的皮革条带构成鞋面的鞋
6403.4000	－装有金属防护鞋头的其他鞋靴
	－皮革制外底的其他鞋靴：
	－－鞋靴(过踝)：
	－－－过脚踝但低于小腿的鞋靴，按内底长度分类：
6403.5111	－－－－小于24厘米的
6403.5119	－－－－其他
	－－－其他，按内底长度分类：
6403.5191	－－－－小于24厘米的
6403.5199	－－－－其他
6403.5900	－－其他
	－其他鞋靴：
	－－鞋靴(过踝)：
	－－－过脚踝但低于小腿的鞋靴，按内底长度分类：
6403.9111	－－－－小于24厘米的
6403.9119	－－－－其他
	－－－其他，按内底长度分类：
6403.9191	－－－－小于24厘米的
6403.9199	－－－－其他
6403.9900	－－其他
64.04	**橡胶、塑料、皮革或再生皮革制外底，用纺织材料制鞋面的鞋靴：**
	－橡胶或塑料制外底的鞋靴：
6404.1100	－－运动鞋靴；网球鞋、篮球鞋、体操鞋、训练鞋及类似鞋
	－－其他：
6404.1910	－－－拖鞋
6404.1990	－－－其他
	－皮革或再生皮革制外底的鞋靴：
6404.2010	－－－拖鞋
6404.2090	－－－其他
64.05	**其他鞋靴：**
	－皮革或再生皮革制鞋面的：
6405.1010	－－－橡胶、塑料、皮革及再生皮革制外底的
6405.1090	－－－其他材料制外底的
6405.2000	－纺织材料制鞋面的
	－其他：
6405.9010	－－－橡胶、塑料、皮革及再生皮革制外底的
6405.9090	－－－其他材料制外底的
64.06	**鞋靴零件(包括鞋面，不论是否带有除外底以外的其他鞋底)；活动式鞋内底、跟垫及类似品；护腿、裹腿和类似品及其零件：**
6406.1000	－鞋面及其零件，但硬衬除外
	－橡胶或塑料制的外底及鞋跟：
6406.2010	－－－橡胶制的
6406.2020	－－－塑料制的
	－其他：
6406.9010	－－－木制
	－－－其他材料制：
6406.9091	－－－－活动式鞋内底、跟垫及类似品
6406.9092	－－－－护腿、裹腿和类似品及其零件
6406.9099	－－－－其他

第六十五章　帽类及其零件

注释：

一、本章不包括：

（一）品目 63.09 的旧帽类；

（二）石棉制帽类（品目 68.12）；或

（三）第九十五章的玩偶帽、其他玩具帽或狂欢节用品。[①]

二、品目 65.02 不包括缝制的帽坯，但仅将条带缝成螺旋形的除外。

商品编码	商品名称
65.01	**毡呢制的帽坯、帽身及帽兜，未楦制成形，也未加帽边；毡呢制的圆帽片及制帽用的毡呢筒（包括裁开的毡呢筒）：**
6501.0000	毡呢制的帽坯、帽身及帽兜，未楦制成形，也未加帽边；毡呢制的圆帽片及制帽用的毡呢筒（包括裁开的毡呢筒）
65.02	**编结的帽坯或用任何材料的条带拼制而成的帽坯，未楦制成形，也未加帽边、衬里或装饰物：**
6502.0000	编结的帽坯或用任何材料的条带拼制而成的帽坯，未楦制成形，也未加帽边、衬里或装饰物
65.04	**编结帽或用任何材料的条带拼制而成的帽类，不论有无衬里或装饰物：**
6504.0000	编结帽或用任何材料的条带拼制而成的帽类，不论有无衬里或装饰物
65.05	**针织或钩编的帽类，用成匹的花边、毡呢或其他纺织物（条带除外）制成的帽类，不论有无衬里或装饰物；任何材料制的发网，不论有无衬里或装饰物：**
6505.0010	－－－发网
6505.0020	－－－钩编的帽类
	－－－其他：
6505.0091	－－－－用品目 65.01 的帽身、帽兜或圆帽片制成的毡呢帽类，不论有无衬里或装饰物
6505.0099	－－－－其他
65.06	**其他帽类，不论有无衬里或装饰物：**
6506.1000	－安全帽
	－其他：
6506.9100	－－橡胶或塑料制
	－－其他材料制：
6506.9910	－－－皮革制
6506.9920	－－－毛皮制
6506.9990	－－－其他
65.07	**帽圈、帽衬、帽套、帽帮、帽骨架、帽舌及帽颏带：**
6507.0000	帽圈、帽衬、帽套、帽帮、帽骨架、帽舌及帽颏带

① 例如，“芭比”娃娃的帽子应按“玩具”归入品目 95.03，圣诞老人的帽子应按“节日用品”归入品目 95.05。

第六十六章　雨伞、阳伞、手杖、鞭子、马鞭及其零件

注释：

一、本章不包括：

（一）丈量用杖及类似品（品目 90.17）；

（二）火器手杖、刀剑手杖、灌铅手杖及类似品（第九十三章）；或

（三）第九十五章的货品（例如，玩具雨伞、玩具阳伞）。

二、品目 66.03 不包括纺织材料制的零件、附件及装饰品或者任何材料制的罩套、流苏、鞭梢、伞套及类似品。此类货品即使与品目 66.01 或 66.02 的物品一同报验，只要未装配在一起，则不应视为上述品目所列物品的组成零件，而应分别归入各有关品目。

商品编码	商品名称	商品编码	商品名称
66.01	**雨伞及阳伞（包括手杖伞、庭园用伞及类似伞）：**		
6601.1000	－庭园用伞及类似伞		
	－其他：		
6601.9100	－－折叠伞		
6601.9900	－－其他		
66.02	**手杖、带座手杖、鞭子、马鞭及类似品：**		
6602.0000	手杖、带座手杖、鞭子、马鞭及类似品		
66.03	**品目 66.01 或 66.02 所列物品的零件及装饰品：**		
6603.2000	－伞骨，包括装在伞柄上的伞骨		
6603.9000	－其他		

第六十七章　已加工羽毛、羽绒及其制品；人造花；人发制品

注释：

一、本章不包括：

（一）人发制滤布（品目 59.11）；

（二）花边、刺绣品或其他纺织物制成的花卉图案（第十一类）；

（三）鞋靴（第六十四章）；

（四）帽类及发网（第六十五章）；

（五）玩具、运动用品或狂欢节用品（第九十五章）；或

（六）羽毛掸帚、粉扑及人发制的筛子（第九十六章）。

二、品目 67.01 不包括：

（一）羽毛或羽绒仅在其中作为填充料的物品（例如，品目 94.04 的寝具）；

（二）羽毛或羽绒仅作为饰物或填充料的衣服或衣着附件；或

（三）品目 67.02 的人造花、叶及其部分品，以及它们的制成品。

三、品目 67.02 不包括：

（一）玻璃制品（第七十章）；或

（二）用陶器、石料、金属、木料或其他材料经模铸、锻造、雕刻、冲压或其他方法整件制成形的人造花、叶或果实；用捆扎、胶粘及类似方法以外的其他方法将部分品组合而成的上述制品。

商品编码	商品名称
67.01	**带羽毛或羽绒的鸟皮及鸟体其他部分、羽毛、部分羽毛、羽绒及其制品（品目 05.05 的货品和经加工的羽管及羽轴除外）：**
6701.0000	带羽毛或羽绒的鸟皮及鸟体其他部分、羽毛、部分羽毛、羽绒及其制品（品目 05.05 的货品和经加工的羽管及羽轴除外）
67.02	**人造花、叶、果实及其零件；用人造花、叶或果实制成的物品：**
6702.1000	－塑料制
	－其他材料制：
6702.9010	－－－羽毛制
6702.9020	－－－丝及绢丝制
6702.9030	－－－化学纤维制
6702.9090	－－－其他
67.03	**经梳理、稀疏、脱色或其他方法加工的人发；作假发及类似品用的羊毛、其他动物毛或其他纺织材料：**
6703.0000	经梳理、稀疏、脱色或其他方法加工的人发；作假发及类似品用的羊毛、其他动物毛或其他纺织材料
67.04	**人发、动物毛或纺织材料制的假发、假胡须、假眉毛、假睫毛及类似品；其他品目未列名的人发制品：**
	－合成纤维纺织材料制：
6704.1100	－－整头假发
6704.1900	－－其他
6704.2000	－人发制
6704.9000	－其他材料制

第十三类　石料、石膏、水泥、石棉、云母及类似材料的制品；陶瓷产品；玻璃及其制品

第六十八章　石料、石膏、水泥、石棉、云母及类似材料的制品

注释：

一、本章不包括：

（一）第二十五章的货品；①

（二）品目 48.10 或 48.11 的经涂布、浸渍或覆盖的纸及纸板（例如，用云母粉或石墨涂布的纸及纸板、沥青纸及纸板）；

（三）第五十六章或第五十九章的经涂布、浸渍或包覆的纺织物（例如，用云母粉涂布或包覆的织物，沥青织物）；

（四）第七十一章的物品；②

（五）第八十二章的工具及其零件；

（六）品目 84.42 的印刷用石板；

（七）绝缘子（品目 85.46）或绝缘材料制的零件（品目 85.47）；

（八）牙科用磨锉（品目 90.18）；

（九）第九十一章的物品（例如，钟及钟壳）；

（十）第九十四章的物品（例如，家具、灯具及照明装置、活动房屋）；③

（十一）第九十五章的物品（例如，玩具、游戏品及运动用品）；

（十二）用第九十六章注释二（二）所述材料制成的品目 96.02 的物品或品目 96.06 的物品（例如，纽扣）、品目 96.09 的物品（例如，石笔）、品目 96.10 的物品（例如，绘画石板）或品目 96.20 的物品（独脚架、双脚架、三脚架及类似品）；或

（十三）第九十七章的物品（例如，艺术品）。

二、品目 68.02 所称“已加工的碑石或建筑用石”，不仅适用于已加工的品目 25.15、25.16 的各种石料，也适用于所有经类似加工的其他天然石料（例如，石英岩、燧石、白云石及冻石），但不适用于板岩。

本国子目注释：

一、本国子目 6802.9311 所称“花岗岩制石刻墓碑石”，是指用天然花岗石材加工成的立在坟墓前面或后面的石碑套件，一般由墓碑和外栅组成，上面刻有相关文字图案和造型。

二、本国子目 6815.1310 所称“碳纤维预浸料”，是指碳纤维在各类树脂等基体树脂中浸渍而成的材料。

三、本国子目 6815.9940 所称“玄武岩纤维及其制品”，是指以玄武岩为原料经高温熔融后拉制而成的无机纤维，以及由该无机纤维经纺织等工艺加工而成的纤维制品。

---

① 例如，用锯或其他方法切割成矩形（包括正方形）的大理石板，如果没有经过超出第二十五章章注一所规定的范围的加工，则应归入第二十五章。

② 如果属于宝石或半宝石则应归入第七十一章。

③ 例如，石凳应作为“坐具”归入品目 94.01。

商品编码	商品名称
68.01	**天然石料(不包括板岩)制的长方砌石、路缘石、扁平石:**
6801.0000	天然石料(不包括板岩)制的长方砌石、路缘石、扁平石
68.02	**已加工的碑石或建筑用石(不包括板岩)及其制品,但品目 68.01 的货品除外;天然石料(包括板岩)制的镶嵌石(马赛克)及类似品,不论是否有衬背;天然石料(包括板岩)制的人工染色石粒、石片及石粉:**
	- 砖、瓦、方块及类似品,不论是否为矩形(包括正方形),其最大面以可置入边长小于 7 厘米的方格为限;人工染色的石粒、石片及石粉:
6802.1010	- - - 大理石
6802.1090	- - - 其他
	- 简单切削或锯开并具有一个平面的其他碑石或建筑用石及其制品:
	- - 大理石、石灰华及蜡石:
6802.2110	- - - 大理石
6802.2120	- - - 石灰华
6802.2190	- - - 其他
6802.2300	- - 花岗岩
	- - 其他石:
6802.2910	- - - 其他石灰石
6802.2990	- - - 其他
	- 其他:
	- - 大理石、石灰华及蜡石:
6802.9110	- - - 石刻
6802.9190	- - - 其他
	- - 其他石灰石:
6802.9210	- - - 石刻
6802.9290	- - - 其他
	- - 花岗岩:
	- - - 石刻:
6802.9311	- - - - 墓碑石
6802.9319	- - - - 其他
6802.9390	- - - 其他
	- - 其他石:
6802.9910	- - - 石刻
6802.9990	- - - 其他
68.03	**已加工的板岩及板岩或黏聚板岩的制品:**
6803.0010	- - - 板岩制
6803.0090	- - - 其他
68.04	**未装支架的石磨、石碾、砂轮和类似品及其零件,用于研磨、磨刃、抛光、整形或切割,以及手用磨石、抛光石及其零件,用天然石料、黏聚的天然磨料、人造磨料或陶瓷制成,不论是否装有由其他材料制成的零件:**
6804.1000	- 碾磨或磨浆用石磨、石碾
	- 其他石磨、石碾、砂轮及类似品:
	- - 黏聚合成或天然金刚石制:
6804.2110	- - - 砂轮
6804.2190	- - - 其他
	- - 其他黏聚磨料制或陶瓷制:
6804.2210	- - - 砂轮
6804.2290	- - - 其他
	- - 天然石料制:
6804.2310	- - - 砂轮
6804.2390	- - - 其他
	- 手用磨石及抛光石:
6804.3010	- - - 琢磨油石
6804.3090	- - - 其他
68.05	**砂布、砂纸及以其他材料为底的类似品,不论是否裁切、缝合或用其他方法加工成形:**
6805.1000	- 砂布
6805.2000	- 砂纸
6805.3000	- 其他
68.06	**矿渣棉、岩石棉及类似的矿质棉页状蛭石、膨胀黏土、泡沫矿渣及类似的膨胀矿物材料;具有隔热、隔音或吸音性能的矿物材料的混合物及制品,但品目 68.11、68.12 或第六十九章的货品除外:**
	- 矿渣棉、岩石棉及类似的矿质棉(包括其相互混合物),块状、成片或成卷:
6806.1010	- - - 硅酸铝纤维及其制品
6806.1090	- - - 其他

商品编码	商品名称
6806.2000	- 页状蛭石、膨胀黏土、泡沫矿渣及类似的膨胀矿物材料(包括其相互混合物)
6806.9000	- 其他
68.07	**沥青或类似原料(例如,石油沥青或煤焦油沥青)的制品:**
6807.1000	- 成卷
6807.9000	- 其他
68.08	**镶板、平板、瓦、砖及类似品,用水泥、石膏及其他矿物黏合材料黏合植物纤维、稻草、刨花、木片屑、木粉、锯末或木废料制成:**
6808.0000	镶板、平板、瓦、砖及类似品,用水泥、石膏及其他矿物黏合材料黏合植物纤维、稻草、刨花、木片屑、木粉、锯末或木废料制成
68.09	**石膏制品及以石膏为基本成分的混合材料制品:**
	- 未经装饰的板、片、砖、瓦及类似品:
6809.1100	- - 仅用纸、纸板贴面或加强的
6809.1900	- - 其他
6809.9000	- 其他制品
68.10	**水泥、混凝土或人造石制品,不论是否加强:**
	- 砖、瓦、扁平石及类似品:
6810.1100	- - 建筑用砖及石砌块
	- - 其他:
6810.1910	- - - 人造石制
6810.1990	- - - 其他
	- 其他制品:
	- - 建筑或土木工程用的预制结构件:
6810.9110	- - - 钢筋混凝土和预应力混凝土管、杆、板、桩等
6810.9190	- - - 其他
	- - 其他:
6810.9910	- - - 铁道用水泥枕
6810.9990	- - - 其他
68.11	**石棉水泥、纤维素水泥或类似材料的制品:**
	- 含石棉的:
6811.4010	- - - 瓦楞板
6811.4020	- - - 其他片、板、砖、瓦及类似制品
6811.4030	- - - 管子及管子附件
6811.4090	- - - 其他制品
	- 不含石棉的:
6811.8100	- - 瓦楞板
6811.8200	- - 其他片、板、砖、瓦及类似制品
	- - 其他制品:
6811.8910	- - - 管子及管子附件
6811.8990	- - - 其他
68.12	**已加工的石棉纤维;以石棉为基本成分或以石棉和碳酸镁为基本成分的混合物;上述混合物或石棉的制品(例如,纱线、机织物、服装、帽类、鞋靴、衬垫),不论是否加强,但品目 68.11 或 68.13 的货品除外:**
6812.8000	- 青石棉的
	- 其他:
6812.9100	- - 服装、衣着附件、帽类及鞋靴
	- - 其他:
6812.9910	- - - 纸、麻丝板及毡子
6812.9920	- - - 成片或成卷的压缩石棉纤维接合材料
6812.9990	- - - 其他
68.13	**以石棉、其他矿物质或纤维素为基本成分的未装配摩擦材料及其制品(例如,片、卷、带、盘、圈、垫及扇形),适于作制动器、离合器及类似品,不论是否与织物或其他材料结合而成:**
	- 含石棉的:
6813.2010	- - - 闸衬、闸垫
6813.2090	- - - 其他
	- 不含石棉的:
6813.8100	- - 闸衬、闸垫
6813.8900	- - 其他
68.14	**已加工的云母及其制品,包括黏聚或复制的云母,不论是否附于纸、纸板或其他材料上:**
6814.1000	- 黏聚或复制云母制的板、片、带,不论是否附于其他材料上
6814.9000	- 其他

商品编码	商品名称	商品编码	商品名称
68.15	**其他品目未列名的石制品及其他矿物制品(包括碳纤维及其制品和泥煤制品):**		
	-碳纤维;非电气用的碳纤维制品;其他非电气用的石墨或其他碳精制品:		
6815.1100	--碳纤维		
6815.1200	--碳纤维织物		
	--其他碳纤维制品:		
6815.1310	---碳纤维预浸料		
6815.1390	---其他		
6815.1900	--其他		
6815.2000	-泥煤制品		
	-其他制品:		
6815.9100	--含有菱镁矿、方镁石形态的氧化镁、白云石(包括煅烧形态)或铬铁矿的		
	--其他:		
6815.9940	---玄武岩纤维及其制品		
6815.9990	---其他		

第六十九章　陶瓷产品

注释：

一、本章仅适用于成形后经过烧制的陶瓷产品：

（一）品目 69.04 至 69.14 仅适用于不能归入品目 69.01 至 69.03 的产品；

（二）为树脂固化、加速水合作用、除去水分或其他挥发成分等目的而将其加热至低于 800 摄氏度的物品，不应视为经过烧制。这些物品不应归入第六十九章；以及

（三）陶瓷制品是用通常在室温下预先调制成形的无机非金属材料烧制而成的。原料主要包括：黏土、含硅材料（包括熔融硅石）、高熔点的材料（例如，氧化物、碳化物、氮化物、石墨或其他碳），有时还有诸如耐火黏土或磷酸盐的黏合剂。

二、本章不包括：

（一）品目 28.44 的产品；

（二）品目 68.04 的物品；

（三）第七十一章的物品（例如，仿首饰）；

（四）品目 81.13 的金属陶瓷；

（五）第八十二章的物品；

（六）绝缘子（品目 85.46）或绝缘材料制的零件（品目 85.47）；

（七）假牙（品目 90.21）；

（八）第九十一章的物品（例如，钟及钟壳）；

（九）第九十四章的物品（例如，家具、灯具及照明装置、活动房屋）；

（十）第九十五章的物品（例如，玩具、游戏品及运动用品）；

（十一）品目 96.06 的物品（例如，纽扣）或品目 96.14 的物品（例如，烟斗）；或

（十二）第九十七章的物品（例如，艺术品）。

商品编码	商品名称
	第一分章　硅化石粉或类似硅土及耐火材料制品
69.01	**硅质化石粉（例如，各种硅藻土）或类似硅土制的砖、块、瓦及其他陶瓷制品：**
6901.0000	硅质化石粉（例如，各种硅藻土）或类似硅土制的砖、块、瓦及其他陶瓷制品
69.02	**耐火砖、块、瓦及类似耐火陶瓷建材制品，但硅质化石粉及类似硅土制的除外：**
6902.1000	－单独或同时含有按重量计超过 50% 的镁、钙或铬（分别以氧化镁、氧化钙及三氧化二铬的含量计）
6902.2000	－含有按重量计超过 50% 的三氧化二铝、二氧化硅或其混合物或化合物
6902.9000	－其他
69.03	**其他耐火陶瓷制品（例如，甑、坩埚、马弗罩、喷管、栓塞、支架、烤钵、管子、护套、棒条及滑阀式水口），但硅质化石粉及类似硅土制的除外：**
6903.1000	－含有按重量计超过 50% 的单体碳
6903.2000	－含有按重量计超过 50% 的三氧化二铝或三氧化二铝和二氧化硅的混合物或化合物
6903.9000	－其他
	第二分章　其他陶瓷产品
69.04	**陶瓷制建筑用砖、铺地砖、支撑或填充用砖及类似品：**
6904.1000	－建筑用砖
6904.9000	－其他
69.05	**屋顶瓦、烟囱罩、通风帽、烟囱衬壁、建筑装饰物及其他建筑用陶瓷制品：**

商品编码	商品名称
6905.1000	－屋顶瓦
6905.9000	－其他
69.06	**陶瓷套管、导管、槽管及管子附件：**
6906.0000	陶瓷套管、导管、槽管及管子附件
69.07	**陶瓷贴面砖、铺面砖，包括炉面砖及墙面砖；陶瓷镶嵌砖（马赛克）及其类似品，不论是否有衬背；饰面陶瓷：**
	－贴面砖、铺面砖，包括炉面砖及墙面砖，但子目 6907.30 和 6907.40 所列商品除外：
	－－按重量计吸水率不超过 0.5%：
6907.2110	－－－不论是否矩形，其最大表面积以可置入边长小于 7 厘米的方格为限
6907.2190	－－－其他
	－－按重量计吸水率超过 0.5%，但不超过 10%：
6907.2210	－－－不论是否矩形，其最大表面积以可置入边长小于 7 厘米的方格为限
6907.2290	－－－其他
	－－按重量计吸水率超过 10%：
6907.2310	－－－不论是否矩形，其最大表面积以可置入边长小于 7 厘米的方格为限
6907.2390	－－－其他
	－镶嵌砖（马赛克）及其类似品，但子目 6907.40 的货品除外：
6907.3010	－－－不论是否矩形，其最大表面积以可置入边长小于 7 厘米的方格为限
6907.3090	－－－其他
	－饰面陶瓷：
6907.4010	－－－不论是否矩形，其最大表面积以可置入边长小于 7 厘米的方格为限
6907.4090	－－－其他
69.09	**实验室、化学或其他专门技术用途的陶瓷器；农业用陶瓷槽、缸及类似容器；通常供运输及盛装货物用的陶瓷罐、坛及类似品：**
	－实验室、化学或其他专门技术用途的陶瓷器：
6909.1100	－－瓷制
6909.1200	－－莫氏硬度为 9 或以上的物品
6909.1900	－－其他
6909.9000	－其他
69.10	**陶瓷洗涤槽、脸盆、脸盆座、浴缸、坐浴盆、抽水马桶、水箱、小便池及类似的固定卫生设备：**
6910.1000	－瓷制
6910.9000	－其他
69.11	**瓷餐具、厨房器具及其他家用或盥洗用瓷器：**
	－餐具及厨房器具：
	－－－餐具：
6911.1011	－－－－骨瓷
6911.1019	－－－－其他
	－－－厨房器具：
6911.1021	－－－－刀具
6911.1029	－－－－其他
6911.9000	－其他
69.12	**陶餐具、厨房器具及其他家用或盥洗用陶器：**
6912.0010	－－－餐具
6912.0090	－－－其他
69.13	**塑像及其他装饰用陶瓷制品：**
6913.1000	－瓷制
6913.9000	－其他
69.14	**其他陶瓷制品：**
6914.1000	－瓷制
6914.9000	－其他

第七十章　玻璃及其制品

注释：

一、本章不包括：

（一）品目 32.07 的货品（例如，珐琅和釉料、搪瓷玻璃料及其他玻璃粉、粒或粉片）；

（二）第七十一章的物品（例如，仿首饰）；①

（三）品目 85.44 的光缆、品目 85.46 的绝缘子或品目 85.47 所列绝缘材料制的零件；

（四）第八十六章至第八十八章的运输工具用的带框的前挡风玻璃、后窗或其他窗；

（五）第八十六章至第八十八章的运输工具用的前挡风玻璃、后窗或其他窗，装有加热装置或其他电气或电子装置的，不论是否带框；

（六）光导纤维、经光学加工的光学元件、注射用针管、假眼、温度计、气压计、液体比重计或第九十章的其他物品；

（七）有永久固定电光源的灯具及照明装置、灯箱标志或铭牌和类似品及其零件（品目 94.05）；

（八）玩具、游戏品、运动用品、圣诞树装饰品及第九十五章的其他物品（供玩偶或第九十五章其他物品用的无机械装置的玻璃假眼除外）；②

（九）纽扣、保温瓶、香水喷雾器和类似的喷雾器及第九十六章的其他物品。③

二、对于品目 70.03、70.04 及 70.05：

（一）玻璃在退火前的各种处理都不视为“已加工”；

（二）玻璃切割成一定形状并不影响其作为板片归类；

（三）所称“吸收、反射或非反射层”，是指极薄的金属或化合物（例如，金属氧化物）镀层，该镀层可以吸收红外线等光线或可以提高玻璃的反射性能，同时仍然使玻璃具有一定程度的透明性或半透明性；或者该镀层可以防止光线在玻璃表面的反射。

三、品目 70.06 所述产品，不论是否具有制成品的特性仍归入该品目。

四、品目 70.19 所称“玻璃棉”，是指：

（一）按重量计二氧化硅的含量在 60%及以上的矿质棉；

（二）按重量计二氧化硅的含量在 60%以下，但碱性氧化物（氧化钾或氧化钠）的含量在 5%以上或氧化硼的含量在 2%以上的矿质棉。

不符合上述规定的矿质棉归入品目 68.06。

五、本目录所称“玻璃”，包括熔融石英及其他熔融硅石。

子目注释：

子目 7013.22、7013.33、7013.41 及 7013.91 所称“铅晶质玻璃”，仅指按重量计氧化铅含量不低于 24%的玻璃。

---

① 例如，玻璃珠串成的项链符合第七十一章章注十一“仿首饰”的规定，故应归入品目 71.17。

② 例如，玻璃制的围棋子应作为“桌上或室内游戏用品”归入品目 95.04。

③ 例如，玻璃纽扣应归入品目 96.06，玻璃制的保温瓶（必须带有外壳）应作为“带壳的保温瓶”归入品目 96.17。

商品编码	商品名称
70.01	**碎玻璃及废玻璃,来源于阴极射线管或品目 85.49 的其他活化玻璃除外;玻璃块料:**
7001.0010	－－－无色光学玻璃块料
7001.0090	－－－其他
70.02	**未加工的玻璃球、棒及管(品目 70.18 的微型玻璃球除外):**
7002.1000	－玻璃球
	－玻璃棒:
7002.2010	－－－光导纤维预制棒
7002.2090	－－－其他
	－玻璃管:
	－－熔融石英或其他熔融硅石制:
7002.3110	－－－光导纤维用波导级石英玻璃管
7002.3190	－－－其他
7002.3200	－－温度在 0 摄氏度至 300 摄氏度时线膨胀系数不超过 5×10^{-6}/开尔文的其他玻璃制
7002.3900	－－其他
70.03	**铸制或轧制玻璃板、片或型材及异型材,不论是否有吸收、反射或非反射层,但未经其他加工:**
	－非夹丝玻璃板、片:
7003.1200	－－整块着色、不透明、镶色或具有吸收、反射或非反射层的
7003.1900	－－其他
7003.2000	－夹丝玻璃板、片
7003.3000	－型材及异型材
70.04	**拉制或吹制玻璃板、片,不论是否有吸收、反射或非反射层,但未经其他加工:**
7004.2000	－整块着色、不透明、镶色或具有吸收、反射或非反射层的
7004.9000	－其他玻璃
70.05	**浮法玻璃板、片及表面研磨或抛光玻璃板、片,不论是否有吸收反射或非反射层,但未经其他加工:**
7005.1000	－具有吸收、反射或非反射层的非夹丝玻璃
	－其他非夹丝玻璃:
7005.2100	－－整块着色、不透明、镶色或仅表面研磨的
7005.2900	－－其他
7005.3000	－夹丝玻璃
70.06	**经弯曲、磨边、镂刻、钻孔、涂珐琅或其他加工的品目 70.03、70.04 或 70.05 的玻璃,但未用其他材料镶框或装配:**
7006.0000	经弯曲、磨边、镂刻、钻孔、涂珐琅或其他加工的品目 70.03、70.04 或 70.05 的玻璃,但未用其他材料镶框或装配
70.07	**钢化或层压玻璃制的安全玻璃:**
	－钢化安全玻璃:
	－－规格及形状适于安装在车辆、航空器、航天器及船舶上:
7007.1110	－－－航空器、航天器及船舶用
7007.1190	－－－其他
7007.1900	－－其他
	－层压安全玻璃:
	－－规格及形状适于安装在车辆、航空器、航天器及船舶上:
7007.2110	－－－航空器、航天器及船舶用
7007.2190	－－－其他
7007.2900	－－其他
70.08	**多层隔温、隔音玻璃组件:**
7008.0010	－－－中空或真空隔温、隔音玻璃
7008.0090	－－－其他
70.09	**玻璃镜(包括后视镜),不论是否镶框:**
7009.1000	－车辆后视镜
	－其他:
7009.9100	－－未镶框
7009.9200	－－已镶框
70.10	**玻璃制的坛、瓶、缸、罐、安瓿及其他容器,用于运输或盛装货物;玻璃制保藏罐;玻璃塞、盖及类似的封口器:**
7010.1000	－安瓿
7010.2000	－塞、盖及类似的封口器
	－其他:
7010.9010	－－－超过 1 升
7010.9020	－－－超过 0.33 升,但不超过 1 升
7010.9030	－－－超过 0.15 升,但不超过 0.33 升
7010.9090	－－－不超过 0.15 升

商品编码	商品名称
70.11	**制灯泡和光源、阴极射线管及类似品用的未封口玻璃外壳(包括玻璃泡及管)及其玻璃零件,但未装有配件:**
7011.1000	-电灯用
	-阴极射线管用:
7011.2010	---显像管玻壳及其零件
7011.2090	---其他
	-其他:
7011.9010	---电子管用(阴极射线管用的除外)
7011.9090	---其他
70.13	**玻璃器,供餐桌、厨房、盥洗室办公室、室内装饰或类似用途(品目70.10或70.18的货品除外):**
7013.1000	-玻璃陶瓷制
	-高脚杯,但玻璃陶瓷制的除外:
7013.2200	--铅晶质玻璃制
7013.2800	--其他
	-其他杯子,但玻璃陶瓷制的除外:
7013.3300	--铅晶质玻璃制
7013.3700	--其他
	-餐桌或厨房用玻璃器皿(不包括杯子),但玻璃陶瓷制的除外:
7013.4100	--铅晶质玻璃制
7013.4200	--温度在0摄氏度至300摄氏度时线膨胀系数不超过5×10^{-6}/开尔文的其他玻璃制
7013.4900	--其他
	-其他玻璃器:
7013.9100	--铅晶质玻璃制
7013.9900	--其他
70.14	**未经光学加工的信号玻璃器及玻璃制光学元件(品目70.15的货品除外):**
7014.0010	---光学仪器用光学元件毛坯
7014.0090	---其他
70.15	**钟表玻璃及类似玻璃、视力矫正或非视力矫正眼镜用玻璃,呈弧面、弯曲、凹形或类似形状但未经光学加工的;制造上述玻璃用的凹面圆形及扇形玻璃:**
	-视力矫正眼镜用玻璃:
7015.1010	---变色镜片坯件
7015.1090	---其他
	-其他:
7015.9010	---钟表玻璃
7015.9020	---平光变色镜片坯件
7015.9090	---其他
70.16	**建筑用压制或模制的铺面用玻璃块、砖、片、瓦及其他制品,不论是否夹丝;供镶嵌或类似装饰用的玻璃马赛克及其他小件玻璃品,不论是否有衬背;花饰铅条窗玻璃及类似品;多孔或泡沫玻璃块、板、片及类似品:**
7016.1000	-供镶嵌或类似装饰用的玻璃马赛克及其他小件玻璃品,不论是否有衬背
	-其他:
7016.9010	---花饰铅条窗玻璃及类似品
7016.9090	---其他
70.17	**实验室、卫生及配药用的玻璃器不论有无刻度或标量:**
7017.1000	-熔融石英或其他熔融硅石制
7017.2000	-温度在0摄氏度至300摄氏度时线膨胀系数不超过5×10^{-6}/开尔文的其他玻璃制
7017.9000	-其他
70.18	**玻璃珠、仿珍珠、仿宝石或仿半宝石和类似小件玻璃品及其制品,但仿首饰除外;玻璃假眼,但医用假眼除外;灯工方法制作的玻璃塑像及其他玻璃装饰品,但仿首饰除外;直径不超过1毫米的微型玻璃球:**
7018.1000	-玻璃珠、仿珍珠、仿宝石或仿半宝石及类似小件玻璃品
7018.2000	-直径不超过1毫米的微型玻璃球
7018.9000	-其他
70.19	**玻璃纤维(包括玻璃棉)及其制品(例如,纱线、无捻粗纱及机织物):**
	-定长纤维纱条、无捻粗纱、纱线、短切原丝及其毡:
7019.1100	--长度不超过50毫米的短切原丝
7019.1200	--无捻粗纱

商品编码	商品名称
7019.1300	－－其他纱线,定长纤维纱条
7019.1400	－－机械结合毡
7019.1500	－－化学黏合毡
7019.1900	－－其他
	－机械结合织物:
7019.6100	－－紧密粗纱机织物
7019.6200	－－其他紧密粗纱织物
	－－纱线制紧密平纹机织物,未经涂布或层压:
7019.6310	－－－宽度不超过30厘米的
7019.6320	－－－宽度超过30厘米的长丝平纹织物,每平方米重量不超过110克,单根纱线细度不超过22特克斯
7019.6390	－－－其他
	－－纱线制紧密平纹机织物,经涂布或层压:
7019.6410	－－－宽度不超过30厘米的
7019.6490	－－－其他
	－－宽度不超过30厘米的网孔机织物:
7019.6510	－－－粗纱机织物
7019.6590	－－－其他
	－－宽度超过30厘米的网孔机织物:
7019.6610	－－－粗纱机织物
7019.6690	－－－其他
	－－其他:
7019.6910	－－－垫
7019.6920	－－－纤维网、板及类似无纺产品
7019.6930	－－－宽度不超过30厘米的机织物
7019.6990	－－－其他
	－化学黏合的织物:
7019.7100	－－覆面毡(薄毡)
	－－其他紧密织物:
7019.7210	－－－垫
7019.7290	－－－其他
	－－其他网孔织物:
7019.7310	－－－垫
7019.7390	－－－其他
	－玻璃棉及其制品:
7019.8010	－－－垫
7019.8020	－－－纤维网、板及类似无纺产品
7019.8090	－－－其他
	－其他:
	－－－玻璃纤维布浸胶制品:
7019.9021	－－－－每平方米重量小于450克
7019.9029	－－－－其他
	－－－其他:
7019.9091	－－－－垫
7019.9092	－－－－其他纤维网、板及类似无纺织产品
7019.9099	－－－－其他
70.20	**其他玻璃制品:**
	－－－工业用:
7020.0011	－－－－导电玻璃
7020.0012	－－－－绝缘子用玻璃伞盘
7020.0013	－－－－熔融石英或其他熔融硅石制
7020.0019	－－－－其他
	－－－其他:
7020.0091	－－－－保温瓶或其他保温容器用的玻璃胆
7020.0099	－－－－其他

第十四类　天然或养殖珍珠、宝石或半宝石、贵金属、包贵金属及其制品；仿首饰；硬币

第七十一章　天然或养殖珍珠、宝石或半宝石、贵金属、包贵金属及其制品；仿首饰；硬币

注释：

一、除第六类注释一（一）及下列各款另有规定的以外，凡制品的全部或部分由下列物品构成，均应归入本章：

（一）天然或养殖珍珠、宝石或半宝石（天然、合成或再造）；或

（二）贵金属或包贵金属。

二、

（一）品目71.13、71.14及71.15不包括带有贵金属或包贵金属制的小零件或小装饰品（例如，交织字母、套、圈、套环）的制品，上述注释一（二）也不适用于这类制品；

（二）品目71.16不包括含有贵金属或包贵金属（仅作为小零件或小装饰品的除外）的制品。①

三、本章不包括：

（一）贵金属汞齐及胶态贵金属（品目28.43）；

（二）第三十章的外科用无菌缝合材料、牙科填料或其他货品；

（三）第三十二章的货品（例如，光瓷釉）；

（四）载体催化剂（品目38.15）；

（五）第四十二章注释三（二）所述的品目42.02或42.03的物品；

（六）品目43.03或43.04的物品；

（七）第十一类的货品（纺织原料及纺织制品）；

（八）第六十四章或第六十五章的鞋靴、帽类及其他物品；

（九）第六十六章的伞、手杖及其他物品；

（十）品目68.04或68.05及第八十二章含有宝石或半宝石（天然或合成）粉末的研磨材料制品；第八十二章装有宝石或半宝石（天然、合成或再造）工作部件的器具；第十六类的机器、机械器具、电气设备及其零件。然而，完全以宝石或半宝石（天然、合成或再造）制成的物品及其零件，除未安装的唱针用已加工蓝宝石或钻石外（品目85.22），其余仍应归入本章；

（十一）第九十章、第九十一章或第九十二章的物品（科学仪器、钟表及乐器）；

（十二）武器及其零件（第九十三章）；

（十三）第九十五章注释二所述物品；

（十四）根据第九十六章注释四应归入该章的物品；

（十五）雕塑品原件（品目97.03）、收藏品（品目97.05）或超过一百年的古物（品目97.06）、但天然或养殖珍珠、宝石及半宝石除外。

---

① 例如，以黄金为底座镶嵌珍珠的戒指不能按“珍珠制成的物品”归入品目71.16，而应按“贵金属首饰”归入品目71.13。

四、

(一)所称“贵金属”,是指银、金及铂;①

(二)所称“铂”,是指铂、铱、锇、钯、铑及钌;

(三)所称“宝石或半宝石”,不包括第九十六章注释二(二)所述任何物质。

五、含有贵金属的合金(包括烧结及化合的),只要其中任何一种贵金属的含量达到合金重量的 2%,即应视为本章的贵金属合金。贵金属合金应按下列规则归类:②

(一)按重量计含铂量在 2%及以上的合金,应视为铂合金;

(二)按重量计含金量在 2%及以上,但不含铂或按重量计含铂量在 2%以下的合金,应视为金合金;

(三)按重量计含银量在 2%及以上的其他合金,应视为银合金。

六、除条文另有规定的以外,本目录所称贵金属应包括上述注释五所规定的贵金属合金,但不包括包贵金属或表面镀以贵金属的贱金属及非金属。

七、本目录所称“包贵金属”,是指以贱金属为底料,在其一面或多面用焊接、熔接、热轧或类似机械方法覆盖一层贵金属的材料。除条文另有规定的以外,也包括镶嵌贵金属的贱金属。

八、除第六类注释一(一)另有规定的以外,凡符合品目 71.12 规定的货品,应归入该品目而不归入本目录的其他品目。

九、品目 71.13 所称“首饰”,是指:③

(一)个人用小饰物(不论是否镶嵌宝石)(例如,戒指、手镯、项圈、饰针、耳环、表链、表链饰物、垂饰、领带别针、袖扣、饰扣、宗教性或其他勋章及徽章);

(二)通常放置在衣袋、手提包或佩戴在身上的个人用品(例如,烟盒、鼻烟盒、口香丸和药丸盒、粉盒、链袋或念珠)。

这些物品可以和下列物品组合或镶嵌:例如,天然或养殖珍珠、宝石或半宝石、合成或再造的宝石或半宝石、玳瑁壳、珍珠母、兽牙、天然或再生琥珀、黑玉或珊瑚。

十、品目 71.14 所称“金银器”,包括装饰品、餐具、梳妆用具、吸烟用具及类似的家庭、办公室或宗教用的其他物品。④

十一、品目 71.17 所称“仿首饰”,是指不含天然或养殖珍珠、宝石或半宝石(天然、合成或再造)及贵金属或包贵金属(仅作为镀层或小零件、小装饰品的除外)的上述注释九(一)所述的首饰(不包括品目 96.06 的纽扣及其他物品或品目 96.15 的梳子、发夹及类似品)。⑤

子目注释:

一、子目 7106.10、7108.11、7110.11、7110.21、7110.31 及 7110.41 所称“粉末”,是指按重量计 90%及以上可从网眼孔径为 0.5 毫米的筛子通过的产品。

二、子目 7110.11 及 7110.19 所称“铂”,可不受本章注释四(二)的规定约束,不包括铱、锇、钯、铑及钌。

三、对于品目 71.10 项下的子目所列合金的归类,按其所含铂、钯、铑、铱、锇或钌中重量最大的一种金属归类。

---

① 银、金、铂属于贵金属,而这里的“铂”是总称,具体又包括铂、铱、锇、钯、铑、钌。

② 例如,含有金 1.2%、银 0.9%、其余为铜的合金,由于没有任何一种贵金属达到 2%(注意不能把金与银的含量相加),故应按铜合金归入第七十四章;含有银 2.5%、其余为铜的合金,由于银的含量达到 2%,故应按银合金归入本章。

③ 例如,金手镯、银制的个人用雪茄烟盒应按“贵金属首饰”归入品目 71.13[前者符合章注九(一),后者符合章注九(二)]。

④ 品目 71.14 尽管名称为“金银器”,但所用材料是指“贵金属或包贵金属”,所以银、金、铂(含铂、铱、锇、钯、铑、钌)作为材料的都可以。

⑤ 例如,金丝楠木制的手链应作为“仿首饰”归入品目 71.17,但铁皮制的雪茄烟盒则不能按“仿首饰”归入品目 71.17,因为章注十一所称的“仿首饰”仅限章注九(一)所规定的“个人小饰物”而不包括章注九(二)的内容。

商品编码	商品名称
	第一分章　天然或养殖珍珠、宝石或半宝石
71.01	**天然或养殖珍珠,不论是否加工或分级,但未成串或镶嵌;天然或养殖珍珠,为便于运输而暂穿成串:**
	- 天然珍珠:
	- - - 未分级:
7101.1011	- - - - 黑珍珠
7101.1019	- - - - 其他
	- - - 其他:
7101.1091	- - - - 黑珍珠
7101.1099	- - - - 其他
	- 养殖珍珠:
	- - 未加工:
7101.2110	- - - 未分级
7101.2190	- - - 其他
	- - 已加工:
7101.2210	- - - 未分级
7101.2290	- - - 其他
71.02	**钻石,不论是否加工,但未镶嵌**
7102.1000	- 未分级
	- 工业用:
7102.2100	- - 未加工或经简单锯开、劈开或粗磨
7102.2900	- - 其他
	- 非工业用:
7102.3100	- - 未加工或经简单锯开、劈开或粗磨
7102.3900	- - 其他
71.03	**宝石(钻石除外)或半宝石,不论是否加工或分级,但未成串或镶嵌;未分级的宝石(钻石除外或半宝石,为便于运输而暂穿成串:**
7103.1000	- 未加工或经简单锯开或粗制成形
	- 经其他加工:
7103.9100	- - 红宝石、蓝宝石、祖母绿
	- - 其他:
7103.9910	- - - 翡翠
7103.9920	- - - 水晶
7103.9930	- - - 碧玺
7103.9940	- - - 软玉
7103.9990	- - - 其他
71.04	**合成或再造的宝石或半宝石,不论是否加工或分级,但未成串或镶嵌的;未分级的合成或再造的宝石或半宝石,为便于运输而暂穿成串:**
7104.1000	- 压电石英
	- 其他,未加工或经简单锯开或粗制成形:
7104.2100	- - 钻石
7104.2900	- - 其他
	- 其他:
	- - 钻石:
7104.9110	- - - 工业用
7104.9190	- - - 其他
	- - 其他:
	- - - 工业用:
7104.9911	- - - - 蓝宝石
7104.9919	- - - - 其他
7104.9990	- - - 其他
71.05	**天然或合成的宝石或半宝石的粉末:**
	- 钻石的:
7105.1010	- - - 天然的
7105.1020	- - - 人工合成的
7105.9000	- 其他
	第二分章　贵金属及包贵金属
71.06	**银(包括镀金、镀铂的银),未锻造、半制成或粉末状:**
	- 银粉:
	- - - 非片状粉末:
7106.1011	- - - - 平均粒径小于 3 微米
7106.1019	- - - - 其他
	- - - 片状粉末:
7106.1021	- - - - 平均粒径小于 10 微米
7106.1029	- - - - 其他
	- 其他:
	- - 未锻造:
7106.9110	- - - 纯度达 99.99%及以上
7106.9190	- - - 其他
	- - 半制成:
7106.9210	- - - 纯度达 99.99%及以上
7106.9290	- - - 其他
71.07	**以贱金属为底的包银材料:**

商品编码	商品名称
7107.0000	以贱金属为底的包银材料
71.08	**金(包括镀铂的金),未锻造、半制成或粉末状:**
	- 非货币用:
7108.1100	- - 金粉
7108.1200	- - 其他未锻造形状
7108.1300	- - 其他半制成形状
7108.2000	- 货币用
71.09	**以贱金属或银为底的包金材料,加工程度未超过半制成:**
7109.0000	以贱金属或银为底的包金材料,加工程度未超过半制成
71.10	**铂,未锻造、半制成或粉末状:**
	- 铂:
7110.1100	- - 未锻造或粉末状
	- - 其他:
7110.1910	- - - 板、片
7110.1990	- - - 其他
	- 钯:
7110.2100	- - 未锻造或粉末状
	- - 其他:
7110.2910	- - - 板、片
7110.2990	- - - 其他
	- 铑:
7110.3100	- - 未锻造或粉末状
	- - 其他:
7110.3910	- - - 板、片
7110.3990	- - - 其他
	- 铱、锇及钌:
7110.4100	- - 未锻造或粉末状
	- - 其他:
7110.4910	- - - 板、片
7110.4990	- - - 其他
71.11	**以贱金属、银或金为底的包铂材料,加工程度未超过半制成:**
7111.0000	以贱金属、银或金为底的包铂材料,加工程度未超过半制成
71.12	**贵金属或包贵金属的废碎料;含有贵金属或贵金属化合物的其他废碎料,主要用于回收贵金属,品目 85.49 的货品除外:**
	- 含有贵金属或金属化合物的灰:
7112.3010	- - - 含有银或银化合物的
7112.3090	- - - 其他
	- 其他:
	- - 金及包金的废碎料,但含有其他贵金属的地脚料除外:
7112.9110	- - - 金及包金的废碎料
7112.9120	- - - 含有金或金化合物的废碎料
	- - 铂及包铂的废碎料,但含有其他贵金属的地脚料除外:
7112.9210	- - - 铂及包铂的废碎料
7112.9220	- - - 含有铂或铂化合物的废碎料
	- - 其他:
7112.9910	- - - 含有银或银化合物的废碎料
7112.9920	- - - 含有其他贵金属或贵金属化合物的废碎料
7112.9990	- - - 其他
	第三分章　珠宝首饰、金银器及其他制品
71.13	**贵金属或包贵金属制的首饰及其零件:**
	- 贵金属制,不论是否包、镀贵金属:
	- - 银制,不论是否包、镀其他贵金属:
7113.1110	- - - 镶嵌钻石的
7113.1190	- - - 其他
	- - 其他贵金属制,不论是否包、镀贵金属:
	- - - 黄金制:
7113.1911	- - - - 镶嵌钻石的
7113.1919	- - - - 其他
	- - - 铂制:
7113.1921	- - - - 镶嵌钻石的
7113.1929	- - - - 其他
	- 以贱金属为底的包贵金属制:
7113.2010	- - - 镶嵌钻石的
7113.2090	- - - 其他
71.14	**贵金属或包贵金属制的金银器及其零件:**
	- 贵金属制,不论是否包、镀贵金属:
7114.1100	- - 银制,不论是否包、镀其他贵金属

商品编码	商品名称	商品编码	商品名称
7114. 1900	- - 其他贵金属制,不论是否包、镀贵金属		
7114. 2000	- 以贱金属为底的包贵金属制		
71. 15	**贵金属或包贵金属的其他制品:**		
7115. 1000	- 金属丝布或格栅形状的铂催化剂		
	- 其他:		
7115. 9010	- - - 工业或实验室用		
7115. 9090	- - - 其他		
71. 16	**用天然或养殖珍珠、宝石或半宝石(天然、合成或再造)制成的物品:**		
7116. 1000	- 天然或养殖珍珠制		
7116. 2000	- 宝石或半宝石(天然、合成或再造)制		
71. 17	**仿首饰:**		
	- 贱金属制,不论是否镀贵金属:		
7117. 1100	- - 袖扣、饰扣		
7117. 1900	- - 其他		
7117. 9000	- 其他		
71. 18	**硬币:**		
7118. 1000	- 非法定货币的硬币(金币除外)		
7118. 9000	- 其他		

第十五类 贱金属及其制品

注释:

一、本类不包括:

(一)以金属粉末为基本成分的调制油漆、油墨或其他产品(品目 32.07 至 32.10、32.12、32.13 或 32.15);

(二)铈铁或其他引火合金(品目 36.06);

(三)品目 65.06 或 65.07 的帽类及其零件;

(四)品目 66.03 的伞骨及其他物品;

(五)第七十一章的货品(例如,贵金属合金、以贱金属为底的包贵金属、仿首饰);

(六)第十六类的物品(机器、机械器具及电气设备);

(七)已装配的铁路或电车道轨道(品目 86.08)或第十七类的其他物品(车辆、船舶、航空器);

(八)第十八类的仪器及器具,包括钟表发条;

(九)做弹药用的铅弹(品目 93.06)或第十九类的其他物品(武器、弹药);

(十)第九十四章的物品(例如,家具、弹簧床垫、灯具及照明装置、发光标志、活动房屋);①

(十一)第九十五章的物品(例如,玩具、游戏品及运动用品);②

(十二)手用筛子、纽扣、钢笔、铅笔套、钢笔尖、独脚架、双脚架、三脚架及类似品或第九十六章的其他物品(杂项制品);③

(十三)第九十七章的物品(例如,艺术品)。

二、本目录所称"通用零件",是指:④

(一)品目 73.07、73.12、73.15、73.17 或 73.18 的物品及其他贱金属制的类似品,不包括专用于医疗、外科、牙科或兽医的植入物(品目 90.21);

(二)贱金属制的弹簧及弹簧片,但钟表发条(品目 91.14)除外;

(三)品目 83.01、83.02、83.08、83.10 的物品及品目 83.06 的贱金属制的框架及镜子。

第七十三章至第七十六章(品目 73.15 除外)及第七十八章至第八十二章所列货品的零件,不包括上述的通用零件。

除上段及第八十三章注释一另有规定的以外,第七十二章至第七十六章及第七十八章至第八十一章不包括第八十二章、第八十三章的物品。

三、本目录所称"贱金属"是指:铁及钢、铜、镍、铝、铅、锌、锡、钨、钼、钽、镁、钴、铋、镉、钛、锆、锑、锰、铍、铬、锗、钒、镓、铪、铟、铌(钶)、铼及铊。

四、本目录所称"金属陶瓷"是指金属与陶瓷成分以极细微粒不均匀结合而成的产品。"金属陶瓷"包括硬质合金(金属碳化物与金属烧结而成)。

五、合金的归类规则(第七十二章、第七十四章所规定的铁合金及母合金除外):

---

① 例如,金属桌子应按"家具"归入品目 94.03。

② 例如,儿童玩的钢铁材料制的小汽车应按"玩具"归入品目 95.03。

③ 例如,不锈钢制的钢笔套应归入品目 96.08,铜纽扣应按"纽扣"归入品目 96.06。

④ 类注二的"通用零件"除另有规定的外,不管形状是否特殊、用途是否特别,都属于"通用零件"。例如,钢铁材料制汽车悬挂系统专用弹簧不按"汽车零件"归类,而应按"通用零件"归入品目 73.20"钢铁制弹簧";起重机专用钢丝绳不按"起重机零件"归类,而应按"通用零件"归入品目 73.12"钢铁绳";衣柜用的铜螺栓不按"家具零件"归类,而应按"通用零件"归入品目 74.15"铜制螺栓"(因为螺栓是在品目 73.18 列名的物品)。

(一)贱金属的合金按其所含重量最大的金属归类;

(二)由本类的贱金属和非本类的元素构成的合金,如果所含贱金属的总重量等于或超过所含其他元素的总重量,应作为本类贱金属合金归类;

(三)本类所称"合金",包括金属粉末的烧结混合物、熔化而得的不均匀紧密混合物(金属陶瓷除外)及金属间化合物。

六、除条文另有规定的以外,本目录所称的贱金属包括贱金属合金,这类合金应按上述注释五的规则进行归类。

七、复合材料制品的归类规则:

除各品目另有规定的以外,贱金属制品(包括根据"归类总规则"作为贱金属制品的混合材料制品)如果含有两种或两种以上贱金属的,按其所含重量最大的贱金属的制品归类。为此:

(一)钢铁或不同种类的钢铁,均视为一种金属;

(二)按照注释五的规定作为某一种金属归类的合金,应视为一种金属;以及

(三)品目81.13的金属陶瓷,应视为一种贱金属。

八、本类所用有关名词解释如下:

(一)废碎料:

(1)所有金属废碎料;

(2)因破裂、切断、磨损或其他原因而明显不能作为原物使用的金属货品。

(二)粉末:

按重量计90%及以上可从网眼孔径为1毫米的筛子通过的产品。

九、第七十四章至第七十六章以及第七十八章至第八十一章所述有关名词解释如下:

(一)条、杆

轧、挤、拔或锻制的实心产品,非成卷的,其全长截面均为圆形、椭圆形、矩形(包括正方形)、等边三角形或规则外凸多边形(包括相对两边为弧拱形,另外两边为等长平行直线的"扁圆形"及"变形矩形")。对于矩形(包括正方形)、三角形或多边形截面的产品,其全长边角可经磨圆。矩形(包括"变形矩形")截面的产品,其厚度应大于宽度的十分之一。所述条、杆也包括同样形状及尺寸的铸造或烧结产品。该产品在铸造或烧结后再经加工(简单剪修或去氧化皮的除外),但不具有其他品目所列制品或产品的特征。

第七十四章的线锭及坯段,已具锥形尾端或经其他简单加工以便送入机器制成盘条或管子等的,仍应作为未锻轧铜归入品目74.03。此条注释在必要的地方稍加修改后,适用于第八十一章的产品。

(二)型材及异型材

轧、挤、拔、锻制的产品或其他成型产品,不论是否成卷,其全长截面相同,但与条、杆、丝、板、片、带、箔、管的定义不相符合。同时也包括同样形状的铸造或烧结产品。该产品在铸造或烧结后再经加工(简单剪修或去氧化皮的除外),但不具有其他品目所列制品或产品的特征。

(三)丝

盘卷的轧、挤或拔制实心产品,其全长截面均为圆形、椭圆形、矩形(包括正方形)、等边三角形或规则外凸多边形(包括相对两边为弧拱形,另外两边为等长平行直线的"扁圆形"及"变形矩形")。对于矩形(包括正方形)、三角形或多边形截面的产品,其全长边角可经磨圆。矩形(包括"变形矩形")截面的产品,其厚度应大于宽度的十分之一。

(四)板、片、带、箔

成卷或非成卷的平面产品(未锻轧产品除外),截面均为厚度相同的实心矩形(不包括正方形),不论边角是否磨圆(包括相对两边为弧拱形,另外两边为等长平行直线的"变形矩

形"),并且符合以下规格:

1. 矩形(包括正方形)的,厚度不超过宽度的十分之一;

2. 矩形或正方形以外形状的,任何尺寸,但不具有其他品目所列制品或产品的特征。

这些品目还适用于具有花样(例如,凹槽、肋条形、格槽、珠粒及菱形)的板、片、带、箔以及穿孔、抛光、涂层或制成瓦楞形的这类产品,但不具有其他品目所列制品或产品的特征。

(五)管

全长截面及管壁厚度相同并只有一个闭合空间的空心产品,成卷或非成卷的,其截面为圆形、椭圆形、矩形(包括正方形)、等边三角形或规则外凸多边形。对于截面为矩形(包括正方形)、等边三角形或规则外凸多边形的产品,不论全长边角是否磨圆,只要其内外截面为同一圆心并为同样形状及同一轴向,也可视为管子。上述截面的管子可经抛光、涂层、弯曲、攻丝、钻孔、缩腰、胀口、成锥形或装法兰、颈圈或套环。

第七十二章　钢　铁

注释:

一、本章所述有关名词解释如下[本条注释(四)、(五)、(六)适用于本目录其他各章]:

(一)生铁:

无实用可锻性的铁碳合金,按重量计含碳量在2%以上并可含有一种或几种下列含量范围的其他元素:

铬不超过10%;

锰不超过6%;

磷不超过3%;

硅不超过8%;

其他元素合计不超过10%。

(二)镜铁:

按重量计含锰量在6%以上,但不超过30%的铁碳合金,其他方面符合上述(一)款所列标准。

(三)铁合金:[①]

锭、块、团或类似初级形状、连续铸造而形成的各种形状及颗粒、粉末状的合金,不论是否烧结,通常用于其他合金生产过程中的添加剂或在黑色金属冶炼中作除氧剂、脱硫剂及类似用途,一般无实用可锻性,按重量计铁元素含量在4%及以上并含有下列一种或几种元素:

铬超过10%;

锰超过30%;

磷超过3%;

硅超过8%;

除碳以外的其他元素,合计超过10%,但最高含铜量不得超过10%。

(四)钢:

除品目72.03以外的黑色金属材料(某些铸造而成的种类除外),具有实用可锻性,按重量计含碳量在2%及以下,但铬钢可具有较高的含碳量。

(五)不锈钢:[②]

① 例如,硅48%、镁28%、铁23%、其他微量元素的铁合金应归入品目72.02。

② 例如,含有铬18%、镍8%、碳0.08%的钢材属于"不锈钢"。

按重量计含碳量在 1.2%及以下,含铬量在 10.5%及以上的合金钢,不论是否含有其他元素。

(六)其他合金钢:

不符合以上不锈钢定义的钢,含有一种或几种按重量计符合下列含量比例的元素:

铝 0.3%及以上;

硼 0.0008%及以上;

铬 0.3%及以上;

钴 0.3%及以上;

铜 0.4%及以上;

铅 0.4%及以上;

锰 1.65%及以上;

钼 0.08%及以上;

镍 0.3%及以上;

铌 0.06%及以上;

硅 0.6%及以上;

钛 0.05%及以上;

钨 0.3%及以上;

钒 0.1%及以上;

锆 0.05%及以上;

其他元素(硫、磷、碳及氮除外)单项含量在 0.1%及以上。

(七)供再熔的碎料钢铁锭:

粗铸成形无缩孔或冒口的锭块产品,表面有明显瑕疵,化学成分不同于生铁、镜铁及铁合金。

(八)颗粒:

按重量计不到 90%可从网眼孔径为 1 毫米的筛子通过,而 90%及以上可从网眼孔径为 5 毫米的筛子通过的产品。

(九)半制成品:

连续铸造的实心产品,不论是否初步热轧;其他实心产品,除经初步热轧或锻造粗制成形以外未经进一步加工,包括角材、型材及异型材的坯件。

本类产品不包括成卷的产品。

(十)平板轧材:[①]

截面为矩形(正方形除外)并且不符合以上第(九)款所述定义的下列形状实心轧制产品:

1. 层叠的卷材;或
2. 平直形状,其厚度如果在 4.75 毫米以下,则宽度至少是厚度的十倍;其厚度如果在 4.75 毫米及以上,其宽度应超过 150 毫米,并且至少应为厚度的两倍。

平板轧材包括直接轧制而成并有凸起式样(例如,凹槽、肋条形、格槽、珠粒、菱形)的产品以及穿孔、抛光或制成瓦楞形的产品,但不具有其他品目所列制品或产品的特征。

各种规格的平板轧材(矩形或正方形除外),但不具有其他品目所列制品或产品的特征,都应作为宽度为 600 毫米及以上的产品归类。

---

① 例如,宽 1220 毫米、长 2440 毫米的钢铁平板属于“平板轧材”,宽 80 厘米、长 120 米的不锈钢卷板也属于“平板轧材”。

（十一）不规则盘绕的热轧条、杆：①

经热轧不规则盘绕的实心产品，其截面为圆形、扇形、椭圆形、矩形（包括正方形）、三角形或其他外凸多边形（包括“扁圆形”及“变形矩形”，即相对两边为弧拱形，另外两边为等长平行直线形）。这类产品可带有在轧制过程中产生的凹痕、凸缘、槽沟或其他变形（钢筋）。

（十二）其他条、杆：②

不符合上述（九）、（十）、（十一）款或“丝”定义的实心产品，其全长截面均为圆形、扇形、椭圆形、矩形（包括正方形）、三角形或其他外凸多边形（包括“扁圆形”及“变形矩形”，即相对两边为弧拱形，另两边为等长平行直线形）。这些产品可以：

1. 带有在轧制过程中产生的凹痕、凸缘、槽沟或其他变形（钢筋）；

2. 轧制后扭曲的。

（十三）角材、型材及异型材：③

不符合上述（九）、（十）、（十一）、（十二）款或“丝”定义，但其全长截面均为同样形状的实心产品。

第七十二章不包括品目 73.01 或 73.02 的产品。

（十四）丝：④

不符合平板轧材定义但全长截面均为同样形状的盘卷冷成形实心产品。

（十五）空心钻钢：

适合钻探用的各种截面的空心条、杆，其最大外形尺寸超过 15 毫米但不超过 52 毫米，最大内孔尺寸不超过最大外形尺寸的二分之一。不符合本定义的钢铁空心条、杆应归入品目 73.04。

二、用一种黑色金属包覆另外一种黑色金属，应按其中重量最大的材料归类。

三、用电解沉积法、压铸法或烧结法所得的钢铁产品，应按其形状、成分及外观归入本章类似热轧产品的相应品目。

子目注释：

一、本章所用有关名词解释如下：

（一）合金生铁：

按重量计含有一种或几种下列比例的元素的生铁：

铬 0.2%以上；

铜 0.3%以上；

镍 0.3%以上；

0.1%以上的任何下列元素：铝、钼、钛、钨、钒。

（二）非合金易切削钢：

按重量计含有一种或几种下列比例的元素的非合金钢：硫 0.08%及以上；

铅 0.1%及以上；

硒 0.05%以上；

碲 0.01%以上；

---

① 例如，一种非合金钢制的、经热轧加工、呈不规则盘绕形状的钢筋属于“不规则盘绕的热轧条、杆”，应归入品目 72.13。

② 例如，一种非合金钢制的、经热轧加工、呈条状的钢条（长 2 米，直径 4 毫米）属于“其他条、杆”，应归入品目 72.14。

③ 例如，非合金钢制的工字钢应归入品目 72.16“铁或非合金钢的角材、型材及异型材”。

④ 例如，经冷轧加工成形的、截面圆形的、呈盘卷形状的不锈钢丝应归入品目 72.23“不锈钢丝”。

铋 0.05%以上。

(三)硅电钢:①

按重量计含硅量至少为 0.6%但不超过 6%,含碳量不超过 0.08%的合金钢。这类钢还可含有按重量计不超过 1%的铝,但所含其他元素的比例并不使其具有其他合金钢的特性。

(四)高速钢:②

不论是否含有其他元素,但至少含有按重量计合计含量在 7%及以上的钼、钨、钒中两种元素的合金钢,按重量计其含碳量在 0.6%及以上,含铬量在 3%~6%。

(五)硅锰钢:③

按重量计同时含有下列元素的合金钢:

碳不超过 0.7%;

锰 0.5%及以上,但不超过 1.9%;以及

硅 0.6%及以上,但不超过 2.3%;

所含其他元素的比例并不使其具有其他合金钢的特性。

二、品目 72.02 项下的子目所列铁合金,应按照下列规则归类:④

对于只有一种元素超出本章注释一(三)规定的最低百分比的铁合金,应作为二元合金归入相应的子目(如果其存在)。以此类推,如果有两种或三种合金元素超出了最低百分比的,则可分别作为三元或四元合金。

在运用本规定时,本章注释一(三)所述的未列名的"其他元素",按重量计单项含量必须超过 10%。

本国子目注释:

本国子目 7225.4010 所称"除不锈钢、高速钢以外的合金工具钢",按重量计,成分含量范围符合下列任一条款,不论是否含有其他元素,但所含其他元素的比例并不使其具有章注所列其他合金钢的特征:碳含量大于 1.2%,同时铬含量大于 10.5%的;或者碳含量大于等于 0.3%,同时铬含量大于等于 1.25%,且小于 10.5%的;或者铬含量大于等于 0.9%,且小于等于 1.2%,同时钼含量大于等于 0.9%,且小于等于 1.4%的;或者含碳量大于等于 0.5%,同时钼含量大于等于 3.5%的;或者碳含量大于等于 0.5%,同时钨含量大于等于 5.5%的。

商品编码	商品名称
	第一分章　原料;粒状及粉状产品
72.01	**生铁及镜铁,锭、块或其他初级形状:**
7201.1000	- 非合金生铁,按重量计含磷量在 0.5%及以下
7201.2000	- 非合金生铁,按重量计含磷量在 0.5%以上
7201.5000	- 合金生铁;镜铁
72.02	**铁合金:**
	- 锰铁:
7202.1100	- - 按重量计含碳量在 2%以上
7202.1900	- - 其他
	- 硅铁:
7202.2100	- - 按重量计含硅量 55%以上
7202.2900	- - 其他

① 例如,含碳 0.06%、硅 3.0%,宽 500 毫米成卷的钢板,符合"硅电钢"的定义,应归入子目 7226.10。

② 例如,含碳 1.2%、钨 18%、钒 2%、钴 8%、铬 4%的直条钢棒符合"高速钢"的定义,应归入子目 7228.10。

③ 例如,含碳 0.1%、硅 1.0%、锰 1.7%的钢丝符合"硅锰钢"的定义,应归入子目 7229.20。

④ 例如,含硅 48%、镁 28%、其余为铁的铁合金,由于硅、镁的含量超过了章注一(三)规定的最低百分比,所以应作为"三元铁合金"即硅镁铁合金归入子目 7202.99。再如钒 55%、铌 5%、硅 2%、其余为铁的铁合金,由于按章注一(三)的指标来看,钒的含量超过了 10%,硅的含量没有超过 8%,铌的含量没有超过 10%,所以应作为"二元铁合金"即钒铁合金归入子目 7202.92。

商品编码	商品名称
7202.3000	－硅锰铁
	－铬铁：
7202.4100	－－按重量计含碳量在 4%以上
7202.4900	－－其他
7202.5000	－硅铬铁
7202.6000	－镍铁
7202.7000	－钼铁
	－钨铁及硅钨铁：
7202.8010	－－－钨铁
7202.8020	－－－硅钨铁
	－其他：
7202.9100	－－钛铁及硅钛铁
	－－钒铁：
7202.9210	－－－按重量计含钒量在 75%及以上
7202.9290	－－－其他
7202.9300	－－铌铁
	－－其他：
	－－－钕铁硼合金：
7202.9911	－－－－速凝永磁片
7202.9912	－－－－磁粉
7202.9919	－－－－其他
	－－－其他：
7202.9991	－－－－按重量计稀土元素总含量在 10%以上的
7202.9999	－－－－其他
72.03	**直接从铁矿还原所得的铁产品及其他海绵铁产品，块、团、团粒及类似形状；按重量计纯度在 99.94%及以上的铁，块、团、团粒及类似形状：**
7203.1000	－直接从铁矿还原所得的铁产品
7203.9000	－其他
72.04	**钢铁废碎料；供再熔的碎料钢铁锭：**
7204.1000	－铸铁废碎料
	－合金钢废碎料：
7204.2100	－－不锈钢废碎料
7204.2900	－－其他
7204.3000	－镀锡钢铁废碎料
	－其他废碎料：
7204.4100	－－车、刨、铣、磨、锯、锉、剪、冲加工过程中产生的废料，不论是否成捆
7204.4900	－－其他
7204.5000	－供再熔的碎料钢铁锭
72.05	**生铁、镜铁及钢铁的颗粒和粉末：**
7205.1000	－颗粒
	－粉末：
7205.2100	－－合金钢的
	－－其他：
7205.2910	－－－铁粉，平均粒径小于 10 微米
7205.2990	－－－其他
	第二分章　铁及非合金钢
72.06	**铁及非合金钢，锭状或其他初级形状(品目 72.03 的铁除外)：**
7206.1000	－锭状
7206.9000	－其他
72.07	**铁或非合金钢的半制成品：**
	－按重量计含碳量在 0.25%以下：
7207.1100	－－矩形(包括正方形)截面，宽度小于厚度的两倍
7207.1200	－－其他矩形(正方形除外)截面的
7207.1900	－－其他
7207.2000	－按重量计含碳量在 0.25%及以上
72.08	**宽度在 600 毫米及以上的铁或非合金钢平板轧材，经热轧，但未经包覆、镀层或涂层：**
7208.1000	－除热轧外未经进一步加工的卷材，已轧压花纹
	－其他经酸洗的卷材，除热轧外未经进一步加工：
7208.2500	－－厚度在 4.75 毫米及以上
	－－厚度在 3 毫米及以上，但小于 4.75 毫米：
7208.2610	－－－屈服强度大于 355 牛顿/平方毫米
7208.2690	－－－其他
	－－厚度小于 3 毫米：
7208.2710	－－－厚度小于 1.5 毫米
7208.2790	－－－其他
	－其他卷材，除热轧外未经进一步加工：
7208.3600	－－厚度超过 10 毫米
7208.3700	－－厚度在 4.75 毫米及以上，但不超过 10 毫米

商品编码	商品名称
	- - 厚度在3毫米及以上,但小于4.75毫米:
7208.3810	- - - 屈服强度大于355牛顿/平方毫米
7208.3890	- - - 其他
	- - 厚度小于3毫米:
7208.3910	- - - 厚度小于1.5毫米
7208.3990	- - - 其他
7208.4000	- 已轧压花纹的非卷材,除热轧外未经进一步加工
	- 其他非卷材,除热轧外未经进一步加工:
	- - 厚度超过10毫米:
7208.5110	- - - 厚度超过50毫米
7208.5120	- - - 厚度在20毫米以上,但不超过50毫米
7208.5190	- - - 其他
7208.5200	- - 厚度在4.75毫米及以上,但不超过10毫米
	- - 厚度在3毫米及以上,但小于4.75毫米:
7208.5310	- - - 屈服强度大于355牛顿/平方毫米
7208.5390	- - - 其他
	- - 厚度小于3毫米:
7208.5410	- - - 厚度小于1.5毫米
7208.5490	- - - 其他
7208.9000	- 其他
72.09	**宽度在600毫米及以上的铁或非合金钢平板轧材,经冷轧,但未经包覆、镀层或涂层:**
	- 卷材,除冷轧外未经进一步加工:
	- - 厚度在3毫米及以上:
7209.1510	- - - 屈服强度大于355牛顿/平方毫米
7209.1590	- - - 其他
	- - 厚度超过1毫米,但小于3毫米:
7209.1610	- - - 屈服强度大于275牛顿/平方毫米
7209.1690	- - - 其他
	- - 厚度在0.5毫米及以上,但不超过1毫米:
7209.1710	- - - 屈服强度大于275牛顿/平方毫米
7209.1790	- - - 其他
	- - 厚度小于0.5毫米:
7209.1810	- - - 厚度小于0.3毫米
7209.1890	- - - 其他
	- 非卷材,除冷轧外未经进一步加工:
7209.2500	- - 厚度在3毫米及以上
7209.2600	- - 厚度超过1毫米,但小于3毫米
7209.2700	- - 厚度在0.5毫米及以上,但不超过1毫米
7209.2800	- - 厚度小于0.5毫米
7209.9000	- 其他
72.10	**宽度在600毫米及以上的铁或非合金钢平板轧材,经包覆、镀层或涂层:**
	- 镀或涂锡的:
7210.1100	- - 厚度在0.5毫米及以上
7210.1200	- - 厚度小于0.5毫米
7210.2000	- 镀或涂铅的,包括镀铅锡钢板
7210.3000	- 电镀或涂锌的
	- 用其他方法镀或涂锌的:
7210.4100	- - 瓦楞形
7210.4900	- - 其他
7210.5000	- 镀或涂氧化铬或铬及氧化铬的
	- 镀或涂铝的:
7210.6100	- - 镀或涂铝锌合金的
7210.6900	- - 其他
	- 涂漆或涂塑的:
7210.7010	- - - 厚度小于1.5毫米
7210.7090	- - - 其他
7210.9000	- 其他
72.11	**宽度小于600毫米的铁或非合金钢平板轧材,但未经包覆、镀层或涂层:**
	- 除热轧外未经进一步加工:
7211.1300	- - 经四面轧制或在闭合匣内轧制的非卷材,宽度超过150毫米,厚度不小于4毫米,未轧压花纹
7211.1400	- - 其他,厚度在4.75毫米及以上
7211.1900	- - 其他

商品编码	商品名称
	- 除冷轧外未经进一步加工:
7211.2300	- - 按重量计含碳量低于0.25%
7211.2900	- - 其他
7211.9000	- 其他
72.12	**宽度小于600毫米的铁或非合金钢平板轧材,经包覆、镀层或涂层:**
7212.1000	- 镀或涂锡的
7212.2000	- 电镀或涂锌的
7212.3000	- 用其他方法镀或涂锌的
7212.4000	- 涂漆或涂塑的
7212.5000	- 镀或涂其他材料的
7212.6000	- 经包覆的
72.13	**不规则盘卷的铁及非合金钢的热轧条、杆:**
7213.1000	- 带有轧制过程中产生的凹痕、凸缘、槽沟及其他变形的
7213.2000	- 其他,易切削钢制
	- 其他:
7213.9100	- - 直径小于14毫米圆形截面的
7213.9900	- - 其他
72.14	**铁或非合金钢的其他条、杆,除锻造、热轧、热拉拔或热挤压外未经进一步加工,包括轧制后扭曲的:**
7214.1000	- 锻造的
7214.2000	- 带有轧制过程中产生的凹痕、凸缘、槽沟或其他变形以及轧制后扭曲的
7214.3000	- 其他,易切削钢制
	- 其他:
7214.9100	- - 矩形(正方形除外)截面的
7214.9900	- - 其他
72.15	**铁及非合金钢的其他条、杆:**
7215.1000	- 易切削钢制,除冷成形或冷加工外未经进一步加工
7215.5000	- 其他,除冷成形或冷加工外未经进一步加工
7215.9000	- 其他
72.16	**铁或非合金钢的角材、型材及异型材:**
	- 槽钢、工字钢及H型钢,除热轧、热拉拔或热挤压外未经进一步加工,截面高度低于80毫米:
7216.1010	- - - H型钢
7216.1020	- - - 工字钢
7216.1090	- - - 其他
	- 角钢及丁字钢,除热轧、热拉拔或热挤压外未经进一步加工,截面高度低于80毫米:
7216.2100	- - 角钢
7216.2200	- - 丁字钢
	- 槽钢、工字钢及H型钢,除热轧、热拉拔或热挤压外未经进一步加工,截面高度在80毫米及以上:
7216.3100	- - 槽钢
	- - 工字钢:
7216.3210	- - - 截面高度在200毫米以上
7216.3290	- - - 其他
	- - H型钢:
	- - - 截面高度在200毫米以上:
7216.3311	- - - - 截面高度在800毫米以上
7216.3319	- - - - 其他
7216.3390	- - - 其他
	- 角钢及丁字钢,除热轧、热拉拔或热挤压外未经进一步加工,截面高度在80毫米及以上:
7216.4010	- - - 角钢
7216.4020	- - - 丁字钢
	- 其他角材、型材及异型材,除热轧、热拉拔或热挤压外未经进一步加工:
7216.5010	- - - 乙字钢
7216.5020	- - - 球扁钢
7216.5090	- - - 其他
	- 角材、型材及异型材,除冷成形或冷加工外未经进一步加工:
7216.6100	- - 平板轧材制的
7216.6900	- - 其他
	- 其他:
7216.9100	- - 平板轧材经冷成形或冷加工制的
7216.9900	- - 其他
72.17	**铁丝或非合金钢丝:**
7217.1000	- 未经镀或涂层,不论是否抛光
7217.2000	- 镀或涂锌的
	- 镀或涂其他贱金属的:

商品编码	商品名称
7217.3010	－－－镀或涂铜的
7217.3090	－－－其他
7217.9000	－其他
	第三分章　不锈钢
72.18	**不锈钢,锭状或其他初级形状;不锈钢半制成品:**
7218.1000	－锭状及其他初级形状
	－其他:
7218.9100	－－矩形(正方形除外)截面的
7218.9900	－－其他
72.19	**不锈钢平板轧材,宽度在600毫米及以上:**
	－除热轧外未经进一步加工的卷材:
7219.1100	－－厚度超过10毫米
	－－厚度在4.75毫米及以上,但不超过10毫米:
7219.1210	－－－宽度在600毫米及以上,但不超过1800毫米
7219.1290	－－－其他
	－－厚度在3毫米及以上,但小于4.75毫米:
	－－－未经酸洗的:
7219.1312	－－－－按重量计含锰量在5.5%及以上的铬锰系不锈钢
7219.1319	－－－－其他
	－－－经酸洗的:
7219.1322	－－－－按重量计含锰量在5.5%及以上的铬锰系不锈钢
7219.1329	－－－－其他
	－－厚度小于3毫米:
	－－－未经酸洗的:
7219.1412	－－－－按重量计含锰量在5.5%及以上的铬锰系不锈钢
7219.1419	－－－－其他
	－－－经酸洗的:
7219.1422	－－－－按重量计含锰量在5.5%及以上的铬锰系不锈钢
7219.1429	－－－－其他
	－除热轧外未经进一步加工的非卷材:
7219.2100	－－厚度超过10毫米
7219.2200	－－厚度在4.75毫米及以上,但不超过10毫米
7219.2300	－－厚度在3毫米及以上,但小于4.75毫米
	－－厚度小于3毫米:
7219.2410	－－－厚度超过1毫米但小于3毫米
7219.2420	－－－厚度在0.5毫米及以上,但不超过1毫米
7219.2430	－－－厚度小于0.5毫米
	－除冷轧外未经进一步加工:
7219.3100	－－厚度在4.75毫米及以上
	－－厚度在3毫米及以上,但小于4.75毫米:
7219.3210	－－－宽度在600毫米及以上,但不超过1800毫米
7219.3290	－－－其他
	－－厚度超过1毫米,但小于3毫米
7219.3310	－－－按重量计含锰量在5.5%及以上的铬锰系不锈钢
7219.3390	－－－其他
7219.3400	－－厚度在0.5毫米及以上,但不超过1毫米
7219.3500	－－厚度小于0.5毫米
7219.9000	－其他
72.20	**不锈钢平板轧材,宽度小于600毫米:**
	－除热轧外未经进一步加工:
7220.1100	－－厚度在4.75毫米及以上
7220.1200	－－厚度小于4.75毫米
	－除冷轧外未经进一步加工:
7220.2020	－－－厚度在0.35毫米及以下
7220.2030	－－－厚度在0.35毫米以上但小于3毫米
7220.2040	－－－厚度在3毫米及以上
7220.9000	－其他
72.21	**不规则盘卷的不锈钢热轧条、杆:**
7221.0000	不规则盘卷的不锈钢热轧条、杆
72.22	**不锈钢其他条、杆;不锈钢角材型材及异型材:**
	－条、杆,除热轧、热拉拔或热挤压外未经进一步加工:
7222.1100	－－圆形截面的

商品编码	商品名称
7222.1900	－－其他
7222.2000	－条、杆,除冷成形或冷加工外未经进一步加工
7222.3000	－其他条、杆
7222.4000	－角材、型材及异型材
72.23	**不锈钢丝:**
7223.0000	不锈钢丝
	第四分章　其他合金钢;合金钢或非合金钢制的空心钻钢
72.24	**其他合金钢,锭状或其他初级形状;其他合金钢制的半制成品:**
7224.1000	－锭状及其他初级形状
	－其他:
7224.9010	－－－单件重量在 10 吨及以上的粗铸锻件坯
7224.9090	－－－其他
72.25	**其他合金钢平板轧材,宽度在 600 毫米及以上:**
	－硅电钢制:
7225.1100	－－取向性硅电钢
7225.1900	－－其他
7225.3000	－其他卷材,除热轧外未经进一步加工
	－其他非卷材,除热轧外未经进一步加工:
7225.4010	－－－工具钢
	－－－其他:
7225.4091	－－－－含硼合金钢
7225.4099	－－－－其他
7225.5000	－其他,除冷轧外未经进一步加工
	－其他:
7225.9100	－－电镀或涂锌的
7225.9200	－－用其他方法镀或涂锌的
	－－其他:
7225.9910	－－－高速钢制
7225.9990	－－－其他
72.26	**其他合金钢平板轧材,宽度小于 600 毫米:**
	－硅电钢制:
7226.1100	－－取向性硅电钢
7226.1900	－－其他
7226.2000	－高速钢制
	－其他:
	－－除热轧外未经进一步加工:
7226.9110	－－－工具钢
	－－－其他:
7226.9191	－－－－含硼合金钢
7226.9199	－－－－其他
7226.9200	－－除冷轧外未经进一步加工
	－－其他:
7226.9910	－－－电镀或涂锌的
7226.9920	－－－用其他方法镀或涂锌的
7226.9990	－－－其他
72.27	**不规则盘卷的其他合金钢热轧条、杆:**
7227.1000	－高速钢制
7227.2000	－硅锰钢制
	－其他:
7227.9010	－－－含硼合金钢制
7227.9090	－－－其他
72.28	**其他合金钢条、杆;其他合金钢角材、型材及异型材;合金钢或非合金钢制的空心钻钢:**
7228.1000	－高速钢条、杆
7228.2000	－硅锰钢条、杆
	－其他条、杆,除热轧、热拉拔或热挤压外未经进一步加工:
7228.3010	－－－含硼合金钢制
7228.3090	－－－其他
7228.4000	－其他条、杆,除锻造外未经进一步加工
7228.5000	－其他条、杆,除冷成形或冷加工外未经进一步加工
7228.6000	－其他条、杆
	－角材、型材及异型材:
7228.7010	－－－履带板型钢
7228.7090	－－－其他
7228.8000	－空心钻钢
72.29	**其他合金钢丝:**
7229.2000	－硅锰钢制
	－其他:
7229.9010	－－－高速钢制
7229.9090	－－－其他

第七十三章　钢铁制品

注释：

一、本章所称"铸铁"，适用于经铸造而得的产品，按重量计其铁元素含量超过其他元素单项含量并与第七十二章注释一(四)所述的钢的化学成分不同。

二、本章所称"丝"，是指热或冷成形的任何截面形状的产品，但其截面尺寸均不超过16毫米。

商品编码	商品名称
73.01	**钢铁板桩，不论是否钻孔、打眼或组装；焊接的钢铁角材、型材及异型材：**
7301.1000	－钢铁板桩
7301.2000	－角材、型材及异型材
73.02	**铁道及电车道铺轨用钢铁材料(钢轨、护轨、齿轨、道岔尖轨、辙叉、尖轨拉杆及其他叉道段体、轨枕、鱼尾板、轨座、轨座楔、钢轨垫板、钢轨夹、底板、固定板及其他专门用于连接或加固路轨的材料)：**
7302.1000	－钢轨
7302.3000	－道岔尖轨、辙叉、尖轨拉杆及其他叉道段体
7302.4000	－鱼尾板及钢轨垫板
	－其他：
7302.9010	－－－轨枕
7302.9090	－－－其他
73.03	**铸铁管及空心异型材：**
7303.0010	－－－内径在500毫米及以上的圆形截面管
7303.0090	－－－其他
73.04	**无缝钢铁管及空心异型材(铸铁的除外)：**
	－石油或天然气管道管：
	－－不锈钢制：
7304.1110	－－－外径大于等于215.9毫米，但不超过406.4毫米
7304.1120	－－－外径超过114.3毫米，但小于215.9毫米
7304.1130	－－－外径不超过114.3毫米
7304.1190	－－－其他
	－－其他：
7304.1910	－－－外径大于等于215.9毫米，但不超过406.4毫米
7304.1920	－－－外径超过114.3毫米，但小于215.9毫米
7304.1930	－－－外径不超过114.3毫米
7304.1990	－－－其他
	－钻探石油及天然气用的套管、导管及钻管：
	－－不锈钢制钻管：
7304.2210	－－－外径不超过168.3毫米
7304.2290	－－－其他
	－－其他钻管：
7304.2310	－－－外径不超过168.3毫米
7304.2390	－－－其他
7304.2400	－－其他不锈钢管
	－－其他：
7304.2910	－－－屈服强度小于552兆帕斯卡的
7304.2920	－－－屈服强度大于等于552兆帕斯卡，但小于758兆帕斯卡的
7304.2930	－－－屈服强度大于等于758兆帕斯卡的
	－铁或非合金钢的其他圆形截面管：
	－－冷拔或冷轧的：
7304.3110	－－－锅炉管
7304.3120	－－－地质钻管、套管
7304.3190	－－－其他
	－－其他：
7304.3910	－－－锅炉管
7304.3920	－－－地质钻管、套管
7304.3990	－－－其他
	－不锈钢的其他圆形截面管：
	－－冷拔或冷轧的：
7304.4110	－－－锅炉管

商品编码	商品名称
7304.4190	－－－其他
	－－其他：
7304.4910	－－－锅炉管
7304.4990	－－－其他
	－其他合金钢的其他圆形截面管：
	－－冷拔或冷轧的：
7304.5110	－－－锅炉管
7304.5120	－－－地质钻管、套管
7304.5190	－－－其他
	－－其他：
7304.5910	－－－锅炉管
7304.5920	－－－地质钻管、套管
7304.5990	－－－其他
7304.9000	－其他
73.05	**其他圆形截面钢铁管(例如，焊铆及用类似方法接合的管)，外径超过 406.4 毫米：**
	－石油或天然气管道管：
7305.1100	－－纵向埋弧焊接的
7305.1200	－－其他纵向焊接的
7305.1900	－－其他
7305.2000	－钻探石油或天然气用套管
	－其他焊接的：
7305.3100	－－纵向焊接的
7305.3900	－－其他
7305.9000	－其他
73.06	**其他钢铁管及空心异型材(例如，辊缝、焊、铆及类似方法接合的)**
	－石油及天然气管道管：
7306.1100	－－不锈钢焊缝管
7306.1900	－－其他
	－钻探石油及天然气用的套管及导管：
7306.2100	－－不锈钢焊缝管
7306.2900	－－其他
	－铁或非合金钢的其他圆形截面焊缝管：
	－－－外径不超过 10 毫米的：
7306.3011	－－－－壁厚在 0.7 毫米及以下
7306.3019	－－－－其他
7306.3090	－－－其他
7306.4000	－不锈钢的其他圆形截面焊缝管
7306.5000	－其他合金钢的圆形截面焊缝管
	－非圆形截面的其他焊缝管：
7306.6100	－－矩形或正方形截面的
7306.6900	－－其他非圆形截面的
7306.9000	－其他
73.07	**钢铁管子附件(例如，接头、肘管、管套)：**
	－铸件：
7307.1100	－－无可锻性铸铁制
7307.1900	－－其他
	－其他，不锈钢制：
7307.2100	－－法兰
7307.2200	－－螺纹肘管、弯管及管套
7307.2300	－－对焊件
7307.2900	－－其他
	－其他：
7307.9100	－－法兰
7307.9200	－－螺纹肘管、弯管及管套
7307.9300	－－对焊件
7307.9900	－－其他
73.08	**钢铁结构体(品目 94.06 的活动房屋除外)及其部件(例如，桥梁及桥梁体段、闸门、塔楼、格构杆、屋顶、屋顶框架、门窗及其框架、门槛、百叶窗、栏杆、支柱及立柱)；上述结构体用的已加工钢铁板、杆、角材、型材、异型材、管子及类似品：**
7308.1000	－桥梁及桥梁体段
7308.2000	－塔楼及格构杆
7308.3000	－门窗及其框架、门槛
7308.4000	－脚手架、模板或坑道支撑用的支柱及类似设备
7308.9000	－其他
73.09	**盛装物料用的钢铁囤、柜、罐、桶及类似容器(装压缩气体或液化气体的除外)，容积超过 300 升，不论是否衬里或隔热，但无机械或热力装置：**

商品编码	商品名称
7309.0000	盛装物料用的钢铁囤、柜、罐、桶及类似容器(装压缩气体或液化气体的除外),容积超过 300 升,不论是否衬里或隔热,但无机械或热力装置
73.10	**盛装物料用的钢铁柜、桶、罐、听、盒及类似容器(装压缩气体或液化气体的除外),容积不超过 300 升,不论是否衬里或隔热,但无机械或热力装置:**
7310.1000	- 容积在 50 升及以上
	- 容积在 50 升以下:
	- - 焊边或卷边接合的罐:
7310.2110	- - - 易拉罐及罐体
7310.2190	- - - 其他
	- - 其他:
7310.2910	- - - 易拉罐及罐体
7310.2990	- - - 其他
73.11	**装压缩气体或液化气体用的钢铁容器:**
7311.0010	- - - 零售包装用
7311.0090	- - - 其他
73.12	**非绝缘的钢铁绞股线、绳、缆、编带、吊索及类似品:**
7312.1000	- 绞股线、绳、缆
7312.9000	- 其他
73.13	**带刺钢铁丝;围篱用的钢铁绞带或单股扁丝(不论是否带刺)及松绞的双股丝:**
7313.0000	带刺钢铁丝;围篱用的钢铁绞带或单股扁丝(不论是否带刺)及松绞的双股丝
73.14	**钢铁丝制的布(包括环形带)、网篱、格栅;网眼钢铁板:**
	- 机织品:
7314.1200	- - 不锈钢制的机器用环形带
7314.1400	- - 不锈钢制的其他机织品
7314.1900	- - 其他
7314.2000	- 交点焊接的网、篱及格栅,其丝的最大截面尺寸在 3 毫米及以上网眼尺寸在 100 平方厘米及以上
	- 其他交点焊接的网、篱及格栅:
7314.3100	- - 镀或涂锌的
7314.3900	- - 其他
	- 其他网、篱及格栅:
7314.4100	- - 镀或涂锌的
7314.4200	- - 涂塑的
7314.4900	- - 其他
7314.5000	- 网眼钢铁板
73.15	**钢铁链及其零件:**
	- 铰接链及其零件:
	- - 滚子链:
7315.1110	- - - 自行车用
7315.1120	- - - 摩托车用
7315.1190	- - - 其他
7315.1200	- - 其他链
7315.1900	- - 零件
7315.2000	- 防滑链
	- 其他链:
7315.8100	- - 日字环节链
7315.8200	- - 其他焊接链
7315.8900	- - 其他
7315.9000	- 其他零件
73.16	**钢铁锚、多爪锚及其零件:**
7316.0000	钢铁锚、多爪锚及其零件
73.17	**钢铁制的钉、平头钉、图钉、波纹钉、U 形钉(品目 83.05 的货品除外)及类似品,不论钉头是否用其他材料制成,但不包括铜头钉:**
7317.0000	钢铁制的钉、平头钉、图钉、波纹钉、U 形钉(品目 83.05 的货品除外)及类似品,不论钉头是否用其他材料制成,但不包括铜头钉
73.18	**钢铁制的螺钉、螺栓、螺母、方头螺钉、钩头螺钉、铆钉、销、开尾销、垫圈(包括弹簧垫圈)及类似品:**
	- 螺纹制品:
7318.1100	- - 方头螺钉
7318.1200	- - 其他木螺钉
7318.1300	- - 钩头螺钉及环头螺钉
7318.1400	- - 自攻螺钉
	- - 其他螺钉及螺栓,不论是否带有螺母或垫圈:
7318.1510	- - - 抗拉强度在 800 兆帕及以上的

商品编码	商品名称
7318.1590	－－－其他
7318.1600	－－螺母
7318.1900	－－其他
	－无螺纹制品:
7318.2100	－－弹簧垫圈及其他防松垫圈
7318.2200	－－其他垫圈
7318.2300	－－铆钉
7318.2400	－－销及开尾销
7318.2900	－－其他
73.19	**钢铁制的手工缝针、编织针、引针、钩针、刺绣穿孔锥及类似制品;其他品目未列名的钢铁制安全别针及其他别针:**
	－安全别针及其他别针:
7319.4010	－－－安全别针
7319.4090	－－－其他别针
7319.9000	－其他
73.20	**钢铁制弹簧及弹簧片:**
	－片簧及簧片:
7320.1010	－－－铁道车辆用
7320.1020	－－－汽车用
7320.1090	－－－其他
	－螺旋弹簧:
7320.2010	－－－铁道车辆用
7320.2090	－－－其他
	－其他:
7320.9010	－－－铁道车辆用
7320.9090	－－－其他
73.21	**非电热的钢铁制家用炉、灶(包括附有集中供暖用的热水锅炉)、烤肉架、烤炉、煤气灶、加热板和类似非电热的家用器具及其零件:**
	－炊事器具及加热板:
7321.1100	－－使用气体燃料或可使用气体燃料及其他燃料的
	－－使用液体燃料的:
7321.1210	－－－煤油炉
7321.1290	－－－其他
7321.1900	－－其他,包括使用固体燃料的
	－其他器具:
7321.8100	－－使用气体燃料或可使用气体燃料及其他燃料的
7321.8200	－－使用液体燃料的
7321.8900	－－其他,包括使用固体燃料的
7321.9000	－零件
73.22	**非电热的钢铁制集中供暖用散热器及其零件;非电热的钢铁制空气加热器、暖气分布器(包括可分布新鲜空气或调节空气的)及其零件,装有电动风扇或鼓风机:**
	－散热器及其零件:
7322.1100	－－铸铁制
7322.1900	－－其他
7322.9000	－其他
73.23	**餐桌、厨房或其他家用钢铁器具及其零件;钢铁丝绒;钢铁制擦锅器、洗刷擦光用的块垫、手套及类似品:**
7323.1000	－钢铁丝绒;擦锅器及洗刷擦光用的块垫、手套及类似品
	－其他:
7323.9100	－－铸铁制,未搪瓷
7323.9200	－－铸铁制,已搪瓷
7323.9300	－－不锈钢制
	－－钢铁(铸铁除外)制,已搪瓷
7323.9410	－－－面盆
7323.9420	－－－烧锅
7323.9490	－－－其他
7323.9900	－－其他
73.24	**钢铁制卫生器具及其零件:**
7324.1000	－不锈钢制洗涤槽及脸盆
	－浴缸:
7324.2100	－－铸铁制,不论是否搪瓷
7324.2900	－－其他
7324.9000	－其他,包括零件
73.25	**其他钢铁铸造制品:**
	－无可锻性铸铁制:
7325.1010	－－－工业用
7325.1090	－－－其他
	－其他:
7325.9100	－－研磨机用的研磨球及类似品
	－－其他:

商品编码	商品名称	商品编码	商品名称
7325.9910	---工业用		
7325.9990	---其他		
73.26	**其他钢铁制品:**		
	-经锻造或冲压,但未经进一步加工:		
7326.1100	--研磨机用的研磨球及类似品		
	--其他:		
7326.1910	---工业用		
7326.1990	---其他		
	-钢铁丝制品:		
7326.2010	---工业用		
7326.2090	---其他		
	-其他:		
	---工业用:		
7326.9011	----钢铁纤维及其制品		
7326.9019	----其他		
7326.9090	---其他		

第七十四章　铜及其制品

注释：

本章所用有关名词解释如下：

一、精炼铜[①]

按重量计含铜量至少为99.85%的金属；或

按重量计含铜量至少为97.5%，但其他各种元素的含量不超过下表中规定的限量的金属：

其他元素表

元素		所含重量百分比
Ag	银	0.25
As	砷	0.5
Cd	镉	1.3
Cr	铬	1.4
Mg	镁	0.8
Pb	铅	1.5
S	硫	0.7
Sn	锡	0.8
Te	碲	0.8
Zn	锌	1
Zr	锆	0.3
其他元素*	每种	0.3

*其他元素，例如，铝、铍、钴、铁、锰、镍、硅。

二、铜合金

除未精炼铜以外的金属物质，按重量计含铜量大于其他元素单项含量，但：

（一）按重量计至少有一种其他元素的含量超过上表中规定的限量；或

（二）按重量计其他元素的总含量超过2.5%。

三、铜母合金

含有其他元素，但按重量计含铜量超过10%的合金，该合金无实用可锻性，通常用作生产其他合金的添加剂或用作冶炼有色金属的脱氧剂、脱硫剂及类似用途。但按重量计含磷量超过15%的磷化铜（磷铜）归入品目28.53。

子目注释：

本章所用有关名词解释如下：

一、铜锌合金（黄铜）

铜与锌的合金，不论是否含有其他元素。含有其他元素时：

按重量计含锌量应大于其他各种元素的单项含量；

按重量计含镍量应低于5%［参见铜镍锌合金（德银）］；按重量计含锡量应低于3%［参见铜锡合金（青铜）］。

二、铜锡合金（青铜）

铜与锡的合金，不论是否含有其他元素。含有其他元素时，按重量计含锡量应大于其他各种元素的单项含量。当按重量计含锡量在3%及以上时，锌的含量可大于锡的含量，但必须小于10%。

① 例如，铜纯度99.90%的电解铜（未锻轧）应按“精炼铜”归入品目74.03。

三、铜镍锌合金(德银)

铜、镍、锌的合金,不论是否含有其他元素,按重量计含镍量在5%及以上[参见铜锌合金(黄铜)]。

四、铜镍合金

铜与镍的合金,不论是否含有其他元素,但按重量计含锌量不得大于1%。含有其他元素时,按重量计含镍量应大于其他各种元素的单项含量。

商品编码	商品名称
74.01	**铜锍;沉积铜(泥铜):**
7401.0000	铜锍,沉积铜(泥铜)
74.02	**未精炼铜;电解精炼用的铜阳极:**
7402.0000	未精炼铜;电解精炼用的铜阳极
74.03	**未锻轧的精炼铜及铜合金:**
	-精炼铜:
	--阴极及阴极型材:
	---阴极:
7403.1111	----按重量计铜含量超过99.9935%的
7403.1119	----其他
7403.1190	---阴极型材
7403.1200	--线锭
7403.1300	--坯段
7403.1900	--其他
	-铜合金:
7403.2100	--铜锌合金(黄铜)
7403.2200	--铜锡合金(青铜)
7403.2900	--其他铜合金(品目74.05的铜母合金除外)
74.04	**铜废碎料:**
7404.0000	铜废碎料
74.05	**铜母合金:**
7405.0000	铜母合金
74.06	**铜粉及片状粉末:**
	-非片状粉末:
7406.1010	---精炼铜制
7406.1020	---铜镍合金(白铜)或铜镍锌合金(德银)制
7406.1030	---铜锌合金(黄铜)制
7406.1040	---铜锡合金(青铜)制
7406.1090	---其他铜合金制
	-片状粉末:
7406.2010	---精炼铜制
7406.2020	---铜镍合金(白铜)或铜镍锌合金(德银)制
7406.2090	---其他铜合金制
74.07	**铜条、杆、型材及异型材:**
	-精炼铜制:
7407.1010	---铬锆铜制
7407.1090	---其他
	-铜合金制:
	--铜锌合金(黄铜):
	---铜条、杆:
7407.2111	----直线度不大于0.5毫米/米
7407.2119	----其他
7407.2190	---其他
7407.2900	--其他
74.08	**铜丝:**
	-精炼铜制:
7408.1100	--最大截面尺寸超过6毫米
7408.1900	--其他
	-铜合金制:
7408.2100	--铜锌合金(黄铜)
	--铜镍合金(白铜)或铜镍锌合金(德银):
7408.2210	---铜镍锌铅合金(加铅德银)
7408.2290	---其他
7408.2900	--其他
74.09	**铜板、片及带,厚度超过0.15毫米:**
	-精炼铜制:
	--盘卷的:
7409.1110	---含氧量不超过10PPM
7409.1190	---其他
7409.1900	--其他
	-铜锌合金(黄铜)制:
7409.2100	--盘卷的
7409.2900	--其他

商品编码	商品名称
	- 铜锡合金(青铜)制：
7409.3100	- - 盘卷的
7409.3900	- - 其他
7409.4000	- 铜镍合金(白铜)或铜镍锌合金(德银)制
7409.9000	- 其他铜合金制
74.10	**铜箔(不论是否印花或用纸、纸板、塑料或类似材料衬背),厚度(衬背除外)不超过0.15毫米：**
	- 无衬背：
7410.1100	- - 精炼铜制
	- - 铜合金制：
7410.1210	- - - 铜镍合金(白铜)或铜镍锌合金(德银)
7410.1290	- - - 其他
	- 有衬背：
	- - 精炼铜制：
7410.2110	- - - 印制电路用覆铜板
7410.2190	- - - 其他
	- - 铜合金制：
7410.2210	- - - 铜镍合金(白铜)或铜镍锌合金(德银)
7410.2290	- - - 其他
74.11	**铜管：**
	- 精炼铜制：
	- - - 外径不超过25毫米的：
7411.1011	- - - - 带有螺纹或翅片的
7411.1019	- - - - 其他
7411.1020	- - - 外径超过70毫米的
7411.1090	- - - 其他
	- 铜合金制：
	- - 铜锌合金(黄铜)：
7411.2110	- - - 盘卷的
7411.2190	- - - 其他
7411.2200	- - 铜镍合金(白铜)或铜镍锌合金(德银)
7411.2900	- - 其他
74.12	**铜制管子附件(例如,接头、肘管、管套)：**
7412.1000	- 精炼铜制
	- 铜合金制：
7412.2010	- - - 铜镍合金(白铜)或铜镍锌合金(德银)
7412.2090	- - - 其他
74.13	**非绝缘的铜丝绞股线、缆、编带及类似品：**
7413.0000	非绝缘的铜丝绞股线、缆、编带及类似品
74.15	**铜制或钢铁制带铜头的钉、平头钉、图钉、U形钉(品目83.05的货品除外)及类似品;铜制螺钉螺栓、螺母、钩头螺钉、铆钉、销、开尾销、垫圈(包括弹簧垫圈)及类似品：**
7415.1000	- 钉、平头钉、图钉、U形钉及类似品
	- 其他无螺纹制品：
7415.2100	- - 垫圈(包括弹簧垫圈)
7415.2900	- - 其他
	- 其他螺纹制品：
	- - 螺钉;螺栓及螺母：
7415.3310	- - - 木螺钉
7415.3390	- - - 其他
7415.3900	- - 其他
74.18	**餐桌、厨房或其他家用铜制器具及其零件;铜制擦锅器、洗刷擦光用的块垫、手套及类似品;铜制卫生器具及其零件：**
	- 餐桌、厨房或其他家用器具及其零件;擦锅器及洗刷擦光用的块垫、手套及类似品：
7418.1010	- - - 擦锅器及洗刷、擦光用的块垫手套及类似品
7418.1020	- - - 非电热的铜制家用烹饪器具及其零件
7418.1090	- - - 其他
7418.2000	- 卫生器具及其零件
74.19	**其他铜制品：**
	- 铸造、模压、冲压或锻造,但未经进一步加工的：
7419.2010	- - - 链条及其零件
7419.2020	- - - 其他,工业用
7419.2090	- - - 其他
	- 其他：

商品编码	商品名称	商品编码	商品名称
7419.8010	---链条及其零件		
7419.8020	---铜弹簧		
7419.8030	---铜丝制的布(包括环形带)		
7419.8040	---铜丝制的网、格栅,网眼铜板		
7419.8050	---非电热的铜制家用供暖器具及其零件		
	---其他:		
7419.8091	----工业用		
7419.8099	----其他		

第七十五章　镍及其制品

子目注释：

一、本章所用有关名词解释如下：

（一）非合金镍

按重量计镍及钴的含量至少为99%的金属，但：

1. 按重量计含钴量不超过1.5%；

2. 按重量计其他各种元素的含量不超过下表中规定的限量：

其他元素表

元素		所含重量百分比
Fe	铁	0.5
O	氧	0.4
其他元素，	每种	0.3

（二）镍合金

按重量计含镍量大于其他元素单项含量的金属物质，但：

1. 按重量计含钴量超过1.5%；

2. 按重量计至少有一种其他元素的含量超过上表中规定的限量；或

3. 除镍及钴以外，按重量计其他元素的总含量超过1%。

二、子目7508.10所称“丝”，不受第十五类注释九（三）的限制，仅适用于截面尺寸不超过6毫米的任何截面形状的产品，不论是否盘卷。

商品编码	商品名称
75.01	**镍锍、氧化镍烧结物及镍冶炼的其他中间产品：**
7501.1000	－镍锍
	－氧化镍烧结物及镍冶炼的其他中间产品：
7501.2010	－－－镍湿法冶炼中间品
7501.2090	－－－其他
75.02	**未锻轧镍：**
	－非合金镍：
7502.1010	－－－按重量计镍、钴总量在99.99%及以上的，但钴含量不超过0.005%
7502.1090	－－－其他
7502.2000	－镍合金
75.03	**镍废碎料：**
7503.0000	镍废碎料
75.04	**镍粉及片状粉末：**
7504.0010	－－－非合金镍粉及片状粉末
7504.0020	－－－合金镍粉及片状粉末
75.05	**镍条、杆、型材及异型材或丝：**
	－条、杆、型材及异型材：
7505.1100	－－非合金镍制
7505.1200	－－镍合金制
	－丝：
7505.2100	－－非合金镍制
7505.2200	－－镍合金制
75.06	**镍板、片、带、箔：**
7506.1000	－非合金镍制
7506.2000	－镍合金制
75.07	**镍管及管子附件（例如，接头、肘管、管套）：**
	－镍管：

商品编码	商品名称	商品编码	商品名称
7507.1100	－－非合金镍制		
7507.1200	－－镍合金制		
7507.2000	－管子附件		
75.08	**其他镍制品：**		
	－镍丝布、网及格栅：		
7508.1010	－－－镍丝布		
7508.1080	－－－其他工业用镍制品		
7508.1090	－－－其他		
	－其他：		
7508.9010	－－－电镀用镍阳极		
7508.9080	－－－其他工业用镍制品		
7508.9090	－－－其他		

第七十六章　铝及其制品

子目注释：

一、本章所用有关名词解释如下：

（一）非合金铝

按重量计含铝量至少为99%的金属，但其他各种元素的含量不超过下表中规定的限量：

其他元素表

元素	所含重量百分比
Fe+Si（铁+硅）	1
其他元素[1]，每种	0.1[2]
（1）其他元素，例如，铬、铜、镁、锰、镍、锌。 （2）含铜成分可大于0.1%，但不得大于0.2%，且铬和锰的含量均不得超过0.05%。	

（二）铝合金

按重量计含铝量大于其他元素单项含量的金属物质，但：

1. 按重量计至少有一种其他元素或铁加硅的含量大于上表中规定的限量；或

2. 按重量计其他元素的总含量超过1%。

二、子目7616.91所称"丝"，不受第十五类注释九（三）的限制，仅适用于截面尺寸不超过6毫米的任何截面形状的产品，不论是否盘卷。

商品编码	商品名称
76.01	**未锻轧铝：**
	－非合金铝：
7601.1010	－－－按重量计含铝量在99.95%及以上
7601.1090	－－－其他
7601.2000	－铝合金
76.02	**铝废碎料：**
7602.0000	铝废碎料
76.03	**铝粉及片状粉末：**
7603.1000	－非片状粉末
7603.2000	－片状粉末
76.04	**铝条、杆、型材及异型材：**
	－非合金铝制：
7604.1010	－－－铝条、杆
7604.1090	－－－其他
	－铝合金制：
7604.2100	－－空心型材及异型材
	－－其他：
7604.2910	－－－铝合金条、杆
7604.2990	－－－其他
76.05	**铝丝：**
	－非合金铝制：
7605.1100	－－最大截面尺寸超过7毫米
7605.1900	－－其他
	－铝合金制：
7605.2100	－－最大截面尺寸超过7毫米
7605.2900	－－其他
76.06	**铝板、片及带，厚度超过0.2毫米：**
	－矩形（包括正方形）：
	－－非合金铝制：
	－－－厚度在0.30毫米及以上，但不超过0.36毫米：
7606.1121	－－－－铝塑复合的
7606.1129	－－－－其他
	－－－其他：
7606.1191	－－－－铝塑复合的
7606.1199	－－－－其他
	－－铝合金制：

商品编码	商品名称
7606.1220	---厚度小于0.28毫米
7606.1230	---厚度在0.28毫米及以上,但不超过0.35毫米
	---厚度在0.35毫米以上,但不超过4毫米:
7606.1251	----铝塑复合的
7606.1259	----其他
7606.1290	---其他
	-其他:
7606.9100	--非合金铝制
7606.9200	--铝合金制
76.07	**铝箔(不论是否印花或用纸、纸板、塑料或类似材料衬背),厚度(衬背除外)不超过0.2毫米:**
	-无衬背:
	--轧制后未经进一步加工的:
7607.1110	---厚度不超过0.007毫米
7607.1120	---厚度大于0.007毫米,但不超过0.01毫米
7607.1190	---其他
7607.1900	--其他
7607.2000	-有衬背
76.08	**铝管:**
7608.1000	-非合金铝制
	-铝合金制:
7608.2010	---外径不超过10厘米的
	---其他:
7608.2091	----壁厚不超过25毫米
7608.2099	----其他
76.09	**铝制管子附件(例如,接头、肘管、管套):**
7609.0000	铝制管子附件(例如,接头、肘管、管套)
76.10	**铝制结构体(品目94.06的活动房屋除外)及其部件(例如,桥梁及桥梁体段、塔、格构杆、屋顶、屋顶框架、门窗及其框架、门槛栏杆、支柱及立柱);上述结构体用的已加工铝板、杆、型材、异型材、管子及类似品:**
7610.1000	-门窗及其框架、门槛
7610.9000	-其他
76.11	**盛装物料用的铝制囤、柜、罐、桶及类似容器(装压缩气体或液化气体的除外),容积超过300升不论是否衬里或隔热,但无机械或热力装置:**
7611.0000	盛装物料用的铝制囤、柜、罐、桶及类似容器(装压缩气体或液化气体的除外),容积超过300升,不论是否衬里或隔热,但无机械或热力装置
76.12	**盛装物料用的铝制桶、罐、听、盒及类似容器,包括软管容器及硬管容器(装压缩气体或液化气体的除外),容积不超过300升,不论是否衬里或隔热,但无机械或热力装置:**
7612.1000	-软管容器
	-其他:
7612.9010	---易拉罐及罐体
7612.9090	---其他
76.13	**装压缩气体或液化气体用的铝制容器:**
7613.0010	---零售包装用
7613.0090	---其他
76.14	**非绝缘的铝制绞股线、缆、编带及类似品:**
7614.1000	-带钢芯的
7614.9000	-其他
76.15	**餐桌、厨房或其他家用铝制器具及其零件;铝制擦锅器、洗刷擦光用的块垫、手套及类似品;铝制卫生器具及其零件:**
	-餐桌、厨房或其他家用器具及其零件;擦锅器及洗刷擦光用的块垫、手套及类似品:
7615.1010	---擦锅器、洗刷、擦光用的块垫手套及类似品
7615.1090	---其他
7615.2000	-卫生器具及其零件
76.16	**其他铝制品:**
7616.1000	-钉、平头钉、U形钉(品目83.05的货品除外)、螺钉、螺栓、螺母、钩头螺钉、铆钉、销、开尾销、垫圈及类似品

商品编码	商品名称	商品编码	商品名称
	- 其他:		
7616.9100	- - 铝丝制的布、网、篱及格栅		
	- - 其他:		
7616.9910	- - - 工业用		
7616.9990	- - - 其他		

第七十八章　铅及其制品

子目注释：

本章所称“精炼铅”，是指：

按重量计含铅量至少为99.9%的金属，但其他各种元素的含量不超过下表中规定的限量：

其他元素表

元素		所含重量百分比
Ag	银	0.02
As	砷	0.005
Bi	铋	0.05
Ca	钙	0.002
Cd	镉	0.002
Cu	铜	0.08
Fe	铁	0.002
S	硫	0.002
Sb	锑	0.005
Sn	锡	0.005
Zn	锌	0.002
其他（例如，碲）	每种	0.001

商品编码	商品名称	商品编码	商品名称
78.01	**未锻轧铅：**		
7801.1000	－精炼铅		
	－其他：		
7801.9100	－－按重量计所含其他元素是以锑为主的		
7801.9900	－－其他		
78.02	**铅废碎料：**		
7802.0000	铅废碎料		
78.04	**铅板、片、带、箔；铅粉及片状粉末：**		
	－板、片、带、箔：		
7804.1100	－－片、带及厚度（衬背除外）不超过0.2毫米的箔		
7804.1900	－－其他		
7804.2000	－粉末及片状粉末		
78.06	**其他铅制品：**		
7806.0010	－－－铅条、杆、型材及异型材或丝		
7806.0090	－－－其他		

第七十九章　锌及其制品

子目注释：

本章所用有关名词解释如下：

一、非合金锌

按重量计含锌量至少为97.5%的金属。

二、锌合金

按重量计含锌量大于其他元素单项含量的金属物质，但按重量计其他元素的总含量超过2.5%。

三、锌末

冷凝锌雾所得的锌末。该产品由球形微粒组成，比锌粉更为精细，按重量计至少80%的微粒可以通过孔径为63微米的筛子，而且必须含有按重量计至少为85%的金属锌。

商品编码	商品名称	商品编码	商品名称
79.01	**未锻轧锌：**		
	－非合金锌：		
	－－按重量计含锌量在99.99%及以上：		
7901.1110	－－－按重量计含锌量在99.995%及以上		
7901.1190	－－－其他		
7901.1200	－－按重量计含锌量低于99.99%		
7901.2000	－锌合金		
79.02	**锌废碎料：**		
7902.0000	锌废碎料		
79.03	**锌末、锌粉及片状粉末：**		
7903.1000	－锌末		
7903.9000	－其他		
79.04	**锌条、杆、型材及异型材或丝：**		
7904.0000	锌条、杆、型材及异型材或丝		
79.05	**锌板、片、带、箔：**		
7905.0000	锌板、片、带、箔		
79.07	**其他锌制品：**		
7907.0020	－－－锌管及锌制管子附件（例如，接头、肘管、管套）		
7907.0030	－－－电池壳体坯料（锌饼）		
7907.0090	－－－其他		

第八十章　锡及其制品

子目注释：

本章所用有关名词解释如下：

一、非合金锡

按重量计含锡量至少为99%的金属，但含铋量或含铜量不超过下表中规定的限量：

其他元素表

元素		所含重量百分比
Bi	铋	0.1
Cu	铜	0.4

二、锡合金

按重量计含锡量大于其他元素单项含量的金属物质，但：

（一）按重量计其他元素的总含量超过1%；或

（二）按重量计含铋量或含铜量应等于或大于上表中规定的限量。

商品编码	商品名称
80.01	**未锻轧锡：**
8001.1000	－非合金锡
	－锡合金：
8001.2010	－－－锡基巴毕脱合金
	－－－焊锡：
8001.2021	－－－－按重量计含铅量在0.1%以下的
8001.2029	－－－－其他
8001.2090	－－－其他
80.02	**锡废碎料：**
8002.0000	锡废碎料
80.03	**锡条、杆、型材及异型材或丝：**
8003.0000	锡条、杆、型材及异型材或丝
80.07	**其他锡制品：**
8007.0020	－－－锡板、片及带，厚度超过0.2毫米
8007.0030	－－－锡箔（不论是否印花或用纸、纸板、塑料或类似材料衬背），厚度（衬背除外）不超过0.2毫米；锡粉及片状粉末
8007.0040	－－－锡管及管子附件（例如，接头、肘管、管套）
8007.0090	－－－其他

第八十一章　其他贱金属、金属陶瓷及其制品

商品编码	商品名称
81.01	**钨及其制品,包括废碎料:**
8101.1000	- 粉末
	- 其他:
8101.9400	- - 未锻轧钨,包括简单烧结而成的条、杆
8101.9600	- - 丝
8101.9700	- - 废碎料
	- - 其他:
8101.9910	- - - 条、杆,但简单烧结而成的除外;型材及异型材、板、片、带箔
8101.9990	- - - 其他
81.02	**钼及其制品,包括废碎料:**
8102.1000	- 粉末
	- 其他:
8102.9400	- - 未锻轧钼,包括简单烧结而成的条、杆
8102.9500	- - 条、杆,但简单烧结而成的除外;型材及异型材、板、片、带、箔
8102.9600	- - 丝
8102.9700	- - 废碎料
8102.9900	- - 其他
81.03	**钽及其制品,包括废碎料:**
	- 未锻轧钽,包括简单烧结而成的条、杆;粉末:
	- - - 钽粉:
8103.2011	- - - - 松装密度小于2.2克/立方厘米的
8103.2019	- - - - 其他
8103.2090	- - - 其他
8103.3000	- 废碎料
	- 其他:
8103.9100	- - 坩埚
	- - 其他:
	- - - 钽丝:
8103.9911	- - - - 直径小于0.5毫米
8103.9919	- - - - 其他
8103.9990	- - - 其他
81.04	**镁及其制品,包括废碎料:**
	- 未锻轧镁:
8104.1100	- - 按重量计含镁量至少为99.8%
8104.1900	- - 其他
8104.2000	- 废碎料
8104.3000	- 锉屑、车屑及颗粒,已按规格分级的;粉末
	- 其他:
8104.9010	- - - 锻轧镁
8104.9020	- - - 镁制品
81.05	**钴锍及其他冶炼钴时所得的中间产品;钴及其制品,包括废碎料**
	- 钴锍及其他冶炼钴时所得的中间产品;未锻轧钴;粉末:
8105.2010	- - - 钴湿法冶炼中间品
8105.2020	- - - 未锻轧钴
8105.2090	- - - 其他
8105.3000	- 废碎料
8105.9000	- 其他
81.06	**铋及其制品,包括废碎料:**
	- 按重量计铋含量在99.99%以上:
8106.1010	- - - 未锻轧铋;废碎料;粉末
8106.1090	- - - 其他
	- 其他:
8106.9010	- - - 未锻轧铋;废碎料;粉末
8106.9090	- - - 其他
81.08	**钛及其制品,包括废碎料:**
	- 未锻轧钛;粉末:
	- - - 未锻轧钛:
8108.2021	- - - - 海绵钛
8108.2029	- - - - 其他
8108.2030	- - - 粉末
8108.3000	- 废碎料
	- 其他:
8108.9010	- - - 条、杆、型材及异型材
8108.9020	- - - 丝
	- - - 板、片、带、箔:
8108.9031	- - - - 厚度不超过0.8毫米
8108.9032	- - - - 厚度超过0.8毫米

商品编码	商品名称
8108.9040	－－－管
8108.9090	－－－其他
81.09	**锆及其制品,包括废碎料:**
	－未锻轧锆;粉末:
8109.2100	－－按重量计铪与锆之比低于1∶500
8109.2900	－－其他
	－废碎料:
8109.3100	－－按重量计铪与锆之比低于1∶500
8109.3900	－－其他
	－其他:
8109.9100	－－按重量计铪与锆之比低于1∶500
8109.9900	－－其他
81.10	**锑及其制品,包括废碎料:**
	－未锻轧锑;粉末:
8110.1010	－－－未锻轧锑
8110.1020	－－－粉末
8110.2000	－废碎料
8110.9000	－其他
81.11	**锰及其制品,包括废碎料:**
8111.0010	－－－未锻轧锰;废碎料;粉末
8111.0090	－－－其他
81.12	**铍、铬、铪、铼、铊、镉、锗、钒、镓、铟、铌及其制品,包括废碎料:**
	－铍:
8112.1200	－－未锻轧铍;粉末
8112.1300	－－废碎料
8112.1900	－－其他
	－铬:
8112.2100	－－未锻轧铬;粉末
8112.2200	－－废碎料
8112.2900	－－其他
	－铪:
8112.3100	－－未锻轧铪;废碎料;粉末
8112.3900	－－其他
	－铼:
8112.4100	－－未锻轧铼;废碎料;粉末
8112.4900	－－其他
	－铊:
8112.5100	－－未锻轧铊;粉末
8112.5200	－－废碎料
8112.5900	－－其他
	－镉:
8112.6100	－－废碎料
	－－其他:
8112.6910	－－－未锻轧镉;粉末
8112.6990	－－－其他
	－其他:
	－－未锻轧;废碎料;粉末:
8112.9210	－－－锗
8112.9220	－－－钒
8112.9230	－－－铟
8112.9240	－－－铌
8112.9290	－－－其他
	－－其他:
8112.9910	－－－锗
8112.9920	－－－钒
8112.9930	－－－铟
8112.9940	－－－铌
8112.9990	－－－其他
81.13	**金属陶瓷及其制品,包括废碎料:**
8113.0010	－－－颗粒;粉末
8113.0090	－－－其他

第八十二章　贱金属工具、器具、利口器、餐匙、餐叉及其零件

注释：

一、除喷灯、轻便锻炉、带支架的砂轮、修指甲和修脚用器具及品目 82.09 的货品外，本章仅包括带有用下列材料制成的刀片、工作刃、工作面或其他工作部件的物品：①

（一）贱金属；

（二）硬质合金或金属陶瓷；

（三）装于贱金属、硬质合金或金属陶瓷底座上的宝石或半宝石（天然、合成或再造）；或

（四）附于贱金属底座上的磨料，当附上磨料后，所具有的切齿、沟、槽或类似结构仍保持其特性及功能。

二、本章所列物品的贱金属零件，应与该制品归入同一品目，但具体列名的零件及手工工具的工具夹具（品目 84.66）除外。第十五类注释二所述的通用零件，均不归入本章。电动剃须刀及电动毛发推剪的刀头、刀片应归入品目 85.10。

三、由品目 82.11 的一把或多把刀具与品目 82.15 至少数量相同的物品构成的成套货品应归入品目 82.15。

商品编码	商品名称
82.01	**锹、铲、镐、锄、叉及耙；斧子钩刀及类似砍伐工具；各种修枝用剪刀；镰刀、秣刀、树篱剪、伐木楔子及其他农业、园艺或林业用手工工具：**
8201.1000	－锹及铲
8201.3000	－镐、锄及耙
8201.4000	－斧子、钩刀及类似砍伐工具
8201.5000	－修枝剪及类似的单手操作剪刀（包括家禽剪）
8201.6000	－树篱剪、双手修枝剪及类似的双手操作剪刀
	－用于农业、园艺或林业的其他手工工具：
8201.9010	－－－叉
8201.9090	－－－其他
82.02	**手工锯；各种锯的锯片（包括切条、切槽或无齿锯片）：**
8202.1000	－手工锯
	－带锯片：
8202.2010	－－－双金属带锯条
8202.2090	－－－其他
	－圆锯片（包括切条或切槽锯片）：
8202.3100	－－带有钢制工作部件
	－－其他，包括部件：
8202.3910	－－－带有天然或合成金刚石、立方氮化硼制的工作部件
8202.3990	－－－其他
8202.4000	－链锯片
	－其他锯片：
	－－直锯片，加工金属用：
8202.9110	－－－机械锯用
8202.9190	－－－其他
	－－其他：
8202.9910	－－－机械锯用
8202.9990	－－－其他
82.03	**钢锉、木锉、钳子（包括剪钳）镊子、白铁剪、切管器、螺栓切头器、打孔冲子及类似手工工具**
8203.1000	－钢锉、木锉及类似工具
8203.2000	－钳子（包括剪钳）、镊子及类似工具
8203.3000	－白铁剪及类似工具
8203.4000	－切管器、螺栓切头器、打孔冲子及类似工具

① 例如，不锈钢水果刀归入品目 82.11“有刃口的刀”，但陶瓷刀则不符合章注一的规定，应归入第六十九章。

商品编码	商品名称
82.04	**手动扳手及扳钳(包括转矩扳手,但不包括丝锥扳手);可互换的扳手套筒,不论是否带手柄:**
	- 手动扳手及扳钳:
8204.1100	- - 固定的
8204.1200	- - 可调的
8204.2000	- 可互换的扳手套筒,不论是否带手柄
82.05	**其他品目未列名的手工工具(包括玻璃刀);喷灯;台钳、夹钳及类似品,但作为机床或水射流切割机附件或零件的除外;砧;轻便锻炉;带支架的手摇或脚踏砂轮:**
8205.1000	- 钻孔或攻丝工具
8205.2000	- 锤子
8205.3000	- 木工用刨子、凿子及类似切削工具
8205.4000	- 螺丝刀
	- 其他手工工具(包括玻璃刀):
8205.5100	- - 家用工具
8205.5900	- - 其他
8205.6000	- 喷灯
8205.7000	- 台钳、夹钳及类似品
8205.9000	- 其他,包括由本品目项下两个或多个子目所列物品组成的成套货品
82.06	**由品目 82.02 至 82.05 中两个或多个品目所列工具组成的零售包装成套货品:**
8206.0000	由品目 82.02 至 82.05 中两个或多个品目所列工具组成的零售包装成套货品
82.07	**手工工具(不论是否有动力装置)及机床(例如,锻压、冲压、攻丝、钻孔、镗孔、铰孔及铣削、车削或上螺丝用的机器)的可互换工具,包括金属拉拔或挤压用模以及凿岩或钻探工具:**
	- 凿岩或钻探工具:
8207.1300	- -带有金属陶瓷制的工作部件
	- - 其他,包括部件:
8207.1910	- - - 带有天然或合成金刚石、立方氮化硼制的工作部件
8207.1990	- - - 其他
	- 金属拉拔或挤压用模:
8207.2010	- - - 带有天然或合成金刚石、立方氮化硼制的工作部件
8207.2090	- - - 其他
8207.3000	- 锻压或冲压工具
8207.4000	- 攻丝工具
	- 钻孔工具,但凿岩及钻探用的除外:
8207.5010	- - - 带有天然或合成金刚石、立方氮化硼制的工作部件
8207.5090	- - - 其他
	- 镗孔或铰孔工具:
8207.6010	- - - 带有天然或合成金刚石、立方氮化硼制的工作部件
8207.6090	- - - 其他
	- 铣削工具:
8207.7010	- - - 带有天然或合成金刚石、立方氮化硼制的工作部件
8207.7090	- - - 其他
	- 车削工具:
8207.8010	- - - 带有天然或合成金刚石、立方氮化硼制的工作部件
8207.8090	- - - 其他
	- 其他可互换工具:
8207.9010	- - - 带有天然或合成金刚石、立方氮化硼制的工作部件
8207.9090	- - - 其他
82.08	**机器或机械器具的刀及刀片:**
	- 金属加工用:
	- - - 硬质合金制的:
8208.1011	- - - - 经镀或涂层的
8208.1019	- - - - 其他
8208.1090	- - - 其他
8208.2000	- 木器加工用
8208.3000	- 厨房器具或食品工业机器用
8208.4000	- 农业、园艺或林业机器用
8208.9000	- 其他
82.09	**未装配的工具用金属陶瓷板、杆、刀头及类似品:**
8209.0010	- - - 板
	- - - 条、杆:
8209.0021	- - - - 晶粒度小于 0.8 微米的

商品编码	商品名称	商品编码	商品名称
8209.0029	－－－－其他		
8209.0030	－－－刀头		
8209.0090	－－－其他		
82.10	**用于加工或调制食品或饮料的手动机械器具,重量不超过10千克**		
8210.0000	用于加工或调制食品或饮料的手动机械器具,重量不超过10千克		
82.11	**有刃口的刀及其刀片,不论是否有锯齿(包括整枝刀),但品目82.08的刀除外:**		
8211.1000	－成套货品		
	－其他:		
8211.9100	－－刃面固定的餐刀		
8211.9200	－－刃面固定的其他刀		
8211.9300	－－刃面不固定的刀		
8211.9400	－－刀片		
8211.9500	－－贱金属制的刀柄		
82.12	**剃刀及其刀片(包括未分开的刀片条):**		
8212.1000	－剃刀		
8212.2000	－安全刀片,包括未分开的刀片条		
8212.9000	－其他零件		
82.13	**剪刀、裁缝剪刀及类似品、剪刀片:**		
8213.0000	剪刀、裁缝剪刀及类似品、剪刀片		
82.14	**其他利口器(例如,理发推剪、屠刀、砍骨刀、切肉刀、切菜刀裁纸刀);修指甲及修脚用具(包括指甲锉):**		
8214.1000	－裁纸刀、开信刀、改错刀、铅笔刀及其刀片		
8214.2000	－修指甲及修脚用具(包括指甲锉)		
8214.9000	－其他		
82.15	**餐匙、餐叉、长柄勺、漏勺、糕点夹、鱼刀、黄油刀、糖块夹及类似的厨房或餐桌用具:**		
8215.1000	－成套货品,至少其中一件物品是镀贵金属的		
8215.2000	－其他成套货品		
	－其他:		
8215.9100	－－镀贵金属的		
8215.9900	－－其他		

第八十三章　贱金属杂项制品

注释：

一、在本章，贱金属零件应与制品一同归类。但品目 73.12、73.15、73.17、73.18 及 73.20 的钢铁制品或其他贱金属（第七十四章至第七十六章及第七十八章至第八十一章）制的类似物品不应视为本章制品的零件。

二、品目 83.02 所称“脚轮”，是指直径（对于有胎的，连胎计算在内，下同）不超过 75 毫米的或直径虽超过 75 毫米，但所装轮或胎的宽度必须小于 30 毫米的脚轮。

商品编码	商品名称
83.01	**贱金属制的锁（钥匙锁、数码锁及电动锁）；贱金属制带锁的扣环及扣环框架；上述锁的贱金属制钥匙：**
8301.1000	－ 挂锁
	－ 机动车用锁：
8301.2010	－－－ 中央控制门锁
8301.2090	－－－ 其他
8301.3000	－ 家具用锁
8301.4000	－ 其他锁
8301.5000	－ 带锁的扣环及扣环框架
8301.6000	－ 零件
8301.7000	－ 钥匙
83.02	**用于家具、门窗、楼梯、百叶窗、车厢、鞍具、衣箱、盒子及类似品的贱金属附件及架座；贱金属制帽架、帽钩、托架及类似品；用贱金属做支架的小脚轮；贱金属制的自动闭门器：**
8302.1000	－ 铰链（折叶）
8302.2000	－ 小脚轮
8302.3000	－ 机动车辆用的其他附件及架座
	－ 其他附件及架座：
8302.4100	－－ 建筑用
8302.4200	－－ 其他，家具用
8302.4900	－－ 其他
8302.5000	－ 帽架、帽钩、托架及类似品
8302.6000	－ 自动闭门器
83.03	**装甲或加强的贱金属制保险箱、保险柜及保险库的门和带锁保险储存橱、钱箱、契约箱及类似品**
8303.0000	装甲或加强的贱金属制保险箱、保险柜及保险库的门和带锁保险储存橱、钱箱、契约箱及类似品
83.04	**贱金属制的档案柜、卡片索引柜、文件盘、文件篮、笔盘、公章架及类似的办公用具，但品目 94.03 的办公室家具除外：**
8304.0000	贱金属制的档案柜、卡片索引柜文件盘、文件篮、笔盘、公章架及类似的办公用具，但品目 94.03 的办公室家具除外
83.05	**活页夹、卷宗夹的贱金属附件，贱金属制的信夹、信角、文件夹、索引标签及类似的办公用品；贱金属制的成条订书钉（例如，供办公室、室内装饰或包装用）：**
8305.1000	－ 活页夹或卷宗夹的附件
8305.2000	－ 成条订书钉
8305.9000	－ 其他，包括零件
83.06	**非电动的贱金属铃、钟、锣及类似品；贱金属雕塑像及其他装饰品；贱金属相框或画框及类似框架；贱金属镜子：**
8306.1000	－ 铃、钟、锣及类似品
	－ 雕塑像及其他装饰品：
8306.2100	－－ 镀贵金属的
	－－ 其他：
8306.2910	－－－ 景泰蓝的
8306.2990	－－－ 其他
8306.3000	－ 相框、画框及类似框架；镜子
83.07	**贱金属软管，不论是否有附件：**
8307.1000	－ 钢铁制
8307.9000	－ 其他贱金属制

商品编码	商品名称	商品编码	商品名称
83.08	**贱金属制的扣、钩、环、眼及类似品,用于衣着或衣着附件、鞋靴、珠宝首饰、手表、书籍、天篷、皮革制品、旅行用品或马具或其他制成品;贱金属制的管形铆钉及开口铆钉;贱金属制的珠子及亮晶片:**		
8308.1000	- 钩、环及眼		
8308.2000	- 管形铆钉及开口铆钉		
8308.9000	- 其他,包括零件		
83.09	**贱金属制的塞子、盖子(包括冠形瓶塞、螺口盖及倒水塞)、瓶帽螺口塞、塞子帽、封志及其他包装用附件:**		
8309.1000	- 冠形瓶塞		
8309.9000	- 其他		
83.10	**贱金属制的标志牌、铭牌、地名牌及类似品、号码、字母及类似标志,但品目 94.05 的货品除外:**		
8310.0000	贱金属制的标志牌、铭牌、地名牌及类似品、号码、字母及类似标志,但品目 94.05 的货品除外		
83.11	**贱金属或硬质合金制的丝、条、管、板、电极及类似品,以焊剂涂面或以焊剂为芯,用于焊接或沉积金属、硬质合金;贱金属粉黏聚而成的丝或条,供金属喷镀用:**		
8311.1000	- 以焊剂涂面的贱金属制电极,电弧焊用		
8311.2000	- 以焊剂为芯的贱金属制焊丝,电弧焊用		
8311.3000	- 以焊剂涂面的贱金属条和以焊剂为芯的贱金属丝,钎焊或气焊用		
8311.9000	- 其他		

第十六类　机器、机械器具、电气设备及其零件；录音机及放声机、电视图像、声音的录制和重放设备及其零件、附件

注释：

一、本类不包括：

（一）第三十九章的塑料或品目 40.10 的硫化橡胶制的传动带、输送带及其带料，除硬质橡胶以外的硫化橡胶制的机器、机械器具、电气器具或其他专门技术用途的物品（品目 40.16）；

（二）机器、机械器具或其他专门技术用途的皮革、再生皮革（品目 42.05）或毛皮（品目 43.03）的制品；

（三）各种材料（例如，第三十九章、第四十章、第四十四章、第四十八章及第十五类的材料）制的筒管、卷轴、纡子、锥形筒管、芯子、线轴及类似品；

（四）提花机及类似机器用的穿孔卡片（例如，归入第三十九章、第四十八章或第十五类的）；

（五）纺织材料制的传动带、输送带及其带料（品目 59.10）或专门技术用途的其他纺织材料制品（品目 59.11）；

（六）品目 71.02 至 71.04 的宝石或半宝石（天然、合成或再造）或品目 71.16 的完全以宝石或半宝石制成的物品，但已加工未装配的唱针用蓝宝石和钻石除外（品目 85.22）；

（七）第十五类注释二所规定的贱金属制通用零件（第十五类）及塑料制的类似品（第三十九章）；①

（八）钻管（品目 73.04）；

（九）金属丝、带制的环形带（第十五类）；

（十）第八十二章或第八十三章的物品；

（十一）第十七类的物品；

（十二）第九十章的物品；

（十三）第九十一章的钟、表及其他物品；

（十四）品目 82.07 的可互换工具及作为机器零件的刷子（品目 96.03）；类似的可互换工具应按其构成工作部件的材料归类（例如，归入第四十章、第四十二章、第四十三章、第四十五章、第五十九章或品目 68.04、69.09）；

（十五）第九十五章的物品；

（十六）打字机色带或类似色带，不论是否带轴或装盒（应按其材料属性归类；如已上油或经其他方法处理能着色的，应归入品目 96.12），或品目 96.20 的独脚架、双脚架、三脚架及类似品。

二、除本类注释一、第八十四章注释一及第八十五章注释一另有规定的以外，机器零件（不属于品目 84.84、85.44、85.45、85.46 或 85.47 所列物品的零件）应按下列规定归类：②

---

① 例如，汽车发动机用的钢铁制的螺栓不按“发动机零件”归类，而应作为“通用零件”归入品目 73.18“钢铁制螺栓”；用于贴在织布机上的塑料制标志牌不按“织布机零件”归类，因为标志牌是品目 83.10 列名的物品，属于第十五类类注二（三）的“通用零件”，根据第十六类类注一（七）的规定，塑料制的该“通用零件”则应归入第三十九章。

② 例如，冰箱归入品目 84.18，冰箱用压缩机属于冰箱的零件，但根据类注二（一）规定，由于压缩机属于品目 84.14 的货品，故冰箱用压缩机应归入品目 84.14。冰箱用蒸发器属于冰箱的零件，根据类注二（二）规定，应与冰箱一样归入品目 84.18；汽车用汽油发动机归入品目 84.07，但该发动机的专用活塞，根据类注二（二）规定，应作为“专用于或主要用于品目 84.07 或 84.08 所列发动机的零件”归入品目 84.09。

例如，油封环在许多机器的接口表面都用它来封闭（以防止油或气体的泄漏和尘埃等的进入），故油封环可确定为机器零件，但不能确定为任何一种机器的零件，则根据类注二（三）规定，按“其他品目未列名的机器零件”归入品目 84.87。

(一)凡在第八十四章、第八十五章的品目(品目84.09、84.31、84.48、84.66、84.73、84.87、85.03、85.22、85.29、85.38及85.48除外)列名的货品,均应归入该两章的相应品目;

(二)专用于或主要用于某一种机器或同一品目的多种机器(包括品目84.79或85.43的机器)的其他零件,应与该种机器一并归类,或酌情归入品目84.09、84.31、84.48、84.66、84.73、85.03、85.22、85.29或85.38。但能同时主要用于品目85.17和85.25至85.28所列货品的零件应归入品目85.17,专用于或主要用于品目85.24所列货品的零件应归入品目85.29;

(三)所有其他零件应酌情归入品目84.09、84.31、84.48、84.66、84.73、85.03、85.22、85.29或85.38,如不能归入上述品目,则应归入品目84.87或85.48。

三、由两部及两部以上机器装配在一起形成的组合式机器,或具有两种或两种以上互补或交替功能的机器,除条文另有规定的以外,应按具有主要功能的机器归类。①

四、由不同独立部件(不论是否分开或由管道、传动装置、电缆或其他装置连接)组成的机器(包括机组),如果组合后明显具有一种第八十四章或第八十五章某个品目所列功能,则全部机器应按其功能归入有关品目。

五、上述各注释所称"机器",是指第八十四章或第八十五章各品目所列的各种机器、设备、装置及器具。

六、

(一)本协调制度所称"电子电气废弃物及碎料",是指下列电气和电子组件、印刷电路板以及电气或电子产品:

1. 因破损、拆解或其他处理而无法用于其原用途,或通过维修、翻新或修理以使其仍用作原用途是不经济的;以及

2. 其包装或运输方式不是为了保护单件物品在运输、装卸过程中不受损坏的。

(二)"电子电气废弃物及碎料"与其他废物、废料的混合物归入品目85.49。

(三)本类不包括第三十八章注释四所规定的城市垃圾。

第八十四章 核反应堆、锅炉、机器、机械器具及其零件

注释:

一、本章不包括:

(一)第六十八章的石磨、石碾及其他物品;

(二)陶瓷材料制的机器或器具(例如,泵)及供任何材料制的机器或器具用的陶瓷零件(第六十九章);

(三)实验室用玻璃器(品目70.17);玻璃制的机器、器具或其他专门技术用途的物品及其零件(品目70.19或70.20);

(四)品目73.21或73.22的物品或其他贱金属制的类似物品(第七十四章至第七十六章或第七十八章至第八十一章);

(五)品目85.08的真空吸尘器;②

---

① 组合机器是由两台或多台不同类型的机器或器具组成的整套设备,各台机器可同时或序贯执行各自的功能,这些功能一般是互补的,不同的功能列在第十六类的不同品目中,这种组合机器应按其主要功能归类。例如,配有托纸辅助机器的印刷机器(由于印刷是主要功能,所以归入品目84.43);配有加印名字或简单图案辅助机器的卡纸盒制造机器(由于纸盒制造是主要功能,所以归入品目84.41)。

多功能机器同样应按机器的主要功能归类。

② 除第八十五章章注一(四)另有规定的外,真空吸尘器无论家用、宾馆用还是工业用,均归入品目85.08。

(六)品目85.09的家用电动器具;品目85.25的数字照相机;[①]

(七)第十七类物品用的散热器;或

(八)非机动的手工操作地板清扫器(品目96.03)。

二、除第十六类注释三及本章注释十一另有规定以外,如果某种机器或器具既符合品目84.01至84.24中一个或几个品目的规定,或符合品目84.86的规定,又符合品目84.25至84.80中一个或几个品目的规定,则应酌情归入品目84.01至84.24中的相应品目或品目84.86,而不归入品目84.25至84.80中的有关品目。[②]

(一)但品目84.19不包括:

1. 催芽装置、孵卵器或育雏器(品目84.36);

2. 谷物调湿机(品目84.37);

3. 萃取糖汁的浸提装置(品目84.38);

4. 纱线、织物及纺织制品的热处理机器(品目84.51);或

5. 温度变化(即使必不可少)仅作为辅助功能的机器、设备或实验室设备。

(二)品目84.22不包括:

1. 缝合袋子或类似品用的缝纫机(品目84.52);或

2. 品目84.72的办公室用机器。

(三)品目84.24不包括:

1. 喷墨印刷(打印)机器(品目84.43);或

2. 水射流切割机(品目84.56)。

三、如果用于加工各种材料的某种机床既符合品目84.56的规定,又符合品目84.57、84.58、84.59、84.60、84.61、84.64或84.65的规定,则应归入品目84.56。

四、品目84.57仅适用于可以完成下列不同形式机械操作的金属加工机床,但车床(包括车削中心)除外:

(一)按照机械加工程序从刀具库中自动更换刀具(加工中心);

(二)同时或顺序地自动使用不同的动力头对固定不动的工件进行加工(单工位组合机床);

(三)自动将工件送向不同的动力头(多工位组合机床)。

五、品目84.62用于板材的"纵剪线"是由开卷机、矫平机、纵剪机和收卷机组成的生产线。用于板材的"定尺剪切线"是由开卷机、矫平机和剪切机组成的生产线。

六、

(一)品目84.71所称"自动数据处理设备",是指具有以下功能的机器:

1. 存储处理程序及执行程序直接需要的起码的数据;

2. 按照用户的要求随意编辑程序;

3. 按照用户指令进行算术计算;以及

4. 在运行过程中,可不需人为干预而通过逻辑判断,执行一个处理程序,这个处理程序可改变计算机指令的执行。

(二)自动数据处理设备可以是一套由若干单独部件所组成的系统。

(三)除本条注释(四)及(五)另有规定的以外,一个部件如果符合下列所有规定,即可视为自动

---

① 例如,电动水果榨汁机、地板打蜡机应按"家用电动器具"归入品目85.09;数字照相机应归入品目85.25。

② 例如,制造半导体器件用的型模,既符合品目84.80"金属铸造用型箱;型模底板;阳模;金属用型模",又符合品目84.86"专用于或主要用于制造半导体器件的机器及装置",根据章注二品目"84.86优先归类"的规定,故应归入品目84.86。

例如,用于纸张生产的研光机,既符合品目84.20"研光机或其他滚压机器",又符合品目84.39"纸及纸板的制造或整理机器",根据章注二"品目84.01至84.24优先于品目84.25至84.80"的规定,故应归入品目84.20。

数据处理系统的一部分:

1. 专用于或主要用于自动数据处理系统;

2. 可以直接或通过一个或几个其他部件同中央处理器相联接;

3. 能够以本系统所使用的方式(代码或信号)接收或传送数据。

自动数据处理设备的部件如果单独报验,应归入品目 84.71。

但是,键盘、X—Y 坐标输入装置及盘(片)式存储部件,只要符合上述注释(三)2、3 所列的规定,应一律作为品目 84.71 的部件归类。

(四)品目 84.71 不包括单独报验的下述设备,即使它们符合上述注释六(三)的所有规定:

1. 打印机、复印机及传真机,不论是否组合在一起;

2. 发送或接收声音、图像或其他数据的设备,包括无线或有线网络的通信设备(如局域网或广域网);

3. 扬声器和传声器(麦克风);

4. 电视摄像机、数字照相机、视频摄录一体机;

5. 监视器和投影机,未装有电视接收装置。

(五)装有自动数据处理装置或与自动数据处理设备连接使用,但却从事数据处理以外的某项专门功能的机器,应按其功能归入相应的品目,对于无法按功能归类的,应归入未列名品目。

七、品目 84.82 还包括最大直径及最小直径与标称直径相差均不超过 1%或 0.05 毫米(以相差数值较小的为准)的抛光钢珠,其他钢珠归入品目 73.26。

八、具有一种以上用途的机器在归类时,其主要用途可作为唯一的用途对待。除本章注释二、第十六类注释三另有规定的以外,凡任何品目都未列明其主要用途的机器,或没有哪一种用途是主要用途的机器,均应归入品目 84.79。品目 84.79 还包括将金属丝、纺织纱线或其他各种材料或它们的混合材料制成绳、缆的机器(例如,捻股机、绞扭机、制缆机)。

九、品目 84.70 所称"袖珍式",仅适用于外形尺寸不超过 170 毫米×100 毫米×45 毫米的机器。

十、品目 84.85 所称"增材制造"(也称 3D 打印)指以数字模型为基础,将介质材料(例如,金属、塑料或陶瓷)通过连续添加、堆叠、凝结和固化形成物体。

除第十六类注释一及第八十四章注释一另有规定的以外,符合品目 84.85 规定的设备,应归入该品目而不归入本协调制度的其他品目。

十一、

(一)第八十五章注释十二(一)及(二)同样适用于本条注释及品目 84.86 中所称的"半导体器件"及"集成电路"。但本条注释及品目 84.86 所称"半导体器件",也包括光敏半导体器件及发光二极管(LED)。

(二)本条注释及品目 84.86 所称"平板显示器的制造",包括将各层基片制造成一层平板,但不包括玻璃的制造或将印刷电路板或其他电子元件装配在平板上。所称"平板显示"不包括阴极射线管技术。

(三)品目 84.86 也包括下列机器及装置,其专用或主要用于:

1. 制造或修补掩膜版及投影掩膜版;

2. 组装半导体器件或集成电路;

3. 升降、搬运、装卸单晶柱、晶圆、半导体器件、集成电路和平板显示器。

(四)除十六类注释一和第八十四章注释一另有规定的以外,符合品目 84.86 规定的机器及装置应归入该品目而不归入本目录的其他品目。

子目注释:

一、子目 8465.20 所称"加工中心",仅适用于加工木材、软木、骨、硬质橡胶、硬质塑料或类似硬质材料的加工机床。这些设备可根据机械加工程序,从刀具库或类似装置中自动更换刀具,以完成不同形式的机械加工。

二、子目 8471.49 所称“系统”,是指各部件符合第八十四章注释六(三)所列条件,并且至少由一个中央处理部件、一个输入部件(例如,键盘或扫描器)及一个输出部件(例如,视频显示器或打印机)组成的自动数据处理设备。

三、子目 8481.20 所称“油压或气压传动阀”,是指在液压或气压系统中专用于传递“流体动力”的阀门,其能源以加压流体(液体或气体)的形式供给。这些阀门可以具有各种形式(例如,减压阀、止回阀)。子目 8481.20 优先于品目 84.81 的所有其他子目。

四、子目 8482.40 仅包括滚柱直径(最大不超过 5 毫米)相同,且长度至少是直径三倍的圆滚柱轴承,滚柱的两端可以磨圆。

本国子目注释:

一、本国子目 8419.1910 所称“太阳能热水器”,是指利用太阳能将水从低温加热到高温的装置,由太阳能集热器、储水箱、支架及相关附件组成,主要依靠太阳能集热器把太阳能转换成热能,使水产生微循环而达到所需热水。

二、本国子目 8428.9020 所称“机械式停车设备”,是指通过机械方式搬运、停放车辆的机械设备。此类设备大多采用自动控制、计算机管理等手段,综合应用机、电、声、光、自动化等技术,达到存取储放车辆的高效率、高可靠性和高安全性。此类设备分为升降横移类、垂直循环类、水平循环类、多层循环类、平面移动类、巷道堆垛类、垂直升降类和简易升降类等多种型式。主要由钢结构件、传动系统、控制系统等部分组成。

三、本国子目 8483.1011 所称“曲轴”,是船用柴油机的重要组成部分,主要功能是与连杆配合将作用于活塞上的气体压力转变为传动轴(包括曲轴)的旋转动力,曲轴一般由主轴颈、连杆轴颈、曲柄、平衡块、前端和后段等组成。

商品编码	商品名称
84.01	**核反应堆;核反应堆的未辐照燃料元件(释热元件);同位素分离机器及装置:**
8401.1000	- 核反应堆
8401.2000	- 同位素分离机器、装置及其零件
	- 未辐照燃料元件(释热元件):
8401.3010	- - - 未辐照燃料元件
8401.3090	- - - 未辐照燃料元件的零件
	- 核反应堆零件:
8401.4010	- - - 未辐照相关组件
8401.4020	- - - 堆内构件
8401.4090	- - - 其他
84.02	**蒸汽锅炉(能产生低压水蒸气的集中供暖用的热水锅炉除外);过热水锅炉:**
	- 蒸汽锅炉:
	- - 蒸发量超过 45 吨/时的水管锅炉:
8402.1110	- - - 蒸发量在 900 吨/时及以上的发电用锅炉
8402.1190	- - - 其他
8402.1200	- - 蒸发量不超过 45 吨/时的水管锅炉
8402.1900	- - 其他蒸汽锅炉,包括混合式锅炉
8402.2000	- 过热水锅炉
8402.9000	- 零件
84.03	**集中供暖用的热水锅炉,但品目 84.02 的货品除外:**
	- 锅炉:
8403.1010	- - - 家用型
8403.1090	- - - 其他
8403.9000	- 零件
84.04	**品目 84.02 或 84.03 所列锅炉的辅助设备(例如,节热器、过热器、除灰器、气体回收器);水蒸气或其他蒸汽动力装置的冷凝器:**
	- 品目 84.02 或 84.03 所列锅炉的辅助设备:
8404.1010	- - - 品目 84.02 所列锅炉的辅助设备

商品编码	商品名称
8404.1020	- - - 品目 84.03 所列锅炉的辅助设备
8404.2000	- 水蒸气或其他蒸汽动力装置的冷凝器
	- 零件:
8404.9010	- - - 子目 8404.1020 所列设备的零件
8404.9090	- - - 其他
84.05	**煤气发生器,不论有无净化器;乙炔发生器及类似的水解气体发生器,不论有无净化器:**
8405.1000	- 煤气发生器,不论有无净化器;乙炔发生器及类似的水解气体发生器,不论有无净化器
8405.9000	- 零件
84.06	**汽轮机:**
8406.1000	- 船舶动力用汽轮机
	- 其他汽轮机:
	- - 输出功率超过 40 兆瓦的:
8406.8110	- - - 输出功率不超过 100 兆瓦的
8406.8120	- - - 输出功率超过 100 兆瓦,但不超过 350 兆瓦的
8406.8130	- - - 输出功率超过 350 兆瓦的
8406.8200	- - 输出功率不超过 40 兆瓦的
8406.9000	- 零件
84.07	**点燃往复式或旋转式活塞内燃发动机:**
	- 航空器发动机:
8407.1010	- - - 输出功率不超过 298 千瓦
8407.1020	- - - 输出功率超过 298 千瓦
	- 船舶发动机:
8407.2100	- - 舷外发动机
8407.2900	- - 其他
	- 用于第八十七章所列车辆的往复式活塞发动机:
8407.3100	- - 气缸容量(排气量)不超过 50 毫升
8407.3200	- - 气缸容量(排气量)超过 50 毫升但不超过 250 毫升
8407.3300	- - 气缸容量(排气量)超过 250 毫升,但不超过 1000 毫升
	- - 气缸容量(排气量)超过 1000 毫升:
8407.3410	- - - 气缸容量(排气量)超过 1000 毫升,但不超过 3000 毫升
8407.3420	- - - 气缸容量(排气量)超过 3000 毫升
	- 其他发动机:
8407.9010	- - - 沼气发动机
8407.9090	- - - 其他
84.08	**压燃式活塞内燃发动机(柴油或半柴油发动机):**
8408.1000	- 船舶发动机
	- 用于第八十七章所列车辆的发动机:
8408.2010	- - - 输出功率在 132.39 千瓦(180 马力)及以上
8408.2090	- - - 其他
	- 其他发动机:
8408.9010	- - - 机车发动机
	- - - 其他:
8408.9091	- - - - 输出功率不超过 14 千瓦
8408.9092	- - - - 输出功率超过 14 千瓦,但小于 132.39 千瓦(180 马力)
8408.9093	- - - - 输出功率在 132.39 千瓦(180 马力)及以上
84.09	**专用于或主要用于品目 84.07 或 84.08 所列发动机的零件:**
8409.1000	- 航空器发动机用
	- 其他:
	- - 专用于或主要用于点燃式活塞内燃发动机的:
8409.9110	- - - 船舶发动机用
	- - - 其他:
8409.9191	- - - - 电控燃油喷射装置
8409.9199	- - - - 其他
	- - 其他:
8409.9910	- - - 船舶发动机用
8409.9920	- - - 机车发动机用
	- - - 其他:
8409.9991	- - - - 输出功率在 132.39 千瓦(180 马力)及以上的发动机用

商品编码	商品名称
8409.9999	－－－－其他
84.10	**水轮机、水轮及其调节器：**
	－水轮机及水轮：
8410.1100	－－功率不超过 1000 千瓦
8410.1200	－－功率超过 1000 千瓦，但不超过 10000 千瓦
	－－功率超过 10000 千瓦：
8410.1310	－－－功率超过 30000 千瓦的冲击式水轮机及水轮
8410.1320	－－－功率超过 35000 千瓦的贯流式水轮机及水轮
8410.1330	－－－功率超过 200000 千瓦的水泵水轮机及水轮
8410.1390	－－－其他
	－零件，包括调节器：
8410.9010	－－－调节器
8410.9090	－－－其他
84.11	**涡轮喷气发动机，涡轮螺桨发动机及其他燃气轮机：**
	－涡轮喷气发动机：
	－－推力不超过 25 千牛顿：
8411.1110	－－－涡轮风扇发动机
8411.1190	－－－其他
	－－推力超过 25 千牛顿：
8411.1210	－－－涡轮风扇发动机
8411.1290	－－－其他
	－涡轮螺桨发动机：
8411.2100	－－功率不超过 1100 千瓦
	－－功率超过 1100 千瓦：
8411.2210	－－－功率超过 1100 千瓦，但不超过 2238 千瓦
8411.2220	－－－功率超过 2238 千瓦，但不超过 3730 千瓦
8411.2230	－－－功率超过 3730 千瓦
	－其他燃气轮机：
8411.8100	－－功率不超过 5000 千瓦
8411.8200	－－功率超过 5000 千瓦
	－零件：
8411.9100	－－涡轮喷气发动机或涡轮螺桨发动机用
	－－其他：
8411.9910	－－－涡轮轴发动机用
8411.9990	－－－其他
84.12	**其他发动机及动力装置：**
	－喷气发动机，但涡轮喷气发动机除外：
8412.1010	－－－航空器及航天器用
8412.1090	－－－其他
	－液压动力装置：
8412.2100	－－直线作用(液压缸)的
	－－其他：
8412.2910	－－－液压马达
8412.2990	－－－其他
	－气压动力装置：
8412.3100	－－直线作用(气压缸)的
8412.3900	－－其他
8412.8000	－其他
	－零件：
8412.9010	－－－子目 8412.1010 所列机器的零件
8412.9090	－－－其他
84.13	**液体泵，不论是否装有计量装置液体提升机：**
	－装有或可装计量装置的泵：
8413.1100	－－分装燃料或润滑油的泵，用于加油站或车库
8413.1900	－－其他
8413.2000	－手泵，但子目 8413.11 或 8413.19 的货品除外
	－活塞式内燃发动机用的燃油泵、润滑油泵或冷却剂泵：
	－－－燃油泵：
8413.3021	－－－－输出功率在 132.39 千瓦(180 马力)及以上的发动机用燃油泵
8413.3029	－－－－其他
8413.3030	－－－润滑油泵
8413.3090	－－－其他
8413.4000	－混凝土泵
	－其他往复式排液泵：
8413.5010	－－－气动式
8413.5020	－－－电动式

商品编码	商品名称
	－－－液压式：
8413.5031	－－－－柱塞泵
8413.5039	－－－－其他
8413.5090	－－－其他
	－其他回转式排液泵：
	－－－齿轮泵：
8413.6021	－－－－电动式
8413.6022	－－－－液压式
8413.6029	－－－－其他
	－－－叶片泵：
8413.6031	－－－－电动式
8413.6032	－－－－液压式
8413.6039	－－－－其他
8413.6040	－－－螺杆泵
8413.6050	－－－径向柱塞泵
8413.6060	－－－轴向柱塞泵
8413.6090	－－－其他
	－其他离心泵：
8413.7010	－－－转速在 10000 转/分及以上
	－－－其他：
8413.7091	－－－－电动潜油泵及潜水电泵
8413.7099	－－－－其他
	－其他泵；液体提升机：
8413.8100	－－泵
8413.8200	－－液体提升机
	－零件：
8413.9100	－－泵用
8413.9200	－－液体提升机用
84.14	**空气泵或真空泵、空气及其他气体压缩机、风机、风扇；装有风扇的通风罩或循环气罩，不论是否装有过滤器；气密生物安全柜，不论是否装有过滤器：**
8414.1000	－真空泵
8414.2000	－手动或脚踏式空气泵
	－用于制冷设备的压缩机：
	－－－电动机驱动的压缩机：
8414.3011	－－－－冷藏箱或冷冻箱用，电动机额定功率不超过 0.4 千瓦
8414.3012	－－－－冷藏箱或冷冻箱用，电动机额定功率超过 0.4 千瓦，但不超过 5 千瓦
8414.3013	－－－－空气调节器用，电动机额定功率超过 0.4 千瓦，但不超过 5 千瓦
8414.3014	－－－－空气调节器用，电动机额定功率超过 5 千瓦
8414.3015	－－－－冷冻或冷藏设备用，电动机额定功率超过 5 千瓦
8414.3019	－－－－其他
8414.3090	－－－非电动机驱动的压缩机
8414.4000	－装在拖车底盘上的空气压缩机
	－风机、风扇：
	－－台扇、落地扇、壁扇、换气扇或吊扇，包括风机，本身装有一个输出功率不超过 125 瓦的电动机：
8414.5110	－－－吊扇
8414.5120	－－－换气扇
8414.5130	－－－具有旋转导风轮的风扇
	－－－其他：
8414.5191	－－－－台扇
8414.5192	－－－－落地扇
8414.5193	－－－－壁扇
8414.5199	－－－－其他
	－－其他：
8414.5910	－－－吊扇
8414.5920	－－－换气扇
8414.5930	－－－离心通风机
8414.5990	－－－其他
	－罩的平面最大边长不超过 120 厘米的通风罩或循环气罩：
8414.6010	－－－抽油烟机
8414.6090	－－－其他
	－气密生物安全柜：
8414.7010	－－－罩的平面最大边长不超过 120 厘米的
8414.7090	－－－其他
	－其他：
8414.8010	－－－燃气轮机用的自由活塞式发生器
8414.8020	－－－二氧化碳压缩机
8414.8030	－－－发动机用增压器
	－－－空气及其他气体压缩机：
8414.8041	－－－－螺杆空压机

商品编码	商品名称
8414.8049	----其他
8414.8090	---其他
	-零件:
	---子目8414.3011至8414.3014及8414.3090所列机器的零件:
8414.9011	----压缩机进、排气阀片
8414.9019	----其他
8414.9020	---子目8414.5110至8414.5199及8414.6000所列机器的零件
8414.9090	---其他
84.15	**空气调节器,装有电扇及调温、调湿装置,包括不能单独调湿的空调器:**
	-窗式、壁式、置于天花板或地板上的,独立的或分体的:
8415.1010	---独立式
	---分体式:
8415.1021	----制冷量不超过4000大卡/时
8415.1022	----制冷量超过4000大卡/时
8415.2000	-机动车辆上供人使用
	-其他:
	--装有制冷装置及冷热循环换向阀(可逆式热泵)的:
8415.8110	---制冷量不超过4000大卡/时
8415.8120	---制冷量超过4000大卡/时
	--其他,装有制冷装置的:
8415.8210	---制冷量不超过4000大卡/时
8415.8220	---制冷量超过4000大卡/时
8415.8300	--未装有制冷装置的
	-零件:
8415.9010	---子目8415.1010、8415.1021、8415.8110及8415.8210所列设备的零件
8415.9090	---其他
84.16	**使用液体燃料、粉状固体燃料或气体燃料的炉用燃烧器;机械加煤机,包括其机械炉篦、机械出灰器及类似装置:**
8416.1000	-使用液体燃料的炉用燃烧器
	-其他炉用燃烧器,包括复式燃烧器:
	---气体的:
8416.2011	----使用天然气的
8416.2019	----其他
8416.2090	---其他
8416.3000	-机械加煤机,包括其机械炉篦、机械出灰器及类似装置
8416.9000	-零件
84.17	**非电热的工业或实验室用炉及烘箱,包括焚烧炉:**
8417.1000	-矿砂、黄铁矿或金属的焙烧、熔化或其他热处理用炉及烘箱
8417.2000	-面包房用烤炉及烘箱,包括做饼干用的
	-其他:
8417.8010	---炼焦炉
8417.8020	---放射性废物焚烧炉
8417.8030	---水泥回转窑
8417.8040	---石灰石分解炉
8417.8050	---垃圾焚烧炉
8417.8090	---其他
	-零件:
8417.9010	---海绵铁回转窑用
8417.9020	---炼焦炉用
8417.9090	---其他
84.18	**电气或非电气的冷藏箱、冷冻箱及其他制冷设备;热泵,但品目84.15的空气调节器除外:**
	-冷藏-冷冻组合机,各自装有单独外门或抽屉,或其组合的:
8418.1010	---容积超过500升
8418.1020	---容积超过200升,但不超过500升
8418.1030	---容积不超过200升
	-家用型冷藏箱:
	--压缩式:
8418.2110	---容积超过150升
8418.2120	---容积超过50升,但不超过150升
8418.2130	---容积不超过50升
	--其他:
8418.2910	---半导体制冷式
8418.2920	---电气吸收式
8418.2990	---其他

商品编码	商品名称
	- 柜式冷冻箱,容积不超过 800 升
8418. 3010	- - - 制冷温度在-40℃及以下
	- - - 制冷温度在-40℃以上:
8418. 3021	- - - - 容积超过 500 升
8418. 3029	- - - - 其他
	- 立式冷冻箱,容积不超过 900 升:
8418. 4010	- - - 制冷温度在-40℃及以下
	- - - 制冷温度在-40℃以上:
8418. 4021	- - - - 容积超过 500 升
8418. 4029	- - - - 其他
8418. 5000	- 装有冷藏或冷冻装置的其他设备(柜、箱、展示台、陈列箱及类似品)用于存储及展示
	- 其他制冷设备;热泵:
	- - 热泵,品目 84. 15 的空气调节器除外:
8418. 6120	- - - 压缩式
8418. 6190	- - - 其他
	- - 其他:
8418. 6920	- - - 制冷机组
8418. 6990	- - - 其他
	- 零件:
8418. 9100	- - 冷藏或冷冻设备专用的特制家具
	- - 其他:
8418. 9910	- - - 制冷机组及热泵用
	- - - 其他:
8418. 9991	- - - - 制冷温度在-40℃及以下的冷冻设备用
8418. 9992	- - - - 制冷温度在-40℃以上,但容积超过 500 升的冷藏或冷冻设备用
8418. 9999	- - - - 其他
84. 19	**利用温度变化处理材料的机器、装置及类似的实验室设备,例如,加热、烹煮、烘炒、蒸馏、精馏、消毒、灭菌、汽蒸、干燥、蒸发、气化、冷凝、冷却的机器设备,不论是否电热的(不包括品目 85. 14 的炉、烘箱及其他设备),但家用的除外;非电热的快速热水器或贮备式热水器:**
	- 非电热的快速热水器或贮备式热水器:
8419. 1100	- - 燃气快速热水器
8419. 1200	- - 太阳能热水器
8419. 1900	- - 其他
8419. 2000	- 医用或实验室用消毒器具
	- 干燥器:
	- - 冷冻干燥装置、冷冻干燥单元和喷雾式干燥器:
8419. 3310	- - - 农产品干燥用
8419. 3320	- - - 木材、纸浆、纸或纸板干燥用
8419. 3390	- - - 其他
8419. 3400	- - 其他,农产品干燥用
8419. 3500	- - 其他,木材、纸浆、纸或纸板干燥用
	- - 其他:
8419. 3910	- - - 微空气流动陶瓷坯件干燥器
8419. 3990	- - - 其他
	- 蒸馏或精馏设备:
8419. 4010	- - - 提净塔
8419. 4020	- - - 精馏塔
8419. 4090	- - - 其他
8419. 5000	- 热交换装置
	- 液化空气或其他气体的机器:
	- - - 制氧机:
8419. 6011	- - - - 制氧量在 15000 立方米/小时及以上
8419. 6019	- - - - 其他
8419. 6090	- - - 其他
	- 其他机器设备:
8419. 8100	- - 加工热饮料或烹调、加热食品用
	- - 其他:
8419. 8910	- - - 加氢反应器
8419. 8990	- - - 其他
	- 零件:
8419. 9010	- - - 热水器用
8419. 9090	- - - 其他
84. 20	**研光机或其他滚压机器及其滚筒,但加工金属或玻璃用的除外:**
8420. 1000	- 研光机或其他滚压机器
	- 零件:
8420. 9100	- - 滚筒

商品编码	商品名称
8420.9900	－－其他
84.21	**离心机,包括离心干燥机;液体或气体的过滤、净化机器及装置:**
	－离心机,包括离心干燥机:
8421.1100	－－奶油分离器
	－－干衣机:
8421.1210	－－－干衣量不超过 10 千克
8421.1290	－－－其他
	－－其他:
8421.1910	－－－脱水机
8421.1920	－－－固液分离机
8421.1990	－－－其他
	－液体的过滤、净化机器及装置:
	－－过滤或净化水用:
8421.2110	－－－家用型
	－－－其他:
8421.2191	－－－－船舶压载水处理设备
8421.2199	－－－－其他
8421.2200	－－过滤或净化饮料(水除外)用
8421.2300	－－内燃发动机的滤油器
	－－其他:
8421.2910	－－－压滤机
8421.2990	－－－其他
	－气体的过滤、净化机器及装置:
8421.3100	－－内燃发动机的进气过滤器
8421.3200	－－用于净化或过滤内燃机所排出废气的催化转化器或微粒过滤器,不论是否组合
	－－其他:
8421.3910	－－－家用型
	－－－工业用除尘器:
8421.3921	－－－－静电除尘器
8421.3922	－－－－袋式除尘器
8421.3923	－－－－旋风式除尘器
8421.3924	－－－－电袋复合除尘器
8421.3929	－－－－其他
8421.3940	－－－烟气脱硫装置
8421.3950	－－－烟气脱硝装置
8421.3990	－－－其他
	－零件:
	－－离心机用,包括离心干燥机用:
8421.9110	－－－干衣量不超过 10 千克的干衣机用
8421.9190	－－－其他
	－－其他:
8421.9910	－－－家用型过滤、净化装置用
8421.9990	－－－其他
84.22	**洗碟机;瓶子及其他容器的洗涤或干燥机器;瓶、罐、箱、袋或其他容器装填、封口、密封、贴标签的机器;瓶、罐、管、筒或类似容器的包封机器;其他包装或打包机器(包括热缩包装机器);饮料充气机:**
	－洗碟机:
8422.1100	－－家用型
8422.1900	－－其他
8422.2000	－瓶子或其他容器的洗涤或干燥机器
	－瓶、罐、箱、袋或其他容器的装填、封口、密封、贴标签的机器;瓶、罐、管、筒或类似容器的包封机器;饮料充气机:
8422.3010	－－－饮料及液体食品灌装设备
	－－－水泥包装机:
8422.3021	－－－－全自动灌包机
8422.3029	－－－－其他
8422.3030	－－－其他包装机
8422.3090	－－－其他
8422.4000	－其他包装或打包机器(包括热缩包装机器)
	－零件:
8422.9010	－－－洗碟机用
8422.9020	－－－饮料及液体食品灌装设备用
8422.9090	－－－其他
84.23	**衡器(感量为 50 毫克或更精密的天平除外),包括计数或检验用的衡器;衡器用的各种砝码、秤砣**
8423.1000	－体重计,包括婴儿秤;家用秤
	－输送带上连续称货的秤:
8423.2010	－－－电子皮带秤
8423.2090	－－－其他
	－恒定秤、物料定量装袋或装容器用的秤,包括料斗秤:

商品编码	商品名称
8423.3010	－－－定量包装秤
8423.3020	－－－定量分选秤
8423.3030	－－－配料秤
8423.3090	－－－其他
	－其他衡器:
	－－最大称量不超过 30 千克:
8423.8110	－－－计价秤
8423.8120	－－－弹簧秤
8423.8190	－－－其他
	－－最大称量超过 30 千克,但不超过 5000 千克:
8423.8210	－－－地中衡
8423.8290	－－－其他
	－－其他:
8423.8910	－－－地中衡
8423.8920	－－－轨道衡
8423.8930	－－－吊秤
8423.8990	－－－其他
8423.9000	－衡器用的各种砝码、秤砣;衡器的零件
84.24	**液体或粉末的喷射、散布或喷雾的机械器具(不论是否手工操作);灭火器,不论是否装药;喷枪及类似器具;喷汽机、喷砂机及类似的喷射机器:**
8424.1000	－灭火器,不论是否装药
8424.2000	－喷枪及类似器具
8424.3000	－喷汽机、喷砂机及类似的喷射机器
	－农业或园艺用喷雾器:
8424.4100	－－便携式喷雾器
8424.4900	－－其他
	－其他器具:
8424.8200	－－农业或园艺用
	－－其他:
8424.8910	－－－家用型
8424.8920	－－－喷涂机器人
	－－－其他:
8424.8991	－－－－船用洗舱机
8424.8999	－－－－其他
	－零件:
8424.9010	－－－子目 8424.1000 所列器具用的零件
8424.9020	－－－子目 8424.8910 所列器具用的零件
8424.9090	－－－其他
84.25	**滑车及提升机,但倒卸式提升机除外;卷扬机及绞盘;千斤顶:**
	－滑车及提升机,但倒卸式提升机及提升车辆用的提升机除外:
8425.1100	－－电动的
8425.1900	－－其他
	－卷扬机;绞盘:
	－－电动的:
8425.3110	－－－矿井口卷扬装置;专为井下使用设计的卷扬机
8425.3190	－－－其他
	－－其他:
8425.3910	－－－矿井口卷扬装置;专为井下使用设计的卷扬机
8425.3990	－－－其他
	－千斤顶;提升车辆用的提升机:
8425.4100	－－车库中使用的固定千斤顶系统
	－－其他液压千斤顶及提升机:
8425.4210	－－－液压千斤顶
8425.4290	－－－其他
	－－其他:
8425.4910	－－－其他千斤顶
8425.4990	－－－其他
84.26	**船用桅杆式起重机;起重机,包括缆式起重机;移动式吊运架、跨运车及装有起重机的工作车:**
	－高架移动式起重机、桁架桥式起重机、龙门起重机、桥式起重机、移动式吊运架及跨运车:
	－－固定支架的高架移动式起重机:
8426.1120	－－－通用桥式起重机
8426.1190	－－－其他
8426.1200	－－带胶轮的移动式吊运架及跨运车
	－－其他:
8426.1910	－－－装船机
	－－－卸船机:
8426.1921	－－－－抓斗式
8426.1929	－－－－其他

商品编码	商品名称
8426.1930	－－－龙门式起重机
	－－－装卸桥：
8426.1941	－－－－门式装卸桥
8426.1942	－－－－集装箱装卸桥
8426.1943	－－－－其他动臂式装卸桥
8426.1949	－－－－其他
8426.1990	－－－其他
8426.2000	－塔式起重机
8426.3000	－门座式起重机及座式旋臂起重机
	－其他自推进机械：
	－－带胶轮的：
8426.4110	－－－轮胎式起重机
8426.4190	－－－其他
	－－其他：
8426.4910	－－－履带式起重机
8426.4990	－－－其他
	－其他机械：
8426.9100	－－供装于公路车辆的
8426.9900	－－其他
84.27	**叉车；其他装有升降或搬运装置的工作车：**
	－电动机推进的机动车：
8427.1010	－－－有轨巷道堆垛机
8427.1020	－－－无轨巷道堆垛机
8427.1090	－－－其他
	－其他机动车：
8427.2010	－－－集装箱叉车
8427.2090	－－－其他
8427.9000	－其他车
84.28	**其他升降、搬运、装卸机械(例如，升降机、自动梯、输送机、缆车)：**
	－升降机及倒卸式起重机：
8428.1010	－－－载客电梯
8428.1090	－－－其他
8428.2000	－气压升降机及输送机
	－其他用于连续运送货物或材料的升降机及输送机：
8428.3100	－－地下专用的
8428.3200	－－其他，斗式
8428.3300	－－其他，带式
	－－其他：
8428.3910	－－－链式
8428.3920	－－－辊式
8428.3990	－－－其他
8428.4000	－自动梯及自动人行道
	－缆车、座式升降机、滑雪拉索；索道用牵引装置：
8428.6010	－－－货运架空索道
	－－－客运架空索道：
8428.6021	－－－－单线循环式
8428.6029	－－－－其他
8428.6090	－－－其他
8428.7000	－工业机器人
	－其他机械：
8428.9010	－－－矿车推动机、铁道机车或货车的转车台、货车倾卸装置及类似的铁道货车搬运装置
8428.9020	－－－机械式停车设备
	－－－其他装卸机械：
8428.9031	－－－－堆取料机械
8428.9039	－－－－其他
8428.9090	－－－其他
84.29	**机动推土机、侧铲推土机、筑路机、平地机、铲运机、机械铲、挖掘机、机铲装载机、捣固机械及压路机：**
	－推土机及侧铲推土机：
	－－履带式：
8429.1110	－－－发动机输出功率超过 235.36 千瓦(320 马力)的
8429.1190	－－－其他
	－－其他：
8429.1910	－－－发动机输出功率超过 235.36 千瓦(320 马力)的
8429.1990	－－－其他
	－筑路机及平地机：
8429.2010	－－－发动机输出功率超过 235.36 千瓦(320 马力)的
8429.2090	－－－其他
	－铲运机：
8429.3010	－－－斗容量超过 10 立方米的
8429.3090	－－－其他
	－捣固机械及压路机：

商品编码	商品名称
	－－－机动压路机：
8429.4011	－－－－机重 18 吨及以上的振动压路机
8429.4019	－－－－其他
8429.4090	－－－其他
	－机械铲、挖掘机及机铲装载机：
8429.5100	－－前铲装载机
	－－上部结构可旋转 360 度的机械：
	－－－挖掘机：
8429.5211	－－－－轮胎式
8429.5212	－－－－履带式
8429.5219	－－－－其他
8429.5290	－－－其他
8429.5900	－－其他
84.30	**泥土、矿物或矿石的运送、平整、铲运、挖掘、捣固、压实、开采或钻探机械；打桩机及拔桩机；扫雪机及吹雪机：**
8430.1000	－打桩机及拔桩机
8430.2000	－扫雪机及吹雪机
	－采(截)煤机、凿岩机及隧道掘进机：
	－－自推进的：
8430.3110	－－－采(截)煤机
8430.3120	－－－凿岩机
8430.3130	－－－隧道掘进机
8430.3900	－－其他
	－其他钻探或凿井机械：
	－－自推进的：
	－－－石油及天然气钻探机：
8430.4111	－－－－钻探深度在 6000 米及以上的
8430.4119	－－－－其他
	－－－其他钻探机：
8430.4121	－－－－钻探深度在 6000 米及以上的
8430.4122	－－－－钻探深度在 6000 米以下的履带式自推进钻机
8430.4129	－－－－钻探深度在 6000 米以下的其他钻探机
8430.4190	－－－其他
8430.4900	－－其他
	－其他自推进机械：
8430.5010	－－－其他采油机械
8430.5020	－－－矿用电铲
	－－－采矿钻机：
8430.5031	－－－－牙轮直径 380 毫米及以上
8430.5039	－－－－其他
8430.5090	－－－其他
	－其他非自推进机械：
8430.6100	－－捣固或压实机械
	－－其他：
	－－－工程钻机：
8430.6911	－－－－钻筒直径 3 米及以上
8430.6919	－－－－其他
8430.6920	－－－铲运机
8430.6990	－－－其他
84.31	**专用于或主要用于品目 84.25 至 84.30 所列机械的零件：**
8431.1000	－品目 84.25 所列机械的零件
	－品目 84.27 所列机械的零件：
8431.2010	－－－装有差速器的驱动桥及其零件，不论是否装有其他传动部件
8431.2090	－－－其他
	－品目 84.28 所列机械的零件：
8431.3100	－－升降机、倒卸式起重机或自动梯的零件
8431.3900	－－其他
	－品目 84.26、84.29 或 84.30 所列机械的零件：
8431.4100	－－戽斗、铲斗、抓斗及夹斗
8431.4200	－－推土机或侧铲推土机用铲
	－－子目 8430.41 或 8430.49 所列钻探或凿井机械的零件：
8431.4310	－－－石油或天然气钻探机用
8431.4320	－－－其他钻探机用
8431.4390	－－－其他
	－－其他：
8431.4920	－－－装有差速器的驱动桥及其零件，不论是否装有其他传动部件
	－－－其他：
8431.4991	－－－－矿用电铲用
8431.4999	－－－－其他
84.32	**农业、园艺及林业用整地或耕作机械；草坪及运动场地滚压机：**
8432.1000	－犁

商品编码	商品名称
	－耙、松土机、中耕机、除草机及耕耘机：
8432.2100	－－圆盘耙
8432.2900	－－其他
	－播种机、种植机及移植机：
	－－免耕直接播种机、种植机及移植机：
	－－－免耕直接播种机：
8432.3111	－－－－谷物播种机
8432.3119	－－－－其他
	－－－免耕直接种植机：
8432.3121	－－－－马铃薯种植机
8432.3129	－－－－其他
	－－－免耕直接移植机(栽植机)：
8432.3131	－－－－水稻插秧机
8432.3139	－－－－其他
	－－其他：
	－－－播种机：
8432.3911	－－－－谷物播种机
8432.3919	－－－－其他
	－－－种植机：
8432.3921	－－－－马铃薯种植机
8432.3929	－－－－其他
	－－－移植机(栽植机)：
8432.3931	－－－－水稻插秧机
8432.3939	－－－－其他
	－施肥机：
8432.4100	－－粪肥施肥机
8432.4200	－－化肥施肥机
	－其他机械：
8432.8010	－－－草坪及运动场地滚压机
8432.8090	－－－其他
8432.9000	－零件
84.33	**收割机、脱粒机，包括草料打包机；割草机；蛋类、水果或其他农产品的清洁、分选、分级机器但品目84.37的机器除外：**
	－草坪、公园或运动场地用的割草机：
8433.1100	－－机动的，切割装置在同一水平面上旋转的
8433.1900	－－其他
8433.2000	－其他割草机，包括牵引装置用的刀具杆
8433.3000	－其他干草切割、翻晒机器
8433.4000	－草料打包机，包括收集打包机
	－其他收割机；脱粒机：
8433.5100	－－联合收割机
8433.5200	－－其他脱粒机
8433.5300	－－根茎或块茎收获机
	－－其他：
8433.5910	－－－甘蔗收获机
8433.5920	－－－棉花采摘机
8433.5990	－－－其他
	－蛋类、水果或其他农产品的清洁、分选、分级机器：
8433.6010	－－－蛋类清洁、分选、分级机器
8433.6090	－－－其他
	－零件：
8433.9010	－－－联合收割机用
8433.9090	－－－其他
84.34	**挤奶机及乳品加工机器：**
8434.1000	－挤奶机
8434.2000	－乳品加工机器
8434.9000	－零件
84.35	**制酒、制果汁或制类似饮料用的压榨机、轧碎机及类似机器：**
8435.1000	－机器
8435.9000	－零件
84.36	**农业、园艺、林业、家禽饲养业或养蜂业用的其他机器，包括装有机械或热力装置的催芽设备；家禽孵卵器及育雏器：**
8436.1000	－动物饲料配制机
	－家禽饲养用的机器；家禽孵卵器及育雏器：
8436.2100	－－家禽孵卵器及育雏器
8436.2900	－－其他
8436.8000	－其他机器
	－零件：
8436.9100	－－家禽饲养用机器的零件或家禽孵卵器及育雏器的零件
8436.9900	－－其他

商品编码	商品名称
84.37	**种子、谷物或干豆的清洁、分选或分级机器;谷物磨粉业加工机器或谷物、干豆加工机器,但农业用机器除外:**
	- 种子、谷物或干豆的清洁、分选或分级机器:
8437.1010	- - - 光学色差颗粒选别机(色选机)
8437.1090	- - - 其他
8437.8000	- 其他机器
8437.9000	- 零件
84.38	**本章其他品目未列名的食品、饮料工业用的生产或加工机器,但提取、加工动物油脂、植物固定油脂或微生物油脂的机器除外:**
8438.1000	- 糕点加工机器及生产通心粉、面条或类似产品的机器
8438.2000	- 生产糖果、可可粉、巧克力的机器
8438.3000	- 制糖机器
8438.4000	- 酿酒机器
8438.5000	- 肉类或家禽加工机器
8438.6000	- 水果、坚果或蔬菜加工机器
8438.8000	- 其他机器
8438.9000	- 零件
84.39	**纤维素纸浆、纸及纸板的制造或整理机器:**
8439.1000	- 制造纤维素纸浆的机器
8439.2000	- 纸或纸板的抄造机器
8439.3000	- 纸或纸板的整理机器
	- 零件:
8439.9100	- - 制造纤维素纸浆的机器用
8439.9900	- - 其他
84.40	**书本装订机器,包括锁线订书机**
	- 机器:
8440.1010	- - - 锁线装订机
8440.1020	- - - 胶订机
8440.1090	- - - 其他
8440.9000	- 零件
84.41	**其他制造纸浆制品、纸制品或纸板制品的机器,包括各种切纸机:**
8441.1000	- 切纸机
8441.2000	- 制造包、袋或信封的机器
	- 制造箱、盒、管、桶或类似容器的机器,但模制成型机器除外:
8441.3010	- - - 制造纸塑铝复合罐的生产设备
8441.3090	- - - 其他
8441.4000	- 纸浆、纸或纸板制品模制成型机器
	- 其他机器:
8441.8010	- - - 制造纸塑铝软包装的生产设备
8441.8090	- - - 其他
	- 零件:
8441.9010	- - - 切纸机用
8441.9090	- - - 其他
84.42	**制印刷版(片)、滚筒及其他印刷部件用的机器、器具及设备(品目84.56至84.65的机器除外);印刷用版(片)、滚筒及其他印刷部件;制成供印刷用(例如,刨平压纹或抛光)的板(片)、滚筒及石板:**
	- 机器、器具及设备:
8442.3010	- - - 铸字机
	- - - 制版机器、器具及设备:
8442.3021	- - - - 计算机直接制版设备
8442.3029	- - - - 其他
8442.3090	- - - 其他
8442.4000	- 上述机器、器具及设备的零件
8442.5000	- 印刷用版(片)、滚筒及其他印刷部件;制成供印刷用(例如,刨平、压纹或抛光)的板(片)、滚筒及石板
84.43	**用品目84.42的印刷用版(片)、滚筒及其他印刷部件进行印刷的机器;其他打印机、复印机及传真机,不论是否组合式;上述机器的零件及附件:**
	- 用品目84.42的印刷用版(片)、滚筒及其他印刷部件进行印刷的机器:
8443.1100	- - 卷取进料式胶印机
8443.1200	- - 办公室用片取进料式胶印机(以未折叠计,尺寸一边长不超过22厘米,另一边长不超过36厘米)
	- - 其他胶印机:
	- - - 平张纸进料式:
8443.1311	- - - - 单色机

商品编码	商品名称
8443.1312	－－－－双色机
8443.1313	－－－－四色机
8443.1319	－－－－其他
8443.1390	－－－其他
8443.1400	－－卷取进料式凸版印刷机,但不包括苯胺印刷机
8443.1500	－－其他凸版印刷机,但不包括苯胺印刷机
8443.1600	－－苯胺印刷机
8443.1700	－－凹版印刷机
	－－其他:
	－－－网式印刷机:
8443.1921	－－－－圆网印刷机
8443.1922	－－－－平网印刷机
8443.1929	－－－－其他
8443.1980	－－－其他
	－其他印刷(打印)机、复印机及传真机,不论是否组合式:
	－－具有打印、复印或传真中两种及以上功能的机器,可与自动数据处理设备或网络连接:
8443.3110	－－－静电感光式
8443.3190	－－－其他
	－－其他,可与自动数据处理设备或网络连接:
	－－－专用于品目84.71所列设备的打印机:
8443.3211	－－－－针式打印机
8443.3212	－－－－激光打印机
8443.3213	－－－－喷墨打印机
8443.3214	－－－－热敏打印机
8443.3219	－－－－其他
	－－－数字式印刷设备:
8443.3221	－－－－喷墨印刷机
8443.3222	－－－－静电照相印刷机(激光印刷机)
8443.3229	－－－－其他
8443.3290	－－－其他
	－－其他:
	－－－静电感光复印设备:
8443.3911	－－－－将原件直接复印的(直接法)
8443.3912	－－－－将原件通过中间体转印的(间接法)
	－－－其他感光复印设备:
8443.3921	－－－－带有光学系统的
8443.3922	－－－－接触式的
8443.3923	－－－－热敏复印设备
8443.3924	－－－－热升华复印设备
	－－－数字式印刷设备:
8443.3931	－－－－喷墨印刷机
8443.3932	－－－－静电照相印刷机(激光印刷机)
8443.3939	－－－－其他
8443.3990	－－－其他
	－零件及附件:
	－－用品目84.42的印刷用版、滚筒及其他印刷部件进行印刷的机器零件及附件:
	－－－印刷用辅助机器:
8443.9111	－－－－卷筒料给料机
8443.9119	－－－－其他
8443.9190	－－－其他
	－－其他:
8443.9910	－－－数字印刷设备用辅助机器
	－－－数字印刷设备的零件:
8443.9921	－－－－热敏打印头
8443.9929	－－－－其他
8443.9990	－－－其他
84.44	**化学纺织纤维挤压、拉伸、变形或切割机器:**
8444.0010	－－－合成纤维长丝纺丝机
8444.0020	－－－合成纤维短纤纺丝机
8444.0030	－－－人造纤维纺丝机
8444.0040	－－－化学纤维变形机
8444.0050	－－－化学纤维切断机
8444.0090	－－－其他
84.45	**纺织纤维的预处理机器;纺纱机、并线机、加捻机及其他生产纺织纱线的机器;摇纱机、络纱机(包括卷纬机)及处理品目84.46或84.47所列机器用的纺织纱线的机器:**
	－纺织纤维的预处理机器:

商品编码	商品名称
	－－梳理机：
	－－－棉纤维型：
8445.1111	－－－－清梳联合机
8445.1112	－－－－自动抓棉机
8445.1113	－－－－梳棉机
8445.1119	－－－－其他
8445.1120	－－－毛纤维型
8445.1190	－－－其他
	－－精梳机：
8445.1210	－－－棉精梳机
8445.1220	－－－毛精梳机
8445.1290	－－－其他
	－－拉伸机或粗纱机：
8445.1310	－－－拉伸机
	－－－粗纱机：
8445.1321	－－－－棉纺粗纱机
8445.1322	－－－－毛纺粗纱机
8445.1329	－－－－其他
8445.1900	－－其他
	－纺纱机：
	－－－自由端纺纱机：
8445.2031	－－－－转杯纺纱机
8445.2032	－－－－喷气纺纱机
8445.2039	－－－－其他
	－－－环锭细纱机：
8445.2041	－－－－棉细纱机
8445.2042	－－－－毛细纱机
8445.2049	－－－－其他
8445.2090	－－－其他
8445.3000	－并线机或加捻机
	－络纱机(包括卷纬机)或摇纱机
8445.4010	－－－自动络筒机
8445.4090	－－－其他
	－其他：
8445.9010	－－－整经机
8445.9020	－－－浆纱机
8445.9090	－－－其他
84.46	织机：
8446.1000	－所织织物宽度不超过 30 厘米的织机
	－所织织物宽度超过 30 厘米的梭织机：
	－－动力织机：
8446.2110	－－－地毯织机
8446.2190	－－－其他
8446.2900	－－其他
	－所织织物宽度超过 30 厘米的无梭织机：
8446.3020	－－－剑杆织机
8446.3030	－－－片梭织机
8446.3040	－－－喷水织机
8446.3050	－－－喷气织机
8446.3090	－－－其他
84.47	**针织机、缝编机及制粗松螺旋花线、网眼薄纱、花边、刺绣品、装饰带、编织带或网的机器及簇绒机：**
	－圆型针织机：
8447.1100	－－圆筒直径不超过 165 毫米
8447.1200	－－圆筒直径超过 165 毫米
	－平型针织机；缝编机：
	－－－经编机：
8447.2011	－－－－特里科经编机
8447.2012	－－－－拉舍尔经编机
8447.2019	－－－－其他
8447.2020	－－－平型纬编机
8447.2030	－－－缝编机
	－其他：
	－－－簇绒机：
8447.9011	－－－－地毯织机
8447.9019	－－－－其他
8447.9020	－－－绣花机
8447.9090	－－－其他
84.48	**品目 84.44、84.45、84.46 或 84.47 所列机器的辅助机器(例如，多臂机、提花机、自停装置及换梭装置)；专用于或主要用于品目 84.44、84.45、84.46 或 84.47 所列机器的零件、附件(例如，锭子锭壳、钢丝针布、梳、喷丝头、梭子、综丝、综框、针织机用针)**
	－品目 84.44、84.45、84.46 或 84.47 所列机器的辅助机器：
8448.1100	－－多臂机或提花机及其所用的卡片缩小、复制、穿孔或汇编机器

商品编码	商品名称
8448.1900	- - 其他
	- 品目 84.44 所列机器及其辅助机器的零件、附件：
8448.2020	- - - 喷丝头或喷丝板
8448.2090	- - - 其他
	- 品目 84.45 所列机器及其辅助机器的零件、附件：
8448.3100	- - 钢丝针布
8448.3200	- - 纺织纤维预处理机器的零件、附件，但钢丝针布除外
	- - 锭子、锭壳、纺丝环、钢丝圈：
8448.3310	- - - 络筒锭
8448.3390	- - - 其他
	- - 其他：
8448.3910	- - - 气流杯
8448.3920	- - - 电子清纱器
8448.3930	- - - 空气捻接器
8448.3940	- - - 环锭细纱机紧密纺装置
8448.3990	- - - 其他
	- 织机及其辅助机器的零件、附件：
8448.4200	- - 织机用筘、综丝及综框
	- - 其他：
8448.4910	- - - 接、投梭箱
8448.4920	- - - 引纬、送经装置
8448.4930	- - - 梭子
8448.4990	- - - 其他
	- 品目 84.47 所列机器及其辅助机器的零件、附件：
	- - 沉降片、织针及其他成圈机件：
8448.5120	- - - 针织机用 28 号以下的弹簧针、钩针及复合针
8448.5190	- - - 其他
8448.5900	- - 其他
84.49	**成匹、成形的毡呢或无纺织物制造或整理机器，包括制毡呢帽机器；帽模：**
8449.0010	- - - 针刺机
8449.0020	- - - 水刺设备
8449.0090	- - - 其他
84.50	**家用型或洗衣房用洗衣机，包括洗涤干燥两用机：**
	- 干衣量不超过 10 千克的洗衣机：
	- - 全自动的：
8450.1110	- - - 波轮式
8450.1120	- - - 滚筒式
8450.1190	- - - 其他
8450.1200	- - 其他机器，装有离心甩干机
8450.1900	- - 其他
	- 干衣量超过 10 千克的洗衣机：
	- - - 全自动的：
8450.2011	- - - - 波轮式
8450.2012	- - - - 滚筒式
8450.2019	- - - - 其他
8450.2090	- - - 其他
	- 零件：
8450.9010	- - - 干衣量不超过 10 千克的洗衣机用
8450.9090	- - - 其他
84.51	**纱线、织物及纺织制品的洗涤、清洁、绞拧、干燥、熨烫、挤压(包括熔压)、漂白、染色、上浆、整理、涂布或浸渍机器(品目 84.50 的机器除外)；列诺伦(亚麻油地毡)及类似铺地制品的布基或其他底布的浆料涂布机器；纺织物的卷绕、退绕、折叠、剪切或剪齿边机器：**
8451.1000	- 干洗机
	- 干燥机：
8451.2100	- - 干衣量不超过 10 千克
8451.2900	- - 其他
8451.3000	- 熨烫机及挤压机(包括熔压机)
8451.4000	- 洗涤、漂白或染色机器
8451.5000	- 纺织物的卷绕、退绕、折叠、剪切或剪齿边机器
8451.8000	- 其他机器
8451.9000	- 零件
84.52	**缝纫机，但品目 84.40 的锁线订书机除外；缝纫机专用的特制家具底座及罩盖；缝纫机针：**
	- 家用型缝纫机：
8452.1010	- - - 多功能型
	- - - 其他：
8452.1091	- - - - 手动式
8452.1099	- - - - 其他

商品编码	商品名称
	- 其他缝纫机:
	- - 自动的:
8452.2110	- - - 平缝机
8452.2120	- - - 包缝机
8452.2130	- - - 绷缝机
8452.2190	- - - 其他
8452.2900	- - 其他
8452.3000	- 缝纫机针
	- 缝纫机专用的特制家具、底座和罩盖及其零件;缝纫机的其他零件:
	- - - 家用型缝纫机用:
8452.9011	- - - - 旋梭
8452.9019	- - - - 其他
	- - - 其他:
8452.9091	- - - - 旋梭
8452.9092	- - - - 缝纫机专用的特制家具、底座和罩盖及其零件
8452.9099	- - - - 其他
84.53	**生皮、皮革的处理、鞣制或加工机器,鞋靴、毛皮及其他皮革制品的制作或修理机器,但缝纫机除外:**
8453.1000	- 生皮、皮革的处理、鞣制或加工机器
8453.2000	- 鞋靴制作或修理机器
8453.8000	- 其他机器
8453.9000	- 零件
84.54	**金属冶炼及铸造用的转炉、浇包、锭模及铸造机:**
8454.1000	- 转炉
	- 锭模及浇包:
8454.2010	- - - 炉外精炼设备
8454.2090	- - - 其他
	- 铸造机:
8454.3010	- - - 冷室压铸机
	- - - 钢坯连铸机:
8454.3021	- - - - 方坯连铸机
8454.3022	- - - - 板坯连铸机
8454.3029	- - - - 其他
8454.3090	- - - 其他
	- 零件:
8454.9010	- - - 炉外精炼设备用
	- - - 钢坯连铸机用:
8454.9021	- - - - 结晶器
8454.9022	- - - - 振动装置
8454.9029	- - - - 其他
8454.9090	- - - 其他
84.55	**金属轧机及其轧辊:**
	- 轧管机:
8455.1010	- - - 热轧管机
8455.1020	- - - 冷轧管机
8455.1030	- - - 定减径轧管机
8455.1090	- - - 其他
	- 其他轧机:
	- - 热轧机或冷热联合轧机:
8455.2110	- - - 板材热轧机
8455.2120	- - - 型钢轧机
8455.2130	- - - 线材轧机
8455.2190	- - - 其他
	- - 冷轧机:
8455.2210	- - - 板材冷轧机
8455.2290	- - - 其他
8455.3000	- 轧机用轧辊
8455.9000	- 其他零件
84.56	**用激光、其他光、光子束、超声波、放电、电化学法、电子束、离子束或等离子弧处理各种材料的加工机床;水射流切割机:**
	- 用激光、其他光或光子束处理的:
8456.1100	- - 用激光处理的
8456.1200	- - 用其他光或光子束处理的
8456.2000	- 用超声波处理的
	- 用放电处理的:
8456.3010	- - - 数控的
8456.3090	- - - 其他
	- 用等离子弧处理的:
8456.4010	- - - 等离子切割机
8456.4090	- - - 其他
8456.5000	- 水射流切割机
8456.9000	- 其他
84.57	**加工金属的加工中心、单工位组合机床及多工位组合机床:**
	- 加工中心:
8457.1010	- - - 立式

商品编码	商品名称
8457.1020	---卧式
8457.1030	---龙门式
	---其他:
8457.1091	----铣车复合
8457.1099	----其他
8457.2000	-单工位组合机床
8457.3000	-多工位组合机床
84.58	**切削金属的车床(包括车削中心):**
	-卧式车床:
8458.1100	--数控的
8458.1900	--其他
	-其他车床:
	--数控的:
8458.9110	---立式
8458.9120	---其他
8458.9900	--其他
84.59	**切削金属的钻床、镗床、铣床、攻丝机床(包括直线移动式动力头机床),但品目84.58的车床(包括车削中心)除外:**
8459.1000	-直线移动式动力头机床
	-其他钻床:
8459.2100	--数控的
8459.2900	--其他
	-其他镗铣机床:
8459.3100	--数控的
8459.3900	--其他
	-其他镗床:
8459.4100	--数控的
8459.4900	--其他
	-升降台式铣床:
8459.5100	--数控的
8459.5900	--其他
	-其他铣床:
	--数控的:
8459.6110	---龙门铣床
8459.6190	---其他
	--其他:
8459.6910	---龙门铣床
8459.6990	---其他
8459.7000	-其他攻丝机床
84.60	**用磨石、磨料或抛光材料对金属或金属陶瓷进行去毛刺、刃磨、磨削、珩磨、研磨、抛光或其他精加工的机床,但品目84.61的切齿机、齿轮磨床或齿轮精加工机床除外:**
	-平面磨床:
	--数控的:
8460.1210	---在任一坐标的定位精度至少是0.01毫米
8460.1290	---其他
	--其他:
8460.1910	---在任一坐标的定位精度至少是0.01毫米
8460.1990	---其他
	-其他磨床:
	--数控无心磨床:
8460.2210	---在任一坐标的定位精度至少是0.01毫米
8460.2290	---其他
	--数控外圆磨床:
	---在任一坐标的定位精度至少是0.01毫米:
8460.2311	----曲轴磨床
8460.2319	----其他
8460.2390	---其他
	--其他,数控的:
	---在任一坐标的定位精度至少是0.01毫米:
8460.2411	----内圆磨床
8460.2419	----其他
8460.2490	---其他
	--其他:
	---在任一坐标的定位精度至少是0.01毫米:
8460.2911	----外圆磨床
8460.2912	----内圆磨床
8460.2913	----轧辊磨床
8460.2919	----其他
8460.2990	---其他
	-刃磨(工具或刀具)机床:
8460.3100	--数控的

商品编码	商品名称
8460.3900	--其他
	-珩磨或研磨机床:
8460.4010	---珩磨
8460.4020	---研磨
	-其他:
8460.9010	---砂轮机
8460.9020	---抛光机床
8460.9090	---其他
84.61	**切削金属或金属陶瓷的刨床、牛头刨床、插床、拉床、切齿机、齿轮磨床或齿轮精加工机床、锯床、切断机及其他品目未列名的切削机床:**
	-牛头刨床或插床:
8461.2010	---牛头刨床
8461.2020	---插床
8461.3000	-拉床
	-切齿机、齿轮磨床或齿轮精加工机床:
	---数控的:
8461.4011	----齿轮磨床
8461.4019	----其他
8461.4090	---其他
8461.5000	-锯床或切断机
	-其他:
	---刨床:
8461.9011	----龙门刨床
8461.9019	----其他
8461.9090	---其他
84.62	**加工金属的锻造、锻锤或模锻(但轧机除外)机床(包括压力机);加工金属的弯曲、折叠、矫直、矫平、剪切、冲孔、开槽或步冲机床(包括压力机、纵剪线及定尺剪切线,但拉拔机除外);其他加工金属或硬质合金的压力机:**
	-热锻设备,热模锻设备(包括压力机)及热锻锻锤:
	--闭式锻造机(模锻机):
8462.1110	---数控的
8462.1190	---其他
	--其他:
8462.1910	---数控的
8462.1990	---其他
	-用于板材的弯曲、折叠、矫直或矫平机床(包括折弯机):
	--型材成型机:
8462.2210	---数控的
8462.2290	---其他
8462.2300	--数控折弯机
8462.2400	--数控多边折弯机
8462.2500	--数控卷板机
	--其他数控弯曲、折叠、矫直或矫平机床:
8462.2610	---矫直机
8462.2690	---其他
	--其他:
8462.2910	---矫直机
8462.2990	---其他
	-板材用纵剪线、定尺剪切线和其他剪切机床(不包括压力机),但冲剪两用机除外:
	--纵剪线和定尺剪切线:
8462.3210	---数控的
8462.3290	---其他
8462.3300	--数控剪切机床
8462.3900	--其他
	-板材用冲孔、开槽或步冲机床(不包括压力机),包括冲剪两用机:
	--数控的:
	---冲床:
8462.4211	----自动模式数控步冲压力机
8462.4212	----其他
8462.4290	---其他
8462.4900	--其他
	-金属管道、管材、型材、空心型材和棒材的加工机床(非压力机):
8462.5100	--数控的
8462.5900	--其他
	-金属冷加工压力机:
	--液压压力机:
8462.6110	---数控的
8462.6190	---其他
	--机械压力机:

商品编码	商品名称
8462.6210	－－－数控的
8462.6290	－－－其他
8462.6300	－－伺服压力机
	－－其他：
8462.6910	－－－数控的
8462.6990	－－－其他
	－其他：
8462.9010	－－－数控的
8462.9090	－－－其他
84.63	**金属或金属陶瓷的其他非切削加工机床：**
	－杆、管、型材、异型材、丝及类似品的拉拔机：
	－－－冷拔管机：
8463.1011	－－－－拉拔力为 300 吨及以下
8463.1019	－－－－其他
8463.1020	－－－拔丝机
8463.1090	－－－其他
8463.2000	－螺纹滚轧机
8463.3000	－金属丝加工机
8463.9000	－其他
84.64	**石料、陶瓷、混凝土、石棉水泥或类似矿物材料的加工机床、玻璃冷加工机床：**
	－锯床：
8464.1010	－－－圆盘锯
8464.1020	－－－钢丝锯
8464.1090	－－－其他
	－研磨或抛光机床：
8464.2010	－－－玻璃研磨或抛光机床
8464.2090	－－－其他
	－其他：
	－－－玻璃的其他冷加工机床：
8464.9011	－－－－切割机
8464.9012	－－－－刻花机
8464.9019	－－－－其他
8464.9090	－－－其他
84.65	**木材、软木、骨、硬质橡胶、硬质塑料或类似硬质材料的加工机床(包括用打钉或打 U 形钉、胶粘或其他方法组合前述材料的机器)：**

商品编码	商品名称
8465.1000	－不需更换工具即可进行不同机械加工的机器
	－加工中心：
8465.2010	－－－以刨、铣、钻孔、研磨、抛光、凿榫及其他切削为主的加工中心，加工木材及类似硬质材料的
8465.2090	－－－其他
	－其他：
8465.9100	－－锯床
8465.9200	－－刨、铣或切削成形机器
8465.9300	－－研磨、砂磨或抛光机器
8465.9400	－－弯曲或装配机器
8465.9500	－－钻孔或凿榫机器
8465.9600	－－剖开、切片或刮削机器
8465.9900	－－其他
84.66	**专用于或主要用于品目 84.56 至 84.65 所列机器的零件、附件，包括工件或工具的夹具、自启板牙切头、分度头及其他专用于机器的附件；各种手提工具的工具夹具：**
8466.1000	－工具夹具及自启板牙切头
8466.2000	－工件夹具
8466.3000	－分度头及其他专用于机器的附件
	－其他：
8466.9100	－－品目 84.64 所列机器用
8466.9200	－－品目 84.65 所列机器用
	－－品目 84.56 至 84.61 所列机器用：
8466.9310	－－－刀库及自动换刀装置
8466.9390	－－－其他
8466.9400	－－品目 84.62 或 84.63 所列机器用
84.67	**手提式风动或液压工具及本身装有电动或非电动动力装置的手提式工具：**
	－风动的：
8467.1100	－－旋转式(包括旋转冲击式的)
8467.1900	－－其他
	－本身装有电动动力装置的：
8467.2100	－－各种钻
	－－锯：
8467.2210	－－－链锯
8467.2290	－－－其他
	－－其他：

商品编码	商品名称
8467.2910	－－－砂磨工具(包括磨光机、砂光机、砂轮机等)
8467.2920	－－－电刨
8467.2990	－－－其他
	－其他工具:
8467.8100	－－链锯
8467.8900	－－其他
	－零件:
	－－链锯用:
8467.9110	－－－电动的
8467.9190	－－－其他
8467.9200	－－风动工具用
	－－其他:
8467.9910	－－－电动工具用
8467.9990	－－－其他
84.68	**焊接机器及装置,不论是否兼有切割功能,但品目 85.15 的货品除外;气体加温表面回火机器及装置:**
8468.1000	－手提喷焊器
8468.2000	－其他气体焊接或表面回火机器及装置
8468.8000	－其他机器及装置
8468.9000	－零件
84.70	**计算机器及具有计算功能的袖珍式数据记录、重现及显示机器;装有计算装置的会计计算机、邮资盖戳机、售票机及类似机器;现金出纳机:**
8470.1000	－不需外接电源的电子计算器及具有计算功能的袖珍式数据记录、重现及显示机器
	－其他电子计算器:
8470.2100	－－装有打印装置的
8470.2900	－－其他
8470.3000	－其他计算机器
	－现金出纳机:
8470.5010	－－－销售点终端出纳机
8470.5090	－－－其他
8470.9000	－其他
84.71	**自动数据处理设备及其部件;其他品目未列名的磁性或光学阅读机、将数据以代码形式转录到数据记录媒体的机器及处理这些数据的机器:**
	－重量不超过 10 千克的便携自动数据处理设备,至少由一个中央处理部件、一个键盘及一个显示器组成:
8471.3010	－－－平板电脑
8471.3090	－－－其他
	－其他自动数据处理设备:
	－－同一机壳内至少有一个中央处理部件及一个输入和输出部件,不论是否组合式:
8471.4110	－－－巨型机、大型机及中型机
8471.4120	－－－小型机
8471.4140	－－－微型机
8471.4190	－－－其他
	－－其他,以系统形式进口或出口的:
8471.4910	－－－巨型机、大型机及中型机
8471.4920	－－－小型机
8471.4940	－－－微型机
	－－－其他:
8471.4991	－－－－分散型工业过程控制设备
8471.4999	－－－－其他
	－子目 8471.41 或 8471.49 所列以外的处理部件,不论是否在同一机壳内有一个或两个下列部件:存储部件、输入部件、输出部件:
8471.5010	－－－巨型机、大型机及中型机的
8471.5020	－－－小型机的
8471.5040	－－－微型机的
8471.5090	－－－其他
	－输入或输出部件,不论是否在同一机壳内有存储部件:
8471.6040	－－－巨型机、大型机、中型机及小型机用终端
8471.6050	－－－扫描仪
8471.6060	－－－数字化仪
	－－－键盘、鼠标器:
8471.6071	－－－－键盘
8471.6072	－－－－鼠标器

商品编码	商品名称
8471.6090	－－－其他
	－存储部件:
	－－－硬盘驱动器:
8471.7011	－－－－固态硬盘(SSD)
8471.7019	－－－－其他
8471.7020	－－－软盘驱动器
8471.7030	－－－光盘驱动器
8471.7090	－－－其他
8471.8000	－自动数据处理设备的其他部件
8471.9000	－其他
84.72	**其他办公室用机器(例如,胶版复印机、油印机、地址印写机、自动付钞机、硬币分类、计数及包装机、削铅笔机、打洞机或订书机):**
8472.1000	－胶版复印机、油印机
	－信件分类或折叠机或信件装封机、信件开封或闭封机、粘贴或盖销邮票机:
8472.3010	－－－邮政信件分拣及封装设备
8472.3090	－－－其他
	－其他:
8472.9010	－－－自动柜员机
	－－－装订用机器:
8472.9021	－－－－打洞机
8472.9022	－－－－订书机
8472.9029	－－－－其他
8472.9030	－－－碎纸机
8472.9040	－－－地址印写机及地址铭牌压印机
8472.9050	－－－文字处理机
8472.9060	－－－打字机,但品目84.43的打印机除外
8472.9090	－－－其他
84.73	**专用于或主要用于品目84.70至84.72所列机器的零件、附件(罩套、提箱及类似品除外):**
	－品目84.70所列机器的零件、附件:
8473.2100	－－子目8470.10、8470.21或8470.29所列电子计算器的零件、附件
8473.2900	－－其他
	－品目84.71所列机器的零件、附件:
8473.3010	－－－子目8471.4110、8471.4120、8471.4910、8471.4920、8471.5010、8471.5020、8471.6090、8471.7010、8471.7020、8471.7030及8471.7090所列机器及装置的零件、附件
8473.3090	－－－其他
	－品目84.72所列机器的零件、附件:
8473.4010	－－－自动柜员机用出钞器和循环出钞器
8473.4020	－－－子目8472.9050、8472.9060所列机器的零件、附件
8473.4090	－－－其他
8473.5000	－同样适用于品目84.70至84.72中两个或两个以上品目所列机器的零件、附件
84.74	**泥土、石料、矿石或其他固体(包括粉状、浆状)矿物质的分类、筛选、分离、洗涤、破碎、磨粉、混合或搅拌机器;固体矿物燃料、陶瓷坯泥、未硬化水泥、石膏材料或其他粉状、浆状矿产品的黏聚或成形机器;铸造用砂模的成形机器:**
8474.1000	－分类、筛选、分离或洗涤机器
	－破碎或磨粉机器:
8474.2010	－－－齿辊式
8474.2020	－－－球磨式
8474.2090	－－－其他
	－混合或搅拌机器:
8474.3100	－－混凝土或砂浆混合机器
8474.3200	－－矿物与沥青的混合机器
8474.3900	－－其他
	－其他机器:
8474.8010	－－－辊压成型机
8474.8020	－－－模压成型机
8474.8090	－－－其他
8474.9000	－零件
84.75	**白炽灯泡、灯管、放电灯管、电子管、闪光灯泡及类似品的封装机器;玻璃或玻璃制品的制造或热加工机器:**
8475.1000	－白炽灯泡、灯管、放电灯管、电子管、闪光灯泡及类似品的封装机器

商品编码	商品名称
	-玻璃或玻璃制品的制造或热加工机器:
8475.2100	--制造光导纤维及其预制棒的机器
	--其他:
	---玻璃的热加工设备:
8475.2911	----连续式玻璃热弯炉
8475.2912	----玻璃纤维拉丝机(光纤拉丝机除外)
8475.2919	----其他
8475.2990	---其他
8475.9000	-零件
84.76	**自动售货机(例如,出售邮票、香烟、食品或饮料的机器),包括钱币兑换机:**
	-饮料自动销售机:
8476.2100	--装有加热或制冷装置的
8476.2900	--其他
	-其他机器:
8476.8100	--装有加热或制冷装置的
8476.8900	--其他
8476.9000	-零件
84.77	**本章其他品目未列名的橡胶或塑料及其产品的加工机器:**
	-注射机:
8477.1010	---注塑机
8477.1090	---其他
	-挤出机:
8477.2010	---塑料造粒机
8477.2090	---其他
	-吹塑机:
8477.3010	---挤出吹塑机
8477.3020	---注射吹塑机
8477.3090	---其他
	-真空模塑机器及其他热成型机器:
8477.4010	---塑料中空成型机
8477.4020	---塑料压延成型机
8477.4090	---其他
	-其他模塑或成型机器:
8477.5100	--用于充气轮胎模塑或翻新的机器及内胎模塑或用其他方法成型的机器
8477.5900	--其他
8477.8000	-其他机器
8477.9000	-零件
84.78	**本章其他品目未列名的烟草加工及制作机器:**
8478.1000	-机器
8478.9000	-零件
84.79	**本章其他品目未列名的具有独立功能的机器及机械器具:**
	-公共工程用机器:
	---摊铺机:
8479.1021	----沥青混凝土摊铺机
8479.1022	----稳定土摊铺机
8479.1029	----其他
8479.1090	---其他
8479.2000	-提取、加工动物油脂、植物固定油脂或微生物油脂的机器
8479.3000	-木碎料板或木纤维板的挤压机及其他木材或软木处理机
8479.4000	-绳或缆的制造机器
	-未列名的工业机器人:
8479.5010	---多功能工业机器人
8479.5090	---其他
8479.6000	-蒸发式空气冷却器
	-旅客登机(船)桥:
8479.7100	--用于机场的
8479.7900	--其他
	-其他机器及机械器具:
	--处理金属的机械,包括线圈绕线机:
8479.8110	---绕线机
8479.8190	---其他
8479.8200	--混合、搅拌、轧碎、研磨、筛选均化或乳化机器
	--冷等静压机:
8479.8310	---处理金属的
8479.8390	---其他
	--其他:
8479.8910	---船舶用舵机及陀螺稳定器
8479.8920	---空气增湿器及减湿器
8479.8940	---邮政用包裹、印刷品分拣设备
8479.8950	---放射性废物压实机

商品编码	商品名称
	－－－在印刷电路板上装配元器件的机器：
8479.8961	－－－－自动插件机
8479.8962	－－－－自动贴片机
8479.8969	－－－－其他
	－－－其他：
8479.8992	－－－－自动化立体仓储设备
8479.8999	－－－－其他
	－零件：
8479.9010	－－－船舶用舵机及陀螺稳定器用
8479.9020	－－－空气增湿器及减湿器用
8479.9090	－－－其他
84.80	**金属铸造用型箱；型模底板；阳模；金属用型模(锭模除外)、硬质合金、玻璃、矿物材料、橡胶或塑料用型模：**
8480.1000	－金属铸造用型箱
8480.2000	－型模底板
8480.3000	－阳模
	－金属、硬质合金用型模：
	－－注模或压模：
8480.4110	－－－压铸模
8480.4120	－－－粉末冶金用压模
8480.4190	－－－其他
8480.4900	－－其他
8480.5000	－玻璃用型模
8480.6000	－矿物材料用型模
	－塑料或橡胶用型模：
	－－注模或压模：
8480.7110	－－－硫化轮胎用囊式型模
8480.7190	－－－其他
8480.7900	－－其他
84.81	**用于管道、锅炉、罐、桶或类似品的龙头、旋塞、阀门及类似装置，包括减压阀及恒温控制阀：**
8481.1000	－减压阀
	－油压或气压传动阀：
8481.2010	－－－油压的
8481.2020	－－－气压的
8481.3000	－止回阀
8481.4000	－安全阀或溢流阀
	－其他器具：
	－－－换向阀：
8481.8021	－－－－电磁式
8481.8029	－－－－其他
	－－－流量阀：
8481.8031	－－－－电子膨胀阀
8481.8039	－－－－其他
8481.8040	－－－其他阀门
8481.8090	－－－其他
	－零件：
8481.9010	－－－阀门用
8481.9090	－－－其他
84.82	**滚动轴承：**
	－滚珠轴承：
8482.1010	－－－调心球轴承
8482.1020	－－－深沟球轴承
8482.1030	－－－角接触轴承
8482.1040	－－－推力球轴承
8482.1090	－－－其他
8482.2000	－锥形滚子轴承，包括锥形滚子组件
8482.3000	－鼓形滚子轴承
8482.4000	－滚针轴承，包括保持架和滚针组件
8482.5000	－其他圆柱形滚子轴承，包括保持架和滚子组件
8482.8000	－其他，包括球、柱混合轴承
	－零件：
8482.9100	－－滚珠、滚针及滚柱
8482.9900	－－其他
84.83	**传动轴(包括凸轮轴及曲柄轴)及曲柄；轴承座及滑动轴承；齿轮及齿轮传动装置；滚珠或滚子螺杆传动装置；齿轮箱及其他变速装置，包括扭矩变换器；飞轮及滑轮，包括滑轮组；离合器及联轴器(包括万向节)：**
	－传动轴(包括凸轮轴及曲柄轴)及曲柄：
	－－－船舶用传动轴：
8483.1011	－－－－柴油机曲轴
8483.1019	－－－－其他
8483.1090	－－－其他
8483.2000	－装有滚珠或滚子轴承的轴承座

商品编码	商品名称
8483.3000	- 未装有滚珠或滚子轴承的轴承座;滑动轴承
	- 齿轮及齿轮传动装置,但单独进口或出口的带齿的轮、链轮及其他传动元件除外;滚珠或滚子螺杆传动装置;齿轮箱及其他变速装置,包括扭矩变换器:
8483.4010	- - - 滚子螺杆传动装置
8483.4020	- - - 行星齿轮减速器
8483.4090	- - - 其他
8483.5000	- 飞轮及滑轮,包括滑轮组
8483.6000	- 离合器及联轴器(包括万向节)
8483.9000	- 单独报验的带齿的轮、链轮及其他传动元件;零件
84.84	**密封垫或类似接合衬垫,用金属片与其他材料制成或用双层或多层金属片制成;成套或各种不同材料的密封垫或类似接合衬垫,装于袋、套或类似包装内;机械密封件:**
8484.1000	- 密封垫或类似接合衬垫,用金属片与其他材料制成或用双层或多层金属片制成
8484.2000	- 机械密封件
8484.9000	- 其他
84.85	**增材制造设备:**
8485.1000	- 用金属材料的
8485.2000	- 用塑料或橡胶材料的
	- 用石膏、水泥、陶瓷或玻璃材料的:
8485.3010	- - - 用玻璃材料的
8485.3020	- - - 用石膏、水泥、陶瓷材料的
	- 其他:
8485.8010	- - - 用纸或纸浆的
8485.8020	- - - 用木材、软木的
8485.8090	- - - 其他
	- 零件:
8485.9010	- - - 用金属材料的
8485.9020	- - - 用玻璃材料的
8485.9030	- - - 用橡胶或塑料材料的
8485.9040	- - - 用石膏、水泥、陶瓷材料的
8485.9050	- - - 用纸或纸浆的
8485.9060	- - - 用木材、软木的
8485.9090	- - - 其他
84.86	**专用于或主要用于制造半导体单晶柱或晶圆、半导体器件、集成电路或平板显示器的机器及装置;本章注释十一(三)规定的机器及装置;零件及附件:**
	- 制造单晶柱或晶圆用的机器及装置:
8486.1010	- - - 利用温度变化处理单晶硅的机器及装置
8486.1020	- - - 研磨设备
8486.1030	- - - 切割设备
8486.1040	- - - 化学机械抛光设备(CMP)
8486.1090	- - - 其他
	- 制造半导体器件或集成电路用的机器及装置:
8486.2010	- - - 氧化、扩散、退火及其他热处理设备
	- - - 薄膜沉积设备:
8486.2021	- - - - 化学气相沉积装置(CVD)
8486.2022	- - - - 物理气相沉积装置(PVD)
8486.2029	- - - - 其他
	- - - 将电路图投影或绘制到感光半导体材料上的装置:
8486.2031	- - - - 分步重复光刻机(步进光刻机)
8486.2039	- - - - 其他
	- - - 刻蚀及剥离设备:
8486.2041	- - - - 等离子体干法刻蚀机
8486.2049	- - - - 其他
8486.2050	- - - 离子注入机
8486.2090	- - - 其他
	- 制造平板显示器用的机器及装置:
8486.3010	- - - 扩散、氧化、退火及其他热处理设备
	- - - 薄膜沉积设备:
8486.3021	- - - - 化学气相沉积设备(CVD)
8486.3022	- - - - 物理气相沉积设备(PVD)
8486.3029	- - - - 其他
	- - - 将电路图投影或绘制到感光半导体材料上的装置:
8486.3031	- - - - 分步重复光刻机

商品编码	商品名称	商品编码	商品名称
8486.3039	－－－－其他		
	－－－湿法蚀刻、显影、剥离、清洗装置：		
8486.3041	－－－－超声波清洗装置		
8486.3049	－－－－其他		
8486.3090	－－－其他		
	－本章注释十一(三)规定的机器及装置：		
8486.4010	－－－主要用于或专用于制作和修复掩膜版或投影掩膜版的装置		
	－－－主要用于或专用于装配与封装半导体器件或集成电路的设备：		
8486.4021	－－－－塑封机		
8486.4022	－－－－引线键合装置		
8486.4029	－－－－其他		
	－－－主要用于或专用于升降、装卸搬运单晶柱、晶圆、半导体器件集成电路或平板显示器的装置：		
8486.4031	－－－－集成电路工厂专用的自动搬运机器人		
8486.4039	－－－－其他		
	－零件及附件：		
8486.9010	－－－升降、搬运、装卸机器用(自动搬运设备用除外)		
8486.9020	－－－引线键合装置用		
	－－－其他：		
8486.9091	－－－－带背板的溅射靶材组件		
8486.9099	－－－－其他		
84.87	**本章其他品目未列名的机器零件，不具有电气接插件、绝缘体线圈、触点或其他电气器材特征的：**		
8487.1000	－船用推进器及桨叶		
8487.9000	－其他		

第八十五章　电机、电气设备及其零件；录音机及放声机、电视图像、声音的录制和重放设备及其零件、附件

注释：

一、本章不包括：

（一）电暖的毯子、褥子、足套及类似品，电暖的衣服、靴、鞋、耳套或其他供人穿戴的电暖物品；①

（二）品目 70.11 的玻璃制品；

（三）品目 84.86 的机器及装置；

（四）用于医疗、外科、牙科或兽医的真空设备（品目 90.18）；或

（五）第九十四章的电热家具。

二、品目 85.01 至 85.04 不适用于品目 85.11、85.12、85.40、85.41 或 85.42 的货品，但金属槽汞弧整流器仍归入品目 85.04。

三、品目 85.07 所称"蓄电池"，包括与其一同报验的辅助元件，这些辅助元件具有储电、供电功能，或保护蓄电池免遭损坏，例如，电路连接器、温控装置（例如，热敏电阻）及电路保护装置，也可包括蓄电池的部分保护外壳。

四、品目 85.09 仅包括通常供家用的下列电动器具：②

（一）任何重量的地板打蜡机、食品研磨机、食品搅拌器及水果或蔬菜的榨汁器；

（二）重量不超过 20 千克的其他机器。

但该品目不适用于风机、风扇或装有风扇的通风罩及循环气罩（不论是否装有过滤器）（品目 84.14）、离心干衣机（品目 84.21）、洗碟机（品目 84.22）、家用洗衣机（品目 84.50）、滚筒式或其他形式的熨烫机器（品目 84.20 或 84.51）、缝纫机（品目 84.52）、电剪子（品目 84.67）或电热器具（品目 85.16）。

五、品目 85.17 所称"智能手机"是指使用蜂窝网络的电话机，其安装有移动操作系统，设计用于实现自动数据处理设备功能，例如，可下载并同时执行多个应用程序（包括第三方应用程序），并且不论是否集成了如数字照相机、辅助导航系统等其他特征。

六、品目 85.23 所称：

（一）"固态、非易失性存储器件"（例如，"闪存卡"或"电子闪存卡"）是指带有接口的存储器件，其在同一壳体内包含一块或多块闪存（FLASH E^2PROM），以集成电路的形式装配在一块印刷电路板上。它们可以包括一个集成电路形式的控制器及多个分立无源元件，例如，电容器及电阻器；

（二）所称"智能卡"，是指装有一块或多块集成电路［微处理器、随机存取存储器（RAM）或只读存储器（ROM）］芯片的卡。这些卡可带有触点、磁条或嵌入式天线，但不包含任何其他有源或无源电路元件。③

七、品目 85.24 所称"平板显示模组"，是指用于显示信息的装置或器具，至少有一个显示屏，设计为在使用前安装于其他品目所列货品中。平板显示模组的显示屏包括但不限于平面、曲面、柔性、可折叠或可拉伸等类型。平板显示模组可装有附加元件，包括接收视频信号所需并将这些信号分配给显示器像素的元件。但是，品目 85.24 不包括装有转换视频信号的组件（例如，图像缩放集成电路，解码集成电路或程序处理器）的显示模组，或具有其他品目所列货品特征的显示模组。

---

① 例如，家用电热毯不作为本章的"电热器具"归类而应按"毯子"归入品目 63.01。

② "家用器具"，是指通常在家庭中使用的器具。例如，家用水果榨汁机归入品目 85.09"家用电动器具"，但食品工厂生产用的苹果榨汁机则应归入品目 84.35"制酒、制果汁或制类似饮料用的压榨机"。

③ 例如，城市交通卡就是一种"智能卡"。

本注释所述平板显示模组在归类时,品目85.24优先于其他品目。

八、品目85.34所称“印刷电路”,是指采用各种印制方法(例如,压印、覆镀、腐蚀)或采用“膜电路”工艺,将导线、接点或其他印制元件(例如,电感器、电阻器、电容器)按预定的图形单独或互相连接地印制在绝缘基片上的电路,但能够产生、整流、调制或放大电信号的元件(例如,半导体元件)除外。

所称“印刷电路”,不包括装有非印制元件的电路,也不包括单个的分立式电阻器、电容器及电感器。但印刷电路可配有非经印刷的连接元件。

用同样工艺制得的无源元件及有源元件组成的薄膜电路或厚膜电路应归入品目85.42。

九、品目85.36所称“光导纤维、光导纤维束或光缆用连接器”,是指在有线数字通讯设备中,简单机械地把光纤端部相连成一线的连接器。它们不具备诸如对信号进行放大、再生或修正等其他功能。

十、品目85.37不包括电视接收机或其他电气设备用的无绳红外遥控器(品目85.43)。①

十一、品目85.39所称“发光二极管(LED)光源”包括:

(一)“发光二极管(LED)模块”,是基于发光二极管的电路构成的电光源,模块中包含电气、机械、热力或者光学等其他元件。模块还装有分立的有源或无源元件,或用于提供或控制电源的品目85.36、85.42的物品。发光二极管(LED)模块没有便于在灯具中安装或更换并确保机械和电气连接的灯头设计。

(二)“发光二极管(LED)灯泡(管)”,是由一个或多个带有电气、机械、热力或者光学元件的LED模块组成的电光源。发光二极管(LED)模块与发光二极管(LED)灯泡(管)的区别在于后者有便于在灯具中安装或更换并确保机械和电气连接的灯头设计。

十二、品目85.41及85.42所称:

(一)

1.“半导体器件”是指那些依靠外加电场引起电阻率的变化而进行工作的半导体器件,或半导体基换能器。半导体器件也可以包括由多个元件组装在一起的组件,无论是否有起辅助功能的有源和无源元件。

本定义所称“半导体基换能器”是指半导体基传感器、半导体基执行器、半导体基谐振器和半导体基振荡器。这些是不同类型的半导体基分立器件,能实现固有的功能,即可以将任何物理、化学现象或活动转换为电信号,或者将电信号转换为任何物理现象或活动。

半导体基换能器内的所有元件都不可分割地组合在一起,它们也包括为实现其结构或功能而不可分割地连接在一起的必要材料。

下列名词的含义是:

(1)“半导体基”是指用半导体技术,在半导体基片上构建、制造或由半导体材料制造。半导体基片或材料在换能器的作用和性能中起到不可替代的关键作用,其工作是基于半导体的物理、电气、化学和光学等特性。

(2)“物理或化学现象”是指诸如压力、声波、加速度、振动、运动、方向、张力、磁场强度、电场强度、光、放射性、湿度、流量和化学浓度等。

(3)半导体基传感器是一种半导体器件,其由在半导体材料内部或表面制作的微电子或机械结构组成,具有探测物理量和化学量并将其转换成电信号(因电特性变化或机械结构位移而产生)的功能。

(4)半导体基执行器是一种半导体器件,其由在半导体材料内部或表面制作的微电子

① 例如,空调遥控器(红外遥控原理)应归入品目85.43“其他品目未列名的电气设备”。

或机械结构组成，具有将电信号转换成物理运动的功能。

(5)半导体基谐振器是一种半导体器件，其由在半导体材料内部或表面制作的微电子或机械结构组成，具有按预先设定的频率产生机械或电振荡的功能，频率取决于响应外部输入的结构的物理参数。

(6)半导体基振荡器是一种半导体器件，其由在半导体材料内部或表面制作的微电子或机械结构组成，具有按预先设定的频率产生机械或电振荡的功能，频率取决于这些结构的物理参数。

2.“发光二极管(LED)”是半导体器件，基于可将电能变成可见光、红外线或紫外线的半导体材料，不论这些器件之间是否通过电路连接以及不论是否带有保护二极管。品目85.41 的发光二极管(LED)不装有以提供或控制电源为目的的元件。

(二)“集成电路”，是指：

1. 单片集成电路，即电路元件(二极管、晶体管、电阻器、电容器、电感器等)主要整体制作在一片半导体材料或化合物半导体材料(例如，掺杂硅、砷化镓、硅锗或磷化铟)基片的表面，并不可分割地连接在一起的电路；

2. 混合集成电路，即通过薄膜或厚膜工艺制得的无源元件(电阻器、电容器、电感器等)和通过半导体工艺制得的有源元件(二极管、晶体管、单片集成电路等)用互连或连接线实际上不可分割地组合在同一绝缘基片(玻璃、陶瓷等)上的电路。这种电路也可包括分立元件；

3. 多芯片集成电路是由两个或多个单片集成电路实际上不可分割地组合在一片或多片绝缘基片上构成的电路，不论是否带有引线框架，但不带有其他有源或无源的电路元件。

4. 多元件集成电路(MCOs)：由一个或多个单片、混合或多芯片集成电路以及下列至少一个元件组成：硅基传感器、执行器、振荡器、谐振器或其组件所构成的组合体，或者具有品目 85.32、85.33、85.41 所列货品功能的元件，或品目 85.04 的电感器。其像集成电路一样实际上不可分割地组合成一体，作为一种元件，通过引脚、引线、焊球、底面触点、凸点或导电压点进行连接，组装到印刷电路板(PCB)或其他载体上。

在本定义中：

(1)元件可以是分立的，独立制造后组装到多元件(MCO)的其余部分上，或者集成到其他元件内。

(2)“硅基”是指在硅基片上制造，或由硅材料制造而成，或者制造在集成电路裸片上。

(3)

①硅基传感器是由在半导体材料内部或表面制作的微电子或机械结构组成，具有探测物理或化学现象并将其转换成电信号(因电特性变化或机械结构位移而产生)的功能。“物理或化学现象”是指诸如压力、声波、加速度、振动、运动、方向、张力、磁场强度、电场强度、光、放射性、湿度、流量和化学浓度等现象。

②硅基执行器是由在半导体材料内部或表面制作的微电子或机械结构组成，具有将电信号转换成物理运动的功能。

③硅基谐振器是由在半导体材料内部或表面制作的微电子或机械结构组成，具有按预先设定的频率产生机械或电振荡的功能，频率取决于响应外部输入的结构的物理参数。

④硅基振荡器是由在半导体材料内部或表面制作的微电子或机械结构组成，具有按预先设定的频率产生机械或电振荡的功能，频率取决于这些结构的物理参数。

本注释所述物品在归类时，即使本协调制度其他品目涉及到上述物品，尤其是物品的功能,仍应优先考虑归入品目85.41及85.42,但涉及品目85.23的情况除外。

子目注释:

一、子目8525.81仅包括具有以下一项或多项特征的高速电视摄像机、数字照相机及视频摄录一体机:

——写入速度超过0.5毫米/微秒;

——时间分辨率50纳秒或更短;

——帧速率超过225,000帧/秒。

二、子目8525.82所称抗辐射或耐辐射电视摄像机、数字照相机及视频摄录一体机,是指经设计或防护以能在高辐射环境中工作。这些设备可承受至少50×10^3Gy(Si)[5×10^6RAD(Si)]的总辐射剂量而不会使其操作性能退化。

三、子目8525.83包括夜视电视摄像机、数字照相机及视频摄录一体机,这些设备通过光阴极将捕获的光转换为电子,再将其放大和转换以形成可见图像。本子目不包括热成像的摄像机或照相机(通常归入子目8525.89)。

四、子目8527.12仅包括有内置放大器但无内置扬声器的盒式磁带放声机,不需外接电源即能工作,且外形尺寸不超过170毫米×100毫米×45毫米。

五、子目8549.11至8549.19所称"废原电池、废原电池组及废蓄电池"是指因破损、拆解、耗尽或其他原因而不能再使用或不能再充电的电池。

本国子目注释:

一、本国子目8516.7130所称"泵压式咖啡机",主要结构由水箱、水泵、加热器、漏斗、微电脑控制部件和附件等六大部分组成。水箱与水泵连接,通过微电脑控制部件控制水泵从水箱抽水至加热器,水通过加热器加热后,由于水泵提供的压力使热水流至加热器下部的压力过滤漏斗内,热水从而将压力过滤漏斗内的咖啡粉的精华过滤出来。同时通过过滤网内的小孔作用产生丰富的泡沫。

二、本国子目8539.3230所称"钠蒸气灯",是利用钠蒸气放电产生可见光的电光源。钠灯又分低压钠灯和高压钠灯。低压钠灯的工作蒸气压不超过几个帕。高压钠灯的工作蒸气压大于0.01兆帕。

三、本国子目8539.3240所称"汞蒸气灯",是利用汞放电时产生汞蒸气获得可见光的电光源。汞灯可分为低压汞灯、高压汞灯和超高压汞灯三种。低压汞灯点燃时汞蒸气压小于一个大气压,高压汞灯的工作汞蒸气压为0.2~1兆帕,超高压汞灯的工作汞蒸气压为1兆帕以上。

商品编码	商品名称
85.01	电动机及发电机(不包括发电机组):
	-输出功率不超过37.5瓦的电动机:
8501.1010	---玩具用
	---其他:
8501.1091	----微电机,机座尺寸在20毫米及以上,但不超过39毫米
8501.1099	----其他
8501.2000	-交直流两用电动机,输出功率超过37.5瓦
	-其他直流电动机;直流发电机,不包括光伏发电机:
8501.3100	--输出功率不超过750瓦
8501.3200	--输出功率超过750瓦,但不超过75千瓦
8501.3300	--输出功率超过75千瓦,但不超过375千瓦
8501.3400	--输出功率超过375千瓦
8501.4000	-其他单相交流电动机
	-其他多相交流电动机:
8501.5100	--输出功率不超过750瓦
8501.5200	--输出功率超过750瓦,但不超过75千瓦
8501.5300	--输出功率超过75千瓦
	-交流发电机,不包括光伏发电机:

商品编码	商品名称
8501.6100	－－输出功率不超过 75 千伏安
8501.6200	－－输出功率超过 75 千伏安,但不超过 375 千伏安
8501.6300	－－输出功率超过 375 千伏安,但不超过 750 千伏安
	－－输出功率超过 750 千伏安:
8501.6410	－－－输出功率超过 750 千伏安,但不超过 350 兆伏安
8501.6420	－－－输出功率超过 350 兆伏安,但不超过 665 兆伏安
8501.6430	－－－输出功率超过 665 兆伏安
	－光伏直流发电机:
8501.7100	－－输出功率不超过 50 瓦
	－－输出功率超过 50 瓦:
8501.7210	－－－输出功率超过 50 瓦,但不超过 750 瓦
8501.7220	－－－输出功率超过 750 瓦,但不超过 75 千瓦
8501.7230	－－－输出功率超过 75 千瓦,但不超过 375 千瓦
8501.7240	－－－输出功率超过 375 千瓦
	－光伏交流发电机:
8501.8010	－－－输出功率不超过 75 千伏安
8501.8020	－－－输出功率超过 75 千伏安,但不超过 375 千伏安
8501.8030	－－－输出功率超过 375 千伏安,但不超过 750 千伏安
	－－－输出功率超过 750 千伏安:
8501.8041	－－－－输出功率超过 750 千伏安,但不超过 350 兆伏安
8501.8042	－－－－输出功率超过 350 兆伏安,但不超过 665 兆伏安
8501.8043	－－－－输出功率超过 665 兆伏安
85.02	**发电机组及旋转式变流机:**
	－装有压燃式活塞内燃发动机(柴油或半柴油发动机)的发电机组:
8502.1100	－－输出功率不超过 75 千伏安
8502.1200	－－输出功率超过 75 千伏安,但不超过 375 千伏安
	－－输出功率超过 375 千伏安:
8502.1310	－－－输出功率超过 375 千伏安,但不超过 2 兆伏安
8502.1320	－－－输出功率超过 2 兆伏安
8502.2000	－装有点燃式活塞内燃发动机的发电机组
	－其他发电机组:
8502.3100	－－风力驱动的
8502.3900	－－其他
8502.4000	－旋转式变流机
85.03	**专用于或主要用于品目 85.01 或 85.02 所列机器的零件:**
8503.0010	－－－子目 8501.1010 及 8501.1091 所列电动机用
8503.0020	－－－子目 8501.6420 及 8501.6430 所列发电机用
8503.0030	－－－子目 8502.3100 所列发电机组用
8503.0090	－－－其他
85.04	**变压器、静止式变流器(例如,整流器)及电感器:**
	－放电灯或放电管用镇流器:
8504.1010	－－－电子镇流器
8504.1090	－－－其他
	－液体介质变压器:
8504.2100	－－额定容量不超过 650 千伏安
8504.2200	－－额定容量超过 650 千伏安,但不超过 10 兆伏安
	－－额定容量超过 10 兆伏安:
	－－－额定容量超过 10 兆伏安,但小于 400 兆伏安:
8504.2311	－－－－额定容量超过 10 兆伏安,但小于 220 兆伏安
8504.2312	－－－－额定容量在 220 兆伏安及以上,但小于 330 兆伏安
8504.2313	－－－－额定容量在 330 兆伏安及以上,但小于 400 兆伏安
	－－－额定容量在 400 兆伏安及以上:
8504.2321	－－－－额定容量在 400 兆伏安及以上,但小于 500 兆伏安
8504.2329	－－－－其他
	－其他变压器:

商品编码	商品名称
	--额定容量不超过1千伏安:
8504.3110	---互感器
8504.3190	---其他
	--额定容量超过1千伏安,但不超过16千伏安:
8504.3210	---互感器
8504.3290	---其他
	--额定容量超过16千伏安,但不超过500千伏安:
8504.3310	---互感器
8504.3390	---其他
	--额定容量超过500千伏安:
8504.3410	---互感器
8504.3490	---其他
	-静止式变流器:
	---稳压电源:
8504.4013	----品目84.71所列机器用
8504.4014	----其他直流稳压电源,功率小于1千瓦,精度低于万分之一
8504.4015	----其他交流稳压电源,功率小于10千瓦,精度低于千分之一
8504.4019	----其他
8504.4020	---不间断供电电源
8504.4030	---逆变器
	---其他:
8504.4091	----具有变流功能的半导体模块
8504.4099	----其他
8504.5000	-其他电感器
	-零件:
	---变压器用:
8504.9011	----子目8504.2321、8504.2329所列变压器用
8504.9019	----其他
8504.9020	---稳压电源及不间断供电电源用
8504.9090	---其他
85.05	**电磁铁;永磁铁及磁化后准备制永磁铁的物品;电磁铁或永磁铁卡盘、夹具及类似的工件夹具;电磁联轴节、离合器及制动器;电磁起重吸盘:**
	-永磁铁及磁化后准备制永磁铁的物品:
	--金属的:
8505.1110	---稀土的
8505.1190	---其他
8505.1900	--其他
8505.2000	-电磁联轴节、离合器及制动器
	-其他,包括零件:
8505.9010	---电磁起重吸盘
8505.9090	---其他
85.06	**原电池及原电池组:**
	-二氧化锰的:
	---碱性锌锰的:
8506.1011	----扣式
8506.1012	----圆柱形
8506.1019	----其他
8506.1090	---其他
8506.3000	-氧化汞的
8506.4000	-氧化银的
8506.5000	-锂的
8506.6000	-锌空气的
8506.8000	-其他原电池及原电池组
	-零件:
8506.9010	---子目8506.1000所列电池用
8506.9090	---其他
85.07	**蓄电池,包括隔板,不论是否矩形(包括正方形):**
8507.1000	-铅酸蓄电池,用于启动活塞式发动机
8507.2000	-其他铅酸蓄电池
8507.3000	-镍镉蓄电池
8507.5000	-镍氢蓄电池
8507.6000	-锂离子蓄电池
	-其他蓄电池:
8507.8030	---全钒液流电池
8507.8090	---其他
	-零件:
8507.9010	---铅酸蓄电池用
8507.9090	---其他
85.08	**真空吸尘器:**
	-电动的:
8508.1100	--功率不超过1500瓦,且带有容积不超过20升的集尘袋或其他集尘容器

商品编码	商品名称
8508.1900	- - 其他
8508.6000	- 其他真空吸尘器
	- 零件:
8508.7010	- - - 子目 8508.1100 所列吸尘器用
8508.7090	- - - 其他
85.09	**家用电动器具,品目 85.08 的真空吸尘器除外:**
	- 食品研磨机及搅拌器;水果或蔬菜的榨汁机:
8509.4010	- - - 水果或蔬菜的榨汁机
8509.4090	- - - 其他
	- 其他器具:
8509.8010	- - - 地板打蜡机
8509.8020	- - - 厨房废物处理器
8509.8090	- - - 其他
8509.9000	- 零件
85.10	**电动剃须刀、电动毛发推剪及电动脱毛器:**
8510.1000	- 剃须刀
8510.2000	- 毛发推剪
8510.3000	- 脱毛器
8510.9000	- 零件
85.11	**点燃式或压燃式内燃发动机用的电点火及电启动装置(例如,点火磁电机、永磁直流发电机、点火线圈、火花塞、电热塞及启动电机);附属于上述内燃发动机的发电机(例如,直流发电机、交流发电机)及断流器:**
8511.1000	- 火花塞
	- 点火磁电机;永磁直流发电机;磁飞轮:
8511.2010	- - - 机车、航空器及船舶用
8511.2090	- - - 其他
	- 分电器;点火线圈:
8511.3010	- - - 机车、航空器及船舶用
8511.3090	- - - 其他
	- 启动电机及两用启动发电机:
8511.4010	- - - 机车、航空器及船舶用
	- - - 其他:
8511.4091	- - - - 输出功率在 132.39 千瓦(180 马力)及以上的发动机用启动电机
8511.4099	- - - - 其他
	- 其他发电机:
8511.5010	- - - 机车、航空器及船舶用
8511.5090	- - - 其他
8511.8000	- 其他装置
	- 零件:
8511.9010	- - - 本品目所列供机车、航空器及船舶用的各种装置的零件
8511.9090	- - - 其他
85.12	**自行车或机动车辆用的电气照明或信号装置(品目 85.39 的物品除外)、风挡刮水器、除霜器及去雾器:**
8512.1000	- 自行车用照明或视觉信号装置
	- 其他照明或视觉信号装置:
8512.2010	- - - 机动车辆用照明装置
8512.2090	- - - 其他
	- 音响信号装置:
	- - - 机动车辆用:
8512.3011	- - - - 喇叭、蜂鸣器
8512.3012	- - - - 防盗报警器
8512.3019	- - - - 其他
8512.3090	- - - 其他
8512.4000	- 风挡刮水器、除霜器及去雾器
8512.9000	- 零件
85.13	**自供能源(例如,使用干电池、蓄电池、永磁发电机)的手提式电灯,但品目 85.12 的照明装置除外:**
	- 灯:
8513.1010	- - - 手电筒
8513.1090	- - - 其他
	- 零件:
8513.9010	- - - 手电筒用
8513.9090	- - - 其他
85.14	**工业或实验室用电炉及电烘箱(包括通过感应或介质损耗工作的);工业或实验室用其他通过感应或介质损耗对材料进行热处理的设备:**
	- 电阻加热的炉及烘箱:

商品编码	商品名称
8514.1100	--热等静压机
	--其他:
8514.1910	---可控气氛热处理炉
8514.1990	---其他
8514.2000	-通过感应或介质损耗工作的炉及烘箱
	-其他炉及烘箱:
8514.3100	--电子束炉
8514.3200	--等离子及真空电弧炉
8514.3900	--其他
8514.4000	-其他通过感应或介质损耗对材料进行热处理的设备
	-零件:
8514.9010	---炼钢电炉用
8514.9090	---其他
85.15	**电气(包括电热气体)、激光、其他光、光子束、超声波、电子束、磁脉冲或等离子弧焊接机器及装置,不论是否兼有切割功能;用于热喷金属或金属陶瓷的电气机器及装置:**
	-钎焊机器及装置:
8515.1100	--烙铁及焊枪
8515.1900	--其他
	-电阻焊接机器及装置:
	--全自动或半自动的:
8515.2120	---机器人
	---其他:
8515.2191	----直缝焊管机
8515.2199	----其他
8515.2900	--其他
	-用于金属加工的电弧(包括等离子弧)焊接机器及装置:
	--全自动或半自动的:
8515.3120	---机器人
	---其他:
8515.3191	----螺旋焊管机
8515.3199	----其他
8515.3900	--其他
	-其他机器及装置:
8515.8010	---激光焊接机器人
8515.8090	---其他
8515.9000	-零件
85.16	**电热的快速热水器、储存式热水器、浸入式液体加热器;电气空间加热器及土壤加热器;电热的理发器具(例如,电吹风机、电卷发器、电热发钳)及干手器;电熨斗;其他家用电热器具;加热电阻器,但品目85.45的货品除外:**
	-电热的快速热水器、储存式热水器、浸入式液体加热器:
8516.1010	---储存式电热水器
8516.1020	---即热式电热水器
8516.1090	---其他
	-电气空间加热器及土壤加热器:
8516.2100	--储存式散热器
	--其他:
8516.2910	---土壤加热器
8516.2920	---辐射式空间加热器
	---对流式空间加热器:
8516.2931	----风扇式
8516.2932	----充液式
8516.2939	----其他
8516.2990	---其他
	-电热的理发器具及干手器:
8516.3100	--吹风机
8516.3200	--其他理发器具
8516.3300	--干手器
8516.4000	-电熨斗
8516.5000	-微波炉
	-其他炉;电锅、电热板、加热环烧烤炉及烘烤器:
8516.6010	---电磁炉
8516.6030	---电饭锅
8516.6040	---电炒锅
8516.6050	---电烤箱
8516.6090	---其他
	-其他电热器具:
	--咖啡壶或茶壶:
8516.7110	---滴液式咖啡机
8516.7120	---蒸馏渗滤式咖啡机
8516.7130	---泵压式咖啡机
8516.7190	---其他

商品编码	商品名称
	--烤面包器:
8516.7210	---家用自动面包机
8516.7220	---片式烤面包机(多士炉)
8516.7290	---其他
	--其他:
8516.7910	---电热饮水机
8516.7990	---其他
8516.8000	-加热电阻器
	-零件:
8516.9010	---土壤加热器及加热电阻器用
8516.9090	---其他
85.17	**电话机,包括用于蜂窝网络或其他无线网络的智能手机及其他电话机;其他发送或接收声音、图像或其他数据用的设备,包括有线或无线网络(例如,局域网或广域网)的通信设备,但品目 84.43、85.25、85.27 或 85.28 的发送或接收设备除外:**
	-电话机,包括蜂窝网络或其他无线网络用智能手机及其他电话机:
8517.1100	--无绳电话机
8517.1300	--智能手机
	--其他用于蜂窝网络或其他无线网络的电话机:
8517.1410	---手持(包括车载)式无线电话机
8517.1420	---对讲机
8517.1490	---其他
8517.1800	--其他
	-其他发送或接收声音、图像或其他数据用的设备,包括有线或无线网络(例如,局域网或广域网的通信设备:
	--基站:
8517.6110	---移动通信基站
8517.6190	---其他
	--接收、转换并且发送或再生声音、图像或其他数据用的设备,包括交换及路由设备:
	---数字式程控电话或电报交换机:
8517.6211	----局用电话交换机;长途电话交换机;电报交换机
8517.6212	----移动通信交换机
8517.6219	----其他电话交换机
	---光通信设备:
8517.6221	----光端机及脉冲编码调制设备(PCM)
8517.6222	----波分复用光传输设备
8517.6229	----其他
	---其他有线数字通信设备:
8517.6231	----通信网络时钟同步设备
8517.6232	----以太网络交换机
8517.6233	----IP 电话信号转换设备
8517.6234	----调制解调器
8517.6235	----集线器
8517.6236	----路由器
8517.6237	----有线网络接口卡
8517.6239	----其他
	---其他:
8517.6292	----无线网络接口卡
8517.6293	----无线接入固定台
8517.6294	----无线耳机
8517.6299	----其他
	--其他:
8517.6910	---其他无线设备
8517.6990	---其他有线设备
	-零件:
8517.7100	--各种天线和天线反射器及其零件
	--其他:
8517.7910	---数字式程控电话或电报交换机用
8517.7920	---光端机及脉冲编码调制设备(PCM)用
8517.7930	---手持式无线电话机用(天线除外)
8517.7940	---对讲机用(天线除外)
8517.7950	---光通信设备的激光收发模块
8517.7990	---其他
85.18	**传声器(麦克风)及其座架;扬声器,不论是否装成音箱;耳机、耳塞机,不论是否装有传声器,由传声器及一个或多个扬声器组成的组合机;音频扩大器;电气扩音机组:**
8518.1000	-传声器(麦克风)及其座架

商品编码	商品名称
	- 扬声器,不论是否装成音箱:
8518.2100	- - 单喇叭音箱
8518.2200	- - 多喇叭音箱
8518.2900	- - 其他
8518.3000	- 耳机、耳塞机,不论是否装有传声器,由传声器及一个或多个扬声器组成的组合机
8518.4000	- 音频扩大器
8518.5000	- 电气扩音机组
8518.9000	- 零件
85.19	**声音录制或重放设备:**
8519.2000	- 用硬币、钞票、银行卡、代币或其他支付方式使其工作的设备
8519.3000	- 转盘(唱机唱盘)
	- 其他设备:
	- - 使用磁性、光学或半导体媒体的:
	- - - 使用磁性媒体的:
8519.8111	- - - - 未装有声音录制装置的盒式磁带型声音重放装置,编辑节目用放声机除外
8519.8112	- - - - 装有声音重放装置的盒式磁带型录音机
8519.8119	- - - - 其他
	- - - 使用光学媒体的:
8519.8121	- - - - 激光唱机,未装有声音录制装置
8519.8129	- - - - 其他
	- - - 使用半导体媒体的:
8519.8131	- - - - 装有声音重放装置的闪速存储器型声音录制设备
8519.8139	- - - - 其他
	- - 其他:
8519.8910	- - - 不带录制装置的其他唱机,不论是否带有扬声器
8519.8990	- - - 其他声音录制或重放设备
85.21	**视频信号录制或重放设备,不论是否装有高频调谐器:**
	- 磁带型:
	- - - 录像机:
8521.1011	- - - - 广播级
8521.1019	- - - - 其他
8521.1020	- - - 放像机
	- 其他:
	- - - 激光视盘机:
8521.9011	- - - - 视频高密光盘(VCD)播放机
8521.9012	- - - - 数字化视频光盘(DVD)播放机
8521.9019	- - - - 其他
8521.9090	- - - 其他
85.22	**专用于或主要用于品目 85.19 或 85.21 所列设备的零件、附件:**
8522.1000	- 拾音头
	- 其他:
8522.9010	- - - 转盘或唱机用
	- - - 盒式磁带录音机或放声机用:
8522.9021	- - - - 走带机构(机芯),不论是否装有磁头
8522.9022	- - - - 磁头
8522.9023	- - - - 磁头零件
8522.9029	- - - - 其他
	- - - 视频信号录制或重放设备用:
8522.9031	- - - - 激光视盘机的机芯
8522.9039	- - - - 其他
	- - - 其他:
8522.9091	- - - - 车载音频转播器或发射器
8522.9099	- - - - 其他
85.23	**录制声音或其他信息用的圆盘、磁带、固态非易失性数据存储器件、“智能卡”及其他媒体,不论是否已录制,包括供复制圆盘用的母片及母带,但不包括第三十七章的产品:**
	- 磁性媒体:
	- - 磁条卡:
8523.2110	- - - 未录制
8523.2120	- - - 已录制
	- - 其他:
	- - - 磁盘:
8523.2911	- - - - 未录制
8523.2919	- - - - 其他
	- - - 磁带:
8523.2921	- - - - 未录制的宽度不超过 4 毫米的磁带

商品编码	商品名称
8523.2922	－－－－未录制的宽度超过 4 毫米,但不超过 6.5 毫米的磁带
8523.2923	－－－－未录制的宽度超过 6.5 毫米的磁带
8523.2928	－－－－重放声音或图像信息的磁带
8523.2929	－－－－已录制的其他磁带
8523.2990	－－－其他
	－光学媒体:
8523.4100	－－未录制
	－－其他:
8523.4910	－－－仅用于重放声音信息的已录制光盘
8523.4920	－－－用于重放声音、图像以外信息的,品目 84.71 所列机器用
8523.4990	－－－其他
	－半导体媒体:
	－－固态非易失性存储器件(闪速存储器):
8523.5110	－－－未录制
8523.5120	－－－已录制
	－－“智能卡”:
8523.5210	－－－未录制
8523.5290	－－－其他
	－－其他:
8523.5910	－－－未录制
8523.5920	－－－已录制
	－其他:
	－－－唱片:
8523.8011	－－－－已录制
8523.8019	－－－－其他
	－－－品目 84.71 所列机器用:
8523.8021	－－－－未录制
8523.8029	－－－－其他
	－－－其他:
8523.8091	－－－－未录制
8523.8099	－－－－其他
85.24	**平板显示模组,不论是否装有触摸屏:**
	－不含驱动器或控制电路:
8524.1100	－－液晶的
8524.1200	－－有机发光二极管的(OLED)
	－－其他:
8524.1910	－－－电视机用等离子显像组件
	－－－发光二极管的:
8524.1921	－－－－电视机用
8524.1929	－－－－其他
8524.1990	－－－其他
	－其他:
	－－液晶的:
8524.9110	－－－专用于或主要用于品目 85.17 所列装置的
8524.9120	－－－专用于或主要用于品目 85.19、85.21、85.25、85.26 或 85.27 所列设备的
8524.9130	－－－专用于或主要用于品目 85.35、85.36 或 85.37 所列装置的
8524.9140	－－－专用于或主要用于品目 87.01 至 87.05 所列车辆的
8524.9190	－－－其他
	－－有机发光二极管的(OLED):
8524.9210	－－－专用于或主要用于品目 85.17 所列装置的
8524.9220	－－－专用于或主要用于品目 85.19、85.21、85.25、85.26 或 85.27 所列设备的
8524.9230	－－－专用于或主要用于品目 85.35、85.36 或 85.37 所列装置的
8524.9240	－－－专用于或主要用于品目 87.01 至 87.05 所列车辆的
8524.9250	－－－电视接收机用
8524.9260	－－－专用于或主要用于品目 85.28 所列其他监视器的
8524.9290	－－－其他
	－－其他:
8524.9910	－－－电视机用等离子显像组件
	－－－发光二极管的:
8524.9921	－－－－电视机用
8524.9929	－－－－其他
8524.9990	－－－其他
85.25	**无线电广播、电视发送设备,不论是否装有接收装置或声音的录制、重放装置;电视摄像机、数字照相机及视频摄录一体机:**

商品编码	商品名称
8525.5000	-发送设备
	-装有接收装置的发送设备：
8525.6010	---卫星地面站设备
8525.6090	---其他
	-电视摄像机、数字照相机及视频摄录一体机：
	--本章子目注释一所列高速设备：
8525.8110	---电视摄像机
8525.8120	---数字照相机
8525.8130	---视频摄录一体机
	--其他，本章子目注释二所列抗辐射或耐辐射设备：
8525.8210	---电视摄像机
8525.8220	---数字照相机
8525.8230	---视频摄录一体机
	--其他，本章子目注释三所列夜视设备：
8525.8310	---电视摄像机
8525.8320	---数字照相机
8525.8330	---视频摄录一体机
	--其他：
	---电视摄像机：
8525.8911	----其他，特种用途的
8525.8912	----非特种用途的广播级
8525.8919	----非特种用途的其他类型
	---数字照相机：
8525.8921	----其他，特种用途的
8525.8922	----非特种用途的单镜头反光型
8525.8923	----非特种用途的，其他可换镜头的
8525.8929	----非特种用途的其他类型
	---视频摄录一体机：
8525.8931	----其他，特种用途的
8525.8932	----非特种用途的广播级
8525.8933	----非特种用途的家用型
8525.8939	----非特种用途的其他类型
85.26	**雷达设备、无线电导航设备及无线电遥控设备：**
	-雷达设备：
8526.1010	---导航用
8526.1090	---其他
	-其他：
	--无线电导航设备：
8526.9110	---机动车辆用
8526.9190	---其他
8526.9200	--无线电遥控设备
85.27	**无线电广播接收设备，不论是否与声音的录制、重放装置或时钟组合在同一机壳内：**
	-不需外接电源的无线电收音机：
8527.1200	--袖珍盒式磁带收放机
8527.1300	--其他收录(放)音组合机
8527.1900	--其他
	-需外接电源的汽车用无线电收音机：
8527.2100	--收录(放)音组合机
8527.2900	--其他
	-其他：
8527.9100	--收录(放)音组合机
8527.9200	--带时钟的收音机
8527.9900	--其他
85.28	**监视器及投影机，未装电视接收装置；电视接收装置，不论是否装有无线电收音装置或声音、图像的录制或重放装置：**
	-阴极射线管监视器：
8528.4200	--可直接连接且设计用于品目84.71的自动数据处理设备的
	--其他：
8528.4910	---彩色的
8528.4990	---单色的
	-其他监视器：
	--可直接连接且设计用于品目84.71的自动数据处理设备的：
	---液晶的：
8528.5211	----专用于或主要用于品目84.71的自动数据处理设备的
8528.5212	----其他，彩色的
8528.5219	----其他，单色的
	---其他：

商品编码	商品名称
8528.5291	－－－－专用于或主要用于品目84.71的自动数据处理设备的,彩色的
8528.5292	－－－－其他,彩色的
8528.5299	－－－－其他,单色的
	－－其他:
8528.5910	－－－彩色的
8528.5990	－－－单色的
	－投影机:
	－－可直接连接且设计用于品目84.71的自动数据处理设备的:
8528.6210	－－－专用于或主要用于品目84.71的自动数据处理设备的
8528.6220	－－－其他,彩色的
8528.6290	－－－其他,单色的
	－－其他:
8528.6910	－－－彩色的
8528.6990	－－－单色的
	－电视接收装置,不论是否装有无线电收音装置或声音、图像的录制或重放装置:
	－－在设计上不带有视频显示器或屏幕的:
8528.7110	－－－彩色卫星电视接收机
8528.7180	－－－其他彩色的
8528.7190	－－－单色的
	－－其他,彩色的:
	－－－阴极射线显像管的:
8528.7211	－－－－模拟电视接收机
8528.7212	－－－－数字电视接收机
8528.7219	－－－－其他
	－－－液晶显示器的:
8528.7221	－－－－模拟电视接收机
8528.7222	－－－－数字电视接收机
8528.7229	－－－－其他
	－－－等离子显示器的:
8528.7231	－－－－模拟电视接收机
8528.7232	－－－－数字电视接收机
8528.7239	－－－－其他
	－－－其他:
8528.7291	－－－－模拟电视接收机
8528.7292	－－－－数字电视接收机
8528.7299	－－－－其他
8528.7300	－－其他,单色的
85.29	**专用于或主要用于品目85.24至85.28所列装置或设备的零件:**
	－各种天线或天线反射器及其零件:
8529.1010	－－－雷达设备及无线电导航设备用
8529.1020	－－－无线电收音机及其组合机、电视接收机用
8529.1090	－－－其他
	－其他:
8529.9010	－－－电视发送、差转设备及卫星电视地面接收转播设备用
8529.9020	－－－品目85.24所列设备用
	－－－电视摄像机、视频摄录一体机及数字照相机用:
8529.9041	－－－－特种用途的
8529.9042	－－－－非特种用途的取像模块
8529.9049	－－－－其他
8529.9050	－－－雷达设备及无线电导航设备用
8529.9060	－－－无线电收音机及其组合机用
	－－－电视接收机用(高频调谐器除外):
8529.9081	－－－－彩色电视接收机用
8529.9089	－－－－其他
8529.9090	－－－其他
85.30	**铁道、电车道、道路或内河航道停车场、港口或机场用的电气信号、安全或交通管理设备(品目86.08的货品除外):**
8530.1000	－铁道或电车道用的设备
8530.8000	－其他设备
8530.9000	－零件
85.31	**电气音响或视觉信号装置(例如,电铃、电笛、显示板、防盗或防火报警器),但品目85.12或85.30的货品除外:**
8531.1000	－防盗或防火报警器及类似装置
8531.2000	－装有液晶装置(LCD)或发光二极管(LED)的显示板
	－其他装置:

商品编码	商品名称
8531.8010	---蜂鸣器
8531.8090	---其他
	-零件:
8531.9010	---防盗或防火报警器及类似装置用
8531.9090	---其他
85.32	**固定、可变或可调(微调)电容器:**
8532.1000	-固定电容器,用于50/60赫兹电路,其额定无功功率不低于0.5千乏(电力电容器)
	-其他固定电容器:
	--钽电容器:
8532.2110	---片式
8532.2190	---其他
	--铝电解电容器:
8532.2210	---片式
8532.2290	---其他
8532.2300	--单层瓷介电容器
	--多层瓷介电容器:
8532.2410	---片式
8532.2490	---其他
	--纸介质或塑料介质电容器:
8532.2510	---片式
8532.2590	---其他
8532.2900	--其他
8532.3000	-可变或可调(微调)电容器
	-零件:
8532.9010	---子目8532.1000所列电容器用
8532.9090	---其他
85.33	**电阻器(包括变阻器及电位器)但加热电阻器除外:**
8533.1000	-固定碳质电阻器,合成或薄膜式
	-其他固定电阻器:
	--额定功率不超过20瓦:
8533.2110	---片式
8533.2190	---其他
8533.2900	--其他
	-线绕可变电阻器,包括变阻器及电位器:
8533.3100	--额定功率不超过20瓦
8533.3900	--其他
8533.4000	-其他可变电阻器,包括变阻器及电位器
8533.9000	-零件
85.34	**印刷电路:**
8534.0010	---4层以上的
8534.0090	---其他
85.35	**电路的开关、保护或连接用的电气装置(例如,开关、熔断器、避雷器、电压限幅器、电涌抑制器、插头及其他连接器、接线盒)用于电压超过1000伏的线路:**
8535.1000	-熔断器
	-自动断路器:
8535.2100	--用于电压低于72.5千伏的线路
	--其他:
8535.2910	---用于电压在72.5千伏及以上,但不高于220千伏的线路
8535.2920	---用于电压高于220千伏,但不高于750千伏的线路
8535.2990	---其他
	-隔离开关及断续开关:
8535.3010	---用于电压在72.5千伏及以上,但不高于220千伏的线路
8535.3020	---用于电压高于220千伏,但不高于750千伏的线路
8535.3090	---其他
8535.4000	-避雷器、电压限幅器及电涌抑制器
8535.9000	-其他
85.36	**电路的开关、保护或连接用的电器装置(例如,开关、继电器、熔断器、电涌抑制器、插头、插座、灯座及其他连接器、接线盒)用于电压不超过1000伏的线路;光导纤维、光导纤维束或光缆用连接器:**
8536.1000	-熔断器
8536.2000	-自动断路器
8536.3000	-其他电路保护装置
	-继电器:
	--用于电压不超过60伏的线路:
8536.4110	---用于电压不超过36伏的线路
8536.4190	---其他

商品编码	商品名称
8536.4900	- - 其他
8536.5000	- 其他开关
	- 灯座、插头及插座:
8536.6100	- - 灯座
8536.6900	- - 其他
8536.7000	- 光导纤维、光导纤维束或光缆用连接器
	- 其他装置:
	- - - 接插件:
8536.9011	- - - - 工作电压不超过 36 伏的
8536.9019	- - - - 其他
8536.9090	- - - 其他
85.37	**用于电气控制或电力分配的盘、板、台、柜及其他基座,装有两个或多个品目 85.35 或 85.36 所列的装置,包括装有第九十章所列的仪器或装置,以及数控装置,但品目 85.17 的交换机除外:**
	- 用于电压不超过 1000 伏的线路:
	- - - 数控装置:
8537.1011	- - - - 可编程序控制器
8537.1019	- - - - 其他
8537.1090	- - - 其他
	- 用于电压超过 1000 伏的线路:
8537.2010	- - - 全封闭组合式高压开关装置,用于电压在 500 千伏及以上的线路
8537.2090	- - - 其他
85.38	**专用于或主要用于品目 85.35、85.36 或 85.37 所列装置的零件:**
	- 品目 85.37 所列货品用的盘、板台、柜及其他基座,但未装有关装置:
8538.1010	- - - 子目 8537.2010 所列货品用
8538.1090	- - - 其他
8538.9000	- 其他
85.39	**白炽灯泡、放电灯管,包括封闭式聚光灯及紫外线灯管或红外线灯泡;弧光灯;发光二极管(LED)光源:**
8539.1000	- 封闭式聚光灯
	- 其他白炽灯泡,但不包括紫外线灯管或红外线灯泡:
	- - 卤钨灯:
8539.2110	- - - 科研、医疗专用
8539.2120	- - - 火车、航空器及船舶用
8539.2130	- - - 机动车辆用
8539.2190	- - - 其他
	- - 其他灯,功率不超过 200 瓦,但额定电压超过 100 伏:
8539.2210	- - - 科研、医疗专用
8539.2290	- - - 其他
	- - 其他:
8539.2910	- - - 科研、医疗专用
8539.2920	- - - 火车、航空器及船舶用
8539.2930	- - - 机动车辆用
	- - - 其他:
8539.2991	- - - - 12 伏及以下的
8539.2999	- - - - 其他
	- 放电灯管,但紫外线灯管除外:
	- - 热阴极荧光灯:
8539.3110	- - - 科研、医疗专用
8539.3120	- - - 火车、航空器及船舶用
	- - - 其他:
8539.3191	- - - - 紧凑型
8539.3199	- - - - 其他
	- - 汞或钠蒸气灯;金属卤化物灯:
8539.3230	- - - 钠蒸气灯
8539.3240	- - - 汞蒸气灯
8539.3290	- - - 其他
	- - 其他:
8539.3910	- - - 科研、医疗专用
8539.3920	- - - 火车、航空器及船舶用
8539.3990	- - - 其他
	- 紫外线灯管或红外线灯泡;弧光灯:
8539.4100	- - 弧光灯
8539.4900	- - 其他
	- 发光二极管(LED)光源:
8539.5100	- - 发光二极管(LED)模块
	- - 发光二极管(LED)灯泡(管)
8539.5210	- - - 发光二极管(LED)灯泡
8539.5220	- - - 发光二极管(LED)灯管
	- 零件:
8539.9010	- - - 发光二极管(LED)模块的

商品编码	商品名称
8539.9090	－－－其他
85.40	**热电子管、冷阴极管或光阴极管(例如,真空管或充气管、汞弧整流管、阴极射线管、电视摄像管):**
	－阴极射线电视显像管,包括视频监视器用阴极射线管:
8540.1100	－－彩色的
8540.1200	－－单色的
	－电视摄像管;变像管及图像增强管;其他光阴极管:
8540.2010	－－－电视摄像管
8540.2090	－－－其他
	－单色的数据/图形显示管;彩色的数据/图形显示管,屏幕荧光点间距小于0.4毫米:
8540.4010	－－－彩色的数据/图形显示管,屏幕荧光点间距小于0.4毫米
8540.4020	－－－单色的数据/图形显示管
	－其他阴极射线管:
8540.6010	－－－雷达显示管
8540.6090	－－－其他
	－微波管(例如,磁控管、速调管行波管、返波管),但不包括栅控管:
8540.7100	－－磁控管
	－－其他:
8540.7910	－－－速调管
8540.7990	－－－其他
	－其他管:
8540.8100	－－接收管或放大管
8540.8900	－－其他
	－零件:
	－－阴极射线管用:
8540.9110	－－－电视显像管用
8540.9120	－－－雷达显示管用
8540.9190	－－－其他
	－－其他:
8540.9910	－－－电视摄像管用
8540.9990	－－－其他
85.41	**半导体器件(例如,二极管、晶体管,半导体基换能器);光敏半导体器件,包括不论是否装在组件内或组装成块的光电池;发光二极管(LED),不论是否与其他发光二极管(LED)组装;已装配的压电晶体:**
8541.1000	－二极管,但光敏二极管或发光二极管除外
	－晶体管,但光敏晶体管除外:
8541.2100	－－耗散功率小于1瓦的
8541.2900	－－其他
8541.3000	－半导体开关元件、两端交流开关元件及三端双向可控硅开关元件,但光敏器件除外
	－光敏半导体器件,包括不论是否装在组件内或组装成块的光电池;发光二极管:
8541.4100	－－发光二极管(LED)
8541.4200	－－未装在组件内或组装成块的光电池
8541.4300	－－已装在组件内或组装成块的光电池
8541.4900	－－其他
	－其他半导体器件:
	－－半导体基换能器:
	－－－传感器:
8541.5111	－－－－检测湿度、气压及其组合指标的
8541.5112	－－－－用于检测温度、电量、理化指标的;利用光学检测其他指标的
8541.5113	－－－－液体或气体的流量、液位、压力或其他变化量的
8541.5119	－－－－其他
	－－－执行器:
8541.5121	－－－－电动机
8541.5129	－－－－其他
8541.5130	－－－振荡器
8541.5140	－－－谐振器
8541.5900	－－其他
8541.6000	－已装配的压电晶体

商品编码	商品名称
8541.9000	－零件
85.42	**集成电路:**
	－集成电路:
	－－处理器及控制器,不论是否带有存储器、转换器、逻辑电路、放大器、时钟及时序电路或其他电路:
	－－－多元件集成电路:
8542.3111	－－－－具有变流功能的半导体模块
8542.3119	－－－－其他
8542.3190	－－－其他
	－－存储器:
8542.3210	－－－多元件集成电路
8542.3290	－－－其他
	－－放大器:
8542.3310	－－－多元件集成电路
8542.3390	－－－其他
	－－其他:
8542.3910	－－－多元件集成电路
8542.3990	－－－其他
8542.9000	－零件
85.43	**本章其他品目未列名的具有独立功能的电气设备及装置:**
8543.1000	－粒子加速器
	－信号发生器:
8543.2010	－－－输出信号频率在1500兆赫兹以下的通用信号发生器
8543.2090	－－－其他
8543.3000	－电镀、电解或电泳设备及装置
8543.4000	－电子烟及类似的个人电子雾化设备
	－其他设备及装置:
	－－－其他设备及装置:
8543.7091	－－－－金属、矿藏探测器
8543.7092	－－－－高、中频放大器
8543.7093	－－－－电篱网激发器
8543.7099	－－－－其他
	－零件:
8543.9010	－－－粒子加速器用
	－－－信号发生器用:
8543.9021	－－－－输出信号频率在1500兆赫兹以下的通用信号发生器用
8543.9029	－－－－其他
8543.9030	－－－金属、矿藏探测器用
8543.9040	－－－高、中频放大器用
8543.9090	－－－其他
85.44	**绝缘(包括漆包或阳极化处理)电线、电缆(包括同轴电缆)及其他绝缘电导体,不论是否有接头;由多根具有独立保护套的光纤组成的光缆,不论是否与电导体装配或装有接头:**
	－绕组电线:
8544.1100	－－铜制
8544.1900	－－其他
8544.2000	－同轴电缆及其他同轴电导体
	－车辆、航空器、船舶用点火布线组及其他布线组:
8544.3020	－－－机动车辆用
8544.3090	－－－其他
	－其他电导体,额定电压不超过1000伏:
	－－有接头:
	－－－额定电压不超过80伏:
8544.4211	－－－－电缆
8544.4219	－－－－其他
	－－－额定电压超过80伏,但不超过1000伏:
8544.4221	－－－－电缆
8544.4229	－－－－其他
	－－其他:
	－－－额定电压不超过80伏:
8544.4911	－－－－电缆
8544.4919	－－－－其他
	－－－额定电压超过80伏,但不超过1000伏:
8544.4921	－－－－电缆
8544.4929	－－－－其他
	－其他电导体,额定电压超过1000伏:
	－－－电缆:
8544.6012	－－－－额定电压不超过35千伏
8544.6013	－－－－额定电压超过35千伏,但不超过110千伏

商品编码	商品名称
8544.6014	－－－－额定电压超过 110 千伏,但不超过 220 千伏
8544.6019	－－－－其他
8544.6090	－－－其他
8544.7000	－光缆
85.45	**碳电极、碳刷、灯碳棒、电池碳棒及电气设备用的其他石墨或碳精制品,不论是否带金属:**
	－碳电极:
8545.1100	－－炉用
8545.1900	－－其他
8545.2000	－碳刷
8545.9000	－其他
85.46	**各种材料制的绝缘子:**
8546.1000	－玻璃制
	－陶瓷制:
8546.2010	－－－输变电线路绝缘瓷套管
8546.2090	－－－其他
8546.9000	－其他
85.47	**电气机器、器具或设备用的绝缘零件,除了为装配需要而在模制时装入的小金属零件(例如,螺纹孔)以外,全部用绝缘材料制成但品目 85.46 的绝缘子除外;内衬绝缘材料的贱金属制线路导管及其接头:**
8547.1000	－陶瓷制绝缘零件
8547.2000	－塑料制绝缘零件
	－其他:
8547.9010	－－－内衬绝缘材料的贱金属制线路导管及其接头
8547.9090	－－－其他
85.48	**机器或设备的本章其他品目未列名的电气零件:**
8548.0000	机器或设备的本章其他品目未列名的电气零件
85.49	**电子电气废弃物及碎料:**
	－原电池、原电池组及蓄电池的废物、废料;废原电池、废原电池组及废蓄电池:
8549.1100	－－铅酸蓄电池的废物、废料;废铅酸蓄电池
8549.1200	－－其他,含铅、镉或汞的
8549.1300	－－按化学类型分拣且不含铅、镉或汞的
8549.1400	－－未分拣且不含铅、镉或汞的
8549.1900	－－其他
	－主要用于回收贵金属的:
8549.2100	－－含有原电池、原电池组、蓄电池、汞开关、源于阴极射线管的玻璃或其他活化玻璃,或含有镉、汞、铅或多氯联苯(PCBs)的电气或电子元件
8549.2900	－－其他
	－其他电气、电子组件及印刷电路板:
8549.3100	－－含有原电池、原电池组、蓄电池、汞开关、源于阴极射线管的玻璃或其他活化玻璃,或含有镉、汞、铅或多氯联苯(PCBs)的电气或电子元件
8549.3900	－－其他
	－其他:
8549.9100	－－含有原电池、原电池组、蓄电池、汞开关、源于阴极射线管的玻璃或其他活化玻璃,或含有镉、汞、铅或多氯联苯(PCBs)的电气或电子元件
8549.9900	－－其他

第十七类　车辆、航空器、船舶及有关运输设备

注释：

一、本类不包括品目 95.03 或 95.08 的物品或品目 95.06 的长雪橇、平底雪橇及类似品。

二、本类所称“零件”及“零件、附件”，不适用于下列货品，不论其是否确定为供本类货品使用：

(一)各种材料制的接头、垫圈或类似品（按其构成材料归类或归入品目 84.84）或硫化橡胶（硬质橡胶除外）的其他制品（品目 40.16）；

(二)第十五类注释二所规定的贱金属制通用零件（第十五类）或塑料制的类似品（第三十九章）；①

(三)第八十二章的物品（工具）；

(四)品目 83.06 的物品；

(五)品目 84.01 至 84.79 的机器或装置及其零件，但供本类所列物品使用的散热器除外；品目 84.81 或 84.82 的物品或品目 84.83 的物品（这些物品是构成发动机或其他动力装置所必需的）；②

(六)电机或电气设备（第八十五章）；③

(七)第九十章的物品；④

(八)第九十一章的物品；

(九)武器（第九十三章）；

(十)品目 94.05 的灯具、照明装置及其零件；或

(十一)作为车辆零件的刷子（品目 96.03）。

三、第八十六章至第八十八章所称“零件”或“附件”，不适用于那些非专用于或非主要用于这几章所列物品的零件、附件。同时符合这几章内两个或两个以上品目规定的零件、附件，应按其主要用途归入相应的品目。

四、在本类中：

(一)既可在道路上又可在轨道上行驶的特殊构造的车辆，应归入第八十七章的相应品目；

(二)水陆两用的机动车辆，应归入第八十七章的相应品目；

(三)可兼作地面车辆使用的特殊构造的航空器，应归入第八十八章的相应品目。

五、气垫运输工具应按本类最相似的运输工具归类，其规定如下：

(一)在导轨上运行的（气垫火车），归入第八十六章；

(二)在陆地行驶或水陆两用的，归入第八十七章；

(三)在水上航行的，不论能否在海滩或浮码头登陆及能否在冰上行驶，归入第八十九章。

气垫运输工具的零件、附件，应按照上述规定，与运输车辆的零件、附件一并归类。

气垫火车的轨道固定装置及附件应与铁道轨道固定装置及附件一并归类。气垫火车运行系统的信号、安全或交通管理设备应与铁道的信号、安全或交通管理设备一并归类。

---

① 例如，钢铁材料制汽车悬挂系统专用弹簧不按“汽车零件”归类，而应按“通用零件”归入品目 73.20“钢铁制弹簧”。

② 例如，汽车专用滤油器不按“汽车零件”归入品目 87.08，而应归入品目 84.21“液体或气体的过滤装置”。

③ 例如，汽车专用收音机不按“汽车零件”归入品目 87.08，而应归入品目 85.27“无线电广播接收设备”。

④ 例如，汽车专用速度表不按“汽车零件”归入品目 87.08，而应归入品目 90.29“速度计及转速表”。

第八十六章　铁道及电车道机车、车辆及其零件；铁道及电车道轨道固定装置及其零件、附件；各种机械（包括电动机械）交通信号设备

注释：

一、本章不包括：

（一）木制或混凝土制的铁道及电车道轨枕或气垫火车用的混凝土导轨（品目 44.06 或 68.10）；

（二）品目 73.02 的铁道及电车道铺轨用钢铁材料；或

（三）品目 85.30 的电气信号、安全或交通管理设备。

二、品目 86.07 主要适用于：

（一）轴、轮、行走机构、金属轮箍、轮圈、毂及轮子的其他零件；

（二）车架、底架、转向架；

（三）轴箱；制动装置；

（四）车辆缓冲器；钩及其他联结器及车厢走廊联结装置；

（五）车身。

三、除上述注释一另有规定的以外，品目 86.08 包括：

（一）已装配的轨道、转车台、站台缓冲器、量载规；

（二）铁道、电车道、道路、内河航道、停车设施、港口装置或机场用的臂板信号机、机械信号盘、平交道口控制器、信号及道岔控制器，及其他机械（包括电动机械）信号、安全或交通管理设备，不论其是否装有电力照明装置。

商品编码	商品名称
86.01	**铁道机车，由外部电力或蓄电池驱动：**
	－由外部电力驱动：
	－－－直流电机驱动的：
8601.1011	－－－－微型机控制的
8601.1019	－－－－其他
8601.1020	－－－交流电机驱动的
8601.1090	－－－其他
8601.2000	－由蓄电池驱动
86.02	**其他铁道机车；机车煤水车：**
	－柴油电力机车：
8602.1010	－－－微型机控制的
8602.1090	－－－其他
8602.9000	－其他
86.03	**铁道及电车道用的机动客车、货车、敞车，但品目 86.04 的货品除外：**
8603.1000	－由外部电力驱动
8603.9000	－其他
86.04	**铁道及电车道用的维修或服务车，不论是否机动（例如，工场车、起重机车、道碴捣固车、轨道校正车、检验车及查道车）：**
	－－－检验车及查道车：
8604.0011	－－－－隧道限界检查车
8604.0012	－－－－钢轨在线打磨列车
8604.0019	－－－－其他
	－－－其他：
8604.0091	－－－－电气化接触网架线机（轨行式）
8604.0099	－－－－其他
86.05	**铁道及电车道用的非机动客车；行李车、邮政车和其他铁道及电车道用的非机动特殊用途车辆（品目 86.04 的货品除外）：**
8605.0010	－－－铁道客车
8605.0090	－－－其他
86.06	**铁道及电车道用的非机动有篷及无篷货车：**
8606.1000	－油罐货车及类似车
8606.3000	－自卸货车，但子目 8606.1000 的货品除外
	－其他：

商品编码	商品名称	商品编码	商品名称
8606.9100	－－带篷及封闭的		
8606.9200	－－敞篷的,厢壁固定且高度超过 60 厘米		
8606.9900	－－其他		
86.07	**铁道及电车道机车或其他车辆的零件:**		
	－转向架、轴、轮及其零件:		
8607.1100	－－驾驶转向架		
8607.1200	－－其他转向架		
	－－其他,包括零件:		
8607.1910	－－－轴		
8607.1990	－－－其他		
	－制动装置及其零件:		
8607.2100	－－空气制动器及其零件		
8607.2900	－－其他		
8607.3000	－钩、其他联结器、缓冲器及其零件		
	－其他:		
8607.9100	－－机车用		
8607.9900	－－其他		
86.08	**铁道及电车道轨道固定装置及附件;供铁道、电车道、道路、内河航道、停车设施、港口装置或机场用的机械(包括电动机械)信号、安全或交通管理设备;上述货品的零件:**		
8608.0010	－－－轨道自动计轴设备		
8608.0090	－－－其他		
86.09	**集装箱(包括运输液体的集装箱),经特殊设计、装备适用于各种运输方式:**		
	－－－20 英尺的:		
8609.0011	－－－－保温式		
8609.0012	－－－－罐式		
8609.0019	－－－－其他		
	－－－40 英尺的:		
8609.0021	－－－－保温式		
8609.0022	－－－－罐式		
8609.0029	－－－－其他		
8609.0030	－－－45、48、53 英尺的		
8609.0090	－－－其他		

第八十七章　车辆及其零件、附件，但铁道及电车道车辆除外

注释：

一、本章不包括仅可在钢轨上运行的铁道及电车道车辆。

二、本章所称“牵引车、拖拉机”，是指主要为牵引或推动其他车辆、器具或重物的车辆。除了上述主要用途以外，不论其是否还具有装运工具、种子、肥料或其他货品的辅助装置。

用于安装在品目 87.01 的牵引车或拖拉机上，作为可替换设备的机器或作业工具，即使与牵引车或拖拉机一同报验，不论其是否已安装在车(机)上，仍应归入其各自相应的品目。

三、装有驾驶室的机动车辆底盘，应归入品目 87.02 至 87.04，而不归入品目 87.06。①

四、品目 87.12 包括所有儿童两轮车，其他儿童脚踏车归入品目 95.03。②

子目注释：

一、子目 8708.22 包括：

(一)带框的前挡风玻璃、后窗及其他窗；以及

(二)装有加热器件或者其他电气或电子装置的前挡风玻璃、后窗及其他窗，不论是否带框。上述货品专用于或主要用于品目 87.01 至 87.05 的机动车辆。

商品编码	商品名称
87.01	**牵引车、拖拉机(品目 87.09 的牵引车除外)：**
8701.1000	- 单轴拖拉机
	- 半挂车用的公路牵引车：
8701.2100	- - 仅装有压燃式活塞内燃发动机(柴油或半柴油发动机)的车辆
8701.2200	- - 同时装有压燃式活塞内燃发动机(柴油或半柴油发动机)及驱动电动机的车辆
8701.2300	- - 同时装有点燃式活塞内燃发动机及驱动电动机的车辆
8701.2400	- - 仅装有驱动电动机的车辆
8701.2900	- - 其他
8701.3000	- 履带式牵引车、拖拉机
	- 其他，其发动机功率：
	- - 不超过 18 千瓦：
8701.9110	- - - 拖拉机
8701.9190	- - - 其他
	- - 超过 18 千瓦，但不超过 37 千瓦
8701.9210	- - - 拖拉机
8701.9290	- - - 其他
	- - 超过 37 千瓦，但不超过 75 千瓦：
8701.9310	- - - 拖拉机
8701.9390	- - - 其他
	- - 超过 75 千瓦，但不超过 130 千瓦
8701.9410	- - - 拖拉机
8701.9490	- - - 其他
	- - 超过 130 千瓦：
8701.9510	- - - 拖拉机
8701.9590	- - - 其他
87.02	**客运机动车辆，10 座及以上(包括驾驶座)：**
	- 仅装有压燃式活塞内燃发动机(柴油或半柴油发动机)的车辆：
8702.1020	- - - 机坪客车
	- - - 其他：
8702.1091	- - - - 30 座及以上(大型客车)
8702.1092	- - - - 20 座及以上，但不超过 29 座
8702.1093	- - - - 10 座及以上，但不超过 19 座

① 装有发动机的机动车辆底盘归入品目 87.06，装有驾驶室的机动车辆底盘，应按相应的整车归入品目 87.02 至 87.04，单独的机动车辆底盘按机动车辆的零件归入品目 87.08。

② 儿童脚踏车，如果是两轮的，归入品目 87.12“自行车”，其他按“带轮玩具”归入品目 95.03。

商品编码	商品名称
	－同时装有压燃式活塞内燃发动机(柴油或半柴油发动机)及驱动电动机的车辆:
8702. 2010	－－－机坪客车
	－－－其他:
8702. 2091	－－－－30 座及以上(大型客车)
8702. 2092	－－－－20 座及以上,但不超过 29 座
8702. 2093	－－－－10 座及以上,但不超过 19 座
	－同时装有点燃式活塞内燃发动机及驱动电动机的车辆:
8702. 3010	－－－30 座及以上(大型客车)
8702. 3020	－－－20 座及以上,但不超过 29 座
8702. 3030	－－－10 座及以上,但不超过 19 座
	－仅装有驱动电动机的车辆:
8702. 4010	－－－30 座及以上(大型客车)
8702. 4020	－－－20 座及以上,但不超过 29 座
8702. 4030	－－－10 座及以上,但不超过 19 座
	－其他:
8702. 9010	－－－30 座及以上(大型客车)
8702. 9020	－－－20 座及以上,但不超过 29 座
8702. 9030	－－－10 座及以上,但不超过 19 座
87. 03	**主要用于载人的机动车辆(品目 87. 02 的货品除外),包括旅行小客车及赛车:**
	－雪地行走专用车;高尔夫球车及类似车辆:
	－－－高尔夫球车及类似车辆:
8703. 1011	－－－－全地形车
8703. 1019	－－－－其他
8703. 1090	－－－其他
	－仅装有点燃式活塞内燃发动机的其他车辆:
	－－气缸容量(排气量)不超过 1000 毫升:
8703. 2130	－－－小轿车
8703. 2140	－－－越野车(4 轮驱动)
8703. 2150	－－－9 座及以下的小客车
8703. 2190	－－－其他
	－－气缸容量(排气量)超过 1000 毫升,但不超过 1500 毫升:
8703. 2230	－－－小轿车
8703. 2240	－－－越野车(4 轮驱动)
8703. 2250	－－－9 座及以下的小客车
8703. 2290	－－－其他
	－－气缸容量(排气量)超过 1500 毫升,但不超过 3000 毫升:
	－－－气缸容量(排气量)超过 1500 毫升,但不超过 2000 毫升:
8703. 2341	－－－－小轿车
8703. 2342	－－－－越野车(4 轮驱动)
8703. 2343	－－－－9 座及以下的小客车
8703. 2349	－－－－其他
	－－－气缸容量(排气量)超过 2000 毫升,但不超过 2500 毫升:
8703. 2351	－－－－小轿车
8703. 2352	－－－－越野车(4 轮驱动)
8703. 2353	－－－－9 座及以下的小客车
8703. 2359	－－－－其他
	－－－气缸容量(排气量)超过 2500 毫升,但不超过 3000 毫升:
8703. 2361	－－－－小轿车
8703. 2362	－－－－越野车(4 轮驱动)
8703. 2363	－－－－9 座及以下的小客车
8703. 2369	－－－－其他
	－－气缸容量(排气量)超过 3000 毫升:
	－－－气缸容量(排气量)超过 3000 毫升,但不超过 4000 毫升:
8703. 2411	－－－－小轿车
8703. 2412	－－－－越野车(4 轮驱动)
8703. 2413	－－－－9 座及以下的小客车
8703. 2419	－－－－其他
	－－－气缸容量(排气量)超过 4000 毫升:
8703. 2421	－－－－小轿车
8703. 2422	－－－－越野车(4 轮驱动)
8703. 2423	－－－－9 座及以下的小客车
8703. 2429	－－－－其他
	－仅装有压燃式活塞内燃发动机(柴油或半柴油发动机)的其他车辆:
	－－气缸容量(排气量)不超过 1500 毫升:

商品编码	商品名称
	－－－气缸容量(排气量)不超过1000毫升:
8703.3111	－－－－小轿车
8703.3119	－－－－其他
	－－－气缸容量(排气量)超过1000毫升,但不超过1500毫升:
8703.3121	－－－－小轿车
8703.3122	－－－－越野车(4轮驱动)
8703.3123	－－－－9座及以下的小客车
8703.3129	－－－－其他
	－－气缸容量(排气量)超过1500毫升,但不超过2500毫升:
	－－－气缸容量(排气量)超过1500毫升,但不超过2000毫升:
8703.3211	－－－－小轿车
8703.3212	－－－－越野车(4轮驱动)
8703.3213	－－－－9座及以下的小客车
8703.3219	－－－－其他
	－－－气缸容量(排气量)超过2000毫升,但不超过2500毫升:
8703.3221	－－－－小轿车
8703.3222	－－－－越野车(4轮驱动)
8703.3223	－－－－9座及以下的小客车
8703.3229	－－－－其他
	－－气缸容量(排气量)超过2500毫升:
	－－－气缸容量(排气量)超过2500毫升,但不超过3000毫升:
8703.3311	－－－－小轿车
8703.3312	－－－－越野车(4轮驱动)
8703.3313	－－－－9座及以下的小客车
8703.3319	－－－－其他
	－－－气缸容量(排气量)超过3000毫升,但不超过4000毫升:
8703.3321	－－－－小轿车
8703.3322	－－－－越野车(4轮驱动)
8703.3323	－－－－9座及以下的小客车
8703.3329	－－－－其他
	－－－气缸容量(排气量)超过4000毫升:
8703.3361	－－－－小轿车
8703.3362	－－－－越野车(4轮驱动)
8703.3363	－－－－9座及以下的小客车
8703.3369	－－－－其他
	－同时装有点燃式活塞内燃发动机及驱动电动机的其他车辆,可通过接插外部电源进行充电的除外:
	－－－气缸容量(排气量)不超过1000毫升:
8703.4011	－－－－小轿车
8703.4012	－－－－越野车(4轮驱动)
8703.4013	－－－－9座及以下的小客车
8703.4019	－－－－其他
	－－－气缸容量(排气量)超过1000毫升,但不超过1500毫升:
8703.4021	－－－－小轿车
8703.4022	－－－－越野车(4轮驱动)
8703.4023	－－－－9座及以下的小客车
8703.4029	－－－－其他
	－－－气缸容量(排气量)超过1500毫升,但不超过2000毫升:
8703.4031	－－－－小轿车
8703.4032	－－－－越野车(4轮驱动)
8703.4033	－－－－9座及以下的小客车
8703.4039	－－－－其他
	－－－气缸容量(排气量)超过2000毫升,但不超过2500毫升:
8703.4041	－－－－小轿车
8703.4042	－－－－越野车(4轮驱动)
8703.4043	－－－－9座及以下的小客车
8703.4049	－－－－其他
	－－－气缸容量(排气量)超过2500毫升,但不超过3000毫升:
8703.4051	－－－－小轿车
8703.4052	－－－－越野车(4轮驱动)
8703.4053	－－－－9座及以下的小客车
8703.4059	－－－－其他
	－－－气缸容量(排气量)超过3000毫升,但不超过4000毫升:
8703.4061	－－－－小轿车
8703.4062	－－－－越野车(4轮驱动)
8703.4063	－－－－9座及以下的小客车

商品编码	商品名称
8703. 4069	----其他
	---气缸容量(排气量)超过 4000 毫升:
8703. 4071	----小轿车
8703. 4072	----越野车(4 轮驱动)
8703. 4073	----9 座及以下的小客车
8703. 4079	----其他
	-同时装有压燃式活塞内燃发动机(柴油或半柴油发动机)及驱动电动机的其他车辆,可通过接插外部电源进行充电的除外:
	---气缸容量(排气量)不超过 1000 毫升:
8703. 5011	----小轿车
8703. 5019	----其他
	---气缸容量(排气量)超过 1000 毫升,但不超过 1500 毫升:
8703. 5021	----小轿车
8703. 5022	----越野车(4 轮驱动)
8703. 5023	----9 座及以下的小客车
8703. 5029	----其他
	---气缸容量(排气量)超过 1500 毫升,但不超过 2000 毫升:
8703. 5031	----小轿车
8703. 5032	----越野车(4 轮驱动)
8703. 5033	----9 座及以下的小客车
8703. 5039	----其他
	---气缸容量(排气量)超过 2000 毫升,但不超过 2500 毫升:
8703. 5041	----小轿车
8703. 5042	----越野车(4 轮驱动)
8703. 5043	----9 座及以下的小客车
8703. 5049	----其他
	---气缸容量(排气量)超过 2500 毫升,但不超过 3000 毫升:
8703. 5051	----小轿车
8703. 5052	----越野车(4 轮驱动)
8703. 5053	----9 座及以下的小客车
8703. 5059	----其他
	---气缸容量(排气量)超过 3000 毫升,但不超过 4000 毫升:
8703. 5061	----小轿车
8703. 5062	----越野车(4 轮驱动)
8703. 5063	----9 座及以下的小客车
8703. 5069	----其他
	---气缸容量(排气量)超过 4000 毫升:
8703. 5071	----小轿车
8703. 5072	----越野车(4 轮驱动)
8703. 5073	----9 座及以下的小客车
8703. 5079	----其他
	-同时装有点燃式活塞内燃发动机及驱动电动机、可通过接插外部电源进行充电的其他车辆:
	---气缸容量(排气量)不超过 1000 毫升:
8703. 6011	----小轿车
8703. 6012	----越野车(4 轮驱动)
8703. 6013	----9 座及以下的小客车
8703. 6019	----其他
	---气缸容量(排气量)超过 1000 毫升,但不超过 1500 毫升:
8703. 6021	----小轿车
8703. 6022	----越野车(4 轮驱动)
8703. 6023	----9 座及以下的小客车
8703. 6029	----其他
	---气缸容量(排气量)超过 1500 毫升,但不超过 2000 毫升:
8703. 6031	----小轿车
8703. 6032	----越野车(4 轮驱动)
8703. 6033	----9 座及以下的小客车
8703. 6039	----其他
	---气缸容量(排气量)超过 2000 毫升,但不超过 2500 毫升:
8703. 6041	----小轿车
8703. 6042	----越野车(4 轮驱动)
8703. 6043	----9 座及以下的小客车
8703. 6049	----其他
	---气缸容量(排气量)超过 2500 毫升,但不超过 3000 毫升:
8703. 6051	----小轿车
8703. 6052	----越野车(4 轮驱动)

商品编码	商品名称
8703.6053	----9 座及以下的小客车
8703.6059	----其他
	---气缸容量(排气量)超过 3000 毫升,但不超过 4000 毫升:
8703.6061	----小轿车
8703.6062	----越野车(4 轮驱动)
8703.6063	----9 座及以下的小客车
8703.6069	----其他
	---气缸容量(排气量)超过 4000 毫升:
8703.6071	----小轿车
8703.6072	----越野车(4 轮驱动)
8703.6073	----9 座及以下的小客车
8703.6079	----其他
	-同时装有压燃活塞内燃发动机(柴油或半柴油发动机)及驱动电动机、可通过接插外部电源进行充电的其他车辆:
	---气缸容量(排气量)不超过 1000 毫升:
8703.7011	----小轿车
8703.7012	----越野车(4 轮驱动)
8703.7013	----9 座及以下的小客车
8703.7019	----其他
	---气缸容量(排气量)超过 1000 毫升,但不超过 1500 毫升:
8703.7021	----小轿车
8703.7022	----越野车(4 轮驱动)
8703.7023	----9 座及以下的小客车
8703.7029	----其他
	---气缸容量(排气量)超过 1500 毫升,但不超过 2000 毫升:
8703.7031	----小轿车
8703.7032	----越野车(4 轮驱动)
8703.7033	----9 座及以下的小客车
8703.7039	----其他
	---气缸容量(排气量)超过 2000 毫升,但不超过 2500 毫升:
8703.7041	----小轿车
8703.7042	----越野车(4 轮驱动)
8703.7043	----9 座及以下的小客车
8703.7049	----其他
	---气缸容量(排气量)超过 2500 毫升,但不超过 3000 毫升:
8703.7051	----小轿车
8703.7052	----越野车(4 轮驱动)
8703.7053	----9 座及以下的小客车
8703.7059	----其他
	---气缸容量(排气量)超过 3000 毫升,但不超过 4000 毫升:
8703.7061	----小轿车
8703.7062	----越野车(4 轮驱动)
8703.7063	----9 座及以下的小客车
8703.7069	----其他
	---气缸容量(排气量)超过 4000 毫升:
8703.7071	----小轿车
8703.7072	----越野车(4 轮驱动)
8703.7073	----9 座及以下的小客车
8703.7079	----其他
8703.8000	-仅装有驱动电动机的其他车辆
8703.9000	-其他
87.04	**货运机动车辆:**
	-非公路用自卸车:
8704.1030	---电动轮货运自卸车
8704.1090	---其他
	-仅装有压燃式活塞内燃发动机(柴油或半柴油发动机)的其他货车:
8704.2100	--车辆总重量不超过 5 吨
	--车辆总重量超过 5 吨,但不超过 20 吨:
8704.2230	---车辆总重量超过 5 吨,但小于 14 吨
8704.2240	---车辆总重量在 14 吨及以上,但不超过 20 吨
8704.2300	--车辆总重量超过 20 吨
	-仅装有点燃式活塞内燃发动机的其他货车:
8704.3100	--车辆总重量不超过 5 吨
	--车辆总重量超过 5 吨:
8704.3230	---车辆总重量超过 5 吨,但不超过 8 吨

商品编码	商品名称
8704.3240	－－－车辆总重量超过8吨
	－同时装有压燃式活塞内燃发动机(柴油或半柴油发动机)及驱动电动机的其他货车：
8704.4100	－－车辆总重量不超过5吨
	－－车辆总重量超过5吨,但不超过20吨：
8704.4210	－－－车辆总重量超过5吨,但小于14吨
8704.4220	－－－车辆总重量在14吨及以上,但不超过20吨
8704.4300	－－车辆总重量超过20吨
	－同时装有点燃式活塞内燃发动机及驱动电动机的其他货车：
8704.5100	－－车辆总重量不超过5吨
	－－车辆总重量超过5吨：
8704.5210	－－－车辆总重量超过5吨,但不超过8吨
8704.5220	－－－车辆总重量超过8吨
8704.6000	－仅装有驱动电动机的其他货车
8704.9000	－其他
87.05	**特殊用途的机动车辆(例如,抢修车、起重车、救火车、混凝土搅拌车、道路清洁车、喷洒车、流动工场车及流动放射线检查车),但主要用于载人或运货的车辆除外：**
	－起重车：
	－－－全路面起重车：
8705.1021	－－－－最大起重重量不超过50吨
8705.1022	－－－－最大起重重量超过50吨,但不超过100吨
8705.1023	－－－－最大起重重量超过100吨
	－－－其他：
8705.1091	－－－－最大起重重量不超过50吨
8705.1092	－－－－最大起重重量超过50吨,但不超过100吨
8705.1093	－－－－最大起重重量超过100吨
8705.2000	－钻探车
	－救火车：
8705.3010	－－－装有云梯的救火车
8705.3090	－－－其他
8705.4000	－混凝土搅拌车
	－其他：
8705.9010	－－－无线电通信车
8705.9020	－－－放射线检查车
8705.9030	－－－环境监测车
8705.9040	－－－医疗车
	－－－电源车：
8705.9051	－－－－航空电源车(频率为400赫兹
8705.9059	－－－－其他
8705.9060	－－－飞机加油车、调温车、除冰车
8705.9070	－－－道路(包括跑道)扫雪车
8705.9080	－－－石油测井车、压裂车、混砂车
	－－－其他：
8705.9091	－－－－混凝土泵车
8705.9099	－－－－其他
87.06	**装有发动机的机动车辆底盘,品目87.01至87.05所列车辆用：**
8706.0010	－－－非公路用自卸车底盘
	－－－货车底盘：
8706.0021	－－－－车辆总重量在14吨及以上的
8706.0022	－－－－车辆总重量在14吨以下的
8706.0030	－－－大型客车底盘
8706.0040	－－－汽车起重机底盘
8706.0090	－－－其他
87.07	**机动车辆的车身(包括驾驶室)品目87.01至87.05所列车辆用：**
8707.1000	－品目87.03所列车辆用
	－其他：
8707.9010	－－－子目8702.1092、8702.1093、8702.9020及8702.9030所列车辆用
8707.9090	－－－其他
87.08	**机动车辆的零件、附件,品目87.01至87.05所列车辆用：**
8708.1000	－缓冲器(保险杠)及其零件
	－车身(包括驾驶室)的其他零件、附件：
8708.2100	－－座椅安全带
	－－本章子目注释一所列的前挡风玻璃、后窗及其他车窗：
	－－－天窗：

商品编码	商品名称
8708.2211	----电动的
8708.2212	----手动的
8708.2290	---其他
	--其他:
8708.2930	---车窗玻璃升降器
	---其他车身覆盖件:
8708.2951	----侧围
8708.2952	----车门
8708.2953	----发动机罩盖
8708.2954	----前围
8708.2955	----行李箱盖(或背门)
8708.2956	----后围
8708.2957	----翼子板(或叶子板)
8708.2959	----其他
8708.2990	---其他
	-制动器、助力制动器及其零件:
8708.3010	---装在蹄片上的制动摩擦片
	---防抱死制动系统:
8708.3021	----品目87.01、子目8704.1030及8704.1090所列车辆用
8708.3029	----其他
	---其他:
8708.3091	----品目87.01所列车辆用
8708.3092	----子目8702.1091及8702.9010所列车辆用
8708.3093	----子目8704.1030及8704.1090所列车辆用
8708.3094	----子目8704.2100、8704.2230、8704.3100及8704.3230所列车辆用
8708.3095	----子目8704.2240、8704.2300及8704.3240所列车辆用
8708.3096	----品目87.05所列车辆用
8708.3099	----其他
	-变速箱及其零件:
8708.4010	---品目87.01所列车辆用
8708.4020	---子目8702.1091及8702.9010所列车辆用
8708.4030	---子目8704.1030及8704.1090所列车辆用
8708.4040	---子目8704.2100、8704.2230、8704.3100及8704.3230所列车辆用
8708.4050	---子目8704.2240、8704.2300及8704.3240所列车辆用
8708.4060	---品目87.05所列车辆用
	---其他:
8708.4091	----品目87.03所列车辆用自动换挡变速箱及其零件
8708.4099	----其他
	-装有差速器的驱动桥及其零件,不论是否装有其他传动部件;非驱动桥及其零件:
	---装有差速器的驱动桥及其零件,不论是否装有其他传动部件
8708.5071	----品目87.01所列车辆用
8708.5072	----子目8702.1091及8702.9010所列车辆用
8708.5073	----子目8704.1030及8704.1090所列车辆用
8708.5074	----子目8704.2100、8704.2230、8704.3100及8704.3230所列车辆用
8708.5075	----子目8704.2240、8704.2300及8704.3240所列车辆用
8708.5076	----品目87.05所列车辆用
8708.5079	----其他
	---非驱动桥及其零件:
8708.5081	----品目87.01所列车辆用
8708.5082	----子目8702.1091及8702.9010所列车辆用
8708.5083	----子目8704.1030及8704.1090所列车辆用
8708.5084	----子目8704.2100、8704.2230、8704.3100及8704.3230所列车辆用
8708.5085	----子目8704.2240、8704.2300及8704.3240所列车辆用
8708.5086	----品目87.05所列车辆用
8708.5089	----其他
	-车轮及其零件、附件:

商品编码	商品名称
8708.7010	---品目 87.01 所列车辆用
8708.7020	---子目 8702.1091 及 8702.9010 所列车辆用
8708.7030	---子目 8704.1030 及 8704.1090 所列车辆用
8708.7040	---子目 8704.2100、8704.2230、8704.3100 及 8704.3230 所列车辆用
8708.7050	---子目 8704.2240、8704.2300 及 8704.3240 所列车辆用
8708.7060	---品目 87.05 所列车辆用
	---其他:
8708.7091	----铝合金制的
8708.7099	----其他
	-悬挂系统及其零件(包括减震器):
8708.8010	---品目 87.03 所列车辆用
8708.8090	---其他
	-其他零件、附件:
	--散热器及其零件:
8708.9110	---水箱散热器
8708.9120	---机油冷却器
8708.9190	---其他
8708.9200	--消声器(消音器)、排气管及其零件
	--离合器及其零件:
8708.9310	---品目 87.01 所列车辆用
8708.9320	---子目 8702.1091 及 8702.9010 所列车辆用
8708.9330	---子目 8704.1030 及 8704.1090 所列车辆用
8708.9340	---子目 8704.2100、8704.2230、8704.3100 及 8704.3230 所列车辆用
8708.9350	---子目 8704.2240、8704.2300 及 8704.3240 所列车辆用
8708.9360	---品目 87.05 所列车辆用
8708.9390	---其他
	--转向盘、转向柱、转向器及其零件:
8708.9410	---品目 87.01 所列车辆用
8708.9420	---子目 8702.1091 及 8702.9010 所列车辆用
8708.9430	---子目 8704.1030 及 8704.1090 所列车辆用
8708.9440	---子目 8704.2100、8704.2230、8704.3100 及 8704.3230 所列车辆用
8708.9450	---子目 8704.2240、8704.2300 及 8704.3240 所列车辆用
8708.9460	---品目 87.05 所列车辆用转向器
8708.9490	---其他
8708.9500	--带充气系统的安全气囊及其零件
	--其他:
8708.9910	---品目 87.01 所列车辆用
	---子目 8702.1091 及 8702.9010 所列车辆用:
8708.9921	----车架
8708.9929	----其他
	---子目 8704.1030 及 8704.1090 所列车辆用:
8708.9931	----车架
8708.9939	----其他
	---子目 8704.2100、8704.2230、8704.3100 及 8704.3230 所列车辆用:
8708.9941	----车架
8708.9949	----其他
	---子目 8704.2240、8704.2300 及 8704.3240 所列车辆用:
8708.9951	----车架
8708.9959	----其他
8708.9960	---品目 87.05 所列车辆用
	---其他:
8708.9991	----车架
8708.9992	----传动轴
8708.9999	----其他
87.09	**短距离运输货物的机动车辆,未装有提升或搬运设备,用于工厂、仓库、码头或机场;火车站台上用的牵引车;上述车辆的零件:**
	-车辆:
	--电动的:
8709.1110	---牵引车

商品编码	商品名称
8709.1190	－－－其他
	－－其他：
8709.1910	－－－牵引车
8709.1990	－－－其他
8709.9000	－零件
87.10	**坦克及其他机动装甲战斗车辆，不论是否装有武器；上述车辆的零件：**
8710.0010	－－－整车
8710.0090	－－－零件
87.11	**摩托车(包括机器脚踏两用车)及装有辅助发动机的脚踏车，不论有无边车；边车：**
8711.1000	－装有活塞内燃发动机，气缸容量(排气量)不超过 50 毫升
	－装有活塞内燃发动机，气缸容量(排气量)超过 50 毫升，但不超过 250 毫升：
8711.2010	－－－气缸容量超过 50 毫升，但不超过 100 毫升
8711.2020	－－－气缸容量超过 100 毫升，但不超过 125 毫升
8711.2030	－－－气缸容量超过 125 毫升，但不超过 150 毫升
8711.2040	－－－气缸容量超过 150 毫升，但不超过 200 毫升
8711.2050	－－－气缸容量超过 200 毫升，但不超过 250 毫升
	－装有活塞内燃发动机，气缸容量(排气量)超过 250 毫升，但不超过 500 毫升：
8711.3010	－－－气缸容量超过 250 毫升，但不超过 400 毫升
8711.3020	－－－气缸容量超过 400 毫升，但不超过 500 毫升
8711.4000	－装有活塞内燃发动机，气缸容量(排气量)超过 500 毫升，但不超过 800 毫升
8711.5000	－装有活塞内燃发动机，气缸容量(排气量)超过 800 毫升
8711.6000	－装有驱动电动机的
8711.9000	－其他

商品编码	商品名称
87.12	**自行车及其他非机动脚踏车(包括运货三轮脚踏车)：**
8712.0020	－－－竞赛型自行车
8712.0030	－－－山地自行车
	－－－越野自行车：
8712.0041	－－－－16、18 及 20 英寸
8712.0049	－－－－其他
	－－－其他自行车：
8712.0081	－－－－16 英寸及以下
8712.0089	－－－－其他
8712.0090	－－－其他
87.13	**残疾人用车，不论是否机动或其他机械驱动：**
8713.1000	－非机械驱动
8713.9000	－其他
87.14	**零件、附件，品目 87.11 至 87.13 所列车辆用：**
8714.1000	－摩托车(包括机器脚踏两用车)用
8714.2000	－残疾人车辆用
	－其他：
8714.9100	－－车架、轮叉及其零件
	－－轮圈及辐条：
8714.9210	－－－轮圈
8714.9290	－－－辐条
	－－轮毂(倒轮制动毂及毂闸除外)；飞轮、链轮：
8714.9310	－－－轮毂
8714.9320	－－－飞轮
8714.9390	－－－其他
8714.9400	－－制动器(包括倒轮制动毂及毂闸)及其零件
8714.9500	－－鞍座
	－－脚蹬、曲柄链轮及其零件：
8714.9610	－－－脚蹬及其零件
8714.9620	－－－曲柄链轮及其零件
8714.9900	－－其他
87.15	**婴孩车及其零件：**
8715.0000	婴孩车及其零件
87.16	**挂车及半挂车或其他非机械驱动车辆及其零件：**
8716.1000	－供居住或野营用厢式挂车及半挂车

商品编码	商品名称	商品编码	商品名称
8716.2000	- 农用自装或自卸式挂车及半挂车		
	- 其他货运挂车及半挂车：		
	- - 罐式挂车及半挂车：		
8716.3110	- - - 油罐挂车及半挂车		
8716.3190	- - - 其他		
	- - 其他：		
8716.3910	- - - 货柜挂车及半挂车		
8716.3990	- - - 其他		
8716.4000	- 其他挂车及半挂车		
8716.8000	- 其他车辆		
8716.9000	- 零件		

第八十八章　航空器、航天器及其零件

注释：

一、本章所称"无人驾驶航空器"是指除品目 88.01 的航空器以外，没有飞行员驾驶的任何航空器，它们可设计用于载物或安装永久性集成的数码相机或其他能在飞行中发挥实用功能的设备。

但"无人驾驶航空器"不包括专供娱乐用的飞行玩具（品目 95.03）。

子目注释：

一、子目 8802.11 至 8802.40 所称"空载重量"，是指航空器在正常飞行状态下，除去机组人员、燃料及非永久性安装设备后的重量。

二、子目 8806.21 至 8806.24 及 8806.91 至 8806.94 所称"最大起飞重量"，是指航空器在正常飞行状态下起飞时的最大重量，包括有效载荷、设备和燃料的重量。

本国子目注释：

本国子目 8806.2110、8806.2210、8806.2310、8806.2410、8806.2910、8806.9110、8806.9210、8806.9310、8806.9410 所称"航拍无人机"，是指搭载固定的或可替换的摄影摄像载荷（无论是否装置光学镜头），具有无线电遥控和数字图传能力，设计用于在空中拍摄影像，且不具备其他与飞行相关实用性功能的无人驾驶航空器。

商品编码	商品名称
88.01	**气球及飞艇；滑翔机、悬挂滑翔机及其他无动力航空器：**
8801.0010	－－－滑翔机及悬挂滑翔机
8801.0090	－－－其他
88.02	**其他航空器（例如，直升机、飞机），品目 88.06 的无人驾驶航空器除外；航天器（包括卫星）及其运载工具、亚轨道运载工具：**
	－直升机：
8802.1100	－－空载重量不超过 2000 千克
	－－空载重量超过 2000 千克：
8802.1210	－－－空载重量超过 2000 千克，但不超过 7000 千克
8802.1220	－－－空载重量超过 7000 千克
8802.2000	－飞机及其他航空器，空载重量不超过 2000 千克
8802.3000	－飞机及其他航空器，空载重量超过 2000 千克，但不超过 15000 千克
	－飞机及其他航空器，空载重量超过 15000 千克：
8802.4010	－－－空载重量超过 15000 千克，但不超过 45000 千克
8802.4020	－－－空载重量超过 45000 千克
8802.6000	－航天器（包括卫星）及其运载工具、亚轨道运载工具
88.04	**降落伞（包括可操纵降落伞及滑翔伞）、旋翼降落伞及其零件、附件：**
8804.0000	降落伞（包括可操纵降落伞及滑翔伞）、旋翼降落伞及其零件、附件
88.05	**航空器的发射装置、甲板停机装置或类似装置和地面飞行训练器及其零件：**
8805.1000	－航空器的发射装置及其零件；甲板停机装置或类似装置及其零件
	－地面飞行训练器及其零件：
8805.2100	－－空战模拟器及其零件
8805.2900	－－其他
88.06	**无人驾驶航空器：**
8806.1000	－设计用于旅客运输的
	－其他，仅使用遥控飞行的：
	－－最大起飞重量不超过 250 克：
8806.2110	－－－航拍无人机
8806.2190	－－－其他
	－－最大起飞重量超过 250 克，但不超过 7 千克：
8806.2210	－－－航拍无人机

商品编码	商品名称	商品编码	商品名称
8806.2290	－－－其他		
	－－最大起飞重量超过 7 千克,但不超过 25 千克:		
8806.2310	－－－航拍无人机		
8806.2390	－－－其他		
	－－最大起飞重量超过 25 千克,但不超过 150 千克:		
8806.2410	－－－航拍无人机		
8806.2490	－－－其他		
	－－其他:		
8806.2910	－－－航拍无人机		
8806.2990	－－－其他		
	－其他:		
	－－最大起飞重量不超过 250 克:		
8806.9110	－－－航拍无人机		
8806.9190	－－－其他		
	－－最大起飞重量超过 250 克,但不超过 7 千克:		
8806.9210	－－－航拍无人机		
8806.9290	－－－其他		
	－－最大起飞重量超过 7 千克,但不超过 25 千克:		
8806.9310	－－－航拍无人机		
8806.9390	－－－其他		
	－－最大起飞重量超过 25 千克,但不超过 150 千克:		
8806.9410	－－－航拍无人机		
8806.9490	－－－其他		
8806.9900	－－其他		
88.07	**品目 88.01、88.02 或 88.06 所列货品的零件:**		
8807.1000	－推进器、水平旋翼及其零件		
8807.2000	－起落架及其零件		
8807.3000	－飞机、直升机及无人驾驶航空器的其他零件		
8807.9000	－其他		

第八十九章 船舶及浮动结构体

注释：

已装配、未装配或已拆卸的船体、未完工或不完整的船舶以及未装配或已拆卸的完整船舶，如果不具有某种船舶的基本特征，应归入品目 89.06。

商品编码	商品名称
89.01	**巡航船、游览船、渡船、货船、驳船及类似的客运或货运船舶：**
	－巡航船、游览船及主要用于客运的类似船舶；各式渡船：
8901.1010	－－－机动船舶
8901.1090	－－－非机动船舶
	－液货船：
	－－－成品油船：
8901.2011	－－－－载重量不超过 10 万吨
8901.2012	－－－－载重量超过 10 万吨，但不超过 30 万吨
8901.2013	－－－－载重量超过 30 万吨
	－－－原油船：
8901.2021	－－－－载重量不超过 15 万吨
8901.2022	－－－－载重量超过 15 万吨，但不超过 30 万吨
8901.2023	－－－－载重量超过 30 万吨
	－－－液化石油气船：
8901.2031	－－－－容积在 20000 立方米及以下
8901.2032	－－－－容积在 20000 立方米以上
	－－－液化天然气船：
8901.2041	－－－－容积在 20000 立方米及以下
8901.2042	－－－－容积在 20000 立方米以上
8901.2090	－－－其他
8901.3000	－冷藏船，但子目 8901.20 的船舶除外
	－其他货运船舶及其他客货兼运船舶：
	－－－机动集装箱船：
8901.9021	－－－－可载标准集装箱在 6000 箱及以下
8901.9022	－－－－可载标准集装箱在 6000 箱以上
	－－－机动滚装船：
8901.9031	－－－－载重量在 2 万吨及以下
8901.9032	－－－－载重量在 2 万吨以上
	－－－机动散货船：
8901.9041	－－－－载重量不超过 15 万吨
8901.9042	－－－－载重量超过 15 万吨，但不超过 30 万吨
8901.9043	－－－－载重量超过 30 万吨
8901.9050	－－－机动多用途船
8901.9080	－－－其他，机动的
8901.9090	－－－非机动的
89.02	**捕鱼船；加工船及其他加工保藏鱼类产品的船舶：**
8902.0010	－－－机动船舶
8902.0090	－－－非机动船舶
89.03	**娱乐或运动用快艇及其他船舶；划艇及轻舟：**
	－充气船（包括刚性外壳的）：
8903.1100	－－装有或设计装有发动机，空载（净）重量（不包括发动机）不超过 100 千克
8903.1200	－－未设计装有发动机且空载（净）重量不超过 100 千克
8903.1900	－－其他
	－帆船，充气船除外，不论是否装有辅助发动机：
8903.2100	－－长度不超过 7.5 米
8903.2200	－－长度超过 7.5 米但不超过 24 米
8903.2300	－－长度超过 24 米
	－汽艇，非充气的，但装有舷外发动机的除外：
8903.3100	－－长度不超过 7.5 米
8903.3200	－－长度超过 7.5 米但不超过 24 米
8903.3300	－－长度超过 24 米
	－其他：

商品编码	商品名称	商品编码	商品名称
8903.9300	--长度不超过7.5米		
8903.9900	--其他		
89.04	**拖轮及顶推船:**		
8904.0000	拖轮及顶推船		
89.05	**灯船、消防船、挖泥船、起重船及其他不以航行为主要功能的船舶;浮船坞;浮动或潜水式钻探或生产平台:**		
8905.1000	-挖泥船		
8905.2000	-浮动或潜水式钻探或生产平台		
	-其他:		
8905.9010	---浮船坞		
8905.9090	---其他		
89.06	**其他船舶,包括军舰及救生船,但划艇除外:**		
8906.1000	-军舰		
	-其他:		
8906.9010	---机动船舶		
8906.9020	---非机动船舶		
8906.9030	---未制成或不完整的船舶,包括船舶分段		
89.07	**其他浮动结构体(例如,筏、柜潜水箱、浮码头、浮筒及航标)**		
8907.1000	-充气筏		
8907.9000	-其他		
89.08	**供拆卸的船舶及其他浮动结构体:**		
8908.0000	供拆卸的船舶及其他浮动结构体		

第十八类　光学、照相、电影、计量、检验、医疗或外科用仪器及设备、精密仪器及设备；钟表；乐器；上述物品的零件、附件

第九十章　光学、照相、电影、计量、检验、医疗或外科用仪器及设备、精密仪器及设备；上述物品的零件、附件

注释：

一、本章不包括：

（一）机器、设备或其他专门技术用途的硫化橡胶（硬质橡胶除外）制品（品目40.16）、皮革或再生皮革制品（品目42.05）或纺织材料制品（品目59.11）；①

（二）纺织材料制的承托带及其他承托物品，其承托器官的作用仅依靠自身的弹性（例如，孕妇用的承托带，用于胸部、腹部、关节或肌肉的承托绷带）（第十一类）；

（三）品目69.03的耐火材料制品；品目69.09的实验室、化学或其他专门技术用途的陶瓷器；

（四）品目70.09的未经光学加工的玻璃镜及品目83.06或第七十一章的非光学元件的贱金属或贵金属制的镜子；

（五）品目70.07、70.08、70.11、70.14、70.15或70.17的货品；

（六）第十五类注释二所规定的贱金属制通用零件（第十五类）或塑料制的类似品（第三十九章）；但专用于医疗、外科、牙科或兽医的植入物应归入品目90.21；②

（七）品目84.13的装有计量装置的泵；计数和检验用的衡器或单独报验的天平砝码（品目84.23）；升降、起重及搬运机械（品目84.25至84.28）；纸张或纸板的各种切割机器（品目84.41）；品目84.66的用于机床或水射流切割机上调整工件或工具的附件，包括具有读度用的光学装置的附件（例如，“光学”分度头），但其本身主要是光学仪器的除外（例如，校直望远镜）；计算机器（品目84.70）；品目84.81的阀门及其他装置；品目84.86的机器及装置（包括将电路图投影或绘制到感光半导体材料上的装置）；

（八）自行车或机动车辆用探照灯或聚光灯（品目85.12）；品目85.13的手提式电灯；电影录音机、还音机及转录机（品目85.19）；拾音头或录音头（品目85.22）；电视摄像机、数字照相机及视频摄录一体机（品目85.25）；雷达设备、无线电导航设备或无线电遥控设备（品目85.26）；光导纤维、光导纤维束或光缆用连接器（品目85.36）；品目85.37的数控装置；品目85.39的封闭式聚光灯；品目85.44的光缆；

（九）品目94.05的探照灯及聚光灯；

（十）第九十五章的物品；

（十一）品目96.20的独脚架、双脚架、三脚架及类似品；

（十二）容量的计量器具（按其构成的材料归类）；或

（十三）卷轴、线轴或类似芯子（按其构成材料归类，例如，归入品目39.23或第十五类）。

二、除上述注释一另有规定的以外，本章各品目所列机器、设备、仪器或器具的零件、附件，应按下列

---

① 例如，硫化橡胶制的医疗仪器中的专用零件，不按“医疗仪器的零件”归入品目90.18，而应归入品目40.16；气量计上的皮制膜片，不按“气量计的零件”归类，而应按“皮革制品”归入品目42.05。

② 例如，眼镜架（品目90.03）上使用的铜螺钉应归入品目74.15（因为螺钉属于第十五类类注二规定的“通用零件”）。

规定归类:①

(一)凡零件、附件本身已构成本章或第八十四章、第八十五章或第九十一章各品目(品目84.87、84.85、85.48或90.33除外)所包括的货品,应一律归入其相应的品目;

(二)其他零件、附件,如果专用于或主要用于某种或同一品目项下的多种机器、仪器或器具(包括品目90.10、90.13或90.31的机器、仪器或器具),应归入相应机器、仪器或器具的品目;

(三)所有其他零件、附件均应归入品目90.33。

三、第十六类的注释三、四也适用于本章。②

四、品目90.05不包括武器用望远镜瞄准具、潜艇或坦克上的潜望镜式望远镜及本章或第十六类的机器、设备、仪器或器具用的望远镜;这类望远镜瞄准具及望远镜应归入品目90.13。

五、计量或检验用的光学仪器、器具或机器,如果既可归入品目90.13,又可归入品目90.31,则应归入品目90.31。

六、品目90.21所称"矫形器具",是指下列用途的器具:

预防或矫正人体畸变;

生病、手术或受伤后人体部位支撑或固定。

矫形器具包括用于矫正畸形的鞋及特种鞋垫,但需符合下列任一条件:

(一)定制的;或

(二)成批生产的、单独报验且不成双的、设计为左右两脚同样适用。

七、品目90.32仅适用于:

(一)液体或气体的流量、液位、压力或其他变化量的自动控制仪器及装置或温度自动控制装置,不论其是否依靠要被自控的因素所发生的电现象来进行工作,这些仪器或装置将被自控因素调到并保持在一设定值上,通过持续或定期测量实际值来保持稳定,修正偏差;

(二)电量自动调节器及自动控制非电量的仪器或装置,依靠要被控制的因素所发生的电现象来进行工作,这些仪器或装置将被控制的因素调到并保持在一设定值上,通过持续或定期测量实际值来保持稳定,修正偏差。

商品编码	商品名称
90.01	**光导纤维及光导纤维束;光缆,但品目85.44的货品除外;偏振材料制的片及板;未装配的各种材料制透镜(包括隐形眼镜片)、棱镜、反射镜及其他光学元件,但未经光学加工的玻璃制上述元件除外:**
9001.1000	- 光导纤维、光导纤维束及光缆
9001.2000	- 偏振材料制的片及板
9001.3000	- 隐形眼镜片
	- 玻璃制眼镜片:
9001.4010	- - - 变色镜片
	- - - 其他:
9001.4091	- - - - 太阳镜片
9001.4099	- - - - 其他
	- 其他材料制眼镜片:
9001.5010	- - - 变色镜片
	- - - 其他:
9001.5091	- - - - 太阳镜片
9001.5099	- - - - 其他
	- 其他:
9001.9010	- - - 彩色滤光片
9001.9090	- - - 其他

① 例如,电子显微镜(品目90.12)用的真空泵尽管属于电子显微镜的零件,但根据类注二(一)的规定仍应作为泵归入品目84.14;光学显微镜(品目90.11)专用的物镜(未装配)尽管属于该显微镜的零件,但根据类注二(一)的规定仍应作为物镜归入品目90.01;该光学显微镜专用的镜筒架,根据类注二(二)规定,应作为光学显微镜的专用零件归入品目90.11。

② 组合机器和多功能机器的归类规定,以及功能机组的归类规定也适用于本章。例如,带有照相功能的复式光学显微镜具有放大图像和拍照的功能,由于其主要功能是显微放大,所以仍按光学显微镜归入品目90.11。

商品编码	商品名称
90.02	**已装配的各种材料制透镜、棱镜、反射镜及其他光学元件,作为仪器或装置的零件、配件,但未经光学加工的玻璃制上述元件除外:**
	- 物镜:
	- - 照相机、投影仪、照片放大机及缩片机用:
9002.1110	- - - 子目9006.3000、9006.5921、9006.5929所列照相机用
9002.1120	- - - 缩微阅读机用
	- - - 其他照相机用:
9002.1131	- - - - 单反相机镜头
9002.1139	- - - - 其他
9002.1190	- - - 其他
	- - 其他:
9002.1910	- - - 摄影机或放映机用
9002.1990	- - - 其他
	- 滤光镜:
9002.2010	- - - 照相机用
9002.2090	- - - 其他
	- 其他:
9002.9010	- - - 照相机用
9002.9090	- - - 其他
90.03	**眼镜架及其零件:**
	- 眼镜架:
9003.1100	- - 塑料制
	- - 其他材料制:
9003.1910	- - - 金属材料制
9003.1920	- - - 天然材料制
9003.1990	- - - 其他
9003.9000	- 零件
90.04	**矫正视力、保护眼睛或其他用途的眼镜、挡风镜及类似品:**
9004.1000	- 太阳镜
	- 其他:
9004.9010	- - - 变色镜
9004.9090	- - - 其他
90.05	**双筒望远镜、单筒望远镜、其他光学望远镜及其座架;其他天文仪器及其座架,但不包括射电天文仪器:**
9005.1000	- 双筒望远镜
	- 其他仪器:
9005.8010	- - - 天文望远镜及其他天文仪器
9005.8090	- - - 其他
	- 零件、附件(包括座架):
9005.9010	- - - 天文望远镜及其他天文仪器用
9005.9090	- - - 其他
90.06	**照相机(电影摄影机除外);照相闪光灯装置及闪光灯泡,但品目85.39的放电灯泡除外:**
9006.3000	- 水下、航空测量或体内器官检查用的特种照相机;法庭或犯罪学用的比较照相机
9006.4000	- 一次成像照相机
	- 其他照相机:
	- - 使用胶片宽度为35毫米:
9006.5310	- - - 通过镜头取景[单镜头反光式(SLR)]
9006.5390	- - - 其他
	- - 其他:
9006.5910	- - - 激光照相排版设备
	- - - 制版照相机:
9006.5921	- - - - 电子分色机
9006.5929	- - - - 其他
9006.5930	- - - 通过镜头取景[单镜头反光式(SLR)],使用胶片宽度小于35毫米
	- - - 其他,使用胶片宽度小于35毫米:
9006.5941	- - - - 缩微照相机,使用缩微胶卷、胶片或其他缩微品的
9006.5949	- - - - 其他
9006.5990	- - - 其他
	- 照相闪光灯装置及闪光灯泡:
9006.6100	- - 放电式(电子式)闪光灯装置
	- - 其他:
9006.6910	- - - 闪光灯泡
9006.6990	- - - 其他
	- 零件、附件:
	- - 照相机用:
9006.9110	- - - 子目9006.3000、9006.5921、9006.5929所列照相机用

商品编码	商品名称
9006.9120	---一次成像照相机用
	---其他:
9006.9191	----自动调焦组件
9006.9192	----快门组件
9006.9199	----其他
9006.9900	--其他
90.07	**电影摄影机、放映机,不论是否带有声音的录制或重放装置:**
	-摄影机:
9007.1010	---高速摄影机
9007.1090	---其他
	-放映机:
9007.2010	---数字式
9007.2090	---其他
	-零件、附件:
9007.9100	--摄影机用
9007.9200	--放映机用
90.08	**影像投影仪,但电影用除外;照片(电影片除外)放大机及缩片机:**
	-投影仪、放大机及缩片机:
9008.5010	---幻灯机
9008.5020	---缩微胶卷、缩微胶片或其他缩微品的阅读机,不论是否可以进行复制
	---其他影像投影仪:
9008.5031	----正射投影仪
9008.5039	----其他
9008.5040	---照片(电影片除外)放大机及缩片机
	-零件、附件:
9008.9010	---缩微阅读机用
9008.9020	---照片放大机及缩片机用
9008.9090	---其他
90.10	**本章其他品目未列名的照相(包括电影)洗印用装置及设备;负片显示器;银幕及其他投影屏幕:**
	-照相(包括电影)胶卷或成卷感光纸的自动显影装置及设备或将已冲洗胶卷自动曝光到成卷感光纸上的装置及设备:
9010.1010	---电影用
9010.1020	---特种照相用
	---其他:
9010.1091	----彩色胶卷用
9010.1099	----其他
	-照相(包括电影)洗印用其他装置及设备;负片显示器:
9010.5010	---负片显示器
	---其他:
9010.5021	----电影用
9010.5022	----特种照相用
9010.5029	----其他
9010.6000	-银幕及其他投影屏幕
	-零件、附件:
9010.9010	---电影用
9010.9020	---特种照相用
9010.9090	---其他
90.11	**复式光学显微镜,包括用于显微照相、显微电影摄影及显微投影的:**
9011.1000	-立体显微镜
9011.2000	-显微照相、显微电影摄影及显微投影用的其他显微镜
9011.8000	-其他显微镜
9011.9000	-零件、附件
90.12	**显微镜,但光学显微镜除外;衍射设备:**
9012.1000	-显微镜,但光学显微镜除外;衍射设备
9012.9000	-零件、附件
90.13	**激光器,但激光二极管除外;本章其他品目未列名的光学仪器及器具:**
9013.1000	-武器用望远镜瞄准具;潜望镜式望远镜;作为本章或第十六类的机器、设备、仪器或器具部件的望远镜
9013.2000	-激光器,但激光二极管除外
	-其他装置、仪器及器具:
9013.8010	---放大镜
9013.8020	---光学门眼
9013.8090	---其他
	-零件、附件:
9013.9010	---子目9013.1000及9013.2000所列货品用

商品编码	商品名称
9013.9090	－－－其他
90.14	**定向罗盘;其他导航仪器及装置:**
9014.1000	－定向罗盘
	－航空或航天导航仪器及装置(罗盘除外):
9014.2010	－－－自动驾驶仪
9014.2090	－－－其他
9014.8000	－其他仪器及装置
	－零件、附件:
9014.9010	－－－自动驾驶仪用
9014.9090	－－－其他
90.15	**大地测量(包括摄影测量)、水道测量、海洋、水文、气象或地球物理用仪器及装置,不包括罗盘测距仪:**
9015.1000	－测距仪
9015.2000	－经纬仪及视距仪
9015.3000	－水平仪
9015.4000	－摄影测量用仪器及装置
9015.8000	－其他仪器及装置
9015.9000	－零件、附件
90.16	**感量为 50 毫克或更精密的天平,不论是否带有砝码:**
9016.0010	－－－感量为 0.1 毫克或更精密的天平
9016.0090	－－－其他
90.17	**绘图、划线或数学计算仪器及器具(例如,绘图机、比例缩放仪、分度规、绘图工具、计算尺及盘式计算器);本章其他品目未列名的手用测量长度的器具(例如,量尺、量带、千分尺及卡尺):**
9017.1000	－绘图台及绘图机,不论是否自动
9017.2000	－其他绘图、划线或数学计算器具
9017.3000	－千分尺、卡尺及量规
9017.8000	－其他仪器及器具
9017.9000	－零件、附件
90.18	**医疗、外科、牙科或兽医用仪器及器具,包括闪烁扫描装置、其他电气医疗装置及视力检查仪器:**
	－电气诊断装置(包括功能检查或生理参数检查用装置):
9018.1100	－－心电图记录仪
	－－超声波扫描装置:
9018.1210	－－－B 型超声波诊断仪
	－－－其他:
9018.1291	－－－－彩色超声波诊断仪
9018.1299	－－－－其他
	－－核磁共振成像装置:
9018.1310	－－－成套装置
9018.1390	－－－零件
9018.1400	－－闪烁摄影装置
	－－其他:
9018.1930	－－－病员监护仪
	－－－听力诊断装置:
9018.1941	－－－－听力计
9018.1949	－－－－其他
9018.1990	－－－其他
9018.2000	－紫外线及红外线装置
	－注射器、针、导管、插管及类似品:
9018.3100	－－注射器,不论是否装有针头
	－－管状金属针头及缝合用针:
9018.3210	－－－管状金属针头
9018.3220	－－－缝合用针
9018.3900	－－其他
	－牙科用其他仪器及器具:
9018.4100	－－牙钻机,不论是否与其他牙科设备组装在同一底座上
	－－其他:
9018.4910	－－－装有牙科设备的牙科用椅
9018.4990	－－－其他
9018.5000	－眼科用其他仪器及器具
	－其他仪器及器具:
9018.9010	－－－听诊器
9018.9020	－－－血压测量仪器及器具
9018.9030	－－－内窥镜
9018.9040	－－－肾脏透析设备(人工肾)
9018.9050	－－－透热疗法设备
9018.9060	－－－输血设备
9018.9070	－－－麻醉设备
	－－－其他:
9018.9091	－－－－宫内节育器
9018.9099	－－－－其他

商品编码	商品名称
90.19	**机械疗法器具;按摩器具;心理功能测验装置;臭氧治疗器;氧气治疗器、喷雾治疗器、人工呼吸器及其他治疗用呼吸器具:**
	- 机械疗法器具;按摩器具;心理功能测验装置:
9019.1010	- - - 按摩器具
9019.1090	- - - 其他
	- 臭氧治疗器、氧气治疗器、喷雾治疗器、人工呼吸器及其他治疗用呼吸器具:
9019.2010	- - - 有创呼吸机
9019.2020	- - - 无创呼吸机
9019.2090	- - - 其他
90.20	**其他呼吸器具及防毒面具,但不包括既无机械零件又无可互换过滤器的防护面具:**
9020.0000	其他呼吸器具及防毒面具,但不包括既无机械零件又无可互换过滤器的防护面具
90.21	**矫形器具,包括支具、外科手术带、疝气带;夹板及其他骨折用具;人造的人体部分;助听器及为弥补生理缺陷或残疾而穿戴、携带或植入人体内的其他器具:**
9021.1000	- 矫形或骨折用器具
	- 假牙及牙齿固定件:
9021.2100	- - 假牙
9021.2900	- - 其他
	- 其他人造的人体部分:
9021.3100	- - 人造关节
9021.3900	- - 其他
9021.4000	- 助听器,不包括零件、附件
9021.5000	- 心脏起搏器,不包括零件、附件
	- 其他:
	- - - 支架:
9021.9011	- - - - 血管支架
9021.9019	- - - - 其他
9021.9090	- - - 其他
90.22	**X 射线或 α 射线、β 射线、γ 射线或其他离子射线的应用设备,不论是否用于医疗、外科、牙科或兽医,包括射线照相及射线治疗设备,X 射线管及其他 X 射线发生器、高压发生器、控制板及控制台、荧光屏、检查或治疗用的桌、椅及类似品:**
	- X 射线的应用设备,不论是否用于医疗、外科、牙科或兽医,包括射线照相或射线治疗设备:
9022.1200	- - X 射线断层检查仪
9022.1300	- - 其他,牙科用
9022.1400	- - 其他,医疗、外科或兽医用
	- - 其他:
9022.1910	- - - 低剂量 X 射线安全检查设备
9022.1920	- - - X 射线无损探伤检测仪
9022.1990	- - - 其他
	-α 射线、β 射线、γ 射线或其他离子射线的应用设备,不论是否用于医疗、外科、牙科或兽医,包括射线照相或射线治疗设备:
	- - 医疗、外科、牙科或兽医用:
9022.2110	- - - 应用 α 射线、β 射线、γ 射线的
9022.2190	- - - 其他
	- - 其他:
9022.2910	- - - γ 射线无损探伤检测仪
9022.2990	- - - 其他
9022.3000	- X 射线管
	- 其他,包括零件、附件:
9022.9010	- - - X 射线影像增强器
9022.9090	- - - 其他
90.23	**专供示范(例如,教学或展览)而无其他用途的仪器、装置及模型:**
9023.0010	- - - 教习头
9023.0090	- - - 其他
90.24	**各种材料(例如,金属、木材、纺织材料、纸张、塑料)的硬度、强度、压缩性、弹性或其他机械性能的试验机器及器具:**
	- 金属材料的试验用机器及器具:
9024.1010	- - - 电子万能试验机
9024.1020	- - - 硬度计

商品编码	商品名称
9024.1090	－－－其他
9024.8000	－其他机器及器具
9024.9000	－零件、附件
90.25	**记录式或非记录式的液体比重计及类似的浮子式仪器、温度计、高温计、气压计、湿度计、干湿球温度计及其组合装置：**
	－温度计及高温计，未与其他仪器组合：
9025.1100	－－液体温度计，可直接读数
	－－其他：
9025.1910	－－－工业用
9025.1990	－－－其他
9025.8000	－其他仪器
9025.9000	－零件、附件
90.26	**液体或气体的流量、液位、压力或其他变化量的测量或检验仪器及装置（例如，流量计、液位计、压力表、热量计），但不包括品目 90.14、90.15、90.28 或 90.32 的仪器及装置：**
9026.1000	－测量、检验液体流量或液位的仪器及装置
	－测量、检验压力的仪器及装置：
9026.2010	－－－压力/差压变送器
9026.2090	－－－其他
	－其他仪器及装置：
9026.8010	－－－测量气体流量的仪器及装置
9026.8090	－－－其他
9026.9000	－零件、附件
90.27	**理化分析仪器及装置（例如，偏振仪、折光仪、分光仪、气体或烟雾分析仪）；测量或检验黏性、多孔性、膨胀性、表面张力及类似性能的仪器及装置；测量或检验热量、声量或光量的仪器及装置（包括曝光表）；检镜切片机：**
9027.1000	－气体或烟雾分析仪
	－色谱仪和电泳仪：
	－－－色谱仪：
9027.2011	－－－－气相色谱仪
9027.2012	－－－－液相色谱仪
9027.2019	－－－－其他
9027.2020	－－－电泳仪
9027.3000	－使用光学射线（紫外线、可见光、红外线）的分光仪、分光光度计及摄谱仪
	－使用光学射线（紫外线、可见光、红外线）的其他仪器及装置：
9027.5010	－－－基因测序仪
9027.5090	－－－其他
	－其他仪器及装置：
	－－质谱仪：
9027.8110	－－－集成电路生产用氦质谱检漏台
9027.8120	－－－质谱联用仪
9027.8190	－－－其他
	－－其他：
9027.8910	－－－曝光表
9027.8990	－－－其他
9027.9000	－检镜切片机；零件、附件
90.28	**生产或供应气体、液体及电力用的计量仪表，包括它们的校准仪表：**
	－气量计：
9028.1010	－－－煤气表
9028.1090	－－－其他
	－液量计：
9028.2010	－－－水表
9028.2090	－－－其他
	－电量计：
	－－－电度表：
9028.3011	－－－－单相感应式
9028.3012	－－－－三相感应式
9028.3013	－－－－单相电子式（静止式）
9028.3014	－－－－三相电子式（静止式）
9028.3019	－－－－其他
9028.3090	－－－其他
	－零件、附件：
9028.9010	－－－工业用
9028.9090	－－－其他
90.29	**转数计、产量计数器、车费计、里程计、步数计及类似仪表；速度计及转速表，品目 90.14 及 90.15 的仪表除外；频闪观测仪：**

商品编码	商品名称
	- 转数计、产量计数器、车费计、里程计、步数计及类似仪表:
9029. 1010	- - - 转数计
9029. 1020	- - - 车费计、里程计
9029. 1090	- - - 其他
	- 速度计及转速表,频闪观测仪:
9029. 2010	- - - 车辆用速度计
9029. 2090	- - - 其他
9029. 9000	- 零件、附件
90. 30	**示波器、频谱分析仪及其他用于电量测量或检验的仪器和装置,但不包括品目 90. 28 的各种仪表;α 射线、β 射线、γ 射线、X 射线、宇宙射线或其他离子射线的测量或检验仪器及装置:**
9030. 1000	- 离子射线的测量或检验仪器及装置
	- 示波器:
9030. 2010	- - - 测试频率在 300 兆赫兹以下的通用示波器
9030. 2090	- - - 其他
	- 检测电压、电流、电阻或功率(用于测试或检验半导体晶圆或器件用的除外)的其他仪器及装置:
	- - 万用表,不带记录装置:
9030. 3110	- - - 量程在五位半及以下的数字万用表
9030. 3190	- - - 其他
9030. 3200	- - 万用表,带记录装置
	- - 其他,不带记录装置:
9030. 3310	- - - 量程在五位半及以下的数字电流表、电压表
9030. 3320	- - - 电阻测试仪
9030. 3390	- - - 其他
9030. 3900	- - 其他,带记录装置
	- 通讯专用的其他仪器及装置(例如,串音测试器、增益测量仪、失真度表、噪声计):
9030. 4010	- - - 测试频率在 12. 4 千兆赫兹以下的数字式频率计
9030. 4090	- - - 其他
	- 其他仪器及装置:
9030. 8200	- - 测试或检验半导体晶圆或器件(包括集成电路)用
	- - 其他,带记录装置:
9030. 8410	- - - 电感及电容测试仪
9030. 8490	- - - 其他
	- - 其他:
9030. 8910	- - - 电感及电容测试仪
9030. 8990	- - - 其他
9030. 9000	- 零件、附件
90. 31	**本章其他品目未列名的测量或检验仪器、器具及机器;轮廓投影仪:**
9031. 1000	- 机械零件平衡试验机
9031. 2000	- 试验台
	- 其他光学仪器及器具:
9031. 4100	- - 制造半导体器件(包括集成电路)时检验半导体晶圆、器件(包括集成电路)或检测光掩模或光栅用
	- - 其他:
9031. 4910	- - - 轮廓投影仪
9031. 4920	- - - 光栅测量装置
9031. 4990	- - - 其他
	- 其他仪器、器具及机器:
9031. 8010	- - - 光纤通信及光纤性能测试仪
9031. 8020	- - - 坐标测量仪
	- - - 无损探伤检测仪器(射线探伤仪除外):
9031. 8031	- - - - 超声波探伤检测仪
9031. 8032	- - - - 磁粉探伤检测仪
9031. 8033	- - - - 涡流探伤检测仪
9031. 8039	- - - - 其他
9031. 8090	- - - 其他
9031. 9000	- 零件、附件
90. 32	**自动调节或控制仪器及装置:**
9032. 1000	- 恒温器
9032. 2000	- 恒压器
	- 其他仪器及装置:
9032. 8100	- - 液压或气压的
	- - 其他:
	- - - 列车自动控制系统(ATC)车载设备:
9032. 8911	- - - - 列车自动防护系统(ATP)车载设备

商品编码	商品名称	商品编码	商品名称
9032.8912	－－－－列车自动运行系统(ATO)车载设备		
9032.8919	－－－－其他		
9032.8990	－－－其他		
9032.9000	－零件、附件		
90.33	**第九十章所列机器、器具、仪器或装置用的本章其他品目未列名的零件、附件:**		
9033.0000	第九十章所列机器、器具、仪器或装置用的本章其他品目未列名的零件、附件		

第九十一章　钟表及其零件

注释：

一、本章不包括：

（一）钟表玻璃及钟锤（按其构成材料归类）；

（二）表链（根据不同情况，归入品目 71.13 或 71.17）；

（三）第十五类注释二所规定的贱金属制通用零件（第十五类）、塑料制的类似品（第三十九章）及贵金属或包贵金属制的类似品（一般归入品目 71.15）；但钟、表发条则应作为钟、表的零件归类（品目 91.14）；

（四）轴承滚珠（根据不同情况，归入品目 73.26 或 84.82）；

（五）品目 84.12 的物品，不需擒纵器可以工作的；

（六）滚珠轴承（品目 84.82）；或

（七）第八十五章的物品，本身未组装在或未与其他零件组装在钟、表机芯内，也未组装成专用于或主要用于钟、表机芯零件的（第八十五章）。

二、品目 91.01 仅包括表壳完全以贵金属或包贵金属制的表，以及用贵金属或包贵金属与品目 71.01 至 71.04 的天然、养殖珍珠或宝石、半宝石（天然、合成或再造）合制的表。用贱金属上镶嵌贵金属制成表壳的表应归入品目 91.02。①

三、本章所称“表芯”，是指由摆轮及游丝、石英晶体或其他能确定时间间隔的系统来进行调节的装置，并带有显示器或可装机械指示器的系统。表芯的厚度不超过 12 毫米，长、宽或直径不超过 50 毫米。

四、除注释一另有规定的以外，钟、表的机芯及其他零件，既适用于钟或表，又适用于其他物品（例如，精密仪器）的，均应归入本章。

商品编码	商品名称
91.01	**手表、怀表及其他表，包括秒表，表壳用贵金属或包贵金属制成的：**
	－电力驱动的手表，不论是否附有秒表装置：
9101.1100	－－仅有机械指示器的
	－－其他：
9101.1910	－－－仅有光电显示器的
9101.1990	－－－其他
	－其他手表，不论是否附有秒表装置：
9101.2100	－－自动上弦的
9101.2900	－－其他
	－其他：
9101.9100	－－电力驱动的
9101.9900	－－其他
91.02	**手表、怀表及其他表，包括秒表，但品目 91.01 的货品除外：**
	－电力驱动的手表，不论是否附有秒表装置：
9102.1100	－－仅有机械指示器的
9102.1200	－－仅有光电显示器的
9102.1900	－－其他
	－其他手表，不论是否装有秒表装置：
9102.2100	－－自动上弦的
9102.2900	－－其他

① 例如，表壳是金或包金制成的手表应归入品目 91.01，但不锈钢表壳上镶嵌黄金的手表或表壳表面镀金的手表应归入品目 91.02。

商品编码	商品名称
	- 其他：
9102.9100	- - 电力驱动的
9102.9900	- - 其他
91.03	**以表芯装成的钟，但不包括品目91.04的钟：**
9103.1000	- 电力驱动的
9103.9000	- 其他
91.04	**仪表板钟及车辆、航空器、航天器或船舶用的类似钟：**
9104.0000	仪表板钟及车辆、航空器、航天器或船舶用的类似钟
91.05	**其他钟：**
	- 闹钟：
9105.1100	- - 电力驱动的
9105.1900	- - 其他
	- 挂钟：
9105.2100	- - 电力驱动的
9105.2900	- - 其他
	- 其他：
	- - 电力驱动的：
9105.9110	- - - 天文钟
9105.9190	- - - 其他
9105.9900	- - 其他
91.06	**时间记录器以及测量、记录或指示时间间隔的装置，装有钟、表机芯或同步电动机的（例如，考勤钟、时刻记录器）：**
9106.1000	- 考勤钟、时刻记录器
9106.9000	- 其他
91.07	**装有钟、表机芯或同步电动机的定时开关：**
9107.0000	装有钟、表机芯或同步电动机的定时开关
91.08	**已组装的完整表芯：**
	- 电力驱动的：
9108.1100	- - 仅有机械指示器或有可装机械指示器的装置的
9108.1200	- - 仅有光电显示器的
9108.1900	- - 其他
9108.2000	- 自动上弦的
	- 其他：
9108.9010	- - - 表面尺寸在33.8毫米及以下
9108.9090	- - - 其他
91.09	**已组装的完整钟芯：**
9109.1000	- 电力驱动的
9109.9000	- 其他
91.10	**未组装或部分组装的完整钟、表机芯（机芯套装件）；已组装的不完整钟、表机芯；未组装的不完整钟、表机芯：**
	- 表的：
9110.1100	- - 未组装或部分组装的完整机芯（机芯套装件）
9110.1200	- - 已组装的不完整机芯
9110.1900	- - 未组装的不完整机芯
	- 其他：
9110.9010	- - - 未组装或部分组装的完整机芯
9110.9090	- - - 其他
91.11	**表壳及其零件：**
9111.1000	- 贵金属表壳或包贵金属表壳
9111.2000	- 贱金属表壳，不论是否镀金或镀银
9111.8000	- 其他表壳
9111.9000	- 零件
91.12	**钟壳和本章所列其他货品的类似外壳及其零件：**
9112.2000	- 壳
9112.9000	- 零件
91.13	**表带及其零件：**
9113.1000	- 贵金属或包贵金属制
9113.2000	- 贱金属制，不论是否镀金或镀银
9113.9000	- 其他
91.14	**钟、表的其他零件：**
9114.3000	- 钟面或表面
9114.4000	- 夹板及横担（过桥）
	- 其他：
9114.9010	- - - 宝石轴承
9114.9020	- - - 发条，包括游丝
9114.9090	- - - 其他

第九十二章　乐器及其零件、附件

注释：

一、本章不包括：

（一）第十五类注释二所规定的贱金属制通用零件（第十五类）或塑料制的类似品（第三十九章）；

（二）第八十五章或第九十章的传声器、扩大器、扬声器、耳机、开关、频闪观测仪及其他附属仪器、器具或设备，虽用于本章物品但未与该物品组成一体或安装在同一机壳内；

（三）玩具乐器或器具（品目 95.03）；

（四）清洁乐器用的刷子（品目 96.03），或独脚架、双脚架、三脚架及类似品（品目 96.20）；或

（五）收藏品或古物（品目 97.05 或 97.06）。

二、用于演奏品目 92.02、92.06 所列乐器的弓、槌及类似品，如果与该乐器一同报验，数量合理，用途明确，应归入有关乐器的相应品目。

品目 92.09 的卡片、盘或卷，即使与乐器一同报验，也不视为该乐器的组成部分，而应作为单独报验的物品对待。

商品编码	商品名称
92.01	**钢琴，包括自动钢琴、拨弦古钢琴及其他键盘弦乐器：**
9201.1000	－竖式钢琴
9201.2000	－大钢琴
9201.9000	－其他
92.02	**其他弦乐器（例如，吉他、小提琴、竖琴）：**
9202.1000	－弓弦乐器
9202.9000	－其他
92.05	**管乐器（例如，键盘管风琴、手风琴、单簧管、小号、风笛），但游艺场风琴及手摇风琴除外：**
9205.1000	－铜管乐器
	－其他：
9205.9010	－－－键盘管风琴；簧风琴及类似的游离金属簧片键盘乐器
9205.9020	－－－手风琴及类似乐器
9205.9030	－－－口琴
9205.9090	－－－其他
92.06	**打击乐器（例如，鼓、木琴、钹、响板、响葫芦）：**
9206.0000	打击乐器（例如，鼓、木琴、钹、响板、响葫芦）
92.07	**通过电产生或扩大声音的乐器（例如，电风琴、电吉他、电手风琴）：**
9207.1000	－键盘乐器，但手风琴除外
9207.9000	－其他
92.08	**百音盒、游艺场风琴、手摇风琴机械鸣禽、乐锯及本章其他品目未列名的其他乐器；各种媒诱音响器、哨子、号角、口吹音响信号器：**
9208.1000	－百音盒
9208.9000	－其他
92.09	**乐器的零件（例如，百音盒的机械装置）、附件（例如，机械乐器用的卡片、盘及带卷）；节拍器、音叉及各种定音管：**
9209.3000	－乐器用的弦
	－其他：
9209.9100	－－钢琴的零件、附件
9209.9200	－－品目 92.02 所列乐器的零件、附件
9209.9400	－－品目 92.07 所列乐器的零件、附件
	－－其他：
9209.9910	－－－节拍器、音叉及定音管
9209.9920	－－－百音盒的机械装置
9209.9990	－－－其他

第十九类　武器、弹药及其零件、附件

第九十三章　武器、弹药及其零件、附件

注释：

一、本章不包括：

（一）第三十六章的货品（例如，火帽、雷管、信号弹）；

（二）第十五类注释二所规定的贱金属制通用零件（第十五类）或塑料制的类似品（第三十九章）；

（三）装甲战斗车辆（品目87.10）；

（四）武器用的望远镜瞄准具及其他光学装置（第九十章），但安装在武器上或与武器一同报验以备安装在该武器上的除外；

（五）弓、箭、钝头击剑或玩具（第九十五章）；或

（六）收藏品或古物（品目97.05或97.06）。

二、品目93.06所称"零件"，不包括品目85.26的无线电设备及雷达设备。

商品编码	商品名称
93.01	**军用武器，但左轮手枪、其他手枪及品目93.07的兵器除外：**
	－火炮武器（例如，榴弹炮及迫击炮）：
9301.1010	－－－自推进的
9301.1090	－－－其他
9301.2000	－火箭发射装置；火焰喷射器；手榴弹发射器；鱼雷发射管及类似发射装置
9301.9000	－其他
93.02	**左轮手枪及其他手枪，但品目93.03或93.04的货品除外：**
9302.0000	左轮手枪及其他手枪，但品目93.03或93.04的货品除外
93.03	**靠爆炸药发射的其他火器及类似装置（例如，运动用猎枪及步枪前装枪、维利式信号枪及其他专为发射信号弹的装置、发射空包弹的左轮手枪和其他手枪、弩枪式无痛捕杀器、抛缆枪）：**
9303.1000	－前装枪
9303.2000	－其他运动、狩猎或打靶用猎枪，包括组合式滑膛来复枪
9303.3000	－其他运动、狩猎或打靶用步枪
9303.9000	－其他
93.04	**其他武器（例如，弹簧枪、气枪、气手枪、警棍），但不包括品目93.07的货品：**
9304.0000	其他武器（例如，弹簧枪、气枪、气手枪、警棍），但不包括品目93.07的货品
93.05	**品目93.01至93.04所列物品的零件、附件：**
9305.1000	－左轮手枪或其他手枪用
9305.2000	－品目93.03的猎枪或步枪用
	－其他：
9305.9100	－－品目93.01的军用武器用
9305.9900	－－其他
93.06	**炸弹、手榴弹、鱼雷、地雷、水雷、导弹及类似军用弹药及其零件；子弹、其他弹药和射弹及其零件，包括弹丸及弹垫：**
	－猎枪子弹及其零件；气枪弹丸：
9306.2100	－－猎枪子弹
9306.2900	－－其他
	－其他子弹及其零件：

商品编码	商品名称	商品编码	商品名称
9306.3080	－－－铆接机或类似工具用及弩枪式无痛捕杀器用子弹及其零件		
9306.3090	－－－其他		
9306.9000	－其他		
93.07	**剑、短弯刀、刺刀、长矛和类似的武器及其零件;刀鞘、剑鞘:**		
9307.0010	－－－军用		
9307.0090	－－－其他		

第二十类　杂项制品

第九十四章　家具；寝具、褥垫、弹簧床垫、软坐垫及类似的填充制品；未列名灯具及照明装置；发光标志、发光铭牌及类似品；活动房屋

注释：

一、本章不包括：

（一）第三十九章、第四十章或第六十三章的充气或充水的褥垫、枕头及坐垫；[①]

（二）落地镜[例如，品目 70.09 的试衣镜（旋转镜）]；

（三）第七十一章的物品；

（四）第十五类注释二所规定的贱金属制通用零件（第十五类）、塑料制的类似品（第三十九章）或品目 83.03 的保险箱；[②]

（五）冷藏或冷冻设备专用的特制家具（品目 84.18）；缝纫机专用的特制家具（品目 84.52）；

（六）第八十五章的灯或光源及其零件；[③]

（七）品目 85.18、85.19、85.21 或品目 85.25 至 85.28 所列装置专用的特制家具（应分别归入品目 85.18、85.22 或 85.29）；

（八）品目 87.14 的物品；

（九）装有品目 90.18 所列牙科用器具或漱口盂的牙科用椅（品目 90.18）；

（十）第九十一章的物品（例如，钟及钟壳）；

（十一）玩具家具、玩具灯具或玩具照明装置（品目 95.03）、台球桌或其他供游戏用的特制家具（品目 95.04）、魔术用的特制家具或中国灯笼及类似的装饰品（灯串除外）（品目 95.05）；或

（十二）独脚架、双脚架、三脚架及类似品（品目 96.20）。

二、品目 94.01 至 94.03 的物品（零件除外），只适用于落地式的物品。[④]

对下列物品，即使是悬挂的、固定在墙壁上的或叠摞的，仍归入上述各品目：

（一）碗橱、书柜、其他架式家具（包括与将其固定于墙上的支撑物一同报验的单层搁架）及组合家具；

（二）坐具及床。

三、

（一）品目 94.01 至 94.03 所列货品的零件，不包括玻璃（包括镜子）、大理石或其他石料以及第六十八章及第六十九章所列任何其他材料的片、块（不论是否切割成形，但未与其他零件组装）；

（二）品目 94.04 的货品，如果单独报验，不能作为品目 94.01、94.02 或 94.03 所列货品的零件归类。

四、品目 94.06 所称“活动房屋”，是指在工厂制成成品或制成部件并一同报验，供以后在有关地点上组装的房屋，例如，工地用房、办公室、学校、店铺、工作棚、车房或类似的建筑物。

---

① 例如，塑料充气枕头应归入第三十九章，橡胶充水褥垫应归入第四十章。

② 例如，家具上用的钢铁制螺栓因为属于第十五类注释二的“通用零件”，所以应归入品目 73.18。

③ 例如，台灯归入品目 94.05，但单独报验的白炽灯泡应归入品目 85.39。

④ 例如，落地式的衣帽架作为“家具”归入品目 94.03，但固定于墙壁的衣帽架则应按材质归类。

活动房屋包括钢结构“模块建筑单元”,它们通常具有标准集装箱的形状和尺寸,其内部已部分或者全部进行了预装配。这种模块建筑单元通常设计用于组装为永久的建筑物。

商品编码	商品名称
94.01	**坐具(包括能做床用的两用椅,但品目94.02的货品除外)及其零件:**
9401.1000	-飞机用坐具
	-机动车辆用坐具:
9401.2010	---皮革或再生皮革面的
9401.2090	---其他
	-可调高度的转动坐具:
9401.3100	--木制的
9401.3900	--其他
	-能做床用的两用椅,但庭园坐具或野营设备除外:
	--木制的:
9401.4110	---皮革或再生皮革面的
9401.4190	---其他
	--其他:
9401.4910	---皮革或再生皮革面的
9401.4990	---其他
	-藤、柳条、竹及类似材料制的坐具:
9401.5200	--竹制的
9401.5300	--藤制的
9401.5900	--其他
	-木框架的其他坐具:
	--装软垫的:
9401.6110	---皮革或再生皮革面的
9401.6190	---其他
9401.6900	--其他
	-金属框架的其他坐具:
	--装软垫的:
9401.7110	---皮革或再生皮革面的
9401.7190	---其他
9401.7900	--其他
	-其他坐具:
9401.8010	---石制的
9401.8090	---其他
	-零件:
9401.9100	--木制的
	--其他:
9401.9910	---机动车辆用座椅调角器
9401.9990	---其他
94.02	**医疗、外科、牙科或兽医用家具(例如,手术台、检查台、带机械装置的病床、牙科用椅);有旋转、倾斜、升降装置的理发用椅及类似椅;上述物品的零件:**
	-牙科、理发及类似用途的椅及其零件:
9402.1010	---理发用椅及其零件
9402.1090	---其他
9402.9000	-其他
94.03	**其他家具及其零件:**
9403.1000	-办公室用金属家具
9403.2000	-其他金属家具
9403.3000	-办公室用木家具
9403.4000	-厨房用木家具
	-卧室用木家具:
9403.5010	---红木制
	---其他:
9403.5091	----天然漆(大漆)漆木家具
9403.5099	----其他
	-其他木家具:
9403.6010	---红木制
	---其他:
9403.6091	----天然漆(大漆)漆木家具
9403.6099	----其他
9403.7000	-塑料家具
	-其他材料制的家具,包括藤、柳条、竹或类似材料制的:
9403.8200	--竹制的
9403.8300	--藤制的
	--其他:
9403.8910	---柳条及类似材料制的
9403.8920	---石制的
9403.8990	---其他
	-零件:
9403.9100	--木制的
9403.9900	--其他

商品编码	商品名称
94.04	**弹簧床垫;寝具及类似用品,装有弹簧、内部用任何材料填充、衬垫或用海绵橡胶、泡沫塑料制成,不论是否包面(例如,褥垫、被子、羽绒被、靠垫、坐垫及枕头):**
9404.1000	- 弹簧床垫
	- 褥垫:
9404.2100	- - 海绵橡胶或泡沫塑料制,不论是否包面
9404.2900	- - 其他材料制
	- 睡袋:
9404.3010	- - - 羽毛或羽绒填充的
9404.3090	- - - 其他
	- 被子(包括羽绒被)、床罩:
9404.4010	- - - 羽毛或羽绒填充的
9404.4020	- - - 兽毛填充的
9404.4030	- - - 丝棉填充的
9404.4040	- - - 化纤棉填充的
9404.4090	- - - 其他
	- 其他:
9404.9010	- - - 羽毛或羽绒填充的
9404.9020	- - - 兽毛填充的
9404.9030	- - - 丝棉填充的
9404.9040	- - - 化纤棉填充的
9404.9090	- - - 其他
94.05	**其他品目未列名的灯具及照明装置,包括探照灯、聚光灯及其零件;装有固定光源的发光标志、发光铭牌及类似品,以及其他品目未列名的这些货品的零件:**
	- 枝形吊灯及天花板或墙壁上的其他电气照明装置,但不包括公共露天场所或街道上的电气照明装置:
9405.1100	- - 设计为仅使用发光二极管(LED)光源的
9405.1900	- - 其他
	- 电气的台灯、床头灯或落地灯:
9405.2100	- - 设计为仅使用发光二极管(LED)光源的
9405.2900	- - 其他
	- 圣诞树用的灯串:
9405.3100	- - 设计为仅使用发光二极管(LED)光源的
9405.3900	- - 其他
	- 其他电气灯具及照明装置:
9405.4100	- - 光伏的,且设计为仅使用发光二极管(LED)光源的
	- - 其他,设计为仅使用发光二极管(LED)光源的:
9405.4210	- - - 探照灯和聚光灯
9405.4290	- - - 其他
	- - 其他:
9405.4910	- - - 探照灯和聚光灯
9405.4990	- - - 其他
9405.5000	- 非电气的灯具及照明装置
	- 发光标志、发光铭牌及类似品:
9405.6100	- - 设计为仅使用发光二极管(LED)光源的
9405.6900	- - 其他
	- 零件:
9405.9100	- - 玻璃制
9405.9200	- - 塑料制
9405.9900	- - 其他
94.06	**活动房屋:**
9406.1000	- 木制的
9406.2000	- 钢结构模块建筑单元
9406.9000	- 其他

第九十五章　玩具、游戏品、运动用品及其零件、附件

注释：

一、本章不包括：

（一）蜡烛（品目34.06）；

（二）品目36.04的烟花、爆竹或其他烟火制品；

（三）已切成一定长度但未制成钓鱼线的纱线、单丝、绳、肠线及类似品（第三十九章、品目42.06或第十一类）；

（四）品目42.02、43.03或43.04的运动用袋或其他容器；

（五）第六十一章或第六十二章的纺织品制的化装舞会服装；第六十一章或第六十二章的纺织品制的运动服装或特殊衣着（例如，击剑服或足球守门员球衣），无论是否附带保护配件（例如，肘部、膝部或腹股沟部位的保护垫或填充物）；

（六）第六十三章的纺织品制的旗帜及帆板或滑行车用帆；

（七）第六十四章的运动鞋靴（装有冰刀或滑轮的溜冰鞋除外）或第六十五章的运动用帽；

（八）手杖、鞭子、马鞭或类似品（品目66.02）及其零件（品目66.03）；

（九）品目70.18的未装配的玩偶或其他玩具用的玻璃假眼；

（十）第十五类注释二所规定的贱金属制通用零件（第十五类）或塑料制的类似货品（第三十九章）；①

（十一）品目83.06的铃、钟、锣及类似品；

（十二）液体泵（品目84.13）、液体或气体的过滤、净化机器及装置（品目84.21）、电动机（品目85.01）、变压器（品目85.04）；录制声音或其他信息用的圆盘、磁带、固态非易失性数据存储器件、“智能卡”及其他媒体，不论是否已录制（品目85.23）；无线电遥控设备（品目85.26）或无绳红外线遥控器件（品目85.43）；

（十三）第十七类的运动用车辆（长雪橇、平底雪橇及类似品除外）；

（十四）儿童两轮车（品目87.12）；②

（十五）无人驾驶航空器（品目88.06）；

（十六）运动用船艇，例如，轻舟、赛艇（第八十九章）及其桨、橹和类似品（木制的归入第四十四章）；

（十七）运动及户外游戏用的眼镜、护目镜及类似品（品目90.04）；

（十八）媒诱音响器及哨子（品目92.08）；

（十九）第九十三章的武器及其他物品；

（二十）各种灯串（品目94.05）；

（二十一）独脚架、双脚架、三脚架及类似品（品目96.20）；

（二十二）球拍线、帐篷或类似的野营用品、分指手套、连指手套及露指手套（按其构成材料归类）；或

（二十三）餐具、厨房用具、盥洗用品、地毯及纺织材料制的其他铺地制品、服装、床上及餐桌用织物制品、盥洗及厨房用织物制品及具有实用功能的类似货品（按其构成材料归类）。

二、本章包括天然或养殖珍珠、宝石或半宝石（天然、合成或再造）、贵金属或包贵金属只作为小零件的物品。

---

① 例如，儿童三轮车上使用的钢铁制螺钉因为属于第十五类注释二的“通用零件”，所以应归入品目73.18。

② 儿童脚踏车，如果是两轮的，归入品目87.12“自行车”，其他按“带轮玩具”归入品目95.03。

三、除上述注释一另有规定的以外,凡专用于或主要用于本章各品目所列物品的零件、附件,应与有关物品一并归类。

四、除上述注释一另有规定的以外,品目 95.03 主要适用于该品目物品与一项或多项其他货品组合而成的物品,只要这些物品为零售包装,且组合后具有玩具的基本特征。这些组合物品不能视为归类总规则三(二)所指的成套货品,如果单独报验,应归入其他品目。

五、品目 95.03 不包括因其设计、形状或构成材料可确认为专供动物使用的物品,例如,,“宠物玩具”归入其相应的品目。①

六、品目 95.08 中:

(一)“游乐场乘骑游乐设施”是指主要目的为游乐或娱乐的装置、组合装置或设备,用于运载、传送、导引一人或多人越过或穿行某一固定或限定的路径(包括水道),或者特定区域,这些设施不包括通常安装在住宅区或操场内的设备;

(二)“水上乐园娱乐设备”是指特征为特定的涉水区域且无设定路径的装置、组合装置或设备。这些设备仅包括专为水上乐园设计的设备;及

(三)“游乐场娱乐设备”是指凭借运气、力量或技巧来玩的游戏设备,通常需要操作员或服务员,可安装在永久性建筑物或独立的摊位,这些设备不包括品目 95.04 的设备。

本品目不包括在本协调制度其他品目中列名更为具体的设备。

子目注释:

子目 9504.50 包括:

(一)在电视机、监视器或其他外部屏幕或表面上重放图像的视频游戏控制器;或

(二)自带显示屏的视频游戏设备,不论是否便携式。

本子目不包括用硬币、钞票、银行卡、代币或任何其他支付方式使其工作的视频游戏控制器或设备(子目 9504.30)。

商品编码	商品名称
95.03	**三轮车、踏板车、踏板汽车和类似的带轮玩具;玩偶车;玩偶;其他玩具;缩小(按比例缩小)的模型及类似的娱乐用模型,不论是否活动;各种智力玩具:**
9503.0010	---供儿童乘骑的带轮玩具(例如,三轮车、踏板车、踏板汽车);玩偶车
	---玩偶,不论是否着装;玩具动物:
9503.0021	----动物
9503.0029	----其他
9503.0060	---智力玩具
	---其他玩具:
9503.0083	----带动力装置的玩具及模型
9503.0089	----其他
9503.0090	---零件、附件

商品编码	商品名称
95.04	**视频游戏控制器及设备,桌上或室内游戏,包括弹球机、台球、娱乐专用桌及保龄球自动球道设备,用硬币、钞票、银行卡、代币或任何其他支付方式使其工作的游乐机器:**
9504.2000	-台球用品及附件
	-使用硬币、钞票、银行卡、代币或任何其他支付方式使其工作的其他游戏用品,但保龄球自动球道设备除外:
9504.3010	---电子游戏机
9504.3090	---其他
9504.4000	-游戏纸牌
	-视频游戏控制器及设备,但子目 9504.30 的货品除外:

① 本章的玩具是供人娱乐用的,如果是专供宠物使用的玩具(例如,供猫玩的玩具小老鼠)不归入品目 95.03,一般按材料属性归入相应的章。

商品编码	商品名称
9504.5020	---自带视频显示装置的视频游戏控制器及设备
9504.5030	---其他视频游戏控制器及设备
9504.5080	---零件及附件
	-其他:
9504.9010	---其他电子游戏机
	---保龄球自动球道设备及器具:
9504.9021	----保龄球自动分瓶机
9504.9022	----保龄球
9504.9023	----保龄球瓶
9504.9029	----其他
9504.9030	---中国象棋、国际象棋、跳棋等棋类用品
9504.9040	---麻将及类似桌上游戏用品
9504.9090	---其他
95.05	**节日(包括狂欢节)用品或其他娱乐用品,包括魔术道具及嬉戏品:**
9505.1000	-圣诞节用品
9505.9000	-其他
95.06	**一般的体育活动、体操、竞技及其他运动(包括乒乓球运动)或户外游戏用的本章其他品目未列名用品及设备;游泳池或戏水池**
	-滑雪屐及其他滑雪用具:
9506.1100	--滑雪屐
9506.1200	--滑雪屐扣件(滑雪屐带)
9506.1900	--其他
	-滑水板、冲浪板、帆板及其他水上运动用具:
9506.2100	--帆板
9506.2900	--其他
	-高尔夫球棍及其他高尔夫球用具:
9506.3100	--棍,全套
9506.3200	--球
9506.3900	--其他
	-乒乓球运动用品及器械:
9506.4010	---乒乓球
9506.4090	---其他
	-网球拍、羽毛球拍或类似的球拍,不论是否装弦:
9506.5100	--草地网球拍,不论是否装弦
9506.5900	--其他
	-球,但高尔夫球及乒乓球除外:
9506.6100	--草地网球
	--可充气的球:
9506.6210	---篮球、足球、排球
9506.6290	---其他
9506.6900	--其他
	-溜冰鞋及旱冰鞋,包括装有冰刀的溜冰靴:
9506.7010	---溜冰鞋
9506.7020	---旱冰鞋
	-其他:
	--一般的体育活动、体操或竞技用品及设备:
	---健身及康复器械:
9506.9111	----跑步机
9506.9119	----其他
9506.9190	---其他
	--其他:
9506.9910	---滑板
9506.9990	---其他
95.07	**钓鱼竿、钓鱼钩及其他钓鱼用品;捞鱼网、捕蝶网及类似网;囮子“鸟”(品目92.08或97.05的货品除外)以及类似的狩猎用品:**
9507.1000	-钓鱼竿
9507.2000	-钓鱼钩,不论有无系钩丝
9507.3000	-钓线轮
9507.9000	-其他
95.08	**流动马戏团及流动动物园;游乐场乘骑游乐设施和水上乐园娱乐设备;游乐场娱乐设备,包括射击用靶;流动剧团:**
9508.1000	-流动马戏团及流动动物园
	-游乐场乘骑游乐设施和水上乐园娱乐设备:
9508.2100	--过山车
9508.2200	--旋转木马,秋千和旋转平台
9508.2300	--碰碰车
9508.2400	--运动模拟器和移动剧场
9508.2500	--水上乘骑游乐设施

商品编码	商品名称	商品编码	商品名称
9508.2600	--水上乐园娱乐设备		
9508.2900	--其他		
9508.3000	-游乐场娱乐设备		
9508.4000	-流动剧团		

第九十六章　杂项制品

注释：

一、本章不包括：

（一）化妆盥洗用笔（第三十三章）；

（二）第六十六章的制品（例如，伞或手杖的零件）；

（三）仿首饰（品目71.17）；

（四）第十五类注释二所规定的贱金属制通用零件（第十五类）或塑料制的类似品（第三十九章）；

（五）第八十二章的利口器及其他物品，其柄或其他零件是雕刻或模塑材料制的；但品目96.01或96.02适用于单独报验的上述物品的柄或其他零件；

（六）第九十章的物品，例如，眼镜架（品目90.03）、数学绘图笔（品目90.17）、各种牙科、医疗、外科或兽医专用刷子（品目90.18）；

（七）第九十一章的物品（例如，钟壳或表壳）；

（八）乐器及其零件、附件（第九十二章）；

（九）第九十三章的物品（武器及其零件）；

（十）第九十四章的物品（例如，家具、灯具及照明装置）；

（十一）第九十五章的物品（玩具、游戏品、运动用品）；或

（十二）艺术品、收藏品及古物（第九十七章）。

二、品目96.02所称“植物质或矿物质雕刻材料”，是指：

（一）用于雕刻的硬种子、硬果核、硬果壳、坚果及类似植物材料（例如，象牙果及棕榈子）；

（二）琥珀、海泡石、黏聚琥珀、黏聚海泡石、黑玉及其矿物代用品。

三、品目96.03所称“制帚、制刷用成束、成簇的材料”，仅指未装配的成束、成簇的兽毛、植物纤维或其他材料。这些成束、成簇的材料无需分开即可安装在帚、刷之上，或只需经过简单加工（例如，将顶端修剪成形）即可安装的。

四、除品目96.01至96.06或96.15的货品以外，本章的物品还包括全部或部分用贵金属、包贵金属、天然或养殖珍珠、宝石或半宝石（天然、合成或再造）制成的物品。而且，品目96.01至96.06及96.15包括天然或养殖珍珠、宝石或半宝石（天然、合成或再造）、贵金属或包贵金属只作为小零件的物品。

商品编码	商品名称
96.01	**已加工的兽牙、骨、龟壳、角、鹿角、珊瑚、珍珠母及其他动物质雕刻材料及其制品（包括模塑制品）：**
9601.1000	－已加工的兽牙及其制品
9601.9000	－其他
96.02	**已加工的植物质或矿物质雕刻材料及其制品；蜡、硬脂、天然树胶、天然树脂或塑型膏制成的模塑或雕刻制品以及其他品目未列名的模塑或雕刻制品；已加工的未硬化明胶（品目35.03的明胶除外）及未硬化明胶制品：**
9602.0010	－－－装药用胶囊
9602.0090	－－－其他
96.03	**帚、刷（包括作为机器、器具、车辆零件的刷）、非机动的手工操作地板清扫器、拖把及毛掸；供制帚、刷用的成束或成簇的材料；油漆块垫及滚筒；橡皮扫帚（橡皮辊除外）：**
9603.1000	－用枝条或其他植物材料捆扎而成的帚及刷，不论是否有把

商品编码	商品名称
	－牙刷、剃须刷、发刷、指甲刷、睫毛刷及其他人体化妆用刷，包括作为器具零件的上述刷：
9603.2100	－－牙刷，包括齿板刷
9603.2900	－－其他
	－画笔、毛笔及化妆用的类似笔：
9603.3010	－－－画笔
9603.3020	－－－毛笔
9603.3090	－－－其他
	－油漆刷、涂料刷、清漆刷及类似的刷(子目 9603.30 的货品除外)油漆块垫及滚筒：
	－－－漆刷及类似刷：
9603.4011	－－－－猪鬃制
9603.4019	－－－－其他
9603.4020	－－－油漆块垫及滚筒
	－其他作为机器、器具、车辆零件的刷：
	－－－金属丝刷：
9603.5011	－－－－作为机器、器具零件的刷
9603.5019	－－－－其他
	－－－其他：
9603.5091	－－－－作为机器、器具零件的刷
9603.5099	－－－－其他
	－其他：
9603.9010	－－－羽毛掸
9603.9090	－－－其他
96.04	**手用粗筛、细筛：**
9604.0000	手用粗筛、细筛
96.05	**个人梳妆、缝纫或清洁鞋靴、衣服用的成套旅行用具：**
9605.0000	个人梳妆、缝纫或清洁鞋靴、衣服用的成套旅行用具
96.06	**纽扣、揿扣、纽扣芯及纽扣和揿扣的其他零件；纽扣坯：**
9606.1000	－揿扣及其零件
	－纽扣：
9606.2100	－－塑料制，未用纺织材料包裹
9606.2200	－－贱金属制，未用纺织材料包裹
9606.2900	－－其他
9606.3000	－纽扣芯及纽扣的其他零件；纽扣坯
96.07	**拉链及其零件：**
	－拉链：
9607.1100	－－装有贱金属制咪牙齿的
9607.1900	－－其他
9607.2000	－零件
96.08	**圆珠笔；毡尖和其他渗水式笔尖笔及唛头笔；自来水笔、铁笔型自来水笔及其他钢笔；蜡纸铁笔活动铅笔；钢笔杆、铅笔套及类似的笔套；上述物品的零件(包括帽、夹)，但品目 96.09 的货品除外：**
9608.1000	－圆珠笔
9608.2000	－毡尖和其他渗水式笔尖笔及唛头笔
	－自来水笔、铁笔型自来水笔及其他钢笔：
9608.3010	－－－墨汁画笔
9608.3020	－－－自来水笔
9608.3090	－－－其他
9608.4000	－活动铅笔
9608.5000	－由上述两个或多个子目所列物品组成的成套货品
9608.6000	－圆珠笔芯，由圆珠笔头和墨芯构成
	－其他：
9608.9100	－－钢笔头及笔尖粒
	－－其他：
9608.9910	－－－机器、仪器用笔
9608.9920	－－－蜡纸铁笔；钢笔杆、铅笔杆及类似的笔杆
9608.9990	－－－其他
96.09	**铅笔(品目 96.08 的铅笔除外)、颜色铅笔、铅笔芯、蜡笔、图画碳笔、书写或绘画用粉笔及裁缝划粉：**
	－铅笔及颜色铅笔，笔芯包裹在外壳中：
9609.1010	－－－铅笔
9609.1020	－－－颜色铅笔
9609.2000	－铅笔芯，黑的或其他颜色的
9609.9000	－其他
96.10	**具有书写或绘画面的石板、黑板及类似板，不论是否镶框：**

商品编码	商品名称
9610.0000	具有书写或绘画面的石板、黑板及类似板,不论是否镶框
96.11	**手用日期戳、封缄戳、编号戳及类似印戳(包括标签压印器);手工操作的排字盘及带有排字盘的手印器:**
9611.0000	手用日期戳、封缄戳、编号戳及类似印戳(包括标签压印器);手工操作的排字盘及带有排字盘的手印器
96.12	**打字机色带或类似色带,已上油或经其他方法处理能着色的,不论是否装轴或装盒;印台,不论是否已加印油或带盒子:**
9612.1000	- 色带
9612.2000	- 印台
96.13	**香烟打火机和其他打火器(不论是机械的,还是电气的)及其零件,但打火石及打火机芯除外:**
9613.1000	- 袖珍气体打火机,一次性的
9613.2000	- 袖珍气体打火机,可充气的
9613.8000	- 其他打火器
9613.9000	- 零件
96.14	**烟斗(包括烟斗头)和烟嘴及其零件:**
9614.0010	- - - 烟斗及烟斗头
9614.0090	- - - 其他
96.15	**梳子、发夹及类似品;发卡、卷发夹、卷发器或类似品及其零件,但品目 85.16 的货品除外:**
	- 梳子、发夹及类似品:
9615.1100	- - 硬质橡胶或塑料制
9615.1900	- - 其他
9615.9000	- 其他
96.16	**香水喷雾器或类似的化妆用喷雾器及其座架、喷头;粉扑及粉拍,施敷脂粉或化妆品用:**
9616.1000	- 香水喷雾器或类似的化妆用喷雾器及其座架、喷头
9616.2000	- 粉扑及粉拍,施敷脂粉或化妆品用
96.17	**保温瓶和其他真空容器及其零件,但玻璃瓶胆除外:**
	- - - 保温瓶:
9617.0011	- - - - 玻璃内胆制
9617.0019	- - - - 其他
9617.0090	- - - 其他
96.18	**裁缝用人体模型及其他人体活动模型;橱窗装饰用的自动模型及其他活动陈列品:**
9618.0000	裁缝用人体模型及其他人体活动模型;橱窗装饰用的自动模型及其他活动陈列品
96.19	**任何材料制的卫生巾(护垫)及卫生棉条、尿布及尿布衬里和类似品:**
	- - - 尿裤及尿布:
9619.0011	- - - - 供婴儿使用的
9619.0019	- - - - 其他
9619.0020	- - - 卫生巾(护垫)及卫生棉条
9619.0090	- - - 其他
96.20	**独脚架、双脚架、三脚架及类似品:**
	独脚架、双脚架、三脚架及类似品:
9620.0010	- - - 专用于品目 85.19、85.21,子目 8525.8、9006.3、9006.5、9007.1 或 9007.2 所列设备的独脚架、双脚架、三脚架及类似品
9620.0090	- - - 其他

第二十一类　艺术品、收藏品及古物

第九十七章　艺术品、收藏品及古物

注释：

一、本章不包括：

（一）品目 49.07 的未经使用的邮票、印花税票、邮政信笺（印有邮票的纸品）及类似的票证；①

（二）作舞台、摄影的布景及类似用途的已绘制画布（品目 59.07），但可归入品目 97.06 的除外；或

（三）天然或养殖珍珠、宝石或半宝石（品目 71.01 至 71.03）。

二、品目 97.01 不适用于成批生产的镶嵌画复制品、铸造品及具有商业性质的传统工艺品，即使这些物品是由艺术家设计或创造的。

三、品目 97.02 所称"雕版画、印制画、石印画的原本"，是指以艺术家完全手工制作的单块或数块印版直接印制出来的黑白或彩色原本，不论艺术家使用何种方法或材料，但不包括使用机器或照相制版方法制作的。

四、品目 97.03 不适用于成批生产的复制品及具有商业性质的传统手工艺品，即使这些物品是艺术家设计或创造的。②

五、

（一）除上述注释一至四另有规定的以外，可归入本章各品目的物品，均应归入本章的相应品目而不归入本协调制度的其他品目；

（二）品目 97.06 不适用于可以归入本章其他各品目的物品。③

六、已装框的油画、粉画及其他绘画、版画、拼贴画及类似装饰板，如果框架的种类及价值与作品相称，应与作品一并归类。如果框架的种类及价值与作品不相称，应分别归类。

商品编码	商品名称
97.01	**油画、粉画及其他手绘画，但带有手工绘制及手工描饰的制品或品目 49.06 的图纸除外；拼贴画、镶嵌画及类似装饰板：**
	－超过 100 年的：
9701.2100	－－油画、粉画及其他手绘画
9701.2200	－－镶嵌画
9701.2900	－－其他
	－其他：
	－－油画、粉画及其他手绘画：
	－－－原件：
9701.9111	－－－－唐卡
9701.9119	－－－－其他
9701.9120	－－－复制品
9701.9200	－－镶嵌画
9701.9900	－－其他
97.02	**雕版画、印制画、石印画的原本**
9702.1000	－超过 100 年的

① 例如，邮局出售的可供通信使用的邮票（属于在承认其面值的国家流通或新发行并且未经使用的邮票）应归入品目 49.07。

② 例如，商场装饰用的批量生产的维纳斯石膏像应归入品目 68.09"石膏制品"。

③ 例如，超过 100 年的油画不归入品目 97.06 而应归入品目 97.01。

商品编码	商品名称	商品编码	商品名称
9702.9000	-其他		
97.03	**各种材料制的雕塑品原件:**		
9703.1000	-超过 100 年的		
9703.9000	-其他		
97.04	**使用过或未使用过的邮票、印花税票、邮戳印记、首日封、邮政信笺(印有邮票的纸品)及类似品,但品目 49.07 的货品除外:**		
9704.0010	---邮票		
9704.0090	---其他		
97.05	**具有考古学、人种学、历史学、动物学、植物学、矿物学、解剖学、古生物学或钱币学意义的收集品及珍藏品:**		
9705.1000	-具有考古学、人种学或历史学意义的收集品及珍藏品		
	-具有动物学、植物学、矿物学、解剖学或古生物学意义的收集品及珍藏品:		
9705.2100	--人类标本及其部分		
9705.2200	--灭绝或濒危物种及其部分		
9705.2900	--其他		
	-具有钱币学意义的收集品及珍藏品:		
9705.3100	--超过 100 年的		
9705.3900	--其他		
97.06	**超过 100 年的古物:**		
9706.1000	-超过 250 年的		
9706.9000	-其他		

附 录

中华人民共和国海关进出口税则本国子目注释

序号	商品编码	商品名称	商品描述
1	0104.1010	改良种用绵羊	子目0104.1010所称"改良种用绵羊",是指根据育种目标,利用现有品种发生的自然变异或人工创造的新类型,通过系统的选育过程而育成的用于繁殖、培养推广或用以改良国内品种为主要用途的公、母绵羊。它比一般的绵羊有较好的生产性能和遗传品质,同时又能适应一定的经济和自然条件。该税则子目仅包括由本国主管部门认定为"纯种"的种用动物。
2	0106.2011	改良种用鳄鱼苗	子目0106.2011所称"改良种用鳄鱼苗",是指由本国主管部门认定为"纯种"的种用鳄鱼苗,具有遗传性状稳定、抗病力强、繁殖力强等特点。
3	0106.9011	改良种用蛙苗	子目0106.9011所称"改良种用蛙苗",是指由本国主管部门认定为"纯种"的种用蛙苗,具有遗传性状稳定、抗病力强、繁殖力强等特点。
4	0208.9010	乳鸽的鲜、冷、冻肉及食用杂碎	子目0208.9010所称"乳鸽的鲜、冷、冻肉及食用杂碎",包括:(1)整头乳鸽(即有头或无头的乳鸽躯体)。(2)半头乳鸽(整头纵向切开而得)。(3)连腿肉块、肉块。(4)主要供人食用的杂碎(例如,头及头块、脚、心、肝等)。 乳鸽,是指25~28日龄、体重在500~750克之间、用于食用的雏鸽。
5	0301.9110	鳟鱼鱼苗	子目0301.9110所称"鳟鱼鱼苗",包括"鱼花"和鱼苗。"鱼花"是孵化不久的幼鱼,鱼苗是鱼花经培育后达到成鱼养殖所需各种规格的鱼的统称。鳟鱼在鱼类上属鲱形目、鲑科鳟属,鳟鱼鱼苗规格:一般2.5克,3厘米/尾以下的称为鱼花,3厘米/尾以上,30厘米/尾以下的称为鱼苗;作为种用,一定是采用快捷的运输方式,运输的是活体。
6	0301.9210	鳗鱼鱼苗	子目0301.9210所称"鳗鱼鱼苗",体长约6毫米的,多分布在水深400米左右的水域,体长7~15毫米的,多分布在水深100~300米的水域,随着体长的增长,逐渐上升到30米深的上层水域生活,并有垂直移动现象。鳗苗体长达6厘米左右时开始溯河。 鳗鱼在鱼类上属于鳗鲡目,鳗鱼科。身体细长,刚孵出的苗成圆柱形,透明,称白仔。子目0301.9210的鳗鱼苗的标准是:头阔吻钝,规格整齐,游动活泼,体上无创伤,体色光洁呈玉白色,肌肤丰韵,肌体健壮,无病原体寄生;鳗鱼苗规格为2100~8000尾/千克(欧洲鳗鲡苗为2100~4500尾/千克,日本鳗鲡苗规格为5000~8000尾/千克)。
7	0301.9310	鲤鱼鱼苗	子目0301.9310所称"鲤鱼鱼苗",是指鲤鱼类的种苗,包括鱼花和鱼苗。鱼花是孵化不久的幼鱼;鱼苗,是鱼花经培育后达到成鱼养殖所需各种规格的鱼的统称。鲤鱼鱼苗规格,一般2.5克,3厘米/尾以下的称为鱼花;3厘米/尾以上,30厘米/尾以下的称为鱼苗。鲤鱼苗体粗壮而背高,淡褐色,头扁平,鳔卵圆形,青筋灰色直达尾部,栖息于水的底层,不太活泼。 作为种用,一定是采用快捷的运输方式,运输的是活体。
8	0306.3391	中华绒螯蟹	子目0306.3391所称"中华绒螯蟹",头胸甲背面为草绿色或墨绿色,腹面灰白色、头胸甲额额缘具4尖齿突,前侧缘亦具4齿突,第4齿小而明显。腹部平扁,雌体呈卵圆形至圆形,雄体呈细长钟状;但幼蟹期雌雄个体腹部均为三角形,不易分辨。螯足用于取食和抗敌,其掌部内外缘密生绒毛。其肉质鲜美,营养丰富。

序号	商品编码	商品名称	商品描述
9	0307.1110	牡蛎(蚝)种苗	子目0307.1110所称"牡蛎种苗",包括用于育苗的牡蛎亲贝及用于培育的牡蛎稚贝。 牡蛎亲贝是指用于繁殖、育苗的成贝;用作亲贝的牡蛎应大小整齐,体质健壮,性腺丰满。一般2~3龄贝,壳长9~10厘米。牡蛎稚贝是指牡蛎幼虫在水中经过一段时间的浮游生活发育变态之后,附着在采苗器上长成为稚贝(贝苗),规格一般在1厘米以下。 作为种用,一定是采用快捷的运输方式,运输的是活体。
10	0307.2110	扇贝种苗	子目0307.2110所称"扇贝(包括海扇)种苗",包括用于育苗的扇贝亲贝及用于培育的扇贝稚贝。 扇贝亲贝是指用于繁殖、育苗的成贝,用作亲贝的扇贝一般性腺丰满、个体健壮。 扇贝稚贝是指幼体变态附着生出次生壳后的扇贝幼苗。当稚贝在培育池中长到一定程度(通常平均壳高500微米左右)时,需移到虾池或海上继续培育到商品规格(1厘米以下,一般为5毫米)。
11	0307.3110	贻贝种苗	子目0307.3110所称"贻贝种苗",包括用于育苗的贻贝亲贝及用于培育的贻贝稚贝。 贻贝亲贝是指用于繁殖、育苗的成贝,用作亲贝的贻贝一般性腺丰满、个体健壮,壳长为8厘米以上。 贻贝稚贝是贻贝幼虫变态后转入底栖附着的幼苗。稚贝体长2厘米左右,就可以进行分苗附着养成。苗的规格一般在100粒/公斤以下。
12	0307.4210	墨鱼及鱿鱼种苗	子目0307.4210所称"墨鱼及鱿鱼种苗",是指供养殖用的墨鱼或鱿鱼的幼体或亲体。墨鱼及鱿鱼的主要特征是:足特化为腕及漏斗,腕与头相愈合而为头足部。 墨鱼及鱿鱼种苗幼体的规格为1厘米/尾以下;亲体的规格为500克/尾以上。
13	0307.9110	其他,包括适合供人食用的水生无脊椎动物(甲壳动物除外)的种苗	子目0307.9110所称"种苗",是其他子目未列名的供养殖用的幼体或亲体。
14	0510.0010	黄药	子目0510.0010所称"黄药",是指作为中药材使用的动物结石,主要品种有猴枣、马宝、狗宝、牛黄等。 猴枣:又名猴子枣、羊肠枣、猴丹、申枣;猴科(Cercopithecidae)动物猕猴 Macaca mulatta Zimmermann、红面猴和熊猴等的胃胆结石。呈椭圆形、扁圆形,略似枣,大小不一,大者如鸡蛋,小者仅如黄豆,一般多如莲子大小,表面青绿色或绿黑色,平滑细腻有光泽,质硬而脆,击之易碎,断面灰黄色,可见明显的同心圆样的层纹,中央以紫梗、豆衣、石子等异物为核心。气微香,味微苦涩,嚼之有砂样感。进口猴枣主产于印度、马来西亚、南洋群岛。 马宝:又名马结石、马粪石;为马科(Equidae)动物马 Equus caballus L.胃肠道中所生的结石。完整的马宝呈球形、卵圆形或扁圆形,大小不等。一般直径6~20厘米,重250~2500克,但亦有小如豆粒者。表面蛋青色、灰白色至油褐色,光滑,有光泽,或附有杂乱为细草纹,亦有凹凸不平者。质坚体重,剖面灰白色而有同心层纹,俗称"涡纹",且微具玻璃样光泽。气无味淡嚼之可成细末。 狗宝:犬科(Canidae)动物狗 Canis familiaris Linnaeus 的胃中结石。呈圆球形,大小不一,一般直径1.5~5厘米。表面灰白色或灰黑色,略有光泽,有多数类圆形突起。质重,坚实而细腻,指甲划之,留有痕迹。断面有同心环状层纹,近中心较疏松。气微腥,味微苦,嚼之有粉性而无砂性感觉。以色白带青者为好。

序号	商品编码	商品名称	商品描述
			牛黄:又名心黄,丑宝,丑黄,各一旺,犀黄,西黄,肝黄,胆黄,京黄,蛋黄,管黄;取自胆囊的习称“胆黄”或“蛋黄”;取自胆管及肝管的习称“管黄”或“肝黄”。为牛科(Bovidae)动物牛 Bos taurus domesticus Gmelin 的干燥胆结石(少数为胆管、肝管结石)。包括原药材和炮制品,药材多呈卵形、类球形、三角形或四方形,大小不一,直径 0.6~3(~4.5)厘米,少数呈管状或碎片。表面黄红色至棕黄色,有的表面挂有1层黑色光亮的薄膜,习称“乌金衣”,有的粗糙,具疣状突起,有的具龟裂纹。体轻,质酥脆,易分层剥落,断面金黄色,可见细密的同心层纹,有的夹有白心。气清香,味苦而后微甘,有清凉感,嚼之易碎,不粘牙;炮制品为棕黄色或红棕色细粉。气清香,味微苦而后微甜。入口芳香清凉,嚼之不粘牙,可慢慢溶化。国外主产于印度、加拿大、阿根廷、乌拉圭等地;加拿大、阿根廷等国产者称为金山牛黄,印度产者称为印度牛黄。
15	0601.1091	种用休眠的鳞茎、块茎、块根、球茎、根颈及根茎	子目 0601.1091 所称“种用休眠的鳞茎、块茎、球茎、根颈及根茎”,是指用于推广繁殖的、其顶芽或腋芽处于休眠期尚未长出花茎的鳞茎、块茎、球茎、根颈及根茎。 某些不能区别其为食用或种植用的鳞茎、块茎、球茎、根颈及根茎(如,洋葱、青葱、大蒜、马铃薯、洋蓟、生姜等)不能归入本子目。
16	0602.2010	食用水果或食用坚果的树、灌木的种用苗木	子目 0602.2010 所称“食用水果或食用坚果的树、灌木的种用苗木”,是指用于推广繁殖的具有利用价值的果树遗传物质的总体,其作为繁殖材料或种植材料进行栽培、试验,不能直接从事赢利性的经营。
17	0703.2010	蒜头	子目 0703.2010 所称“蒜头”,为大蒜的鳞茎,由蒜瓣组成。不同品种的蒜,蒜瓣的数量不同,少者 5~6 个,多者可达 10~20 个,也有一个蒜瓣的“独头蒜”(如果植株很小就遇到高温和长日照,常形成只有一个蒜瓣的“独头蒜”)。蒜瓣是由一个芽和一层肥厚的肉质鳞片组成,是着生在叶腋内的茎盘上的侧芽,蒜瓣在茎盘上的排列方式由单轮和多轮之分,它是大蒜的贮藏器官,又是繁殖器官。成熟的蒜瓣芽是休眠状态,当度过休眠期的幼芽遇到适宜的条件是就可发芽,依靠内身的营养长成幼小植株。
18	0704.9010	卷心菜	子目 0704.9010 所称“卷心菜”,学名结球甘蓝,又名圆白菜、洋白菜,属十字花科臺苔属甘蓝变种。外观近圆形,结球紧实个头大,层层包裹成球状体,重量 1~2 千克,颜色绿,芯白或淡黄色。叶球可供食用。
19	0710.2210	红小豆(赤豆)	子目 0710.2210 所称“红小豆”,又名红豆、小豆、赤豆、赤小豆,古名小菽、赤菽。成熟荚长筒形无毛,有浅黄、浅褐、深褐、黑、白等色。子粒矩圆或圆柱形,脐白色,长条形不下凹。粒色有红、白、杏黄、绿、褐、黑、花斑和花纹等。通常每百粒重 11~17 克。 该税则子目仅包括上述子粒中粒色为红色的小豆。
20	0712.9091	干辣根	子目 0712.9091 所称“干辣根”,是十字花科植物辣根[又名西洋葵菜、山葵萝卜、西洋辣根等,学名 Armoracia rusticana(Lam.)P. Gaertne. ,英文名 Hoseradish]的可食用根部,仅包括经干制(包括脱水、蒸干或冻干),即用各种方法去除其所含有天然水分的辣根,不论整个还是经过切块、切片、破碎或制成粉状。 辣根含有特殊辣味的黑介甙,还含有人体需要的多种营养成分,主要用作保健蔬菜和调料。

序号	商品编码	商品名称	商品描述
21	1211.9012	三七(田七)	子目 1211.9012 所称“三七(田七)”,为五加科植物三七[又名参三七、旱三七(通称)、盘龙七(四川)、金不换(江西),学名 Radix Notoginseng]的根,包括鲜、干、冷或冻的,不论是否切割、压碎或研磨成粉。 植物三七的根分为主根、支根及茎基。主根通常长 1~6 厘米、直径 1~4 厘米,呈倒圆锥形或圆柱形,表面灰黄色或灰褐色,有断续的纵皱纹及支根痕,顶端有茎痕、周围有瘤状突起,断面灰绿色、黄绿色或灰白色;支根习惯称“筋条”,呈圆柱形;茎基呈不规则的皱缩块状及条状,表面有数个明显的茎痕及环纹,断面中心灰白色,边缘灰色。三七味苦回甜。三七富含三七皂甙、三七多糖、三七素、黄酮等有效成分,具有止血、散瘀、定痛等功效。
22	1211.9027	槐米	子目 1211.9027 所称“槐米”,是豆科植物槐 Sophora japonica L. 的花蕾。干的槐米呈卵形或椭圆形,长 2~6 毫米,直径约 2 毫米,花萼下部有数条纵纹,萼的上方为黄白色未开放的花瓣,花梗细小无臭,味微苦涩。
23	1212.2141	干紫菜	子目 1212.2141 所称“干紫菜”,是以紫菜为原料,经日晒或烘干而成的淡干品。
24	1511.9010	棕榈液油(熔点 19℃~24℃)	子目 1511.9010 所称“棕榈液油(熔点 19℃~24℃)”,系指棕榈油经分提工序精制而成的常温下呈液态的棕榈油,熔点在 19℃~24℃范围内;外观一般为淡黄色油状透明或半透明液体。主要脂肪酸典型组成为:棕榈酸(一般含 38.0~43.5Wt%)、油酸(一般含 39.8~46.0Wt%)、十四酸、亚麻油酸、硬脂酸。
25	1511.9020	棕榈硬脂液油(熔点 44℃~56℃)	子目 1511.9020 所称“棕榈硬脂液油(熔点 44℃~56℃)”,系指棕榈油经分提工序精制而成的高熔点的棕榈油,熔点在 44℃~56℃范围内;外观一般为白色或淡黄色固体。主要脂肪酸的典型组成为:棕榈酸(一般含 48.0~74.0Wt%)、油酸(一般含 15.5~36.0Wt%)、亚麻油酸、十四酸、硬脂酸。
26	1517.9010	起酥油	子目 1517.9010 所称“起酥油”,是指动、植物油脂的食用氢化油、高级精制油或上述油脂的混合物,经过速冷捏和制造的固状油脂,或不经速冷捏和制造的固状、半固体状或流动状的具有良好起酥性能的油脂制品。
27	1602.3210	鸡的罐头	子目 1602.3210 所称“鸡的罐头”,按国标“GB 10784 — 2006”罐头食品分类标准,属于禽类罐头。罐藏食品俗称罐头,食品的罐藏就是将经过一定处理的食品装入镀锡薄板罐、玻璃罐、复合薄膜袋或其他包装材料容器中,经密封杀菌,使罐内食品与外界隔绝而不再被微生物污染,同时又使罐内绝大部分微生物(即能在罐内环境生长的腐败菌和致病菌)死灭并使酶失活,从而消除了引起食品变败的主要原因,获得在室温下长期贮存的保藏方法。这种密封在容器中并经杀菌后具有一定真空度、在室温下能够较长时间保存的食品即为罐藏食品。
28	1702.9012	蔗糖含量超过 50% 的甘蔗糖、甜菜糖与其他糖的简单固体混合物	子目 1702.9012 所称“蔗糖含量超过 50%的甘蔗糖、甜菜糖与其他糖的简单固体混合物”,是指蔗糖含量超过 50%的甘蔗糖、甜菜糖与其他糖进行简单混合形成的预混粉类产品。本子目可以加入少量其他食品原料,只要保持糖的原有特征。
29	2008.9931	调味紫菜	子目 2008.9931 所称“调味紫菜”,是由紫菜经烘烤等工艺制成的干紫菜,加入调味料。调味紫菜可作为菜肴或休闲食品,泛绿色光泽,可直接食用。
30	2008.9934	烤紫菜	子目 2008.9934 所称“烤紫菜”,是指以干紫菜为主要原料,未加调味料经烘烤而制成的可直接食用的食品。理化指标为:水分含量≤5.0%;感官要求为:色泽呈绿色,具有品种固有的香脆滋味,无正常视力可见的不可食用的外来异物。

序号	商品编码	商品名称	商品描述
31	2106.9040	椰子汁	子目2106.9040所称"椰子汁",是指以椰肉为原料经压榨、过滤、均质、灭菌等工艺制作而成。为使椰子汁不产生油水分离现象,可添加适量的稳定剂和乳化剂等;也可加入少量其他物质,但所加物质不能改变其基本特征。适用于制作蛋糕、糖果、饼干、冰激凌和咖喱等,并适用于烹饪菜、小吃和制作各种甜品。该子目所指"椰子汁"不可直接饮用。
32	2106.9061	含香料或着色剂的甘蔗糖或甜菜糖水溶液	子目2106.9061所称"含香料或着色剂的甘蔗糖或甜菜糖水溶液",包括添加香料或着色剂的甘蔗糖水溶液或甜菜糖水溶液,以及上述水溶液的混合物。同时,本子目可以含有少量其他糖或其他物质,只要保持添加香料或着色剂的甘蔗糖或甜菜糖水溶液的原有特征。
33	2106.9062	蔗糖含量超过50%的甘蔗糖、甜菜糖与其他食品原料的简单固体混合物	子目2106.9062所称"蔗糖含量超过50%的甘蔗糖、甜菜糖与其他食品原料的简单固体混合物",是指蔗糖含量超过50%的甘蔗糖、甜菜糖与其他食品原料(可可除外)进行简单混合形成的预混粉类产品。
34	2206.0010	黄酒	子目2206.0010所称"黄酒",是指以稻米、黍米、玉米、小米、小麦、水等为主要原料,经加曲和/或部分酶制剂、酵母等糖化发酵剂酿制而成的发酵酒。
35	2309.9010	制成的饲料添加剂	子目2309.9010所称"制成的饲料添加剂",是指专用于生产动物配制饲料(包括完全饲料和补充饲料)的混合制品,是一类为配制饲料,定量提供或补充动物所需活性成分的种类或含量的添加剂。归入本子目的饲料添加剂是指根据饲料添加剂的成分和功能不归入其他更加具体列名品目的配制饲料添加剂(混合物)。主要包括: 1. 由可补充动物营养和健康需要的活性物质与作为其载体物质的混合制剂。活性物质一般是维生素、氨基酸、抗菌素、抑制球虫剂、微量元素等,载体物质中可含有一种或多种有机营养物质,如木薯粉、豆粉、食品工业残渣等以及含有无机物。为了便于饲料的保存、贮藏和改善外观等,上述制剂中还可添加香料、乳化剂、黏合剂、抗氧化剂、稳定剂和防霉剂等。 2. 用于补充动物必需元素,如钙、磷、钾、钠、铜、镁、锰、硫等元素的多种矿物质的混合制品。上述物质常与前项中所列载体物质混合制成。
36	2501.0011	食用盐	子目2501.0011所称"食用盐",是以氯化钠为主要成分的商品,供人食用。食用盐技术指标可参照《GB 5461—2000 食用盐》和《GB 2721—2003 食用盐卫生标准》的相关规定。
37	2501.0020	纯氯化钠	子目2501.0020所称"纯氯化钠(Sodium chloride)",分子式NaCl,分子量58.44,白色立方晶体或细小的结晶粉末。密度2.165g/cm^3(25℃),熔点801℃,沸点1413℃,味咸,溶于水,但不水解,溶液呈中性,溶于甘油,难溶于乙醇。除去生活用外,氯化钠在工、农、牧、渔等各方面都有广泛的应用。 归入该本国子目的纯氯化钠应同时符合以下两个规定: 1. 氯化钠含量不少于99.5%; 2. 不符合本国子目2501.0011(食用盐)的规定。
38	2504.1010	粉片天然石墨	子目2504.1010所称"粉片天然石墨",是指形似鱼鳞状的天然晶质石墨。晶体结构属六方晶系,呈层状结构。灰黑色并具有金属光泽,质软,莫氏硬度1~2,密度2.2~2.3,容重一般为1.5~1.8。具有良好的耐高温、导电、导热、润滑、可塑及化学稳定性等性能。
39	2504.1091	球化石墨	子目2504.1091所称"球化石墨",以天然鳞片石墨为基础原料,经过粉碎、切、削、球化整形、提纯、洗涤等工艺而得。可用于锂离子二次充电电池负极材料。

序号	商品编码	商品名称	商品描述
40	2507.0010	高岭土	子目 2507.0010 所称“高岭土”,是一种以高岭石为主要成分的黏土,常含有埃洛石、蒙脱石、石英等成分。高岭土的主要化学成分为硅酸铝,还含有少量铁、钛、钙、镁、钾、钠的化合物等成分,但不同产地成分变化较大。高岭土本身为白色,因含有杂质可呈灰白色、灰色、灰黄色、黄褐色、灰绿色、灰黑色等。土状或致密块状,手触摸时有明显的滑腻感,密度为 2.2~2.6g/cm^3。易分散于水或溶液中,有强吸水性,但不膨胀。其化学性质比较稳定,耐酸性也较好,具有较高的耐火度。 高岭土除了主要用在陶瓷业外,造纸业也是高岭土的最大用户,此外在橡胶、塑料、化工、耐火材料等工业也得到应用。 该本国子目不包括煅烧后得到其他税则号列具体列名的商品。
41	2510.1010	未碾磨磷灰石	子目 2510.1010 所称“未碾磨磷灰石”,是一种在地壳中分布很广的磷酸盐矿物。化学式为 $Ca_5(PO_4)_3(F、Cl、OH)$,因其中附加阴离子的不同,又分为氟磷灰石、氯磷灰石和羟磷灰石等,以氟磷灰石最为常见。六方晶系。玻璃光泽,断口呈油脂光泽。纯者无色透明,因含杂质不同而颜色各异,以灰、褐黄、黄绿色多见。硬度 5,密度 3.2。
42	2512.0010	硅藻土	子目 2512.0010 所称“硅藻土”,是一种生物成因的硅质沉积岩,主要由硅藻及微小生物的遗体的硅质部分组成。化学成分主要是非晶质含水二氧化硅($SiO_2 \cdot nH_2O$),常含有一些杂质(如黏土、有机物、金属氧化物、碳酸盐等)。硅藻土质轻而软,密度一般为 1.9~2.35 g/cm^3,干燥时仅为 0.25~1 g/cm^3,摩氏硬度 1~1.5。天然状态呈块状或土状,易研磨成粉末。较纯净的硅藻土为白色,含杂质时颜色多样,常有浅黄色、灰色、棕色等。 硅藻土具有多孔质结构,孔隙度约为 90%。这使得其具有很强的吸附能力,能吸收自身重量 1.5~4.0 倍的水,并且对声、热、电的传导性很低,具有隔音、隔热、耐火、耐腐蚀、化学稳定性等多种优良的物理和化学性能。硅藻土作为催化剂载体、过滤介质、保温材料、绝缘材料、填充剂等,被广泛应用于化工、轻工、建筑、电力、涂料等行业。
43	2519.9091	化学纯氧化镁	子目 2519.9091 所称“化学纯氧化镁”,是指氧化镁(MgO)含量不少于 97.0% 的氧化镁产品。
44	2530.9010	矿物性药材	子目 2530.9010 所称“矿物性药材”,是指通常作入药用的原产矿物和古动物化石。其中原产矿物状态应符合《税则》第 25 章章注一所规定的加工范围,古生物化石状态超出《税则》第 97 章的规定。
45	2530.9020	稀土金属矿	子目 2530.9020 所称“稀土金属矿”,是指经冶炼可以从中提取稀土元素的矿产。稀土金属共包括镧 La、铈 Ce、镨 Pr、钕 Nd、钷 Pm、钐 Sm、铕 Eu、钆 Gd、铽 Tb、镝 Dy、钬 Ho、铒 Er、铥 Tm、镱 Yb、镥 Lu、钪 Sc、钇 Y 共 17 个元素,稀土金属矿富含其中一种或几种稀土元素。
46	2530.9091	硅灰石	子目 2530.9091 所称“硅灰石”,是一种钙的偏硅酸盐矿物,其化学分子式为 $CaSiO_3$,[还有一种分子式为:$Ca_3(Si_3O_9)$],理论化学成分是 CaO 48.3%、SiO_2 51.7%。硅灰石为三斜晶系,通常呈片状、放射状或纤维状集合体。可分为硅灰石块矿和硅灰石粉。硅灰石块矿为白色到灰白色,或为微带红色,粒度 4~30 厘米,玻璃光泽到珍珠光泽,硬度 4.5~5。硅灰石粉为白色粉末,通常白度 85%以上。

序号	商品编码	商品名称	商品描述
47	2617.9010	朱砂(辰砂)	子目 2617.9010 所称"朱砂",俗称丹砂,为最常见的含汞矿物,主要成分为硫化汞。晶体呈菱面体状、板状;集合体呈不规则粒状、致密块状、粉末状等。颜色呈暗红色、鲜红色或粉红色,部分有条痕,较纯净的有金刚光泽。朱砂是典型的低温热液矿物,常与辉锑矿、黄铁矿、白铁矿、石英、方解石等共生。朱砂(辰砂)可用于提炼汞以及汞化合物的生产,并可用于中药和作为颜料。 归入该税则号列的商品的加工方法必须符合《中华人民共和国进出口税则》第二十六章注释二的规定。
48	2618.0010	冶炼钢铁所产生的主要含锰的粒状熔渣(熔渣砂)	子目 2618.0010 所称"冶炼钢铁所产生的主要含锰的粒状熔渣(熔渣砂)",是经矿热炉熔炼后块状熔渣,一般为深色块状固体,不溶于水,熔点在 1100 摄氏度以上,不含放射性杂物,含锰在 23%以上。
49	2701.1210	炼焦煤	子目 2701.1210 所称"炼焦煤",是指在隔绝空气条件下加热,能软化形成胶质体并结为焦炭的烟煤。根据国标 GB/T 5751—2009《中国煤炭分类》,烟煤分为贫煤、贫瘦煤等 12 个亚类,其中适用于炼焦用煤的有气煤、气肥煤、1/3 焦煤、肥煤、焦煤、瘦煤六个亚类。
50	2710.1210	车用汽油及航空汽油	子目 2710.1210 所称"车用汽油",是用于汽车和机动车等汽油机的燃料,一般由直馏汽油、催化裂化汽油和聚合汽油按一定比例掺和,并添加适量添加剂,如抗爆剂、防胶剂等调和而成,馏程约为 40℃~205℃。根据国家标准,按研究法辛烷值分为 90、93、97 等牌号(GB 17930—2006规定研究法辛烷值分别不得小于 90、93、97),无水溶性酸碱、水分和机械杂质。 子目 2710.1210 所称"航空汽油",是用于航空活塞式汽油机的汽油,通常由基础油、高辛烷值组分、异戊烷加入适量的抗氧剂组成,馏程约为 40℃~180℃。根据国家标准,按辛烷值分为 75、95、100 三个牌号(GB 1787 — 2008 规定辛烷值分别不得小于 75、95、99.5)。75 号航空汽油适用于无增压器的小型活塞式航空发动机,95、100 号航空汽油适用于有增压器的大型活塞式航空发动机。航空汽油除抗爆性外,对蒸发性、贮存安定性及发热值等均比车用汽油的要求高,无水溶性酸碱、水分和机械杂质。
51	2710.1220	石脑油	子目 2710.1220 所称"石脑油",为一部分石油轻馏分的泛称,因用途不同有各种不同的馏程。我国规定馏程由初馏点至 220℃左右。外观为无色透明液体,馏分轻,烷烃和环烷烃含量高(不小于 70%),芳烃含量一般不超过 12%,重金属含量低,硫含量低,毒性较小,主要用作重整和化工原料。作为生产芳烃的重整原料,采用 60℃~145℃馏分,称作轻石脑油;生产高辛烷值汽油采用 60℃~180℃馏分,称作重石脑油。
52	2710.1230	橡胶溶剂油、油漆溶剂油、抽提溶剂油	子目 2710.1230 所称"橡胶溶剂油",又称 120 号溶剂油,为无色透明易挥发液体,不含四乙基铅,以原油直馏馏分或催化重整抽余油为原料,经精制、分馏而制成。馏程为 80℃~120℃,对橡胶有很强的溶解能力,用于橡胶工业作溶剂。 子目 2710.1230 所称"油漆溶剂油",又称 200 号溶剂油,为无色透明易挥发液体,以原油直馏馏分加工制得。馏程为 140℃~200℃。用作油漆工业溶剂和稀释剂。 子目 2710.1230 所称"抽提溶剂油",为无色透明易挥发液体,以原油经常减压蒸馏所得的直馏馏分或重整抽余油或凝析油为原料经精制、分馏而制成,馏程为 61℃~76℃。对大豆油、花生油等植物油具有很强的溶解能力,用于植物油脂萃取过程中的抽提溶剂,苯含量不大于 0.1%。

序号	商品编码	商品名称	商品描述
53	2710.1911	航空煤油(喷气燃料)	子目2710.1911所称“航空煤油”,也称喷气燃料、航空涡轮机燃料、航空燃料、燃气涡轮燃料,是用原油的直馏馏分或经加氢裂化、加氢精制生产的组分,单独或复合加入各种有利于提高或改进喷气燃料估量的添加剂而制成。主要用于喷气式发动机。为无色透明液体,馏分均匀,黏度适宜,烟点高、热值高,有良好的燃烧性能。产品洁净度高,含硫量少,无机械杂质及水分,积碳少、不结焦。有较好的低温流动性,能满足寒冷低温地区和高空飞行对油品流动性的要求,而且有很好的热安定性及抗氧化安定性。目前,按国家标准,我国航空煤油分为1、2、3、4、5五个牌号。
54	2710.1912	灯用煤油	子目2710.1912所称“灯用煤油”,是从石油制取的直馏或二次加工经过精制的不含热裂化组分的煤油馏分,为无色透明液体。灯用煤油其馏分范围经严格控制(10%馏出温度不高于205℃,终馏点不高于300℃),芳烃含量适中,含硫量少(不得大于0.04%),主要用于点灯照明或作煤油炉燃料。点灯时灯芯上油正常,燃烧完全,亮度足,火焰稳定,不冒黑烟,不结灯花,无明显臭味,对环境污染小。作煤油炉用燃料时燃烧完全,热值高。
55	2710.1922	5~7号燃料油	燃料油来源为石油,由原油蒸馏、热裂化等过程所得的渣油制得,有时还加入适量轻质馏分油以调整其黏度;也可以由页岩油加工和煤液化等获得。燃料油广泛用作船舶锅炉、大型低速柴油机、发电站锅炉、玻璃、陶瓷、金属热处理、冶炼等工业的加热过程用的燃料。反映燃料油性能的主要指标有:(1)黏度,反映输送性能和燃料油雾化性能;(2)闪点,油品遇明火发生闪火的最低温度。反映贮存、运输和使用时的安全性能;(3)含硫量,反映油品对设备的腐蚀性能;(4)水、沉积物,影响油品的输送,会堵塞油路、过滤器和喷嘴。 按我国行业标准《燃料油》(SH/T0356-1996),燃料油分为1号、2号、4号轻、4号、5号轻、5号重、6号、7号8个牌号。燃料油应符合行业标准规定的指标才能归入相应的牌号。子目2710.1922包括5号轻、5号重、6号、7号4个牌号的燃料油。
56	2710.1923	柴油	子目2710.1923所称“柴油”,是一种轻质石油产品,通常用作压燃式发动机(即柴油机)燃料,是复杂的烃类(碳原子数约10~22)混合物。主要由原油蒸馏、催化裂化、热裂化、加氢裂化、石油焦化等过程生产的柴油馏分调配而成(必要时还经精制和加入添加剂);也可以由页岩油加工和煤液化制取。馏程为:50%回收温度不高于300℃,90%回收温度不高于355℃,95%回收温度不高于365℃。
57	2710.1991	润滑油	子目2710.1991所称“润滑油”,是以润滑油基础油为原料经精制调和并加入添加剂(抗氧抗腐蚀剂、防锈剂、结构改良剂、抗泡剂等)混合组成。润滑油又称机油,油状液体润滑剂的总称,黏度指数高,倾点低,用于机械的摩擦部分,起润滑、冷却、密封和防护等作用。按所润滑的机器种类和结构部件特点分为喷气机润滑油、航空润滑油、汽油机润滑油、柴油机润滑油、压缩机润滑油、齿轮润滑油、气缸油、机械油、仪表油、车轴油、特种润滑油、精密机床油和其他润滑油。
58	2710.1992	润滑脂	子目2710.1992所称“润滑脂”,是指主要由矿物油(基础油)、稠化剂和添加剂(或填料)在高温下调制而成,为稠厚的油脂状半固体,俗称牛油或黄油。用于机械的摩擦部分,起润滑和密封作用,也用于金属表面,起填充空隙和防锈作用。 根据稠化剂不同可分为皂基脂和非皂基脂两类,根据用途可分为通用润滑脂和专用润滑脂两种。通用润滑脂用于一般机械零件,专用润滑脂用于拖拉机、铁道机车、船舶机械、石油钻井机械等。主要质量指标是滴点、工作锥入度、灰度和水份等。

序号	商品编码	商品名称	商品描述
59	2710. 1993	润滑油基础油	子目 2710. 1993 所称“润滑油基础油”,是原油常减压蒸馏所得馏分油经溶剂脱蜡、溶剂精制、加氢补充精制或白土精制等工艺生产而制得。具有粘度指数高、粘温性能好、硫含量低、残碳及酸值小等特性,用于生产润滑油。种类有低硫石蜡基原油基础油(根据黏度分,牌号有 75SN、100SN、150SN、200SN、350SN、500SN、650SN、150BS)、环烷基原油基础油(根据黏度分,牌号有 60DN、75DN、100DN、150DN、200DN、300DN、500DN、750DN、900DN、1200DN、90DNZ)、低硫中间基原油基础油(根据黏度分,牌号有 60ZN、75ZN、100ZN、150ZN、200ZN、300ZN、500ZN、600ZN、750ZN、900ZN、90ZNZ、125/140ZNZ、200/220ZNZ)等。
60	2710. 1994	液体石蜡和重质液体石蜡	子目 2710. 1994 所称“液体石蜡和重质液体石蜡”,是以煤油或柴油馏分为原料,经分子筛吸附分离或异丙醇-尿素脱蜡,得到的以正构烷烃为基本成分的石油产品。但符合《中华人民共和国进出口税则》第二十七章子目注释四“轻油及其制品”描述的商品除外。 液体石蜡的正构烷烃和芳烃的含量等需符合行业标准 NB/SH/T 0417—2013 的要求。 重质液体石蜡的初馏点、98%馏出温度、正构烷烃及芳烃含量等需符合行业标准 NB/SH/T 0416—2014 的要求。
61	2714. 9020	乳化沥青	子目 2714. 9020 所称“乳化沥青”,又称沥青乳化液,由沥青和水组成的有复杂结构的两相系统。沥青的微粒弥散在连续的水相中,形成“水包油”的微观结构,通常微粒直径为 0. 1 微米~5 微米。沥青微粒是靠乳化剂的静电电荷稳定地悬浮在水中。 乳化沥青可分为 4 种:阳离子乳化液、阴离子乳化液、非离子乳化液、黏土稳定乳化液,前两种更重要。如果电流通过乳化液使沥青微粒移向阴极,则为阳离子乳化液,反之亦然。非离子乳化沥青是中性的,在道路工程中很少使用。黏土稳定乳化液一般用于非道路工程工业,所用的乳化剂是很细的粉末,如黏土和膨润土。应用较广的阳离子乳化剂有单胺和双胺类的线性硬脂酰、酰胺基类和咪唑啉类。阴离子乳化剂主要是用氢氧化钠皂化后的脂肪酸制成的。 乳化沥青大多是用胶体磨制的。绝大部分乳化沥青是用于道路路面整修或表面处治,也可用于制作道路混合料及用于稳定土壤、黏结泥炭花盆、泥釉涂层、裂缝填补和灌浆。
62	2809. 2011	食品级磷酸	子目 2809. 2011 所称“食品级磷酸”的具体技术指标参考 GB 1886. 15—2015。
63	2811. 2210	硅胶	子目 2811. 2210 所称“硅胶”,化学分子式 $mSiO_2 \cdot nH_2O$,是具有三维空间网状结构的多孔非晶态物质,具有很大的内表面积。透明或乳白色粒状固体,不溶于水和任何溶剂,无毒无味,化学性质稳定,除强碱、氢氟酸外不与任何物质发生反应。
64	2826. 1210	无水氟化铝	子目 2826. 1210 所称“无水氟化铝”,是指无水氟化氢气体与氢氧化铝经气固反应生产的氟化铝产品,其主要技术指标为:氟质量分数≥61%,铝质量分数≥31. 5%,二氧化硅质量分数≤0. 05%,五氧化二磷质量分数≤0. 01%,烧减量≤0. 5%,松装密度≥1. 5 克/立方厘米。

<table>
<tr><th>序号</th><th>商品编码</th><th>商品名称</th><th>商品描述</th></tr>
<tr><td>65</td><td>2835. 2510</td><td>饲料级的正磷酸氢钙(磷酸二钙)</td><td>
子目 2835. 2510 所称“饲料级正磷酸氢钙(磷酸二钙)”,化学成分为磷酸氢钙,用作饲料添加剂,其外观、有效成分和卫生标准应符合 GB/T 22549—2008《饲料级 磷酸氢钙》中Ⅰ型饲料级磷酸氢钙的要求,规定如下:
<table>
<tr><th rowspan="2" colspan="2">项目</th><th>指标</th></tr>
<tr><th>Ⅰ型</th></tr>
<tr><td colspan="2">外观要求</td><td>白色或略带微黄色粉末或颗粒</td></tr>
<tr><td>总磷(P)含量/%</td><td>≥</td><td>16. 5</td></tr>
<tr><td>枸溶性磷(P)含量/%</td><td>≥</td><td>14.0</td></tr>
<tr><td>水溶性磷(P)含量/%</td><td>≥</td><td>—</td></tr>
<tr><td>钙(Ca)含量/%</td><td>≥</td><td>20.0</td></tr>
<tr><td>氟(F)含量/%</td><td>≤</td><td>0.18</td></tr>
<tr><td>砷(As)含量/%</td><td>≤</td><td>0.003</td></tr>
<tr><td>铅(Pb)含量/%</td><td>≤</td><td>0.03</td></tr>
<tr><td>镉(Cd)含量/%</td><td>≤</td><td>0.001</td></tr>
</table>
</td></tr>
<tr><td>66</td><td>2835. 2520</td><td>食品级的正磷酸氢钙</td><td>
子目 2835. 2520 所称“食品级正磷酸氢钙”,化学成分为磷酸氢钙,用作食品添加剂,其外观、有效成分和卫生标准应符合 GB 1889—2004《食品添加剂 磷酸氢钙》的要求,规定如下:
<table>
<tr><th colspan="2">项目</th><th>指标</th></tr>
<tr><td colspan="2">外观要求</td><td>白色粉末</td></tr>
<tr><td colspan="2">磷酸氢钙($CaHPO_4 \cdot 2H_2O$)的质量分数/(%)</td><td>98.0~103.0</td></tr>
<tr><td colspan="2">灼烧失量的质量分数/(%)</td><td>24.5~26.5</td></tr>
<tr><td>重金属(以 Pb 计)的质量分数/(%)</td><td>≤</td><td>0.001</td></tr>
<tr><td>铅(Pb)的质量分数/(%)</td><td>≤</td><td>0.0005</td></tr>
<tr><td>砷(As)的质量分数/(%)</td><td>≤</td><td>0.0002</td></tr>
<tr><td>氟化物(以 F 计)的质量分数/(%)</td><td>≤</td><td>0.005</td></tr>
<tr><td>盐酸不溶物的质量分数/(%)</td><td>≤</td><td>0.05</td></tr>
</table>
</td></tr>
<tr><td>67</td><td>2835. 3110</td><td>食品级的三磷酸钠(三聚磷酸钠)</td><td>
子目 2835. 3110 所称“食品级的三磷酸钠(三聚磷酸钠)”,用作食品添加剂,其外观、有效成分和卫生标准应符合 QB 1034—91《食品添加剂 三磷酸钠》的要求,规定如下:
<table>
<tr><th>项目</th><th>指标</th></tr>
<tr><td>三聚磷酸钠(以 $Na_5P_3O_{10}$),%</td><td>≥95</td></tr>
<tr><td>无氧化二磷(P_2O_5),%</td><td>≥57</td></tr>
<tr><td>氟化物(以 F 计),%</td><td>≤0.003</td></tr>
<tr><td>砷(As),%</td><td>≤0.0003</td></tr>
<tr><td>重金属(以 Pb 计),%</td><td>≤0.001</td></tr>
<tr><td>氯化物(以 Cl 计),%</td><td>≤0.025</td></tr>
<tr><td>硫酸盐(以 SO_4 计),%</td><td>≤0.4</td></tr>
<tr><td>水不溶物,%</td><td>≤0.05</td></tr>
<tr><td>PH 值(1%溶液)</td><td>9.5~10.0</td></tr>
<tr><td>白度</td><td>≥85</td></tr>
</table>
</td></tr>
</table>

<table>
<tr><th>序号</th><th>商品编码</th><th>商品名称</th><th>商品描述</th></tr>
<tr><td>68</td><td>2835.3911</td><td>食品级的六偏磷酸钠</td><td>子目 2835.3911 所称“食品级的六偏磷酸钠”，用作食品添加剂，其外观、有效成分和卫生标准应符合 GB 1890—2005《食品添加剂　六偏磷酸钠》的要求，规定如下：
<table>
<tr><th>指标项目</th><th>指标</th></tr>
<tr><td>总磷酸盐(以 P_2O_5 计)含量，%</td><td>≥68.0</td></tr>
<tr><td>非活性磷酸盐(以 P_2O_5 计)含量，%</td><td>≤7.5</td></tr>
<tr><td>水不溶物含量，%</td><td>≤0.06</td></tr>
<tr><td>铁(Fe)含量，%</td><td>≤0.02</td></tr>
<tr><td>PH 值</td><td>5.8~6.5</td></tr>
<tr><td>砷(As)含量，%</td><td>≤0.0003</td></tr>
<tr><td>重金属(以 Pb 计)含量，%</td><td>≤0.001</td></tr>
<tr><td>氟化物(以 F 计)含量，%</td><td>≤0.003</td></tr>
</table></td></tr>
<tr><td>69</td><td>2905.4910</td><td>木糖醇</td><td>子目 2905.4910 所称“木糖醇”，又名戊五醇，白色粉状或颗粒状结晶，结构式为：
熔点 92~93℃。有吸潮性、无毒、甜味、与山梨糖性质相似，木糖醇外表和蔗糖相似，是多元醇中最甜的甜味剂，味凉、甜度相当于蔗糖，热量相当于葡萄糖。</td></tr>
<tr><td>70</td><td>2917.3611</td><td>精对苯二甲酸</td><td>子目 2917.3611 所称“精对苯二甲酸”(简称 PTA)，分子量：166.13，分子式：$C_8H_6O_4$，结构式为：
精对苯二甲酸中 4-羧基苯甲醛(4-CBA)≤25ppm。
对苯二甲酸为白色针状结晶或粉末，密度 1.510g/cm^3，约在 300℃升华，自燃点 680℃。可燃、低毒，能溶于碱溶液，稍溶于热乙醇，不溶于水、乙醚、冰醋酸和氯仿。精对苯二甲酸主要用作生产聚酯切片、长短涤纶纤维和化工产品的原料。</td></tr>
<tr><td>71</td><td>2933.3910</td><td>二苯乙醇酸-3-奎宁环酯</td><td>子目 2933.3910 所称“二苯乙醇酸-3-奎宁环酯”，为无特殊气味的白色或微黄色的结晶粉末，简称 BZ 或 QNB，中文俗称毕兹，结构式为：
分子式：$C_{21}H_{23}NO_3$，分子量：337，CAS 号：6581-06-2。沸点较高(>300℃)，熔点 165~166℃，不溶于水，微溶于乙醇，可溶于氯仿、苯等有机溶剂。挥发度很小。</td></tr>
</table>

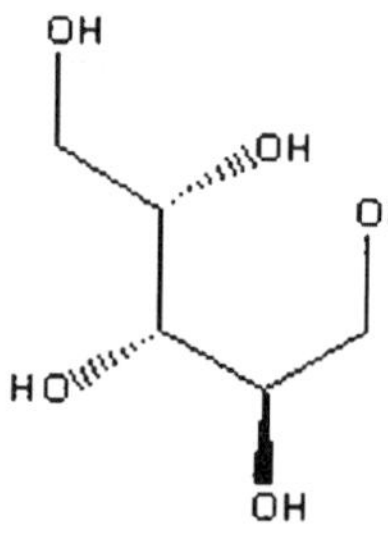

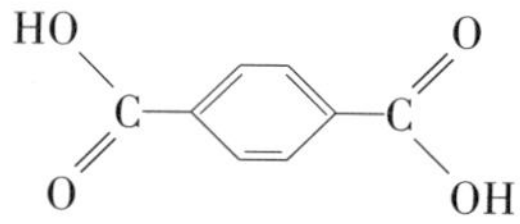

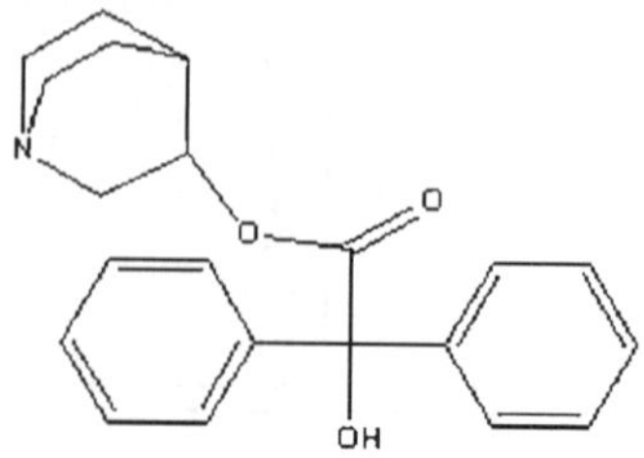

<table>
<tr><th>序号</th><th>商品编码</th><th>商品名称</th><th>商品描述</th></tr>
<tr><td>72</td><td>2937. 1210</td><td>重组人胰岛素及其盐</td><td>子目 2937. 1210 所称“重组人胰岛素”,为重组 DNA 技术生产的由 51 个氨基酸组成的蛋白质。分子式 $C_{257}H_{383}N_{65}O_{77}S_{6}$,分子量 5807. 69。结构见下图。
Gly-Ile-Val-Glu-Gln-Cys-Cys-Thr-Ser-Ile-
Cys-Ser-Leu-Tyr-Gln-Leu-Glu-Asn-Tyr-Cys-
Asn
Phe-Val-Asn-Gln-His-Leu-Cys-Gly-Ser-His-
Leu-Val-Glu-Ala-Leu-Tyr-Leu-Val-Cys-Gly-
Glu-Arg-Gly-Phe-Phe-Tyr-Thr-Pro-Lys-Thr
本子目也包括重组人胰岛素的盐。</td></tr>
<tr><td>73</td><td>3104. 2020</td><td>纯氯化钾</td><td>子目 3104. 2020 所称“纯氯化钾”, 分子式 KCl,分子量 74. 55,白色结晶粉末,微溶于乙醇。农业上用作钾肥,工业上用作制造其他钾盐的原料,医药上用作利尿剂及防治缺钾症的药物。
归入该子目的产品包括分析纯氯化钾、化学纯氯化钾等,按重量计氯化钾含量不小于 99. 5%。</td></tr>
<tr><td>74</td><td>3105. 9010</td><td>有机-无机复混肥料</td><td>子目 3105. 9010 所称“有机-无机复混肥料”按《有机-无机复混肥料》(GB 18877—2009)标准执行,如有更新、替换,统一按最新的国家标准执行。</td></tr>
<tr><td>75</td><td>3206. 1110</td><td>钛白粉</td><td>子目 3206. 1110 所称“钛白粉”,是常用的白色颜料,二氧化钛经表面处理或经混合,外观为白色粉末,工业上主要利用金红石型和锐钛型钛白粉,白色颜料中以金红石型钛白粉的遮盖力最高。</td></tr>
<tr><td>76</td><td>3215. 9010</td><td>书写墨水</td><td>子目 3215. 9010 所称“书写墨水”,是指用于书写、绘图的水性墨水,主要包括鞣酸铁墨水、染料墨水、碳素墨水、墨汁,这些产品通常呈液态或浆状,也包括经简单稀释或分散后即可用作墨水的浓缩体或固体。</td></tr>
<tr><td>77</td><td>3215. 9020</td><td>水性喷墨墨水</td><td>子目 3215. 9020 所称“水性喷墨墨水”,是一种新型的环保型水性打印(或印刷)材料,是以着色剂、表面活性剂、多羟基醇类等物质为基本成分,分散于或溶于水介质(水或水与水性溶剂的混合物)中而组成,其中去离子水含量大于 30%。适用于喷墨打印机器(或印刷设备),采用喷墨打印方式将文字、图画等内容喷射于各类纸张、薄膜及纺织材料等介质上。</td></tr>
<tr><td>78</td><td>3401. 1910</td><td>洗衣皂</td><td>子目 3401. 1910 所称“洗衣皂”,是指水溶性的、不含其他表面活性剂和药物的、供家庭等洗涤用的肥皂。洗衣皂主要成分为脂肪酸钠盐,是一种硬皂。它应该符合品目 34. 01 关于肥皂的定义:肥皂是一种碱性盐(无机或有机的),从至少含有八个碳原子的脂肪酸或脂肪酸混合物中获得。实际上可用松香酸代替部分脂肪酸。
根据国家标准,洗衣皂分为 I 型和 II 型,呈连状、块状,其标准质量和干皂含量由生产厂自定,物理化学指标按标准质量计应符合下表规定:
<table>
<tr><th colspan="2" rowspan="2">指标名称</th><th colspan="2">指标</th></tr>
<tr><th>I 型</th><th>II 型</th></tr>
<tr><td>干皂含量%</td><td>≥</td><td>54</td><td>43~54</td></tr>
<tr><td>氯化物(NaCL)%</td><td>≤</td><td>1.0</td><td>1.0</td></tr>
<tr><td>游离苛性钠(NaOH)%</td><td>≤</td><td>0.3</td><td>0.3</td></tr>
<tr><td>乙醇不溶物%</td><td>≤</td><td>15</td><td>-</td></tr>
<tr><td>发泡力(毫升)5 分钟</td><td>≥</td><td>400</td><td>300</td></tr>
</table></td></tr>
</table>

序号	商品编码	商品名称	商品描述
79	3402.5010	合成洗涤粉	子目 3402.5010 所称“合成洗涤粉”,是指以有机表面活性剂为基料配制而成的粉状洗涤用品,其通过改变水的表面活性来去除物体表面的污垢。该子目的商品必须符合零售包装的制品的定义,主要包括俗称的“洗衣粉”。此类商品通常含有主要组分和一种或数种辅助组分,其主要成分不能为肥皂等天然洗涤剂,应为烷基苯磺酸钠、脂肪醇硫酸钠等合成有机表面活性剂,辅助组分包括增效助剂、助促进剂、填料及其他辅助剂。外观为固体粉末状,包括细粉状、颗粒状和空心颗粒状等。
80	3701.3021	激光照排片	子目 3701.3021 所称“激光照排片”,全称为激光照相排字软片,也称激光扫描片,是指用于激光照排机的胶片,是一种在聚酯片基上涂布卤化银制成的银盐类光敏胶片。其成像原理:银盐类感光胶片,经激光扫描机(曝光)产生潜影,然后经显影、定影和冲洗后,潜影显示影像或图文。
81	3701.3022	PS 版	子目 3701.3022 所称“PS 版”,是指印刷制版业用的预涂感光版,主要由版基和感光涂层组成。PS 版的感光涂层中所用的感光材料可以是感光银盐、感光树脂或者其他感光材料。感光材料通常是与聚酯类树脂均匀混合(或反应)后涂在版基表面。 PS 版在制版过程中需要经过制作软片、晒版等中间工序,按照成像特点可分为阴图 PS 版和阳图 PS 版。
82	3701.3024	CTP 版	子目 3701.3024 所称“CTP 版”,即计算机直接制版版材,是传统 PS 版的升级产品,应用于印刷工业计算机直接制版系统中。直接制版是指经过计算机将图文直接输出到版材上的工艺过程,这种工艺可以免去胶片作为中间环节的过程。 CTP 版主要由版基和涂层(感光层或热敏反应层)组成,按版基可主要分为金属版材和聚酯版材,按涂层主要分为银盐扩散转移型、光聚合物型、热反应型版材等。 按版基分:(1)金属版材,主要指铝版材为版基的 CTP 版,主要优点是耐印力高,适用范围广,具有更好的图文质量,特别适合于长版印刷。(2)聚酯版材,主要指 PET 为版基的 CTP 版。 按涂层分:(1)银盐扩散转移型,其涂层为银盐感光材料,成像特点是在冲洗剂核心层通过减少银的数量而形成阳图银像。(2)光聚合物型,其成像过程为:光聚合物层的曝光部位在激光作用下发生交联聚合反应,不溶于显影剂中,并形成图文印刷部位。未曝光部位被显影剂冲掉,形成非图文部位。(3)热反应型,其高分子热敏交联涂层不对光敏感,只对热敏感,而且只有当激光对涂层加热至涂层发生交联反应时,影像才生成。
83	3702.4221	印刷电路板制造用光致抗蚀干膜	子目 3702.4221 所称“印刷电路板制造用光致抗蚀干膜”,是制造印刷电路板用的一种实现电路图形转移的光致抗蚀干膜,通常由保护膜、光致抗蚀剂膜和载体薄膜三部分组成,主要用于抗蚀、掩孔和阻焊等。印刷电路板制造用光致抗蚀干膜,按照显影和去膜的方法,可分为溶剂型、水溶型和干显影(或剥离)型干膜等;按照用途,可分为抗蚀干膜、掩孔干膜和阻焊干膜等。
84	3707.9010	冲洗照相胶卷及相片用化学制剂	子目 3707.9010 所称“冲洗照相胶卷及相片用化学制剂”,是指用化学处理方法使照相胶卷及相片上的图像显现过程中所使用的制剂。主要包括显影剂、定影剂、漂白剂、稳定剂、增厚剂、减薄剂、调色剂、去污渍剂等。 归入本税则子目的化学药品有:(1)由两种或两种以上物质混合或配合而成的制剂。(2)未混合化学药品,但已配定剂量或零售包装并标有可立即用于摄影方面的说明。

<table>
<tr><th>序号</th><th>商品编码</th><th>商品名称</th><th>商品描述</th></tr>
<tr><td>85</td><td>3824.4010</td><td>高效减水剂</td><td>子目3824.4010所称“高效减水剂”,是指在混凝土坍落度基本相同条件下,能大幅度减少拌合用水量的外加剂。其性能指标应符合GB 8076—2008《混凝土外加剂》中“高效减水剂”的要求:
<table>
<tr><th colspan="2" rowspan="2">试验项目</th><th colspan="2">高效减水剂</th></tr>
<tr><th>标准型</th><th>缓凝型</th></tr>
<tr><td colspan="2">减水率(%) ≥</td><td>14</td><td>14</td></tr>
<tr><td colspan="2">泌水率(%) ≤</td><td>90</td><td>100</td></tr>
<tr><td colspan="2">含气量(%) ≤</td><td>3.0</td><td>4.5</td></tr>
<tr><td rowspan="2">凝结时间之差 min</td><td>初凝</td><td rowspan="2">-90~+120</td><td>>+90</td></tr>
<tr><td>终凝</td><td></td></tr>
<tr><td rowspan="4">抗压强度比(%) ≥</td><td>1d</td><td>140</td><td>—</td></tr>
<tr><td>3d</td><td>130</td><td>—</td></tr>
<tr><td>7d</td><td>125</td><td>125</td></tr>
<tr><td>28d</td><td>120</td><td>120</td></tr>
<tr><td>收缩率比(%) ≤</td><td>28d</td><td colspan="2">135</td></tr>
<tr><td>对钢筋锈蚀作用</td><td colspan="3">应说明对钢筋有无锈蚀危害</td></tr>
<tr><td colspan="4">注:
1. 除含气量外,表中所列数据为掺外加剂混凝土与基准混凝土的差值或比值。
2. 凝结时间指标,“-”号表示提前,“+”号表示延缓。</td></tr>
</table></td></tr>
<tr><td>86</td><td>3824.9930</td><td>增炭剂</td><td>子目3824.9930所称“增炭剂”,是由无烟煤经清洗、煅烧、破碎、筛分等过程制成的,用于钢铁冶炼脱氧、增碳。其典型指标为:固定碳90%、挥发份1.2%、灰分6%、水分0.3%、硫0.3%、磷0.3%、比电阻1500Ω mm^2/m。</td></tr>
<tr><td>87</td><td>3901.4020</td><td>线型低密度聚乙烯,比重小于0.94</td><td>子目3901.4020所称“线型低密度聚乙烯”,是乙烯与α烯烃的聚合物,其中乙烯单体单元含量大于50%且小于95%,其密度小于0.94,主链呈直线型;主要用于注塑、制成薄膜、管材、板材等。</td></tr>
<tr><td>88</td><td>3901.9010</td><td>乙烯-丙烯共聚物(乙丙橡胶)</td><td>子目3901.9010所称“乙烯-丙烯共聚物”,又称乙丙橡胶,是乙烯与丙烯共聚而得的产物,生胶为白色至微黄色半透明固体。乙丙橡胶具有极好的耐臭氧、耐大气老化、耐化学腐蚀、耐高温及电绝缘性能。缺点是与其他橡胶相容性差、耐湿滑性不好。主要用于制造汽车部件、耐热运输带、胶管、电线电缆和建筑防水材料等,还可与其他通用胶并用,改善后者的耐老化性和耐热性。
归入此税则子目的乙烯—丙烯共聚物应符合以下条件:在整个聚合物中按重量计,乙烯单体单元含量大于50%,并小于95%(即丙烯单体单元含量大于5%),比重大于等于0.94。</td></tr>
<tr><td>89</td><td>3903.1910</td><td>改性聚苯乙烯</td><td>子目3903.1910所称“改性聚苯乙烯”,是指以本体聚苯乙烯为基体、加有添加物的初级形状的树脂。其中的添加物是指为改善聚苯乙烯在燃烧性、力学、电、热等某一方面或某几个方面性能,而加入的阻燃剂、增韧剂、矿物质等辅助成分。改性聚苯乙烯主要分为阻燃型、填充型、耐热型、导电型、高光泽型等,其密度均高于1.04克/立方厘米。
归入本子目的改性聚苯乙烯应符合第三十九章子目注释一的相关规定。</td></tr>
</table>

序号	商品编码	商品名称	商品描述
90	3903. 3010	改性丙烯腈-丁二烯-苯乙烯共聚物	子目 3903. 3010 所称“改性丙烯腈-丁二烯-苯乙烯共聚物”,是指以本体丙烯腈-丁二烯-苯乙烯共聚物为基体、加有添加物的初级形状的树脂。其中的添加物是指为改善丙烯腈-丁二烯-苯乙烯共聚物在燃烧性、力学、热、电等某一方面或某几个方面性能,而加入的阻燃剂、增韧剂、矿物质、玻璃纤维、功能聚合物等辅助成分。 改性丙烯腈-丁二烯-苯乙烯共聚物主要分为阻燃型、填充型、耐热型、增强型、导电型、高光泽型等,其密度均高于 1. 05 克/立方厘米。 归入本子目的改性丙烯腈-丁二烯-苯乙烯应符合第三十九章子目注释一的相关规定。
91	3908. 1011	聚酰胺-6,6 切片	子目 3908. 1011 所称“聚酰胺-6,6 切片”,是行业上对聚酰胺-6,6 切粒产品的习惯称谓,即为塑料粒子,因从切粒机切割下后,形状呈扁平、扁椭圆状或圆粒状而得名。聚酰胺是大分子结构的链节中含有酰胺基团的聚合物总称,俗称尼龙,可由二元胺和二元酸通过缩聚反应制得,也可由氨基酸通过自聚制取。 切片是将聚合物或聚合物与添加剂的混合物,送入挤出机中熔化,通过多孔口模,形成多根条料,再用切粒机切断而成的粒料。切断有热切粒和冷切粒之分。前者是在条料离开口模后,一边用空气或水冷却,一边立即用旋转刀切断,此时粒料的周边无明显的切刀的痕迹,大多呈圆粒状;后者是将条料全部冷却后,再送入切粒机切粒,此时粒料的两边可见有切刀的痕迹,大多呈扁平或扁椭圆状。
92	3919. 1091	胶囊型反光膜	子目 3919. 1091 所称“胶囊型反光膜”,是一种特殊的塑料膜,其基本特征是具有能反射入射光线的反光材料。
93	3921. 1210	人造革及合成革	子目 3921. 1210 所称“聚氯乙烯(PVC)人造革及合成革”,板、片、膜、箔、扁条,是指以泡沫聚氯乙烯为主要特征的人造革及合成革的板、片、膜、箔、扁条。包括:(1)纺织物完全嵌入泡沫塑料内或两面均用泡沫塑料完全包覆或涂布的,但所涂覆的塑料须能够用肉眼分辨出来;(2)泡沫塑料与纺织物或无纺织物复合制成的板、片及带,其中织物仅起增强作用。无花式、未漂白、漂白或均染的纺织物如仅附在这些板、片及带的一面,应视为仅起增强作用;(3)温度在 15℃～30℃时,用手工将其绕于直径 7 毫米的圆柱体上会发生断裂的产品。 这些产品可以未经切割或仅切割为矩形及正几何形状,可经着色,表面可印有花纹、图案。
94	3926. 9010	机器及仪器用零件	子目 3926. 9010 所称“机器及仪器”,是指《中华人民共和国进出口税则》第八十四、八十五及九十章品目所列的商品。
95	4002. 1911	未经任何加工的丁苯橡胶(溶聚的除外)	子目 4002. 1911 所称“未经任何加工的丁苯橡胶(溶聚的除外)”,是指由丁二烯和苯乙烯经乳液聚合而得的高分子弹性体。 结构式: $-[CH_2CH{=}CHCH_2]_X-[CH_2CH]_Y-[CH_2CH]_Z$ $CH{=}CH_2$ “未经任何加工”是指:(1)在产品凝聚前后不允许加入一些用于改善产品的加工操作和使用性能、降低生产成本、提高生产效率,或赋予产品特殊性质的物质,如芳烃油、高芳烃油、环烷烃油或炭黑等。但允许添加一些用于防止或抑制橡胶老化的物质(防老剂),或为保存、运输需要而加入的稳定剂。(2)不允许为了改善产品的物理机械性能和加工性能而进行一些特殊的加工,如塑炼、混炼等。

序号	商品编码	商品名称	商品描述
96	4002.1912	充油丁苯橡胶(溶聚的除外)	子目 4002.1912 所称“充油丁苯橡胶(溶聚的除外)”,是乳聚丁苯橡胶聚合终止后于凝聚前充入一定量的油品,然后经共凝聚而得。所用油为芳烃油、高芳烃油或环烷烃油。充油的目的在于取代聚合物中的低分子量级成分。 按照国际合成橡胶生产者协会(IISRP)的分类,可归入本子目的是 1200(高温乳聚充油丁苯橡胶)和 1700(低温乳聚充油丁苯橡胶)系列。具体工艺为:采用低温乳聚方法先合成聚合度较高的丁苯胶乳(干胶门尼值为 115~135),脱除未反应单体后,按一定比例掺入乳状非挥发的填充油,再经无盐凝聚、脱水、干燥等过程制得成品胶。一般情况下,充油量可以是 15、25、37.5 和 50 份(以 100 份基础橡胶计),以 37.5 份最常见。
97	4002.1913	热塑丁苯橡胶	子目 4002.1913 所称“热塑丁苯橡胶”,主要为嵌段型溶聚丁苯橡胶,分线型和星型两种。 主要特点是在常温下具有橡胶的高弹性,在高温下能塑化成型,具有塑料的可塑性,因此在成型加工时,不需硫化即可直接采用注射或挤出法加工成各种制品。 该类橡胶一般具有优良的弹性和拉伸强度,透气性、抗湿滑性良好,电性能和黏合性能优异。但对光和热稳定性差,在多种有机溶剂中能溶解或溶胀。 该类橡胶主要在制鞋、黏合剂、塑料改性剂和沥青改性防水建材行业中广泛使用。 1. 线型(linear type)结构式: $C_4H_9\text{-}[CH_2\text{-}CH(C_6H_5)]_{X1}\text{-}[CH_2CH{=}CHCH_2]_{Y1}\text{-}[CH_2CH(CH{=}CH_2)]_{Y2}\text{-}[CH_2CH(C_6H_5)]_{X2}\text{-}H$ 以丁二烯和苯乙烯为单体,丁基锂为催化剂,在有机溶剂中进行阴离子嵌段聚合反应,一般采用三步加料法制得。 2. 星型(radial type)结构式: $\{C_4H_9\text{-}[CH_2CH(C_6H_5)]_{n1}\text{-}[CH_2CH{=}CHCH_2]_{m1}\text{-}[CH_2CH(CH{=}CH_2)]_{m2}\}My$ (M 表示硅,y 表示 0 或 1 个氢原子) 制法基本同上,唯在聚合反应时采用两步加料制得。
98	4002.1914	充油热塑丁苯橡胶	子目 4002.1914 所称“充油热塑丁苯橡胶”,是线型和星型热塑丁苯橡胶的生产过程中,在聚合后所得胶液中添加入环烷烃油,充分搅拌后送至凝聚工序后经进一步处理后制得。 其基本性能与纯胶相同,但经充油后拉伸强度与 300%定伸应力下降,扯断伸长率提高。

序号	商品编码	商品名称	商品描述
99	4002.1915	未经任何加工的溶聚丁苯橡胶	子目 4002.1915 所称“未经任何加工的溶聚丁苯橡胶(SSBR)”,是由丁二烯和苯乙烯经溶液聚合而得的高分子弹性体(子目 4002.1913 热塑丁苯橡胶除外)。 结构式: $-[CH_2CH{=}CHCH_2]_X-[CH_2CH(CH{=}CH_2)]_Y-[CH_2CH(C_6H_5)]_Z$ “未经任何加工”是指:(1)在产品凝聚前后不允许加入一些用于改善产品的加工操作和使用性能、降低生产成本、提高生产效率,或赋予产品特殊性质的物质,如芳烃油、高芳烃油、环烷烃油或炭黑等。但允许添加一些用于防止或抑制橡胶老化的物质(防老剂),或为保存、运输的需要而加入的稳定剂。(2)不允许为了改善产品的物理机械性能和加工性能而进行一些特殊的加工,如塑炼、混炼等。
100	4002.1916	充油溶聚丁苯橡胶	子目 4002.1916 所称“充油溶聚丁苯橡胶”,是溶聚丁苯橡胶聚合终止后于凝聚前充入一定量的油品,然后经共凝聚而得(子目 4002.1914 充油热塑丁苯橡胶除外)。所用油为芳烃油、高芳烃油或环烷烃油。充油的目的在于取代聚合物中的低分子量级成分。
101	4016.9310	机器及仪器用垫片、垫圈及其他密封垫	子目 4016.9310 所称“机器及仪器用垫片、垫圈及其他密封垫”,是指除硬质橡胶以外的非海绵硫化橡胶制的,用于《中华人民共和国进出口税则》第八十四、八十五及九十章品目所列的商品的垫片、垫圈及其他密封垫。
102	4101.2011	经逆鞣处理的生牛皮	子目 4101.2011 所称“经逆鞣处理的牛皮”,是指经可逆鞣制加工处理的牛皮。它是一种用特定鞣剂经简单加工处理后形成的介于皮与革之间的“半成品”,可逆鞣制加工可将皮张临时加以稳定和防腐。经该方法处理的皮在我国皮革行业被认定为“革”,其特点是用水或用相应的化学物质浸泡清洗后可重新回复到生皮状态。
103	4104.1111	蓝湿牛皮	子目 4104.1111 所称“蓝湿牛皮”,是指用铬鞣剂鞣制后尚未进行染色、加脂等工序处理的湿态牛皮半制品,其呈浅淡、均匀的湖蓝色;具有良好的耐湿热稳定性,耐储存、不容易腐烂。 主要的一般工序为:浸水-脱毛、浸灰-脱灰-软化-浸酸-鞣制。
104	4104.4910	经鞣制的机器带用牛、马皮干(坯)革	子目 4104.4910 所称“经鞣制的机器带用牛、马皮干(坯)革”属装具革类,用优质牛皮、马皮的背部部分经植物鞣制或铬、植结合鞣制的方法而制成,皮革未经整饰,主要用于生产机器用的传动带。如:电动机的传动带、缝纫机用传动带、有梭织机打梭带,等等。
105	4203.2910	皮革或再生皮革制的劳保手套	子目 4203.2910 所称“皮革或再生皮革制的劳保手套”,是指供从事特殊行业的人员(如:带锯工、铸造工、制铅粉工、炉前工、电焊工、挤压工、线材轧制工等。)作业、劳动时戴用,具有保护其双手及手臂部分不受损害的手套。包括有:焊工手套、防机械伤手套、防震手套、防寒手套、耐火阻燃手套、防切割手套等。按外型还可分为五指手套、三指手套、连指手套、直型手套、手型手套。 皮革“劳保手套”主要由经过铬鞣制的正面革、绒面革、二层皮革制成,其厚度及品质应能满足防割、防震、防水、防机械致伤、绝缘、耐油、耐酸碱、耐高温、阻燃等特殊需要,“劳保手套”以防护为主,应用于特定行业,与季节气温变化无关,其外观上与讲究保暖、美观的普通皮手套有所不同。

序号	商品编码	商品名称	商品描述
106	4403. 2120	辐射松	子目 4403. 2120 所称“辐射松”(Pinusr adiata),属于松科(Pinaceae)植物的原木,不论是否去皮、去边材或粗锯成方,截面尺寸在 15 厘米及以上。 该木材心边材区别明显,心材黄色略带红色;边材白色至浅黄色。生长轮明显。树干顶部和接近心部的木材常现螺旋纹理,其他部分为直纹理。木材轻、较软,气干密度约 0. 5~0. 7g/cm^3。该木材广泛用于轻型地板、箱板、衬板、火柴梗片,胶合板、家具、玩具、旋制品及一般用器。
107	4403. 2510	落叶松	子目 4403. 2510 所称“落叶松”,指松科(Pinaceae)落叶松属(Larixspp.)植物的原木,不论是否去皮、去边材或粗锯成方,截面尺寸在 15 厘米及以上。 落叶松,落叶乔木,树干通直,节少,心材黄褐至红褐色,与边材区别明显,材质坚韧,结构略粗,纹理直,是松科植物中耐腐性和力学性较强的木材,气干密度约 0. 56~0. 7g/cm^3。该木材适宜作建筑、电杆、桥梁、舟车、枕木、椿木、矿柱、家具、器具及木纤维工业原料等用。
108	4403. 4200	柚木	子目 4403. 4200 所称“柚木”(T. grandis L. f.),柚木属。该木材为乔木,心材黄褐色、褐色、久则呈暗褐色,与边材区别明显。边材浅黄色。生长轮明显。木材具光泽,无特殊气味和滋味,纹理直或略交错,结构中至粗,不均匀。木材重量中等,干缩小,强度低至中,密度因产地不同而略有差异,基本密度为 0. 4g/cm^3~0. 7g/cm^3。该木材为制造高级家具、单板、胶合板的原料;交通方面造船、车辆、枕木、电杆;建筑方面各部均适宜;雕刻;玩具、装饰物;仪器箱盒,钢琴及风琴外壳;等等。对多种化学物质有较广的耐腐蚀性能,适宜化工厂及实验室做桌、椅、试验台和容器等。
109	4403. 9940	泡桐木	子目 4403. 9940 所称“泡桐木”,指玄参科泡桐属所包含的植物的木材。泡桐,落叶乔木,有星毛,叶对生,心脏形。泡桐属植物材质优良,木材颜色从银白色到浅褐色,材质脆而密、坚而砌、不易折裂、浸渍不易腐、材纹美观,材轻而质优,不易变形和翘裂、耐湿隔潮、电绝缘性强、耐火性强、导热性低、耐腐性强、声学性能好、材色与纹理美观,容易加工成各种用材,是我国和世界各国重要的民用建筑、装潢用材和工业用材。广泛用作家具、建筑、室内装饰、胶合板材、刨花板材、拼板、细木雕板、中密度纤维板以及优质造纸材、音响器材等。
110	4403. 9950	水曲柳	子目 4403. 9950 所称“水曲柳”(Fraxinus mandshurica),木犀科(Oleaceae)白蜡树属(Fraxinus)。该木材为落叶乔木,心材黄褐色至灰黄褐色,边材狭窄,黄白至浅黄褐色,髓心小,材表具细条纹,木材有光泽,纹理直,有时略斜,结构略粗至粗,不均匀,弦切面具有由生长轮形成的倒 V 形或山水状花纹,径切面呈平行条纹,硬度中,气干密度为 0. 6~0. 72g/cm^3。该木材主要适用于胶合板、航空、运动器具、室内装修、机械制造、造船、车辆、家具、配件、工具把柄、枪托等用材。
111	4403. 9960	北美硬阔叶木(包括樱桃木、黑胡桃木、枫木)	子目 4403. 9960 所称“北美硬阔叶木”,主要原产于北美洲,有木种的多样性、资源的丰富性和可持续性等特点。北美硬阔叶木可以广泛地应用于许多方面,包括家具、橱柜到室内的细木工制品如门、楼梯和护墙镶板等多项用途。 北美硬阔叶木包括:大齿杨 Populus grandidentata、美国椴 Tilia americana、黄桦 Betula alleghaniensis、白核桃木 Juglans cinerea、甜栗 Castanea dentata、美洲黑杨 Populus deltoides、翅榆 Ulmus alata、糖朴 Celtis laevigata、水山核桃 Carya aquatica、白冬青 Ilex opaca、刺槐 Robinia pseudoacacia、渐尖木兰 Magnolia acuminata、美国枫香 Liquidambar styraciflua、美国梧桐 Platanus occidentalis、湿生蓝果木 Nyssa aquatica、美国黑核桃木 Juglans nigra、黑柳 Salix nigra、北美鹅掌楸 Liriodendron tulipifera、美洲绿桤木 Alnus crispa、北美檫木 Sassafras albidum 等。

序号	商品编码	商品名称	商品描述
			北美硬阔叶木树种名称：

引导名称	其他名称	学名	英文名称
白蜡木		美洲白蜡木(Fraxinus americana)　阔叶白蜡木 (Fraxinus latifolia)　黑白蜡木(Fraxinus nigra) 青白蜡木(Fraxinus pennsylvanica)　红白蜡木(Fraxinus profunda)　方棱白蜡木(Fraxinus quadrangulate)	ash
山杨		大齿杨(Populus grandidentata)　美洲山杨(Populus tremuloides)	aspen
椴木		美国椴(Tilia americana)　异叶椴木(Tilia heterophylla)	basswood、linden、lime、common lime
大叶水青冈	美洲山毛榉、山毛榉	Fagus grandifolia	American beech
桦木		黄桦(Betula alleghaniensis)　甜桦(Betula tenta)　北美白桦(Betula papyrifera) 水白桦(Betula nigra)　灰桦(Betula populifolia)	birch
灰核桃木	白核桃木	Juglans cinerea	butternut
樱桃木	野樱、涩[味]樱	Prunus serotina	wild cherry、sweetcherry
美洲栗木	甜栗[木]	Castanea dentata	American chestnut
杨木		美洲黑杨(Populus deltoides)　异叶杨(Populus heterophylla)　毛果杨(Populus trichocarpa)	cottonwood
榆木		翅榆(Ulmus alata)　美国榆(Ulmus americana)　厚叶榆(Ulmus crassifolia) 红榆(Ulmus rubra)　九月榆(Ulmus serotina)　岩榆(Ulmus thomasii)	elm
朴木		糙朴(Celtis laevigata)　西方朴(Celtis occidentalis)	hackberry
山核桃		水山核桃(Carya aquatica)　心果山核桃(Carya cordiformis)　光皮山核桃(Carya glabra) 北美山核桃(Carya illinoensis)　糙皮山核桃(Carya laciniosa)　肉豆蔻山核桃(Carya myristicaeformis) 鳞皮山核桃(Carya ovata)　毛山核桃(Carya tomentosa)	hickory
美国冬青	白冬青、常绿冬青	Ilex opaca	American holly
刺槐		Robinia pseudoacacia	black locust、robinia
木兰		渐尖木兰(Magnolia acuminata)　大花木兰(Magnolia grandiflora)　弗州木兰(Magnolia virginiana)	magnolia
槭木		大叶槭(Acer macrophyllum)　白蜡槭(Acer negundo)　黑槭(Acer nigrum) 红花槭(Acer rubrum)　银槭(Acer saccharinum)　糖槭(Acer saccharum)	maple
红栎		猩红栎(Quercus coccinea)　柳栎(Quercus phellos)　红栎(Quercus rubra) 舒氏红栎(Quercus shumardii)　黑栎(Quercus velutina)	red oak、erythrobalanus group
白栎		美洲白栎(Quercus alba)　二色栎(Quercus bicolor)　加州白栎(Quercus lyrata) 大果栎(Quercus macrocarpa)　湿地栗栎(Quercus michauxii)　岩生栎(Quercus palustris) 栗栎(Quercus prinus)　星毛栎(Quercus stellata)　弗吉尼亚栎(Quercus virginiana)	white oak、leucobalanus group
美国枫香		Liquidambar styraciflua	sweetgum
美国悬铃木	美国梧桐	Platanus occidentalis	American sycamore
蓝果木		湿生蓝果木(Nyssa aquatica)　酸蓝蓝果木(Nyssa ogeche) 野生蓝果木(Nyssa sylvatica)　二花蓝果木(Nyssa sylvatica var.biflora)	tupelo
黑核桃木	美国黑核桃木	Juglans nigra	black walnut、american black walnut
黑柳		Salix nigra	black wilow
北美鹅掌楸		Liriodendron tulipifera	yellowpoplar、poplar、tulip poplar
桤木	赤杨	美洲绿桤木(Alnus crispa)　俄勒冈桤木(Alnus oregona)　菱叶桤木(Alnus rhombifolia) 红桤木(Alnus rubra)　裂叶桤木(Alnus sinuata)　薄叶桤木(Alnus tenuifolia)	Alder
北美檫木		Sassafras albidum	Sassafras

序号	商品编码	商品名称	商品描述
112	4408. 1011	用胶合板等多层板制的饰面用单板	子目 4408. 1011 所称“用胶合板等多层板制的饰面用单板”，是指用刨切等方法加工多层板材制得的、厚度不超过 6 毫米的饰面用薄板。它代替了用传统方法制得的贴面薄板。
113	4408. 1020	制胶合板用单板	子目 4408. 1020 所称“制胶合板用单板”，是指锯成、刨切或旋切制成厚度不超过 6 毫米的用于制胶合板的薄板。
114	4408. 9013	竹制饰面用单板	子目 4408. 9013 所称“竹制饰面用单板”，指用于表面装饰的由竹筒旋切、竹集成材刨切等方法制成的具有一定幅面的竹质薄片状材料(厚度≤6 毫米)。
115	4412. 1093	热带木	子目 4412. 1093 所称“热带木”，是指下列木材：大叶帽柱木、非洲桃花心木、西非红豆木、箭毒木、阿兰木、圭亚那苦油楝木、非洲甘比山榄木、杜楝木、非洲栎柞木、婆罗双木、美洲轻木、白驼峰楝木、黑驼峰楝木、卡蒂沃木、雪松木、西非褐红椴木、深红色红柳桉木、非洲核桃楝木、阿夫苏木、象牙海岸榄仁木、破布木、吉贝木、丝棉木、乔状黄牛木、安哥拉丛花木、巴西胡桃木、皮蚁木、伊罗科木、拟爱神木、夹竹桃木、巴西红木、绒根木、龙脑香木、开姆帕斯木、羯布罗香木、康多非洲楝木、象牙海岸褐红椴木、象牙海岸翼梧桐木、浅红色红柳桉木、非洲榄仁木、南美樟木、圭亚那铁线子木、西印度桃花心木、猴子果木、肖氏夸利亚木、曼孙梧桐木、马来蝴蝶木、巴栲红柳桉木、粗轴坡垒木、印茄木、斯温漆木、异翅香木、非洲梨木、非洲银叶木、胶木、非洲白梧桐木、加蓬榄木、蓖麻木、爱里古夷苏木、奥文科尔木、中非蜡烛木、紫檀木、人面子木、危地马拉黑黄檀木、印度黑黄檀木、巴西黑黄檀木、巴西柚木、巴西花梨木、白坚木、鸡骨常山木、印马四出香木、大沃契希亚木、东西亚棱柱木、萨撇列木、萌生木棉木、苏帕楠木、西波木、苏古皮拉木、红椿木、圭亚那考拉玉蕊木、柚木、安哥拉香桃花心木、非洲阿勃木、南美肉豆蔻木、白柳桉木、白色红柳桉木、白色柳桉木、黄色红柳桉木。

序号	商品编码	商品名称	商品描述
116	4412.4911	热带木	子目4412.4911所称“热带木”,是指下列木材:大叶帽柱木、非洲桃花心木、西非红豆木、箭毒木、阿兰木、圭亚那苦油楝木、非洲甘比山榄木、杜楝木、非洲栎柞木、婆罗双木、美洲轻木、白驼峰楝木、黑驼峰楝木、卡蒂沃木、雪松木、西非褐红椴木、深红色红柳桉木,非洲核桃楝木、阿夫苏木、象牙海岸榄仁木、破布木、吉贝木、丝棉木、乔状黄牛木、安哥拉丛花木、巴西胡桃木、皮蚁木、伊罗科木、拟爱神木、夹竹桃木、巴西红木、绒根木、龙脑香木、开姆帕斯木、羯布罗香木、康多非洲楝木、象牙海岸褐红椴木、象牙海岸翼梧桐木、浅红色红柳桉木、非洲榄仁木、南美樟木、圭亚那铁线子木、西印度桃花心木、猴子果木、肖氏夸利亚木、曼孙梧桐木、马来蝴蝶木、巴栲红柳桉木、粗轴坡垒木、印茄木、斯温漆木、异翅香木、非洲梨木、非洲银叶木、胶木、非洲白梧桐木、加蓬榄木、蓖麻木、爱里古夷苏木、奥文科尔木、中非蜡烛木、紫檀木、人面子木、危地马拉黑黄檀木、印度黑黄檀木、巴西黑黄檀木、巴西柚木、巴西花梨木、白坚木、鸡骨常山木、印马四出香木、大沃契希亚木、东西亚棱柱木、萨撇列木、萌生木棉木、苏帕楠木、西波木、苏古皮拉木、红椿木、圭亚那考拉玉蕊木、柚木、安哥拉香桃花心木、非洲阿勃木、南美肉豆蔻木、白柳桉木、白色红柳桉木、白色柳桉木、黄色红柳桉木。
117	4412.5911	热带木	子目4412.5911所称“热带木”,是指下列木材:大叶帽柱木、非洲桃花心木、西非红豆木、箭毒木、阿兰木、圭亚那苦油楝木、非洲甘比山榄木、杜楝木、非洲栎柞木、婆罗双木、美洲轻木、白驼峰楝木、黑驼峰楝木、卡蒂沃木、雪松木、西非褐红椴木、深红色红柳桉木,非洲核桃楝木、阿夫苏木、象牙海岸榄仁木、破布木、吉贝木、丝棉木、乔状黄牛木、安哥拉丛花木、巴西胡桃木、皮蚁木、伊罗科木、拟爱神木、夹竹桃木、巴西红木、绒根木、龙脑香木、开姆帕斯木、羯布罗香木、康多非洲楝木、象牙海岸褐红椴木、象牙海岸翼梧桐木、浅红色红柳桉木、非洲榄仁木、南美樟木、圭亚那铁线子木、西印度桃花心木、猴子果木、肖氏夸利亚木、曼孙梧桐木、马来蝴蝶木、巴栲红柳桉木、粗轴坡垒木、印茄木、斯温漆木、异翅香木、非洲梨木、非洲银叶木、胶木、非洲白梧桐木、加蓬榄木、蓖麻木、爱里古夷苏木、奥文科尔木、中非蜡烛木、紫檀木、人面子木、危地马拉黑黄檀木、印度黑黄檀木、巴西黑黄檀木、巴西柚木、巴西花梨木、白坚木、鸡骨常山木、印马四出香木、大沃契希亚木、东西亚棱柱木、萨撇列木、萌生木棉木、苏帕楠木、西波木、苏古皮拉木、红椿木、圭亚那考拉玉蕊木、柚木、安哥拉香桃花心木、非洲阿勃木、南美肉豆蔻木、白柳桉木、白色红柳桉木、白色柳桉木、黄色红柳桉木。
118	4412.9920	热带木	子目4412.9920所称“热带木”,是指下列木材:大叶帽柱木、非洲桃花心木、西非红豆木、箭毒木、阿兰木、圭亚那苦油楝木、非洲甘比山榄木、杜楝木、非洲栎柞木、婆罗双木、美洲轻木、白驼峰楝木、黑驼峰楝木、卡蒂沃木、雪松木、西非褐红椴木、深红色红柳桉木,非洲核桃楝木、阿夫苏木、象牙海岸榄仁木、破布木、吉贝木、丝棉木、乔状黄牛木、安哥拉丛花木、巴西胡桃木、皮蚁木、伊罗科木、拟爱神木、夹竹桃木、巴西红木、绒根木、龙脑香木、开姆帕斯木、羯布罗香木、康多非洲楝木、象牙海岸褐红椴木、象牙海岸翼梧桐木、浅红色红柳桉木、非洲榄仁木、南美樟木、圭亚那铁线子木、西印度桃花心木、猴子果木、肖氏夸利亚木、曼孙梧桐木、马来蝴蝶木、巴栲红柳桉木、粗轴坡垒木、印茄木、斯温漆木、异翅香木、非洲梨木、非洲银叶木、胶木、非洲白梧桐木、加蓬榄木、蓖麻木、爱里古夷苏木、奥文科尔木、中非蜡烛木、紫檀木、人面子木、危地马拉黑黄檀木、印度黑黄檀木、巴西黑黄檀木、巴西柚木、巴西花梨木、白坚木、鸡骨常山木、印马四出香木、大沃契希亚木、东西亚棱柱木、萨撇列木、萌生木棉木、苏帕楠木、西波木、苏古皮拉木、红椿木、圭亚那考拉玉蕊木、柚木、安哥拉香桃花心木、非洲阿勃木、南美肉豆蔻木、白柳桉木、白色红柳桉木、白色柳桉木、黄色红柳桉木。

序号	商品编码	商品名称	商品描述
119	4420.9010	镶嵌木	子目4420.9010所称"镶嵌木",是指把薄的不同颜色或不同种类的木板制成复杂图样,贴或镶嵌在浅、扁平的底子或表面上组成装饰性花纹、图案或风景的木制品的总称。
120	4601.2911	灯芯草属材料制的席子、席料及帘子	子目4601.2911所列"灯芯草属植物",包括蔺草(灯芯草)和野灯芯草,均为多年生草本植物,根茎横走,密生须根;茎丛生、直立,圆柱形,淡绿色,具纵条纹,茎内充满白色的髓心;花期夏季。茎内白色髓心除供点灯和烛心用外,入药有利尿、清凉、镇静作用;茎皮纤维可作编织和造纸原料,是编织榻榻米的上乘原料。 蔺草与野灯芯草虽为同科同属,但并非为一种植物,在外观形态上稍有不同。蔺草茎皮较韧,粗细匀称,整茎均可作为编织材料;野灯芯草茎根部和中部较粗,顶部较细,茎皮粗且硬,只有中部较适合作为编制草料。
121	4802.1010	宣纸	子目4802.1010所称"宣纸",是采用产自安徽省泾县境内及周边地区的青檀皮和沙田稻草,不掺杂其他原材料,并利用泾县独有的山泉水,按照传统工艺和特殊配方,在严密的技术监控下,在安徽省泾县内生产的,具有润墨和耐久等独特性能,供书画、裱拓、水印等用途的高级艺术用纸。宣纸是拥有我国自主知识产权的传统特色产品。 宣纸属于国家地理标志产品保护范围,限于行政主管部门根据《地理标志产品保护规定》批准的宣纸产地范围,即:安徽省泾县现辖行政区域。 宣纸按原料的配比分为三类:特种净皮类、净皮类、棉料类,也可根据合同要求或生产方特殊要求进行配比。 宣纸属于中国特有的产品,根据国家标准规定应仅限于国家地理标志范围的产品,才可作为宣纸归入该品目。
122	4802.2010	照相原纸	子目4802.2010所称"照相原纸",是用于加工印(照)相纸及放大纸的一种原纸。照相原纸以100%的漂白硫酸盐针叶木浆为原料。照相原纸的定量一般有$140g/m^2$、$200g/m^2$两种。照相原纸的规格只有卷筒纸,通常尺寸宽度为1100mm;长度对于$140g/m^2$者是1600~1700米,对于$200g/m^2$者则是1100~1200米。
123	4805.9110	电解电容器原纸	子目4805.9110所称"电解电容器原纸",是制造生产电解电容器的重要材料,一种用于吸附非固体工作电解质的衬垫纸。其应具有标准规定的物理、化学性能及品质,具有一定的拉力强度、吸收率大、杂质含量低(特别是氯离子、硫酸根离子以及铜、铁等金属杂质含量应极少)。
124	4811.5110	漂白的彩色相纸用双面涂塑纸	子目4811.5110所称"漂白的彩色相纸用双面涂塑纸",其特征是漂白纸的正反两面均涂布树脂层,树脂可采用聚乙烯或聚丙烯等,以聚乙烯居多。表层树脂还含有白色钛白粉填料、增白剂、抗静电剂、抗氧剂等。这种含填料的树脂表面涂层相当于传统相纸的钡地层,除了能保持白底构造和平面性外,由于树脂层底防水作用,在显影过程中不会使原纸吸收水分而造成污染,克服了水洗加工时间长的弊病。 子目4811.5110所述彩色相纸用纸应是成卷或成张矩形(包括正方形)的任何尺寸的,漂白的,每平方米重量超过150克的双面涂塑纸。
125	4811.6010	绝缘纸及纸板	子目4811.6010所称"绝缘纸及纸板",是指用蜡、石蜡、硬脂精、油或甘油涂布、浸渍、覆盖的的纸及纸板,起绝缘作用。绝缘纸及纸板是供给电机、电器、仪表、开关变压器等使用的电工纸板。
126	4911.1010	无商业价值的商业广告品、商品目录及类似印刷品	子目4911.1010所称"无商业价值的商业广告品、商品目录及类似印刷品",是指进口商不以盈利为目的,进口后主要用作介绍、宣传、推广(销)商品并免费发送,不在市场销售的印刷品。例如,商品广告、产品说明目录等。

序号	商品编码	商品名称	商品描述
127	5002.0011	厂丝	子目 5002.0011 所称“桑蚕丝厂丝”,是指以桑蚕丝为原料,用机器缫制的桑蚕丝。
128	5002.0012	桑蚕土丝	子目 5002.0012 所称“桑蚕丝土丝”,是指以桑蚕丝为原料,用手工缫制的桑蚕丝。
129	5002.0013	双宫丝	子目 5002.0013 所称“桑蚕双宫丝”,是指以桑蚕双宫茧为原料缫制的桑蚕丝。其主要加工工艺过程为:剥茧、选茧、煮茧、缫丝、复摇整理。双宫丝的规格主要有 5.6/6.7 特、11.1/13.3 特、22.2/27.8 特(50/60 旦、100/120 旦、200/250 旦)等数种。特点是纤度粗,颣节多。
130	5002.0020	柞蚕丝	子目 5002.0020 所称“柞蚕丝”,是指用柞蚕茧为原料缫制而成的丝,即以栎属树叶为主要食料的蚕所吐的丝,是野蚕丝的一种。呈扁平带状,具有天然的淡黄颜色,光泽柔和,有良好的吸湿、耐热、透气性能。纤维断面呈牛角形,平均细度约 5.5 分特。依据所用缫丝机的不同柞蚕丝可分为柞蚕干缫丝和柞蚕水缫丝。
131	5003.0011	下茧、茧衣、长吐、滞头	子目 5003.0011 所称“下茧、茧衣、长吐、滞头”,是指不适合缫丝的下茧、茧衣、长吐、滞头等缫丝副产品按一定的比例混合后的产品,该产品是重要的绢纺原料。该产品需符合《中华人民共和国纺织行业标准——桑蚕绢纺原料》(FZ/T 41001—2014)。
132	5005.0010	䌷丝纱线	子目 5005.0010 所称“䌷丝纱线”,是指以绢丝纺末道梳棉机梳落下的长度短(一般不超过 5 厘米)整齐度差,含绵粒杂质多的落绵为原料纺制而成的纱线。一般采用粗梳纺纱系统加工,纱内纤维排列不整齐,结构疏松。细度在 333~1000 分特之间。表面多绵粒和毛茸,通常用于制织锦缎。
133	5105.3921	已梳无毛山羊绒	子目 5105.3921 所称“无毛山羊绒”,是指经过洗净、分梳,除去粗毛和杂质,不含非动物纤维和其他动物纤维的纯山羊绒。分梳净绒一般含粗(毛)率在 0.5%以下。它具有纤细、柔软、弹性好、质地均匀的特点,有很好的纺织和使用性能。
134	5402.1110	聚间苯二甲酰间苯二胺纤维	子目 5402.1110 所称“聚间苯二甲酰间苯二胺纤维”,又名芳纶 1313,或间位芳纶,属芳香族聚酰胺纤维。
135	5402.1120	聚对苯二甲酰对苯二胺纤维	子目 5402.1120 所称“聚对苯二甲酰对苯二胺纤维”,又名芳纶 1414,或对位芳纶,属芳香族聚酰胺纤维。
136	5402.3111	聚酰胺-6(尼龙-6)纺制的弹力丝	子目 5402.3111 所列“聚酰胺-6(尼龙-6)纺制的弹力丝”,是以伸缩性为主要性能的一种变形纱线。是指利用合成纤维热塑性将预取向丝或全拉伸丝等原丝,通过假捻变形法或加捻—定型—解捻法加工制成的丝条。弹力丝按其伸缩性大小分为高弹丝和低弹丝。
137	5402.4910	聚乙烯纱线	子目 5402.4910 所称的“聚乙烯纱线”,是由分子量在 100 万及以上的线形聚乙烯制得的长丝纱线,断裂强度大于等于 22cN/dtex,且初始模量大于等于 750cN/dtex。
138	5402.5920	聚乙烯纱线	子目 5402.5920 所称的“聚乙烯纱线”,是由分子量在 100 万及以上的线形聚乙烯制得的长丝纱线,断裂强度大于等于 22cN/dtex,且初始模量大于等于 750cN/dtex。
139	5503.1110	聚间苯二甲酰间苯二胺纤维	子目 5503.1110 所称“聚间苯二甲酰间苯二胺纤维”,又名芳纶 1313,或间位芳纶,属芳香族聚酰胺纤维。
140	5503.1120	聚对苯二甲酰对苯二胺纤维	子目 5503.1120 所称“聚对苯二甲酰对苯二胺纤维”,又名芳纶 1414,或对位芳纶,属芳香族聚酰胺纤维。
141	5504.1021	阻燃粘胶纤维	子目 5504.1021 所称“阻燃粘胶纤维”,是通过添加无机或有机阻燃剂制成的,氧指数应在 28%以上,回潮率应在 13%及以下。

序号	商品编码	商品名称	商品描述
142	5506.1011	聚间苯二甲酰间苯二胺纤维	子目 5506.1011 所称"聚间苯二甲酰间苯二胺纤维",又名芳纶 1313,或间位芳纶,属芳香族聚酰胺纤维。
143	5506.1012	聚对苯二甲酰对苯二胺纤维	子目 5506.1012 所称"聚对苯二甲酰对苯二胺纤维",又名芳纶 1414,或对位芳纶,属芳香族聚酰胺纤维。
144	5903.1020	塑料浸渍、涂布的纺织物人造革	子目 5903.1020 所称"塑料浸渍、涂布的纺织物人造革",是指符合《中华人民共和国进出口税则》第 59 章注释一及四规定的,在纺织物底基上涂覆塑料的一种外观、手感与皮革类似并可部分代替其使用的复合织物,人造革具有一定的机械强度、耐磨性和耐酸、耐碱、耐水等性能。 人造革复合织物中的塑料可以发泡或不发泡,对于由泡沫塑料与纺织物混制的人造革,如果纺织物在其中仅起增强作用,则此类人造革不归入本品目,而应归入第 39 章。
145	5906.9910	用橡胶处理的纺织物绝缘布或带	子目 5906.9910 所称"用橡胶处理的纺织物绝缘布或带",是指符合《中华人民共和国进出口税则》第 59 章注释一及四规定的经涂覆绝缘橡胶料的纺织物或纺织物带料。绝缘布或带可在-10℃~+40℃的温度环境中供 380V 及其以下的通用电线和电缆的包扎防护绝缘用。其耐电压性能为:在 1000V 的交流电压(频率为 50Hz)下保持 1 分钟,不应被击穿。
146	6304.1921	非针织或钩编的刺绣床罩	子目 6304.1921 非针织或钩编的刺绣床罩,所称"刺绣的",不仅包括在可见底布上用一般纺织材料绣线绣制,还包括在可见底布上用金属线或玻璃线刺绣,也包括用珠片、饰珠或纺织材料或其他材料制的装饰用花纹图案所缝绣的贴花织物。
147	6802.9311	花岗岩制石刻墓碑石	子目 6802.9311 所称"花岗岩制石刻墓碑石",是指用天然花岗石材加工成的立在坟墓前面或后面的石碑套件,一般由墓碑和外栅组成,上面刻有相关文字图案和造型。
148	6803.0010	板岩、板岩或黏聚板岩制品	子目 6803.0010 所称"板岩、板岩或黏聚板岩制品"包括已加工的板岩及板岩制品,不包括原状板岩、粗加修整的板岩以及仅用锯或其他方法剥成矩形(包括正方形)块状、板状的板岩,及板岩粉末、废料等(品目 25.14)。
149	6804.3010	琢磨油石	子目 6804.3010 所称"琢磨油石",简称油石,是使用时常须加油润滑的磨削工具。油石分人造的和天然的两类,其中前者较后者应用更为广泛。人造油石是用人造的细粒磨料(如刚玉、碳化硅)与结合剂等制成的条状固结磨具。天然油石由质地细腻又具有研磨和抛光能力的天然矿岩(如石英岩)加工而成。
150	6815.1310	碳纤维预浸料	子目 6815.1310 所称"碳纤维预浸料",是指碳纤维在各类树脂等基体树脂中浸渍而成的材料。
151	6815.9920	碳纤维	子目 6815.9920 所称"碳纤维"(Carbon fibres,简称 CF),是指由元素碳组成的纤维状物质,属于一种新型非金属材料。为高强度、高模量、耐高温的无机高分子纤维。它通常是有机纤维经固相反应转变而成的聚合物碳,主要有以有机聚合物(聚丙烯晴、粘胶、沥青、酚醛、聚乙烯醇、聚氯乙稀等)纤维为原料,在惰性气体保护下经高温碳化,再经表面处理等工序制成。
152	6815.9931	碳布	子目 6815.9931 所称"碳布",为碳纤维的织物,包括纤维织物经碳化或碳纤维经纺织而成的各种片材类型的产品。碳布又称碳素纤维布、碳纤布、碳纤维织物、碳纤维片材等。
153	6815.9940	玄武岩纤维及其制品	子目 6815.9940 所称"玄武岩纤维及其制品",是指以玄武岩为原料经高温熔融后拉制而成的无机纤维,以及由该无机纤维经纺织等工艺加工而成的纤维制品。

序号	商品编码	商品名称	商品描述
154	6911.1011	骨瓷	子目6911.1011所称“骨瓷”，也称骨质瓷，是在黏土、长石、石英等制瓷原料中加入骨粉（动物骨粉、合成骨粉或混合骨粉），经高温素烧（一般为1250~1280℃）和低温釉烧（一般为1050~1150℃）二次烧成工艺烧制而成的高级日用细瓷，产品素胎中磷酸三钙的含量不低于36%（按GB/T 1871.1—1995）。其吸水性、抗热震性、铅、镉溶出量、白瓷白度、产品规格误差、外观质量等技术参数应符合推荐性国家标准《骨质瓷器》（GB/T 13522—2008）的要求。
155	7002.2010	光导纤维预制棒	子目7002.2010所称“光导纤维预制棒”，简称光棒，是一种在横截面上具有一定折射率分布特性和芯/包比的透明石英玻璃棒。根据折射率的不同，光棒可从结构上分为芯层和包层两个部分。其芯层的折射率较高，由高纯SiO_2材料掺杂折射率较高的高纯GeO_2材料构成，包层由高纯SiO_2材料构成。
156	7002.3110	光导纤维用波导级石英玻璃管	子目7002.3110所称“光导纤维用波导级石英玻璃管”，是指用于生产玻璃光导纤维用的高纯度石英玻璃管。该玻璃管具有较高的纯度，可以保证光波在其中传递时损耗较小。 所谓波导级是指某种材料达到具有约束或引导电磁波（或光频电磁波）这一性能所必须具备的技术指标。对于石英玻璃来讲，此技术指标一般要达到以下纯度：影响光导纤维光学性能的金属离子及羟基（OH^-）等杂质含量≤100ppm，其中羟基含量（OH^-）≤10ppm。
157	7020.0011	导电玻璃	子目7020.0011所称“导电玻璃”，是指电阻率较低，具有导电能力的玻璃。按导电机理可分为体积导电玻璃和表面导电玻璃两类。 体积导电玻璃可按一般玻璃生产工艺制造，主要原料为金属氧化物或碳酸盐，通常玻璃中碱金属氧化物（锂、钠、钾）含量增多，会使导电率提高。表面导电玻璃导电层的形成方法有：(1)将高铅铋玻璃在氢气中加热还原，使其表面形成胶态金属导电薄膜。(2)在透明玻璃表面蒸镀一层金属薄膜（如金、铂等，厚度小于10nm）使其能导电并有较好的透光性。(3)在加热的玻璃表面上喷涂金属氧化物导电薄膜（如锡、铟等，厚度几微米时仍有较好的透光率）。采用溅射成膜工艺可提高膜的均匀性和透光性。 透明导电玻璃可用作飞机风档玻璃，通电加热时可防冰霜。还可在电子技术中用作液晶显示，等离子显示，硅太阳能电池，场致发光，调谐指示等器件中的透明玻璃电极等。
158	7106.1011	平均粒径小于3微米的非片状银粉	子目7106.1011所称“平均粒径小于3微米的非片状银粉”，属于超细银粉，产品外观呈灰白色，无金属光泽，在显微镜下可以观察到其形状呈球状、珠状或不规则形状等。该产品主要用于电子工业，如制备导电浆料等。
159	7106.1021	平均粒径小于10微米的片状银粉	子目7106.1021所称“平均粒径小于10微米的片状银粉”，属于超细银粉，产品外观呈灰白色，无金属光泽，在显微镜下可以观察到其形状呈片状。该产品主要用于电子工业，如制备导电浆料等。
160	7202.9912	磁粉	子目7202.9912所称“磁粉”，是指钕铁硼磁粉，它是以铁合金、钕和其他金属等初级产品为原料，经高温二次重熔、快淬、破碎、退火制成的粉末，其典型组成成分为钕20%~32%，钴0~16%，硼0.8%~1.3%，铌0~2.5%，其他为铁。属于一种铁基稀土永磁材料，为Fe基稀土永磁三元系合金产品。 归入本子目项下的钕铁硼磁粉产品应符合《税则》第十五类注释八(二)关于“粉末”的定义规定。
161	7216.5010	乙字钢	子目7216.5010所称“乙字钢”，是指外型类似于“乙”字型的热轧非合金钢，主要用于铁道车辆专用中梁钢等。其成分含量应符合第七十二章章注对非合金钢的解释。

序号	商品编码	商品名称	商品描述
162	7227.9010	含硼合金钢	子目7227.9010所称"含硼合金钢",是指按重量计,硼含量在0.0008%及以上,但所含其他元素不满足税则第七十二章注释一(六)规定的合金钢。
163	7304.3120	冷拔或冷轧的铁或非合金钢制无缝地质钻管、套管	子目7304.3120所称"地质钻管、套管",是指以铁或非合金钢为原料、全长截面为圆形的、采用冷拔或冷轧技术生产的无缝钢铁地质钻管、套管。应符合《进出口税则商品及品目注释》第73章总注释一对"管"所做的规定。钻管主要用于打井、钻孔,前面带有钻头;套管是用来固定井壁的钢管,由地表面伸进钻井内作为井壁衬的管子,主要用于石油行业。一般所用原料主要有碳素结构钢等非合金钢。
164	7501.2010	镍湿法冶炼中间品	子目7501.2010所称"镍湿法冶炼中间品",由含镍的红土矿或其他镍矿石经过湿法酸浸后得到含镍溶液,再加入沉淀剂或浓缩结晶得到粗制硫化镍、粗制氢氧化镍、粗制碳酸镍、粗制硫酸镍,按重量计含镍量大于10%。物理外观形态为粉末状或粉末结晶体。其中粗制硫化镍的颜色为黑色或黑灰色,粗制氢氧化镍的颜色为绿色、红褐色或灰黑色,粗制碳酸镍的颜色为绿色或灰黑色,粗制硫酸镍颜色为绿色。上述中间品用于生产纯度更高的镍产品。
165	7612.9010	易拉罐及罐体	易拉罐是采用易开盖形式的包装容器,即无须借助工具开启的密封罐属于易拉罐。形状通常有圆形、椭圆形、马蹄形、带圆角的方形等。圆桶形冲拔拉伸罐通常用于饮料包装,其他形状的一般用于食品包装方面。易拉罐按罐型结构可分为二片罐和三片罐。二片罐指罐身罐底为一片(即罐体),罐盖为一片;三片罐指由罐身(即罐体)、罐底、罐盖三片组成。铝制易拉罐主要是用于盛装液体用的包装容器,以二片罐居多。 对于二片罐,如果罐体与罐盖一并进口,则应一并归入本子目,如罐盖与罐体单独进口,则罐盖应归入子目8309.9000,罐体应归入子目7612.9010;对于三片罐,单独进口其中罐盖应归入子目8309.9000,罐底应作为罐的零件归入子目7612.9010,如罐盖、罐底同时进口,则可一并归入子目7612.9010。
166	8105.2010	钴湿法冶炼中间品	子目8105.2010所称"钴湿法冶炼中间品",由含钴矿石经破碎、湿法浸出后得到含钴溶液,根据沉淀剂及控制技术条件的不同,制得粗制碳酸钴、粗制氢氧化钴、粗制硫化钴,按重量计含钴量大于20%。物理形态为粉末状。其中粗制碳酸钴颜色为玫瑰红或褐色,粗制氢氧化钴颜色为粉红色或黑灰色,粗制硫化钴颜色为黑灰色。上述中间品用于生产纯度更高的钴产品。
167	8108.2021	海绵钛	子目8108.2021所称"海绵钛",一般为浅灰色颗粒,表面清洁,无目视可见的夹杂物,也包括有缺陷的海绵钛块,如过烧的海绵钛块、具有明显的暗黄色和亮黄色的氧化海绵钛块、带有暗黄色和亮黄色痕迹的氧化和富氮的海绵钛块、带有明显氯化物残余的海绵钛块、带有残渣的海绵钛块等。
168	8207.1910	带天然或合成金刚石、立方氮化硼制的工作部件的凿岩或钻探工具	凿岩工具:指凿岩用钎头、钎杆和钎尾的总称,通常也称作钎具。钎头、钎杆、钎尾三者连在一起成整体的称整体钎子,钎头可以从钎杆上卸下来的称分体钎子,这两种钎子主要用于浅孔凿岩。钎头、钎杆、钎尾分别由套筒相连接的称作接杆钎子,主要用于中深孔凿岩。行业上有时也有钻头之称,通常在矿山机械中的凿岩机上使用,根据所适用的岩石和破碎岩石机理的不同,有多种结构形式。 钻探工具:指地质、冶金、石油、煤田行业钻探用工具(常称为钻头)的总称。按用途主要分为两类:(1)地质钻进用钻头:包括地质勘探用钻头、煤田勘探用钻头、水文及工程钻头、坑道钻头等,它们又可细分为单管钻进钻头、双管钻进钻头、绳索取芯和泥浆钻进钻头、空气吹孔钻近钻头、全面钻进钻头、工程用大直径钻头及特种专用钻头等。(2)油(气)井用钻头:包括全面钻进钻头、取芯钻进钻头和专用钻头,依实际具体用途不同而有多种外观结构形式,一般在品目84.30的钻探机上使用。

序号	商品编码	商品名称	商品描述
169	8207.2010	带天然或合成金刚石、立方氮化硼制的工作部件的金属拉拔或挤压模具	金属拉拔模具:又称拉伸模具,是拉伸金属制品的一种工具。其工作原理是在拉伸(拔)机器上对金属坯料施以拉力、使之通过模孔,以获得与模孔尺寸、形状相同并具有一定性能、状态制品的模具。用拉伸方法可以生产各种金属管、棒、线及型材制品。按组成结构可分为整体模、拼装模和组合模。 金属挤压模具:是用挤压方法在挤压机上生产金属材料制品时所用的一种专用模具(工具),根据生产的不同挤压工模具包括挤压筒、挤压模和穿孔针(芯杆)组成。 归入子目8207.2010的金属拉拔或挤压模具其工作部位必须含有天然或合成金刚石、立方氮化硼耐磨材料制的部件,其结构一般属拼装模或组合模的形式,通常由两部分组成,即钢铁外套和耐磨的金刚石或立方氮化硼模芯(工作部件)组成。
170	8207.5010	带有天然或合成金刚石、立方氮化硼制的工作部件的钻孔工具	子目8207.5010所列"钻孔工具"是指除凿岩及钻探用以外的,而用于手工工具、品目84.57至84.65或84.79的机床和品目84.67的工具上的各种钻头。装机后用于对金属、硬质合金、木材、石料、硬橡胶、某些塑料或其他材料的钻孔加工。包括螺旋或麻花钻、中心钻等用的钻头。但除上述所列的工具或机器上用的钻头以外,其他钻头应按所属机器或器具的零件归类。归入本子目的货品其工作部分应带有天然或合成金刚石、立方氮化硼的耐磨材料。
171	8207.6010	带有天然或合成金刚石、立方氮化硼制的工作部件的镗孔工具	子目8207.6010所列"镗孔工具"是镗销加工中所使用的一种刀具(习惯称为镗刀),用旋转的工作方式把工件上的预制孔扩大到一定尺寸,使之达到要求的精度和表面粗糙度的切削加工工具,归入本子目的货品其工作刃口部分必须是由天然或合成金刚石、立方氮化硼的耐磨材料构成的镗孔刀具。镗销一般在镗床、车床或铣床以及加工中心和组合机床上进行。
172	8403.1010	家用型集中供暖用的热水锅炉	子目8403.1010所称"家用型集中供暖用的热水锅炉"是指其功率、受热面积一般供家庭使用的热水锅炉。 本子目包括使用任何燃料(例如,木柴、煤、焦炭、煤气或燃油),通过循环水向房屋、公寓等供暖的任何尺寸的集中供暖用热水锅炉;还包括集中供暖用的电热水锅炉。 这些锅炉可装有压力调节器及压力表、水准器、旋塞、龙头、燃烧器及类似的零件或附件。 任何锅炉即使兼可产生低压蒸汽,也应归入本品目。
173	8411.1110	推力不超过25千牛顿的涡轮风扇发动机	子目8411.1110所称"涡轮风扇发动机",是指由风扇、压气机、燃烧室、驱动压气机的高压涡轮、驱动风扇的低压涡轮和排气系统组成,且推力不超过25千牛顿的涡轮喷气发动机。 其中压气机、燃烧室和高压涡轮三部分统称为核心机,由核心机排出的燃气中的可用能量,一部分传给低压涡轮用以驱动风扇,余下的部分在喷管中用于加速排出的燃气。
174	8413.7091	电动潜油泵及潜水电泵	子目8413.7091所称"电动潜油泵",是指一种多级离心泵,每一级由一个旋转的叶轮和一个固定的导轮组成,叶轮分浮动和压紧两种。叶轮的结构决定泵的排量,叶轮的级数决定泵的扬程。 子目8413.7091所称"电动潜水泵",是指将电机和泵(离心式、轴流式或混流式)结合在一起,浸入水中提水的机械。电机内部有水封、油封、气封等,能阻止水漏入电机内。适用于小容量的临时排水、提取井水和农业灌溉。

序号	商品编码	商品名称	商品描述
175	8414.3011	由电动机驱动的用于冷藏或冷冻设备的压缩机，电动机额定功率不超过0.4千瓦	品目84.14包括品目84.18所列设备用的压缩机。 压缩机(Compressor)是输送气体和提高气体压力的一种从动的流体机械。 电动机驱动的压缩机是用电动机驱动活塞在汽缸内作往复运动，从而实现对气体压缩的设备。 用于制冷设备的压缩机是压缩式制冷设备的核心部分，依靠压缩机提高制冷剂的压力以实现制冷循环。 电动机驱动的用于制冷设备的压缩机按照不同功率分别适用于不同的制冷设备。功率不超过0.4千瓦的压缩机通常用于500升以下的民用冷藏、冷冻设备，如家用冰箱(冷藏箱、冷冻箱和冷藏冷冻组合机)。
176	8414.5130	具有旋转导风轮的风扇	子目8414.5130所称“具有旋转导风轮的风扇”，是指一种在风扇前装有旋转导风装置的风扇。例如，鸿运扇。
177	8414.8020	二氧化碳压缩机	子目8414.8020所称“二氧化碳压缩机”，是指利用二氧化碳(CO_2)为媒介的压缩机。
178	8414.8030	发动机用增压器	子目8414.8030所称“发动机用增压器”，可提高发动机进气总管的压力，根据驱动增压器所用能量来源的不同，基本上可以分为三类：第一类是机械增压器，此类增压器由发动机曲轴通过齿轮(或链条、皮带等)直接驱动，机械增压器常用罗茨式压气机或离心式压气机，增压压力不超过160~170kPa，一般用于小功率的内燃机。第二类是废气涡轮增压器，此类增压器是用内燃机的废气推动涡轮机来带动压气机，以压缩空气达到进气增压的目的。废气涡轮增压器除了有单级压气机及单级涡轮两个主要部分外，还装配有轴承装置、密封装置、润滑及冷却系统。涡轮增压可达140~300kPa左右。第三类是复合增压系统，即在发动机上，既采用废气涡轮增压器，又同时应用机械驱动式增压器。此外还有利用进排气管内的气体动力效应来提高气缸的充气效力的惯性增压系统、和利用进排气的气体压力交换来提高进气压力的气波增压器。惯性增压系统只需要适当地加长进气管，再加上一个稳压箱(在空气滤清器与进气管之间)，不需要专门的增压设备。气波增压器是一种新型动力机械，它是由空气定子、燃气定子和转子组成。空气定子与发动机进气管连通，燃气定子与排气管连通，转子由发动机曲轴通过皮带驱动。它利用适当组织系列的压缩波和膨胀波，使柴油机排气与来自大气的空气直接接触，将能量传递给空气，使进入柴油机的空气压强和密度得到增加，从而使用柴油机的输出功率增加。
179	8414.9011	制冷设备压缩机进、排气阀片	子目8414.9011所称“压缩机进、排气阀片”多为薄片状金属片。 在容积式压缩机压缩过程中，由膨胀、吸气、压缩和排气四个过程循环连续完成。由于气腔内气体压力和弹簧的压力差的作用，吸气阀片和排气阀片交替打开来实现膨胀、吸气、压缩和排气的四个功能。吸气阀片、缸套和排气阀片共同形成一个封闭的气腔来实现压缩的功能。

序号	商品编码	商品名称	商品描述
180	8415.8110	制冷量≤4千大卡/时热泵式空调器	品目84.15的空调器是指用于向封闭的房间、空间或区域直接提供经过处理的空气的一种空气调节电器。 热泵式空调器在制冷系统的管路上装有四通电磁换向阀,在夏季制冷时,机组按制冷循环工作,在冬季供热时按热泵循环工作。 热泵式空调器的主要部件有压缩机、节流阀、换向阀、室外换热器及风机、室内换热器及风机等。在夏季,机组按制冷循环工作。制冷剂依次经压缩机、换向阀、室外换热器(作冷凝器用)、节流阀、室内换热器(作蒸发器用),使室内空气冷却。到冬季,用换向阀改变管路连接方式,使制冷剂改变流向。压缩机排出的制冷剂蒸汽经换向阀后进入室内换热器(作冷凝器用),使室内的空气被加热,然后再经节流阀到室外换热器(作蒸发器用),从室外介质吸热。机组按热泵循环工作。 子目8415.8110的制冷量不超过4000大卡/时的空调器通常为家用型空调器。从理论上讲,1瓦特=860卡/小时,1匹=632.53大卡/小时,但因不同空调器的能效比是不同的,所以没有固定的换算关系。一般情况下制冷量不超过4000大卡/时的空调器,其制冷输入功率约为2匹多。例如,:三菱SRK438H的冷暖空调,其制冷输入功率为1470W(约2HP),制冷量为4100W(约3525Kcal/h)。
181	8417.8050	垃圾焚烧炉	子目8417.8050所称"垃圾焚烧炉",一般由炉前处理系统、焚烧系统、烟气净化系统等组成,有的还带有煤气发生炉。多具有自动送料、分筛、烘干、焚烧、除尘、控制等功能。可用于处理城市生活垃圾、危险废弃物(含医用垃圾)、一般工业垃圾,分为机械炉排焚烧炉、流化床焚烧炉、回转式焚烧炉、CAO焚烧炉等类型。
182	8418.1010	容积超过500升各自装有单独外门的冷藏—冷冻组合机	子目8418.1010所称"容积超过500升各自装有单独外门的冷藏-冷冻组合机",是指至少具有一个冷藏室和一个冷冻室组成的冰箱,各室装有单独外门的冰箱,其总有效容积超过500升。
183	8418.2110	容积超过150升压缩式家用型冷藏箱	子目8418.2110所称"容积超过150升家用型压缩式冷藏箱",是指一种常见的"(单门)家用冰箱"。其冷藏室内的温度在0~10℃的范围内,存放饮料和蛋、乳制品、鱼肉、水果和蔬菜等容易腐烂变质的食物。一般使冷藏室保持在0~5℃的范围,可以抑制细菌的繁殖,使食物保鲜5~7天。 一般"压缩式"冷藏设备的制冷部件中带有压缩机。
184	8418.2910	半导体制冷式冷藏箱	子目8418.2910所称"半导体制冷式冷藏箱",又称电子制冷冰箱,不同于压缩式制冷和吸收式制冷系统,半导体制冷式冷藏箱不使用传统制冷工艺和机械运动部件,工作原理系半导体的帕尔帖热电效应,核心制冷设备是采用两种不同型半导体材料制成的半导体制冷片。由于制冷无氟利昂,工作中无污染、无振动、低噪音。受工作电流的限制,半导体制冷式冷藏箱功率小,制冷效果最高可达室内外温差30摄氏度,多用于冷藏饮料、食品、水果、酒水,一般容积在50升以下,多为6-15升。 半导体制冷式冷藏箱适用性较强,既可家用也可使用汽车点烟器12伏电源。帕尔帖元件现在广泛使用于便携式冷藏箱和小型冰箱的制冷器。 帕尔帖效应就是将两种个同金属连接后在电流通过时,一个金属接头处吸热,而另一个金属接头处放热的作用。该元件是由具有高帕尔帖效应的金属如铋、碲、锑等化合物串联构成的。通常的帕尔帖元件系统是由两个铝块夹住元件(元件两侧各有一铝块夹附),进行冷却的吸热侧配署在冰箱内。而放热则至于冰箱的体外,如此在冰箱内就可进行冷却。但是利用帕尔帖效应的老式冰箱应使用铝作传热介质,其热效率低,故耗电量大、电费高,且冷却速度慢。这种冷冻方法虽然不失为一种洁净冷藏方法,但由于存在上述缺点而不能应用于大容量冰箱。为提高这种帕尔帖元件的热效率,可使用传热效率高的不冻性冷却液替代以往使用的铝块,冷却液用泵不断循环从而获得很高的冷却效果。

序号	商品编码	商品名称	商品描述
185	8419.1200	太阳能热水器	子目8419.1200所称"太阳能热水器",是指利用太阳能将水从低温加热到高温的装置,由太阳能集热器、储水箱、支架及相关附件组成,主要依靠太阳能集热器把太阳能转换成热能,使水产生微循环而达到所需热水。
186	8419.4010	提净塔	子目8419.4010所称"提净塔",是一种利用精馏原理工作的设备。其工作原理是:利用混合物中各组分所具有的不同的挥发度,即在同一温度下各组分的蒸汽压不同这一特性,使液相的轻组分转移到气相中,同时使气相的重组分转移到液相中,在同一设备内同时进行多次部分气化和部分冷凝以分离液体混合物的组分,从而实现分离的目的。
187	8419.4020	精馏塔	子目8419.4020所称"精馏塔",是进行精馏操作的设备,是对多组分混合物(原料)在气相状态下进行分离的塔状精馏设备。 精馏塔内部具有多层塔板或充满填料,塔顶有回流装置,以引回一部分冷凝液,使精馏能继续进行。精馏塔一般由塔体、塔底再沸器、塔顶冷凝器、控制系统、调节系统及与之相连的管道、阀门、泵等组成。 精馏塔主要有泡罩塔、填充塔、填料塔、板式塔、浮阀塔、导向浮阀塔、筛板塔、林德筛板塔、网孔板塔等类型。采用分馏工艺分离放射燃料或处理废液用的分离器,只要达到精馏的程度,也属于本商品的范围。精馏设备的关键部件通常由金属(例如,不锈钢、铜或镍)制成,但可用玻璃或耐火材料作内衬,在减压或增压的条件下进行蒸馏的设备,还配有真空泵或压缩机。
188	8421.1920	离心式固液分离机	子目8421.1920所称"离心式固液分离机",是指利用离心原理,将悬浮液(固体颗粒与液体的混合物)中的固体颗粒与液体分开来的机器。 该商品有一个绕本身轴线高速旋转的圆筒,称为转鼓,通常由电动机驱动。悬浮液加入转鼓后,被迅速带动与转鼓同速旋转,在离心力作用下各组分分离,并分别排出。通常,转鼓转速越高,分离效果也越好。
189	8421.3910	家用型气体过滤、净化机器及装置	子目8421.3910所称"家用型气体的过滤、净化机器及装置",是为了保证人体健康,除去空气中的尘粒、水分、一氧化碳、二氧化碳、硫及其化合物等固体和液体杂质,或为了保证气体清洁度的要求,将气体中的杂质含量降低到一定范围内,从而使室内空气或外界进入室内的空气得到过滤及净化的机器及装置。 本子目所称家用型是指主要用于家庭,但也可以用于办公室、工厂、饭店等公共场所的非生产型机器及装置。生产型的气体过滤、净化机器及装置应作为工业用,归入子目8421.392项下。
190	8421.3922	工业用袋式除尘器	子目8421.3922所称"工业用袋式除尘器",又称袋滤器,是一种过滤式的含尘气体净化设备,它的作用是将含尘气体中的粉尘在排入大气之前捕集下来,以防污染大气。袋式除尘器主要用于捕集5微米以下(对人体健康危害最大)的粉尘。 家用型除尘器应归入子目8421.3910。
191	8421.3940	烟气脱硫装置	子目8421.3940所称"烟气脱硫设备",是一种工业用减少二氧化硫排放的废气处理设备,一般包括烟气脱硫反应器、循环浆液泵、水力旋流分离器、脱硫增压风机、除雾器、烟气挡板门、搅拌器等部分,主要用于火电厂烟气脱硫和重要工业领域(如烧结机脱硫),常见的烟气脱硫工艺为石灰石/石灰-石膏脱硫(设备)与烟气循环硫化床法脱硫(设备)。 烟气脱硫的工艺还有很多,例如,:旋转干燥喷雾法、海水脱硫法、氨水洗涤法等,采用上述其他工艺的烟气脱硫装置也归入本子目。

序号	商品编码	商品名称	商品描述
192	8421.3950	烟气脱硝装置	子目8421.3950所称“烟气脱销装置”,通常采用选择催化还原法(SCR)、选择性非催化还原法(SNCR)、SCR和SNCR混合法等脱硝技术。其中,采用选择催化还原法(SCR)脱硝技术的装置主要包括SCR反应器、氨存储与供应系统、测试与控制系统等部件。 该装置利用还原剂与氮氧化物(NOX)发生化学反应生成氮气和气态水,降低烟气中氮氧化物排放量。 烟气脱硝的工艺还有很多,例如,:臭氧氧化吸收、活性炭联合吸收、电子束联合吸收技术等,采用上述其他工艺的烟气脱硫硝装置也归入本子目。
193	8424.8910	家用型喷射、喷雾机械器具	子目8424.8910所称“家用型喷射、喷雾机械器”,具是指主要用于家庭,但也可在办公室、工厂、饭店等公共场所使用的喷撒水、杀虫剂、杀菌剂等的器具。
194	8428.9020	机械式停车设备	子目8428.9020所称“机械式停车设备”,是通过机械方式搬运、停放车辆的机械设备。此类设备大多采用自动控制、计算机管理等手段,综合应用机、电、声、光、自动化等技术,达到存取储放车辆的高效率、高可靠性和高安全性。此类设备分为升降横移类、垂直循环类、水平循环类、多层循环类、平面移动类、巷道堆垛类、垂直升降类和简易升降类等多种型式。主要由钢结构件、传动系统、控制系统等部分组成。
195	8429.3010	斗容量超过10立方米的铲运机	子目8429.3010所称“斗容量超过10立方米的铲运机”,是指铲斗平装容积大于10立方米的铲运机。
196	8429.5211	轮胎式挖掘机	子目8429.5211所称“轮胎式挖掘机”,是行走装置为轮胎的挖掘机,常用于小于20吨的中小型挖掘机,是一种单斗挖掘机。轮胎式挖掘机行驶速度较快,机动性好,主要用于道路状况较好的施工环境,常用于市政工程、建筑工地等。工作时,必须用外伸的支撑器减除轮胎和支承弹簧的负荷。
197	8429.5212	履带式挖掘机	子目8429.5212所称“履带式挖掘机”,是指行走装置为履带的挖掘机,是一种单斗挖掘机。履带式挖掘机具有牵引力大,接地比压低,稳定性好等特点,有良好的越野性能和爬坡性能,广泛适用于各种施工环境。通常为双履带结构,当机重过大时,也有采用多履带结构的。 本子目不包括多斗挖掘机。
198	8430.3110	采煤机(含截煤机、割煤机)	子目8430.3110所称“采煤机(含截煤机、割煤机)”,由工作装置、机体和行走装置组成。装有截齿的滚筒或螺旋圆盘组成旋转工作装置,通过摇臂安装在机体上,机体安装在齿轮、齿条啮合的行走装置或履带式行走底盘上。工作时,机体在行走装置的推动下沿煤体移动,同时工作装置旋转,截齿击碎煤层,切割下的煤落入工作装置下的输送机上送出。
199	8432.3111	免耕谷物播种机	子目8432.3111所称“免耕谷物播种机”,是指在未经耕整有作物残茬覆盖的土地上,不实行任何土壤耕作或进行少量旋耕作业(动土率不大于40%)的条件下,能直接完成播种作业的播种机。主要完成开沟、排种、覆土和镇压等作业,按排种方式的不同,排种器分为槽轮式、磨盘式、气力式等。
200	8432.3121	马铃薯种植机	子目8432.3121所称“马铃薯种植机”,是指按一定行距、种薯间距和栽种深度种植马铃薯的机具。能一次完成开沟(或起垄)、施肥、栽种薯块和覆土等作业。
201	8432.3131	水稻插秧机	子目8432.3131所称“水稻插秧机”,是指按一定的行距、株距、秧苗数和栽植深度将水稻秧苗栽植于水田的机具。通常由发动机、秧箱、送秧机构、分插机构、动力驱动、行走装置等部件组成。

序号	商品编码	商品名称	商品描述
202	8433.6010	蛋类清洁、分选、分级机器	子目 8433.6010 所称“蛋类清洁、分选、分级机器”包括蛋类清洁机、蛋类分选分级机。蛋类清洁机是将蛋类通过专用输送带送入水槽中,分别经过侵润、软刷、漂淋等连续的工艺,将附着于蛋类表面的污物去除的机器。蛋类分选分级机是根据蛋类重量、蛋壳颜色进行分类,或根据设定对蛋类表面是否干净、有无裂纹等情况进行判断和剔除,并根据这些信息将不同类别的蛋送往不同包装通道(进行包装)的设备。
203	8437.1010	光学色差颗粒选别机(色选机)	子目 8437.1010 所称“光学色差颗粒选别机(色选机)”,是运用特定的光学方法,凸显被选物料与正常物料的颜色或形状差异,这些差异被电子视觉系统检测,经控制系统处理产生输出信号,控制执行机构剔除被选物料,得到品质一致的物料。 光学色差颗粒选别机可广泛应用于粮食及食品的精深加工领域,同时还适用于工业领域(塑料、矿石等)的分选。但归入该子目的商品,应确定用于种子、谷物或干豆的加工行业,即使可适用于其他工业领域,也必须确保其主要功能用于种子、谷物或干豆的分选。
204	8442.3021	计算机直接制版设备	子目 8442.3021 所称“计算机直接制版设备”,是一种通过计算机实现精确控制相应设备直接将图文输出到印刷板材上,一次性完成制版过程的设备。计算机直接制版设备可用激光、电子雕刻、腐蚀、热敏等方式对印版表面进行刻版工作,形成可直接用于印刷的印版成品。
205	8443.9111	卷筒料给料机	子目 8443.9111 所称“卷筒料给料机”,是指为卷筒料印刷机连续供料的辅机。卷筒料自动给料机按更换料卷的方式分为高速接料机和零速接料机两类。高速接料机是指印刷机在全速或略微降速的运行过程中,两料卷(更换料卷与被更换料卷)在同速运行状态下完成粘结、更换料卷的自动接料装置。零速接料机是指两料卷(更换料卷与被更换料卷)在静止状态下完成粘接的自动接料装置,在接料期间,印刷机仍在正常高速运行,并由给料机的料卷储存装置——储料器向印刷机供给输送料带。
206	8443.9921	热敏头组件	子目 8443.9921 所称“热敏头组件”,是指热敏打印机的部件。热敏头组件由小型电加热器和逻辑电路组成,小型加热器排成矩阵,由逻辑电路控制加热器工作,同时也控制进纸。当加热器被驱动时在介质上就会产生一个与加热元素相对应的图形,从而完成输出图像的任务。热敏打印的介质是热敏纸,热敏纸上覆有一层透明膜,将膜加热一段时间以后纸会变成深色(蓝或黑),热敏打印就是利用热敏纸的这种特性,通过热敏打印头将打印介质上的热敏材料加热、熔化、变色,生成所需要的文字和图形。
207	8445.4010	自动络筒机	子目 8445.4010 所称“自动络筒机”,又称自动络纱机,是采用机械打结器、机械清纱器或电子清纱器等自动装置,实现络纱过程中发送信号、自动寻头、自动换管、自动接头、故障自停和满筒自停等功能。同时还可实现纱线质量自动检测,络纱张力自动控制,防叠措施自动实施,络纱产量自动记载。

序号	商品编码	商品名称	商品描述
208	8452.1010	多功能家用缝纫机	子目 8452.1010 所称“多功能家用缝纫机”,除具备普通家用缝纫机的直线锁式线迹缝纫功能外,还具有多种曲折缝纫功能,如拼缝、包边、嵌线、锁眼、钉扣,通过花样装置能刺绣图案等,包括机械控制、电子控制和电脑控制等类型。 一般缝纫机都由机头、机座、传动和附件四部分组成。机头是缝纫机的主要部分。它由刺料、钩线、挑线、送料四个机构和绕线、压料、落牙等辅助机构组成,各机构的运动合理地配合,循环工作,把缝料缝合起来。多功能家用缝纫机能够实现多种线迹缝纫功能,线迹的形成依靠各种梭类和弯针以及相关联的机构的组合运动。总体来说,关系到机头上四大机构的运动。除了刺布机构和勾线机构以外,还有送布机构和挑线、紧线机构。刺布机构(针杆机构)是指缝纫机在缝纫时,由针杆带动机针带引缝线刺穿缝料进行缝纫的机构;勾线机构是指缝纫机在缝纫时,由机针带引缝线穿过缝料形成的线环后,一个勾住这个线环使之形成线迹的机构。送布机构是指缝纫机在缝纫时,进行递送缝料的机构;挑线机构是指缝纫机在缝纫时,在形成线迹的过程中,起着输送、回收针线并收紧线迹作用的机构。紧线机构是指为使缝线在一定的张力状态下顺利构成线迹,专门对缝线施加夹紧力的装置。该装置可根据需要进行调节。多功能家用缝纫机一般采用铝合金骨架、全塑装饰性外壳、内藏式电机、筒板二用机壳结构,具有 10~20 种针迹功能,带有一步梭芯绕线离合器、针距与针摆幅度采用轻旋钮调节,球形按钮式倒缝扳手,中高档机带有电子式速度控制。
209	8454.3010	冷室压铸机	压力铸造是在高压作用下使液态或半液态金属高速度充填铸型,并在压力下凝固成铸件的铸造方法。压力铸造用的压铸机分热室压铸机和冷室压铸机两种。 子目 8454.3010 所称“冷室压铸机”的压室与保温炉是分开的。压铸时先将定量液态金属浇入压室,再经压射活塞压入铸型型腔,并凝固成形。冷室压铸按压力传递方向不同分为立式和卧式两种。 热室压铸机上的压室浸在液态金属中。压射活塞处于最高位置时液态金属流入压室,活塞下压,将压室内的液态金属经鹅颈道压入合紧的压铸型型腔中,并迅速凝固成形。
210	8460.4010	珩磨机床	子目 8460.4010 所称“珩磨机床”,是利用珩磨头对金属或金属陶瓷制工件进行表面精加工的磨床。主要用于汽车、拖拉机、液压件、轴承、航空等制造业中珩磨工件的孔。除加工孔的珩磨机外,还有加工其他表面的外圆珩磨机、轴承滚道珩磨机、平面珩磨机和曲面珩磨机等。新型的珩磨机多采用液压胀缩的珩磨头。珩磨机大多是半自动的,常带有自动测量装置,还可纳入自动生产线工作。 珩磨机分立式和卧式两种。立式珩磨机的主轴工作行程较短,适用于珩磨缸体和箱体孔等,镶嵌有油石的珩磨头由竖直安置的主轴带动旋转,同时在液压装置的驱动下作垂直住复进给运动。卧式珩磨机的主轴工作行程较长,适用于珩磨深孔,深度可达 3000 毫米,水平安置的珩磨头不旋转,只作轴向往复运动,工件由主轴带动旋转,床身中部设有支承工件的中心架和支承珩磨杆的导向架。在加工过程中,珩磨头的油石在胀缩机构作用下作径向进给、把工件逐步加工到所需尺寸。

序号	商品编码	商品名称	商品描述
211	8460.4020	研磨机床	子目8460.4020所称“研磨机”,是用涂敷或压嵌有磨料的研具对金属或金属陶瓷工件表面进行研磨的磨床。主要用于研磨工件中的高精度平面、内外圆柱面、圆锥面、球面、螺纹面和其他型面。研磨机的主要类型有圆盘式研磨机、转轴式研磨机和其他各种专用研磨机。 (1)圆盘式研磨机:分单盘和双盘两种,以双盘研磨机应用最为普通。在双盘研磨机上,多个工件同时放入位于上、下研磨盘之间的保持架内,保持架和工件由偏心或行星机构带动作平面平行运动。下研磨盘旋转,与之平行的上研磨盘可以不转,或与下研磨盘反向旋转,并可上下移动以压紧工件(压力可调)。此外,上研磨盘还可随摇臂绕立柱转动一定角度,以便装卸工件。双盘研磨机主要用于加工两平行面、一个平面(需增加压紧工件的附件)、外圆柱面和球面(采用带V形槽的研磨盘)等。加工外圆柱面时,因工件既要滑动又要滚动,须合理选择保持架孔槽型式和排列角度。单盘研磨机只有一个下研磨盘,用于研磨工件的下平面,可将形状和尺寸各异的工件同盘加工,研磨精度较高。有些研磨机还带有能在研磨过程中自动校正研磨盘的机构。 (2)转轴式研磨机:由正、反向旋转的主轴带动工件或研具(可调式研磨环或研磨棒)旋转,结构比较简单,用于研磨内、外圆柱面。 (3)其他专用研磨机:依被研磨工件的不同,有中心孔研磨机和钢球研磨机等。 此外,还有一种采用类似无心磨削原理的无心研磨机,用于研磨圆柱形工件。
212	8462.2110	数控矫直机床	子目8462.2110所称“数控矫直机床”是指运用数字控制方式对塑性加工后的工件进行矫直的一种设备。 矫直可使工件沿全长具有正确而均匀的几何形状。矫直机按用途可分为板材矫直机、型材矫直机、管材矫直机等;按结构又可分为辊式矫直机、拉力矫直机和压力矫直机等。 热处理或焊接后工件产生变形,有时也在矫直机上进行矫正。
213	8462.9910	机械压力机	子目8462.9910所称“机械压力机”,是指采用机械传动作为工作机构的压力机,工作机构多为曲柄、连杆、滑块等组成。 本子目所述的机械压力机是指除子目8462.10至子目8462.49所列功能以外的其他机械压力机;具有列名功能的机械压力机应根据其各自功能归入相应品目。例如,:锻造及冲压用的机械压力机应归入子目8462.1项下;冲孔或开槽用的机械压力机应归入子目8462.4项下。
214	8466.9310	刀库及自动换刀装置	子目8466.9310所称“刀库”,是存放待换工具的装置,而自动换刀装置则是能自动更换加工中所用工具的装置。 本子目还包括刀库系统(刀库和自动换刀装置的组合装置)。 数量和刀库容量相匹配的刀具与刀库一同报验时,可以一并归入本子目。

序号	商品编码	商品名称	商品描述
215	8471.4991	分散型工业过程控制设备	子目 8471.4991 所称“分散型工业过程控制设备”,即分散型控制系统(DCS),是利用计算机技术对生产过程进行分散控制,集中监视、操作和管理的一种控制技术。它是将生产过程分散地采用微型机进行控制,而将全部信息通过数据总线,由一个上位计算机实现监控、管理最佳化。其核心结构可归纳为“三点一线”式结构,“一线”是指 DCS 的骨架计算机网络,“三点”是指连接在网络上的三种不同类型的节点:现场控制站、操作员站和工程师站。 现场控制站是主要由机柜、电源、输入输出通道、控制计算机等组成(不同于一般的计算机)。在 DCS 系统中,显示与操作功能集中于操作员站,但现场控制站也可配有袖珍型现场操作器,进行一些简单操作。 操作员站具有显示与管理功能、打印功能和组态功能,主要由工业微型计算机或工作站、工业键盘、轨迹球、屏幕和操作控制台组成,一般配有一台或多台打印机。其中,除工业键盘外,均属通用型设备,一般不需要特殊制造。工业键盘主要根据系统的功能用途及应用现场的要求进行设计和安排,例如,功能键的设置。 工程师站是对 DCS 进行离线的配置、组态工作和在线的系统监督、控制、维护。选用一般微型计算机工作站就可完成工作。 单独报验的部件应根据其报验状态归入相关税号。例如,单独报验的现场控制站应归入品目 85.37 或 90.32。
216	8471.6050	扫描仪	子目 8471.6050 所称“扫描仪”,是指通过光学系统(即扫描头,由光源、光敏元件、光学镜头等组成)对图像逐点扫描,所得信号利用光电转换元件及数模转换元件,完成光电及数模转换,形成数字信号以点阵形式贮存或输入计算机的设备。
217	8471.6060	数字化仪	子目 8471.6060 所称“数字化仪”,是计算机的一种通用外部设备,它可将置于有效工作画面内的图面上任意一点量化,并将坐标数据输到计算机。产品依不同有效工作画面及技术指标分类而构成产品系列。它由数字化板、专用电源、游标、串行口线等组成。其原理为:采用电磁感应原理,由游标线卷发射五弦波信号,按一定规则排列的栅格陈列接收信号,随着游标线圈在工作幅画内移动,相对栅格陈列的位置发生变化,栅格线上的接收信号亦发生相应变化。通过对该信号的处理、测量,即可获得游标线圈几何中心的位置坐标。数字化仪广泛应用于地质、石油、煤炭、国土资源、测绘、服装、医疗、桌面出版、国防等领域。
218	8471.7010	硬盘驱动器	子目 8471.7010 所称“硬盘驱动器”,是计算机最主要的存储部件,通常是由许多磁性圆盘组合而成,利用磁性原理在圆盘上存储数据。 本子目包括移动硬盘。
219	8471.7020	软盘驱动器	子目 8471.7020 所称“软盘驱动器”,是指在微型计算机中,用于插入软磁盘并读写数据的外部存储设备,是计算机系统的主要外存设备之一,又是输入、输出的重要外部设备。它通过软磁盘控制器与微型计算机相连接。软盘驱动器主要由执行读写功能的上下磁头、在步进电机驱动下具有寻道功能的磁头小车、带动盘片旋转的主轴电机以及固定这些部件的基座所构成。盘片是具有涂磁性记录材料的塑料圆片,将它沿剪头方向向插入驱动器之后,盘片与上下磁头接触,在主机的控制下,主轴电机旋转,磁头小车在步进电机驱动下,沿径向往复寻道,磁头内通过一系列经过编码的数据脉冲电流,从而使盘片上的磁记录层磁化,以完成格式化、读出、存储(写入)等任务。完成后,从驱动器中取出盘片,可以保存、携带、交换数据等。

序号	商品编码	商品名称	商品描述
220	8471.7030	光盘驱动器	子目8471.7030所称"光盘驱动器",是一种读光盘的硬件外围设备。是利用光效应、磁光效应,通过激光光束把信息记录在光盘片上,回读时把盘片反射加至光学头的光信号,经光电转换变为电信号,再进行模拟,数字信号处理恢复为控制信号和数据信号,分别转向系统控制单元和输出接口。
221	8474.8020	模压成型机	子目8474.8020所称"模压成型机",工作原理:有型槽的上模和下模固定在上滑块(或活动横梁)和工作台(或下横梁)上,坯料放入下模,上下模相对运动,相互闭合,通过压力使材料成型。陶瓷液压成型机属于一种典型的模压成型机,该机的传统框架为三梁四柱结构或三梁四柱套筒拉杆式结构,最新型的全自动液压压砖机采用预应力钢丝缠绕机架结构,上下横梁、左右立柱由多层钢丝预紧成一个封闭机架,除主机框架外,该机还包括压制油缸、布料装置、复合顶出装置、液压系统合电气控制系统等部分,其中压制油缸是压砖机的心脏,压砖机壳采用双作用活塞缸,主油缸倒置,活塞杆与上横梁连接,主油缸与活动横梁连接。运动时主活塞固定,主油缸带动活动横梁上下运动。该机的布料装置设计成独立辅助装置,采用CNC控制的多轴、多自由度的自由布料机器人与主机连接一体,可将多种不同颜色和不同粒度的粉料按设计的图案向模腔一次性或数次喂料,实现多次布料,可生产色彩丰富的各种陶瓷墙地砖,该装置由喂料结构、基料填料结构、基料格珊的移动结构、基色料的布料结构等组成。复合顶出装置置于压机底座上方,其作用是顶出压制完毕的砖坯、调节粉料的填充高度、锁紧磨具及使模芯伸出模框以外,以便清洗模芯。
222	8477.1010	注塑机	子目8477.1010所称"注塑机",又名塑料注射成型机,是将固态的塑料(玻璃态)原料经过塑化装置塑化为熔融态(粘流态),在压力的作用下注射入密闭的模腔内,经保压冷却定型后,开模顶出而获得塑料制品的一种成型设备。报验时不论是否带有模具均不影响其归类。
223	8477.3010	挤出吹塑机	子目8477.3010所称"挤出吹塑机",是挤出机和吹塑装置的组合体,由挤出机及型坯模具、吹塑模具、吹胀装置、合模机构、型坯厚度控制系统、传动机构等组成。
224	8477.3020	注射吹塑机	子目8477.3020所称"注射吹塑机",是注塑机与吹塑装置的组合体,由塑化机构、液压系统、合模结构、型坯模具、吹塑模具、吹胀装置、控制电器等组成。
225	8477.3090	其他吹塑机	子目8477.3090所称"其他吹塑机",包括特殊结构的吹塑机,这些吹塑机是用片材、型材等熔融型坯或冷型坯,吹塑具有特殊形状和用途的中空制件。
226	8479.1021	沥青混凝土摊铺机	子目8479.1021所称"沥青混凝土摊铺机",是指将沥青混合料均匀摊铺在道路基层上,并进行初步振实和整平的机械,由牵引、摊铺和振实、熨平两部分组成。该机械有轮胎式和履带式两种,前者包括机架、动力装置、行走装置、料斗、料门、刮板输送器、螺旋摊铺器和熨平装置、驾驶室等;后者包括牵引臂、振实机构和熨平装置(有熨平板、厚度调节器、拱度调节器和加热装置等组成),振实机构采用熨平板和装置在熨平板前的振捣器,或采用振动熨平板,或振捣器和振动熨平板两者同时采用,以提高振实效果。振实、熨平部分通过左右牵引臂铰接在机架两侧,能上下浮动地压在铺层上前进。 与稳定土摊铺机相比,沥青混凝土摊铺机多了对沥青混凝土进行加热的装置。

序号	商品编码	商品名称	商品描述
227	8479.1022	稳定土摊铺机	子目8479.1022所称“稳定土摊铺机”,是指应用稳定土铺设道路的机械,主要用于国家高等级公路建设,也用于县级公路建设,是公路建设新工艺必备的大型关键设备之一。主要由发动机、传动系统、行走机构、供料系统、操纵控制系统、车架、调平大臂以及自动调平系统等组成。 该机与混凝土摊铺机相比,缺少了加热装置。
228	8479.5010	多功能工业机器人	子目8479.5010所称“多功能工业机器人”,是指具有一种以上功能或具有两种及两种以上互补或交替功能的工业机器人,仅包括简单更换不同工具即可执行各种功能的工业机器人;本子目不包括具有特种特定功能的工业机器人,这些工业机器人应按照其基本功能归类(例如,归入品目84.24、84.28或85.15)。 工业机器人是能模仿人类某些器官功能(主要是动作功能)的机器,有独立的控制系统,可以改变工作程序和编程的多用途自动操作装置。工业机器人配有工具夹具和特制工具(例如,钳、抓爪、焊头等),以便进行各种操作。 工业机器人在工业生产中能替代人做某些单调、频繁和重复的长时间作业,或是危险、恶劣环境下的作业,例如,在冲压、压力铸造、热处理、焊接、涂装、塑料制品成型,机械加工和简单装配等工序上,以及在原子能工业等部门中,完成对人体有害物料的搬运或工艺操作。 工业机器人由主体、驱动系统、控制系统3个基本部分组成。 1. 主体:即机座和执行机构,包括臂部、腕部和手部,有的机器人还有行走机构。大多数工业机器人有3~6个运动自由度,其中腕部还带有1~3个运动自由度。 2. 驱动系统:包括动力装置和传动机构,用以使执行机构产生相应的动作,一般采用电动、液压和气动。 3. 控制系统:按照输入的程序对驱动系统和执行机构发出指令信号并进行控制。 类型: 1. 工业机器人按臂部的运动分为4种: (1)直角坐标型:臂部可沿3个直角坐标移动; (2)圆柱坐标型:臂部可作升降、回转和伸缩动作; (3)球坐标型:臂部可作回转、俯仰和伸缩动作; (4)关节型:臂部有多个转动关节。 2. 按执行机构运动控制机能分点位型和连续轨迹型两类。 3. 按程序输入方法分为编程输入型和示教输入型两类。
229	8479.8992	自动化立体仓储设备	子目8479.8992所称“自动化立体仓储设备”,主要用于单元货物的立体存放、自动存放信息管理。主要由货架、自动搬运/堆垛设备、自动化控制设备等部分组成,按存储单元大小和存储规模设计、制作存储货架和自动存放设备,并编制设备控制和货位管理软件进行操作,属于机电信息管理一体化应用技术。 机械式停车设备不属于该子目项下商品(品目84.28)。
230	8482.1010	调心轴承	子目8482.1010所称“调心轴承”,是指滚道是球面形,能够调整沟道轴线间的角偏差及角运动的轴承。
231	8482.1020	深沟球轴承	子目8482.1020所称“深沟球轴承”,是指每个套圈均具有横截面弧长约为球周长三分之一的连续沟道的向心球轴承。
232	8482.1030	角接触轴承	子目8482.1030所称“角接触轴承”,是指公称接触角大于0°且小于等于45°的向心球轴承(包括三点接触和四点接触球轴承),不包括推力角接触球轴承。

序号	商品编码	商品名称	商品描述
233	8483.1011	曲轴	子目 8483.1011 所称“曲轴”,是船用柴油机的重要组成部分,主要功能是与连杆配合将作用于活塞上的气体压力转变为传动轴(包括曲轴)的旋转动力。曲轴一般由主轴颈、连杆轴颈、曲柄、平衡块、前端和后段等组成。
234	8486.1040	专用或主要用于制造晶圆用的化学机械抛光设备(CMP)	子目 8486.1040 所称“专用或主要用于制造晶圆用的化学机械抛光设备(CMP)”,是一种专用于晶圆表面抛光的设备。该设备一般由三部分组成:旋转的硅片夹持系统、承载抛光垫的工作台、抛光液(浆料)供应系统。
235	8486.2021	专用或主要用于制造半导体器件或集成电路用的化学气相沉积装置(CVD)	子目 8486.2021 所称“专用或主要用于制造半导体器件或集成电路用的化学气相沉积装置(CVD)”,是一种利用化学反应生成固态物质并淀积在硅表面上的一种薄膜淀积设备。化学气相淀积设备常用的有:常压 CVD 设备(APCVD)、低压 CVD 设备(LPCVD)和等离子体增强型 CVD 设备(PECVD)。在集成电路圆片制造中多用来生长多层布线层间绝缘膜(SiO_2 膜)、电容器介质膜(Si_3N_4 膜)和栅电极材料膜(Poly-Si 膜)。其内部腔体的结构和尺寸决定了此类设备具有相当的专用性。
236	8486.2022	专用或主要用于制造半导体器件或集成电路用的物理气相沉积装置(PVD)	子目 8486.2022 所称“专用或主要用于制造半导体器件或集成电路用的物理气相沉积装置(PVD)”,是一种利用物理方式(如蒸发或溅射现象)在硅片表面将某物质凝结成固态薄膜的设备。物理气相淀积主要有两种淀积方法:蒸镀法和溅射法。其中溅射法是目前大规模集成电路制造过程中应用最广的一种淀积方式。其作用和化学气相沉积(CVD)基本相同,其内部腔体的结构和尺寸决定了此类设备具有相当的专用性。
237	8486.2031	用于制造半导体集成电路的分布重复光刻机	子目 8486.2031 所称“分布重复光刻机”,又称步进光刻机,是将电路图绘制到涂有光敏材料,即光刻胶的半导体晶圆上的设备。该设备采用投影技术,按照“对准→曝光→移位”的步骤,可将掩膜版缩小或 1∶1 地对圆片进行曝光,每次曝光圆片的一部分,进行重复操作,最终在整张半导体晶圆生成尺寸精确的电路图形。 必须注意到,虽然子目 8486.2031 的分布重复光刻机(用于生产集成电路)和子目 8486.3031 的分布重复光刻机(用于生产平板显示器)的功能和工艺完全相同,但是由于用于完全不同的两个领域,其专用性非常明显,根据其工作腔体的体积、尺寸可以明显地区分两种用于不同行业的光刻机。
238	8486.2041	专用或主要用于制造半导体器件或集成电路用的等离子体干法刻蚀机	子目 8486.2041 所称“专用或主要用于制造半导体器件或集成电路用的等离子体干法刻蚀机”,是一种利用等离子体刻蚀是在等离子体存在的条件下,以平面曝光后得到的光刻图形作掩模,通过溅射、化学反应、辅助能量离子(或电子)与模式转换等方式,精确可控地除去衬底表面上一定深度的薄膜物质而留下不受影响的沟槽边壁上的物质的一种加工设备。其内部腔体的结构和尺寸决定了此类设备具有相当的专用性。
239	8486.3041	用于制造平板显示器的超声清洗装置	子目 8486.3041 所称“超声清洗装置”,是专用于平板显示器制造流程中主要利用超声波来清洗平板表面的组合式设备。它利用一定频率的超声波通过液体介质作用于平板玻璃,通过冲击波去除平板玻璃表面的污物。一些型号的超声清洗设备还装有一些冲洗、化学药剂喷淋的部件作为辅助清洗手段,仍应归入本子目。由于其加工对象均为大尺寸玻璃面板,专用性非常明显,根据其工作腔体的尺寸可以明显地区分用于其他行业的超声清洗装置。

序号	商品编码	商品名称	商品描述
240	8486.4021	用于制造半导体集成电路的塑封机	子目 8486.4021 所称“塑封机”,又称封胶站,是以塑封的方式将半导体芯片封装成集成电路的设备,在基板上用胶体塑封以保护金线及芯片。通常采用将热固性塑料直接涂在芯片外层后加热固化成型。 由于其加工对象均为经切割的集成电路芯片,专用性非常明显,根据其工作腔体的尺寸、密封性可以明显地区分用于其他行业的塑封机。
241	8486.4022	用于制造半导体集成电路的引线键合装置	子目 8486.4022 所称“引线键合设备”,用于封装半导体集成电路,它通过陶瓷细管(劈刀)引导金属引线在三维空间中作复杂高速的运动以形成各种满足不同封装形式需要的特殊线弧形状,并利用超声波或电压焊等方式将金属引线的两端分别焊接到集成电路芯片的触点和封装引线框架上的设备。 将集成电路成品的引脚键合到印刷电路板或其他部件上的引线键合机不归入本子目(8479.8962)。
242	8504.4014	其他直流稳压电源,功率小于 1 千瓦,精度低于万分之一	子目 8504.4014 所称“直流稳压电源”(功率小于 1 千瓦,精度低于万分之一),是指输入端可采用交流输入或直流输入,输出端为经稳压电路处理的直流电,在电网电压波动或负载发生变化时保持输出电压的稳定的稳压电源,其最大输出功率小于 1 千瓦,精度低于万分之一(数值大于万分之一的稳压电源)。 所称的稳压电路是指通过检测输出端电压值,将检测的电压值反馈到控制电路,控制电路通过调节输入端的电压值,来改变输出端的电压值,以实现输出电压稳定。 所称功率是指直流稳压电源的额定输出功率。 所称精度是指直流稳压电源的实际输出电压与设计输出电压之间的误差值; 本子目不包括仅采用稳压二极管进行稳压的直流稳压电源。 本子目不包括精度数值小于万分之一的直流稳压电源(子目 8504.4019)、输出电流为交流电的稳压电源(子目 8504.4015 和 8504.4019);也不包括不间断供电电源(子目 8504.4020),这种电源既可作为稳压电源使用,也可在电网中断供电后,在一定时间内持续给负载供电。
243	8504.4020	不间断供电电源	子目 8504.4020 所称“不间断供电电源”(UPS),是正常供电发生故障时,能实现不间断供电的电子式电源装置(静止式)。它主要由整流器、滤波器、蓄电池、逆变器、稳压器、转换开关等组成。UPS 其输入为市电(通常为交流电压 220 伏),输出亦为市电,在正常工作状态时,市电经整流器、滤波器,变成直流电后,一路向蓄电池充电,另一路经逆变器变成为交流电后,向负载供电。一旦市电电网断电,UPS 内蓄电池输出直流电经逆变器变为交流电,继续向负载供电,从而达到不间断供电的目的。 静止式不间断供电电源分为后备式(或称离线式,Off Line)和在线式(On line)。 按功率分为小功率(10KW)、中功率(10KW~100KW)、大功率(100KW 以上)。 按输入输出方式分有单相输入和单相输出、三相输入单相输出和三相输入三相输出。 按输出波形分为方波、梯形波和正弦波。 本品目不包括动态 UPS 不间断电源和内燃机 UPS 电源(品目 85.02)。

序号	商品编码	商品名称	商品描述
244	8504.4030	逆变器	子目8504.4030所称"逆变器",是一种将直流电变成交流电的装置,它由逆变桥、控制逻辑和滤波电路组成。逆变器根据发电源的不同,分为煤电逆变器、太阳能发电逆变器、风能发电逆变器、水能发电逆变器以及柴油机发电逆变器等;根据用途不同,分为独立控制逆变器和并网逆变器;按照输出波形,分为正弦波逆变器和方波逆变器。 内部含有逆变器的变流设备,如可以实现交流→直流→交流的变流装置,不应归入本子目。
245	8504.4091	具有变流功能的半导体模块	子目8504.4091所称"具有变流功能的半导体模块",属于静止式变流器的范围,包括二极管模块、IGBT模块、可控硅模块、晶闸管模块等。模块由两个及两个以上半导体器件组成或由单个半导体器件与其他器件或装置构成。模块中器件之间相互连接后封装而成,外部有引脚线(也称"金属脚")可与其他电路连接,有些还带有散热片。 上述模块应具有变流功能,能够对电网的功率、电流、频率和相位等参数进行精确的控制和有效的处理。 本子目不包括由单个半导体器件组成的半导体模块(品目85.41)。 本子目不包括多元件集成电路(品目85.42)。
246	8505.1110	稀土永磁体	子目8505.1110所称"稀土永磁体",是将钐、钕等稀土金属与过渡金属(如钴、铁等)组成的合金,用粉末冶金方法压型烧结而成,包括用于经磁场充磁后制得的一种磁性材料。 稀土永磁分钐钴(SmCo)永磁体和钕铁硼(NdFeB)系永磁体,其中SmCo磁体的磁能积在15~30MGOe之间,NdFeB系永磁体的磁能积在27~50MGOe之间,被称为"永磁王",是目前磁性最高的永磁材料。具体分类如下: 1.稀土钴永磁材料,包括稀土钴(1—5型)永磁材料$SmCo_5$和稀土钴(2—17型)永磁材料Sm_2Co_{17}两大类。 2.稀土钕永磁材料,即钕铁硼(NdFeB)永磁材料。 3.稀土铁氮(RE—Fe—N系)或稀土铁碳(RE—Fe—C系)永磁材料。
247	8505.1190	其他金属永磁体	子目8505.1190所称"其他金属永磁体",是除稀土永磁体外的其他金属永磁体,最主要的是铝镍钴合金,多用于电机、仪表、电器等工业,由于加工性较差,因此要求体积小、尺寸精度高的永磁体多用粉末烧结铝镍钴合金。包括磁化后准备制永磁体的物品。
248	8516.1010	储存式电热水器	子目8516.1010所称"储存式电热水器"(不论是否压力型),是将水加热的固定式容器,它可以长期临时储存热水,并装有控制或限制水温的装置。这种热水器为配有浸入式加热元件的保温水箱,水可在其中逐渐得到加热。 本子目项下的储存式电热水器和子目8516.1020项下的即热式电热水器的区别在于其带有储水容器。
249	8516.1020	即热式电热水器	子目8516.1020所称"即热式电热水器",又称快速热水器,指没有储存容器,可用电即时加热水。 本子目项下的即热式电热水器和子目8516.1010项下的储存式电热水器的区别在于其没有储水容器。 俗称为"热得快"的便携式电热水器,虽然也无储水装置,但由于并非固定式的装置,故不应归入该子目项下。
250	8516.2920	辐射式空间加热器	子目8516.2920所称"辐射式空间加热器",以发热管、辐射板、控制部分等构成。其中辐射板通常是抛物柱面的反射镜。发热管通常是卤素管或石英管等。

序号	商品编码	商品名称	商品描述
251	8516.7120	蒸馏渗滤式咖啡机	子目8516.7120所称“蒸馏渗滤式咖啡机”,主要结构由水罐(含加热功能)、漏斗、微电脑控制部件和附件等四部分构成。其工作原理为:制作咖啡的水放入水罐内,加热后产生高温高压的水蒸气,利用虹吸原理将高温高压的水蒸气通过水罐中心的水管引流到装有咖啡粉的漏斗内。让水蒸气瞬间穿过咖啡粉的细胞壁,将咖啡的内在精华萃取出来制作咖啡。
252	8517.6211	局用电话交换机;长途电话交换机;电报交换机	程控交换机是指控制系统采用存储程序控制方式的交换机,数字式程控交换机是指交换的信号是数字信号的程控交换机,这种交换机一般采用时分方式,交换网络采用存储器和电子接点。 程控交换机按应用范围可分为局用电话交换机和用户交换机。局用电话交换机,也叫公用交换机,包括市话(地区)交换机、长途交换机、汇接交换机、长/市合一(复合)交换机等类型。局用交换机相对于用户交换机的特点是组网能力强,具有多种外部接口,可采用多种信号方式,一般容量较大。 长途电话交换机,是指用于长途电话局的,通讯处理能力较强、容量较高的电话交换;电报交换机是指在公众电报网中用于完成自动来报转发、非实时的交换设备。
253	8517.6212	移动通信交换机	子目8517.6212所称“数字移动通信交换机”,在蜂窝移动通信系统中,是指完成移动电话与固定电话、移动电话与移动电话之间建立通话时所必须进行的接续和交换的设备,例如,:为移动用户提供交换功能的移动业务交换中心(MSC),是一个数字程控电话交换机,除具有固定电话交换机的功能,还必须具有处理与位置移动通信相关的功能。
254	8517.6221	光端机及脉冲编码调制设备(PCM)	子目8517.6221所称“脉冲编码调制设备”(Pluse code modulation),又称电端机,它是将信号经取样、量化、编码变换成一系列相应的电码脉冲,再用这一系列脉冲去调制载波。 光端机是将来自电端机的电脉冲推动光源发出光电信号,并把该光信号耦合入光纤送至远方。 本子目也包括光端机与电端机一体化设备。
255	8517.6222	波分复用光传输设备	子目8517.6222所称“波分复用光传输设备”,是光波分复用技术(WDM)系统中除光端机和脉冲编码调制设备以及光纤之外的设备。 光波分复用技术(WDM)是指在一根光纤中同时传输多波长光信号的一项技术。其基本原理是在发送端将不同波长的光信号组合起来,并耦合到光缆线路上的同一根光纤中进行传输,在接收端又将组合波长的光信号分开,并作进一步处理,恢复出原信号后送入不同的终端,因此将此项技术称为光波长分割复用。WDM系统基本上由光发射、光接收、光传输、光监控和网管5部分组成。
256	8517.6231	通信网络时钟同步设备	子目8517.6231所称“通信网络时钟同步设备”,是在通信系统中保证不在一地的收、发双方能够协调一致地工作的设备。 时钟是数字程控交换机等设备的一个重要部件,它的好坏直接对网同步的各项技术指标发生影响。实际应用的时钟一般分为三个等级,即铯原子钟时钟、高稳定度晶振时钟和低稳定度晶振时钟。

序号	商品编码	商品名称	商品描述
257	8517.6232	以太网络交换机	子目 8517.6232 所列“以太网”(IEEE802.3),是一种基于总线的广播式网络,使用分布式控制,速度为 10Mb/s 或 100Mb/s。以太网上的计算机在任何时候都可以发送信息,如果两个或更多的分组发生冲突,计算机就等待一个随机时间,然后再次试图发送。这种局域网介质访问控制技术称之为载波侦听多路访问/冲突检测即 CSMA/CD。 目前有几种不同的以太网并存,DIX 以太网和交换式 802.3 以太网。交换式 802.3 以太网的核心就是交换机,在其高速背板上插有 4～32 个插板,每个插板上有 1～8 个连接器。多数情况下,交换机都是通过一根 10Base — T 的双绞线与一台计算机相连。 交换机要求每个端口接受的是标准 802.3 帧,因此可将它的端口用作为集线器。当帧到达集线器时,它们会按通常的方式竞争,竞争成功的帧回传给交换机,通过高速背板传给正确的端口。
258	8517.6233	IP 电话信号转换设备	子目 8517.6233 所称“IP 电话信号转换设备”,是 H.323 协议构建的 IP 电话系统中的 H.323 终端或网关这两部分的设备。 H.323 是一种 ITU — T 建议,它定义了多媒体数据在分组网络上传输的方法。 IP 电话是在因特网、intranet 以及其他基于 IP 协议的包(分组)传输网络上所进行的电话(还包括传真)通信业务。IP 电话有 PC to PC,PC to Phone, Phone to Phone 三种实现方式。 H.323 协议构建的 IP 电话系统主要包括 H.323 终端、网关、网守、网管系统。H.323 终端:提供实时的双向音频、视频和数据通信。网关:是一个能够提供在局域网上的 H.323 终端之间或广域网上的 ITU 终端之间实现实时、双向通信的 H.323 的实体。网守:是一个能够对局域网或广域网的 H.323 终端、网关或一些多点控制单元提供地址解析、访问控制、身份验证、安全检查、域管理、呼叫控制信令以及呼叫管理等的 H.323 实体。网管系统:指由一个外部服务器和用户级系统数据库组成的,包括计费管理、认证计费数据库、防火墙、集线器、网关工作站和监视器等构件组成的系统。
259	8517.6234	调制解调器	子目 8517.6234 所称“调制解调器”,是调制器与解调器的拼合词,(Modulator/Demodulator),计算机用这种设备可以通过电话传输信息。 调制解调器将计算机使用的数字信号转换成适于电话线上传输的模拟信号。发送时,调制解调器用数字信号调制电话线路上的载波信号。接收时,调制解调器进行相反的操作,将数据从载波信号中解调出来。
260	8517.6235	集线器	子目 8517.6235 所称“集线器”,是一种可以修改传输信号的网络设备。用于连通网络和管理网络,允许网络扩容增加工作站。分无源集线器和有源集线器两类。前者仅起分离传输信号的作用,以允许增加工作站;后者具有放大传输信号的作用,以延伸电缆长度。按功能,又可分为:(1)哑集线器,只具有中继器的功能,不具备信息收集和管理的能力,一般用于小型局域网;(2)智能集线器,除具有中继器功能外还能收集网络上的一些低层信息,如字节、帧和错误信息等;(3)管理集线器,常与智能集线器一起使用,能提供网络管理功能。
261	8517.6236	路由器	子目 8517.6236 所称“路由器”,是计算机网络中用来判断网络地址与选择路径的一种智能连接设备。能确认网络上任何两个节点之间的所有路径,并能选择最短路径,准确地将数据包送到目的节点。用于计算机与计算机间通信的网络层中连接局域网中的各段。

序号	商品编码	商品名称	商品描述
262	8521.1011	广播级磁带录像机	子目 8521.1011 所称"广播级磁带录像机",是相对于专业级录像机和家用级录像机而言的。参照中华人民共和国行业标准,广播级录像机归类定为:广播级数字录像机的视频录放带宽,Y 信号在 5.75MHZ 以上,R — Y、B — Y 达 2.75MHz,S/N 都在 56dB 以上,广播级模拟录像机,Y 信号不低于 5.55MHz,R — Y、B — Y 不低于 1.5MHz,S/N 在 48dB 左右,两者录像机的清晰度达到 500 线以上。同时具备上述标准并用于电视台则视为广播级录像机。
263	8524.1910	等离子显像组件及其零件	子目 8524.1910 所称"等离子显像组件",是等离子显示设备的成像部分,由等离子屏和相配套的显像电路两部分组成。 等离子显像组件与视频监视器的差别在于:等离子显像组件未装有能将红、绿、蓝信号分开的解码装置,而视频监视器必须装有上述解码装置。 凡能通用于电视接收机、视频监视器、电脑显示器等装置的等离子显像组件及其零件,应优先归入 8524.1910 下。 若进口的等离子装置已构成完整品基本特征,则应按整机归入相应税号。
264	8525.8912	非特种用途的广播级电视摄像机	子目 8525.8912 所称"非特种用途的广播级电视摄像机",是相对于专业级电视摄像机和家用级电视摄像机而言的。参照中华人民共和国行业标准,广播级电视摄像机归类定为:广播级电视摄像机的图像分辨率要求不低于 650 线;灵敏度要求在标准照度(2000lx)、标准光源(碘钨灯、色温 3200K)、灰度卡反射率 89.9%,增益 0dB,视频信号电平 100%条件下,F 值不低于 5.6;信噪比在 60dB 及以上。同时具备上述 3 项标准并用于电视台则视为广播级电视摄像机。
265	8525.8921	特种用途的数字照相机	子目 8525.8921 所称"特种用途数字照相机",是指专用于高空、水下或应用不可见光、激光、强光及高速拍摄等其他类似条件下使用的设备。 数字照相机通过镜头和光电传感器(主要包括 CCD 和 CMOS 两种)将图像记录在内置的存储装置上或记录在媒体(例如,磁带、光学媒体、半导体媒体或品目 85.23 的其他媒体)上。它们可含有模数转换器(ADC)及输出端口,以便将图像发送到自动数据处理设备的部件、打印机、电视机或其他影像设备上。有些数字照相机还带有输入端口,以便从上述外部设备上录入模拟或数字图像文件。
266	8525.8922	非特种用途的单镜头反光型数字照相机	子目 8525.8922 所称"单镜头反光型数码相机",简称单反数码相机,利用镜头与传感器之间的反光镜进行光学取景的数码相机。按照相机的取景方式和结构特点,把照相机分为平视旁轴取景式、单镜头反光式等,单反光型数码相机是采用单镜头反光取景器的数码照相机,又分镜头可换和不可换。
267	8529.9042	非特种用途的取像模块	子目 8529.9042 所称"非特种用途的取像模块",由光学镜头、CMOS/CCD 图像传感器及初级信号处理电路(如 A/D 转换器)构成,不包括数字信号处理电路(DSP)。 如所进口的取像模块带有数字信号处理电路(DSP),则应归入 8525.80 项下。
268	8536.9011	接插件	子目 8536.9011 所称"接插件",是通过插拔的方式将电路接通、断开的一种连接器件。接插件分为接件(母)与插件(公)两种;通常由金属制端子、塑料制绝缘外壳等构成,使用时将插件的金属端子插入与之配套的接件的孔或槽内,用于传输电流或信号,在各类电气设备中用它来实现可拆卸的电气连接。 单独报验的接插件用金属端子也归入本子目,但本子目不包括子目 8536.6900 的插头插座。

序号	商品编码	商品名称	商品描述
269	8536.9019	接插件	子目 8536.9019 所称"接插件",是通过插拔的方式将电路接通、断开的一种连接器件。接插件分为接件(母)与插件(公)两种;通常由金属制端子、塑料制绝缘外壳等构成,使用时将插件的金属端子插入与之配套的接件的孔或槽内,用于传输电流或信号,在各类电气设备中用它来实现可拆卸的电气连接。 单独报验的接插件用金属端子也归入本子目,但本子目不包括子目 8536.6900 的插头插座。
270	8537.1011	可编程序控制器	子目 8537.1011 所称"可编程序控制器",是计算机技术、通信技术、电子技术和自动化控制技术相结合而开发的一种适用工业环境的通用自动控制装置。该装置将逻辑运算、顺序控制、定时、计数和算术运算等功能以指令方式存储在可编程序控制器中,通过数字量或模拟量的输入和输出,控制各种设备和生产过程。可编程序控制器使用灵活、体积小、组装维护方便、编程简单、可靠性高、抗干扰能力强,除了在离散制造工业占据绝对主导地位外,还广泛应用于纺织、冶金、汽车、市政、食品、饮料、烟草、电子制造、建材等工业控制的各个领域。
271	8537.1019	其他数控装置	子目 8537.1019 所称"其他数控装置",包括除可编程序控制器以外的数控装置,主要用于机床。机床用数控装置包括数控(NC)和计算机数控(CNC)2 种类型。 传统的数控(NC)装置由输入装置、控制器、运算器和输出装置等 4 大部分组成,统称为硬件数控。 计算机数控(CNC)统称为软件数控,通常由微型计算机(包括中央处理器、存储器、系统总成)和各种输入/输出接口电路组成。其用一台存储有程序的计算机,按照存储在计算机内部读写存储器中的控制程序去执行数控装置的一部分或全部功能,在计算机之外的唯一装置是接口。计算机在 CNC 系统中主要用来进行数值和逻辑运算,对于各类被控制对象进行实时控制。 本子目还包括部分用于非机床设备的控制装置,只要其结构与本子目所列机床用数控装置相似。例如,某些工业机器人、注塑机等设备用数控装置。 数控装置是成套数控伺服装置的组成部分之一,成套数控伺服装置由数控装置、信息载体、伺服系统、检测装置组成。其中,数控装置接受来自信息载体(例如,穿孔带、磁带或操作键盘等)的控制信息并转换成数控设备的操作(指令)信号。伺服系统是数控设备位置控制的执行机构,它的作用是将数控装置输出的位移指令经功率放大后迅速、准确地转换为位移量或转角。检测装置是保证数控设备精度的关键。 若上述成套数控伺服装置同时报验,则不归入本子目,而应归入品目 90.32 项下。
272	8539.2110	科研、医疗专用卤钨灯	子目 8539.2110 所称"科研、医疗专用卤钨灯",是指科研或医疗中,作为非照明光用途的卤钨灯,通常在设计制造时,对其有特殊要求。如用于现代显微镜、医疗仪器等光学仪器上的仪器卤钨灯,功率 2~400W、色温 3000~3200K、电压 3~36V、寿命 50~200h;用于医用、牙科手术着色固化等光学仪器上的冷反射仪器卤钨灯,是与椭球面介质膜反光镜经预聚焦组合成一体化的灯泡,功率 50~250W、色温 3200~3600K,光束温度低、光利用率高,反光镜最大直径 50cm,电压 8~110V。本税号不包括非科研或医疗用的非照明卤钨灯。
273	8539.3230	钠蒸气灯	子目 8539.3230 所称"钠蒸气灯",是利用钠蒸气放电产生可见光的电光源。钠灯又分低压钠灯和高压钠灯。低压钠灯的工作蒸气压不超过几个帕。高压钠灯的工作蒸气压大于 0.01 兆帕。

序号	商品编码	商品名称	商品描述
274	8539.3240	汞蒸气灯	子目 8539.3240 所称“汞蒸气灯”,是利用汞放电时产生汞蒸气获得可见光的电光源。汞灯可分为低压汞灯、高压汞灯和超高压汞灯三种。低压汞灯点燃时汞蒸气压小于一个大气压,高压汞灯的工作汞蒸气压为 0.2~1 兆帕,超高压汞灯的工作汞蒸气压为 1 兆帕以上。
275	8540.2010	电视摄像管	子目 8540.2010 所称“电视摄像管”,是将光学图像信号转变为电视信号的电子束管,一般采用扫描方法,把光学图像转换成相应的电信号(例如,超正析像管或光导摄像管)。
276	8540.2090	变像管、图像增强管及光阴极管	子目 8540.2090 所称“变像管”,是指真空管,可将图像(一般为红外线辐射图像)投射到一个光电发射面上,然后在一个发光面上产生相应的视觉图像。 子目 8540.2090 所称“图像增强管”,为电子管,可将图像投射到一个光电发射面上,然后在一个发光面上产生相应的增强图像。 子目 8540.2090 所称“光阴极管”,是指其他真空或充气的光电发射管。光电发射管是由一个玻璃或石英管装上两个电极而构成。其中阴极上涂有一层光敏材料(通常为碱性金属);在光的作用下,阴极的光敏层放射出电子,在两个电极间形成导电性,并将电子集中在阳极上。(例如,光电倍增管)
277	8540.6010	雷达显示管	子目 8540.6010 所称“雷达显示管”,是指用于雷达显示器的阴极射线管。
278	8544.3020	机动车辆用点火布线组及其他布线组	子目 8544.3020 所称“机动车辆用点火布线组及其他布线组”,是指《税则》第 87 章所列机动车辆用的点火布线组及其他布线组。 布线组是由电线或电缆等制成的成组电线或电缆,用于电气布线。例如,连接机动车火花塞与分电器的成组电缆。分电器通过成组电缆把点火电流轮流分送给各火花塞,从而点燃气缸中的可燃混合气体。 线束也是布线组的一种。线束是指由铜材冲制而成的接触件端子(连接器)与电线(缆)压接后,外面再塑压绝缘体或外加金属壳体等,以线束捆扎形成连接电路的组件。线束主要由电线(缆)、连接器等部件构成。 本子目不包括单独申报的用以组成布线组的单根电缆(不论是否压接端子),如点火布线组用的电缆。点火布线组通常成套进口,但由于维修等原因,点火布线组中的电缆也会单独进口,此时应根据其有关产品规格,归入 85.44 项下其他相应子目。
279	8544.4211	耐压≤80V 有接头电缆	子目 8544.4211 所称“耐压≤80V 有接头电缆”,是指额定电压不超过 80 伏的带有接头的电缆。
280	8604.0011	隧道限界检查车	子目 8604.0011 所称“隧道限界检查车”,指用于检查和核对铁路隧道、桥梁等大型建筑物(净空)是否符合建筑接近限界的要求,以及确认某待运车辆能否安全通过特定区段的特殊车辆。车上装有可调的触杆,在车辆横断面的高和宽方向均可伸出借以进行检测。限界检查车通常用客车改装而成。
281	8604.0012	钢轨在线打磨列车	子目 8604.0012 所称“钢轨在线打磨列车”,为铁路行业上用的大型养路机械之一。其作用是对钢轨的波浪磨耗和轮廓变形进行综合修理,为地是提高列车运行的平稳性,减少列车的冲击载荷,延长机车车辆和钢轨等设备的寿命。车上装有数个打磨小车,每个打磨小车撞有数个打磨头,全车可有几十个打磨头,由计算机控制自动监测和调整打磨量。

序号	商品编码	商品名称	商品描述
282	8604.0091	电气化接触网架线机(轨行式)	子目8604.0091所称“电气化接触网架线机(轨行式)”,属于电气化铁路施工中一种专用的接触网工程机械,是专门用于接触网安装和调整的机械车辆。架线机由一台安装作业车和一台放线作业车组成。架线作业时以安装车为机头,推动放线车,边行走边放线、架线。车组可与列车、货车、轨道车联挂、制动。安装作业车主要由底盘、发动机、可升降和回转的工作台、拉紧导线承力索的紧线装置、测量导线的模拟受电弓以及起吊架线用各种机具的随机小吊车、驾驶室等组成。放线车可由平板车为底盘改装而成,一端设有休息室,另一端设有架线支架等。
283	8608.0010	轨道自动计轴设备	子目8608.0010所称“轨道自动计轴设备”,指用于记录列车进入区段的轮轴数和驶出区段的轮轴数,判断区段内是否还有轮轴,决定区段是否被占用的设备称为轨道计轴设备。其工作原理是用以检测列车通过铁路上某一点(计轴点)的车轴数,以检查两个计轴点之间或轨道区段内的空间情况,或判定列车通过计轴点的时间,自动校正列车行驶里程等。自动计轴设备由传感器、计数比较器、计算机或其他电子处理系统、传输通道、电源和接口电路等部分组成(当车辆轴数的信息需要远距离传输时,计轴器还需采用传输设备)。
284	8609.0011	20英尺的保温式集装箱	子目8609.0011所称“20英尺保温式集装箱”,是指安装有制冷设备、具有隔热功能,用于运输易腐食物或者货物的集装箱。
285	8609.0012	20英尺的罐式集装箱	子目8609.0012所称“罐式集装箱”,是指圆筒型罐式结构,配有支撑架使其可固定于车辆或船舶,用于运输液体、气体或其他特种货物的集装箱。
286	8702.1020	机坪客车	子目8702.1020所称“机坪客车”,是指专门制造,用于机场短距离载客运输的车辆,仅装有压燃式活塞内燃发动机(柴油或半柴油式)。通常车辆长度大于10米,宽度在3米左右,体积远大于一般公路客车。一般具有独立驾驶室,通常仅具有前进和后退两个挡位。车厢内部座位较少,在12座左右,主要用于容纳站立乘客,一般在100人以上。为使乘客方便快捷的上下车,缩短停留时间,提高运营效率,机坪客车通常两侧对开门,个数在2对及以上。机坪客车具有较低的底盘,通常最高时速不高于50公里/小时。
287	8703.1011	全地形车	子目8703.1011所称“全地形车”,是一种集娱乐、体育运动、旅游于一体的特种车辆,可在沙滩、草地、山路、旅游场所等多种复杂路面行驶。除驾驭外,也可以用于载送人员或运输物品,全地形车一般装备单缸或双缸小型内燃发动机,采用传动链(或传动轴)将动力传至车轮,驱动整车行驶,一般为四轮,装备摩托车式的跨骑式座位,不带乘员座,方向把操控转向,采用非公路用低压轮胎,符合阿克曼转向原理,前、后悬架均采用类似轿车用的独立悬架设计,装有电动机、变速器、离合器、传动链(或传动轴)、前后减震器等,本子目也包括用方向盘操控的带有乘员座的类似车辆(Go — Carts)。
288	8703.2361	小轿车	子目8703.2361的小轿车是指具有如下两项技术特性之一的乘用车,但越野车除外: 1. 车身结构为三厢式车身。 2. 车身结构为两厢式车身,且具备以下各项条件: (1)座位数不超过5座,座椅(含可折叠座椅)不超过两排且无侧向布置; (2)一半以上的发动机长度位于车辆前风窗玻璃最前点以前,或转向盘的中心位于车辆总长的前四分之一部分之后; (3)车长不大于4500毫米。或者车长大于4500毫米,但不大于5000毫米,且车辆处于整车整备质量状态下,车顶外覆盖件最大离地高度不大于1600毫米。 本子目的小轿车仅装有点燃式往复式活塞内燃发动机,气缸容量(排气量)超过2500毫升,但不超过3000毫升。一般具有以下特征:

序号	商品编码	商品名称	商品描述
			1. 在驾驶员和前排乘客后面的空间具有供各人乘坐的固定座位,并带有安全装置(例如,座椅安全带或安装座位安全带的定位点和配件),或具有固定的定位点和配件,以备安装座椅和安全设备;这些座椅可以是固定的、折叠的或可从定位点移走的; 2. 沿车厢两侧带有后窗; 3. 在车厢两侧或后部具有带窗的滑动式、外掀式或提升式车门; 4. 与乘客区间相连的整个车厢内部具有装饰精致、配置舒适的特征(例如,配置地毯、通风设备、内部照明和烟灰缸等)。
289	8703.2362	越野车(4轮驱动)	子目8703.2362所称"越野车",应具有如下各项技术特性的乘用车: 1. 车身结构为两厢式车身; 2. 一半以上的发动机长度位于车辆前风窗玻璃最前点以前,或转向盘的中心位于车辆总长的前四分之一部门之后。 3. 至少有一个差速锁止机构或至少有一个具有类似作用的机构。单车计算爬坡度至少为30%,此外还必须满足下列六项要求中的至少五项: (1)接近角≥25°; (2)离去角≥20°; (3)纵向通过角≥20°; (4)前轴离地间隙≥180mm; (5)后轴离地间隙≥180mm; (6)前后轴间的离地间隙≥200mm。 4. 前轴和后轴均应具备驱动功能。 本子目的越野车仅装有点燃式往复式活塞内燃发动机,气缸容量(排气量)超过2500毫升,但不超过3000毫升。一般具有以下特征: 1. 在驾驶员和前排乘客后面的空间具有供各人乘坐的固定座位,并带有安全装置(例如,座椅安全带或安装座位安全带的定位点和配件),或具有固定的定位点和配件,以备安装座椅和安全设备;这些座椅可以是固定的、折叠的或可从定位点移走的; 2. 沿车厢两侧带有后窗; 3. 在车厢两侧或后部具有带窗的滑动式、外掀式或提升式车门; 4. 与乘客区间相连的整个车厢内部具有装饰精致、配置舒适的特征(例如,配置地毯、通风设备、内部照明和烟灰缸等)。
290	8703.2363	9座及以下的小客车	子目8703.2363所称"9座及以下的小客车",是乘用车的一种,其座位在9座及以下,并具有如下两项技术特性之一的,但品目87.05车辆除外。 1. 车身结构为一厢式车身; 2. 车身结构为两厢式车身,除轿车、越野车以外的其他非专用乘用车。专用乘用车包括旅居车、防弹车、救护车、殡仪车等,不归入本子目。 本子目的小客车仅装有点燃式往复式活塞内燃发动机,气缸容量(排气量)超过2500毫升,但不超过3000毫升。一般具有以下特征: 1. 在驾驶员和前排乘客后面的空间具有供各人乘坐的固定座位,并带有安全装置(例如,座椅安全带或安装座位安全带的定位点和配件),或具有固定的定位点和配件,以备安装座椅和安全设备;这些座椅可以是固定的、折叠的或可从定位点移走的;

序号	商品编码	商品名称	商品描述
			2. 沿车厢两侧带有后窗； 3. 在车厢两侧或后部具有带窗的滑动式、外掀式或提升式车门； 4. 在驾驶员和前排乘客所在区间与后部区间之间没有固定隔板或屏障，其后部区间既可载客，又可载货； 5. 与乘客区间相连的整个车厢内部具有装饰精致、配置舒适的特征(例如，配置地毯、通风设备、内部照明和烟灰缸等)。
291	8704.1030	非公路用电动轮货运自卸车	子目8704.1030所称"非公路用电动轮货运自卸车"，是以电传动为传动方式的非公路行驶货运自卸车辆。 这种车装有液压举升机构，由动力总成、电传动系统、电动轮、前后轮、悬挂、转向系统、攀升系统、制动系统、驾驶系统、车架总成、车箱总成等组成。 这种车结构坚固，配有倾卸式或开底式车身，适于运输挖掘料及其他材料。它配有固定式或铰接式底盘，一般装有越野车轮，在无路面或专用路段上工作。 自卸车是能将车箱(罐体)卸下或使车箱(罐体)倾斜一定角度，货物依靠自重能自行卸下或者水平推挤卸料的专用货运车辆。 非公路自卸车应是符合下列条件之一的自卸车： 1. 长大于12米； 2. 车体宽大于2.5米； 3. 车体高(空载状态)大于4米； 4. 汽车总重量大于30吨。
292	8705.1021	最大起重重量不超过50吨的全路面起重车	子目8705.1021所称"起重车"，是一种不适用于运货的、由一个驾驶室及一个旋转起重机固定在一个机动车底盘上组成的特种车。适用于在通行条件极差的油田、公路、铁路、建设工地等起吊重物。全路面起重车由上车和下车两大部分组成，下车是依靠自身动力实现行驶的底盘装置，上车部分包括起升、变幅、回转等机构及臂架、回转平台、平衡重等装置，操作及控制部分通常安装在专门的司机室内。这种车结构上通常有支腿，可装有为上车单独提供动力的发动机。全路面起重车的重心较低；两轴底盘、三轴底盘均是全轮转向，全轮驱动，多轴时，大部分轴是转向和驱动轴；悬架采用油气弹性悬架或单论独立油气悬架，轮胎全部是单胎，采用工程机械用宽轮胎。 表征起重机械性能的额定起重重量，是指允许吊起的最大物料质量和吊具质量的总和。对于全路面起重车，额定起重重量包括固定在起重机上的吊具和从臂架头部到吊钩滑轮组的起重钢丝绳的质量。对于变幅起重机械，最小幅度时的额定起重重量为最大，称为最大额定起重重量。归入本子目的起重车是最大起重重量不超过50吨的全路面起重车。
293	8705.3010	装有云梯的救火车	子目8705.3010所称"装有云梯的救火车"，通常装有一个机械转盘，用以转动云梯，云梯的操纵控制装置安装在转盘上；云梯是金属结构，机械式升降，云梯前端可配有供消防人员乘坐的安全篮。通常云梯的长度不会少于15米。主要用于高空救火和救援。
294	8705.9010	无线电通信车	子目8705.9010所称"无线电通信车"，除应具备机动车辆的基本特征外，车内应经过整体性设计，整体化布线且应固定安装有无线电收信、发信系统、天线或固定安装有车载电话交换机、天线、必要的测试仪表设备、蓄电池或其他供电装置，这些设备或装置能达到设计使用要求。上述车辆实际上是一种车载式通信站，它可用于抢险救灾，野外流动施工作业或战备等群体作业。

序号	商品编码	商品名称	商品描述
295	8705.9030	环境监测车	子目8705.9030所称“环境监测车”，是装备有环境监测仪器、工作台、样品架和采样装置等，用于大气、水源和其他方面环境监测试验的厢式汽车。 该车应具备以下专用设施： (1)固定式监测仪器架； (2)监测仪器(根据使用需要配备)； (3)固定式样品架； (4)工作台及工作用灯； (5)其他辅助设备。 该车的仪器架、样品架和工作台应具有抗震能力。 该车应能够完成相应的监测试验，并获得试验结果。仅能够完成样品采集、保存工作的机动车不应归入本子目。
296	8705.9040	医疗车	子目8705.9040所称“医疗车”，是特指具有流动医院特征的特种车辆。为满足医疗需要，必须对该车进行增强防震性能、安全性能、绝缘保温性能、整体用电布线等的设计或改装；并须增设通风和空气净化系统、独立的空调设备、暖风设备，装备有手术所需的照明设备、手术床、供血和供氧设备、麻醉设备、手术器械消毒和药械存放设备、心电图监视设备等，车顶装有蜂鸣器。该医疗车可进行外科创伤、小型骨科等急救手术，其主要功能已不是载人或运货。
297	8705.9051	航空电源车(频率为400赫兹)	子目8705.9051所称“航空电源车(400赫兹)”，是指装有交流发电机组、输电线路、稳压稳频装置等设备，专用于为飞机(主要为民用大型客机)启动、机载用电设备送电和检查等提供电源的专用汽车。航空电源车装备的电源机组，一般是由柴油发动机带动一组交流发电机，实现为飞机设备供电的。目前民用客机上的机载设备和仪器仪表，大多使用115V、400Hz的交流电。通过车载的调压调频设备，即可实现为飞机提供电源的功能。
298	8705.9060	飞机加油车、调温车、除冰车	子目8705.9060所称“飞机加油车、调温车、除冰车”是指装有专用设备，专门分别实现给飞机加油、调温、除冰等功能的专用汽车。 飞机加油车是装备有泵油系统、控制系统、油罐、加油管及接头等，用于飞机加注油料的专用汽车。飞机加油车一般为罐式汽车，即在机动货车底盘上，加装一个很大的储油罐，辅以油泵、过滤分离器、调压装置、流量计、加油胶管及接头等部件，完成为飞机供油。 飞机调温车是装备有空调机组和安全保护系统等装备的专用汽车，空调机组安装在载重汽车上。飞机调温车用于为广体式航机提供调温功能，可为飞机上乘客提供舒适的机舱温度。其中空调机组主要包括水冷柴油发动机、螺杆式压缩机等，空调机组配备两根空气输出管连飞机接头，可在任一时间、任一地点向飞机机舱内提供调制好的制热或制冷空气流。 飞机除冰车是装备有加温器(锅)、起吊(辅助)发动机、车载升降机、吊篮和吊篮臂等装置，用于对飞机机头、机翼、风挡、垂尾等进行除冰作业的专用汽车。为使飞机安全飞行，有时须将飞机机身上凝结的“冰甲”除掉。在除冰过程中，车载升降机将机械人员送到指定位置，机械人员操作吊篮臂，向机身喷射一定温度、压力的除冰液，待“冰甲”融化后，再喷洒防冻液，使其在一定时间内不再结冰。
299	8705.9070	道路(包括跑道)扫雪车	子目8705.9070所称“道路(包括跑道)扫雪车”，是经特制专供扫雪用的车辆，如配有内装式设备的犁雪车及吹雪车，这种车一般装有涡轮机及旋转叶片等，由车辆本身的发动机或另设的发动机驱动。

序号	商品编码	商品名称	商品描述
300	8705.9080	石油测井车、压裂车、混沙车	子目8705.9080所称"石油测井车、压裂车、混沙车",是装有专用设备、专用于石油测井、压裂或混砂作业的专用激动车辆。 测井车,是装备有绞车、计量检测和操纵装置等,用于油、气井的测井、射孔等作业的专用汽车。车厢分割成工作间和测试间,工作间装备有电缆绞盘,绞盘的动力应来自车辆本身的发动机;测试间装备有仪表盘和设备架,不论是否已经安装有仪器设备的汽车可视为具有测井车的基本特征而归入本税号。 压裂车,是装备有发动机、压裂泵及管路等系统,将配制好的混合液体高压注入地层的专用汽车。 混沙车,是装备有发动机、泵和混合器装置,用于油、水井压裂作业中的混沙及配制、输送、灌注等作业的专用汽车。
301	8706.0010	非公路用货运自卸车底盘	子目8706.0010所称"非公路用货运自卸车底盘",是仅供子目"8704.10"所列车辆用,未装备驾驶室和车箱,但装有发动机,传动结构,转向结构及驱动结构(不论是否装有车轮),倾卸结构(由动力输出装置、液压泵、操作阀、操纵阀、液压升降缸、油箱组成)的底盘车架或底盘车身整体式车架,它还可以装有发动机罩,挡风玻璃,叶子板,脚踏板,仪表板(不论是否装有仪表),化油器,蓄电池或其他电气装置,并且单轴载荷必须超过13吨。
302	8706.0021	车辆总重量在14吨及以上的货车底盘	子目8706.0021所称"车辆总重量在14吨及以上的货车底盘",是指车辆总重量≥14吨的货车用,未装备驾驶室和车箱,但装有发动机,传动机构,转向机构及驱动机构(不论是否装有车轮)的底盘车架或底盘车身整体式车架,它还可以装有发动机罩,挡风玻璃,叶子板,脚踏板,仪表板(不论是否装有仪表),化油器,蓄电池或其他电气装置。该类产品,在生产和销售中常俗称为汽车三类底盘。
303	8706.0030	大型客车底盘	子目8706.0030所称"大型客车底盘",是指30座及以上的大型客车用,与相应总重量的货车底盘通用,装有发动机、传动机构、转向机构及驱动机构(不论是否装有车轮)的底盘车架,它还可以装有发动机罩、挡风玻璃、叶子板、脚踏板及仪表板(不论是否装有仪表),化油器、蓄电池或其他电气装置。
304	8706.0040	汽车起重机底盘	子目8706.0040所称"汽车起重机底盘",是专供品目87.05的汽车起重机用,装有发动机、传动机构、转向机构及驱动机构(不论是否装有车轮)的底盘车架,它还可以装有发动机罩、挡风玻璃、叶子板、脚踏板及仪表板(不论是否装有仪表),化油器、蓄电池或其他电气装置。除此之外,该商品在设计上主要用于承载起重机工作部分,还包括动力传动总成、操纵控制总成、结构件总成。
305	8707.9010	10座以上,但不超过29座的中型客车车身(子目8702.1092、8702.1093、8702.9020及8702.9030所列车辆用车身)	子目8707.9010所称"10座以上但不超过29座的中型客车车身",可以配备齐全(例如,装有仪表板、行李箱、座位、坐垫、地席、行李架及电气装置的各种配件及附件)。 本子目所列商品为子目8702.1092、8702.1093、8702.9020及8702.9030所列车辆用车身,即10座及以上但不超过29座的客车用车身,其一般用钢、轻型合金、木材或塑料制成。
306	8708.2930	车窗玻璃升降器	子目8708.2930所称"机动车辆车窗玻璃升降器",是用来调整机动车辆门窗开度大小的专用部件。车窗玻璃升降器有电动、液压和手动三类。传动机构有钢丝绳式、链条式、臂式和丝杠式等。丝杠式多见于大型客车的侧乘客窗。目前应用得较多的是臂式和钢丝绳式。一般在车窗玻璃升降器均装有制动器,用以避免车窗玻璃的非正常升降。

序号	商品编码	商品名称	商品描述
307	8708.4091	小轿车用自动换挡变速箱及其零件	子目 8708.4091 包括小轿车用自动换挡变速箱及符合零件归类原则的专用零件。 其中,小轿车用自动换挡变速箱也称小轿车用自动变速器。自动变速器主要用于改变传速比、实现倒车行驶和中断动力传递。自动变速器要实现行驶中的自动换挡,至少应具有以下三个组成部分: (1)小轿车在起步和换挡时能切断或接合发动机与传动系动力传递的离合装置; (2)根据小轿车行驶条件的变化能改变传动速比的齿轮变速机构; (3)能实现自动换挡操作的控制系统。 按自动变速器的控制方式不同,自动变速器可分为液控式(液力式)和电控式(电力式)两种。 液控式自动变速器是由液力变矩器与带有换挡执行元件的辅助变速装置组合而成,并通过控制装置使换挡执行元件工作。 电控式自动变速器根据发动机转速、节气门开度和挡位开关等电信号,由电控单元 ECU(或动力控制模块 PCM)通过电磁阀控制液压系统的工作,从而确定最佳的换挡时机与换挡挡位。 液控自动变速器一般由液力变矩器、齿轮变速机构、液压控制系统、手控机构和冷却滤油装置等组成。电控自动变速器除上述五部分外,还设有电子控制系统。
308	8708.9110	水箱散热器	子目 8708.9110 所称"水箱散热器",是水冷式汽车发动机冷却系统中的重要部件,它以冷却水为媒介对发动机本体进行散热。 水箱散热器由上水室(左水室)、散热器芯、下水室(右水室)三部分构成。其中,上水室(左水室)用于蓄存由汽车发动机流出的高温水。散热器芯由导热迅速的金属管及为增大散热面积而焊接在管壁外侧的金属翅片构成。散热芯的功能是增大水和空气之间的热交面积,使水中的热量快速扩散到空气中。下水室(右水室)用于蓄存经过降温的水,并在水泵的作用下使低温水重新流回到汽车发动机内部。
309	8708.9120	机油冷却器	子目 8708.9120 所称"机油冷却器",是一种加速汽车润滑机油散热,使其保持较低温度,避免因机油温度升高润滑作用减弱,而引起的机械磨损加剧的装置。按照冷却介质的不同,机油冷却器可分为风冷式和水冷式两种。风冷式利用车辆行驶时产生的气流对机油进行冷却。水冷式通常安装在汽车水箱的水室内,或单独循环的冷却水系统中,通过和冷却水之间的热交换,对高温机油进行冷却。
310	8708.9921	大客车车架	子目 8708.9921 所称"大客车车架",大多采用边梁式车架,或整体承载式车身骨架。采用边梁式车架的,车架由两根位于两边的纵梁和若干根横梁组成,用铆接法或焊接法将纵梁与横梁连接成坚固的刚性构架。在前后桥上面有较大弯曲度,可以保证汽车重心和底板都较低,即提高了行驶稳定性又方便了乘客上下车。承载式车身由于无车架,可降低整车质量,还可以使地板高度降低,方便上下车。
311	8708.9931	非公路用自卸车车架	子目 8708.9931 所称"非公路用自卸车车架",一般采用边梁式车架,由两根位于两边的纵梁和若干根横梁组成,用铆接法或焊接法将纵梁与横梁连接成坚固的刚性构架。两根纵梁一般平行布置。
312	8708.9941	中轻型货车车架	子目 8708.9941 所称"中轻型货车车架",一般采用边梁式车架,由两根位于两边的纵梁和若干根横梁组成,用铆接法或焊接法将纵梁与横梁连接成坚固的刚性构架。两根纵梁一般前窄后宽。

序号	商品编码	商品名称	商品描述
313	8708.9951	大型货车车架	子目 8708.9951 所称“大型货车车架”,一般采用边梁式车架,由两根位于两边的纵梁和若干根横梁组成,用铆接法或焊接法将纵梁与横梁连接成坚固的刚性构架。两根纵梁一般平行布置。有些车型采用中梁式车架,有一根位于中央贯穿前后的纵梁,有若干根横梁,在中梁前端做出伸出的车架,用以固定发动机。
314	8708.9991	拖拉机、牵引车、中轻小型客车、专用车车架	子目 8708.9991 所称“拖拉机、牵引车、中轻小型客车、专用车车架”,不采用承载式车身的轿车车架形式较多,典型的有桁架式、平台式、ISR 式,还有半车架。桁架式主要用于竞赛用车及特种汽车,ISR 式主要用于高级轿车。
315	8709.1110	电动的短距离牵引车	子目 8709.1110 所称“电动的短距离牵引车”,是指在工厂、仓库、码头、机场或火车站台上,由电动机(一般由蓄电池供电)驱动的,主要用于拖带或推动其他车辆(例如,小型挂车)用的机动车辆。这种车本身并不载货,一般比品目 87.01 所列的牵引车轻型,牵引能力也较低。本子目的牵引车区别于品目 87.01 所列牵引车的主要特征为: 1. 这些牵引车的结构及其主要设计特点是不适于在马路或其他公用道路上拖带或推动其他车辆(例如,小型挂车)的。 2. 满载时其最高速度一般不超过每小时 30 至 35 千米。 3. 其转弯半径约等于牵引车本身的长度。 本子目所列的牵引车通常没有封闭式驾驶室,只设有一个工作台,供驾驶员站着驾驶车辆。有些牵引车在驾驶员座位的上面装有保护支架及金属护板等。
316	8709.1910	非电动的短距离牵引车	子目 8709.1910 所称“非电动的短距离牵引车”,是指在工厂、仓库、码头、机场或火车站台上,由活塞式内燃机或其他类型的发动机(电动机除外)驱动的,主要用于拖带或推动其他车辆(例如,小型挂车)用的机动车辆。这种车本身并不载货,一般比品目 87.01 所列的牵引车轻型,牵引能力也较低。本子目的牵引车区别于品目 87.01 所列牵引车的主要特征为: 1. 这些牵引车的结构及其主要设计特点是不适于在马路或其他公用道路上拖带或推动其他车辆(例如,小型挂车)的。 2. 满载时其最高速度一般不超过每小时 30 至 35 千米。 3. 其转弯半径约等于牵引车本身的长度。 本子目所列的牵引车通常没有封闭式驾驶室,只设有一个工作台,供驾驶员站着驾驶车辆。有些牵引车在驾驶员座位的上面装有保护支架及金属护板等。
317	8711.3010	气缸容量超过 250 毫升但不超过 400 毫升的摩托车	品目 87.11 所称“摩托车”,是指以发动机为动力的两轮机动车,还可挂搭边车。摩托车按车型可分为三类:机动自行车、轻便摩托车和大型摩托车。 子目 8711.3010 所称“气缸容量超过 250 毫升但不超过 400 毫升的摩托车”,是指装有往复式活塞内燃发动机,气缸容量(指各缸工作容积之和,即发动机排量)超过 250 毫升,但不超过 400 毫升的摩托车。
318	8712.0020	竞赛型自行车	品目 87.12 所称“自行车”,是指人力脚踏驱动的、至少有两个车轮的陆地交通车辆,俗称自由车、脚踏车和单车。自行车分为一般用车及特殊用车,竞赛型自行车属于特殊用车。 子目 8712.0020 所称“竞赛型自行车”是供比赛用的自行车,可分为场地竞赛车和公路竞赛车两种。 竞赛型自行车的基本技术参数:允许载重量 80 千克;车轮直径≥610 毫米,成车重量不超过 11 千克。
319	8712.0030	山地自行车	子目 8712.0030 所称“山地自行车”,属于运动型自行车,一般为锻炼、旅游用车。 山地自行车的基本技术参数:允许载重量 80 千克;车轮直径≥610 毫米的,成车重量不超过 17 千克;车轮直径≤560 毫米的,成车重量不超过 15 千克。

序号	商品编码	商品名称	商品描述
320	8712.0041	16、18、20英寸越野自行车	子目8712.0041所称“越野自行车”,为供锻炼、旅游、竞技用的自行车。 越野自行车的基本技术参数:允许载重量80千克;车轮直径≥610毫米的,成车重量不超过17千克;车轮直径≤560毫米的,成车重量不超过15千克。 16、18、20英寸指自行车的车轮直径,即将轮胎装在相应的轮辋上,充气到推荐气压,在不加载状态下的外直径。
321	8806.2110	航拍无人机	子目8806.2110所称“航拍无人机”,是指搭载固定的或可替换的摄影摄像载荷(无论是否装置光学镜头),具有无线电遥控和数字图传能力,设计用于在空中拍摄影像,且不具备其他与飞行相关实用性功能的无人驾驶航空器。
322	8806.2210	航拍无人机	子目8806.2210所称“航拍无人机”,是指搭载固定的或可替换的摄影摄像载荷(无论是否装置光学镜头),具有无线电遥控和数字图传能力,设计用于在空中拍摄影像,且不具备其他与飞行相关实用性功能的无人驾驶航空器。
323	8806.2310	航拍无人机	子目8806.2310所称“航拍无人机”,是指搭载固定的或可替换的摄影摄像载荷(无论是否装置光学镜头),具有无线电遥控和数字图传能力,设计用于在空中拍摄影像,且不具备其他与飞行相关实用性功能的无人驾驶航空器。
324	8806.2410	航拍无人机	子目8806.2410所称“航拍无人机”,是指搭载固定的或可替换的摄影摄像载荷(无论是否装置光学镜头),具有无线电遥控和数字图传能力,设计用于在空中拍摄影像,且不具备其他与飞行相关实用性功能的无人驾驶航空器。
325	8806.2910	航拍无人机	子目8806.2910所称“航拍无人机”,是指搭载固定的或可替换的摄影摄像载荷(无论是否装置光学镜头),具有无线电遥控和数字图传能力,设计用于在空中拍摄影像,且不具备其他与飞行相关实用性功能的无人驾驶航空器。
326	8806.9110	航拍无人机	子目8806.9110所称“航拍无人机”,是指搭载固定的或可替换的摄影摄像载荷(无论是否装置光学镜头),具有无线电遥控和数字图传能力,设计用于在空中拍摄影像,且不具备其他与飞行相关实用性功能的无人驾驶航空器。
327	8806.9210	航拍无人机	子目8806.9210所称“航拍无人机”,是指搭载固定的或可替换的摄影摄像载荷(无论是否装置光学镜头),具有无线电遥控和数字图传能力,设计用于在空中拍摄影像,且不具备其他与飞行相关实用性功能的无人驾驶航空器。
328	8806.9310	航拍无人机	子目8806.9310所称“航拍无人机”,是指搭载固定的或可替换的摄影摄像载荷(无论是否装置光学镜头),具有无线电遥控和数字图传能力,设计用于在空中拍摄影像,且不具备其他与飞行相关实用性功能的无人驾驶航空器。
329	8806.9410	航拍无人机	子目8806.9410所称“航拍无人机”,是指搭载固定的或可替换的摄影摄像载荷(无论是否装置光学镜头),具有无线电遥控和数字图传能力,设计用于在空中拍摄影像,且不具备其他与飞行相关实用性功能的无人驾驶航空器。
330	8901.2011	载重量不超过10万吨的成品油船	子目8901.2011所称“载重量不超过10万吨的成品油船”,是指载重量不超过10万吨的、载运散装成品油的液货运输船舶。成品油船装载的是柴油、汽油、煤油和润滑油等成品油,易燃易爆,流动挥发,因此要求成品油船有严格的防火设施。成品油船按照所装载成品油的易燃程度分为一级油船、二级油船、三级油船。船体结构上要求油舱与尖舱、机舱、泵舱之间有隔离舱,且机舱设于船尾部,以保证防火安全。油舱设有数道纵、横隔舱格,以减少液面流动升降时对船舶稳定性的影响。由于油船长深比大,船体结构多采用纵骨架式,以加强纵向强度。甲板上设有纵通全船的输油管路、人行桥而无装卸设备。装卸用的货油泵则装在油泵仓内。

序号	商品编码	商品名称	商品描述
331	8901.2021	载重量不超过 15 万吨的原油船	子目 8901.2021 所称“载重量不超过 15 万吨的原油船”,是指载重量不超过 15 万吨的、载运散装原油的液货运输船舶。原油船装载的是液体原油,易燃易爆易流动,因此要求原油船有严格的防火设施。装运原油的油仓内一般设有加温装置,船体结构上要求油舱与尖舱、机舱、泵舱之间有隔离舱,且机舱设于船尾部,以保证防火安全。油舱设有数道纵、横隔舱格,以减少液面流动升降时对船舶稳定性的影响。由于油船长深比大,船体结构多采用纵骨架式,以加强纵向强度。甲板上设有纵通全船的输油管路、人行桥而无装卸设备。装卸用的货油泵则装在油泵仓内。
332	8901.2031	容积在 20000 立方米及以下液化石油气船	子目 8901.2031 所称“液化石油气船”,为液货船的一种,属于一种专门设计的高技术型液货运输船舶。根据对液化石油气液化的方法不同,液化石油气船(LPG 船)分为压力式、半冷冻压力式和冷冻式三种。压力式液化石油气船是将几个压力贮罐(球形或圆筒形)固定船上,液化石油气在高压下维持其液态,此种船结构较为简单。冷冻式船(液化舱内的温度约为-50℃,压力约为 0.28bar),此种船为双壳结构,液货舱用耐低温的合金钢制造并衬以绝热材料,船上设有气体再液化装置,可将蒸发出来的石油气再液化送回液货舱。液化石油气船不能运送液化天然气。 归入本子目的液化石油气船是指容积在 20000 立方米及以下液化石油气船。
333	8901.2041	容积在 20000 立方米及以下液化天然气船	子目 8901.2041 所称“液化天然气船”,为液货船的一种,也属于一种专门设计的高技术型液货运输船舶。液化天然气船型按液货舱的结构有独立贮罐式和膜式两种。早期的液化天然气船为独立贮罐式,是将柱形、筒形、球形等形状的贮罐置于船内。贮罐本身有一定的强度和刚度。船体构件对贮罐仅起支持和固定作用。膜式液化天然气船出现于二十世纪 60 年代后期,其采用的是双壳结构,船体内壳就是液货舱的承载壳体。在液化舱里衬有一种由镍合金钢制成的膜。它和低温液货直接接触,但仅起阻止液货泄漏的屏障作用,液货施于膜上的载荷通过膜与船体内壳之间的绝热层直接传到主船体。同独立贮罐式相比,膜式的优点是容积利用率高,结构重量轻,因此目前新建液化天然气船,尤其是大型的,多采用膜式结构。这种结构对材料和工艺的要求高。此外,还有一种介于两者之间的半膜式船。液化天然气船能够运送液化石油气,故一般都设有气体再液化装置。 归入本子目的液化天然气船是指容积在 20000 立方米及以下液化天然气船。
334	8901.9021	可载标准集装箱在 6000 箱及以下的机动集装箱船	子目 8901.9021 集装箱船,是指可载标准集装箱在 6000 箱及以下的运输货物集装箱的货船。其舱内布置和舱口大小都配合集装箱的尺寸。集装箱一部分置于舱内,一部分堆放舱面。一般是用码头上的专用起货设备装卸以减少船的停靠时间。 集装箱船的形状和结构跟常规杂货船有明显不同。它外形狭长,单甲板。上甲板平直,货舱口大,有的船呈双排或三排并列,货舱口宽度可达船宽的 70%~80%。上层建筑位于船尾或中部靠后以让出更多甲板面积堆放集装箱,甲板和货舱口盖上有系固绑缚设备。货舱内部装有固定的格栅导架,以便于集装箱的装卸和防止船舶摇摆时箱子移动。货舱内靠舷边部分因不便于装载集装箱,一般做成深舱。可装压载水以改善船舶稳性。

序号	商品编码	商品名称	商品描述
335	8901.9031	载重量在2万吨及以下的机动滚装船	子目8901.9031所称“滚装船”,是指载重量在2万吨及2万吨以下的运载装货车辆或以滚动方式在水平方向装卸集装箱的船。滚装船亦称“滚上滚下船”。在船尾、船首或船侧设跳板供机动车自行上下,非机动车则由拖拉机带动上下。各甲板间用车辆坡道或升降平台连接。机动车或拖车由设在船尾、船首或船侧的跳板上下。装卸效率高,且能载运特大或特重的货物。 滚装船把装有集装箱及其他件货的半挂车或装有货物内带轮的托盘作为货运单元,由牵引车或叉车直接进出货舱装卸。使用滚装船装运货物,能大大提高装卸效率,加速船舶周转,并利于水陆直达联运。 滚装船上甲板平整全通,上甲板下有多层甲板,各层甲板之间用斜坡道或升降平台连通,便于车辆通行。上层建筑位于船头或船尾,所以载货甲板面积较大。机舱设在尾部甲板下面,烟囱位于两舷。有的滚装船甲板可以移动,便于装运大件货物。滚装船的开口一般设在尾部,有较大的铰接式跳板。跳板一般以35°~45°角斜搭到岸上。转动式跳板能左右作33°转动,使用方便。航行时跳板可折起矗立。
336	8901.9041	载重量不超过15万吨的机动滚装船	子目8901.9041所称“散货船”,是指载重量在15万吨及15万吨以下的载运粉末状、颗粒状、块状等非包装大宗货物的运输船舶。 散货船通常具有单甲板、船体结构强、舱口大、货舱横截面呈八角形等特点,散货船的机舱通常设在船尾,船中部一个货舱有时作为压载水舱用,四万吨以上的散货船一般没有起货设备。
337	8901.9050	机动多用途船	子目8901.9050所称“机动多用途货船”,可运载集装箱、散货或杂货等多种类型的干货船。旨在提高船的应运经济性。其结构一般为双甲板、艉机形,货舱口较大,方便装卸。也可在甲板顶盖上堆装两层集装箱和木材。船上配大起重量、灵活高效的回转起重机,以自行装卸部分货物,提高装卸速度。
338	8905.9010	浮船坞	子目8905.9010所称“浮船坞”,是能在一定水域中沉浮和移动,以供抬起船舶进行修理或引渡过浅水区,以及在修、造船时供船舶下水、上墩、水上合拢作业用的船。作为浮动修理厂的浮船坞用以代替干船坞,一般为由一个平台及两个侧壁组成的U形横断面结构体,设有泵房,使其能部分浸没在水中,以便待修理的船舶驶进船坞。有些浮船坞可以拖带。有一种浮船坞的功能与上述浮船相似,但装有大功率发动机,可自动推进,用以修理或运输水陆两用车辆及其他运输工具。
339	9003.1910	金属材料制眼镜架	子目9003.1910所称“用于眼镜架的金属材料”,包括铜合金、镍合金和贵金属三大类,要求具有一定的硬度、柔软性、弹性、耐磨性、耐腐蚀性、重量轻、有光泽和色泽好等。因此,用于制作眼镜架的金属材料一般为合金,或经金属表面加工处理后使用。
340	9007.2010	数字电影放映机	子目9007.2010所称“数字电影放映机”,是将数字化的电影信号,通过电光转换技术(数字光处理DLP技术、硅面液晶显示LCOS技术或影像放大ILA技术等),变成光学影像信号,投影到银幕上的电影放映设备。数字电影放映机是数字影院的核心设备。

序号	商品编码	商品名称	商品描述
341	9010.1010	电影用胶卷的自动显影装置和设备	子目 9010.1010 所称"电影用胶卷的自动显影装置和设备",应包括自动洗片机和自动印片机两大类商品。 自动洗片机(又称自动显影机),是一种能自动冲洗经摄影或印片等方式曝过光的感光胶片,使胶片上的潜影显示出来并完成其他全部所需化学加工过程的机器设备。一般具有供片收片装置、化学加工药液槽、药液循环系统和影片干燥箱等部分。 自动印片机,是电影洗印过程中的重要设备,自动把影片上的图像或声道曝光到另一条感光胶片上;可以产生与原像尺寸或幅格数相同或不同的影像。基本组成为:使影片和被曝光胶片同时通过印片曝光窗的输片系统、提供稳定光光源的灯箱、控制曝光强度及色调的光量控制系统和相应的光学系统等。
342	9010.1020	特种照相用成卷感光纸的自动显影装置及设备或将已冲洗胶卷自动曝光到成卷感光纸上的装置及设备	子目 9010.1020 所称"特种照相用的照相冲印用装置及设备",是指专用于或主要用于特种胶卷或成卷特种感光纸(如缩微胶片、不可见光拍摄胶片、航拍胶片、天体照相胶片、分光照相胶片、制版胶片等)的自动显影装置及设备或将已冲洗特种胶卷自动曝光到成卷感光纸上的装置及设备。这些装置或设备从外形尺寸、产品结构或适用的胶片种类等方面与普通胶片(如普通黑白/彩色胶卷、彩色负片,幻灯用彩色片等)冲印设备明显不同。 本子目不包括冲印普通胶片的设备,即使这些胶片是经过特种照相设备拍摄的。 本子目也不包括单片特种胶片(或感光纸)的洗印装置(子目 9010.5022)。
343	9010.5021	电影用其他洗印装置及设备	子目 9010.5021 所称"电影用其他洗印设备",是指除子目 9010.1010 所列商品以外的电影用洗印设备,包括非自动洗片机和非自动印片机及其他电影用洗印设备。
344	9010.5022	其他特种照相用洗印装置	子目 9010.5022 所称"特种照相用洗印装置",是指专用于或主要用于特种胶片或特种感光纸(如缩微胶片、不可见光拍摄胶片、航拍胶片、天体照相胶片、分光照相胶片、制版胶片等)的洗印装置及设备。这些装置或设备从外形尺寸、产品结构或适用的胶片种类等方面与普通胶片(如普通黑白/彩色胶卷、彩色负片,幻灯用彩色片等)冲印设备明显不同。 本子目不包括冲印普通胶片的设备,即使这些胶片是经过特种照相设备拍摄的。 本子目也不包括成卷特种胶片(或感光纸)的洗印装置(子目 9010.1020)。
345	9018.1210	B 型超声波诊断仪	子目 9018.1210 所称"B 型超声波诊断仪",简称 B 超,是利用超声波反射的回波信息,用图像实时、动态显示人体器官形态变化来发现病灶的医疗诊断设备。它以显示屏上的光点分布图代表多条声束扫过体内某一切面,生成超声切面图(或称声像图)。其光点疏密及亮度代表该切面的界面分布及回声强弱,这种技术称为"辉度调制法",简称 B 型。 B 型超声波诊断仪一般由控制脉冲发生器、超声换能器、超声发射与接收、接收放大器、检波器、视频显示器、扫描驱动器和位置检测器、以及信号调整器所构成。
346	9018.1291	彩色超声波诊断仪	子目 9018.1291 所称"彩色超声波诊断仪",是指应用多普勒超声波血流彩色显像技术工作的超声波诊断仪。血流彩色显像技术是将多普勒的声束扫描线上的血流信号作彩色编码,这样多条扫描线就构成了血流图。彩色超声波诊断仪大多为"联合"型诊断仪。主要类型有彩色脉冲多普勒超生诊断仪、彩色多普勒超生诊断仪。

序号	商品编码	商品名称	商品描述
347	9018.1310	核磁共振成像成套装置	子目9018.1310所称"核磁共振成像成套装置"由磁体、梯度系统、频射系统(含多种类型接收线圈)以及数据处理和分析软硬件系统等部分组成,用于人体的解剖和生理功能的成像。该税目不包括单独进口的零部件。
348	9018.1930	病员监护仪	子目9018.1930所称"病员监护仪",用于对临床病人的生理参数进行较长时间的连续测量、显示和记录,当其参数变化时(根据预先设置的范围)可以报警以提示医护人员采取措施。一般由电极、传感器以及与他们相关的电子设备及报警讯号组成。
349	9018.1941	听力计	子目9018.1941所称"听力计",是测定个体对各种频率感受性大小的仪器,通过与正常听觉相比,就可确定被试的听力损失情况。
350	9018.9040	肾脏透析设备(人工肾)	子目9018.9040所称"肾脏透析设备"(人工肾 kidney artifical)又称血液透析装置,是一种对人体血液进行体外循环的设备,它利用透析、过滤、吸附、膜分离等原理,对血液起过滤作用,在对晚期肾脏病、肾功能衰竭、尿毒病患者进行抢救中,代替部分肾功能的重要医疗设备。一般由透析液供给装置、透析器、水处理装置和透析液、血液监视装置等设备组成。
351	9018.9060	输血设备	目前,医院使用的输血设备可分为两大类:(1)简单输血设备,由血袋、输血导管、输血针组成,直接进行静脉输血;(2)体外循环设备,主要有人工心肺设备、人工肾脏透析设备。子目9018.9060所称"输血设备"应只包括成套的简单输血设备和成套的人工心肺设备;人工肾透析设备应归入具体列名子目9018.9040。
352	9022.1920	X射线无损探伤检测仪	子目9022.1920所称"X射线无损探伤检测仪"是指利用X射线可以穿透物质和在物质中具有衰减的特性,发现物体内部缺陷的一种无损检测装置。
353	9022.2910	γ射线无损探伤检测仪	子目9022.2910所称"γ射线无损探伤检测仪"是指利用γ射线可以穿透物质和在物质中具有衰减的特性,发现物体内部缺陷的一种无损检测装置。通常探伤用γ射线能量比X光球管产生的射线能量高,可探测更厚的物体。
354	9022.9010	X射线影像增强器	子目9022.9010所称"X射线影像增强器",是一种提高X射线影像亮度的装置。是X射线应用设备成像系统的主要装置。它可以把X射线投射到影像增强管输入屏上,亮度微弱的影像增强一万倍左右显示在输出屏上。由暗箱、影像增强管、光学系统和电路系统构成。核心部件是影像增强管。
355	9026.2010	压力/差压变送器	子目9026.2010所称"压力/差压变送器",是由压力传感器、数据处理电子电路和仪器壳体等部分组成,其功能是将液体、气体和蒸气的压力、差压等工艺变量转换为统一的标准信号,作为指示记录仪、调节器或控制装置的输入信号,以实现对上述变量的显示、记录或自动控制。压力/差压变送器可作为自动控制设备的组成部分。 压力/差压变送器中的传感器在压力/差压的作用下,产生微弱的电量变化信号(如电容变量、电阻变量、电感变量),电子电路对变化信号进行放大、运算、校正,最后输出与压力/差压成比例的标准电流信号或标准数字信号,主要用于测量气体或液体的压力或压力差等参数,其典型组成如下图所示: 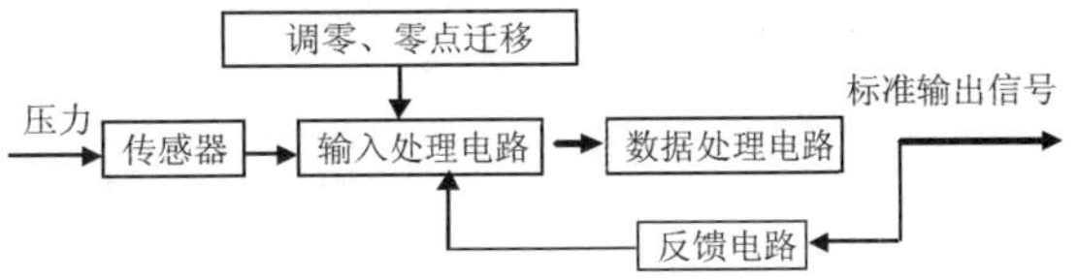 调零、零点迁移 压力 传感器 输入处理电路 数据处理电路 标准输出信号 反馈电路

序号	商品编码	商品名称	商品描述
356	9027.8011	集成电路生产用氦质谱检漏台	子目9027.8011所称“集成电路生产用氦质谱检漏台”,是集成电路生产中采用氦作示漏气体进行检漏的质谱计。用于检测元器件密封或封装的质量,它是真空检漏中灵敏度最高和应用最普遍的一种检漏仪器。氦质谱检漏仪主要由质谱室、真空系统和电子电路三大部分组成。 质谱室是氦质谱检漏仪的关键部件,它主要由离子源、分析器和接收器组成。氦质谱检漏仪基本上属于磁偏转质谱计。 由于质谱室必须在高真空条件下工作,仪器的真空系统是一高真空抽气机组,它主要由机械真空泵、油扩散泵或涡轮分子泵,冷阱(有些仪器没有),真空阀门以及真空计等组成。 仪器的电子电路部分主要由质谱室工作稳定电源、离子流测量放大器,音响与灯光报警装置、真空系统电源以及控制电源等组成。采用微处理机可使氦质谱检漏仪的整个检漏过程实现自动控制和操作。
357	9028.3011	单相感应式电度表	子目9028.3011所称“单相感应式电度表”主要用于居民用电的计量、计费。感应式电度表采用电磁感应的原理把电压、电流、相位转变为磁力矩,推动铝制圆盘转动,圆盘的轴(蜗杆)带动齿轮驱动计度器的鼓轮转动,转动的过程即是时间量累积的过程。感应式电度表有很多种类,它们的基本结构一般都由驱动元件、转动元件、制动元件、机架、轴承、计度器、铭牌、端钮盒、表盖等构成。
358	9028.3012	三相感应式电度表	子目9028.3012所称“三相感应式电度表”,主要用于工商业大用户用电计量、计费。三相是指其由三个频率相同、电势振幅相等、相位互差120度角的交流电路组成,结构基本原理与单相感应式电度表相同。
359	9028.3013	单相电子式(静止式)电度表	子目9028.3013所称“单相电子式(静止式)电度表”,采用固态(电子)器件对居民用户测量电能及相关被测量。一般由锰铜分流器或电流互感器、电阻分压网络或电压互感器、电能测量芯片、机电计度器或液晶显示器、接口及电源电路等构成。
360	9028.3014	三相电子式(静止式)电度表	子目9028.3014所称“三相电子式(静止式)电度表”主要用于电厂、变电站、大用户及电网间的关口计量,是电力系统计量管理的关键设备,结构原理与单相电子式(静止式)基本相同。
361	9030.3110	量程在五位半及以下的数字万用表	子目9030.3110所称“量程在五位半级以下的数字万用表”,是指能测量电压、电流、电阻、电感、电容的一种多种电量测量仪表。 所谓五位半,实际上显示面板上是六位数,其中五位数中的每一位可显示0-1-2……7-8-9共十个数字,而首位只能显示0-1两个数字,称半位,加上后面五位,合起来称五位半,这是国际国内仪表行业的术语。数字电表所能显示位数的多少,表示该电表的精度及量程的大小。
362	9031.4920	光栅测量装置	子目9031.4920所称“光栅测量装置”,是利用光栅的光学原理工作的测量装置,主要由标尺光栅、光电读数头和数显表组成,通常标尺光栅固定在机床活动部件上,光栅读数头固定在机床固定部件上,指示光栅装在光栅读数头中。
363	9401.9011	座椅调角器	子目9401.9011所称“座椅调角器”,是机动车辆座椅靠背角度调节装置。座椅调角器是座椅调节装置的一种。
364	9403.6091	漆木家具	子目9403.6091所称“漆木家具”,是指涂有大漆的家具。大漆又名天然漆、生漆、土漆。中国特产,故泛称中国漆。大漆是割开漆树树皮,从韧皮内流出的一种白色黏性乳液,经加工而制成的天然树脂涂料。

序号	商品编码	商品名称	商品描述
365	9608.9910	机器、仪器用笔	子目9608.9910所称“机器、仪器用笔”,是指用于《中华人民共和国进出口税则》第八十四、八十五及九十章品目所列的商品的专用笔,其具有与设备匹配的特殊形状,能够直接安装在机械设备或机电仪器上,由其输出设备控制,在特定的图片或记录媒体上画出特定的曲线或图表。
366	9619.0011	供婴儿使用的尿裤及尿布	子目9619.0011所称“供婴儿使用的尿裤及尿布”,完全展开后未拉伸状态的长度不超过580毫米。